国际环境法

INTERNATIONAL ENVIRONMENTAL LAW

（第三版）

林灿铃 著

中国政法大学出版社

2025·北京

本书出版得到"中央高校基本科研业务费专项资金"资助

(supported by "the Fundamental Research Funds for the Central Universities")

作者简介

　　林灿铃　男，1963 年 9 月生，福建周宁灵凤山人，法学博士，留学归国，曾任广西防城港市副市长，现为中国政法大学教授、博士生导师、博士后合作导师、国际环境法研究中心主任、国家社科基金重大专项课题首席专家，同时兼任中国国际法学会理事、中国环境科学学会环境法学会副会长、教育部学位与研究生教育发展中心评估组专家等职。主要研究领域为：国际法、国际环境法、环境伦理学、国际关系学、国际政治学等，主要著作有《国际法上的跨界损害之国家责任》《跨界损害的归责与赔偿研究》《国际法》《国际环境法》《环境伦理学》《国际环境立法的伦理基础》《国际环境法的产生与发展》《国际环境法理论与实践》《荆斋论法——全球法治之我见》《气候变化所致损失损害责任之国际法机制》等，在国内外发表《现代国际法的主体问题》《国际社会的整体利益与国际犯罪》《浅析个人在国际法上的地位》《论国际法不加禁止行为所产生的损害性后果的国家责任》《环境问题的国际法律调整》《论国际环境法的性质》《环境伦理之于国际环境立法》《儒学与当今世界主题》《儒学于当今世界之圭臬论》《工业事故跨界影响的国际法分析》《国际环境法之立法理念》以及《论"侨民保护"》《论侨民保护的特殊情势管辖权》《国家在跨界损害领域的预防义务》《国际法的"国家责任"之我见》等学术论文百多篇并承担多项国家立法研究项目。

就在于：以"善"构建并履行国际环境法，使人类的行为与自然界永恒的普遍规律相协调。

　　为了明天，为了孩子，我们必须行动起来。我深切地希望子孙后代能够享受到一个健康和持续发展的星球所带来的福祉！

　　　　　　　　　　　　　　　　　　甲辰仲夏　识于荆斋

目 录

下篇　分论

附　录

上 篇

总 论

第一章

国际环境法的产生与发展

在全球规模的问题中，战争、军备竞赛、经济不平等、民族主义等属于早已存在的问题，而现在最为迫切和突出的却是环境问题。发达国家工业化的加强、发展中国家经济开发的进展使超越国界的人居环境受到了严重破坏。这个破坏造成的大灾难与其他问题不同，是不同于战争的人类行为产生的。20 世纪中叶以来，环境与发展成为涉及所有国家和各种文明的关系到整个人类的问题，环境问题成了问题中的问题。

第一节　环境问题的国际化

地球是一个整体，发生在任何国家的环境污染和破坏都可能带来不可抗拒的全球性的后果，如气候变化、臭氧层空洞、酸雨、生物多样性丧失、森林毁损、土地荒漠化、水源污染、海洋退化等。这些环境问题皆相互联系、相互制约，使人类所面临的各种环境问题构成了一个复杂的生态环境问题群。

一、全球生态危机

环境灾难是人类盲目地破坏及改变环境和生态系统，从而引发环境反应，使人类遭受到的可怕的严重后果。全球性的生态环境问题的出现和不断恶化，是由无数国家和地区生态环境的破坏和污染累积而成的。生产的飞速发展和人口的急剧增加，对环境的污染和生态破坏也在不断地加剧，田地、树林、湖泊、河流、都市都受到了污染。终于在 20 世纪 50 年代至 60 年代，环境污染发展为社会公害，导致成千上万人生病以致丧命。"公害"带给了人类深重的灾难。

1930 年 12 月 1 日至 5 日，由于有害气体和粉尘污染空气，比利时的马斯河谷工业区一周内 60 多人死亡；20 世纪 40 年代初，发生于美国洛杉矶市的化学烟雾事件，对人体造成了极大危害；1948 年 10 月 26 日至 31 日，发生于美国宾夕法尼亚州多诺拉镇的空气污染造成 17 人死亡，并在 4 天内使占全镇总人口 43% 的 5511 人发病；1952 年 12 月 5 日至 8 日，英国伦敦由于燃煤产生烟雾毒气，致使 4 天中死亡人数较常年同期多了 4000 余人；1953 年至 1956 年，日本熊本县发生水俣病（由于甲基汞中毒而引起的中枢神经疾患）；1955 年，日本富山县出现由于锌、铝冶炼厂排放含镉废水污染神通川水体而使两岸居民中毒的骨痛病；1961 年，日本四日市发生哮喘事件；1968 年 3 月，日本九州、四国等地发生米糠油事件，实际受害者达 1.3 万多人，使整个西日本陷入恐慌混乱之中。这"八大公害"[1]都是由环境污染造成的。它发生在资本主义最发达的国家。在那里，一方面是物质文明高度发展，另一方面是环境污染极其严重。

进入 20 世纪 80 年代以后，每年都在发生大量污染，公害事件的范围和规模不断扩大，灾难接连不断，环境灾难痛苦的阴影笼罩着人们。一系列后果严重的地区性重大灾难跨越了国界：莱茵河的污染波及瑞士、法国、德国、荷兰，切尔诺贝利核事故的影响扩散至整个欧洲大陆。在工业化国家中，包括含水层的水源受到污染；过分使用农药和化肥造成土壤毒化；在生态脆弱的地区进行大规模城市建设（如在沿岸地带）；形成酸雨以及贮存有害废料等。在非工业化国家中则出现了沙漠化、毁林、土壤流失和土壤沙化、水灾以及不按计划建设的特大都市遭到二氧化硫（可导致哮喘）、一氧化碳（可导致大脑和心脏紊乱）和二氧化氮（可导致免疫性抑郁症）的毒害。新的关系到整个世界的全球性问题频频出现，意大利塞维索化学污染事故、美国三哩岛核电站泄漏事故、墨西哥液化气爆炸事故、印度博帕尔农药泄漏事故、苏联切尔诺贝利核电站泄漏事故、瑞士巴塞尔赞多兹化学公司莱茵河污染事故以及全球大气污染和非洲大灾荒，被合称为"新八大公害事件"，以示与上述"八大公害事件"的区别。

此外，臭氧层空洞、全球气候变暖、酸雨、赤潮以及造成严重危害的核

---

〔1〕 参见裴广川主编：《环境伦理学》，高等教育出版社 2002 年版，第 358~362 页。

污染和农药污染等亦普遍存在。目前，气候变化与土地荒漠化、湿地缩减以及生物安全（生物多样化问题）等已构成了世界性的四大热点问题。

可见，20 世纪中叶以来，严重的环境问题已从国内走向国际，由区域性发展成全球性，生态危机显现出了超越国家和全球化的性质。

二、全球环境意识

人类正在把地球机能的防御系统一个个破坏掉。

全球性的环境污染和破坏，使人类的生存和发展受到日益严峻的挑战，环境问题已成为全人类共同关心的重大问题。并不讳言，对环境危难做出的反应首先是地区性和技术性的。1970 年 4 月 22 日，美国国内掀起了一次以保护地球与环境为主题的"地球日"活动。这一天，全美国有多所中小学校、高等院校和一些社会团体共 2000 余万人举行游行和集会、发表演说，要求美国政府采取措施保护环境。美国国会议员们都到各自的选区参加"地球日"活动。这是人类有史以来第一次规模宏大的国内环境保护活动。它反映了人类自身对环境问题的反省和觉醒，唤起了世界民众的环境意识，推动了世界各地风起云涌的环境保护运动，对世界环境保护事业产生了极为深远的影响。

20 世纪 70 年代，由于生态协会和生态政党的大量出现，世界 70 多个国家建立了环境保护部。人类对环境问题的认识有了一个质的飞跃，环境意识日益增强，环境保护热潮在全球蓬勃兴起。

联合国于 1972 年 6 月 5 日在斯德哥尔摩召开了人类环境会议。这是人类历史上第一次保护环境的全球会议，会议的口号是：只有一个地球。会议通过的《人类环境宣言》，呼吁全世界各国政府和人民为维护和改善人类环境，造福全体人民，造福后代而共同努力。1972 年 10 月，联合国大会第 27 届会议根据世界各国政府和人民的意愿，接受并通过了把人类环境会议召开的 6 月 5 日这一天确定为"世界环境日"的建议，确定每年的 6 月 5 日世界各国都开展群众性的环境保护宣传纪念活动，以引导人们积极关心和努力解决环境问题，唤起全世界人民的环境意识，自觉参与环境保护事业，同时要求各国政府和联合国系统为推进环境保护进程作出贡献。在人类环境会议的促进下出现了负责环境保护的国际组织（如联合国环境规划署）和国际性行动计划（如联合国环境计划、联合国教科文组织的人与生物圈计划等）。

20 世纪 80 年代，人类对环境问题的认识又向前迈进了一步，联合国通过《我们共同的未来》的报告，提出"可持续发展"战略思想，并把它作为人类未来生存发展的唯一航标。1990 年 4 月 22 日，全球范围内发起了纪念"地球日"活动，这是 20 世纪 90 年代"环境十年"运动的开端。1992 年 6 月 3 日至 14 日，在巴西的里约热内卢举行了联合国环境与发展大会，会议旨在协调保护生态的必要性和第三世界经济发展的必要性。会议还制定了旨在促使联合国成员共同努力保护生物圈的 21 世纪行动计划。183 个国家的代表团和联合国及其下属机构等 70 个国际组织的代表出席了会议，102 个国家元首或政府首脑亲自与会。会议通过了《里约环境与发展宣言》《21 世纪议程》《关于森林问题的原则声明》[1]《联合国气候变化框架公约》和《生物多样性公约》等五个文件。这是 1972 年联合国人类环境会议之后举行的关于世界环境与发展问题的筹备时间最长、规模最大、级别最高的一次国际会议，被誉为"全球首脑高峰会议"。会议强调，为了保证人类社会的可持续发展，必须依靠科学技术进步和提高自然资源利用率，尽量减少对自然资源的索取和对生态环境的破坏。

上述情况表明，国际环境保护热潮的冲击和呼唤，使人们普遍提高了环境意识，环境问题引起了人类的关注，加深了人类的危机感和责任感。正像《里约环境与发展宣言》所指出的，人类已意识到"地球的整体性和相互依赖性"。环境问题不再被当成孤立事件，它同人类的整体发展联系在一起，要求动员全世界的力量，采取联合行动，使环境与发展相协调。[2]

三、全球新议题——环境外交

为了人类健康和可持续发展，必须考虑人类本身的行为方式。环境问题的解决不仅需要超出国家间对立关系的范围，而且民族国家内部有组织的活动是很重要的。[3]自然资源、能源、土地、海洋、水、臭氧层、空气、森林等得以维持的必要条件正在受到日益严重的破坏，致使环境质量不断下降。20 世纪中叶以来，环境问题成为涉及所有国家和各种文明的国际关系中的核

---

〔1〕 该声明全称为《关于所有类型森林的管理、保存和可持续开发的无法律约束力的全球协商一致意见权威性原则声明》，下同。

〔2〕 姚炎祥主编：《环境保护辩证法概论》，中国环境科学出版社 1993 年版，第 2～3 页。

〔3〕 David Newson, *New Diplomatic Agenda: Are Governments Ready?*, International Affairs, 1998, p. 138.

心问题。由此，各国家、不同利益的国家集团以及不同的政治集团为此展开了争夺新的世界主导权的新型外交——环境外交。

20 世纪 60 年代，全球经济得到空前发展，空调、彩电日渐普及，人类生活自第二次世界大战以来有了很大改善。同时，世界范围的环境公害亦日渐肆虐。瑞典出现了森林枯死、湖鱼消失等环境公害事件，瑞典政府认为造成这一严重后果的起因是酸雨，并认定引起酸雨的直接原因是工厂群。鉴此，1968 年 5 月，瑞典向联合国经济社会理事会递交了召开联合国人类环境会议的提案，该提案得到赞同。同年 12 月，该提案作为 55 个国家的共同提案得到了联合国大会的一致赞同。联合国大会随后设立了会议事务局，开始了1972 年人类环境会议的准备工作。由此可见，解决环境问题仅凭一个国家是难有收效的，国家间的协力才是解决问题的良好办法和关键。可以说，国际组织或国际法就是为了解决环境问题而不断发展完善的。[1]

面对日益严峻的环境问题，由于南北发展的差异，不同利益的国家集团对于环境问题从各自的利益出发产生了意见分歧，从而展开了围绕各自本身利益的争夺世界主导权的环境外交活动。

大多数的发展中国家认为环境问题是一部分发达国家的污染问题，贫困中的发展中国家与此没有太多关系，强调落后才是真正的环境问题，环境污染的责任在于发达国家，对可能妨碍发展中国家发展的环境会议难以认可。因而，如何提高发展中国家的热情，如何广泛采纳发展中国家的观点令会议组织者大伤脑筋。

1970 年，联合国经社理事会作出了"在决定斯德哥尔摩会议议题中考虑发展中国家的落后问题是不可或缺的"决议，据此，联合国大会亦强调了给予发展中国家特别考虑的必要性。1971 年 2 月召开的人类环境会议第二次准备会出台了反映发展中国家观点的主要议题"发展与环境"。"发展与环境"终于成为联合国人类环境会议的六大议题之一。

1971 年 11 月，77 国集团（发展中国家集团）在利马集结，商讨于翌年召开的第二次"贸发会议"的共同战略，并确认届时于斯德哥尔摩人类环境会议上亦采取共同行动。77 国集团于同年 12 月的联合国大会上提出了关于斯德哥尔摩人类环境会议的"发展与环境"的决议案，该决议案的主旨是：发

---

〔1〕　原彬久编：《国际关系学讲义》（日文本），有斐阁 1996 年版，第 168 页。

达国家在全球各地造成了污染，应承担污染治理费用；发展中国家的落后问题应依靠进一步发展来加以解决，发达国家的环境政策不能成为发展中国家谋求发展的阻碍，也不能有碍于贸易的进一步扩大。对此"发展与环境"决议案，英美两国反对，日本、西欧和东欧弃权。由此反射出了在即将召开的联合国人类环境会议上将出现的南北矛盾的对立。应该说 1968 年联合国大会表决通过召开人类环境会议时谁也未曾料到会出现如此强烈的对立状态。

尽管当时世界局势是东西对立、南北矛盾，但最终于 1972 年 6 月在斯德哥尔摩召开了联合国人类环境会议，会议达成了《人类环境宣言》《环境行动计划》以及设立联合国环境规划署（UNEP）等诸项决议，全面分析了当时所有的重大环境问题，将环境保护和全面实现这一保护的立法置于全球范围内。源于这次大会的思想和方法成为以后国际环境法发展的主要特征。

此后的 1988 年，可以说是关于环境问题至关重要的转折的一年，该年联合国大会被称为环境大会，从此，国际关系、国际政治的重心开始转向了地球环境问题。

1988 年，在世界银行、国际货币基金组织的柏林大会前，8 万多人在柏林举行游行，反对带来环境破坏后果的投资。在世界银行的大会上也围绕开发援助与环境破坏问题展开了激烈的争论。同年 9 月 27 日，苏联一反常态，其外长在联合国大会强调了关于环境给人类带来的巨大威胁，宣称依靠军事手段的安全保障已经成为历史，应将 UNEP 改组为环境保护理事会以确保生态学性质的安全保障，并提议召开联合国环境会议。紧接着，12 月 7 日，苏联总统戈尔巴乔夫（M. Gorbachev）提出了削减 50 万军队的计划，他认为地球环境问题对安全保障具有十分深刻的意义。

1989 年 1 月 2 日的《纽约时报》把地球比作"老人"当封面，出版了各地环境污染的特辑。美国总统布什（G. Bush）在其 1 月的就职演说中，高举环境保护大旗，宣称自己是环境保护论者。3 月 5 日，英国首相撒切尔（M. Thatcher）以在伦敦召开为条件与 UNEP 共同举办关于臭氧层保护会议，会议对达成全面废除氟隆（fluon）的生产和消费的协议作出了贡献。3 月 10 日，法国与荷兰、挪威共同召集，并在海牙召开了以地球升温为议题的首脑会议，会议所通过的海牙宣言提议"为了解决地球升温这一国际政治的新课题应设立专门机构"。7 月，在法国召开的发达国家 7 国财长会议上，由于法国总统密特朗（F. Mitterrand）的强调，终使地球环境问题成为会议主题，经济宣言的 1/3 被环境问题所涵盖。此后的首脑会议，每年都有大幅的关于环境问题的内容进入宣言。向来对环境问题持消极态度的美国、英国、法国突然来个 180 度的大转变，不能不引起人们的瞩目。这难道不意味着发达国家围绕人类环境问题而争夺主导权吗？

1989 年 11 月，荷兰主持召开了关于大气层污染和气候变化的 69 国环境部长会议。荷兰已将环境问题视为国内政治的最大课题，同时在外交上关于环境问题也表现出了非常积极的态势。这次会议为取得就防止地球表面升温而采取对二氧化碳的排出进行一定限制的协作而进行了努力，最终形成了一致意见。参会各国认可对造成温室效应的废气的排出进行限制的必要性，根据 1990 年召开的关于气候变化的政府间会谈和第二次世界气候会议的成果，发达国家应尽早采取废气排出之规制（限制）。

此外，瑞典的环境外交攻势也是十分显著的。在联合国人类环境会议的召开，《远距离跨界大气污染公约》（1979 年）的缔结以及主办酸雨对策的国际会议等方面，都作出了贡献。

而在挪威，原环境大臣布伦特兰（G. H. Brundtland）不久登上了首相的宝座，并在联合国取得了"环境与发展委员会"的领导地位。

加拿大的环境外交也取得了十分显著的成绩。加拿大政府在参加 1972 年联合国人类环境会议时，表达了在加拿大召开第二次联合国环境会议的希望，并且为限制氟隆而主办了蒙特利尔会议（1987 年），对《关于消耗臭氧层物质的蒙特利尔议定书》（即《蒙特利尔议定书》）的签署作出了贡献。

经布伦特兰领导的"环境与发展委员会"发表的委员会报告——《我们共同的未来》（1987 年）、1988 年联合国大会关于环境问题的讨论以及发达国家的环境外交等多方努力，1989 年 12 月，联合国大会决议通过了在里约热内卢召开联合国环境与发展大会的决议。

1990 年 9 月召开的关于气候变化的政府间工作组会议（IPCC）提出了为防止地球温暖化应缔结国际条约的建议，同年 10 月 29 日于日内瓦召开的第二次世界气候变化会议讨论了关于削减二氧化碳排出量的可能性等问题，该会议的科技小组通过了发达国家至 2008 年能够削减二氧化碳排出量的 20% 的宣言。

根据 1990 年 12 月的联合国大会决议，由联合国大会所设置的政府间协商委员会来协调防止地球升温的条约缔结事宜。由于政府间委员会直接负责有关协商内容和结果，所以，明显受占联合国大会多数的 77 国集团的影响。虽然巴西、印度、墨西哥、印度尼西亚等发展中国家充分发挥了主导作用，但最终并未如愿，特别是关于是否将二氧化碳排出量的削减目标纳入条约依然没有结论。直到 1992 年 5 月 9 日，各国才最终达成合意，即以不明记二氧化碳削减目标的具体数字但明确发达国家责任而达成妥协。

第二节　国际环境法的产生及其定义

全球生态危机促使全球环境意识的形成，并使人类深刻认识到了所有地球人实实在在地是休戚与共的命运共同体！20 世纪 60 年代末，随着科学家发出呼吁，公众越来越强烈地认识到生物圈面临的危险，掀起了前所未有的要求加强环境保护的舆论运动。这说明环境保护运动从一开始就是全球性且是自发性的。此外，它还具有与新的世界观相一致的强烈的哲学内涵，其中包含着对生物圈恶化作出反应的新的个人和社会价值观。这个没有组织的不依附任何占统治地位的意识形态的思想运动（生态运动），很快激起了社会的广泛注意，国际社会迅速对此作出了反应。国际组织的介入标志着"环境新时代"的开始。

一、国际环境法的产生

因应人类社会发展的客观需要，致力于国际环境保护，作为一个新的法律部门，国际环境法始于 20 世纪 70 年代。

环境是影响人类生存和发展的各种自然因素和社会因素的总和。自 20 世纪 70 年代以来，环境保护已成为国际社会面临的重大任务之一，环境保护与和平、发展一样已经成为世界主题。1968 年 12 月 3 日，联合国大会通过了 2398-ⅩⅩⅢ号决议，决定召开关于"人类环境"的世界大会。这一决定产生了强烈影响，尤其是在政府间国际组织中，几乎所有组织都意识到了环境问题的重要性。1972 年 6 月 5 日至 16 日，联合国人类环境大会在斯德哥尔摩召开，共有 6000 名代表参加，其中包括 113 个国家的代表、所有重要国际组织的代表、400 多个非政府国际组织派出的 700 名观察家、以个人名义与会的代表和大约 1500 名记者。这表明这次大会的宗旨——环境保护——得到了普遍重视。大会经过讨论通过了许多重要的文件，尤其是《人类环境宣言》《环境行动计划》等。

（一）《人类环境宣言》

《人类环境宣言》（以下简称《宣言》）包括前言和 26 条原则。前言强调人既是环境的产物，同时也是环境的塑造者；对于人的幸福和充分享受基本权利包括生命权本身而言，自然事物和人创造的事物都是必不可少的。保护和改善环境对于人的幸福和发展具有重要的意义。前言承认世界人口的自然增长会不断给环境带来新的问题，但同时认为，随着社会进步和生产力、科学技术的发展，人类改善自然的能力在日益增强。

《宣言》所宣示的原则则更具体地表达了前言的内容，也反映了出席会议各方的政治考虑。第 1 条原则指出，自由、平等、使人能够有尊严地和舒适地生活的环境质量、满意的生活条件，这些都是基本的人权；同时，人类也有义务保护和改善环境；反对种族灭绝、种族隔离、种族歧视、殖民主义以及外国的压迫和统治。尽管这些概念结合得并不好，但环境保护与人权的基本联系得以确立。

《宣言》第 2~7 条原则是斯德哥尔摩大会成果的核心。它们宣布，地球的自然资源不仅包括石油和矿物，也包括空气、水、动植物以及自然生态系统中的代表性样本，应为今人和后代的利益保护这些资源。人类负有特殊责任保护由野生动植物及其生存环境构成的遗产，应使可再生资源的再生能力受到保护、使不可再生资源不被耗竭。在任何情况下，充分的管理都是必要的。《宣言》要求停止倾倒有毒物质和环境不能吸收的其他物质，国家尤其应防止海洋污染。

《宣言》第 8~20 条原则是关于环境保护的实施。其中有四条主要是针对发展中国家。《宣言》承认，经济和社会的发展对有利于人类生活和工作的环境来说是必不可少的，但对欠发展的最佳补救方式是增加资金和技术援助。各国的环境政策应增强穷国进步的潜力而不是削弱它；国际援助应与此一致。基础产品和原材料的价格稳定和利润充分是环境管理中必要的经济因素（原则第 8~12 条和第 17 条）。《宣言》强调规划的统一和协调的必要性（原则第 13~15 条）。对于人口问题，《宣言》只是建议采取尊重人权的政策，由有关政府自主决定（原则第 16 条）。《宣言》第 18~20 条原则提到了国际环境政策的手段：国家机构的规划和管理、运用科学技术、交换信息和进行环境教育。

最后一组原则（第 21~26 条）是对国际法的发展具有特殊意义的国际合

作。第 21 条原则今天已被公认为国际环境法的习惯规则的基本表述：

依照联合国宪章和国际法原则，各国有根据其环境政策开发其资源的主权权利，各国也有义务使其管辖范围内或控制下的活动不对其他国家的环境和任何国家管辖范围以外的地区造成损害。

此外，《宣言》要求，各国应合作发展有关污染和其他环境损害的责任和赔偿的国际法；应当确定环境领域的标准和规范，但必须考虑各国尤其是发展中国家的主要价值标准。各国应为保护和改善环境进行合作使国际组织发挥协调、有效和推动性的作用（原则第 22~25 条）。最后一条原则谴责使用核武器和其他大面积杀伤性武器。

（二）《环境行动计划》

斯德哥尔摩人类环境大会的另一重要成果是由 109 项建议组成的《环境行动计划》。其内容可以归纳为三个方面：环境评价、环境管理、支持措施。

环境评价计划被称为"地球瞭望计划"，包括环境分析、研究、监督和信息交换。其中，国际合作具有重要的作用。环境管理涉及人类设施和自然资源，这方面内容主要包括关于有毒和危险物质的倾倒、限制噪音的规范、控制对食品的污染、污染控制措施以及海洋环境保护、野生生物物种保护等。《环境行动计划》中的支持措施是关于对公众进行环境教育和培训环境专家，以及制度方面的内容。

实际上《环境行动计划》同时强调了国际合作，其形式包括缔结条约、政府行动协调、国家立法信息交换以及国际范围制定规划和行动计划。因此，《环境行动计划》预计设立一个负责环境协调工作的中心机构，并建议在联合国专门机构和区域组织之间进行分工。正是根据人类环境大会的建议，联合国大会通过决议（2997-XXVII）设立了环境领域的专门机构，即联合国环境规划署。

（三）人类环境大会的深远影响

人类环境大会的重大意义在于，它全面分析了当时所有重大环境问题，将环境保护和全面实现这一保护的立法置于全球范围内。这次大会的全球性不仅体现在环境这个概念上，也体现在世界性的机构和政策中。

在机构方面，设立联合国环境规划署作为国际环境领域活动的协调者。在法律发展方面，越来越多的国际环境法律文件被起草和通过，国际环境法成为国际法领域中发展最迅速的一个新领域。

人类环境大会还产生了重要的国际环境法习惯规则，这些规则包括：国家开发自然资源的主权权利和使其管辖范围内或控制下的活动不对其他国家造成损害的义务；通知其他国家并在需要时与其协商的义务；对于可能对环境造成不利影响的意外情况交换情报与合作；外国人诉诸行政和司法程序的平等权利等。

法律必须适应客观现实的挑战。

我们所面临的严酷现实如生态系统恶化、酸雨频降、水源污染、森林面积锐减、土地沙漠化、温室效应引起气候的改变、臭氧层空洞等环境危机表明，不采取有效措施保护环境无异于自我毁灭。前述关于环境保护的世界性国际会议、国际组织（政府间的和非政府间的）和积极投身于这一前所未有的保护自己及后代家园的自发性的全球环境运动的个人，都非常明确地认识到：人类赖以生存的水、空气是没有国界的，保护臭氧层、稳定气候和保护生物多样性等全球性环境问题唯有通过国际合作、一起遵守共同的规则才能得以解决。保护环境已经成为国际立法的必然趋势和首要任务。

数量众多的国际环境组织、身处环境危机中已经醒悟的个人、高涨的环境保护意识、风起云涌的环境保护浪潮、为新时代提供法律基础的国际司法实践以及刻不容缓的生存危机等，集中体现于具有划时代意义的人类盛会——斯德哥尔摩人类环境大会，是它成就了一个因应现实的新的法律部门——经过阵痛的国际环境法——终于应运而生。

源于斯德哥尔摩人类环境大会的思想和方法成为以后国际环境法发展的主要特征，1972 年联合国人类环境大会是国际环境保护运动发展史上的里程碑，是制订一套国际环境法基本规则的首次尝试，是国际环境法诞生的标志。

二、国际环境法的定义

环境问题自古有之，有些国内法早就有关于保护环境的规则。中国古籍《逸周书·大聚解》云："春三月，山林不登斧，以成草木之长。夏三月，川泽不入网罟，以成鱼鳖之长。"又《礼记·月令》载："孟春之月，命祀山林川泽，牺牲毋用牝；禁止伐木；毋覆巢，毋杀孩虫、胎夭、飞鸟……"西方国家的环境立法也可以追溯到 19 世纪中叶，1863 年，英国颁布了第一个污染控制法，以控制制碱厂的酸雾和燃煤锅炉排放的烟尘。国际上，早在 19 世纪的一些条约中，就已经存在保护自然的规范。19 世纪末 20 世纪初，开始出现有关环境保护的国际条约，但内容都很单一、零散而不成体系。

第二次世界大战后，国际上制定了一系列保护环境的公约。这一时期，国际社会对环境问题的复杂性和严重性虽然也尚无全面的了解和清醒的认识，对环境的保护也仍局限在较窄的范围，没有形成对国际环境保护具有指导意义的一般原则。但有关环境保护的条约法的内容已为"国际环境法"奠定了基础。

随着工业化和城市化的加速发展、科学技术的进步，人类社会的生产活动发展到对环境的影响大规模地超出国界，影响到了他国或不在国家管辖之下的地区。尤其是现代高科技的高速发展和人类社会的生产活动达到了空前规模，环境污染成了全球问题。此外，核武器的发明、宇宙空间的飞行表明人类有改变地球环境的能力；大规模环境灾难的发生，使人们普遍认识到人类环境有不断遭到灾难性祸害的危险。人们开始深刻地认识到：长此以往，大自然将在不久的将来衰亡乃至崩溃，将失去供养人类的能力；"伟大"的人类将无立足之地、藏身之所；环境问题已经成为危及整个人类生存与发展的全球性根本问题。为了保护人类赖以生存的环境，为了拯救我们自己，全世界的人们必须联合起来采取共同行动，进行广泛合作，制定规章制度，规范环境行为。为适应这种生产的全球化和在世界范围保护环境的需要，国际环境法得以产生并迅速发展。

从国际环境法的产生发展过程中，我们可以明显地看到生产力发展水平不一样、自然资源和环境条件不一样、经济基础存在差异的各国共存于唯一的地球这一事实。这一事实决定了各国之间的相互依赖性，要求各国在关于经济发展和人类生存的基本物质条件的问题上取得一致。各国由此而有了协调其利益和意志的必要性和可能性。《保护臭氧层维也纳公约》及其议定书就是世界各国为保护人类环境而协调一致的一个例子。如果作为人类生存、发展的物质基础的地球环境遭到毁灭性的破坏，那各国的经济就会从根本上动摇甚至崩溃。正如《21世纪议程》所说："各国政府认识到，现在需要有一种新的全球性努力，将国际经济系统的要素与人类对安全稳定的自然环境的需求联系起来。"[1]

由于国家在国际关系中的重要和活跃，有人认为："国际环境法的概念是指调整国家之间在国际环境领域中的行为关系和各种国际环境保护法律规范

---

〔1〕 国家环境保护局译：《21世纪议程》，中国环境科学出版社1993年版，第2页。

的总称。国际环境领域主要指国家之间所涉及的一系列环境范畴，它包括全球、区域、多边和双边国家等环境领域。在这一领域中的行为关系指的是在开发利用、保护和改善国际环境中所产生的各种关系。而各种国际环境保护法律规范在这里指的是对各国有约束力的一些原则、规则和规章、制度等，它包括公约、条约、协定和议定书等。所以，国际环境法的概念也可以这样归纳，它是指调整国家之间在开发利用、保护改善环境以及调整在国际环境保护方面的分歧与合作的过程中所产生的对各国有约束力的原则、规则和规章、制度的总称。"[1]也有人认为，国际环境法是调整国家及其他国际法主体之间为保护、改善和合理利用环境资源而发生的关系的各种有拘束力的原则、规则和制度的综合体系，是在现代政治、经济、文化、科学技术等各种因素错综复杂的变革条件下发展起来的。[2]它表现为法律规范，即有法律约束力的行为规则，是适用于国际社会的法律，由国家作为主要的法律主体，以国家的共同制定或认可作为立法方式，以国家单独的或集体的强制措施作为实施的保障。[3]

毋庸置疑，国际环境法是人类社会发展的必然产物，是国际社会因应环境保护需要进行广泛合作的一个新兴的法律部门。我们必须明确，国际环境法是国际法主体，主要是国家（但不限于国家）在利用、保护和改善环境而发生的国际交往中形成的，体现它们之间由其社会经济结构决定的在利用、保护和改善环境方面的协调意志的，调整国际环境关系的法律规范的总体。它包括有关的条约和国际习惯。当然，从广义上看，有关的一般法律原则、司法判例、国际法学说和国际组织的宣言、决议也是国际环境法的一部分。国际环境法所调整的是与利用、保护和改善环境有关的国际关系，其调整对象是广泛的，凡与利用、保护和改善环境有关的国际关系，不论它属于国际政治关系、国际经济关系还是其他领域的国际关系，都在国际环境法的调整范围之内。这里的"环境"，是指人类赖以生存和活动的空间环境，它包括自然因素和社会因素。自然因素指陆地、土壤、水域、大气、动物、植物、矿藏、文化和自然遗产等；社会因素诸如为保护环境而采取的政策、方针、贸

〔1〕戚道孟编著：《国际环境法概论》，中国环境科学出版社1994年版，第26页。
〔2〕马骧聪主编：《国际环境法导论》，社会科学文献出版社1994年版，第1页。
〔3〕王曦编著：《国际环境法》，法律出版社1998年版，第54页。

易措施等与各国社会、经济条件有关的各国有关利用、保护和改善环境的影响国外环境权益的行为。关于环境概念的外延，迄今并未达成共识。科勒普费尔（Michael Kloepfer）曾认为，环境包括了"人类的自然生存基础，即地表、空气、水、生态圈及其相互关系与人类的关系"。不过，现在科勒普费尔则采用了"创造了人类的环境"概念。该概念包括了不同的因素，即环境媒介、环境客体、具体的空间（如海洋环境与太空环境保护）、相互关系（因果关系），以上因素共同构成生态系统，再加上与人类的关系，甚至包括个人的权利。[1]总之，作为国际环境法调整对象的环境概念比自然环境概念的外延要大。

综上所述，国际环境法对国际环境关系的调整，是通过创立、维持或认可其主体之间在利用、保护和改善环境方面的权利义务关系来实现的。国际环境法（International Environmental Law）是关于国际环境问题的原则、规则和制度的总和，是主要调整国家在国际环境领域的具有法律拘束力的规章制度，是保护环境和自然资源、防治污染和制裁公害的国际法律规范，是建立在"地球一体"[2]概念上的国际法新领域。

三、国际环境法的特点

国际环境法作为一个正在蓬勃发展的新兴的法律部门，在具有一般法律属性及国际法的共同属性的同时，其自身还有着一些区别于其他法律部门的特点。

（一）国际法的新领域

20世纪中叶以来，国际法有了很大的发展，其表现和特点之一就是调整范围不断扩大、出现了许多新领域。国际环境法便是这些正在蓬勃发展的新领域之一。可以说，国际环境法是在国际环境问题日趋严峻的情况下形成和发展起来并逐渐成为一个新的法律部门，它为了改善和保护国际生态环境和生活环境而产生，是国际法进步和发展的必然产物。

环境危机的一个显著特点是它的国际性。

---

〔1〕 参见〔德〕沃尔夫刚·格拉夫·魏智通主编：《国际法》，吴越、毛晓飞译，法律出版社2002年版，第559~560页。

〔2〕 参见〔美〕芭芭拉·沃德、勒内·杜博斯：《只有一个地球——对一个小小行星的关怀和维护》，《国外公害丛书》编委会译校，吉林人民出版社1997年版，第3~38页。

　　水流、大气、野生物种乃至整个自然环境都不受人为国界的限制；一国境内严重的环境污染，其危害性在很多情况下会波及多个国家乃至影响整个地球的生态系统。所以，环境问题的有效解决，单靠各国的国内立法是难以实现的，国际合作是保护人类环境的必由之路，而国际法则是保证国际环境合作取得成功的必要基础。在国际环境合作上，必须以国际法的一般规则为基础，尤其是涉及条约法、属人管辖、属地管辖和国家责任等方面。

　　从现代意义上说，国际法的国家责任制度已不仅仅指国家为其不法行为而承担的国际法律责任，作为国家责任的一个方面，还包括"国际法不加禁止的行为所产生的损害性后果的国际责任"。[1]国家责任的意义不仅是对国家的违反其国际义务的不当行为的国际法律责任进行追究，也是使受损害国家的利益得到合理赔偿的标准。在现代国际关系中"国家责任是指国际法主体为其国际不法行为或损害行为所应承担的国际法律责任"。[2]

　　人类社会在不断地进步、发展，法律制度也在不断地发展、完善。

　　跨界损害责任（国际法不加禁止行为所产生的损害性后果的国际责任）发展和丰富了传统国家责任理论（国家为其不法行为而承担的国际法律责任），二者有着内在的密切联系。首先，跨界损害责任概念源于传统国家责任概念，两者都旨在确定国家对其行为的后果所应承担的国际责任。在此意义上，跨界损害责任是国家责任制度的有机组成部分。其次，跨界损害责任是传统国家责任的补充和完善。由于科学技术的高速发展，高新技术的应用，人类社会工业化程度的大幅度提高，引起跨界损害的活动十分多样化，如核材料的和平利用、航天航空活动、远洋石油运输、跨界河流开发等，这些活动对其他国家的国民人身、财产以及他国和国际社会所造成的损害日趋严重，逐渐成为国际关系中的突出问题，要求国际法加以规定。但是，这些造成跨界损害的活动虽然造成了损害性后果，但行为本身并非国际法所禁止的。对

---

　　〔1〕　参见《中国代表在第 51 届联合国大会关于国家责任专题的发言》（1996 年 11 月 8 日），载中国国际法学会主编：《中国国际法年刊》（1996），法律出版社 1997 年版，第 547 页："我们注意到目前国际法委员会正就国家责任的其他方面进行研究和法律编纂工作，例如关于国际法不加禁止行为所产生的损害性后果的国际责任专题⋯⋯"又杨力军：《论国际法不加禁止的行为所产生的损害性后果的国际责任》，载《法学研究》1991 年第 4 期："在战后四十多年中，越来越多的国际实践表明，国家责任不应仅局限于国家的不法行为，而且也应包括国际法不加禁止的行为所产生的损害性后果的国际责任。"

　　〔2〕　林灿铃：《国际法上的跨界损害之国家责任》，华文出版社 2000 年版，第 8~9 页。

于这些"国际法不加禁止的行为"所引起的损害性后果，依传统国家责任已不能得到满意的解决。鉴于传统国家责任制度的局限性和现实的需要，"跨界损害责任制度"补充和发展了传统国家责任。

反映到国际环境领域，我们十分清楚，环境质量的日益退化、大规模的环境灾难、大量的环境难民、不可逆转的生态破坏、恃强欺弱的生态侵略等，乃是人类长期以来以"征服者"和"统治者"自居，对自然界实行无节制的索取和任意排放污染物的结果。要扭转环境质量退化，保持和谐、健康、持续的发展，就必须通过变革。在这种变革中法律具有不可忽视的作用，国家和国际社会应通过制定法律制度来促进和保障这种变革。这就是不断提出新概念、新措施和新制度的国际环境法。国际环境法中的新概念、新思想、新原则、新制度、新问题，是对传统国际法的有力推动和革新。如"各国有按照其本国的环境与发展政策开发本国自然资源的主权权利，同时负有确保在其管辖范围内或在其控制下的活动不致损害其他国家或在各国管辖范围以外地区的环境的责任"的确立；关于建立新的、公平的全球伙伴关系的思想；关于对保护全球环境各国负有共同的但又有区别的责任原则；关于应对发展中国家的特殊情况和具体需要给予优先考虑；关于国家管辖范围以外的海床和海底及其底土、外层空间是"人类共同继承财产"的规定；环境安全概念的提出等，使国际合作原则得到了新发展，不仅使保护全球环境成为可能，而且将大大推动建立新的国际经济秩序，促进人类的共同发展。

毫无疑问，在保护人类环境、确立有利于人类社会可持续发展的生产和生活方式、创立新的环境规范等领域，国际环境法将日益发挥更大的作用，为国际法的进一步发展作出贡献。

（二）国际环境法的公益性

环境污染和生态破坏是危及全人类生存和发展的全球性问题，保护环境是为了全人类的共同事业和共同福利。对此，许多国际公约都在序言和条约中作了明确规定。如1972年12月29日通过的《防止倾倒废物及其他物质污染海洋公约》一开始就宣布：本公约各缔约国，认识到海洋环境及赖以生存的生物对人类至关重要，确保对海洋环境进行管理使其质量和资源不致受到损害关系到全体人民的利益。《保护臭氧层维也纳公约》在前言中宣布：决心要保护人类健康和环境使其免受臭氧层变化所引起的不利影响。《联合国气候变化框架公约》则更清楚地指出：承认地球气候的变化及其不利影响是人类共同关心的问题，决心为当代和后代保护气候系统。

在全球化背景下，任何一个人或一个国家都不可能建立起自己的环境防线。很明显，环境保护绝不是一个人、一个地区或一个国家就能够做到的，它需要全世界、全球范围的大动员，是整个人类共同的事业。面对人类共同的危机，为了人类共同的利益，人类必须采取共同的行动。因而通过国际合作，制定改善环境、保护环境的法律，就全人类而言，其显著的公益性就不言而喻了。

国际环境法的根本目的是保护和改善人类赖以生存的基本物质条件。保护地球环境，使人类社会得以在与自然的和谐中持续发展，是一项造福人类，惠及千秋万代的最大的、根本性的公益事业。人类社会的所有利益和价值，都不得不服从这个根本的公益。正因如此，1972 年的《人类环境宣言》在宣布 "保护和改善人类环境是关系到全世界各国人民的幸福和经济发展的重要问题，也是全世界各国人民的迫切希望和各国政府的责任" 的同时，还宣布了 "各国应进行合作，以进一步发展……国际法"。[1]1989 年联合国大会关于召开环境与发展大会的第 44/228 号决议也宣布 "大会认识到保护和改善环境对所有国家的重要性……决定会议在讨论发展方面的环境问题时应以下列各点为目标，……促进国际环境法的进一步发展"。[2]

（三）国际环境法的边缘综合性

作为国际法的一个新领域，国际环境法是一个与许多法律部门紧密交叉的边缘综合性法律部门，她处于多种学科的交汇点上，融汇了多个学科的知识并对多种学科产生影响，具有显著的边缘综合性。

首先，国际环境法的边缘综合性，表现在它与许多国际法部门的交叉和密切联系上。国际环境法与国际法的其他分支互相渗透，互相交叉，密切联系。

国际环境法与国际海洋法等紧密联系、互相交叉。从内容来说，海洋环境保护既是海洋法的内容也是国际环境法的内容。从历史发展来说，国际海洋法的产生和发展比国际环境法早，对国际环境法的产生和形成有不可忽视的

---

〔1〕《人类环境宣言》原则 2 和原则 22。

〔2〕参见《关于召开环境与发展大会的决议》（联合国大会第 44/228 号），载中国环境报社编译：《迈向 21 世纪——联合国环境与发展大会文献汇编》，中国环境科学出版社 1992 年版，第 161~164 页。

作用，从整体上和实质上与国际环境法是密切相连、互相交叉的。国际环境法、国际海洋法是各自从不同的角度或侧面，去解决一个共同的问题——合理管理、开发、利用和保护环境资源。

国际环境法与国际经济法等也密切联系，互相交叉、互相影响。环境问题是在人类和经济的发展过程中产生的，保护环境和合理利用自然资源是经济和社会发展的前提和不可分割的组成部分。因此，国际经济法等学科包含了不少关于保护环境和公平合理开发利用自然资源的内容，它们的一些基本原则也与国际环境法基本相同。如都强调发展权是一项重要人权；发展与环境保护应协调一致；国家对其自然资源享有永久主权；应建立新的公平合理的国际经济秩序；应对不同发展水平的国家予以区别对待；发达国家对发展中国家给予优惠待遇，促进其发展和环境保护；等等。这在联合国大会通过的《关于自然资源之永久主权宣言》《建立新的国际经济秩序宣言》《各国经济权利和义务宪章》《发展权利宣言》等国际文件中得到了充分的反映。许多作为国际经济法渊源的国际法律文件，也构成了国际环境法的渊源。如《各国经济权利和义务宪章》，把"保护、维护和改善环境"同"所有国家都达到普遍的繁荣，各国人民都达到较高的生活水平""由整个国际社会促进所有国家特别是发展中国家的经济和社会发展"等，一起列为宪章要实现的根本目标，并从各个方面规定了保护和利用环境资源方面的权利和义务。此外，国际环境法还适用国际公法关于处理国家间关系的各项基本原则，它影响国际经济法中关于国际贸易和投资的规则；它适用国际私法关于解决国际民事纠纷的规则；它影响条约的编纂；它影响国际组织如关贸总协定、世界贸易组织和世界银行等的决策；等等。

其次，国际环境法还与国内法律部门互相渗透，互相交叉，如与民法、刑法、民事诉讼法、经济法特别是环境法的密切联系。

人类赖以生存的地球环境是一个整体，必须从国内和国际两个方面进行保护。虽然国内环境法和国际环境法有很大不同，但其根本任务和最终目的是一致的，即保护和改善人类赖以生存的自然环境，使人类社会与自然界协调发展。国内环境法和国际环境法的具体保护对象不一样，但最终的保护对象是一样的，即人类赖以生存的环境。总的来讲，国内法和国际法的调整方式和手段有很大不同，但由于国际环境法和国内环境法的最终保护对象和目的的一致性，特别由于大自然的发展规律是统一的、不以国界为转移，国内法和国际法都必须同样予以遵循，所以两者在保护环境方面的手段和措施又有许多相同之处。比如，国内、国际都需要对自然环境进行监测，而且要采用统一的方法和标准；都要对环境保护活动进行管理、规划、协调；都要采用预防为主的原则和环境影响评价、赔偿制度等。因此，国际环境法和国内环境法是在相互影响、相互作用下发展的。一般说来，国内环境法的产生和发展先于国际环境法。在国际环境法发展的初期，受国内环境法的影响很大，国际环境法中的不少制度和原则是各国国内法中共同的成功部分的延伸和发展，如环境保护与社会经济应协调发展原则、环境影响评价制度、环境监测和标准制度、污染损害赔偿制度等。反过来，国际环境法的发展又影响、促进和协调国内环境法的发展。其表现是：各缔约国有义务使自己的国内立法与其缔结和参加的有关国际条约相一致。国际环境法促进国内环境法发展的例子可以举出很多，如《防止船舶和飞机倾弃废物污染海洋公约》的通过，使许多国家制定了自己的海洋倾废法规，而且采用了该公约中的许多规定；《保护世界文化和自然遗产公约》的缔结，推动了各国保护自然文化遗产的工作和有关立法；《濒危野生动植物种国际贸易公约》通过后，许多国家根据公约的规定制定了自己的国内法规；等等。

值得特别指出的是，许多国际环境法律文件都直接规定了各国有义务进行相应的国内立法。如《生物多样性公约》第 6 条和第 16 条，《联合国气候变化框架公约》第 4 条等。此外，国际法上的环境规范不仅反映了保护与利用以及国家主权间的紧张关系，而且更多地影响到国际法的其他领域，正如它受到这些领域的影响一样。对环境客体与自然资源的利用与相应的经济问题（原材料、能源、交通与旅游）、社会政策（沿海渔业、移民、交流等）和相应的法律是密不可分的。环境问题与人权也交织在一起。所谓的作为"第三代人的人权"的"环境权"的健康权也只有在人们可以呼吸到无害健康的空气、喝到干净的水的前提下才能实现。同样，在国际武装冲突法领域，环境保护也起着一定作用。

最后，在法学体系外，国际环境法与环境伦理学、环境科学、物理学、化学、天文学、地理学、生物学和经济学等学科亦有密切联系。例如，环境科学和环境伦理学知识是国际环境法的基础知识的一部分；经济学关于经济刺激和成本—效益分析的理论被国际环境法的很多规定所采纳。

总之，国际环境法属于具有十分显著的边缘综合性的新学科，它与其他学科存在着极其密切的联系。

（四）国际环境法具有很强的科学技术性

国际环境法的科学技术性，首先表现在国际环境法的很多目标和规定以对它们所针对的环境问题的科学了解为依据。各国往往等待科学对某一环境问题的原因及其与后果的联系有了"相当程度的令人信服的证明"时，才会在法律上采取相应的行动。例如，1985年《保护臭氧层维也纳公约》和1992年《联合国气候变化框架公约》都是在科学家分别证明臭氧层的破坏和全球变暖问题主要是人类活动的影响所引起和各国有必要采取行动预防问题发展到不可逆转的程度才制定的。其次，国际环境法本身包含许多技术性法律规范。这些技术性法律规范是经过国际立法程序，被各国共同采纳为法律规范的技术规范，如1972年《防止船舶和飞机倾弃废物污染海洋公约》和1989年《控制危险废物越境转移及其处置巴塞尔公约》（即《巴塞尔公约》）。前者将废弃物按其毒性、持久性和对生物和海洋环境的影响，分为"黑名单""灰名单"和"白名单"三类，分别规定禁止倾弃、经特别许可方可倾弃和经一般许可方可倾弃三种管理办法。后者在其附件三里，对危险废物的危险特性分类作了简明的界定，以利于各成员国对危险废物的识别。最后，环境污染、生态破坏及其对人类健康和经济社会的危害是有一定规律和演变机制的，人们必须运用现代科学技术从各方面进行研究才能认识这种规律和机制，必须运用科学技术才能实现环境保护的目的。所以，制订国际环境法律文件必须以科学技术为基础，进行科学的论证，必须在国际环境条约中作出相应的技术规定，将技术规范上升为国际法律规范。

第三节　国际环境法的发展

事物总是在不断变化发展的，国际环境法也在不断地发展完善。

国际环境法诞生50多年来，经历了异常迅速的发展。从寻求保护环境的部门，主要规范可能对环境产生不利影响的物质到始于20世纪90年代的对环境进行综合的保护，到越来越多的法律手段将对环境的法律保护建立在多方面的人类活动基础之上。

一、内罗毕人类环境特别会议及《世界自然宪章》

在逐步将斯德哥尔摩环境大会的原则付诸实施的过程中，人们感到有必要进一步保护自然资源，自然资源越来越被认为在今天和未来服务于整个人类的财富。觉悟的人们需要进一步加强全球环境意识，进一步将《人类环境宣言》所确立的精神发扬光大。为纪念斯德哥尔摩联合国人类环境会议 10 周年，国际社会于 1982 年 5 月 10 日至 18 日举行了内罗毕人类环境特别会议。会议的主要议题为：总结联合国人类环境会议 10 年来国际环境保护的成就、经验和教训，展望未来的世界环境前景，制订新的环境计划。会议郑重要求各国政府和人民巩固与发展迄今已取得的进展，同时对全世界环境的现状表示关注，指出迫切需要在全球、区域和国家范围内为保护和改善环境而加紧努力。会议最后通过了《内罗毕宣言》。

（一）《内罗毕宣言》

《内罗毕宣言》的全称为《内罗毕全球环境状况宣言》，于 1982 年 5 月 18 日通过。该宣言共有 10 项内容。主要包括：

（1）斯德哥尔摩联合国人类环境会议是加深公众对人类环境脆弱性的认识和理解的强大力量；自那时以来，环境科学取得了重大进展，教育、宣传和训练得到了很大发展，几乎所有国家都通过了环境方面的立法；斯德哥尔摩宣言的原则仍然有效，并为以后的岁月提供改善和保护环境的基本守则。

（2）1972 年的《环境行动计划》仅是部分地得到了执行，其结果不能令人满意；人类的一些无控制的或无计划的活动使环境日趋恶化。

（3）环境、发展、人口和资源之间存在着紧密而复杂的相互关系，只有采取一种综合的并在区域内做到统一的办法，并强调这种相互关系，才能使环境无害化和社会经济持续发展。

（4）环境问题因贫穷和挥霍浪费而变得更为严重，因此应建立新的国际经济秩序，并将市场调节和计划相结合。

（5）和平安全的国际气氛对于人类环境有很大好处。

（6）应通过各国间的协商和协调一致的国际行动解决跨越国界的环境问题；加强各国在环境管理方面的合作。

（7）发达国家及有能力的国家，应协助受到环境失调影响的发展中国家解决最严重的环境问题。

（8）需要做进一步的努力，发展环境无害化，寻求利用自然资源的方法和管理方法；发展新能源和可再生能源等措施将对环境产生非常有利的影响。

（9）应预防环境破坏，并通过宣传、教育和训练，提高公众和政界人士对环境重要性的认识，所有企业在采用工业生产方法或技术以及在将此种方法和技术出口到别的国家时，均应考虑其对环境的责任。

（10）重申各国对《人类环境宣言》和《环境行动计划》所承担的义务，重申进一步加强和扩大在环境保护领域内的各国的努力和国际合作，敦促世界各国政府和人民既要集体地也要单独地负起其历史责任，使我们这个小小的地球能够保证人人都能过着有尊严的生活，并代代相传下去。

《内罗毕宣言》重新肯定了《人类环境宣言》所确定的各项原则，并在建立新的国际经济秩序，加强解决跨国界污染的国内和国际立法、寻求对环境无害的自然资源利用和管理方法等方面发展了《人类环境宣言》。尤其是关于通过各国间的协商和协调一致的国际行动解决跨国界的环境问题，要求各国制订环境法，缔结公约和协定，扩大科学研究和环境管理方面的合作的规定，这对此后国际环境法的发展有着重大影响。

（二）《世界自然宪章》

1982 年 10 月 28 日，联合国大会通过了《世界自然宪章》。

宪章包括前言和分成三部分的 24 个条款。这三个部分分别是：一般原则、功能和实施。前言阐述了基本的概念：人类是自然的一部分；文明起源于自然；每种生命形式都是独立的，无论对人类的价值如何，都应得到尊重。指出，由于人类能够改变自然资源，必须维持生态进程和基本的生存系统以及生命形式的多样性。文明的经济、社会和政治结构的存在以及和平的维持都有赖于对大自然和自然资源的养护。因此，必须根据宪章宣布的原则来指导和判断人类一切影响自然的行为。

在一般原则部分，宪章宣布大自然应受到尊重，其基本过程不得被破坏。第二部分原则，倡导应将自然养护与社会发展统一起来（第 7 条）；不得浪费自然资源（第 10 条）；"实施"部分的 11 条原则要求各国将这些原则列入其立法和实践中以及国际合作的行动中；第 21 条原则在国际法上具有特殊的意义，规定：

各国和有此能力的其他公共机构、国际组织、个人、团体和公司都应：

（a）通过共同活动和其他有关活动，包括交换情报和协商，合作进行养护大自然的工作；

（b）制定可能对大自然有不利影响的产品和制作程序的标准，以及议定评估这种影响的方法；

（c）实施有关的养护大自然和保护环境的国际法律规定；

（d）确保在其管辖或控制下的活动不损害别国境内或国家管辖范围以外地区的自然系统；

（e）保护和养护位于国家管辖范围以外地区的大自然。[1]

最后三条原则重申了前言的内容，但更加详细：国家、国家或非国家机构以及个人应根据宪章努力养护大自然（第22条和第24条）。第23条原则特别强调了一个方面：人人都应当有机会参与制定与其环境直接有关的决策；遇到此种环境受损或退化时，应有办法诉请补救。显然，这条原则并没有区别本国居民和非居民，因而肯定了平等诉诸行政和司法程序这一原则。从这个角度看，它直接关系到国际法。

《世界自然宪章》展现了环境保护未来的发展道路，它所提出的原则以后被吸收到众多的重要国际条约和许多国家的国内法中。

二、里约热内卢环境与发展大会

由世界环境与发展委员会的报告首先提议、联合国大会通过决议决定在1992年召开的里约热内卢环境与发展大会，提出了可持续发展战略和全球伙伴关系新观念并为人类社会可持续发展提供了一份全面的行动计划——《21世纪议程》。这些新发展，有利于世界各国统一认识、协调行动，共同扭转人类环境恶化的趋势。可持续发展战略为处于历史关键时刻的人类指明了改革的方向；全球伙伴关系新观念为国际社会在环境与发展方面的合作提供了思想基础和道德原则。国际环境法在沿着可持续发展战略和建立环境与发展的全球伙伴关系的方向前进。

环境与发展大会于1992年6月3日至14日在巴西的里约热内卢召开，正

---

〔1〕　参见国家环境保护总局政策法规司编：《中国缔结和签署的国际环境条约集》，学苑出版社1999年版，第394页。

好是斯德哥尔摩大会之后 20 年。参加大会的共有 172 个国家的 10 000 名代表，包括 116 个国家或政府的首脑。

会议产生了五个文件。两个公约是在此前就已拟定并通过，在此次大会开放签字，这就是《联合国气候变化框架公约》和《生物多样性公约》。第三个文件是一个声明：《关于森林问题的原则声明》。另外两个文件是《里约环境与发展宣言》和《21 世纪议程》。

（一）《里约环境与发展宣言》

《里约环境与发展宣言》是一个简短的文件，包括 27 条原则。它重申了 1972 年《人类环境宣言》提出的目标，其核心概念是可持续发展，意味着将发展与环境保护统一起来，正如世界环境与发展委员会所定义的。对此，第 4 条原则指出，为了实现可持续发展，环境保护成为发展进程中不可分割的一部分而不能将其从中脱离出来考虑。

该宣言第 1 条原则宣布，人类是可持续发展的中心，享有与自然和谐、健康生活的权利。

该宣言包括几条具有明确法律特征的原则。它将已经存在的原则置于广阔的背景下对之予以补充，同时增加了新的原则，如关于活动的跨国界影响的原则 2：

根据《联合国宪章》和国际法原则，各国拥有按照其本国的环境与发展政策开发本国自然资源的主权权利，并负有确保在其管辖范围内或在其控制下的活动不致损害其他国家或在各国管辖范围以外地区的环境的责任。

这个原则与《人类环境宣言》第 21 条类似，但增加了"发展"一词。

新增加的原则包括预防原则（第 15 条）和环境影响评价原则（第 17 条）。此外，该宣言还表达了对发展的关注，要求优先考虑发展中国家的需要，并要求通过提高科学认识加强内在的可持续发展的能力。最后还指出环境保护中的公共参与的重要性，诸如关于个人在环境事务中的知情权、参与权和救济权（原则 10）；强调妇女、青年和土著人参与环境保护的意义等（原则 20~22）。

（二）《21 世纪议程》

里约热内卢环境与发展大会通过的第二个一般性文件是《21 世纪议程》，

这是一个分为40章、涉及115个具体问题、长达800页的行动纲领。它包括四个主要部分：①社会经济方面：居住环境、健康、人口、消费和生产方式等；②资源养护和管理：大气、森林、水、废物、化学产品等；③加强非政府组织和其他社会团体的作用，如贸易联盟、妇女团体、青年团体等；④实施措施，如提供资金、制定制度等。

从法律角度来看，《21世纪议程》中有关不同环境部门和讨论具体问题的章节具有特殊意义，如第9章关于大气、第15章关于生物多样性、第16章关于生物技术、第17章关于海洋、第18章关于新鲜水资源、第19章关于有毒化学品、第20~22章关于废物。此外，第38章关于国际机构安排、第39章关于国际法律文件和机制。"国际法律文件和机制"指的是一般国际法。它强调缔约过程的特殊方面，如进一步发展关于可持续发展的国际法、所有国家的参与和贡献、国内法与有关社会经济协定之间的关系、提高国际环境法的效力、统一国际条约中的环境和发展政策、环境标准的设定、推动和审查国际条约实施的程序和机制以及建立有效的实际的报告制度等。

《21世纪议程》对国内立法予以特别关注。文件频繁提及国内法律、措施、计划、纲领和标准，第8章"将环境与发展统一在决策中"，提倡使用法律和经济手段进行规划和管理，寻求在决策中结合效率标准。它承认在具体国家条件下将环境和发展政策转化成行动中法律法规的重要性，不仅应使用"命令和控制"的方法，还应使用经济规划和市场手段的规范框架，这些方法对于履行国际条约义务也是有用的。

总之，里约热内卢环境与发展大会的文件，与此前、此后通过的国际文件一样，把环境保护和经济发展结合在可持续发展的概念中，号召全社会参与实现这个目标。

毋庸置疑，里约热内卢环境与发展大会取得了重要成果，在提高各国认识可持续发展战略的必要性方面发挥了重要作用，许多国家政府，特别是许多国家的地方政府为促进可持续发展采取了重大步骤。具体表现为：

（1）环境保护法律的重要性已得到普遍承认；

（2）里约热内卢大会通过的文件指导着国际环境法的发展；

（3）国际环境法律制度向着对不同部门综合保护的方向发展；

（4）里约热内卢大会提出的原则影响了所有国际环境条约，不论是全球还是区域条约，也不论是部门还是跨部门条约，而且，这些原则还促进了习惯法规则的形成。

此外，里约热内卢环境与发展大会的影响还表现在制度上的重要发展和国际环境法的进步，如关于环境损害的民事和刑事责任，在欧洲理事会主持下，欧洲于 1993 年 6 月 21 日通过了《环境危险活动造成损害的民事责任公约》；于 1998 年 11 月 4 日通过了《通过刑法保护环境公约》。

20 世纪下半叶，在国家、区域或世界范围内召开了众多有关环境与发展的会议，相关的双边、多边条约或国际公约陆续产生。其中最具有里程碑意义的就是 1992 年在巴西里约热内卢召开的环境与发展大会，会议通过了《里约环境与发展宣言》和《21 世纪议程》等重要文件，确定了相关环境责任原则，可持续发展的观念也逐渐形成。

三、约翰内斯堡可持续发展峰会

由于国际环境发展领域中的矛盾错综复杂，利益相互交错，在里约热内卢环境与发展大会以来的十年中，《21 世纪议程》的实施效果明显没有达到预期的目标。一方面，发展中国家实现经济发展和环境保护的目标由于自身经济不发达而困难重重；另一方面，发达国家并没有履行公约中向发展中国家提供技术和资金支持的义务。因而，全球贫困现象还普遍存在，南北差距不断扩大。在全球范围内，环境继续恶化，全球的环境危机没有得到扭转。大多数国家认为召开新的国际会议，总结回顾里约会议的精神，讨论里约会议建立的全球伙伴关系所面临的新问题有着极大的必要性，这就迫切需要国际社会立即采取相应的行动。鉴此，根据 2000 年 12 月第 55 届联合国大会第 55/199 号决议，2002 年 8 月 26 日至 9 月 4 日，在南非最大城市——世界最大的产金中心约翰内斯堡召开了可持续发展世界首脑会议（World Summit on Sustainable Development，WSSD），即第二届地球首脑会议，这是继 1992 年在巴西里约热内卢举行的联合国环境与发展大会和 1997 年在纽约举行的第十九届特别联合国大会之后，全面审查和评价《21 世纪议程》执行情况、重振全球可持续发展伙伴关系的重要会议。大会的主要目的是敦促各国在可持续发展领域采取实际行动。会议回顾了各国在实施 1992 年里约热内卢环境与发展大会通过的《21 世纪议程》过程中存在的问题与不足，并展望人类可持续发展的未来。这次会议是迄今在可持续发展领域召开的最大规模的国际会议，涉及政治、经济、环境与社会等广泛的问题。大会全面审议 1992 年以来环境发展大会所通过的

《里约环境与发展宣言》《21世纪议程》等重要文件和其他一些主要环境公约的执行情况，并在此基础上就今后的工作形成行动的战略与措施，积极推进全球的可持续发展。与会者包括104个国家元首和政府首脑在内的192个国家的1.7万名代表。在为期10天的会议中，与会代表就全球可持续发展现状、所面临的主要问题（涉及人口、贫困、水资源、植被保护和能源等领域）以及问题的解决办法进行了广泛的讨论，并着重围绕人类健康、生物多样性、农业生产、清洁水源和能源五大议题进行了讨论，一致认为，目前人类在这五大领域都面临严峻挑战，如不采取有力措施，可持续发展将成为泡影。

通过热烈的讨论，会议通过了两份主要文件——《执行计划》和题为《约翰内斯堡可持续发展承诺》的政治宣言。在政治宣言中，出席会议的100多位国家领导人重申并郑重表达了对可持续发展的承诺，他们表示，将联合采取行动以"拯救我们的星球，促进人类发展，并实现共同的繁荣与和平"。同时"深深地感到，迫切需要创造一个更加光明、充满希望的新世界"。《执行计划》提出了一系列新的、更具体的环境与发展目标，并设定了相应的时间表。

《执行计划》被认为是关系到全球未来10年至20年环境与发展进程走向的路线图，是国际社会在可持续发展领域积极努力的最新结晶，其重要性不容低估，将对未来环境与发展产生积极影响。

《执行计划》谈判历时9个月，最终形成的文本长达70多页。这份文件的最主要价值，在于它就"在促进经济发展的同时保护生态环境"发出了行动信号。10年前，联合国环境与发展大会通过的《21世纪议程》为全球可持续发展指明了大方向，但缺乏具体的行动计划。与之相比，本次大会通过的《执行计划》提出了诸多明确目标，并设立了相应的时间表，其中包括到2020年最大限度地减少有毒化学物质的危害；到2015年将全球绝大多数受损渔业资源恢复到可持续利用的最高水平；在2015年之前，将全球无法得到足够卫生设施的人口降低一半以及到2005年开始实施下一代人资源保护战略等。

可持续发展世界首脑会议的召开对于人类进入21世纪所面临和解决的环境与发展问题有着重要的意义。在20世纪，人类在经济、社会、教育、科技等众多领域取得了显著的成就，但在环境与发展的问题上始终面临着严峻的挑战。尽管1992年里约热内卢的第一届地球首脑会议就提出了可持续发展战略，但由于可持续发展涉及各国的利益，因此很多国家，尤其是发达国家出现了"光说不练"的现象，南北差距进一步拉大，生态环境进一步恶化。全世界只有团结起来才能够在实现可持续发展方面取得成功。如果说 10 年前人们对可持续发展还是泛泛而谈的话，那么这次大会将更有针对性地商讨和解决可持续发展问题。

这次会议并未在里约会议之外另起炉灶，而是针对过去 10 年来被忽视和未得到解决的一些最紧迫生态问题设立了可行的时间表，并将重点集中在水、生物多样性、健康、农业、能源等几大具体领域，体现了务实态度。这些时间表能得到各国认可，充分表明走可持续发展之路，在全球范围内已是大势所趋，且这一趋势不会因暂时的阻力而逆转。大会选择了一条可持续发展的道路，给后代留下了最宝贵的财产。

四、"里约+20"可持续发展峰会

2012 年 6 月 20 日至 6 月 22 日，联合国可持续发展峰会于巴西里约热内卢会展中心举行，此次会议与 1992 年在里约热内卢召开的"联合国环境与发展大会"正好时隔 20 年，为纪念 1992 年通过的《21 世纪议程》这一历史性事件，本次峰会被称为"里约+20"峰会。峰会主题为"可持续发展和消除贫困背景下的绿色经济""可持续发展的体制框架"，"里约+20"峰会确定了三个目标：一是重申各国对实现可持续发展的政治承诺；二是评估迄今为止在实现可持续发展主要峰会成果方面取得的进展和实施中存在的差距；三是应对新的挑战。

关于本次大会，UNEP 重申可持续发展是该组织的优先任务，重申 1992 年《里约环境与发展宣言》及《21 世纪议程》各项原则；需要新的承诺和紧急行动，明确技术转化和能力建设等执行方式；联合国系统需要更大改革；提出了 11 个需要关注的事项。大会决议应统筹社会、环境和经济三个维度；重新定义我们的经济进程，衡量指标；建立共同治理机制；经济绿色化；发展注重公平，包括代际公平；注重青年培训和就业投入，促进其参与绿色经济；使最不发达国家进入可持续发展快车道；发起能源、粮食安全、土地、生物多样性、海洋与城市等领域的有关行动。UNEP 认为绿色经济是实现可持续发展和消除贫困的重要手段。绿色经济转型应考虑可持续、可参与和公平发展的目标更快实现；体现自然资本的价值；各国不必采用统一的进度安排；

通过采取可持续的消费和生产模式巩固绿色经济，提高资源效率；绿色经济框架不应成为获得援助和贸易的决定条件等。在机制框架方面，UNEP 认为大会应考虑加强现有机构合作，提高绩效，同时考虑成立新机构来克服各种执行困难。

全球环境基金（GEF）认为，应将绿色经济的各部分重新整合到一个更加一致、互相促进、有效的机制框架中。截至目前，GEF 仍是支持《生物多样性公约》《联合国气候变化框架公约》《联合国关于在发生严重干旱和/或荒漠化的国家特别是在非洲防治荒漠化的公约》（以下简称《防治荒漠化公约》）等一系列公约的全球最大金融机构，共单独投资了 100 亿美元，动员了 400 亿美元配套资金，GEF 应继续保持其在支持发展中国家环境项目方面的重要地位。GEF 应继续保持与多边发展银行及联合国机构的合作。已有基金应改进其管理流程，新增基金应通过已有的、加强的基金来管理。总结推广 GEF 促进绿色经济转型方面的经验。

6 月 22 日峰会上，100 余位国家元首和政府首脑、193 个国家代表结束了三天在里约会展中心的轮番演讲，在闭幕式上通过了会议最终成果文件——《我们憧憬的未来》，决定发起可持续发展目标讨论进程，肯定绿色经济是实现可持续发展的重要手段之一，决定建立高级别政治论坛，敦促发达国家履行官方发展援助承诺，向发展中国家转让技术和帮助加强能力建设等。总体而言，"里约+20" 峰会是人类社会向绿色经济转变的一个机会。以中国为代表的发展中国家支持加强联合国的领导作用，加强 UNEP 的职能，但就是否成立新的联合国机构表示相对谨慎。

五、联合国环境大会

联合国环境大会（United Nations Environment Assembly，UNEA）自 2014 年首次会议以来，迄今已经成功召开了六届大会。目前，UNEA 已成为推动国际环境议程、促进人类社会经济可持续发展目标实现的关键平台。作为国际环境保护与可持续发展的先锋，UNEA 的成立体现了国际社会对环境问题日益关注和应对人类环境危机的决心。

（一）联合国环境大会的成立

1972 年 12 月 15 日，为了满足国际环境合作的体制和财政安排之需，联合国大会第 27 届会议通过第 2997（XXVII）号决议设立了联合国环境规划署，并成立了一个由 58 个成员国组成的理事会，赋予理事会审查和批准环境规划署每个两年期的活动和预算的职能。在 50 多年的时间里，理事会一直致力于解决日益严峻的环境问题，涉及气候变化、生物多样性损失、土地退化、水资源短缺、化学品管理和国际环境治理等领域，同时，理事会还作为一个论坛[1]，让成员国可以就环境问题进行讨论，以此来引导全球环境治理。这不仅为会员国间的环境合作提供了框架，同时也推动了环境科学研究、环境教育和国际环境法的发展。但随着全球环境问题的复杂性和紧迫性日益增加，国际社会意识到必须加强联合国环境规划署的作用，以便更加有效地应对全球环境挑战。于是在 2012 年 6 月，即"里约+20"峰会期间，世界各国领导人达成共识，认为必须加强联合国环境规划署的作用，建议环境规划署理事会实行普遍会员制，并增强环境规划署在联合国系统内履行其协调任务的能力，以及确保所有利益攸关方的积极参与。于是，2013 年 3 月 13 日，联合国大会通过了第 67/251 号决议——《更改联合国环境规划署理事会的称号》，将环境规划署理事会正式升格为联合国环境大会，决定将 1972 年联合国环境署成立以来由 58 个成员国参加的理事会，升级为普遍会员制的环境大会。明确联合国环境大会的主要职能是确定全球环境政策的重点事项、审议和制定环境政策、推动国际环境立法和国际环境合作以及监督和指导 UNEP 的工作。其目标为：①确保将环境层面充分纳入整个国际议程，承认健康的环境是可持续发展议程的一项基本要求和主要推动力；②将可持续发展的经济、社会和环境层面充分纳入发展议程，目的是消除贫困、保护环境和促进与自然和谐相处的包容性的社会和经济发展；③加快和支持可持续的消费和生产模式，提高资源利用效率和可持续的生活方式；④采取行动，预防、打击和消除非法野生动植物及其制品贸易；⑤采取紧急行动，应对气候变化，要求所有国家根据《联合国气候变化框架公约》的目标、原则和各项规定开展合作；⑥期待强化行动德班平台在 2015 年以《联合国气候变化框架公约》之下适用于所有缔约方的议定书、其他法律文书或具有法律效力的商定成果的形式通过一项成果；⑦确保以协调一致的有效方式全面执行多边环境协定以及其他

[1] 1998 年根据联合国大会第 53/242 号决议理事会组建了全球部长级环境论坛（Global Ministerial Environment Forum, GMEF）。全球部长级环境论坛主要负责审查环境领域中重要的和新出现的政策问题。

国际和地区环境承诺，同时推动这些协定和承诺之间的协同增效，承认它们对可持续发展的积极贡献；⑧加强努力，遏制生物多样性丧失和防治荒漠化、干旱和土地退化，并确保生态系统具有复原能力并继续提供其各项服务；⑨促进并鼓励建立真诚和持久的伙伴关系，以应对小岛屿发展中国家面临的环境挑战。

UNEA 的成立是国际环境法发展进程中的一次重大变革，它不仅增强了联合国环境规划署的权威性，也提高了解决环境问题在全球议程中的优先级。按照联合国环境大会议事规则，作为全球最高环境决策机构，UNEA 每两年举行一次，汇集各国政府、国际组织、非政府组织、企业和科学界代表等，共同讨论和应对全球环境问题。

（二）联合国环境大会的召开

联合国环境大会自成立以来，已通过多项重要决议，涵盖气候变化、生物多样性保护、海洋污染、塑料废弃物、化学品管理等诸多领域。这些决议不仅为全球环境治理提供了政策指导，也促进了国际社会在环境保护和可持续发展方面的合作。

第一届联合国环境大会于 2014 年 6 月 23 日至 27 日在肯尼亚首都内罗毕联合国环境规划署总部召开，大会以"可持续发展目标和 2015 年后发展议程，包括可持续消费和生产"为主题，各国政府代表、主要团体和利益攸关方代表等 1200 多人将出席会议，共同讨论 2015 年后的环境保护和发展、非法野生动植物贸易、绿色金融等议题。第一届联合国环境大会是在环境规划署理事会实施会员制改革后的首次亮相，把由原来 58 个成员国参与的联合国环境署理事会，升级为普遍会员制的联合国环境大会，这使得所有联合国成员国都有权参与到 UNEP 的决策过程中。这种开放性的结构不仅确保了广泛的代表性，还增强了 UNEP 在全球环境治理体系中的领导力，确立了其作为全球环境对话和行动中心的地位。同时，广泛的参与度体现了国际社会对环境议题的高度关注和对采取联合行动解决问题的迫切需求。在此意义上说，首届联合国环境大会是一个重要的里程碑，是对巴西"里约+20"峰会的回应，是加强和升级联合国环境规划署，使其成为全球环境事务的权威机构所迈出的重要一步，本次大会在多个层面上展现了其开创性意义和重大影响。

第二届联合国环境大会于 2016 年 5 月 23 日至 27 日在肯尼亚内罗毕召开，会议主题是"落实 2030 年可持续发展议程中的环境目标"，出席本次大会的代表包括现任和前任国家元首、来自 174 个国家的环境部长、国际组织负责人、私营部门等各方代表 2500 多名。会议直面当今世界环境和可持续发展面临的挑战，关注环境保护与可持续发展的紧迫问题，会议覆盖了从空气污染、海洋资源保护到打击野生动植物非法贸易等多个关键环境领域。这些决议和计划的通过，不仅昭示了国际社会加强合作的决心，也促使各国政府承诺采取切实措施，共同应对环境挑战。此外，本次大会还突出了实现 2030 年可持续发展目标的核心地位，促成了意义深远的全球对话与决策。本次会议显示了国际社会在环境问题上的紧密合作与不懈努力，并为下一届环境大会的召开打下了坚实的基础。

第三届联合国环境大会于 2017 年 12 月 4 日至 6 日在肯尼亚内罗毕召开，会议主题为"建立一个无污染的星球"，并讨论了五个分主题：水污染、土地污染、海洋污染、空气污染和化学品与废物的健全管理。本次大会通过了 11 项决议和 3 项决定，呼吁采取加速行动和加强伙伴关系，打击海洋塑料垃圾和微塑料的扩散、消除铅涂料的暴露、促进废旧铅酸电池的无害环境管理、强调环境与健康、改善全球空气质量、解决水污染问题、保护和恢复与水有关的生态系统、管理土壤污染、实现可持续发展、受恐怖主义行动和武装冲突影响的地区的污染预防和控制，等等；尤其是就"迈向零污染地球"这一主题进行了深入的探讨和磋商，并达成了一项重要的"部长宣言"，体现了国际社会在环境保护方面的共同决心和紧迫的行动意识。此次大会的另一个亮点是首次将武装冲突中的环境问题列入讨论议程，显示了 UNEA 对于环境保护议题的全方位关注，以及对国际环境安全挑战的快速响应。会议成果将国际环境合作治理向前推进了一大步。

第四届联合国环境大会于 2019 年 3 月 11 日至 15 日在肯尼亚内罗毕举行，大会以"通过创新解决方案应对环境挑战，推进可持续消费和生产"为主题。在全球面临气候变化、过度捕捞、海洋酸化等问题的关键时刻，本次大会最终通过了涵盖从循环经济到环境评估的广泛议题的 23 项决议。会议决议着眼于生物多样性和生态系统的可持续性，特别关注了全球红树林的健康和可持续管理，认识到这些生态系统在维护生物多样性、提供生计支持以及增强应对气候变化能力方面具有不可替代的作用。同时，会议决议强调了环境教育、公众意识和能力建设的重要性，以及生物多样性的可持续利用在实现可持续发展目标中的核心作用。同时，大会期间出版了一系列综合报告，强调有必要迅速行动解决现有环境挑战。其中最新的《全球环境展望》（GEO-6）警示，如不能立即加大环境保护力度，到 21 世纪中叶，亚洲、中东和非洲一些地区将有数以百万计的人口因环境问题减寿。《全球环境展望》（GEO-6）为政策制定者提供关于全球环境状态的最新科学信息和评估的同时，还提供了一个行动路线图，以帮助世界各国实现环境保护和人类福祉的共同目标。

第五届联合国环境大会于 2021 年 2 月 22 日，以"加强保护自然的行动，实现可持续发展目标"为主题在肯尼亚首都内罗毕召开。由于疫情，第五届联合国环境大会分成两个阶段举办，第一阶段于 2021 年 2 月 22 日至 23 日以线上形式召开，第二阶段续会于 2022 年 2 月 28 日至 3 月 2 日在肯尼亚内罗毕环境规划署总部以线下线上结合方式举行。同时，为纪念联合国环境规划署成立 50 周年，还在 3 月 3 日至 4 日举行了联合国环境大会特别会议。会议议题关注了国际环境问题的多个方面，诸如终结塑料污染、化学品和废物有效管理和预防污染、氮的可持续管理、疫情后的环境因素、动物福利—环境—可持续发展三者之间的关系、湖泊的可持续管理、基础设施、矿物和金属的环境管理等。会议呼吁各国政府采纳专家建议，以防止全球失去更多野生动物、损失更多自然资源，强调了自然在我们的生活以及社会、经济和环境可持续发展中发挥的关键作用。会议决议内容涵盖了塑料污染、海洋环境问题、野生动物保护、水资源管理、矿物金属环境管理等各个方面。本次会议的举办虽然受到疫情的影响，但依旧取得了一系列成就，特别是在控制塑料污染、化学品和废物管理以及环境卫生问题方面。会议决议不仅强调了环境保护的紧迫性，也为实现联合国 2030 年可持续发展目标的环境维度提供了坚实的基础。环境卫生问题在决议中被特别重视，尤其是在全球大流行病背景下；在塑料污染方面，决议提出制订一个旨在结束塑料污染的国际法律约束文件，这一决议被认为是自应对气候变化的《巴黎协定》以来最重要的环境多边协议之一。第五届联合国环境大会标志着国际环境治理的一大进步，尤其是在具体措施的制定和实施上取得了实质性的进展，对国际环境立法具有深远的影响。

第六届联合国环境大会于 2024 年 2 月 26 日至 3 月 1 日在肯尼亚内罗毕召开。本次盛会聚集了 193 个联合国会员国的代表和来自民间组织、原住民、国际机构、科研界和私营部门的众多参与者。会议的主题是"采取有效、包容、可持续的多边行动，以应对气候变化、生物多样性丧失和环境污染"，涉及问题包括基于自然的解决方案、高危农药、土地退化和干旱，以及矿物和金属的环境因素等。大会聚焦如何加强环境多边主义，以应对气候变化、自然环境丧失和污染这三重地球危机，强调随着气候变化加剧，一百万个物种走向灭绝，环境污染仍然是世界上导致过早死亡的主要原因之一。会议凝聚了国际共识，指导了今后环境政策的走向，最终通过了一系列决议、决定以及一份"部长宣言"。会议决议凸显了国际合作的重要性，提出了环境保护和恢复的关键行动，海洋环境保护成为核心议题，决议提倡各国加强行动，以保护海洋生物多样性。

显而易见，联合国环境大会体现了全球环境治理的新高度，不仅进一步加深了人们对环境问题的认识，也为实现《联合国2030年可持续发展议程》和应对人类环境危机提供了机构保障，确保了国际环境立法和国际环境行动具有了全球统一的协调性和方向性。

第二章

国际环境法的性质及其体系

环境问题作为燃眉之危机让人类不得不直面正视。即使是筹划危机降临之时乘宇宙飞船而逃离地球，即便是万幸而来得及逃离地球，也不过是仅仅逃避了问题而已。难道说是解决了问题吗？当然不是。我们应该正视环境问题，探索"人类与自然之间本来的存在关系"的根本。逃离地球即使成功，作为人类只要想生存下去，无论到哪里也摆脱不了环境问题。也就是说，与其说是"环境"问题不如说是人类自身的存续问题，这并非游离于"人类存续"的问题。环境问题的说法乃是种逆说，其实质是这里（人类存续本身）的问题而不是那里（环境）的问题，非彼而此也。原因就在于人类一旦离开了彼（环境——能够存活的地方）就无法存活了。当我们有了这种深刻的认识后，对作为一个独立的新的法律部门的国际环境法就有了清晰的认识。

第一节　国际环境法的性质

人类是生物圈中的一个组成部分，自然界与人类是同呼吸共命运的统一体，在本质上人与自然存在着共存共荣的关系。人类是一个整体，尽管生活在不同的主权国家内。但地球只有一个，人类只能同舟共济。国际环境法是保护和改善人类生态环境和生活环境的法律部门，是国际法的新领域、新部门，是保护人类与自然和谐发展，解决国际环境争端的法律依据，是真正意义上的公法，而非国内环境法的国际适用。

一、环境的伦理基础

人类是自然的一部分，生命有赖于自然系统的功能维持不坠，以保证能源和养料的供应。《世界自然宪章》宣示了人类是自然界的一部分，没有这个自然界，人类就不能生存。人类是环境的组成部分，从这个角度看，环境的每个组成部分不仅具有直接关系到人类的价值，而且，还是一个相互关联的系统中不可缺少的要素，必须保护这个系统以确保人类的生存。尽管人类生存这个最高目标仍然是以人为中心，人类却不再被视为自然界之外或之上，而是与自然界相互联系、相互依赖的一部分。由于自然界各个部分都是相互联系的，每一部分都应受到保护，因此，国际环境法的规范是既保护人类又保护环境。

在此，我们所说的"环境"的总体乃是"生物圈"，[1]是指以各种生命形式为中心的宇宙的一部分，人类通过保护生物圈来保护自己。国际环境保护是通过对生物圈的组成部分（如岩石圈、水圈、气圈）采取保护措施来进行的。因此，环境的要素将由于它们对于人类的重要性、为人类服务而受到保护。当然，环境要素在具有"对于人类的重要性并为人类服务"之特性的同时还具有其内在价值。1982年的《世界自然宪章》在前言中指出："每种生命形式都是独特的，无论对人类的价值如何，都应得到尊重，为了承认其他有机体的内在价值，人类必须受行为道德准则的约束。"同样，1992年6月5日的《生物多样性公约》也承认："缔约国清楚地知道生物多样性的内在价值。"[2]越来越多的国际法律文件承认了环境要素的内在价值。这些都表达了正所谓"不唯独是人类，生物的物种、生态系统、景观等，与人类一样也具有生存的权利，人类不可随意地加以否定"。这就是"自然的生存权"，[3]它揭示了"环境"的伦理基础。

虽然，国际环境法对环境的保护是通过法律规则而不是通过道德规范来实现的，但上述这些发展却具有重大意义。它们指出了国际环境法的性质，使人们认识到保护生物圈乃是人类的共同利益。正如《环境伦理学》所阐述的："环境伦理关注的对象虽然直接的是其他生物的生存和生态系统的完整，它直接强调的也是人对其他生物和生态系统完整的态度和责任，但从根本上说，它所关注的实际上是人类持久生存下去的生态要求，或者说是人类持久

---

〔1〕 参见联合国教科文组织"人与生物圈规划"。
〔2〕 参见《生物多样性公约》序言。
〔3〕 参见裴广川主编：《环境伦理学》，高等教育出版社2002年版，第52~56页。

生存所必需的且存在于生态系统中的'公共利益'。人类之所以应当将道德关怀扩展到其他生物和整个生态系统，根本在于人类生存有这种生态学意义上的客观要求。人类尊重其他生物的存在，维护生态系统的完整，实际上就是尊重自身的存在，关注自身存在的利益、幸福和命运。总之，环境伦理原则的确立，应以生态科学揭示的人类自然生态系统中的'公共利益'作为其现实基础和客观依据，我们只有承认了生态规律的真理性和不可抗拒性，才能发现生态系统的稳定平衡对人类生存利益的价值性，进而作出人类应当保护自然生态的道德选择。因此，人类整体的长远的生存利益才是人类保护自然道德行为（应该）的最终根据。我们应按照有利于人类在自然界持久生存下去且更好地生活的要求来确立人对自然的实践行为的评价标准系统，为人类改造、利用、占有自然确定正当的范围、合理的途径方式并承担起优化自然生态系统或环境的道德义务。"[1]在这里，最后的一句应扩展为"我们应按照有利于人类在自然界持久生存下去且更好地生活的要求来确立人对自然的实践行为的评价标准系统，为人类改造、利用、占有自然确定正当的范围、合理的途径方式并承担起优化自然生态系统或环境的道德义务和法律责任"。

人类是生物圈中的一个组成部分，自然界与人类是同呼吸共命运的统一体。一方面，人类是自然的产物并在自然界中生存，自然遭毁灭，人类的生存和发展将会变成无源之水，无本之木。另一方面，没有人类的生存及其实践，自然界也无法显示它的存在论意义和生存论价值。这就决定了人与自然在本质上存在着一种共存共荣的关系。人类越来越认识到，地球只有一个，在可以预见的未来，人类只能生活在茫茫宇宙中如同汪洋大海中的小舟上，同舟共济；人类是一个整体，尽管生活在不同的主权国家内，但是，在环境保护问题上，必须齐心协力。否则，终有一天，整个人类将彻底灭绝，就如同现在地球上许多物种已经灭绝一样。地球将重归平静，大自然又会以其在过去亿万年中所显示的创造力而崛起于人类遗留的废墟之上。人类至此星球上的数千年存活史终将降格为一段插曲———一段很成问题、毫无结果的插曲。数百年后，我们的足迹就不复存在。[2]这是我们所不愿意看到也是极其可怕

---

〔1〕 参见裴广川主编：《环境伦理学》，高等教育出版社 2002 年版，第 52 页。

〔2〕 ［德］狄特富尔特等编：《哲人小语：人与自然》，周美琪译，生活·读书·新知三联书店 1993 年版，第 11 页。

的结果。如果真正认识到这一点，那么环境的国际保护就是整个人类的最高利益，是任何其他利益所不能抵触的。保护环境，是全人类——不分种族、不分地域、不论信仰、不论贫富——所有地球人应该履行，必须履行的义务。

二、人类共同利益

国际环境法的目的是保护人类的共同利益。什么是人类共同利益？关于这个问题，有许许多多见仁见智的观点，亦有各种各样的不同名称，如"一般利益""全体利益""国际公益""人类利益"等。[1]笔者也曾就此作过如下界定：所谓"整体利益"，并非指各国兼有之利益，而是特指不能够将其分配给哪一个特定国家的，是各国之间不可分的"集体的利益"，是不能归属于某个国家或特定国家之间的利益，是不可分割的属于国际社会（人类整体）的集体的"整体利益"。[2]法国学者亚历山大·基斯教授认为"共同利益"首先是人类的生存，也是组成生物圈的个人和民族可以在尊严和自由中过一种物质上满足的生活。[3]这里的"人类"，包括"今世"和"后世"。"后世"也就是我们的子孙后代，子孙后代的生存条件不应比今世从前人那里继承的条件差。众所周知，环境与资源是不能无限再生的资本，一旦用尽耗绝，未来的世代便难以生存。因此，我们必须倡导"代际公平"。从《人类环境宣言》第2条原则、[4]《保护世界文化和自然遗产公约》第4条[5]开始，到《里约环境与发展宣言》第3条原则[6]和《约翰内斯堡可持续发展宣言》第

---

〔1〕［日］山本草二：《国际行政法的存在基础》（日文本），载《日本国际法外交杂志》1969年第67卷第5号；［日］杉原高岭：《基于一般利益的国家的诉讼权》（日文本），载1975年《日本国际法外交杂志》1975年第74卷第3、4号。

〔2〕林灿铃：《国际社会的整体利益与国际犯罪》，载《河北法学》1999年第1期。

〔3〕［法］亚历山大·基斯：《国际环境法》，张若思编译，法律出版社2000年版，第11页。

〔4〕《人类环境宣言》第2条原则：为了这一代和将来的世世代代的利益，地球上的自然资源，其中包括空气、水、土地、植物和动物，特别是自然生态类中具有代表性的标本，必须通过周密计划或适当管理加以保护。

〔5〕《保护世界文化和自然遗产公约》第4条：本公约缔约国均承认，保证第1条和第2条中提及的、本国领土内的文化和自然遗产的确定、保护、保存、展出和遗传后代，主要是有关国家的责任。该国将为此目的竭尽全力，最大限度地利用本国资源，必要时利用所能获得的国际援助和合作，特别是财政、艺术、科学及技术方面的援助和合作。

〔6〕《里约环境与发展宣言》第3条原则：为了公平地满足今世后代在发展与环境方面的需要，求取发展的权利必须实现。

6 条原则,[1]后代权利已经越来越明确地被规定在国际法律文件中。

1968 年 9 月 15 日通过的《养护自然和自然资源非洲公约》在宗旨中强调:从经济、营养、教育、文化和美学的观点出发,为了当今和未来人类的幸福,鼓励个别和共同行动,以养护、利用和发展土壤、水、动植物。

1979 年 6 月 23 日通过的《保护野生动物迁徙物种公约》在前言中主张:各种野生动物构成地球自然系统不可替代的组成部分,应为人类的利益受到保护。每一代人为后代掌管着地球的资源,负有保护和谨慎使用遗产的使命。

1992 年 5 月 9 日通过的《联合国气候变化框架公约》在第 3 条第 1 款中规定:各国有义务在平等的基础上,根据共同但有区别的责任和它们各自的能力,为今世后代的利益保护气候系统。

"地球的生态系统是封闭式的世界而非开放式的宇宙",使这一观念深入生产与生活的所有领域的文化精神的缔造乃是义不容辞的。为此,我们必须强调"持续生存原则",持续生存是指人类在自然中持久地、更好地生存。[2]所以,我们必须深刻认识到这不仅关系到我们自己——"今世",而且关系到我们的子孙——"后世"的"共同利益"。

20 世纪 60 年代末,即国际环境法诞生前夕,人类历史开始出现"人类共同遗产"的概念。

1967 年 8 月 17 日,马耳他常驻联合国代表阿维德·帕多向第 22 届联合国大会提交了著名的帕多提案,建议把国家管辖范围以外的海床、洋底及其资源宣布为"人类的共同继承财产"。帕多提案是海底历史上的一个关键性事件,它吹响了建立国际海底制度的进军号角。自此,联合国开始着手研究和制定和平利用海床洋底的法律原则和规范,并于 1969 年成立了联合国海底委员会。

"人类共同继承财产"的原则得到了世界各国的普遍赞同。联合国大会于 1970 年 12 月 17 日以 108 票对 0 票和 14 票弃权通过了《关于国家管辖范围以外海床洋底及其底土的原则宣言》,庄严宣布了一系列有关国际海底的原则。明确了国际海底及其资源为"全人类共同继承财产"的法律地位,为建立国

---

〔1〕《约翰内斯堡可持续发展宣言》第 6 条原则:在非洲大陆这个人类的摇篮,我们通过《可持续发展世界首脑会议实施计划》和本《宣言》,宣告我们彼此之间承担的责任,并对更大的人生大家庭以及子孙后代负有责任。

〔2〕 裴广川主编:《环境伦理学》,高等教育出版社 2002 年版,第 56~58 页。

际海底制度奠定了法律基础。

1982 年《联合国海洋法公约》进一步使原则宣言的规定更加条文化和具体化。公约第 136 条和第 137 条规定：“区域”及其资源是人类的共同继承财产，一切权利属于全人类，由管理局代表全人类行使，任何国家或自然人或法人不得对“区域”及其资源主张或行使主权或主权权利，并且除依照公约的规定外不应对“区域”的矿物主张、取得或行使权利。简言之，“区域”已置于将建立的国际海底管理局的专属管辖下，任何在公约规定以外开发“区域”内资源的行为都是不准许的。

《联合国海洋法公约》的规定把“人类共同继承财产”作为条约上的定义固定下来，使其成为一项正式意义上的国际法。

“人类共同继承财产”是国际法上一个崭新的原则，有其确定的法律内容。这一原则首先排除了个别国家对海底的主权要求，肯定了海底及其资源是人类的共同继承财产，因此理所当然地在国际法上属于所有国家的共同主权。概括起来，“人类共同继承财产”原则有三大特征：

第一，共同共有。国际海底区域及其资源是人类共同继承财产，属于世界各国人民所共有，代表这些人民的所有国家是共同财产的共同共有人。在法律上，共同共有人对共同财产享有平等权利，但这种权利是不可独立支配的。

第二，共同管理。“区域”及其资源为世界各国人民所共有，也应当由世界各国共同管理。共同管理的形式就是建立国际海底管理局，各国通过该局共同参加海底区域及其资源的管理。管理局根据国际社会全体成员的授权控制“区域”内活动，管理“区域”内资源。“‘区域’内资源的一切权利属于全人类，由管理局代表全人类行使。”只有通过共同管理，才能赋予共同财产以充分意义。

第三，共同分享。“区域”及其资源既然是人类的共同继承财产，则来自共同财产的一切收益，当然应为全人类也即由所有国家共同分享。《联合国海洋法公约》规定：在无歧视的基础上公平分享从“区域”内活动取得的财政及其他经济利益。共同分享不是平均分享，而要优先照顾发展中国家的需要。这样才能真正达到“公平分享”的目的。

“人类共同继承财产”原则所包含的三个基本特征是互相联系的。共同分享是共同财产的目的，共同管理是共同分享的措施，而共同共有则是共同管理和共同分享的基础。

此外，"人类共同继承财产"概念还被适用于月球和天体。事实上，在人类共同利益在法律上被具体表述为人类共同遗产之前，它已经以普通的语言存在于南极制度、无线电频谱制度和同步卫星轨道制度中。这些制度都规定了不强占、保护资源、合理利用的义务。国家自主决定遵守这些义务，实际上这些规则一般不会给缔约国带来直接好处，国家也并不是为自己获得任何直接的好处。其目的是保护由野生动植物物种、海洋、空气、土壤、风景等构成的人类生存环境，是为人类共同利益这个更长期的目标服务：即维持和平、防止可能造成危险的国际紧张局势，尊重和保障所有人的尊严、基本权利和自由，制止对自然资源进行自私的、破坏性的过度开发。这些公约明确体现着人类共同利益。而且，在许多旨在保护环境特定内容的条约中，人类共同利益也被列入条约的目标中。

1972年11月，联合国教科文组织《保护世界文化和自然遗产公约》声明：任何文化和自然遗产的坏变或丢失都有使全世界遗产枯竭的有害影响。1992年6月，《生物多样性公约》在前言中指出：生物多样性的保护是全人类的共同关切事项等。

由此可见，国际环境法通过调整国家之间在开发利用、保护和改善环境的过程中所产生的各种国际关系，来达到防止和解决国际环境问题的目的。国际环境法规定了各国在开发利用资源、保护和改善国际环境中享有的各种权利和应尽的义务，它通过协调两国之间或多国之间以至全球环境保护方面的行动，加强国际合作来解决业已存在的问题。

总之，国际环境法的目的就是保护和改善国际生态环境和生活环境。[1]前者包括最大限度地减少不可更新资源的消耗、保护地球的生命力和多样性等；后者包括提高人类生活质量，保护人类的健康，促进国际经济的发展和人类社会的进步，从环境保护的角度，最终建立一个人类可持续生存的社会。

显然，国际环境法是属于为人类共同利益而制定的行为规范。

三、国际环境法的功能

我们以史无前例的规模"征服"了地球和地球上的自然界。在地球发展

---

〔1〕　戚道孟编著：《国际环境法概论》，中国环境科学出版社1994年版，第44页。

史上，首次出现了为自身的利益而打算制服整个大自然的物种——人类。由于人类在臆想中具有绝对"特殊"的地位，表现傲慢，俨然忘却自己也是地球上自然界的一员、同样受到生物界种种规律的制约。在掌握了高超的现代科技后，为了自身利益，人类会毫不犹豫地利用这些知识对自然界进行技术操纵。在过去的世纪里，人们正是以这种态度利用任何渴望增加舒适度和权力的可能性，只要有些许可能，哪怕只是短暂的，人们也会立即着手去做，在任何情况下都优先琢磨其可能的实用性。人们已惯于不断滥用知识，以满足自己的生活要求和权力欲。[1]今天，我们要谴责这种无所顾忌的态度，我们已经十分清楚，环境问题的解决不仅立足于当今更是面向人类的未来。环境直接影响着人类的生存，而人类的活动（无论是生产还是生活）也在直接或间接地影响着环境。人类与环境，两者存在于统一体中，必然是相互依存、相互影响和相互促进的。自然界的变化是有其自然的客观"法则"的，亦即通常说的自然规律，它是不受人类的主观意志支配的。人对于这种客观规律的认识，不是先天就有的，而是在长时期的实践、认识、再实践、再认识过程中，付出惨重的代价，并在不断总结正反两方面经验基础上而得知的。

如果不愿使人类的历史中断，归根结底应当怜悯自己。我们作为自然界的一员，无论具备多么高超的权力手段，幸喜尚无能力毁灭自然。如不立即制止按人类随意判断而进行的任性改造地球的活动，则在即将到来的灾难中，人类首当其冲；由于生命层失却自然平衡，人类最终也将陷入业已开始的大量死亡漩涡。一旦人类因失却生物生存的基础（其中包括空气、饮用水、无毒而肥沃的土地以及大量不同种类的生物）而毁灭自己，自然界却有可能随即复原。直面被喻为第三次世界大战的全球生态危机，如不从速利用我们可以支配的批判理性，依然极端自私地迷恋于权力而无视自然规律，一旦发现我们所执着追求的胜利无异于人类自杀时，恐怕为时已晚。

卫生和医学虽提高了人类的预期寿命、增加了我们免受过度肉体痛苦的希望，但科学进步所引起的不可避免的后果却也不容忽视：在几代人的存活时间内，它破坏了亘古以来所维持的生死平衡，致使我们面临"人口爆炸"之灾，并带来了经济、政治尤其是生态平衡方面的一切严重后果。物理和化

---

〔1〕〔德〕狄特富尔特等编：《哲人小语：人与自然》，周美琪译，生活·读书·新知三联书店1993年版，第11页。

学不仅把我们的生活提高到了百年前想象不到的水平，而且也使农业增产，但它却在历史上首次向我们提供了最终足以灭绝敌人（和我们自身）的手段。科学在不久前许诺的没有饥饿、疾病和贫困的天堂，经几代人之手已变成充满不祥之灾和恐惧的场所。面对酸雨、温室效应、地球气候变化、臭氧层空洞、土地沙化、水源枯竭等全球性的环境危机，如果想安然无恙地摆脱目前的困境，我们就必须理性地应用科学和知识，停止生态侵略、资源掠夺，遵守共同的行为规范，充分认识作为保护环境和自然资源、防治污染和制裁公害的规章制度的国际环境法的重大作用。

法，保障公平和正义，防止、减少和消除对社会的侵害。国际环境法亦然。

首先，国际环境法是各国维护主权和全球公益权的重要工具。国际环境法保护各国在本国和国际环境领域享有的权利。这些权利包括各国在开发利用、保护改善本国环境及自然资源时所应享有的充分主权和在国际关系中所应享有的公益权，如对国际海底区域、地球极地大陆、地球静止轨道、月球等外空实体的开发利用等。

其次，国际环境法是主体之间在国际环境保护领域进行活动并解决国际环境问题的法律依据。它调整主体在国际环境领域的行动，协调其在保护和改善环境方面的关系，促进主体之间在保护国际环境领域的交流与合作，采取一致行动和有效措施，避免造成因各种原因引起的环境污染和重大损害。

最后，国际环境法规定了其主体特别是国家在开发、利用和保护、改善国际环境中的法律责任和义务，它是保护和改善国际生态环境和生活环境的法律武器。国际环境法规定了因不适当地开发利用和其他人为原因对别国环境或不在国家管辖或控制范围内的"公域"造成损害应承担的法律责任。这种不适当的开发利用行为，在国际环境领域的表现是多方面的，如对南北极、公海、月球等天体这些人类共有资源的不当开发利用所造成的环境恶化和潜在威胁，越境污染行为所造成的损害等。也就是说，在本国辖区从事的危害环境行为，对别国或更大范围造成了损害，如污染界河、跨国河流，因大量排放大气污染物所产生的酸雨物质对别国造成的酸雨危害以及因改变河道、改变天气采取的措施危害了他国的环境等。这些都须依据国际环境法承担法律责任。

此外，在全球化趋势的现代社会，在相互依赖、互为依存的关系日趋密切的新时代，随着科技水平的提高和社会的进步，现代国际法新领域的国际环境法作为一个独立的法律部门必将得到进一步的完善和发展，在防止生物圈恶化以保护人类共同利益、促进人类生活条件的改善、保护人类健康、促进国际经济发展、实现人类社会的可持续发展等现代新型国际关系中将更进一步发挥并起到关系全人类的具有深远意义的重大作用。

第二节　国际环境立法的伦理基础

伦理所蕴含的内在价值是法律生成的基石。法律只有体现、反映一定的伦理价值取向和要求，才能获得社会普遍认同，进而成为社会生活中真正起作用的行为规范。

一、立法的伦理基础

立法是调整社会关系的重要手段，但不是唯一的手段，道德同样是社会正常运转的规范保障。一般而言，道德的调整范围要远远大于法律，立法只能在一定范围内调整社会关系。对于二者之间的关系，自然法学认为，由于存在着终极意义上的上帝的意志，那么人定规范即立法就应当努力通过理性去发现上帝的意志，根据这一意志来规范具体的社会关系。相应地，衡量立法优劣的一个重要标准就是要看立法者有没有贯彻或违背这一意志。与之相对，功利主义法学和分析法学则认为，并不存在一个超验的终极意志，法律是主权者的意志体现。这种差异反映了人类对于立法是否要遵循道德的争议。应该指出，在不同的历史条件下，立法有时会偏向自然法学说，但有时又会偏向其他学说。但事实证明，否定立法应当坚守一定的道德底线，就可能会使得立法成为少数人实现其利益的工具，从而有损社会整体利益的实现。

法的内容以道德原则为现实来源。道德权利即法律权利的基础和源泉。由于法律目的皆具有一定功利性，具有明显的行为倾向性，故而法律所禁止的行为往往就是道德所谴责的行为。但并非说明二者之等同。从起源上，法律权利源于道德权利。道德权利表达的是一种正当的伦理诉求，是由道德原则支持的、传统习俗及内心信念来维系的权利形态。而法律权利是法律所确认和保障的利益。权利内容上，尽管二者有着相互耦合的领域，但法律所调整的领域相对而言是局部而非全面的。那些涉及公共领域的、维持社会交往秩序的基本的道德原则与规范中得到的权力才能够上升为强制力保障实现的法律权利。此外，道德义务是法律义务正当性的前提条件。道德义务从广义上看包括国家义务，违反道德义务并无专门机构进行归责和追究，而违反法律义务将由专门机关归责并追究。一切法律义务都是道德义务，但道德义务并非都是法律义务。只有涉及维系社会公共利益和基本社会生活秩序的道德义务才会上升为法律义务。道德义务乃是法律义务正当性的前提条件，服从法律的一般义务，唯有立足于道德义务，才具有正当性和合法性，否则只能是纯粹的暴力强制。

立法内容是道德原则的最低化。一方面，法律权利涵盖的范畴小于道德权利，道德权利要满足一定的法律目的和价值追求才能够上升为法律权利。法律的价值在于实现一种正义的社会秩序，因而一切权利上升为法律权利的关键在于考察这些权利是否有助于实现法的价值理想与价值目标。另一方面，法律义务是道德义务的最低化。也即立法的内容是关乎义务的道德，实则为最低层次之道德准则形成的法律强制。道德义务主要是一种内在的义务，更需要考虑人的主观世界，而法律义务主要是外在的义务，它一般针对义务人的客观行为并不考虑主观的思想。而立法机关经由特定的立法程序在法律规范中把维系社会基本秩序抑或所谓"义务的道德"[1]设定为相应的法律义务。

将道德原则上升为法律规则需要为其创设权利和相对应的义务和责任。道德原则是广泛覆盖于私人领域的、关于其层次争论不止的且依据精神力量进行救济的预知性以及预见性相当弱的一种原则。而立法依托于强制力保证实施，经由立法机关以法律条文公布，具有相当的可预知性以及预见性。也即，立法将不得不思考的是如何将一定程度的、预知性和预见性如此弱的道德原则纳入法律制度，如何将道德权利提升为由强制力保障的权利，并且考虑如何设置法律义务。而这个过程无疑将划别生活中的道德权利层次，考量何种道德权利可以作为一种法律权利。而这种取向目的在于实现一种正义的社会秩序，诸如安全、平等、自由、效率，假设这种权利有助于实现法的价值理想。这种被甄别、被选择的权利一旦被设置义务，其权利义务将被设置成处于一种旗鼓相当的状态之中，并进行法律确认，它则变成法律权利。道

---

[1]　张恒山：《法理要论》，北京大学出版社 2002 年版，第 344 页。

德原则是一种内化的、针对主观内心世界的原则，经由立法进行外化，设置为违反将招致物质力惩罚的规则。法律权利都有相对应的法律义务，二者相互关联，对立统一，也即"立法不能够离开责任谈权利"。

总而言之，道德是对事物客观存在之条理即伦理的正确反映，这实际上就强调了立法与伦理之间的紧密联系，二者是不可分割的。伦理为立法提供方向性的指引，防止其沦为维护少数人利益的工具。

二、环境立法的伦理基础

环境伦理观的变迁标志着人类在不断深化认识自己与环境的关系。于环境立法而言，不同的环境伦理观必定反映出不同的立法内容。

人为"天地之秀，万物之灵"。人的这种"秀"和"灵"不仅仅体现在人具有理性、能使用符号和明智地利用其周围的自然资源方面，更重要的是，人是大自然的良知和神经，是地球利益的代言人和其他物种的道德代理人，人能够/应该意识到人类的利益只是更大的生态系统乃至地球的一部分，人类对生态系统的保护必须从更大的生态系统及地球的利益出发。只有以这种人类整体利益为根据的环境保护，才具有较大的包容性和安全性。也只有当人类超越了自己这一个物种的"私利"，成为地球利益的代言人和其他物种的道德代理人时，人才能最终摆脱"自私物种"的形象，显示出他那"与日月同辉、与天地同久"的伟大和崇高来。然而，这需要一场革命，一场人的"观念的革命"。

人类环境伦理观经历过由"人类中心主义"到"非人类中心主义"的变革轨迹。

"人类中心主义"环境伦理观起源于16世纪人文精神的兴起和自然科学的萌芽，形成于17世纪以后自然科学的全面发展。其表现形式为：人总是企图征服自然，取得对自然的统治和支配权力，人们以占有、索取和改造方式拥有自然。人相对于自然是征服者、统治者和主人，自然在人面前是被征服者、是臣民和奴隶。[1]"人类中心主义"的思想观念自近代形成以来，在西方一直居于主导地位。多少世纪以来，人类梦寐以求成为自然的主人，终于"实现"了。人类几乎是毫无顾忌地、疯狂地向自然索取，向自然宣战，对资

---

〔1〕 林灿铃：《国际环境立法的伦理基础》，中国政法大学出版社2019年版，第167页。

源滥用并加以挥霍。把自然仅仅作为可以随意支配的对象。"人类中心主义"使整个地球为之震颤。它不惜伤害来自地球上的任何对手，只求自身能够生存和发展。人类藐视本属于同一圈层的其他任何生命。鉴此，我们可以区分出"人类中心主义"发展的两个不同阶段：第一阶段是中世纪及其之前的"人类中心主义"，它打着上帝的旗号，披着宗教的外衣。所以，这种"人类中心主义"无异于"上帝中心论"。第二阶段的"人类中心主义"起源于文艺复兴时期，形成于近代自然科学发展之中，它脱去了宗教外衣，以科学技术为手段，表现为不断膨胀的主体性，植根于理性的形而上学传统之中，所以，这种"人类中心主义"实际上是"理性中心论"。

"非人类中心主义"环境伦理观是在批判和反思人类中心主义环境伦理观的种种弊端中发展起来的。它对于人类中心主义环境伦理观持当然的否定态度。在非人类中心主义环境伦理观看来，人类与非人类存在物都有其存在之价值，是不可分割的整体，它主张承认非人类存在物的内在价值，甚至将其规定为与人类相当的法律主体，在实践上认为为满足人类需求而随意牺牲非人类存在物的利益是不可取的做法。任何生命体的存活都需要其他物种的支撑，人类为了持续生存和持续发展同样离不开其他物种的支撑。因此，开发利用环境资源是理所当然的。非人类中心主义环境伦理观认为人类中心主义环境伦理观完全无视理性有限的现实，把人视为自然的主人，将对自然的奴役视为人的主体性的唯一体现。如此过度自负地按照人的科学技术水平毫无节制地利用自然环境，这会对在未来可能具有巨大价值的环境要素造成不可逆转的破坏。因此，在这种危险的倾向下，扩展伦理关怀的范围，确立动物、植物甚至生态圈等非人类存在物的道德地位，是人类在日益严重的生态危机面前的救赎。[1]由此可见，非人类中心主义环境伦理观批评人类过度开发自然资源，实际上是开发利用自然资源的程度问题而非要不要开发利用自然资源的问题。此外，非人类中心主义环境伦理观对人类中心主义环境伦理观的批评也并未触及问题的实质。因为非人类中心主义环境伦理观仅仅关注了人与自然的关系，一味消解人的正当合理的利益诉求，忽视了人与人的关系，事实上，人类目前所面临的窘境其实质是在于没有以人类共同利益为核心。

---

〔1〕　参见裴广川主编：《环境伦理学》，高等教育出版社2002年版，第39页。

既然我们承认人类不同于自然的其他物种，既然我们认为人类具有高于其他物种的特质，这种特质就是人类有思维能力、有理性。而人的理性应该表现为对自己行为的认知，对自己行为具有一定的约束力。当前生态问题、环境问题已经向人类发出了严重的警告，我们应该充分意识到问题的严重性，从而改变对待自然的态度，改变自己的生活方式，使人类的活动能够与自然的存在相适应。基于此，整合环境伦理观作为环境立法基础，实在是人类发展进程的客观要求。也正是在这样的社会、历史背景下，人类中心主义、非人类中心主义必须取得共识。而这共识将为环境立法提供一个可靠的伦理基础。

三、可持续发展环境伦理观

1962 年，美国生物学家卡逊的《寂静的春天》一书出版，该书以惊世骇俗的笔调描绘了滥用农药对未来人类环境的毁灭性影响，提出人类应与其他生物相协调、共同分享地球的思想，并向人们"控制自然"的观念发起挑战。1972 年，罗马俱乐部发表了关于人类困境的报告《增长的极限》。报告指出，如果目前人口和资本的增长模式继续下去，世界将会面临一场"灾难性的崩溃"，为避免这种前景，最好的办法就是限制增长，即实现"零增长"。尽管该报告对世界系统趋势的预测过于简单，并且提供的解决方案本身也缺乏可行性，但它使人们对工业文明发展过程中人与自然不和谐的根源有了更进一步的认识，促使人们认真反思现行的发展观念、发展模式，积极寻求变革的途径。同年，联合国在瑞典首都斯德哥尔摩召开人类历史上第一次"人类与环境会议"，会议通过《人类环境宣言》，要求人们采取切实的行动保护环境，使地球成为不仅适合现在人类生活而且也适合将来子孙后代居住的场所。"可持续发展"思想由此发端。

1983 年，联合国授命挪威首相布伦特兰（Gro Harlem Brundtland）成立了一个独立的特别委员会，以"可持续发展"为基本纲领，制定了"全球变革日程"。1987 年，布伦特兰领导的世界环境与发展委员会经过 3 年努力，发表了长篇报告《我们共同的未来》。报告首次对可持续发展的概念作了界定："可持续发展是既满足当代人的需要，又不对后代满足其需要的能力构成危害的发展。"

20 世纪 80 年代伊始，联合国针对当代面临的三大挑战——南北问题、裁军与安全、环境与发展成立了由当时的西德总理勃兰特、瑞典首相帕尔梅和挪威首相布伦特兰为首的三个高级专家委员会。他们分别发表了"共同的危机""共同的安全""共同的未来"三个著名的纲领性的文件。他们都一再强调,可持续发展是今后不论是发达国家还是发展中国家都应采取的发展战略,是整个人类求得生存和发展的唯一可供选择的途径。

"可持续发展"这一概念一经提出,即在世界范围内逐步得到认同,并成为大众媒介使用频率最高的词汇之一,这反映了人类对自身以前走过的发展道路的怀疑和抛弃,也反映了人类对今后选择的发展道路和发展目标的憧憬和向往(尽管还比较模糊)。人们逐步认识到过去的发展道路是不可持续的,唯一可供选择的道路是可持续发展之路。人类的这一反思是深刻的,反思所得出的结论具有划时代的意义。

"可持续发展"之所以能够如此迅速地被世界各国人民所接受,就在于这个理论坚持发展,坚持发展与环境保护、生态平衡的统一。它是对悲观主义与盲目乐观主义的一种批判继承。"可持续发展"总的来说包含两大方面的内容:一是对传统发展方式的反思和否定;二是对可持续发展模式的理论设计。可持续发展的最广泛的定义和核心思想是:既满足当代人的需要,又不对后代人满足其需要的能力构成危害;人类应享有以与自然相和谐的方式过健康而富有生产成果的生活的权利,并公平地满足今世后代在发展与环境方面的需求,求取发展的权利必须实现。

"可持续发展"理论的基本点:一是强调人类追求健康而富有生产成果的生活权利,应当坚持与自然和谐的方式的统一,而不是凭借着人们手中的技术和投资,采取耗竭资源、破坏生态统一和污染环境的方式来追求这种发展权利的实现;二是强调当代人在创造与追求上与后代人的发展机会相等,不能允许当代人一味地、片面地、自私地为了追求今世的发展与消费,而毫不留情地剥夺后代人本应合理享有的同等的发展与消费的权利。

当然,"可持续发展"既不是医治社会百病的灵丹妙药,也不是理想主义的空谈。它代表了当今科学对人与环境关系认识的新阶段。"可持续发展"是经济社会发展的一项新战略,它既不同于传统的以"高投入、高消耗、高污染"为特点的经济增长模式,不是"吃祖宗饭,断子孙路"的虚假的发展,也不是那种停止发展的"零增长"主张。

1989 年 5 月举行的联合国环境规划署第 15 届理事会,经过反复磋商,通过了《关于可持续发展的声明》。其指出"可持续发展意味着维护、合理使用并且提高自然资源基础，意味着在计划和政策中纳入对环境的关注和考虑"。这就明确地提出了可持续发展和环境保护的关系。可持续发展和环境保护两者是密不可分的。要实现可持续发展就必须维护和改善人类赖以生存和发展的自然环境，同时，环境保护也离不开可持续发展，环境问题产生于经济过程之中，也要解决于经济发展的过程之中。

可持续发展理论把发展与环境保护相互联系，构成了一个有机的整体。可持续发展理论把环境保护作为它极力追求实现的最基本的目的之一。现代的发展不是可以脱离环境与资源的发展，科学与技术并不能代替环境与资源在社会发展中的作用，而且表现为越来越依靠环境与资源的支持。

"可持续发展"理论要求用新的生活方式和消费方式代替传统的生活方式和消费方式。它还要求人类改变对待自然界的传统态度，即人类总是习惯从功利的角度出发，把自然界仅仅作为自己改造的对象。而应该树立全新的现代文化观念，即用生态观念重新调整人与自然的关系，把人类仅仅当作自然界大家庭中的一个普通成员，从而真正建立起人与自然的和谐相处的新观念。《我们共同的未来》的作者要求人们，"为了在解决全球问题中成功地取得进步，我们需要发展新的思想方法，建立新的道德价值标准，当然包括建立新的行为方式"。[1]

可持续发展观的核心是公平与和谐。公平包括代际公平以及不同地域、不同人群之间的代内平等；和谐则是指人与自然的和谐，承认自然的生存权和地球有限主义。代与代之间的公平可持续性的原始含义，也是可持续发展的基本目标。但是，代际公平必须以代内平等的实现为前提。代内平等原则是用以调整不平等的国际政治经济秩序、消除世界贫困、寻求共同发展的伦理原则。

解决代际问题的关键在于建立"正义的储存原则"，这个原则就是人与自然和谐的原则，即使人类发展行为与环境运动相协调。具体地说，就是当代人以及每一代人在满足本代人的生存和发展需要的同时，应当使资源和环境条件保持相对稳定性，从而持续供给后代。通过这一原则，我们实际上是把

---

〔1〕 参见世界环境与发展委员会：《我们共同的未来》，王之佳等译，吉林人民出版社1997年版，第1~28页。

代与代之间的公平问题放到了每一代人内部的实践中来解决了。因此，人与自然和谐的原则是可持续发展的根本原则。

传统伦理学研究的是人与人之间的关系，以建立合理的人际道德规范为目标。环境伦理学则在继承传统伦理学内涵的基础上，把其研究范围拓展至人与自然的关系，它着重研究自然的价值、人在世界中的地位、人对自然的权利和义务的问题（对这些问题的研究构成了它的理论部分）；此外，它还研究人对自然的利用、补偿原则等实践问题（对这些问题的研究构成了它的应用部分）。

"可持续发展"事实上意味着将道德关怀的对象由人扩展到人以外的自然界。这已经涉及整个伦理学基础的转变问题了。因此，从伦理学的发展趋势来看，人际伦理规范必须建立在人与自然和谐的原则之上，并且要受到这一原则的矫正、检验。从这个意义上说，可持续发展的提出和建设，就是要为环境伦理学寻求更全面、更坚实的理论基础，它预示了伦理学的一场变革。

人与自然和谐的原则是可持续发展的根本原则，代际公平的目标必须通过这一原则来落实。因此，建立可持续发展的环境伦理观，就是要为人与自然和谐的原则寻求价值论的依据，并提出相应的道德规范。

要完成这项工作，首先必须在人和自然的关系上采取一种整体主义的立场，把人与自然看作一个相互依存、相互支持的整体，即共同体。我们可以用两条原则来概括共同体中人与自然的基本关系：

第一条原则是介入原则，即人有正当的理由介入自然环境中去。因为在构成世界的所有存在物中，只有人具有理性，因而具备从根本上改变环境的能力，人能够破坏环境，也能够改善环境。

第二条原则可以被称为制约原则，即自然环境对人类行为具有制约力。因为，人具有理性，这是事实，但这个事实不足以推论出人是宇宙间的唯一目的，是其他一切自然事物的价值源泉。

人类的存在必须以自然的持续存在为前提，而自然本身又是一个有着复杂的内部关系的有机体，如果要这个有机体持续向外部提供资源的话，在每一个时段内，它所能提供的资源在数量上都是有限的，一旦超出这个限度，自然本身的连续性就会遭到破坏，人类身躯的利益最终也会受到损害。这就是我们所说的自然环境对人类行为具制约力。一方面，人有权利利用自然，通过改变自然资源的物质形态，满足自身的生存需要，但这种权利必须以不改变自然界的基本秩序为限度；另一方面，人又有义务尊重自然的存在事实，保持自然规律的稳定性，在开发自然的同时向自然提供相应的补偿。在此，权利和义务是一种相互制衡的关系，其目的和结果是促成整个共同体的和谐。如此确定权利和义务的范围，是以人与自然之间原本存在着和谐为前提的，而可持续发展思想的提出，针对的则是人与自然的和谐关系已经遭受严重破坏的现实。

总之，在环境领域，无论是国内立法还是国际立法，都经历了由人类中心主义环境伦理观向非人类中心主义环境伦理观的变革。然而，无论是"人类中心主义"环境伦理观还是"非人类中心主义"环境伦理观皆无法正确反映环境立法，难以成为环境立法的伦理基础。而面对环境危机，人类迫切需要一个能够正确反映环境立法并在其指引下规范自身行为保护生态环境的新型环境伦理观。这就是超越人类中心主义、非人类中心主义（包括生态女权主义、动物权利论、生物中心论和生态中心论等）的开放的环境伦理观——可持续发展。[1]超越的环境伦理观——可持续发展观念的提出，源于全球性的环境危机，是人类对环境问题认识不断深化的结果。"可持续发展"嗣后被明确为国际环境法的基本原则之一，[2]成为指导各国经济、社会发展的基本理念。

第三节　国际环境法的体系

法律体系是指法的体系，包括立法、执法、守法、护法活动，也称法律制度，是构成独立法律部门的重要标志之一。国际环境法是一个独立的法律部门，它经过 50 多年的迅速成长，不仅有自己的调整对象、特点和基本原则，而且有自己独立的法律体系。

一、国际环境法体系的概念

国际环境法的体系指的是调整其主体间有关利用、保护和改善环境的行为关系的各种国际环境保护法律规范所组成的有机联系的整体，是一个有着丰富立法内容的具有内在有机联系的完整体系。其形式主要有条约（包括公

---

〔1〕　裴广川主编：《环境伦理学》，高等教育出版社 2002 年版，第 62~69 页。
〔2〕　林灿铃：《国际环境法》，人民出版社 2004 年版，第 169 页。

约、协定、议定书等)、反映国际习惯法的文件、反映有关国际环境保护的一般法律原则的文件、司法判例和国际组织的决议等法律文件。

因为国际环境法是年轻的法律部门,所以有人认为,"国际环境法"这个概念并非名副其实。[1]认为仅仅凭借新的、环境法自身的保护对象即全球共同因素(地球大气层、臭氧层、同步卫星轨道、公海资源),还不能说国际环境法已经自成体系。此外,环境保护法还寄生在国家相邻法中。国家相邻法的首要目的不在于保护生态环境,而在于通过规范资源的利用秩序来划分和确保国家的主权与民族的福利。虽然它承认反映在《联合国海洋法公约》第209条的海床"区域"保护机制已经出现,但同时又认为这不过是在习惯法与条约法中,对空间、资源以及权利客体的保护的抽象的文字表述而已。国际环境法不仅将不同领域的彼此不协调的规范联系在一起,而且它也是其他制度的派生产品。这主要是由环境问题的特殊意义决定的。任何作用于空间的活动都具有环境意义。对空间或者资源的任何利用都涉及环境客体与环境媒介。因此,规定交通、运输、使用以及生产问题的国际法规范通常同时又划定了有害物质排放的标准以及环境损害责任的界限。对归属问题与利用问题的回答总是与环境保护与责任规范联系在一起的。例如1972年的《空间物体所造成损害的国际责任公约》主要属于太空法,而该法当然具备环境保护因子。在组织与程序上,国际环境法并无独特之处。其规则的诞生、适用和更新与其他国际法规范都是相同的。而国际组织发挥着重要作用。在过去的时间里,非政府组织的作用也与日俱增,尤其在建立与执行国际环境制度以及环境监督方面。但是,国家仍然是环境法的主宰。虽然条约法的首要地位以及大量的较低实施级别的环境标准并不表明国际环境法的身份高于其他领域,但不容否认的是,环境保护已经是国际立法运动的首要任务。在国际环境条约的谈判与实施方面,这些条约与别的条约也无重大区别,条约权仍然属于国家。国家也是环境习惯法的制造者。在实施环境法时的国际监督与控制机制,例如有效的报告义务、检查权(以1987年的《蒙特利尔议定书》为模式)就与在军备控制法中一样罕见。所以,国际环境法的脆弱性表现在缺乏有效的监督与控制机制,这与国际法的其他法律领域面临的问题是一样的。

---

〔1〕 〔德〕沃尔夫刚·格拉夫·魏智通主编:《国际法》,吴越、毛晓飞译,法律出版社 2002 年版,第 560 页。

从系统分析来看，国际环境法还不是独立的规范领域。不过，从与环境有关的条约的数量上看，它已经引人注目。彼此交错的甚至不存在冲突的规定仅仅存在于少数领域，例如南极模式与海洋法。条约只能约束成员国，即使在"共同利用"目的与内容方面，条约的客观效力也不能扩大。这就使得环境制度不能"一步到位"。总之，还不能说独立的、与其他领域有着明显界限的"国际环境法"已经形成。学术界有部分学者主张，将国际法独立成"军备控制法""经济法"与"环境法"，从而给人们造成虚假的印象，即似乎上述法律领域从实体规定、组织与程序上都已经独立。虽然在后面的叙述中仍然采用"国际环境法"这一称谓，但是仍然应当从其原有的领域以及整个国际法中去理解。总体而言，迄今为止"国际环境法"不是系统化的，而是实用主义的概念。它只是描写了当代国际法的一个中心的调整对象与规范，而不是国际法的一个独立领域，也不是独立的法律部门。[1]

从上述文字中我们可以看出，沃尔夫刚·格拉夫·魏智通先生在极力否定国际环境法是"已经形成体系的独立法律部门"，强调"总之，还不能说独立的、与其他领域有着明显界限的'国际环境法'已经形成"的同时，却又不得不对国际环境法加以褒扬，诸如"环境问题具有特殊意义；不容否认的是环境保护已经是国际立法运动的首要任务；从与环境有关的条约的数量上看，它已经引人注目……"而且，在接下去的论述中，"仍然采用'国际环境法'这一称谓"，并强调"早在19世纪的一些条约中，就已经存在保护自然客体及自然的规范。不过，第二次世界大战结束之后的习惯法，尤其是条约法的内容才为我们今天所说的'国际环境法'或者'国际法上的环境保护制度'奠定了基础……当代的国际环境法是数十年来多样化发展的产物"。同时还承认："大量的国际环境法规范主要来自两个方面。一方面是来自相邻法的发展，即相邻国家的主权与管辖权之间如何在环境保护上寻找平衡。另一方面则来自生物种类保护与禁止滥用协议，这有着长久的传统，其目的在于为了将来的利用而维持自然资源。"沃尔夫刚·格拉夫·魏智通先生还给予国际环境法身份，尽管"并不表明国际环境法的身份高于其他领域"。[2]

---

〔1〕［德］沃尔夫刚·格拉夫·魏智通主编：《国际法》，吴越、毛晓飞译，法律出版社2002年版，第561~563页。

〔2〕参见［德］沃尔夫刚·格拉夫·魏智通主编：《国际法》，吴越、毛晓飞译，法律出版社2002年版，第555~563页。

事实上，根据众多国际环境保护公约、条约或协定所形成的国际环境法，已是相当庞大的体系。根据法国国际环境法学者亚历山大·基斯教授的研究，环境的国际保护对象包括：海洋环境、淡水、大气与气候、土壤、生物。危及环境的危险物质和活动的控制包括：有毒或危险物质、有毒或危险废物、核活动与核材料、重大技术风险、军事活动与武装冲突。美国的奥利弗教授等罗列的国际环境保护问题包括：跨国空气污染与酸雨、跨国核危险、臭氧层保护、大气变化及其预防原则、跨国河流、湖泊与排水盆地、海洋污染、生物多样化、环境保护与国际贸易、森林冲突中的环境保护、危险废物的跨国转移与处理。有的学者则认为，从国际环境保护的对象（而不包括危险物质和活动的控制对象）来看，主要是人类生存所必需的土环境、水环境、气环境这三位一体的自然环境。[1]这些都是从不同角度对国际环境法所调整的内容进行的概括。可以肯定，50 多年来关于国际环境保护的国际条约、国际习惯、有关国际环境保护的一般法律原则、司法判例以及众多的国际组织关于环境保护的决议等丰富的立法内容，已经构成了国际环境法具有内在有机联系的完整法律体系。

二、国际环境法体系的构成

这个体系由数量众多的国际条约和在国际环境保护领域为各国所确信、采纳和遵守的环境保护国际习惯、为各国所承认的一般法律原则、包含在其他国际部门法中的有关国际环境保护的法律规范、有关国际环境保护的国际宣言和国际决议、著名学者的理论、国际司法判例等组成。它不仅有自己的立法依据，有国际环境保护的纲领性法律文件，还有针对特定环境的保护和针对其他有关环境问题的国际法律文件；它包括国际环境基本法和已经形成的包括国际水法、土地荒漠化防治法、大气层及气候变化的国际环境法、生物资源法、海洋环境保护法、森林保护法、湿地和山地保护、外层空间的保护、自然文化遗产的保护、有害废弃物及危险物质的控制与管理、环境与战争、环境与贸易等国际环境法的特殊部门。

（一）国际环境基本法

国际环境基本法主要是指关于国际环境保护的指导思想、基本政策、原

---

〔1〕　张乃根：《国际法原理》，中国政法大学出版社 2002 年版，第 155 页。

则和主要措施等综合性规范的国际环境保护纲领性法律文件，如《人类环境宣言》《里约环境与发展宣言》《约翰内斯堡可持续发展宣言》等。这一类国际法律文件以规定全球环境保护的指导思想、基本政策、原则和主要措施为主要内容，可以依此根据组织、协调、督促各国际环境法主体在国际环境领域的全部活动。

（二）针对特定环境保护的单项立法

这类立法是当前国际环境法最为发达的部分，它主要由保护特定环境的国际条约和其他形式的国际法律文件组成。其数量众多，范围广泛，包括大气、海洋、内陆水体、土地、森林、野生生物、生物多样性、自然和文化遗产、南极和外层空间等。主要国际环境法律文件有关于保护大气环境的《联合国气候变化框架公约》《保护臭氧层维也纳公约》及其议定书、《长距离越界空气污染公约》；关于保护海洋环境及其资源的《联合国海洋法公约》的有关部分、《国际防止船舶造成污染公约》及其议定书、《防止倾倒废物及其他物质污染海洋公约》等；关于保护和利用跨国河流和国际湖泊的《保护莱茵河免受化学污染公约》《多瑙河水域捕鱼公约》《亚马孙河区域合作条约》《英国（加拿大）与美国边界水域条约》等；关于保护土地资源的《防治荒漠化公约》；关于保护森林资源的《国际热带木材协定》和《关于森林问题的原则声明》；关于保护野生生物的《关于特别是作为水禽栖息地的国际重要湿地公约》《濒危野生动植物种国际贸易公约》；关于保护生物多样性的《生物多样性公约》；关于保护自然和文化遗产的《保护世界文化和自然遗产公约》；关于保护南极资源的《南极条约》《南极条约环境保护议定书》和《南极海洋生物资源养护公约》等。这些都是为了保护国际环境领域各种主要环境因素而分别以各种方式产生的国际环境立法，归纳起来主要有：①防治大气污染与气候变化应对的国际环境立法；②保护海洋环境的国际环境立法；③保护淡水资源的国际环境立法；④保护土地资源的国际环境立法；⑤保护生物多样性和生物安全的国际环境立法；⑥保护世界文化和自然遗产以及非物质遗产的国际环境立法；⑦保护外层空间等公域环境的国际环境立法；⑧保护森林、湿地、山地等的国际环境立法；等等。

（三）其他有关环境问题的国际环境立法

这一类国际环境保护立法是针对与环境密切相关的一些问题，例如固体废弃物和危险物质的控制与管理问题、核污染问题、国际环境标准和国际环境监测、军事与环境问题等，这类环境问题的特点是牵涉面广，它们往往涉及多个环境因子的保护和多种国际关系。因此，对这类问题的解决往往会产生广泛而深远的国际影响。与这类问题有关的国际环境立法主要有《控制危险废物越境转移及其处置巴塞尔公约》、《关于在国际贸易中对某些危险化学品和农药采用事先知情同意程序的鹿特丹公约》（即《鹿特丹公约》）、《关于持久性有机污染物的斯德哥尔摩公约》（即《斯德哥尔摩公约》）、《核事故或辐射紧急情况援助公约》、《核事故及早通报公约》、《生产和储存细菌（生物）及毒素武器和销毁此种武器的公约》及有关司法判例、环境评估、环境标准等。

第三章

国际环境法主体

法律关系是指一定的社会关系经过法律规范的调整而形成的权利与义务关系。国际法律关系是以法律形式表现出来的国际关系。[1]那么，以法律形式表现出来的国际关系中的国际环境关系就是国际环境法，能够在以法律形式表现出来的国际环境关系中享受权利并承担义务者则为国际环境法的主体。

第一节　国际环境法主体概述

地球是一个统一的整体，但是目前的国际体系仍以国家为基本单位，这是客观存在。因此，我们的"地球一体"并非取消国家主权或建立世界政府，而是要求从生态学的角度树立"地球一体"的观念，并在此观念的基础上建立正常的符合生态规律的国际环境保护关系，加强国际环境保护领域的合作与交流。

一、国际关系的主体资格

现代国际关系包括政治关系、经济关系、法律关系、文化关系、军事关系、宗教关系、民族关系、环境关系和地域关系等。长期以来，国家是国际关系中的行为主体。但在现代国际关系中，特别在第二次世界大战后的当代时期，以往单纯的以国家间军事安全为中心的价值体系已经发生极大的变化。新的全球体系不再仅仅是主权国家（政治），而且还包括其他诸多非国家主体，都参加了国际社会的价值分配过程，由此形成全球多元化的价值分配系

---

〔1〕　王铁崖主编：《国际法》，法律出版社 1995 年版，第 1 页。

统。国家不能单独地、独断地、任意地决定本国的对内、对外政策以及政府行为，超越国界的别国政府以及非国家主体的行为和决定制约着一国政府的行为。别国和其他行为主体的决定以及国际问题的解决较之一国作出的决定和行为更为重要。[1]除各个民族国家外，又出现了许多非民族国家形式的行为主体，如全球性的国际组织——联合国以及各地区性的经济、政治、军事、社会、宗教等国际组织与集团。它们在国际关系中各自成为单独活动的行为主体。[2]考察这些国际关系主体，我们不难发现，只要满足四个要件就可以成为国际关系的主体，一是能够明确识别其存在；二是能够在国际舞台上具有一定的行动自由；三是与其他行为主体发生相互作用并能够影响其他行为主体；四是存续于一定期间。[3]如国家和全球性的国际组织都是国际关系主体。因为旧的国家消亡了，新的国家却在不断涌现，从 20 世纪中叶的数十个国家增加到今天的 200 多个国家，第二次世界大战后的国际组织更是如雨后春笋。

二、国际环境法主体内涵

国际关系纷繁复杂、瞬息万变。但是，从生态学的观点看，整个地球有机地构成一个统一的生态系统，在这个庞大而复杂的生态系统内，全球的物质循环和能量流动依固有的规律不断进行。任何一个环节受到干扰，整个生态系统就会失衡，人类环境就会发生危难。尽管主权国家可以宣称各自的主权管辖范围，在国际政治关系和国际经济关系中可以坚持这样或那样的立场，但在生态规律面前，"环境无国界"，任何国家都是一样的，污染的蔓延不受人为的国界限制，生态系统的循环不受意识形态的制约。因而，地球上各种因素都是这样或那样互相依存，人们将地球比作遨游于宇宙的"太空船"，各国人民都是一条船上同舟共济的乘客。那么，要保护和改善我们这个地球的环境，就必须有地球一体的观念，"只有一个地球"，这是国际环境法产生的观念前提。

国际环境法调整的是基于环境资源的开发利用、保护、改善而产生的各种国际关系，特别是国家与国家之间基于开发利用和保护改善环境而产生的

---

〔1〕　[日]星野昭吉、刘小林主编：《冷战后国际关系理论的变化与发展》，北京师范大学出版社 1999 年版，第 53 页。

〔2〕　王绳祖主编：《国际关系史》（第 1 卷），世界知识出版社 1996 年版，第 3 页。

〔3〕　[日]卫藤潘吉等：《国际关系论》（日文本），东京大学出版会 1994 年版，第 34 页。

国际关系。当前，国际环境关系主要还是国家之间的关系。国家是国际环境法的基本主体，但国际组织（政府间的和非政府的）和个人在国际环境法的立法、执法和护法中的作用也是不容忽视的。因为环境保护"这个没有组织的不依附任何占统治地位的意识形态的思想运动（生态运动），随着科学家发出呼吁，公众越来越强烈地认识到生物圈面临的危险，掀起了前所未有的要求加强环境保护的舆论运动。这说明环境保护运动从一开始就是全球性且是自发性的"。《里约环境与发展宣言》和《21 世纪议程》等都承认并呼吁进一步加强国际组织和非政府行为者在与环境保护相关的所有的国际立法、执法过程中的作用。[1]我们不能由于强调"国家是基本主体"而否定国际组织和个人的主体地位，更不可以在承认准国家实体和政府间国际组织的主体地位时抹杀非政府组织和个人的作用与主体资格。

第二节　国家

国家的根本属性——主权——决定国家对内代表最高权力，对外具有独立人格，能够独立、平等地参与国际关系并享有权力和承担义务。

一、国际法上的国家

"国家是阶级统治的机器，是一个阶级压迫另一个阶级的暴力工具。"这是从政治学的角度给国家下的定义。国际法意义上的国家是指由定居在确定的领土上并在一定的政权组织领导下的居民组成的具有主权的社会。[2]在国际法上，国家的概念必须包括表明国家作为国际法主体所具有的必备的特征和要素。因为一个国家政权的阶级属性，并不是取得国际法主体资格的决定因素。

概括地说，国家具有四个基本要素，即固定的居民、确定的领土、政权

---

〔1〕 参见《里约环境与发展宣言》原则 10：环境问题最好是在全体有关市民的参与下，在有关级别上加以处理。在国家一级，每一个人都应能适当地获得公共当局所持有的关于环境的资料，包括关于在其社区内的危险物质和活动的资料，并应有机会参与各项决策进程。各国应通过广泛提供资料来便利及鼓励公众的认识和参与。应让人人都能有效地使用司法和行政程序，包括补偿和补救程序。《21 世纪议程》第三部分"加强各主要群组的作用"。
〔2〕 周忠海主编：《国际法》（第 3 版），中国政法大学出版社 2017 年版，第 56 页。

组织（政府）和主权。

定居的居民是国家的基本要素，只有具有一定数量的定居的居民，才能形成社会并在此基础上产生国家。至于人口数量的多少以及他们是否属于同一民族，对这个基本要素并不具有决定意义。中国有 14 亿人，而某些小国则人口很少，但它们都是平等的国际法主体和主权国家。

确定的领土是国家赖以存在的物质基础，是居民生存和活动以及国家行使权力的范围。每个国家都有一定的领土。至于领土面积的大小、国家边界是否完全划定以及国家领土在地理上是否完全连接在一起，并不影响国家的存在和地位。俄罗斯联邦的领土面积为 1700 多万平方千米，而少数小国只有几平方千米的领土，但它们作为国际法意义上的国家并没有实质性的区别。

政府是代表国家对内实行统治，对外进行交往的政权组织。一个国家必须有自己的政府，但政府的性质及其组织形式对国家的形成和存在不具有重要意义。

主权是国家固有的、独立自主地处理其对内、对外事务的最高权力。主权是国家的根本属性，也是国家区别于其他社会实体的主要标志。

四个要素同时具备是国际法意义上的国家产生和存在的必要条件。有时，国家内部会发生政府更迭，或者国家主权的行使会由于各种原因受到某些限制，但原则上，这些情况不会影响国家的国际人格，也不会影响其作为国际法意义上的国家继续存在。

二、国家是国际环境法的基本主体

早在 1962 年 12 月 14 日通过的《关于自然资源的永久主权宣言》就宣布：各民族及各国家行使其对天然财富与资源之永久主权，必须为其国家之发展着想，并以关系国人民之福利为依归。[1] 1972 年《人类环境宣言》明确宣布（原则 21）：按照联合国宪章和国际法原则，各国有按自己的环境政策开发自己的资源的主权，并且有责任保证在它们管辖或控制之内的活动，不致损害其他国家的或在国家管辖范围以外地区的环境。1992 年《里约环境与发展宣言》原则 2 重申：根据《联合国宪章》和国际法原则，各国拥有按照其本国的环境与发展政策开发本国自然资源的主权权利，并负有确保在其管

---

〔1〕 王铁崖、田如萱编：《国际法资料选编》，法律出版社 1986 年版，第 21~22 页。

辖范围内或在其控制下的活动不致损害其他国家或在各国管辖范围以外地区的环境的责任。

人们已经看到，地球上食物链的生物富集作用不仅高度强化污染的密集程度，而且还可以迅速传递污染物，使污染物远距离迁徙。现今南极次大陆、北冰洋这样人迹罕至的地方也有了人类活动污染的痕迹；热带雨林的破坏引起的温室效应和全球性气候变化也为人类始料不及；近代交通及通信工具的发展、人造卫星的出现、洲际导弹的发射，使我们本来就狭小的地球空间更为狭窄。[1] 在地球这个统一的生态系统中，人类的一切活动都会远期或近期地对环境资源产生这样或那样的影响，每一子系统或每一国家的经济社会发展都会产生全球性的环境效应，正是这种统一性使地球上的每一个国家超越传统的国际关系而形成一种更为广泛而深刻的新型关系——国际环境保护关系，而这种关系又由于人类认识水平、科学技术发展水平、经济发展水平等因素的影响要求我们进行审慎的处理。例如，DDT 的使用会给人类环境甚至人体健康本身带来危害的后果已众所周知，但有的国家现在如果立即全部停止使用 DDT，则会导致虫害蔓延、农业歉收，使千百万人死于营养不良、饥饿和疾病；再如，遗传工程的研究最终会给人类造福，但脱氧核糖核酸重组一旦释放出来而不加以控制，会给人类带来不可挽救的后果；又如气候改变也可能带来农业增产和生活舒适，但当前的科技水平还不足以在这项工程的规模、范围及时间方面取得预期的结果；其他如发达国家的超前消费污染和发展中国家的贫穷污染等。这一切都表明了国际环境关系的纷繁复杂，必须寻求有效的控制环境不良影响方式和途径，建立调整国际环境资源保护关系的共同原则、规则和规章制度，以造福子孙后代，这便是国际环境法。国际环境法的出发点是为了人类社会的可持续发展。我们看到，2002 年约翰内斯堡世界首脑会议指出在全球范围内走可持续发展之路已是大势所趋，而一个有效地解决人类环境危机的国际法律机制尚未最终形成。这说明在保护"人类共同利益"、建立新的公平的全球伙伴关系、建立新的国际经济秩序以促进人类的共同发展、国际环境法的发展进程中，还存在许多亟待解决的问题。诸如淡水资源、外层空间、全球公域的保护、自然文化遗产、湿地和山地、气候变化、大气污染与地球温暖化、臭氧层空洞、海洋环境、有害废弃物及

---

〔1〕 吕忠梅：《环境法新视野》，中国政法大学出版社 2000 年版，第 156~160 页。

危险物质的控制与管理、森林与生态环境、土地荒漠化等环境问题。当今世界各自为政的独立主权国家有将近 200 个，这些国家并非孤立存在，它们之间发生交往而产生多种多样国际关系。鉴于这样的现实，如何对这些环境领域进行切实的国际法律保护，有效处理好国际环境关系的主力军依然非国家莫属，依然需世界各国进一步的协力合作。

上述充分说明：在国际环境关系中，国家拥有对其自然资源和环境的主权，国家是完全的权利义务主体。于国际社会而言，国家之间的关系是主要的，国家必然也必须是作为国际法新领域的国际环境法的基本主体。

当然，从我们承认"人类共同利益"是国际环境法的目的那一刻起，这个法律秩序内的行为者就承担了实现这个目的的职责。因此，国家将在国际环境法中行使源于人类共同利益而不是源于主权权力的职责，但国家并不是行使这个职责的唯一行为者。

第三节　国际组织

从 20 世纪 70 年代的"生态时代"开始，"环境保护"这个"没有组织的思想运动"就得到了国际社会广泛的赞同，而国际组织的介入则标志着新时期的开始。[1]1972 年，开创人类历史新纪元的联合国人类环境大会，包括政府间的和非政府间的众多国际组织都踊跃参加了这一历史盛会。大会通过的《人类环境宣言》第 25 条原则昭示："各国应保证使国际组织在保护和改善环境中发挥协调、有效和推动作用。"可见，从国际环境法诞生伊始，国际组织就以其特殊的职能发挥着重大作用，成为国际环境法重要的主体之一。

一、国际组织的概念及其法律人格

国际组织是在国家之间进行国际交往的过程中产生的，是国际政治、经济、科技、文化等发展到一定历史阶段的必然产物。随着国际关系在社会生活的许多领域明显地变得密切起来，20 世纪 50 年代以来，国际组织更是得到了如雨后春笋般的迅猛发展。

---

〔1〕　〔法〕亚历山大·基斯：《国际环境法》，张若思编译，法律出版社 2000 年版，第 30 页。

（一）国际组织概念

关于国际组织的概念迄今没有统一的说法，众说纷纭。有人认为，国际组织是由若干国家根据条约组成的团体，它依一定的宗旨在国际法上独自存在，并通过其机关独自开展活动，也称国际机关、国际机构、国际团体等。[1]也有人是这样定义的：国际组织是指国家之间为了实现特定的目的和任务，根据共同同意的国际条约而成立的常设性组织。[2]这两个定义都强调了国际组织是依国际条约而成立的要件。而更为简洁的定义是"国际组织"一词通常用来说明根据两个或更多国家之间的协议建立起来的组织。[3]即，一般地说凡是两个以上的国家，其政府、民间团体、个人基于某种目的，以一定协议形式而创设的各种机构，均可称作国际组织。

当然，国际组织有广义和狭义之分。广义的国际组织，既包括国家之间的组织，也包括若干国家和民间团体或个人所组成的国际性机构。狭义的国际组织，则仅指政府间国际组织。目前，在国际法上讲国际组织，基本上都被认为指的是狭义上的国际组织，即政府间国际组织。如有人认为国际组织法定义中所说的国际组织，是指政府间国际组织，即若干国家为特定目的以条约建立的一种常设机构。这是指严格国际法意义上的国际组织。[4]1969年《维也纳条约法公约》第2条第1项中关于条约用语规定"国际组织"者，谓政府间之组织；[5]有的学者干脆就用"国家联合"来进行定义，如苏联国际法学者童金就认为：国际组织是为实现一定的宗旨，以国际条约为基础，有相应的机构体系，拥有与各会员国不同的权利和义务，并根据国际法成立的国家联合。[6]

毫无疑问，不论是广义上的国际组织还是狭义上的国际组织，都是一种超越国界的跨国机构。目前，全球有多达上万个为数众多的国际组织，研究国际组织的种类可以按不同的标准划分为不同的种类。例如，根据国际组织

---

〔1〕日本国际法学会编：《国际法辞典》，世界知识出版社1985年版，第526~527页。

〔2〕马骏主编：《国际法知识辞典》，陕西人民出版社1993年版，第304页。

〔3〕[英] M. 阿库斯特：《现代国际法概论》，汪瑄等译，中国社会科学出版社1981年版，第80页。

〔4〕梁西：《国际组织法》，武汉大学出版社1993年版，第1~2页。

〔5〕参见王铁崖、田如萱编：《国际法资料选编》，法律出版社1986年版，第744页。

〔6〕[苏] T. И. 童金主编：《国际法》，邵天任、刘文宗、程远行译，法律出版社1988年版，第162页。

成员的性质可以分为政府间和非政府间国际组织；根据不同的工作目标可以分为拥有普遍权限的组织和拥有专门权限的组织；根据组织程度或组织宗旨的差异可分为合作组织和联合组织。合作组织指的是普通的国际组织，它以成员国的主权和独立为前提，通过互相合作谋求解决国际问题，促进特定领域的发展，追求共同政策和实现共同目的。联合组织以发展国际共同体为目标，谋求逐渐实现区域联合。此外，还有多种不同的划分方法，但最基本的应是以成员的构成为标准，划分为普遍性组织和区域性组织（或曰封闭性组织〔1〕）。此外，国际组织一般都具有相对的稳定性与持续性。

（二）国际组织的法律人格

国际组织的法律人格，就是它成为法律关系主体独立享有权利和承担义务的一种资格。没有这种资格，国际组织就不可能成为法律关系主体，而无法在其成员国领域及国际范围内开展有效的组织活动。有了这种资格，它就可能在实现其宗旨和执行其职务中具有法定的行为能力，即能够以自己行为依法行使权利及履行义务的能力。正如韩国柳炳华教授所说，"国际组织的法律人格指国际组织具有的国际法权利义务的承受者和履行者的主体资格"。〔2〕

关于国际组织的法律人格，并不是一开始就得到承认的。国际组织虽然不是国家实体，并不具备国家的属性，关于国际组织法律人格的范围以及国际组织究竟能在多大程度享有权利和承担义务等问题，也没有统一的标准。但是，国际组织的法律人格即使没有明示规定，也要给予承认。因为国际组织根据其基本文件规定的宗旨行使职能并具备必要的机关，它能够在国际社会中进行独立的活动，这说明它具有独立意志，是独立的法律人格者。

普遍地确立国际组织的法律人格，也就是说国际组织的法律人格得到普遍承认是近年来的事。在国际法上，普遍确立国际组织国际法律人格的是国际判例，是1948年12月3日联合国大会通过第258（Ⅲ）号决议，请求国际法院对联合国是否具有国际赔偿请求资格发表咨询意见，即"执行联合国职务时遭受伤害的赔偿案"。1947年至1948年，联合国为解决以色列和阿拉伯之间有关巴勒斯坦的争议，派遣了仲裁员及观察员。1948年9月17日，联合

---

〔1〕 参见王铁崖主编：《国际法》，法律出版社1995年版，第527~528页。
〔2〕 ［韩］柳炳华：《国际法》（上卷），朴国哲、朴永姬译，中国政法大学出版社1997年版，第426页。

国瑞典籍仲裁员弗尔克·伯纳多特伯爵和法国籍首席观察员塞雷上校在耶路撒冷的以色列控制区遭到暗杀。事件发生后，联合国秘书长承担了对那些在联合国领取薪金或津贴的受害人支付适当赔偿的责任，同时将国家对联合国应承担责任的问题提交联合国大会讨论。大会鉴于会员国在这一问题上存在分歧意见，遂于同年 12 月 3 日通过决议，请求国际法院发表咨询意见。1949 年 4 月 11 日，国际法院就此案发表了咨询意见。咨询意见认为联合国是一个具有国际人格者。[1]法院的咨询意见承认了联合国具有国际法律人格，对造成的损害可向负有责任的国家追究国际责任，并进一步声称"代表着国际社会广大成员的 50 个国家，依照国际法，有权创立一个客观上具有国际人格的实体。这个国际人格者不仅为它们所承认，还具有创立而且有提出国际求偿的能力"。[2]国际法院的这一结论表明国际组织不一定需要在该组织构成条约中明白地被赋予权力；该组织同样具有为了最有效地履行其职能所必要的暗含的权力。亦即在签订条约时不论有无关于法人资格的明文规定，国际组织都具有法律人格。

在现代国际关系中，可以看到国际组织的特殊现象：各种国际组织蓬勃发展，在解决当代生活的最重要的问题中它们的作用和影响日益加强。正因如此，随着国际组织日益成为国际关系的重要参与者，其国际人格逐渐为国际法所承认是社会发展的必然趋势。另外，国际组织是基于特定目的而设立的，为此目的，它除需要维持组织内部的工作机能外，还需对外开展活动。而对外开展有效活动的基础是在其活动范围内具有必要的法律地位，而这种地位的前提条件是必须具有一定的法律人格。它不仅在国内法上，而且在国际范围内，都需要具有这种法律人格。

国际组织具有法律人格，是国际法的主体，这已是当今的共识。1986 年《关于国家和国际组织间或国际组织相互间条约法的维也纳公约》，实际上承认了国际组织的法律人格。[3]许多著名国际法学者在其论著中也都肯定了国际组织的法律人格。英国的劳特派特认为联合国是国际法主体，具有它自己

[1] 参见中国政法大学国际法教研室编：《国际公法案例评析》，中国政法大学出版社 1995 年版，第 76~78 页。

[2] 转引自［韩］柳炳华：《国际法》（上卷），朴国哲、朴永姬译，中国政法大学出版社 1997 年版，第 430 页。

[3] 参见王铁崖、田如萱编：《国际法资料选编（续编）》，法律出版社 1993 年版，第 621~622 页。

的人格。[1]苏联国际法学家科热夫尼科夫认为：国际组织是"新的国际法主体"。[2]

综上所述，在新的国际关系中，国际组织具有国际法主体资格，已成为现实的需要和必然的趋势。[3]

（三）国际组织成为国际环境法主体的必然

首先是环境问题的性质所决定。

对于环境、目前和将来的环境恶化以及应采取的措施，人类还远没有全面认识。斯德哥尔摩人类环境大会以后的 30 年间，远距离大气污染对森林的破坏、臭氧层减少、森林遭砍伐、沙漠化增加、气候变化，这些问题的产生都要求人们进一步研究并采取行动。而且，在大多数的情况下，对环境问题的研究应在国际范围内进行，或与其他国家的研究者合作。对环境的持续监控和对获得的数据进行分析的工作等，都需要连续性和合作机构，而只有永久性的机构才能保证这样的需要。此外，从法律角度来讲，为防止环境恶化，制定和遵守法律制度是必不可少的，必须有相关机制来监督规则的实施。规则生效本身并不能保证解决制定规则所针对的问题。环境状况的发展和人类认识的进步迫使人们经常调整规则使之与现实相符，这种对已有的法律文件经常进行调整的必要性，同样需要不断进行国际合作的代表人类共同利益的国际组织。

其次是国际组织在环境保护领域的特殊职能。

1. 研究职能

"研究"在国际组织的活动中发挥着特别重要的作用。如果说在一般情况下，国际组织很少亲自进行研究，但在法律领域却不是这样。在文件草案起草之前，国际组织经常进行比较法和国际法的研究以提供建议、确定路线和法律范本。这里可以举出联合国粮农组织和经合组织所做的深入细致的工作。在研究需要更多资金的领域，通常是国家负责项目的实施，国际组织的作用是协调各国之间的工作以及传播研究成果。有时，国际组织会对精心挑选的项目予以资助，甚至与专家或研究单位签订研究合同。

---

〔1〕［英］劳特派特 修订：《奥本海国际法》（上卷第一分册），王铁崖、陈体强译，商务印书馆 1971 年版，第 311 页。

〔2〕［苏］Ф. И. 科热夫尼科夫主编：《国际法》，刘莎等译，商务印书馆 1985 年版，第 301 页。

〔3〕王铁崖主编：《国际法》，法律出版社 1981 年版，第 96 页。

2. 交换信息

交换有关国内和国际项目及研究成果的信息，是在国际组织内进行合作的另一重要方面。可以说，所有环境保护组织都同时是信息集中和交换的场所。有时，国际机构还将获得的信息就某个问题或整个环境状况进行综合（前者如联合国欧洲经济委员会的报告，后者如联合国环境规划署的年度报告）。

3. 制定规则

国际组织经常行使制定规则的职能，包括制定向其成员国建议的新规则。这些规则可以是建议，或是有拘束力的决定，或是条约草案，或是国际规章。国际组织可以采取通过编纂国际公约的方法，即先由专家小组起草再由外交会议通过，这个通过必然意味着每个成员国的签字和批准。例如，1979 年 9 月 19 日《保护欧洲野生动物与自然栖息地的伯尔尼公约》就是在欧洲理事会建议的框架内制定的。而 1997 年 5 月 21 日《国际水道非航行使用法公约》则是由联合国国际法委员会起草的。当依据环境保护具体方面的条约设立自己的机构来实施条约时，如缔约方大会，这些机构通常负责制定实施细则或修改已有的规则，例如条约的附件。

4. 监督规则的实施

监督规则的实施也是国际组织的职能。但这种监督不包括采取强制行动，如在公海用国际巡逻队对付污染者。不过，在少数情况下，也有条约允许采取这种解决办法，如 1980 年 5 月 20 日《保护南极海洋动植物的堪培拉公约》第 24 条规定了一个"国际观察和检查制度"。不管怎样，通常是由国家来保证规则的实施并向国际组织汇报国内机构实施这些规则的情况。例如 1992 年 6 月 5 日《生物多样性公约》第 26 条。

5. 管理自然资源

由国际组织来管理自然资源无疑是在环境保护领域进行国际合作的最高形式。1957 年 2 月 9 日《保护北太平洋海豹临时公约》第 5 条第 2 款赋予一个委员会特殊的权力，该委员会就每个季节海豹贸易配额的数量和构成向成员国建议有关措施。《联合国海洋法公约》第十一部分规定了管理国际海底区域矿物资源的制度，其中，保护海洋环境是公约设立的机构必须行使的职责（尤其是第 145 条和第 153 条）。

6. 分工协作

国际环境保护大多涉及公益领域，范围十分广泛，因此，国际组织的研究或活动需要进行必要的分工，以提高效率。分工的首要标准是每个组织被赋予不同的权限。如世界卫生组织负责可能影响人类健康的环境问题，国际海事组织负责海洋污染问题，粮农组织负责水和土壤问题，等等。分工的另一个标准是空间上的：环境问题可以在世界范围来处理，主要通过联合国机构，也可以在区域范围通过区域性国际组织处理，或者在次地区范围内由与具体问题有关的国家参与解决，如关于河流或湖泊的污染、保护地方野生物种、边界的自然保护区等。

二、政府间国际组织

政府间国际组织主要是指联合国系统的全球性的国际组织和其他专门机构以及联合国系统以外的依国际条约建立的国际组织，如依 1973 年《国际防止船舶造成污染公约》及其 1978 年议定书而设立的国际海事组织等。这些国际组织在国际环境保护方面的作用，归纳起来有五个方面：其一，为国家在环境事务方面的磋商与合作提供场所。其二，收集和扩散环境信息，为国家合作提供信息服务。其三，为国际环境法的发展提供动力，一方面刺激国际环境法的发展，另一方面通过决定、决议或其他形式的文件创设国际义务，使之嗣后逐渐发展成普遍接受的法律规定。其四，在保证实施和执行国际环境法规和环境标准中起着越来越重要的作用。其五，为国家间解决环境争端提供相对独立的场所和机制。[1]

（一）全球性国际组织

全球性国际组织，亦即普遍性国际组织，严格意义上应指"世界上所有国家都参加的国际组织"。[2]但即使是联合国也不是世界所有国家都参加的国际组织，所以，全球性国际组织之普遍性，一般指的是向全世界开放其成员以世界为范围的国际组织，如发挥着全球核心作用的联合国。

---

〔1〕　宋英：《国际环境法——现代国际法的新分支与挑战》，载中国国际法学会主编：《中国国际法年刊》（1995），中国对外翻译出版公司 1996 年版，第 244~256 页。

〔2〕　王铁崖主编：《中华法学大辞典：国际法卷》，中国检察出版社 1996 年版，第 465 页。

1. 联合国

孕育于第二次世界大战硝烟之中的联合国是当今世界政治经济的中枢机关，是所有国际组织中最重要的一个。它是一个在集体安全原则基础上维持国际和平与安全的职能广泛的一般政治性组织，是当今世界上唯一的具有广泛代表性的最具影响力和最大的国际组织。

在国际环境保护领域，联合国及其常设机构联合国环境规划署发挥着重大且无以替代的作用，它的六大机关大会、安全理事会、经济及社会理事会、托管理事会、国际法院和秘书处都以不同方式和不同程度直接参与国际环境法的实践。其专门机构如联合国教科文组织、联合国粮农组织、国际海事组织、世界气象组织、世界银行以及国际原子能机构和世界贸易组织等也都在国际环境保护领域起着重要作用。

2. 联合国教科文组织

联合国教科文组织最初与环境保护并没有密切的联系。随着人们对生态问题有所认识，该组织着手研究人与生物圈的相互关系，并从 1970 年起开始进行一个"人与生物圈"的项目。在这个项目下，共研究 14 个主题，即人类活动对不同环境的影响、保护自然区域及其资源。一个全球生物圈保护区网因此被树立起来。每一个保护区应同时保护和可持续利用资源，不仅包括有特点的生态系统的典范，也包括人类居住环境的典范。生物圈保护区的目标之一是树立管理空间和水的模范，将满足人类需要和环境保护的必要性结合起来。全世界 110 多个国家参加了这个项目。

联合国教科文组织还制定了两个重要的国际公约：1971 年 2 月 2 日《关于特别是作为水禽栖息地的国际重要湿地公约》，1972 年 11 月 16 日《保护世界文化和自然遗产公约》。已有一百多个国家批准了第二个公约，截至 1998 年 1 月，世界遗产名录上已有 112 个国家的 582 项。

3. 联合国粮农组织

1945 年 10 月 16 日订立的《联合国粮食和农业组织的章程》规定，该组织的使命是提高粮食的营养水平和粮食生产的收益，改善农村人口的生活条件。因此，它自然关心自然资源的养护。

粮农组织对国际环境法发展的贡献表现在三个方面：起草条约、参与条约的准备和制定没有拘束力的标准。

1993 年 11 月 29 日通过的旨在鼓励公海渔船遵守国际养护和管理措施的

协定可以说明粮农组织在第一个方面的活动。在第二个方面，可以举出 1976 年《保护地中海海洋环境的巴塞罗那公约》及其议定书，以及 1998 年《关于在国际贸易中对某些危险化学品和农药采用事先知情同意程序公约》。

在某些情况下，制定没有拘束力的文件是在缔结国际条约之前。1998 年《关于在国际贸易中对某些危险化学品和农药采用事先知情同意程序公约》就是在粮农组织的指导原则之后缔结的。没有拘束力的文件还有 1981 年 10 月制定的《世界土壤宪章》。

粮农组织推动许多国家尤其是发展中国家的农业、森林、渔业和水土保持方面的立法。所有这些问题都与环境密切相关。粮农组织的专家们在帮助国内立法者方面发挥着重要作用。粮农组织出版了一系列立法研究著作，包括国内和国际法律文件，如关于水法、渔业法、水资源国际规则、环境影响评价和农业发展等。

在粮农组织的工作方法中，环境占据着重要的地位。实际上，粮农组织一方面为有关国家收集和传播信息，提供专家建议，进行培训，实施试点项目；另一方面，它支持农业的综合发展，包括对土壤进行监控、对水资源进行清理、开发水域、实施农业开发配套系统等。

4. 世界卫生组织

世界卫生组织创立于 1948 年 4 月 7 日，其主要职责是促进人类健康利益的国际合作。根据其章程第 2 条，该组织尤其应努力消灭流行病、地方病及其他疾病，改善居住、卫生和娱乐条件。所有这些目标都至少间接涉及环境保护。世界卫生组织的工作方法使之便于参与环境保护：其工作方法包括收集和传播信息、出版教科书和指南、提供技术帮助、组织课程和研讨会、建立信息网（1968 年建于海牙的水分配参考中心）和研究网（1968 年建于杜本多夫的废物处理研究中心）、监控对人类健康有害的污染、参与地方治理污染的斗争。饮用水问题是世界卫生组织活动的中心。在法律领域，除确立卫生标准外，该组织的主要任务之一是收集、处理和传播信息，尤其是通过出版季刊《国际卫生立法文摘》的方式。里约热内卢大会以后，世界卫生组织制定了健康与环境的全球战略。

5. 世界气象组织

根据 1947 年 10 月 11 日的华盛顿公约成立的世界气象组织，其目标是建立气象观察网和气象资料迅速交换系统、将气象观察标准化、鼓励气象科学的应用尤其是对天气的预测和改变、鼓励和协调研究。显然，这些活动直接关系到环境，尤其是对污染的观察、对污染传播的研究、对臭氧层减少和温室效应的研究以及对自然灾害（干旱、龙卷风、冰雹）的预测。世界气象组织具备了良好的物质条件以保证对地球的全面监控。它还积极参与建立全球环境监测系统，该组织的世界气象组织没有直接参与法律工作，但它的支持却是制定法律文件的前提，如关于人为改变天气、保护臭氧层和防止长距离大气污染。世界气象组织还参加了对太平洋洋流及其影响气候的研究。

6. 国际原子能机构

国际原子能机构于 1956 年 10 月 26 日成立。大约 120 个国家是该机构的成员。其首要目标是在全世界促进和增加原子能用于和平、健康和繁荣。在该机构的职能中，包括确立和通过旨在保护健康、减少核危险的安全规范。因此，对于该机构提供援助的项目或对于有关当事方邀请该机构予以担保的其他协议，该机构应保证这些项目或协议符合卫生和安全标准，必要时，它可以要求实施它所规定的卫生和安全措施。

因此，国际原子能机构通过了核安全标准和向成员国建议的良好操作守则。1961 年，它公布了放射性物质运输规则，此后还多次修改。它曾建议成员国缔结关于在核事故或核辐射时相互紧急援助的协议，为此，它于 1984 年公布了协议指南。不过，这个指南并没有得到所有生产原子能国家的尊重。只有北欧国家于 1967 年 10 月 7 日缔结了一个这样的协议。

1986 年 4 月 26 日发生的切尔诺贝利核事故突出了在原子能领域进行国际合作以及国际原子能机构的重要性。但是，该机构的行动方式过去却没有发挥太大作用，如帮助成员国检查核安全、统计核事故时进行干预的手段、国家的干预计划等。然而，正是国家要求原子能机构考察核事故的情况并为制定预测核事故的国际法律制度提供必要的框架。因此，1986 年 7 月 21 日至 8 月 15 日，国际原子能机构 62 个成员国的政府专家和 10 个国际组织的代表在维也纳开会，会议主题关于在核事故或辐射紧急情况时提供援助。两个草案随后在 1986 年 9 月 26 日国际原子能机构的大会上通过，公约也异常迅速地随即生效。

受到上述两个公约成功的鼓舞，国际原子能机构继续它的立法工作，它起草的《核安全公约》于 1994 年 6 月 17 日通过，它起草的《乏燃料管理安全和放射性废物管理安全联合公约》则于 1997 年 9 月 5 日通过。

7. 国际海事组织

国际海事组织最初的名称是"政府间海事协商组织"，于 1959 年 1 月 6 日在伦敦成立，于 1982 年 5 月 22 日改称"国际海事组织（International Maritime Organization，IMO）"，其职责是促进在国际商业海运的技术规则和惯例方面的国际合作。由于其使命是审查有关海运的一切问题，近几十年来，该组织的大量活动是针对海洋环境污染。正是在该组织的倡导下，一些重要的防止海洋环境污染的国际公约才得以产生，如 1954 年《国际防止油类物质污染海洋的公约》、1972 年《防止倾倒废物及其他物质污染海洋公约》、1973 年《国际防止船舶造成污染公约》及其 1978 年的修正案，以及 1990 年《国际油污防备、反应与合作公约》。这几个公约都是在该组织所在地伦敦通过的。

在油污损害民事责任方面，国际海事组织主持制定了 1969 年《国际油污损害民事责任公约》和 1971 年《设立国际油污损害赔偿基金公约》。

在该组织的支持下，国际社会还缔结了其他一些在不同程度上保护海洋环境的公约，如 1974 年 11 月 1 日《国际海上人命安全公约》、1978 年 3 月 31 日《海洋货物运输公约》、1978 年 7 月 7 日《海员培训、发证和值班标准国际公约》。

8. 国际劳工组织

国际劳工组织的章程规定其职责是帮助改善工人的工作环境。1919 年成立以来，该组织在这方面发挥了重要作用，主要是通过制定标准。国际劳工组织在职业安全和卫生方面的活动包括制定 1977 年《工作环境（空气污染、噪声和振动）公约》和 1990 年《作业场所安全使用化学品公约》中都有条款直接涉及环境保护。1988 年，劳工组织召开第十一届非洲地区大会，会议通过了一项保护非洲工作及一般环境的决议，呼吁各成员国尤其是非洲国家对工作及一般环境中的许多严重问题包括危险废物采取行动。

在制定标准之外，国际劳工组织还推动和支持在国际、地区和国内减少职业事故和疾病、改善工作环境。该组织的工作条件和环境部设有职业安全和健康处，负责起草防范主要危险的守则、使用化学品的培训手册，并传播信息。国际劳工组织与联合国环境规划署、世界卫生组织和国际原子能机构合作，旨在加强保护接触化学品和辐射的工作，并于 1979 年制定了《化学品安全国际规划》，评价化学品对人的健康和环境的危险，加强各国在化学品安全方面的能力，研究检测化学品的方法。

1976 年，国际劳工组织制定《改善工作条件和环境的国际规划》，规定了技术合作活动，帮助政府制定和实施职业和健康政策。其中有 20 个项目正在发展中国家实施，包括在亚洲建立危险控制系统的项目。

9. 相关国际金融机构

通过国际金融机构对发展项目的资助，特别是通过它们对兴建企业或重大工程的投资，这些机构可以对环境产生影响，或者是造成环境损害的原因，或者保证防止或减少这种损害。国际金融机构已经完全向后一种方向发展，它们只对尊重环境的发展项目予以资助。然而，这种所谓"环境条件"并不总是能为要求资助国所接受。现在，几乎所有金融机构都规定了对请求资助的项目进行预先环境评价的程序。而且，其中一些机构还设立机关，以环境保护的理由重新审查金融决策。

（1）世界银行

近 40 年来，世界银行在环境保护领域越来越活跃。从 1984 年起，它系统制定了其环境行动原则。在 1987 年至 1991 年期间，它努力减少所资助的项目对环境的损害，尤其要求项目的设计和执行预先进行环境影响评估。它还寻求与非政府组织的合作，并要求复杂的项目须向独立的专家咨询；规定违背国际环境保护条约的项目不能得到它的资助；它要求减少对森林的砍伐、支持植树造林；此外，它还要求在农业中合理地使用杀虫剂。

里约热内卢环境与发展大会将世界银行推向"新环境主义"，承认经济发展与环境保护之间的长期联系。此后，世界银行所倡导的原则是：仔细选择优先资助的项目，尤其是依靠公众参与的项目；利用政策和投资来改善环境；提高资源的利用率；尽可能依靠经济手段；减少使用行政手段、努力避免牟利性干预；制定切实可行的规范；与私营部门合作；承认公众的作用；资助教育和启蒙公众的项目；在投资、制定经济政策、税收措施和法律制度时，应从一开始就考虑环境保护的必要性。

由三名成员组成的检查小组可以审查世界银行的决策是否与环境要求相符。项目实施所在的地方团体、组织或国家都可以向该检查组提出申诉，申诉内容应表明项目经营者违反了世界银行的规定并没有予以补救，申诉者的利益与此相关。检查组根据需要，应在 21 天内作出决定并予以公布。

（2）全球环境基金

1990 年成立的全球环境基金，经过三年的试验期后，于 1994 年成为永久性的金融机构。它由世界银行、联合国开发计划署和联合国环境规划署共同托管，职责是为全球环境保护项目提供资金。它主要关注四个环境问题：气候变化、生物多样性、国际水域污染和臭氧层耗损。土壤退化尤其是沙漠化和砍伐森林也在其活动范围内。

20 世纪 80 年代以来，国际社会保护全球环境的努力大大加强了，但发展中国家严重缺乏资金。鉴此，联合国开发计划署委托世界资源协会研究这一问题，后者提出的建议之一就是建立一个国际环境资金机制。1989 年 9 月，法国政府提出了设立全球环境基金的建议。1991 年，世界银行通过 91/5 号决议，正式建立全球环境基金。1991 年 10 月 28 日，联合国开发计划署、联合国环境规划署和世界银行达成协议，为全球环境基金运行作出了具体安排，基金开始运行。1992 年 2 月，有关国家和国际机构的代表在日内瓦开会，就基金原则和范围的调整、同各全球环境公约的联系、基金的管理等进行讨论，以便调整基金的机制，使其更能适应已经和将来可能签署的各全球环境公约的需要。嗣后，全球环境基金根据一系列法律文件于 1994 年 3 月 15 日成为永久性机构。它设有一个大会，每三年召开一次；一个理事会，由 32 名成员组成，其中有 16 个发展中国家和两个经济转型期国家；一个独立秘书处。理事会负责领导工作，每年召开两次会议或根据需要随时召开会议，以协商一致或 60% 的成员和捐款份额占 60% 的捐赠国作出决策。

该基金由三部分资金组成：①其主要部分是被称为"核心资金"的全球环境信托资金（GET），源于各国自愿捐款，有 8 亿美元。所有核心资金均以援助的形式提供。②一些共同的资金筹措安排，约 3 亿美元，用于进行援助或以十分优惠的条件提供。③《蒙特利尔议定书》项下的约 2 亿美元，用于帮助发展中国家依议定书的规定逐步停用消耗臭氧层的物质。此项资金完全独立于前两项资金，由联合国环境规划署依据议定书执行委员会的授权进行管理。

管理基金前两项资金的责任由联合国开发署、联合国环境规划署和世界银行共同承担。其中联合国环境规划署进行科技指导和项目选择，开发署负责技术援助等投资前准备工作，世界银行管理资金，并负责投资项目。目前，基金主席由世界银行环境部主任担任。

所有人均年收入低于 4000 美元，且有一适当项目的国家均可申请环境基金。申请基金的项目必须有益于全球环境而非仅仅有益于地区环境，并在以上所列的 4 个全球性环境问题的范围之内，还应具有创新性，能显示某一环境技术或方法的有效性。

申请环境基金可通过几种不同的途径。各国政府、联合国开发署、联合国环境规划署以及非政府组织和私营部门均可就符合基金标准的创新性项目提出建议，所有项目必须由项目所在国批准。在多数情况下，可将项目建议通过开发署的地区代理、世界银行的区域机构直接提交给执行机构。所有项目都要进行审查以确保其符合基金的标准。

每一项基金援助均有金额的限制。单独的基金项目限额为 1000 万美元。作为银行项目组成部分的基金金额不能超过 3000 万美元。

全球环境基金可以资助国内有利于可持续发展的项目和规划，同时，它还是资助联合国气候变化框架公约和生物多样性公约实施的机构。

10. 政府间气候变化专门委员会

政府间气候变化专门委员会（Intergovernmental Panel on Climate Change, IPCC）由世界气象组织和联合国环境规划署于 1988 年创建，专责研究由人类活动所造成的气候变迁，其主要工作是发表与执行《联合国气候变化框架公约》有关的专题报告。迄今已经出版了六次关于气候变化的评估报告以及许多与此有关的特别报告和技术报告等，全面评估了自前工业化时代以来二氧化碳的累计排放量，制定了未来二氧化碳排放预算。

2024 年 1 月 16 日至 19 日，政府间气候变化专门委员会（IPCC）第 60 次全会在伊斯坦布尔召开。会议主要任务是讨论确定 IPCC 第七次评估周期（AR7）评估规划，明确 AR7 工作组报告、综合报告、特别报告、方法学报告及相关产出等。在新的气候变化形势和应对需求下，会议回顾了第六周期评估报告推出后的国际社会影响力情况，拟成立工作组对上周期的经验教训予以总结分析，以推动形成更加全面、更具代表性、广泛性、包容性的高质量科学评估报告，为积极有效采取措施应对气候变化，提供重要科学信息和政策决策参考。此外，会议还通报和讨论了第七周期经费预算、各工作组进展等议题。经过 4 天会议、3 个晚上加时会议、多个接触组并行磋商、与会成员国政府代表和主席团多轮发言讨论，达成共识。最终会议确定，将在 IPCC 第七周期发布三份工作组报告、一份综合报告、一份气候变化与城市特别报告、一份短寿命气候强迫因子方法学报告。

11. 尽快成立"世界环境组织"

在环境问题上，我们必须深刻认识大气山川的污染并不以人为国界为限，我们必须确立"只有一个地球"和"全球环境一体化"理念，在环境破坏与环境污染问题上有许多是国家权力力所不及的，诸如公海、地球极地、国际海底乃至外层空间等公域环境。特别是边境区域的环境问题，如界河、界山等，事实上就做不到"各扫门前雪"，一方的环境破坏或污染必然祸及相邻。如今，类似的环境问题及其诉讼实际上已经不少。而目前，国际上联合国系统内唯一一个专门致力于国际环境事务的机构就是联合国环境规划署，其任务是"贯彻执行规划理事会的各项决定；根据理事会的政策指导，提出联合国环境活动中期和长期计划，并制定、执行和协调各项环境方案的行动计划；向理事会提出审议的事项以及有关环境的报告；管理环境基金等"。[1] 但是，联合国环境规划署缺乏解决环境纠纷的功能，无法满足环境破坏和环境污染的诉求。其解决途径是置于世界贸易组织框架下的。以世界贸易组织解决与人类生存生活同等重要的环境问题，而非充分发挥环境科学、环境法诸领域专家的作用以求快速、有效、公正地解决环境纠纷，殊属遗憾。

鉴此，应尽快建立世界环境组织（World Environment Organization，WEO），旨在通过促进国际合作、协调分歧、法律裁决等方式建立一个保护人类生存环境并有效解决环境争端的机制。WEO 除提供一个信息和数据交换的平台外，还可以对各国在环境领域以及公域环境所面临的共同问题进行政策分析，通过谈判和协商等方式，协调各国在这些区域的利益和活动，保护人类的共同利益。

由于科学技术的突飞猛进影响到社会生活的各个领域，调整国际关系的国际法也日益紧密地与科学技术相结合，从而具有很强的科学技术性。许多环境问题的解决必须以对它们所针对问题的科学了解为依据，同时充分认识环境污染、生态破坏及其对人类健康和社会经济的危害的演变机制和规律，才能实现环境保护。因此，WEO 不妨一定程度上借鉴 ISO 的工作机制，分别

---

〔1〕 联合国大会第 2994（27）、2996（27）、2997（27）号决议，参见张光华：《联合国环境规划署简介》，载《世界环境》1983 年第 1 期。

建立空气、河流、土壤、海洋等委员会，并吸收知识界、科学界、技术界乃至经济活动方面的专家，保证国际环境法律原则、规则和制度得以科学、充分执行，同时也有利于各领域环境争端的公正、有效解决。

WEO 设立的目的是保护全球环境，促进国际环境争端的公正与和平解决，以期最大限度地保护全人类的环境利益。所以，不能仅仅将国家作为 WEO 的主体。国际组织尤其是非政府组织和个人在国际环境法的产生和发展过程中始终发挥着不可磨灭的重要作用，它们也是国际环境法的主体。因此，尤为重要的一点，同时也是 WEO 区别于 UNEP 的一点是，WEO 能够在法律上解决全球环境污染和破坏问题的重大意义。为此，在 WEO 内设立一个争端解决机构，对各方执行和遵守环境法律进行监督。由于国际环境争端的起因往往比较复杂，往往涉及重大利益，较之其他争端难以解决，其解决又往往受到国际关系力量对比的制约，不仅关乎全球环境保护事业，更关系到区域、国家乃至全人类的安全、稳定与和平。因此，WEO 框架下的任何国家、国际组织、团体、个人都应享有平等地就其他方在所造成的环境损害或者在存在损害危险时向该争端解决机构提起环境诉讼的权利，以为国际环境法得以科学、切实地执行提供良好、可行的途径，形成一套完整可靠的国际环境争端解决机制，从而更加有效地保护环境，为我们及我们的后代保全一个美好的可持续的生存环境。

（二）区域性国际组织

区域性国际组织（Regional International Organization）早在世界性国际组织形成之前就已出现。但从国际法意义上来说，区域性组织的出现则是近代的事情。第二次世界大战后，区域性组织迅速发展，大批新兴独立国家通过建立各种区域的国际组织来共同维护它们的政治独立与民族经济权益，促进本地区的和平发展，这是现代区域组织发展的一个重要特征。

与世界性国际组织比较而言，区域性国际组织是一种有限的或较小型的国际组织。但是，从其职能与活动领域来考察，它们可能同属一般政治性或经济性组织，只是前者的成员国以世界为范围，具有普遍性，而后者的成员国以某一地区为范围，具有局部性。关于区域组织的定义，理论上各说不一。一般认为，区域性国际组织是位于同一地理区域的国家为了它们的共同利益，和平解决它们的争端，维持本地区的和平与安全，发展它们之间的政治、经济、文化和社会关系而组成的永久性的组织。[1]它是会员限于某一区域的国际组织，属于封闭性组织。[2]我国著名国际法学家周鲠生教授指出：区域组织都具有以下几项共同的特征，一是地域因素，即组织的成员和活动的范围限于确定的地域；二是组织的永久性，即建立在无限期的有效的条约基础上；三是组织的任务涉及区域内广泛的共同利益事项上的合作。[3]

在现代国际关系中，区域性国际组织与全球性国际组织有一种互相渗透的倾向。一方面是全球性组织越来越多地注意建立并发展其区域机构，如联合国。另一方面是区域性组织也在向其区域之外扩展影响。典型的例子是欧洲共同体，它通过《洛美协定》，[4]同非洲、加勒比和太平洋地区的几十个发展中国家联系起来，把它的作用范围几乎扩展到了世界各地。

区域组织的存在与活动是自主的，能直接承受国际权利与义务，在国际法上拥有独立的法人资格。[5]区域性国际组织很多，比较重要的有美洲国家组织（OEA）、阿拉伯国家联盟、非洲统一组织、东南亚国家联盟和欧洲联盟等。

几乎所有的区域性组织都开展了环境保护活动，其中，欧洲国家间的组织最为突出。这是因为，一方面，在各大陆中，欧洲的统一进程走在最前列；另一方面，欧洲的人口密集、工业化程度高，环境恶化的风险很大；再者，经济结构的一致性和政治思想的相似性也使欧洲尤其是西欧更易于在环境领域进行合作。

1. 欧洲理事会

欧洲理事会是欧洲第一个合作机构，于1949年5月5日成立，到2023年已有46个成员国。在生态时代之初，欧洲理事会就已经开始关心环境问题。1962年，它设立欧洲保护自然资源委员会。从此以后，环境保护一直是欧洲理事会主要的活动领域之一。

---

〔1〕　马骏主编：《国际法知识辞典》，陕西人民出版社1993年版，第350页。

〔2〕　王铁崖主编：《中华法学大辞典·国际法学卷》，中国检察出版社1996年版，第476页。

〔3〕　周鲠生：《国际法》（下册），商务印书馆1976年版，第751页。

〔4〕　《洛美协定》是欧洲共同体12个成员国同非洲加勒比和太平洋地区发展中国家签订的多边合作条约。总共有1975年、1979年、1984年和1989年4个《洛美协定》，其宗旨是巩固和加强非、加、太地区国家经济、文化和社会的发展；在团结和互利的基础上，为发达国家和发展中国家的合作建立一种模式。

〔5〕　周忠海等：《国际法学述评》，法律出版社2001年版，第159页。

除在环境方面的培训和教育活动以及促进欧洲各级的环境合作外，欧洲理事会还进行了多种形式的立法活动。在自然保护方面，有《保护欧洲野生动物与自然栖息地的伯尔尼公约》（1979 年）。控制污染方面，有《欧洲水宪章》（1968 年）、《控制大气污染原则宣言》（1968 年）、《限制使用某些洗涤剂的欧洲协定》（1968 年）。欧洲理事会的另外两个公约为国际环境法带来了重要的新内容。一个是 1993 年 6 月 21 日通过的《环境危险活动造成损害的民事责任公约》，另一个是 1998 年 11 月 4 日的《通过刑法保护环境公约》。在此之前，这两个领域一直没有被正面涉及。

2. 经济合作与发展组织

经济合作与发展组织的前身是为执行重建欧洲的马歇尔计划于 1948 年设立的欧洲经济合作组织。1961 年，经济合作与发展组织正式成立，其成员包括所有西欧国家、美国、加拿大、澳大利亚、新西兰和日本。由成员国代表组成的理事会是该组织的领导机构，协助理事会工作的秘书处也发挥着重要作用。该组织可以通过对成员国有拘束力的决定，也可以通过没有拘束力的建议。

尽管组织的章程决定了该组织工作的核心是经济问题，但该组织活动的方向已发生变化，以适应环境保护的需要。1970 年，该组织设立环境委员会，负责协助成员国政府制定环境政策，并协调环境政策与经济和社会发展。环境委员会还负责评价环境保护措施对国际贸易的影响。

经济合作与发展组织对国际环境法的发展产生了重要的影响。它的建议及原则宣言给污染下了第一个法律上的定义，并提出了适用于跨界污染的基本原则。它还制定并通过了关于几类物质造成的大气污染以及水污染的具体规则。它所制定的标准，对于有关化学物质的法律制度、对于管理和处置有毒及危险废物包括放射性废物，具有决定性作用。而首先提出污染者负担原则的也是经济合作与发展组织。

经济合作与发展组织对许多环境问题做了深入的研究，尤其是这些问题的法律方面，并对成员国的环境状况，包括它们实施环境条约的情况进行审查。

3. 欧共体（1993 年升格为"欧盟"）

环境保护在欧共体经历了一个特殊的发展过程。1957 年签订的《欧共体（罗马）条约》中没有任何条款涉及环境保护。环境保护主要是成员国国内法调整的内容。进入 20 世纪 70 年代，随着欧共体同市场的扩大，成员国之间的经济边界逐渐消失，环境问题也日益突出，尤其是跨国界污染造成的损害引起各成员国的广泛关注。欧共体逐渐在环境领域采取一些积极行动。20 世纪 70、80 年代，欧共体制定了四个环境行动规划，并开始在环境领域进行立法。欧共体环境立法通过欧共体法院来保证实施。但是，环境保护第一次成为共同体实体法的内容是在 1987 年的《单一欧洲文件》中，欧共体被明确授权在环境保护领域采取行动（第 130R、S、T 条和第 100A 条）。这些条款在1993 年生效的《欧洲联盟条约》中得到强调和发展，而且，该条约将推动可持续发展、保护环境列入欧盟的主要目标之一并进一步明确欧共体在环境保护领域的使命和权力。条约规定："环境保护的要求应被纳入共同体其他政策的制定与实施中。"

三、非政府间国际组织

非政府间国际组织（Non-Governmental Organizations，NGOs）指的是跨越国界的由不具有政府权力的个人、团体建立的跨国组织。它具有组织性、民间性、非营利性、灵活性、公益性、非政党性、自治性、志愿性的特点，通常是在特定领域结成团体，代表社会某些集团或阶层的愿望或要求。20 世纪中期以来，随着科学技术的发展和人类活动的频繁，武器扩散、环境污染等全球性问题不断凸显，环境灾难日益严重。自 20 世纪 70 年代以来，非政府间国际环境组织如国际自然保护联盟、绿色和平组织、世界自然保护基金会以及地球理事会等与国家、政府间国际组织等共同催生了国际环境法的发展，成为国际环境法的主体之一。

（一）非政府间国际环境组织的作用

传统国际法在承认国际组织的国际法主体资格时，总是区别政府间和非政府间组织而对非政府间国际组织加以排除。事实上，20 世纪末以来，非政府间国际环境组织作为国际环保事业的重要参与者和组织者，在全球环境事务中的作用日渐突出，在国际舞台上十分引人注目，成为国际环境法的参与者、监督者和促进者，对国际环境法的发展和实施起到了不可替代的作用，在解决全球问题的过程中，能够沟通各方、促进协调与合作。[1]

---

〔1〕 何艳梅：《非政府组织与国际环境法的发展》，载《环境保护》2002 年第 12 期。

1. 协调和建议

非政府间国际组织具有国家、政府间组织难以企及的公益优势、知识优势和机制优势等，这使其在具有全球性、综合性和公益性的国际环境保护领域成为宣传鼓动者、思想库、信息提供者、合作伙伴、资金提供者等多种角色，可以根据公众的要求进行调查研究，提出有关全球环境保护的重大问题并呼吁国际社会对之采取行动，提出关于国际环境保护和进行国际环境立法的建议，并改变国际社会成员的纯官方性质，促进国际事务决策的民主化和透明度。

1994 年 1 月 1 日，《北美自由贸易协定》（NAFTA）正式生效。它的生效产生了世界上最大的贸易集团以及在发展中国家和工业化国家之间达成的第一个互惠自由贸易协定。这个贸易协定和它的附加协定，象征着环境首次在一个贸易协定中得到足够的重视。事实上，环境问题得到如此高度的重视主要是因为墨西哥、加拿大、美国等三国环境团体的有组织的施压和参与。美国、墨西哥、加拿大的环境保护主义者早在自由贸易讨论过程中就以召开会议和举办研讨班、为 NAFTA 提出建议、为各自国家的贸易谈判者提供联合建议等形式进行紧密合作。1991 年 4 月 5 日，一个"墨西哥、美国、加拿大环境团体关于 NAFTA 的共同宣言"同时向三个国家的新闻界发表。1992 年 1 月，在墨西哥城举行的会议上，来自墨西哥、加拿大和美国环境组织的代表就特别行动提出了建议，使他们的政府可以通过这些行动来评估和减轻由于 NAFTA 所带来的环境风险。可见，NAFTA 反映了北美环境共同体这一非政府组织的重要性及其在北美自由贸易协定制定过程中的关键作用。[1]

2. 促进国际环境法的发展

非政府间国际组织以通过决议、发表宣言制定国际环境保护指导原则，促进和影响国际环境法准则的确立；积极参加有关环境问题的国际会议和国际谈判，参与制定国际环境条约的立法活动以促进国际环境法的发展。

从 1972 年的斯德哥尔摩人类环境会议到 2002 年约翰内斯堡的可持续发展世界首脑峰会，都有非政府间国际组织的广泛参加。1992 年的联合国环境与发展大会有 1500 个非政府间国际组织的 19 400 名代表参加。大会期间，约

---

〔1〕 挪威弗里德约夫·南森研究所编：《绿色全球年鉴》（1995），中国国家环境保护局译，中国环境科学出版社 1995 年版，第 82 页。

17 000 人出席了被誉为"影子会议"的与环发大会同一主旨的非政府组织全球论坛。2002 年 8 月 26 日至 9 月 4 日，可持续发展世界首脑峰会在约翰内斯堡举行，来自 3062 个非政府组织的代表（包括来自我国 40 多个非政府组织的 150 多名代表——我国的非政府组织首次登上国际舞台）和包括 104 位国家元首和政府首脑在内的 192 个国家的 1.7 万名代表等共约 7 万人出席了会议。非政府组织将水资源保护和水处理政策、能源、企业责任、食品、农业和对发展中国家的援助等议题提交给 WSSD 讨论，并与会议同时举行了非政府组织论坛，各界约 1.5 万名代表进行了上百场研讨。会议通过了政府、非政府组织、企业三方互相合作的伙伴关系计划，与《约翰内斯堡政治宣言》《执行计划》并列为 WSSD 的三大成果。在环境问题和环境条约的国际谈判中，非政府间国际组织从确定议题、日程、目标到提出有关规则、提供专家意见和有关信息直至缔结环境条约，都发挥着重大作用。如《生物多样性公约》和《联合国气候变化框架公约》及其议定书以及《防治荒漠化公约》等环境条约的起草工作都有非政府间国际组织的积极参加。

3. 监督国际环境法的实施

非政府间国际组织通过积极参加环境条约的缔约方大会，参与回顾和审议条约的实施情况，敦促有关国家执行条约或对其作相应修改和调整等形式以监督国际环境条约的实施和执行。如参加《关于消耗臭氧层物质的蒙特利尔议定书》《防治荒漠化公约》《联合国气候变化框架公约》等重要国际环境条约缔约方大会。又如国际自然保护联盟与我国政府开展在生物多样性、生物安全和生态保护等领域的合作，帮助我国执行《生物多样性公约》，保护我国生物多样性和生态环境。绿色和平组织则致力于揭露和抗议有关国家违反国际环境义务的行为。为反对法国进行核试验，它派出旗舰驶往南太平洋，以致被炸毁；它反对捕鲸，便派出船舶封锁直布罗陀海峡以阻止苏联捕鲸船队的通过；举行新闻发布会，揭露一些国家越境转移废弃物的真相以反对有害废弃物越境转移；等等。

此外，非政府间国际组织还通过召开国际会议、举行研讨会、开展环境教育、进行调查研究、发表调查报告、建立网站等方式来促进国际环境法的制订和实施。

（二）非政府间国际环境组织的类型

从全球环境保护的国际实践看，目前的非政府间国际环境组织主要有三种类型。它们是像国际自然保护联盟、世界自然保护基金会以及像国际标准化组织那样从各自的角度关心并从事全球环境保护运动并促进国际环境法发展的其他非政府间国际环境组织。

1. 国际自然保护同盟

1948 年 10 月 5 日成立于法国，是世界上最大和最有影响力的专门性非政府间国际环境保护组织。其宗旨是采用科学措施促进合理利用和保护自然资源，特别是保护再生自然资源，维持生态平衡，以便为人类目前和未来的利益服务。

2. 世界自然保护基金会

1961 年 9 月 11 日成立于瑞士，原名"世界野生生物基金会"，1988 年改为现名。这个世界知名的非政府间国际环境组织的标志是我国国宝大熊猫。其宗旨是致力于保护大自然，保护地球上生物生存必不可少的自然环境和生态系统，防止珍贵稀有物种灭绝。世界自然保护基金会的主要活动之一是为全世界的自然保护活动提供资金。

3. 绿色和平组织

绿色和平组织于 1971 年成立，是世界上最大的国际民间环境保护组织，其特色是成立伊始，就将环境保护与争取世界和平结合起来，主要致力于阻止气候变化、保护原始森林、拯救海洋、防止核武器与核试验及核废物所造成的核威胁、鼓励可持续贸易等。

4. 国际法研究院

国际法研究院前名为国际法学会，是于 1873 年成立的世界性的、非官方的，由国际法学上有高深造诣的各国学者组成的历史悠久的纯粹学术性团体。其宗旨是通过其成员的集体研究对国际法的发展作出贡献，以期有助于达成当代国际社会的和平与正义。早在 1910 年，国际法研究院就从水力资源利用的角度，研究有关跨国河流的国际法律制度，并于 1911 年通过《国际水道非航行用途的国际法规则》。研究院在对河流湖泊的污染与国际法问题进行研究的基础上，于 1979 年通过了关于河流和湖泊与国际法的决议。1983 年，研究院成立专门委员会就"跨越国界的空气污染问题"进行研究，并于 1987 年通过《关于跨越国界的空气污染的决议》。这些规则和决议毫无疑问促进了国际环境法原则、规则和制度的确定和生成。

5. 国际法协会

国际法协会是 1873 年在布鲁塞尔创立的国际法团体，原名为"革新和编纂国际法协会"，1895 年改名为"国际法协会"。其宗旨是：研究、阐明和发展国际法。其成员包括法学者及"一切关心改善国际关系的人士"，该组织的工作扩及于国际公法、国际私法的几乎全部领域。这个在发展国际法上久负盛名的国际组织对于国际环境法的发展同样具有卓越的贡献。早在 1924 年，该协会就提出制订国际法规解决油类污染航道、危害水生生物和沿岸地区问题的建议。第二次世界大战后，该协会开始注重国际水域法律制度的研究，于 1966 年通过《国际流域内水域利用规则》，即著名的《赫尔辛基规则》，该规则将地下水和地面水同列为国际水域的组成部分，提出了公平使用原则和跨国水污染问题，受到国际社会的普遍重视，在国际上产生了积极影响。

6. 地球理事会

地球理事会成立于 1992 年 12 月，其目标为：①充当环境与发展问题的全球代言人；②促进和支持人民的行动，特别是履行联合国环境与发展大会有关政府与非政府的决议；③帮助、确保各级人民的经验、关心及感兴趣的问题能反映到各级的政策和决策者中；④帮助、确保环境与发展问题的公众对话能被科学家与专家们以客观的知识和观点阐明；⑤监督、帮助和支持联合国可持续发展委员会的工作。

7. 我们共同的未来中心

我们共同的未来中心是一个非营利基金会，成立于 1989 年，为可持续发展委员会和其他联合国机构提供咨询。其目标是：①成为世界环境与发展委员会在《我们共同的未来》报告中提出的走向可持续发展进程的推动者和促进机构；②动员全世界更多的公众和机构投入实现可持续发展的努力之中；③鼓励和促进公众参与国家和国际的决策过程，并促进行业之间展开有关可持续发展问题的对话。

8. 国际标准化组织

国际标准化组织成立于 1947 年 2 月，是世界上最大、最有权威的国际标准化专门机构。其宗旨是"在世界范围内促进标准化工作及其有关活动的开展，以利于国际物资交流和相互服务，并在知识界、科学界、技术界及经济活动方面发展合作"。目前，该组织已在环境保护领域制定了数以万计的国际标准。

第四节　个人的国际环境法主体地位

　　法律的功能是保障每个成员在社会生活中的权利，其最终目的是谋求人类共同的幸福。基于现实世界生态系统与政治疆界的不一致，看待发展中的国际关系也应该用发展的眼光，更需要以发展的眼光重新审视发展中的国际关系法。

　　国际环境法是保护全人类（今世和后世）利益的公益性法律，是真正意义上的国际公法，[1]各类环境资源保护协定的动机、目的、内容都是直接为了保护和改善人类环境。非常清楚，国际环境法基于其公益性的特点，为所有人创设权利和义务。因此，每个人有权使其环境受到保护，同时也有义务为此付出努力。所以个人不再是消极的权利享受者，而要分担管理整个集体利益的责任。可见，在国际环境法上，个人不仅是权利的享有者，也是义务的承担者，亦即主体。

　　国际环境法的目的是保护人类共同利益。而对所有个人基本权利和自由的普遍尊重早已被明确宣布为人类共同利益的一部分。

　　1948 年 12 月 10 日，联合国大会通过的《世界人权宣言》指出：对于人人固有尊严及其平等不移权利之承诺确系世界自由、正义与和平之基础。"我们承诺建设一个崇尚人性的、公平和相互关怀的全球社会，这个社会认识到人人都必须享有尊严。"[2]

　　这种利益——人类共同利益——在公认的个人权利（人权）中得以体现。联合国人权机构已经开始考虑环境与人权之间的关系了。1989 年以来，联合国防止歧视和保护少数人委员会在这方面通过了好几个决议。其中一个决议（1989/12）重申，有毒和危险产品的运输威胁着基本的人权，如生命权、在安全和健康环境中的居住权和健康权；决议呼吁联合国环境规划署对此寻求全面的解决办法。另一个决议（1990/7）则任命特别报告员研究环境与人权

────────────

　　〔1〕　对此，可以从国际环境法的文件通过和签署的情况得到证明：自联合国成立以来唯一通过的一个没有反对票、没有弃权票的法律文件是《里约环境与发展宣言》；所有的有关国际环境保护的会议也是世界各国最愿意出席的会议，1992 年联合国环境与发展大会之所以被称为"地球峰会"，就是因为它是出席会议的世界各国最高领导人里约最多的一次会议。

　　〔2〕　2002 年 9 月《约翰内斯堡可持续发展宣言》第 2 条。

之间的关系，指出"人权与环境之间有着不可分割的联系"。联合国人权委员会于 1990 年通过决议（1990/14），强调保全维持生命的生态系统对于促进人权具有重要的意义。

人们越来越清楚地认识到，被污染的、生物多样性遭到破坏的环境是与令人满意的生活条件和个性发展相矛盾的，打破基本生态平衡将有损于人类肉体和精神的健康。承认个人安全健康的环境的独立权利是具有重要意义的，它是人类尊严的一种表达形式，它不仅完善今世的人权，也是实现后世人权的必要前提条件。《人类环境宣言》和《里约环境与发展宣言》都宣布，使人能够过尊严和福利的生活的环境是人享有的权利；为今人和后代保护和改善环境是人类的神圣职责。2002 年 9 月的《约翰内斯堡可持续发展宣言》第 3 条宣告："在本次首脑会议开始时，全世界的儿童用简单但明确的声音告诉我们，未来属于他们。这些话激励我们所有人通过行动确保他们继承的世界不再有因贫困、环境恶化和不可持续的发展方式造成的有失人类尊严和体面的现象。"如果人们只考虑在经济、社会和文化领域公认的权利而不负责任地浪费导致资源不足，那要实现包括后世的权利则是不能想象的。

事实上，从斯德哥尔摩人类环境大会起，人权与环境保护之间的联系就已经确立。《人类环境宣言》第 1 条原则指出：人类有权在一种能够过尊严和福利的生活环境中，享有自由、平等和充足的生活条件的基本权利。这一点在里约热内卢环境与发展大会上得到重申。《里约环境与发展宣言》第 1 条原则指出：人类有权享有与自然和谐的、健康和富足的生活。《里约环境与发展宣言》承认公众享有参与权，呼吁公众的有效参与："环境问题最好通过在相应层次上所有相关公民的参与来处理。"（第 10 条原则）对于环境紧急情况和可能产生不利跨界影响的活动，国家不是唯一应获得通知的实体。个人应有适当途径接触政府掌握的环境资料，包括关于他们的社区的危险物质和活动的资料，并有机会参与决策过程。各国应广泛传播信息促进和鼓励公众知情和参与。应使公众能够有效地利用司法和行政程序，包括补偿和补救程序。公民对环境保护的具体参与是公认的个人权利（人权）之一的环境权的真正体现。

筹备里约热内卢环境与发展大会本身就是鼓励非政府组织和各种经济利益的代表参与的重要一步。与正式会议同时召开的里约热内卢全球论坛——一个非政府组织的会议，表明世界公众舆论支持保护全球生态系统。《里约环境与发展宣言》承认公众舆论的重要性，而且，还强调公众了解和参与处理环境问题的意义。宣言中反映的国际协商程序的民主化是里约热内卢大会的重要贡献。会议通过的《21世纪议程》也强调公众参与，其第三部分前言指出主要团体是"实现可持续发展的基本前提之一"。这些团体包括妇女、青年、土著人、非政府组织、工人、工商界、科学家和农民。文件要求公众参与环境影响评价程序和决策，尤其是那些个人和群体生活工作的社区的决策。[1] 2017 年 12 月 4 日至 6 日在肯尼亚首都内罗毕的联合国环境规划署总部成功举行的第三届联合国环境大会在为期三天的会议中就"迈向零污染地球"这一主题进行了深入的探讨和磋商，展现了相较前两届更大的参与热情和更广泛的影响力。其会前的论坛活动同样多样而充实，召集了"全球主要群体和利益相关者论坛""科学政策论坛""可持续创新博览会"等系列活动，这些为加强国际合作与交流提供了宝贵平台。

20 世纪 80 年代以来通过的大多数国际人权文件都承认环境权。

1981 年《非洲人权宪章》明确规定，"有利于人发展的、令人满意的环境"是"所有人的权利"。1988 年《美洲人权公约》之经济、社会和文化权利议定书第 11 条题为"对健康环境的权利"，规定：①每个人应有权在健康的环境中生活，有权享受基本的公共服务；②缔约国应促进环境的保护、保全和改善。1989 年《儿童权利公约》虽然没有明确规定环境权，但它要求缔约国采取措施保障儿童的健康权，措施包括提供有营养的食品和清洁的饮用水，并"考虑环境污染的危险"（第 24 条）。1989 年，国际劳工组织通过了《关于独立国家内土著人和部落的公约》。公约要求缔约国采取特殊措施保护土著人的环境，尤其要对计划开发活动的环境影响进行评价，与土著人合作保护和保全他们所居住的环境（第 7 条）。公约还承认土著人传统狩猎和捕鱼活动的重要性（第 23 条）。正如大多数保护野生动物的国际公约都有例外规定一样，公约允许土著人的传统狩猎活动，甚至是针对濒危物种。

1991 年《美国与加拿大关于空气质量的协定》增加了公众参与的机会。该协定规定，对帮助实施协定而设立的空气质量委员会提交的每个报告，预先成立的国际联合委员会应通过公共听证会予以评价。公众的综合意见应提交给双方，并根据要求进行记录。双方同意对报告内容进行协商。双方还应

---

〔1〕 参见《21 世纪议程》"持续发展的社会伙伴"（第 25 章至第 32 章）。

在协定实施过程中与中央或地方政府、有关组织及公众进行协商。1998 年 6 月 25 日，联合国欧洲经济理事会主持起草的《公众在环境领域获得信息、参与决策和诉诸司法的公约》（即《奥胡斯公约》）在奥胡斯通过。这是目前将环境权具体化的最完善的条约。[1]

此外，有些多边条约也对公众环境权的知情权给予了广泛的保障。1991 年《在跨界背景下进行环境影响评价的埃斯波公约》要求各国将可能造成跨界环境损害的活动通知公众，并为公众参与环境影响评价提供机会。要对建议的活动作出最后决策时，国家应适当考虑环境影响的评价，包括受影响地区的个人的意见。1992 年的《保护和利用跨界水道和国际湖泊公约》（第 16 条）和《东北大西洋海洋环境保护公约》（第 9 条）也要求各缔约国确保其主管机构使提出合理请求的自然人和法人获得相关信息，请求人无须证明其利益，无须缴纳不合理的费用，请求应在两个月内答复。

保护人权的基本内容之一是创设使权利得到尊重的程序。环境权的实现也体现在程序制定方面，这就意味着要创设有效的程序。所以，承认环境权应包括使个人有权就环境问题诉诸有管辖权的机构。在实施中，环境权可以与其他任何受保障的个人或集体权利一样具体，就像《公民及政治权利国际盟约》第 9 条和《欧洲人权公约》第 5 条中的人的自由和安全权，正是通过保障这一权利的程序才体现其真正意义：非依法定理由和程序，任何人的自由不得被剥夺；因刑事罪名而被逮捕或拘禁的任何人，应立即送交法官并在合理的时间内受审或释放；被拘禁的人有权诉诸法庭；等等。因此，自由和安全权，现实中不易通过其他方式表达的抽象概念，在程序权利中被具体化；当国家机构损害公民的自由和安全时，使权利能够保障的，正是某些程序的存在和良好运转，这些程序构成一种保护而不是专断。因此，可以认为，环境权不应被解释为抽象定义的对理想环境的权利，而应解释为使现有环境受到保护、使之不被破坏以及在某种情况下使环境得到改善的权利。总之，权利的保障作为人类共同利益而得到承认；承认对于健康和安全的环境的权利同时也成为实现其他基本人权的一个手段。它加强和补充了受保障的其他的人权。

据以上对环境与人权之密切关系的分析，我们已经无需再怀疑个人在环

[1] ［法］亚历山大·基斯：《国际环境法》，张若思编译，法律出版社 2000 年版，第 14~27 页。

境领域所享有的主体权利。

当然也许有人会认为，在国际环境法中，个人不具有签订国际环境协定、开展各种政府间环境保护合作的能力，以此怀疑个人的主体地位。殊不知国际环境的保护并非仅仅是国家也绝不是国家就能够包干的，这从国际环境法的形成历史中就已经得到证明。况且，国际环境协定被认为是影响国家和其他主体（如次国家政府机构、国际组织、多国公司和国内企业、非政府组织、跨国联合体以及个人）行为的重要手段。[1]同时，个人的行为往往是造成跨界污染的重要原因，遭受跨界污染危害的也往往是个人。即使在国际法的国家责任制度中，对私人行为的跨界污染损害，国家需要承担责任，但这时的国家责任也是建立在私人承担赔偿义务的基础之上。[2]所以，鉴于个人在与环境保护密切相关的国际交往中具有的重要地位，在国际环境法上确立个人的法律地位，使个人成为国际环境法中权利义务的承担者，乃是客观的需要。1982年，联合国环境规划署理事会特别会议通过的《内罗毕宣言》指出："所有企业，包括跨国公司在内，采用工业方法或技术出口到别的国家时，都应考虑对环境的责任。在这方面，及时而充分的立法行动也很重要。"2002年9月的《约翰内斯堡可持续发展宣言》第25条重申："土著居民在可持续发展中发挥关键作用。"这些说明了个人在国际环境法中作为主体的必要性。

《当代海洋环境资源法》作者认为："国际海洋环境资源法的主体包括人类（或国际社会整体）、国际组织（包括国际政府间组织和国际非政府间组织）、单位（包括企业事业组织、非营利组织）和个人，其中以国家为国际海洋环境资源法的基本主体。正如国内法中的主体地位也是不同的一样，不同的国际海洋环境资源法主体的地位也是不一样的，在国际海洋环境资源法中国家和单位、个人享有不同的权利和义务；承认其他主体并不是否认国家这一主体，更不是说在所有国际法律文件中各种不同的主体都享有同样的权利和义务。由于国际海洋环境资源法律关系主要体现于国家、国际组织之间的关系，因而国家是国际海洋环境资源法律关系的主要主体，国际组织是国际环境法律关系的重要主体。同时，基于海洋环境资源保护的经济性质，经济

---

〔1〕 ［美］爱迪·布朗·维丝：《理解国际环境协定的遵守：十三个似是而非的观念》，载王曦主编：《国际环境法与比较环境法评论》（第1卷），法律出版社2002年版，第107页。

〔2〕 林灿铃：《国际法上的跨界损害之国家责任》，华文出版社2000年版，第179页。

实体（法人和非法人组织）是造成海洋环境资源问题的主要主体，他们在海洋环境资源保护中起着十分重要的作用。例如跨国公司在开发利用和保护海洋资源以及防治海洋污染方面，都承担着保护环境的义务。不少跨界海洋污染实际上是自然人或法人行为造成的，因而自然人和法人也应当并可以成为国际海洋环境资源法律的主体。"[1]诚如所言，在国际环境法中，承认个人的主体地位，并不是否认国家主体地位，亦无损于国家和其他主体。

有人在表述"非政府行为者严格地讲仍不是国际环境法的主体"的同时，又强调说："……但是不可否认，非政府行为者在国际环境法的发展过程中一直起着重大的作用。这里所谈的非政府行为者包括以下六类：科学界、非营利性的环境保护组织、私营工商业、法律团体、学术界和个人。这六类行为者的参与有不同的原因，发挥不同的作用。科学的发现和发展是环境法发展的动力，为环境立法提供科学的证据。环境组织成立的目的就是动员一切力量解决环境问题。工商界关心、参与环境事务是由于当今任何环境立法都不可避免地影响其与生产和经营有关的决策。环境法律和环境法学的发展自然离不开法律团体和学术界的参与。个人曾经大多通过环境组织的活动反映他们的呼声，但是在《里约环境与发展宣言》的第 10 项原则中个人依据国际法直接获得的权利得到了承认。尽管该原则没有法律约束力。"[2]还有人认为："尽管自然人和民间团体不被认为是国际环境保护法的主体，但他们在保护环境方面却可以起到相当重要的作用。'环境权'普遍得到承认，使自然人和民间团体具有了行使监督权的直接法律依据。每个公民都有维护自己的环境不受损害的权利，不管损害来自何国。同样民间环境保护团体经过被授权，也可以成为国际环境保护的监督主体。"[3]

尽管以上表述显得"犹抱琵琶"，但我们却不难窥知其委婉。

"国际法的权利义务主体原则上是国家。但是，在国际法多种多样的不同领域，（国际法主体）却又不限于国家，国际法同时也规范国际组织、个人、跨国公司活动，还通过国内法的实施以确保有关个人、企业的问题得以解决。

---

〔1〕 蔡守秋、何卫东：《当代海洋环境资源法》，煤炭工业出版社 2001 年版，第 168 页。

〔2〕 宋英：《国际环境法——现代国际法的新分支与挑战》，载中国国际法学会主编：《中国国际法年刊》（1995），中国对外翻译出版公司 1996 年版，第 247~248 页。

〔3〕 陈秀萍：《论国际环境法的存在基础、实施障碍及对策》，载《黑龙江省政法管理干部学院学报》2003 年第 2 期。

特别是以保护地球环境为目的的法（国际环境法）。国际环境法具有包含国际法、国内法、国际组织法等的大融合特性而表现为'世界法'。"[1]这种观点虽然明确指出，保护全球环境的法的主体应包括个人（自然人和法人），这是对的。但是，当今的国际社会依然主要是由主权国家之间的关系所构成，我们所探讨的是国际环境问题，也就是以国家为主的国际环境关系的调整。虽然，我们把地球看作一个"村"，但地球不是一个国家。不可能将整个地球置于某一权力之下。如果有一天卡尔·马克思所提倡的共产主义实现了，世界大同了，真正一体化了，也还是不可能使地球变成一个国家。因为，共产主义的目标是要消灭国家的。国家消亡了，作为国家机器特征之一的法律当然也就不可能存在了。所以说，基于保护全球环境的国际环境法是"国际法"，而不是"世界法"。

事实上，从《人类环境宣言》开始，即承认个人拥有环境权益，而《里约环境与发展宣言》中，则更是具体提倡个人对于环境的知情权、参与权以及获得救济的权利。从《欧洲人权公约》《美洲人权公约》的内容及实践看，已将个人的环境权益视为人权之一环，赋予个人直接享有国际环境法上的诉讼权。此外，欧盟环境法和《北美自由贸易协定》的《环境附属协定》等区域性国际条约都足以说明，个人和国际非政府组织已经成为国际环境法主体。《环境附属协定》第14条规定，非政府组织和个人可以向由美、加、墨三国代表组成的环境合作委员会的秘书处指控某成员未切实有效地执行该协定，秘书处有权决定是否应就非政府组织或个人所指控事项要求被控成员国政府作出答复。欧盟环境法则赋予有关领域的个人和非政府组织直接向欧洲法院起诉国家政府的权利。

笔者要特别加以强调的是，全球规模的环境问题与个人似乎没有直接关系，许多人也是视而不见，"事不关己高高挂起"或"做一天和尚撞一天钟，今朝有酒今朝醉"。然而，事实上环境问题与个人两者之间的关系是十分密切的。这并非由于地球环境问题的特别，而是一个一个的人的活动所产生的影响超越了国界达到了影响全球的水平。反之，全球性的环境污染、自然生态破坏也直接对人们造成严重的损害。因此，要解决人类环境问题就必须提高人们对环境问题的认识，采取保护环境的行动。这是最基本的和不可或缺的。

---

〔1〕〔日〕渡部茂已：《国际环境法入门》（日文本），密涅瓦书房2001年版，第4页。

所以，不断提高人们对环境问题的认识和不断提高解决环境问题的能力，乃是势所必然的客观要求。

我们必须认识到：每一个人的日常生活都是与地球息息相关的，且产生对将来世代及其生活的影响。所以，要求每一个人在日常生活中采取行动以保护自己赖以生存的地球。而且"该行动必须是自由的、有意义的主体行动"。

第四章

国际环境法渊源

渊源，就是事情的本源。然而，对于法的渊源，却可谓众说纷纭。

著名法学家奥斯汀根据立法者是产生法规的渊源的观点，把立法者称为法的渊源；奥本海认为法律的渊源是行为规则得以产生并取得法律效力的历史事实；自然法学者认为，人的理性就是法的渊源；而实在法学者中有人假设，在每一种法律秩序里存在一种给该法律秩序内的法规以价值的根本规范，把这种规范称为该法律秩序的法的渊源；有的人把法规的价值渊源称为法的渊源；有的人则认为法的渊源就是指法的表现形式；等等。其实，法的渊源就是法源，是指某一法律规则产生、确立并取得法律约束力的最初"看得见"的地方，亦即法律原则、规则和制度"第一次出现的地方"。

第一节　国际环境法渊源概述

国际法的渊源应该说从国际法存在之初就已存在。但就理论而言，国际法的渊源是随着国际社会的发展而发展的。国际环境法的渊源与国际法渊源基本一样，但有它本身的特点。至于国际法的渊源是什么，都有哪些，至今并无统一的说法。

凯尔森认为，国际法的"渊源"是指创造国际法的方法。创造国内法的两种主要方法是习惯和立法。而创造国际法的两种主要方法则是习惯和条约。[1]斯塔克教授则认为，国际法的重要"渊源"可定义为，国际法律工作者在确

---

〔1〕　〔美〕汉斯·凯尔森：《国际法原理》，王铁崖译，华夏出版社1989年版，第254页。

定对特定情况的适用规则时所依据的实际资料。[1]

我国前辈国际法学者周鲠生教授在其《国际法》一书中指出,所谓国际法的渊源都可以有两种意义:一是指国际法作为有效的法律规范所以形成的方式或程序;二是指国际法的规范第一次出现的处所。从法律的观点说,前一意义的渊源才是国际法的渊源,后一意义的渊源只能说是国际法的历史渊源。在前一意义上,国际法的渊源,应该说只有惯例和条约两种。在后一意义上,国际法的渊源则可以说是于惯例、条约之外尚有各式各样的渊源。国际法的某国规范可以是最初表现于学者的著述中,例如不干涉内政原则规定在法兰西大革命时代的共和国宪法;也可以是最初宣布于某国的国内法庭,例如外国公船司法豁免原则系统经美国最高法院裁定(The Exchange Case,1819)。而这些规范之取得国际法的效力都是通过各国长期实践之后,才形成公认的国际法的一部分。因此,国际法渊源只是自身作为形成法律的方式的两个渊源,即惯例和条约。[2]

李浩培教授认为,国际法的渊源,正如国内法的渊源一样,主要可以区别为实质渊源和形式渊源两类。国际法的实质渊源是指在国际法规则产生过程中影响这种规则的内容的一些因素,如法律意识、正义观念、连带关系、国际互赖、社会舆论、阶级关系等。国际法的形式渊源是指国际法规则产生或出现的一些外部形式或程序,如条约、国际习惯、一般法律原则。国际法学者所着重研究的主要是国际法的形式渊源,因为只有研究这种渊源才能辨别一个规则是否为国际法规则。至于影响国际法内容的一些因素的共同点在于其都具有法律以外的性质:它们是一些政治上的、经济上的、社会学上的或者心理学上的事实。所以国际法实质渊源的研究主要是其他社会科学的任务。[3]

美国法律重述(修订)第 102 节规定:国际法的渊源:①国际法规则是一种为由国家组成的国际社会所接受的规则:其一,习惯法形式出现的规则;其二,由国际协定确定的规则;或其三,由世界主要法系共同认可的一般原则所派生出来的规则。②习惯国际法来自各国通常、一致的并作为法律义务

---

〔1〕 [英] J. G. 斯塔克:《国际法导论》,赵维田译,法律出版社 1984 年版,第 92 页。
〔2〕 周鲠生:《国际法》(上册),商务印书馆 1976 年版,第 10 页。
〔3〕 李浩培:《国际法的概念和渊源》,贵州人民出版社 1994 年版,第 52 页。

所接受的实践。③国际协定为各当事国创设法律，且当此种协定有意为各国一般遵守，事实上为世界各国广泛接受时，可以导致国际习惯法的创设。④各主要法系共有的一般原则，即使没有包含或反映在习惯或国际协定中，在需要时也可以引用国际法的补充规则。[1]

日本的田冈良一教授认为法的渊源是使法律用具体的形式体现出来的事实（人的行为）。在国内法方面，国会、元首、行政机关等制定法令的行为（简称立法）以及在人民当中实行的习惯就是法的渊源；在国际法方面，国家间缔结条约的行为（在缔结国间制定规范）和在国家间实行的习惯就是法的渊源。随着国际社会组织化的发展，最近出现了国家拥有制定法规权限的国际组织，这种国际组织制定法规的行为，成了上述两种法的渊源之外的国际法的第三种渊源。[2]

中国著名国际法学家北京大学教授王铁崖先生认为，国际法渊源是指国际法的原则、规则和制度第一次出现的地方。[3]

学者们的意见归纳起来有：①把"渊源"和"证据"看作同义语交换使用，用以证明一定法律规则的存在；②指国际法的起因，即促使国际法产生的动力；③指含有国家同意受约束于一定法律规则的历史事件，即久已确立的条约和习惯；④公认的法律表现形式；⑤国际法规则产生的过程；⑥有必要将形式渊源和实质渊源区分开来，前者指法律规则产生的方式中程序，后者指国际法规则的证据；⑦国际法专家用以确定适用于一定情形的法律的实际材料，即条约、习惯、司法判例与仲裁裁决、法学著作和国际组织的决议。[4]

一般认为，1945年6月26日的《国际法院规约》第38条是对国际法渊源的权威说明。《国际法院规约》第38条规定：

（一）法院对于陈诉各项争端，应依国际法裁判之，裁判时应适用：

（子）不论普通或特别协约，确立诉讼当事国明白承认之规条者；

---

[1] 转引自周忠海等：《国际法学述评》，法律出版社2001年版，第42页。
[2] 日本国际法学会编：《国际法辞典》，世界知识出版社1985年版，第520页。
[3] 王铁崖主编：《国际法》，法律出版社1995年版，第10页。
[4] 中国国际法学会主编：《中国国际法年刊》（1991），中国对外翻译出版公司1992年版，第208页。

（丑）国际习惯，作为通例之证明而经接受为法律者；

（寅）一般法律原则为文明各国所承认者；

（卯）在第五十九条规定之下，司法判例及各国最高之公法学家学说，作为确定法律原则之补助资料者。

（二）前项规定不妨碍法院经当事国同意以"公允及善良"原则裁判案件之权。

王铁崖教授等在论述该条规定时指出：条约和习惯是公认的国际法主要渊源，国际习惯是各国重复类似的行为而具有法律拘束力的结果；一般法律原则可以理解为各国法律体系中所包含的共同原则，但它不是独立的国际法渊源；国际司法判例、各国权威最高之公法学家（即国际法学家学说），不是国际法的直接渊源，而是辅助性渊源；国际组织的决议，特别是联合国的某类决议，虽然不是国际法的直接渊源，但可以与司法判决和公法学家学说并列，成为"确定法律原则之补助资料"，而且就其国际性来说，应该在司法判例和公法学家学说之上。[1]

在《中华法学大辞典》中，"国际法渊源"词条是这样归纳的：国际法的原则、规则和制度产生、出现、得以确立并获得法律效力的地方或事实。国际法渊源不是国际法的起因，国际法的起因是国际法形成的历史原因，也不是国际法的证据，国际法的证据仅证明国际法原则、规则和制度的存在。一般认为，1945 年《国际法院规约》第 38 条是国际法渊源权威宣示，其中说明国际条约、国际习惯和一般法律原则是国际法渊源，而公法家学说和司法判例是辅助性的国际法渊源。此外，国际组织的决议也一般被认为是一种辅助性国际法渊源。[2]

可以说，国际法的渊源，是指国际法规则所产生出现、为人所知、得以确立并获得法律效力的最初"看得见"的地方或事实。同时可以把国际法的渊源作为国际法规则的证据或表现形式，因为渊源本身证明或表明某一规则的存在，但渊源不能等同于证据或表现形式，因为后者不能够揭示渊源所指的"看得见、摸得着"的具有约束力的国际法规则的存在。前者实实在在地

---

〔1〕　王铁崖主编：《国际法》，法律出版社 1995 年版，第 11 页。

〔2〕　王铁崖主编：《中华法学大辞典·国际法学卷》，中国检察出版社 1996 年版，第 185 页。

创造法律，而后者仅仅旨在宣示法律。

简言之，国际法渊源（sources of international law）是指国际法原则、规则和制度产生、得以确立并获得法律效力的地方或事实，亦即第一次出现的地方。

上述三项主要国际法渊源（国际条约、习惯和一般法律原则）应该说相互联系，不分先后次序，其地位是平等的。实质上，在大多数场合优先适用了条约规则，但这是适用上述一般原则的结果，而不是由于条约规则本身对习惯国际法规则占有优先的地位。[1]

此外，《国际法院规约》第 38 条并没有完全详尽地列举出国际法的渊源。联合国成立几十年来国际社会的发展，特别是国际组织数目的增加和作用的扩大，对于国际法渊源有重大影响，[2]这种情势提出了国际组织决议在国际法渊源中的地位问题。特别是联合国这样重要的世界性国际政治组织，它的主要机关的决议不仅在国际政治上有重大影响，而且在国际法上也有重要意义。[3]

作为国际法新领域的国际环境法，是在国际关系急遽发展变化中产生的一个新分支，所以，它的渊源与国际法的渊源基本一样但又有自己本身的特殊性。

有人认为，国际环境法的渊源，是指国际环境法的表现形式。国际环境资源法的渊源与一般国际法渊源一样，包括国际条约、国际习惯、一般法律原则及确定法律规则的辅助方法——司法判例、公法家的学说等方面。但由于国际环境资源法出现的时间不长却发展得十分迅速，一方面有大量的国际

---

〔1〕 周忠海等：《国际法学述评》，法律出版社 2001 年版，第 43 页。

〔2〕 ［英］詹宁斯、瓦茨修订：《奥本海国际法》（第一卷第一分册），王铁崖等译，中国大百科出版社 1995 年版，第 27 页。联合国大会通过的决议的法律效力是一个有分歧意见的问题。很明显，大会并不具有立法权力，而且，大会决议并没有"建议"这个字以外的更大的法律效力。同样明显的是，否认所有大会决议有任何法律效力，是过于简单化的想法。国际法院曾经否定大会权力仅仅是劝告性的而且永远不能超过作出建议的论点。法院曾经判称，在某些情况下，大会的决定具有"处分性效力和效果"，例如，关于会员权利和特权的暂停、会员的开除、预算问题和维持和平部队的组织，就是这样。虽然大会的决议一般不是法律上有约束力的，但是，它们并不是没有法律意义。它们可能由于提供国家实践的证据而有助于创造新的国际习惯法规则或者确立一项现有的国际习惯规则；它们可能对投票赞成的国家、可能甚至对弃权的国家构成一个"禁止反言"；它们可能授权采取在另外情形下非法出版的行为；至少在投赞同票的国家之间，它们可能构成这些国家之间的简化形式的协定。

〔3〕 王铁崖主编：《国际法》，法律出版社 1995 年版，第 18~20 页。

环境资源保护条约，另一方面又有丰富的国际环境保护实践……国际环境资源法的渊源主要有：国际环境保护条约、国际环境保护宣言与决议、国际环境保护的著名案例及其他渊源。[1]这个表述的贡献是显示了国际环境法的"新"，但存在一些瑕疵。比如不提很重要的渊源"国际习惯和一般法律原则"而用很含糊的"其他渊源"；再如使用"一般国际法渊源"容易使人产生错觉；当然，在一个地方尤其是本身在下定义时出现不同表述"国际环境法"和"国际环境资源法"似乎不太合适。

国际环境法的渊源有与环境问题有关的条约、国际习惯、一般法律原则、司法判例、国际法学说和"公允及善良"原则。此外，普遍性国际组织的与环境问题有关的法律文件也应在国际环境法的渊源之列。所有这些国际环境法的渊源可分别为"主要渊源"和"其他渊源"两大类。主要渊源是与环境问题有关的条约和国际习惯。其他渊源包括与环境问题有关的一般法律原则、司法判例、国际法学说、"公允善良"原则和国际组织的决议等法律文件。[2]这个定义很全面。

如前所述，《国际法院规约》第 38 条一般被认为是对国际法渊源最权威的说明。然而从国际环境法的实践来看，也许联合国国际法委员会《关于国家责任的条款草案》（1989 年）的规定更切合实际。该草案（第二部分第 5 条）所列举的渊源除了包括《国际法院规约》第 38 条所规定的渊源（条约、国际习惯、一般法律原则和辅助性渊源，包括法院或法庭的判决，以及法学家的著作），还包括了国际组织具有约束力的决定。有人认为这些规定了有法律约束力义务的渊源为"硬法"，而国际环境法当中还存在大量的"软法"，也就是那些不具有严格的法律约束力的规定。并认为软法的作用在于：其一，指出未来有法律约束力的硬法的发展方向，实际上国际环境法的一些有法律约束力的规定最初是以软法的形式出现，然后逐步演变成硬法。其二，以非正式的形式创设可接受的行为规则。其三，"编纂"或反映国际习惯法。这样，国际环境法的原则和规则存在于数以千计的双边或多边具有或不具有法律的约束力的国际文件之中。[3]

---

〔1〕　吕忠梅：《环境法新视野》，中国政法大学出版社 2000 年版，第 176 页。

〔2〕　王曦编著：《国际环境法》，法律出版社 1998 年版，第 65 页。

〔3〕　宋英：《国际环境法——现代国际法的新分支与挑战》，载中国国际法学会主编：《中国国际法年刊》（1995），中国对外翻译出版公司 1996 年版，第 249 页。

"法"有软硬之分？是的，曾经对国际法、国际经济法都有过是"软"是"硬"的争论，现在声音虽然小了，但似乎依然存在。违法就要承担责任，承担法律责任。如果违反的不是法律，例如国际道德或国际礼让，也可能需要承担责任，但那是道义上的责任或者是政治责任，而不是法律责任。"法"使其主体享有权利的同时亦使其主体承担义务，违反"法"的行为必须承担法律责任，如果是"指南"或"建议"，即使没有遵守也不会被课予法律责任。国际环境法是"法"。国际环境法渊源（sources of international environmental law）是指国际环境法的原则、规则和制度产生、得以确立并获得法律效力的地方或事实。它包括国际环境条约、国际环境习惯和与环境保护相关的一般法律原则、国际宣言与决议。司法判例和著名学说为"辅助性渊源"。

第二节 国际环境条约

李浩培先生认为条约是国际法的主要渊源，或称第一位渊源。[1]《奥本海国际法》则认为条约是国际法的第二个渊源。[2]斯塔克也认为，现有的条约是国际法的第二个重要渊源，其重要性正与日俱增。[3]菲德罗斯教授认为，条约自其问世以来就成为国际法的一个渊源。[4]不论是第一位还是第二位，总之，条约是国际法的渊源。于国际环境法而言，国际环境条约是其主要渊源之一。

一、条约的概念

条约是两个或两个以上国际法主体依据国际法确定其相互间权利和义务的一致的意思表示。[5]1969 年《维也纳条约法公约》第 2 条第 1 款规定：称"条约"者，谓国家间所缔结而以国际法为准的国际书面协定，不论其载于一项单独文书或两项以上相互有关之文书内，亦不论其特定名称为何。[6]

---

〔1〕 李浩培：《国际法的概念和渊源》，贵州人民出版社 1994 年版，第 53 页。

〔2〕 ［英］詹宁斯、瓦茨修订：《奥本海国际法》（第一卷第一分册），王铁崖等译，中国大百科出版社 1995 年版，第 19 页。

〔3〕 ［英］J.G. 斯塔克：《国际法导论》，赵维田译，法律出版社 1984 年版，第 40 页。

〔4〕 参见 ［奥］阿·菲德罗斯等：《国际法》，李浩培译，商务印书馆 1981 年版。

〔5〕 王铁崖主编：《国际法》，法律出版社 1995 年版，第 401 页。

〔6〕 王铁崖、田如萱编：《国际法资料选编》，法律出版社 1982 年版，第 700 页。

　　条约的名称从广义上讲有许多种，缔约方可自由地选择其所缔结之条约的名称，如条约、公约、协定、议定书及专约等。不同名称的条约并不意味着条约法律效力的不同。国际法院在"西南非洲案"（初步异议）（1962年）判决中曾指出："术语并不是确定一个国际协议或承诺的性质的决定因素。在国家和国际组织的实践以及国际法院的司法实践中，（条约名称的）用法是多种多样的。（在国际上）有很多不同种类的文件，但它们都具备了条约的性质。"[1]

　　综合1969年《维也纳条约法公约》和1986年《国家和国际组织间或国际组织相互间条约法的维也纳公约》第2条的内容，条约的定义应为：条约是指不论其名称如何，不论是否以一项文书或多项相关文书构成，必须对国际法主体产生法律拘束力，缔结受国际法调整的国际书面协议。[2]依其定义，国际条约应具有以下基本特征：①条约是国际法主体之间缔结的协议。②条约具有法律约束力，即条约主体对于条约客体的事项有按照国际法产生、改变或废止相互权利义务的意思。条约规定缔约方间在国际法上的权利和义务关系。③条约必须以国际法为准，受国际法的调整。④条约的缔约各方必须有就某个或某些问题达成一致的意思表示。⑤条约一般是以书面形式缔结的协议。[3]

二、国际环境条约的特点

　　国际环境条约往往牵涉国际政治、国际经济、国内法和政策的调整以及科学确定性等复杂问题。虽然各个条约之间存在着差异，但有关环境保护的条约规则却表现出许多共同特征。常见的条款通常规定：缔约国应采取的实施措施；保障条约实施的监督机制；便于修改条约的程序；采取进一步措施的行动计划；合作机制，或是通过设立新机构，或是通过利用现有的机构。由国际环境法的性质和特点所决定，国际环境条约具有一些自身的特点。这些特点代表着条约法的一些新发展。

　　由于国际环境条约往往不能对所调整的国际关系中各方的权利和义务和

---

　　〔1〕　王铁崖主编：《国际法》，法律出版社1995年版，第403页。

　　〔2〕　《关于国家和国际组织间或国际组织相互间条约法的维也纳公约》，载中国国际法学会主编：《中国国际法年刊》（1987），法律出版社1988年版，第879~909页。

　　〔3〕　周忠海等：《国际法学述评》，法律出版社2001年版，第45~47页。

有关的环境保护措施一次规定得全面而又具体，有时只能先以"框架"公约的形式对客观存在作一些原则性的规定，将具体的事项留待缔约国通过议定书和附件的形式加以规定。这种"框架"形式的好处，一是有利于各缔约国就重大原则问题达成一致，不至于因在一些具体问题上的分歧而影响在原则问题上达成一致；二是有利于条约的修订，不至于因对议定书和附件所规定的非重大原则条款进行修订而影响整个条约的效力。[1]可见，框架条约是国际环境条约的重要特点。

此外，针对公海污染的 1972 年 12 月 29 日《防止倾倒废物及其他物质污染海洋公约》、1973 年 11 月 2 日《国际防止船舶造成污染公约》，1973 年 3 月 3 日的《濒危野生动植物种国际贸易公约》，针对臭氧层损耗、气候变化和生物物种等全球性环境问题的重要公约，如 1985 年《保护臭氧层维也纳公约》和 1987 年《关于消耗臭氧层物质的蒙特利尔议定书》、1992 年《联合国气候变化框架公约》和《生物多样性公约》以及 1997 年的《国际水道非航行使用法公约》等，都体现出全球性国际立法的大部分是关于国际环境的保护。以解决全球环境问题为目标的公约直接关系到整个国际社会的利益。纵观国际环境保护领域的国际条约，可以看出它们还具有以下特点：

（1）条约内容极为丰富，涉及环境的各个方面，覆盖面越来越广泛。

（2）条约体系构成多层次，既有全球性的公约，又有区域性的多边公约，还有双边的条约和协定。

（3）条约结构形成了框架条约—议定书的模式，即各国先就环境保护的某一问题签订框架公约，作出比较原则的保护规定，然后再进一步签订议定书，对保护措施作出具体的规定。

（4）条约具体规定越来越注意保障条约义务的实施问题，如规定各缔约国应在公平的基础上，根据共同但有区别的责任和各自的能力，共同为实现条约而努力；增强缔约国尤其是发展中国家的实施条约能力；规定资金机制和技术转让；以及提供有关履行的信息、进行现场检查及和平解决争端等。

（5）发展速度快并及时修订。20 世纪 70 年代以来，几乎每年都有一些环境方面的国际条约签订；对已签订的国际条约，还随着科学技术的发展和国际环境保护的需要变化适时地进行修订补充。

---

〔1〕 王曦编著：《国际环境法》，法律出版社 1998 年版，第 66~67 页。

三、国际环境条约的作用

在国际上通过条约的形式保护环境和资源的努力可以追溯到 19 世纪中叶，最初的国际环境条约的内容主要是关于保护生物资源等的自然保护，如1867 年《英法渔业公约》、1882 年的《北海过量捕鱼公约》等。20 世纪 30年代以后，由跨国环境污染纠纷提出了环境污染问题，如英法两国于 1839 年在巴黎签订了关于保护英法沿海牡蛎和渔业资源的条约。两次世界大战使国际环境保护一度中断。联合国的成立带来了新的契机，地区和全球的环境与资源保护组织和机构大量增加，1954 年出现了第一个关于防治环境污染的国际条约，即《国际防止海上油污公约》。此后，国际条约在防治环境污染和自然保护等各个方面得到了全面发展。内容包括：防治海洋污染、大气污染、水污染、化学污染、放射性污染及电离辐射，保护森林资源、水资源、文化和自然遗产、南极、外层空间，以及防治病虫害和禁止为了军事目的的破坏环境等。概括地说，主要是两大类：一是关于防治环境污染、损害和破坏的条约；二是关于保护自然资源并保障其合理开发利用的条约。特别是从 1972年《人类环境宣言》到 1992 年里约热内卢环境与发展大会通过一系列保护环境的宣言、条约到 2002 年约翰内斯堡可持续发展世界首脑峰会提出进一步加强环境保护的多边主义，国际环境法律体系日臻成熟。

国际环境条约包括有关环境问题的双边或多边的、区域的或全球性的国际条约，包括有关环境保护的条约、公约、协定、协议、议定书以及条约中的相关环境保护条款等。条约中的相关环境保护条款如 1967 年 1 月 27 日的外层空间条约，其中只有第 9 条的一段是关于保护地球环境、使之不被外空物质污染并使外层空间自身也不被污染的；《1949 年 8 月 12 日日内瓦四公约关于保护国际性武装冲突受难者的附加议定书》（第一议定书），禁止使用旨在或可能对自然环境造成广泛、长期而严重损害的作战方法或手段（第 35 条第3 款）等。

"约定必须遵守"是一项古老的原则，条约是缔约国的意志表现，是国家之间的明示协议，国家必须遵守自己缔结的条约。

条约的一般重要性首先在于：其所确立的规则及其所产生的权利和义务对于当事各方有法律拘束力。这适用于一切条约，不论是双边的或多边的。有些条约可能表现出较广泛的效力，并制定一般适用于国际社会的具有一般性质的规则。国际社会没有一个中央立法机构，像在国内由国会制定法律那样，为整个国际社会制定法律。然而，例外地，正如国际法院所承认的，一项条约，如《联合国宪章》，可以为非条约的当事方的国家创设权利和义务。近些年来，国际社会越来越多地采用协商一致的办法，特别是在联合国大会上，采用协商一致的程序，制定一般性规范，对世界各国都具有拘束力。因此，条约成为国际立法的主要形式。

同样的，在国际环境保护领域，条约为缔约方创设权利和义务，条约对缔约各方具有拘束力，它是国际司法机关在裁判国际环境案件时首先适用的法律依据，是保护国际环境所必须遵循的法律规范。现在，国际上已签订了大量防止国际环境污染、保护和合理利用自然环境的国际条约，包括国际双边、多边条约，国际组织之间以及这些组织与国家之间的条约。从国际环境法的构成来看，条约集中体现了国际环境法的原则、规则和制度。

可见，条约在国际环境法的产生、发展中发挥着极其重要的作用。自从出现国际环境保护条约以来，经过约一百年的发展，特别是 20 世纪 60 年代以来的加速发展，目前已有大量有关环境的国际条约。仅联合国环境规划署公布的环境方面的多边国际条约和协定就有数百项之多。此外，还有各国签订的大量双边环境条约和协定。

在国际环境保护领域，重要条约有 1946 年 12 月 2 日的《国际捕鲸管制公约》、1959 年 12 月 1 日的《南极条约》、1969 年 11 月 29 日的《国际油污损害民事责任公约》和《国际干预公海油污事故公约》、1971 年 2 月 2 日的《关于特别是作为水禽栖息地的国际重要湿地公约》、1972 年 11 月 16 日的《保护世界文化和自然遗产公约》、1973 年 3 月 3 日的《濒危野生动植物种国际贸易公约》、1973 年 11 月 2 日的《干预公海非油类物质污染议定书》、1976 年 11 月 19 日的《〈国际油污损害民事责任公约〉议定书》、1973 年 3 月 3 日的《濒危野生动植物种国际贸易公约》、1978 年 10 月 23 日的《国际植物新品种保护公约》、1982 年 12 月 10 日的《联合国海洋法公约》、1983 年 11 月 18 日的《国际热带木材协定》、1985 年 3 月 22 日的《保护臭氧层维也纳公约》、1986 年 9 月 26 日的《及早通报核事故公约》、1987 年 6 月 17 日的《关于化学品国际贸易资料交换的准则》、1987 年 9 月 16 日的《关于消耗臭氧层物质的蒙特利尔议定书》、1989 年 3 月 22 日的《控制危险废物越境转移及其处置巴塞尔公约》、1991 年 10 月 4 日的《南极条约环境保护议定书》、1992

年 6 月 5 日的《生物多样性公约》及其 2000 年 1 月 29 日通过 2003 年 9 月 11 日生效的《〈生物多样性公约〉卡塔赫纳生物安全议定书》（以下简称《卡塔赫纳生物安全议定书》）和 2010 年 10 月通过的《关于获取遗传资源和公正公平分享其利用所产生惠益的名古屋议定书》（即《名古屋议定书》）、1992 年 5 月 9 日的《联合国气候变化框架公约》及其 1997 年 12 月 11 日的《〈联合国气候变化框架公约〉京都议定书》（即《京都议定书》）和 2016 年生效的《〈联合国气候变化框架公约〉巴黎协定》（即《巴黎协定》）等，这些国际条约创设了诸多有关环境保护的国际环境法一般规则。

第三节　国际环境习惯

国际习惯（International Custom）指的是那些为各国所"采纳"并反复使用的具有法律拘束力的行为。国际习惯的构成因素有两个，一是属于各国重复的类似行为，一是各国都认为具有法律拘束力。

一、国际习惯的形成

国际习惯有一个逐渐形成的过程，其缓慢生成过程，如同荒地上的一条道路的形成。开始时，有许多模糊不清的路径，几乎不能辨认。由于大多数行人出于共同的使用或便捷的考虑，总是走同一条路径，时间长了，一条明显的道路便形成了，并且逐渐成为一条被认为是唯一的通常性道路，虽然很难说在哪一确切时刻发生了后面的变化（即被认为是唯一可行的道路）。[1] 国际习惯有两个主要因素：①物质因素，即各国的势利实践；②心理因素，即各国的法律确信。各国的反复实践，包括国家的行为和不行为，而各国的法律确信是国际习惯的主观因素，国家可以通过明白表示或默认而表现其法律确信，即认为该习惯规则具有法律拘束力。[2]

国际习惯的实质在于各国的实践。一项条约（或几项条约）所包含的规则为国际社会一般所赞成。从而使原来在条约中规定的规则可能成为具有习

---

〔1〕　申建明：《关于国际法渊源的若干问题》，载中国国际法学会主编：《中国国际法年刊》(1991)，中国对外翻译出版公司 1992 年版，第 218 页。

〔2〕　王铁崖主编：《中华法学大辞典：国际法卷》，中国检察出版社 1996 年版，第 229 页。

惯的性质，因此，对那些非条约当事方的国家也产生拘束力。

国际习惯的形成既需要各国的重复的类似行为，又需要各国在这种行为中逐步认为有法律义务，是一个渐进过程，往往需要几十年，甚至上百年。但是，时间并不是固定的要件。特别是在现代，由于国际交往的增多和科技的迅速发展，国际习惯形成的时间大大缩短。有些原则、规则和制度，如海洋法和外空法中的人类共同继承财产原则，海洋法中的大陆架和专属经济区制度，国际环境法的"各国有按自己的环境政策开发自己的资源的主权，并且有责任保证在它们管辖或控制之内的活动，不致损害其他国家的或在国家管辖范围以外地区的环境"等，由于世界上许多国家相继采取类似行动，得到普遍承认，而成为国际习惯。这样形成的国际习惯曾被称为"即时"国际习惯法，其重点在于"法律确信"，而不在于"常例"〔1〕。

二、国际环境习惯

国际习惯是国际法最古老、最原始的渊源，在国际条约出现之前，历史上就有了国际习惯。〔2〕与国际环境条约一样，国际环境习惯也是国际环境法的重要渊源之一。

虽然国际环境法是一个新兴的国际法领域，国际习惯的形成亦有一个渐进的过程，但由于国际环境法的"公益性"特点，在其诞生至今的 50 多年里，已经出现并形成了许多有关环境保护的国际习惯。

《人类环境宣言》原则 21，即"各国有按自己的环境政策开发自己资源的主权；并且有责任保证在他们管辖或控制之内的活动，不致损害其他国家的或在国家管辖范围以外地区的环境"。此外，还强调环境保护领域的国际合作、防止海洋环境遭受严重损害、保护和防止濒危动植物种受到危害、不对海洋倾倒高水平放射性废物、不从事商业性捕鲸和限制发达国家二氧化硫等气体的排放，等等。还有一些属于程序法的义务也可以视为国际习惯或正在形成中的国际习惯，其中包括国际磋商、提供环境信息和进行国际环境影响评价。

如前所述，国际习惯的构成因素有两个，一是属于各国重复的类似行为；二是各国都认为具有法律拘束力。所以，判断某个"行为"是否已经成为国

---

〔1〕 王铁崖主编：《国际法》，法律出版社 1995 年版，第 14 页。

〔2〕 邓正来编：《王铁崖文选》，中国政法大学出版社 1993 年版，第 205 页。

际习惯，应以国际实践为依据，即看它是否已经成为普遍的通例和被各国普遍地接受为法律。依此，迄今为止已经被公认为国际环境法渊源的国际环境习惯主要有：

（一）开发不损害他国

各国有按自己的环境政策开发自己的资源的主权，并且有责任保证在它们管辖或控制之内的活动，不致损害其他国家的或在国家管辖范围以外地区的环境。

这条规则肇始于国际判例（特雷尔冶炼厂案），《人类环境宣言》第21条原则将它表述出来，《里约环境与发展宣言》原则2进一步加以确认，以后又有许多国际文件都复述和重申这条规则。

（二）环境保护的国际合作义务

《人类环境宣言》第24条原则"有关保护和改善环境的国际问题应当由所有的国家，不论大小，在平等的基础上本着合作精神来加以处理，必须通过多边或双边的安排或其他合适的途径的合作，在正当地考虑所有国家的主权和利益的情况下，防止、消灭或减少和有效地控制各方面的行动所造成的对环境的有害影响"所表述的是一条以《联合国宪章》为基础的一般原则。

（三）专属经济区

这是一项既属于海洋法又是国际环境法的习惯，"专属经济区"有关环境保护的内容从一开始就得到承认，如：沿海国以养护和管理海洋自然资源（不论生物或非生物资源）为目的的主权权利、对保护和保全海洋环境的管辖权（第56条第1款）；在沿海国行使有关无害通过领海方面的权利中，包括养护海洋生物资源、保全沿海国的环境并防止、减少和控制该环境污染（第21条第1款D、F项）。

（四）通知

这是一项产生于国家实践的习惯规则，对于一国境内发生的可能迅速造成环境损害的一切情况或事件，该国有义务立即通知可能受影响的其他国家。切尔诺贝利核事故发生后不久的1986年9月26日，58个国家在维也纳签署了《及早通报核事故公约》，公约随后异常迅速地于该年10月27日生效。正如其标题所揭示的，它规定，各国应将已经造成或可能造成对另一国具有辐射安全影响的任何核事故立即通报（第1条第1款）。该公约详细规定了应提供的情报（第5条）。这样，一条习惯规则被迅速编纂成成文法。而且，这个习惯规则适用的条件和方式也随即被明确化。

（五）可持续发展

"可持续发展"指的是"既满足当代人的需要，又不对后代人满足其需要的能力构成危害的发展"。它始于 1987 年世界环境与发展委员会发布的研究报告《我们共同的未来》。该报告于同年为第 42 届联合国大会所接受。

1992 年的《里约环境与发展宣言》提出的可持续发展观完善了保护性利用资源制度。"最优化的而不是最大的"或者"长期有利环境的"资源利用模式将维持自然的生存基础（包括为了下一代人）与提高不发达国家的生活水平有机结合起来。"不是孤立地看待环境保护，而是将环境保护视为发展过程中的有机组成部分。"这一原则不仅已经成为国际环境法的基本原则，而且被众多的国家纳入了本国的发展战略中。

此外，还有一些其他习惯规则，如：对涉及其他国家环境的项目应予以协商的义务；对可能对环境造成不利影响的活动进行环境评价的义务；环境损害的受害者在损害发生国享有诉诸行政或司法救济的同等权利；不对海洋倾倒高水平放射性废物的义务和禁止濒危物种国际贸易的义务；等等。

第四节　一般法律原则

在国际争端的司法解决中，有时可能会遇到这种的情况：条约和习惯都没有适当的法律规则来指导解决某一具体问题。为防止出现法律上的遗漏或法律不明的情况，《国际法院规约》第 38 条第 1 款（寅）项规定适用"一般法律原则为文明各国所承认者"。可见，在《国际法院规约》中，一般法律原则是一项既不同于条约和国际习惯，又不同于司法判例和国际法学说的国际法渊源。

一、一般法律原则的含义

《奥本海国际法》认为一般法律原则即在所有或大多数国家的国内法律体系中占有地位的法律原则自然地为各国所称许而在国际法律体系中加以适用，作为各国经验内任何法律体系中所几乎必然固有的原则。[1]另一些学者则认

---

〔1〕［英］詹宁斯、瓦茨修订：《奥本海国际法》（第一卷第一分册），王铁崖等译，中国大百科全书出版社 1995 年版，第 23 页。

为一般法律原则只有在表达国家同意的场合才能为实在国际法增添新的东西，而反映国家同意的一般原则不是条约的一部分，便是习惯的一部分。这说明"一般法律原则"是一般国际法原则。[1]童金干脆主张把《国际法院规约》（寅）项读作"一般国际法原则"，因为这些原则（如和平共处原则）已经体现在国际条约或国际习惯之中。[2]

把国际法一般原则和国内法一般原则都包括在一般法律原则内，可以说是一个发展的趋势。国际法庭的实践也证明，被引用、适用或提到的既有源自国内法的一般原则，也有源自国际法的一般原则，并且有些是为国际法和国内法所共有的原则。如国际法院和各种仲裁法庭曾经引用以解决国际争端的学术界常提及的一般法律原则就有国际条约优于国内法的原则、用尽国内救济方法的原则、善意原则、禁止权利滥用原则、禁止不当得利原则、人道主义原则、当事者平等原则等。

毋庸置疑，一般法律原则既包括从现行国际法规则派生、演绎或推论出的一般国际法原则，也包括那些共存于各国国内法律制度中而又适用于国际关系的一般国内法原则，是兼含国内法一般原则和国际法一般原则的。它们作为应急性的、补遗性的一般法律原则而构成国际法的一个独立的渊源。一般法律原则的确是国际法独立的和直接的法律渊源。[3]

此外，按照《国际法院规约》第38条（寅）项的规定，作为国际法渊源的"一般法律原则"是指"为文明各国所承认者"。那么，"文明各国"究竟是指哪些国家？依当时之历史背景，即第一次世界大战后，西方基督文明指导着国际法和规约的制订，在1920年的《常设国际法院规约》中引进"一般法律原则为文明各国所承认者"以填补条约和习惯的空白，1945年的《国际法院规约》继续沿用这一条，因为第二次世界大战后西方诸国也依然以绝对的优势控制着世界，很明显，"文明各国"指的就是欧洲国家，后来扩及美国和日本。然而，我们必须清楚，除了西方文明还有许多其他文明。不能由于某种传统文化不符合所谓欧洲"文明"的标准而将其视为"野蛮""粗暴"和"未开化"，更不能把那些没有基督教传统或欧洲文化的主权国家称为"不

---

〔1〕　参见［美］汉斯·凯尔森：《国际法原理》，王铁崖译，华夏出版社1989年版。
〔2〕　参见［苏］Т. И. 童金主编：《国际法》，邵天任、刘文宗、程远行译，法律出版社1988年版。
〔3〕　周忠海等：《国际法学述评》，法律出版社2001年版，第70页。

文明国家"。今天，一般法律原则必须包括地球上的所有角落，这一点已经得到公认。"文明各国"应包括所有主权国家。

明显带有殖民色彩并隐含"非西方民族为未开化民族"之意的"文明各国"这一说法已经过时，将带有歧视性的措辞"为文明各国所承认"这几个字继续原封不动地留在《国际法院规约》这个庄严的国际法律文件中是欠妥的，应加以修正并加以新的理解和解释。

二、一般法律原则的地位

一般法律原则本身是产生国际法原则和规则的一种特殊形式，是独立于国际条约和国际习惯之外的国际法渊源，是国际法的第三个渊源或独立的国际法渊源。[1]这是国际法历史上的一个重要标志。应该承认，一般法律原则是国际法的渊源之一，而不是"辅助方法"之一，它像条约和习惯一样被包括在规约第 38 条之中，而不是在其之外。一般法律原则不仅发挥补充的作用，而且产生具有独立法律效力的作用。

一般法律原则被确定为国际法的第三个渊源，创始于 1920 年的《常设国际法院规约》第 38 条（寅）款的规定。该款规定是国际联盟行政院设置的该规约起草委员会所决定的。其主导思想不外是：

第一，该委员会认为国际法的渊源限于条约和国际习惯是不够的，因此必须确立这第三个渊源作为补充的渊源。所以实定法学派认为只有这两个国际法渊源的主张显然已不能维持。

第二，"文明各国所承认的一般法律原则"是指在各国国内法院中所已接受并且是国内法的组成部分的那些一般原则，换言之，指已构成各国现行法一部分的那些一般原则。所以，一个一般法律原则已构成各国现行法的一部分，即文明各国所承认的一般法律原则，此外无须再经承认。

第三，"文明各国所承认的一般法律原则"既然是已构成各国现行法一部分的那些原则，就不是自然法的原则。

第四，常设国际法院在没有条约国际法和习惯国际法可依的场合，既然须适用文明各国所承认的一般法律原则，就无权以国际立法机关的地位，自

---

[1] ［英］詹宁斯、瓦茨修订：《奥本海国际法》（第一卷第一分册），王铁崖等译，中国大百科全书出版社 1995 年版，第 23~24 页。

行创立一个法律规则，而用以裁判其所受理的国际争端。该委员会曾摈弃五个国家关于授权常设国际法院在条约国际法和习惯国际法不足以裁判争端时行使立法机关职能的提议。

第五，该委员会认为把文明各国所承认的一般法律原则作为国际法的第三个渊源，这不是新创，而只是肯定国际仲裁原有的惯例。[1]

可见，一般法律原则不应仅限于从各国国内法抽引出且性质适宜于移植到国际法中的那些一般法律原则，也应包括国际法的一般原则。

多数学者主张承认一般法律原则的独立性。一般法律原则应当被承认为国际法的一个表现形式，否则将不会有足够的法律规范来调整国际关系。《奥本海国际法》认为一般法律原则的作用有二：一是"弥补习惯和条约的运行所可能留下的法律缺陷或弱点"；二是"可能产生具有独立法律效力的规则"。该书指出，在一般法律原则中，"法院曾经援引的而且是极为重要的一项原则是善意原则"。[2]

一般法律原则是国际法的渊源之一。这不仅是因为《国际法院规约》第38条明文承认了它是国际法的一个独立的渊源，而且也因为如果不承认这个渊源，那么在有些场合，必然发生以下有害的结果：或者认为一个国际争端因适用的法律不明而必须拒绝司法；或者认为因无法可以适用而当事国可以任意行动，从而驳回受害者的权利主张。所以，不论人们对这些原则采取怎样的学说上的立场，不论人们认为这些原则是自然法的表现，或习惯规则，或国际法社会的宪法原则，或从法律观念直接得来的原则，或从各国都是国际社会的成员的事实它们都已同意这些原则，不论各国对于这些原则的起源和基础采取什么立场，全世界人类都同意接受它们的存在和它们作为实定法渊源的适用。

为避免出现"法律的缺陷"，有必要在条约和习惯之外单独列出一般法律原则，否则国际法院将会在职能上受到很大限制。

由于条约和习惯不可能面面俱到，所以有必要以"提纯"或类推出来的一般法律原则来填补条约和习惯的遗漏，这是必不可少的，尤其是在国际法

---

〔1〕 李浩培：《国际法的概念和渊源》，贵州人民出版社1994年版，第104～105页。

〔2〕 ［英］詹宁斯、瓦茨修订：《奥本海国际法》（第一卷第一分册），王铁崖等译，中国大百科全书出版社1995年版，第23页。

新领域的国际环境法，它的必要性更加明显。因此，把一般法律原则作为独立的国际法渊源，是不过分的。

在国际环境法这一国际法的新领域，"善意原则"是国际法院和国际仲裁机构在一些判例中的依据。例如，太平洋海豹仲裁案、特雷尔冶炼厂案和法国核试验案等，都是适用"善意原则"的例子。在太平洋海豹案中，仲裁庭认为必须禁止以致害于他人为目的而行使权利的行为。在特雷尔冶炼厂案中，仲裁庭认为善意原则制约权利的行使。在法国核试验案中，国际法院认为本着"善意原则"和"约定必须信守"的原则，受影响的国家相信法国单方面作出的停止在南太平洋进行核试验的承诺，并有权要求法国信守此项义务。此外，《人类环境宣言》的第 21 条原则和《里约环境与发展宣言》的第 2 条原则皆反映了"善意原则"。除"善意原则"以外，还有一些其他的一般法律原则与环境保护有关，例如国际法院 1949 年在科孚海峡案中阐述的"人道主义原则"等。

第五节　国际宣言和决议

随着国际关系的发展和国际组织数量的不断增多，国际组织在现代国际关系中的作用也日益增强，对大量的国际组织和国际会议的宣言和决议的法律效力，以及是否可以或已经成为国际法渊源问题，已日益引起广泛关注，特别是在国际法新领域的国际环境法中，国际宣言和决议的法律效力究竟如何。

一、国际宣言和决议的法律意义

历史上很多人认为国际组织的决议和宣言属于建议的性质，不具有法律拘束力，有的人认为可视为"准立法"的性质。[1]但由于国际组织如联合国的作用日益增强，越来越多的学者开始倾向于肯定国际组织决议的法律意义。

如美国发动的对伊拉克的战争，很显然是非法的。这个"法"是什么？因为美国在发动战争前并没有得到联合国的授权，如果有了联合国的授权，情况就会是另一个样子。

---

〔1〕　李浩培：《国际法的概念和渊源》，贵州人民出版社 1994 年版，第 132 页。

在联合国大会外空委员会法律小组的讨论中，美国代表曾发表如下看法："当大会决议宣告国际法原则——如 1721 号决议所作——并获得一致通过时，它就代表了国际社会普遍接受了的法。"印度代表也指出："宣言具有道义力量，而当全体通过时，一般被接受为国际法的一部分。"同时，有的国家似乎还把决议是否取得一致通过作为自己遵守决议的先决条件之一。[1]

有人认为联合国大会的决议能否产生法律效力以及产生什么样的法律效力，归根到底取决于会员国的意志。从本质上讲，即使决议纯属建议性质，会员国也可以采取单方面承担义务的方法使决议产生法律拘束力，因为国际法上存在国家单方面承担义务的情形。所以，实际的问题在于：什么情况下可以认为决议本身已经体现了会员国共同的法律确信，而这种确信须达到怎样的广泛程度才足以使决议内容成为国际法的一部分？回答这个问题必然要考虑决议的投票情况。投票情况对决议法律效力的影响可从数量和构成两个方面进行分析。从数量上看，一个造法意向明确的决议，投票赞成的国家越多，说明其受到承认的范围越大。从构成上看，联合国这样的普遍性国际组织要能在国际事务中发挥一定作用，必须依赖国际社会中各主要政治力量的协调一致。实际上，国际习惯法规则的建立一般也只是基于主要有关国家实践及法律意见的一致。而条约虽然只拘束当事国，却不妨碍其成为国际法规范的一部分。由此可见，全体一致通过不应是决议产生法律效力的先决条件，但仅有多数通过还不足以确定其法律效力，还要看投票的构成情况，即是否体现了代表各主要政治力量的国家的一致。[2]

有些国际法学者认为，国际组织机构尤其是联合国大会的决定、决议和其他行动构成或者可以构成国际法的一个独立渊源，那就是说，这些国际文件具有直接的立法效力，将直接产生具有约束力的国际法规则。如塔姆斯认为，国际组织决议"可以最方便地被看作国际法的一个单独渊源……因为，如果不承认适用一项决议不同于一项公约这一点的话，将是不切实际的"。戈布雷哈纳则说，联合国大会决议作为国际法的一种渊源，为国际法律关系提供了新的趋势，并且是创造国际合作的唯一可以想象的论坛。苏联的一些国

---

〔1〕 转引自秦娅：《联合国大会决议的法律效力》，载中国国际法学会主编：《中国国际法年刊》（1984），中国对外翻译出版公司 1984 年版，第 169 页。

〔2〕 秦娅：《联合国大会决议的法律效力》，载中国国际法学会主编：《中国国际法年刊》（1984），中国对外翻译出版公司 1984 年版，第 167~170 页。

际法学者持有类似的见解。他们认为国际组织决议这一国际法渊源没有总是得到足够的重视，而这一渊源的作用和重要意义是无比巨大的。[1]

还有人认为国际组织机构的决定和决议直接创造国际法规范，因而是国际法的一种渊源。如印度的 P. K. 梅侬认为，联合国是由主权国家组成的国际组织，这些国家的代表可以通过其在联合国大会的活动来约束他们所代表的本国政府，也就是说，他们对联合国大会的某一决议或行动所投的赞成票可以使他们各自的国家成为创造有拘束力的法律义务。[2]前国际法院法官、尼日利亚籍国际法学者伊莱亚斯完全肯定联合国大会决议是国际法的一个独立的形式渊源。他认为，只要所涉主题在联合国大会的职能范围之内，大会所通过的所有决议与决定都对联合国会员具有法律约束力，即使对那些在表决过程中投弃权票或反对票的会员国也不例外。他在他的《现代国际法渊源》一文中指出，如果联合国大会在表决时是一致的，那么所有国家都受（决议的）拘束，但以该问题属于大会的职权范围为条件。如果表决不一致，那么依必要多数对一个具体决议投赞成票的那些国家，基于同意和禁止反言的理由受其拘束。投弃权票的那些国家，按照多数的理由也受其拘束，因为弃权不是投反对票；而对该决议投反对票的那些国家，按照多数意见应总是占优势的民主原则。[3]

如果联合国大会的一个决议是以 2/3 多数的赞成票包括一个大国或一个完整的主要国家集团的赞成票通过的，那么这个决议就表示"国际社会的意志"的各国的"一般合意"，是对各国有法律上拘束力的，从而这个决议就构成一个独立的国际法渊源。虽然联合国大会以宣言或其他名称作出的决议没有法律拘束力，然而这些决议如果是重复作出的并且具有同一内容，那么这些决议就构成习惯国际法规则，从而具有法律拘束力。因为，联合国大会的决议都是参加国的集体意志的表示，是国际习惯的证明，所以是国际法的渊源，是以国际公约进行立法的传统的习惯产生过程之间的一种中间的方法，对国际法的发展产生重要的作用。此外，国际组织的宣言大部分是无法律拘束力的建议，形式上虽然不是主要法律渊源，但有些宣言实际上影响着国际

---

〔1〕 转引自周忠海等：《国际法学述评》，法律出版社 2001 年版，第 91~92 页。

〔2〕 申建明：《联合国与国际法的确定和发展》，载中国国际法学会主编：《中国国际法年刊》(1996)，法律出版社 1997 年版，第 18 页。

〔3〕 转引自李浩培：《国际法的概念和渊源》，贵州人民出版社 1994 年版。

社会的行为，对国际习惯的形成有很大贡献，且成为缔结国际条约的基础。因而，实际上也成为非常重要的法律渊源。

综上所述，那些规范性和道义性较强被一致通过或由压倒多数通过的诸如联合国大会决议的国际组织和国际会议的决议和/或宣言，在国际法中具有重要地位，具有国际法渊源的意义。如果大量决议和/或宣言重申强调同一个原则，这一原则就会被承认为国际法原则，这些决议和/或宣言也就可能成为国际法渊源。

二、关于环境问题的国际宣言与决议

从前面的论述看，我们很清楚《国际法院规约》第38条并未详尽列举国际法渊源，如果现在来制定这一条款的话，不仅应重新考虑"文明各国"的用语，更应该将国际组织特别是联合国和国际会议如环境问题的世界峰会等的决议和宣言考虑在内。

根据国际环境法的实践，在国际环境法中，国际宣言和决议，依其效力可分为两类。

（一）具有法律约束力的国际文件

这一类国际文件又包含两类，其一如国际组织依据条约作出的决定。这类法律文件的效力来源于条约，是条约效力的体现。如国际捕鲸管制委员会根据《国际捕鲸管制公约》于1982年作出的《关于禁止商业性捕鲸的决定》，《防止因倾弃废物及其他物质而引起海洋污染公约》的成员国协商会议于1985年通过的《禁止向海洋倾倒放射性废物的决议》，《濒危野生动植物物种国际贸易公约》的缔约国大会于1989年制定的《禁止非洲象牙产品贸易的决定》，联合国安理会1991年作出的《关于确认伊拉克由于入侵科威特而对其引起的环境损害负有赔偿责任的决议》，以及在欧洲联盟范围内有关环境保护的条约、指令和决定。这类文件的效力源于有关的条约，它们的目的往往是执行、补充或修订有关条约。

其二是相关国际组织和国际会议的决议与宣言，如1962年的《关于自然资源之永久主权宣言》、1970年的《关于国家管辖范围以外海床洋底及其底土的原则宣言》、1972年的《人类环境宣言》、1992年的《里约环境与发展宣言》、2002年的《约翰内斯堡可持续发展宣言》等。这些法律文件，往往获得各国一致通过或大多数国家的通过，它们创立了事实上得到各国或多数国

家认可的国际环境法原则、规则和制度。

可见，国际宣言和决议是确立国际法规范的辅助手段，是一种促进国际环境法进一步发展的潜在性规范渊源，是国际环境法的渊源。

虽然不是十分明确，我国也已有学者意识到了联合国大会和联合国召开的重要国际会议通过的关于环境问题的决议和宣言的重要性，认为"这些宣言和决议虽然不是正式的国际法规范，但是它的作用不可低估，尤其是对制定新的国际法规范，对确认、发展和解释现行的国际环境规范方面……另外，各种国际环境保护机构对自然环境各种因素的保护，所通过的许多具体纲领和决议，对完善国际环境法体系起着很大作用。总之，国际环境宣言和决议，在当前国际社会，它的作用是不可忽视的"。[1]这些宣言和决议"反复重申了一些关于国际环境保护的重要原则和规则，从而形成了一种累积的法律效力。对于国际环境法的形成与发展具有重要作用。这些决议主要从两个方面对国际环境法的形成发生作用：一是它可以作为各国共同的'法律确念'和集体实践，确认国际习惯法规则，推动国际习惯的发展；二是它可以作为国际社会成员的共识和各国意志的共同体现，宣告国际环境法原则和规则，作为缔结公约的基础，促进条约法的逐渐发展。斯德哥尔摩人类环境会议通过的宣言中的某些原则和该会议通过的行动计划中的一些建议，后来就在《防止倾倒废物及其他物质污染海洋公约》《保护世界文化和自然遗产公约》《关于特别是作为水禽栖息地的国际重要湿地公约》《保护野生迁徙动物物种公约》等法律文件中得到了反映。此外，这些决议和宣言的强大政治力量和道义力量，最终也必然促进规范国家行为的国际环境法的逐步发展"。[2]还有人指出："尽管《国际法院规约》未将国际组织的决议等法律文件列为国际法的渊源，但近50年来国际法的实践越来越显现国际组织的决议等法律文件的影响。有越来越多的学者主张政府间国际组织的决议等法律文件是一种新的、国际法的辅助渊源，而且它们的法律价值在司法判例和国际法学说之上。"[3]

（二）不具有法律约束力的文件

这类包括国际组织或国际会议的建议、行动计划等，诸如《环境行动计

〔1〕 戚道孟编著：《国际环境法概论》，中国环境科学出版社1994年版，第43页。
〔2〕 马骧聪主编：《国际环境法导论》，社会科学文献出版社1994年版，第14页。
〔3〕 参见梁西主编：《国际法》，武汉大学出版社1993年版，第33~34页；王铁崖主编：《国际法》，法律出版社1995年版，第18~20页。

划》《21 世纪议程》等。虽然不具有法律拘束力，但这类文件往往有助于国际习惯的形成或条约的产生，对各国的行为具有一定的影响力。

第六节　辅助性渊源

在国际环境法领域，国际环境条约、国际环境习惯和与环境保护相关的一般法律原则、国际宣言与决议为国际环境法渊源外，国际司法判例和对有关国际环境问题的著名学说在国际环境法中也起着重要的作用，应视为国际环境法的"辅助性渊源"。

一、司法判例

司法判例是否属于国际环境法的渊源虽然有争议，但"司法判决的权威和说服力有时使它们具有比它们在形式上所享有的更大的意义"。[1]这一点，在国际环境法中表现得尤为明显，而且在国际环境法的实践中，司法判例已经成为国际环境法发展的一个最重要因素。"特雷尔冶炼厂案""拉努湖案""法国核试验案"等案件的裁决或判决虽然是仲裁庭或国际法院对具体案件的处理意见，但它的原则、依据和方法，都孕育着国际环境法的原则，成为国际环境条约的重要补充，同时也是国际环境法的催生力量之一。

可见，司法判例在国际环境法的产生、发展中的作用是十分重要的，视其为国际环境法的辅助性渊源并不为过。

二、著名学说

在此，著名学说即指"各国权威最高之公法学家学说"，包括学者、法律专家及国际法庭对国际法问题的观点和意见。它所指的不仅是"专门著作家"，而且还应包括著名国际法学家和国际法学术团体，如联合国国际法委员会、国际法学会、国际法协会国际法研究会等发表的意见、评论及出版的学术刊物等。[2]

---

〔1〕［英］詹宁斯、瓦茨修订：《奥本海国际法》（第一卷第一分册），王铁崖等译，中国大百科全书出版社 1995 年版，第 24 页。

〔2〕周忠海等：《国际法学述评》，法律出版社 2001 年版，第 88 页。

《国际法院规约》第 38 条（卯）列举了"各国权威最高之公法学家学说"，作为"确定法律原则之补助资料"，足见著名学说的重要作用，所以有人将它称作"国际法的一个补助渊源"，[1]或"国际环境法的一个潜在的渊源"。[2]

著名学者如格劳秀斯、真提利斯、法特尔等的学说对发展国际法的贡献是不容置疑的，他们的学说经常被各国政府援引以论证或否定权利主张，在条约解释上，法特尔的"无须解释的事项不须解释"的学说竟成为习惯国际法规则，并且也成为《维也纳条约法公约》第 31 条解释通则的组成部分。[3]在国际法和普通法系中，国际法学者的学说或著作占有更重要的地位。法院经常是首先使用法学家的学说或观点来支持自己、反对对方。各国的外交文件、国际文件也常常引用国际法学家的著作或学说来证明国际法原则、规则和制度的存在和说明这些原则、规则和制度的含义。[4]国际法院判决虽然几乎没有援引国际法学家的著作，但作出判决的法官本身就是"能够代表某一法系"的著名公法学家。毫无疑问，国际法学家著作，特别是权威的科学著作，不仅陈述现行国际法，而且作出评论和改进的建议并提供可靠的资料。这对于说明国际法、国际环境法的原则、规则和制度显然是有益的，是有助于国际法、国际环境法发展的，尤其是在新兴的国际环境法领域。

---

〔1〕 ［英］詹宁斯、瓦茨修订：《奥本海国际法》（第一卷第一分册），王铁崖等译，中国大百科全书出版社 1995 年版，第 25 页。

〔2〕 王曦编著：《国际环境法》，法律出版社 1998 年版，第 70 页。

〔3〕 转引自李浩培：《国际法的概念和渊源》，贵州人民出版社 1994 年版，第 116~117 页。

〔4〕 转引自周忠海等：《国际法学述评》，法律出版社 2001 年版，第 88 页。

第五章

国际环境法基本原则

任何法律体系都有其最后原则，从而引申出所有其他原则。这些最后原则的作用是作为整个法律的基础，并被认为是解释、执行和发展各种法律规定的指引。所以，这些最后原则就是该法律体系的基本原则。一个法律秩序的基本原则在法律的制定、发展和适用中发挥着重要的作用。基本原则高于普通原则，普通原则必须以基本原则为基础。国际环境法也一样，也有其一贯被视为整个国际环境法体系基础的基本原则，在这些基本原则的基础上，引申和发展国际环境法的原则、规则和制度。

第一节　国际环境法基本原则概述

一般来说，国际法的基本原则是指那些被各国公认的、适用于国际法一切效力领域、构成整个国际法基础或核心的法律性质的原则。作为国际法的基本原则必须具备四个特征：①为世界各国所公认；②适用于国际法的一切效力领域；③构成国际法的基础或核心，其他原则或规则是由此而派生或引申出来的；④具有法律性质的原则，而不是一般政治性或其他原则。[1]国际环境法的基本原则亦然。

一、国际环境法基本原则定义

国际环境法诞生伊始，一系列的国际法律文件如《人类环境宣言》《世界自然宪章》《里约环境与发展宣言》等也都宣示并发展、丰富了像"尊重国

---

〔1〕　周忠海：《谈谈国际法的基本原则》，载《中国法制报》1987 年 5 月 2 日。

家主权但不损害国外环境""可持续发展"等国际环境法基本原则。国际环境法的基本原则作为国际环境法领域应当遵循的基本准则，它直接指导国际环境法主体在国际环境法律关系中开展活动。

国际环境法作为国际法的一个新领域，从调整对象、内容到调整方法，都有自己的特殊性。因而国际环境法的基本原则同国际法的基本原则是既有联系又有区别的。

首先，两者之间具有十分密切的内在联系。国际环境法的基本原则的确定要以国际法的基本原则为基础，受国际法基本原则的支配和指导。国际法的基本原则具有普遍约束力，它适用于国际法的一切领域，当然包括国际环境法，作为国际法的一个部门，国际环境法自然要受国际法基本原则的约束，国际环境法的基本原则必须同国际法的基本原则保持一致，并服从国际法基本原则指导。

其次，国际法基本原则和国际环境法基本原则在国际法体系中所处的位置不同。国际法的基本原则适用于国际法的全部领域（包括国际环境法领域），是国际法的基础。国际环境法的基本原则只适用于作为国际法新领域的国际环境法领域。国际环境法作为国际法的新领域，是为了解决日益严重、不断危及人类自身的生存和发展的全球环境问题而逐渐产生和发展起来的。为了解决人类环境问题日益恶化对国际法带来的重大挑战，国际环境法就必须根据当前人类环境问题的特点和国际社会保护全球环境的需要创建规则体系，而作为这个规则体系基石的基本原则，也就必须符合国际环境法自身的特点，而不是机械式地照搬国际法基本原则。

国际环境法的基本原则与国际法基本原则一样也是在国际实践中逐渐形成并不断丰富发展的。很显然，那些被各国公认的普遍适用于国际环境关系各个领域的、对国际环境保护活动具有指导意义的、构成国际环境法基础的原则，是最重要的国际环境法律规范。所以，可以这样定义：国际环境法基本原则是在国际环境保护领域被各国公认、具有普遍意义、适用于国际环境法一切效力范围、构成国际环境法基础的法律原则。

二、国际环境法基本原则的特点

如前所述，国际环境法基本原则与国际法基本原则是既密切联系又有区别的。基于其目的，国际环境法的公益性特点是十分突出的，这个"公益性"

特点指的就是国际环境法以通过新的国际环境法律秩序来保护和改善人类赖以生存和发展的基本物质基础——自然环境，使人类得以在与自然的和谐中实现环境、经济和社会的可持续发展为根本目的。因而，无论各国在政治制度、社会制度、经济制度、发展水平、自然条件等方面存在多大差距，都会从这种国际法律秩序中得到根本惠益——人类生存条件的保持和改善。这就是构成国际环境法基本原则的基础。鉴此，国际环境法的基本原则体现出了自身的特点。

首先，国际环境法基本原则是各国公认和接受的法律原则。这根植于构成国际环境法体系的国际条约、国际习惯、国际宣言与决议以及国际司法判例和著名学说中。

其次，国际环境法基本原则适用于国际环境保护的各个具体领域，贯穿于国际环境法的各个部分，在国际环境法领域具有普遍的指导意义，为各国规定了基本的行为准则。在国际环境保护领域，不论是关于防治污染的法律规范，还是关于保护生态环境和自然资源的法律规范，都无一不体现和遵循国际环境法的基本原则。

再次，国际环境法基本原则构成国际环境法的基础。国际环境法的各种具体法律规范，都是国际环境法基本原则的具体化。整个国际环境法体系都建立在这些基本原则的基础之上。

最后，国际环境法基本原则体现了国际环境法自身的特殊性。环境污染和生态破坏是危及全人类生存和发展的全球性问题，保护环境是为了全人类的共同事业和共同福利。国际环境法的直接目的，是在国际社会建立一个有利于人类社会和自然的可持续发展的新的国际法律秩序，使人类社会得以在与环境的和谐中持续发展，是一项造福人类、惠及千秋万代的最大的、根本性的公益事业。人类社会的所有利益和价值，都不得不服从这个根本的公益。

当然，由于视角不同，判断标准不一样、认识不一致，而且国际法和国际环境法的基本原则也是在不断地进一步丰富和发展之中，对于有哪些具体的国际环境法基本原则，至今并无统一的说法。根据前述国际环境法基本原则的定义和对国际环境法的历史发展和渊源的考察，国际环境法的基本原则主要有：只有一个地球原则、尊重国家主权和不损害国外环境原则、可持续发展原则、保护环境共同责任原则、预防原则和国际合作原则等。

第二节　只有一个地球原则

只有一个地球原则（the principle of only one earth）也称地球整体原则、珍视地球原则或地球一体原则。[1]其含义指地球乃是一个整体，地球上各环境要素是相互依存、牵制的；地球环境的任何部分也都相互联系、制约；任何地区、国家或国家集团都不可能脱离地球或地球其他部分而独享其舒适的环境；偌大一个地球只不过是遨游于天际的一条小小的"太空船"，各国、各地区的人们都是这一条船上的同舟共济的乘客，环境与生态之危机的威胁使得人们祸福与共，不能"各人自扫门前雪"，而应联合起来、真诚合作，保护这个决定着整个人类繁衍生息的小小星球；只有全球联合起来，才能保护与人类祸福与共的地球。[2]

一、只有一个地球原则产生的背景

面对自然资源的日益减少，环境污染物的积累，世界人口的增长以及超越物质需要的某些自然价值所受到的威胁等，尽管作为物种之一的人类，在破坏和污染了自然界之后仍能生存下去，但是在这样的环境里，人类究竟还能坚持多久呢？还能长期保持人类的尊严吗？

追求一个生活较舒适的人类社会，这是自有人类以来就有的愿望，而这种愿望又来自人类生活经验的本身。人类迷信他们自己能够得到幸福。他们感受到的幸福有：舒适、安全、愉快地参加各种活动、心智的驰骋、知识的猎取、诗意的陶醉、精神的恬静以及身体的闲适等。他们力图在人类环境中体现所有这一切。但是，很多人的现实生活却并不幸福。他们经常受到繁重劳动的折磨，遭到死亡或疾病的袭击，成为战争和饥荒的牺牲品，遇到失去儿女的痛苦，充满了忧虑和愚昧，从愚昧中又滋生了更多的忧虑。最终，每个人面临着恐怖，而莫名其妙地死去。总之，渴望着快乐、友情和舒适，急切地想摆脱忧虑和痛苦，这就是人类的现实情况。

自工业革命以来，人类改造自然的力量、广度和深度，都似乎预示着人

---

[1]　戚道孟编著：《国际环境法概论》，中国环境科学出版社1994年版，第49页。
[2]　参见马骏主编：《国际法知识辞典》，陕西人民出版社1993年版，第493~494页。

类历史上革命新纪元的来临。这可能是人们所能设想的最重大的革命。人类似乎正以全球范围的规模，对未受控制的事物加以控制，并用人造的代替天然的，用计划性代替盲目性。人们正以史无前例的速度和深度，对大自然进行改造。[1] 正是在这样的历史背景下，联合国第 23 届大会决定在 1972 年 6 月召开人类环境会议。

为了给 1972 年斯德哥尔摩人类环境会议提供实际的背景材料和概念性的基础意见，受联合国人类环境会议秘书长莫里斯·夫·斯特朗之委托，经济学家芭芭拉·沃德博士和微生物学家勒内·杜博斯在 58 个国家 152 名专家组成的通讯委员会的协助下合著了《只有一个地球——对一个小小行星的关怀和维护》一书。该书是为 1972 年斯德哥尔摩联合国第一次人类环境会议准备的非官方报告，对地球的整体性、科学的目的性与一致性、发达国家的环境问题、发展中国家的环境问题和地球上的生态与环境秩序进行了论证，并呼吁各国政府和人们警惕环境污染与破坏，重视维护人类赖以生存的地球。于是，该书所论述的内容"只有一个地球"，作为国际环境法的首要基本原则，为国际社会所普遍接受。

尽管从法律意义出发，该原则显得较抽象，但从 1972 年以后的国际环境立法及其实践看，只有一个地球原则已经构成国际环境合作包括法律合作的基础，后来国际环境法中产生的诸多原则或概念以及一些原则性宣言等，都直接或间接源于只有一个地球这一总的原则。

二、只有一个地球原则的内容和意义

作为人类环境会议的重要背景材料和新的理念，只有一个地球原则从整个地球的发展前景出发，阐述了地球资源是不能无限再生的资本，把它用尽、用绝了，人类（今世和后世）将无法继续生存，人类将失去赖以生存的物质基础。这一原则对推动各国环境保护工作的广泛开展、教育人们认识环境问题的全球一体性、重要性产生了深远的影响，并且奠定了国际环境法的基础。

（一）尊重环境的限度，持续利用自然资源

地球生态系统的承载能力是有限度的，即它们和生物圈能承受而不发生

---

〔1〕　［美］芭芭拉·沃德、勒内·杜博斯：《只有一个地球——对一个小小行星的关怀和维护》，《国外公害丛书》编委会译校，吉林人民出版社 1997 年版，第 3~5 页。

危险恶化的影响的限度。人类必须在地球承载能力范围内生活，从长远看来，没有第二种合理的选择。"如果我们不能持久地和节俭地使用地球上的资源，我们将毁灭人类的未来。我们必须尊重自然的限度，并采用在该限度内行得通的生活方式和发展道路。"[1]这就要求我们必须对尊重环境的限度，持续利用自然资源的准则作出广泛和深入的承诺，使我们的行动保持在地球的承载能力范围之内，使世界各地的人们享受长期、健康、完美的生活。

美国生态经济学家肯尼思·鲍尔丁（Kenneth Boulkling）1966 年提出"地球像一艘宇宙飞船"的思想。鲍尔丁认为，人类现在奉行着一种"牛仔经济观"，这种思想就像牛仔一样认为地球资源是取之不尽、用之不竭的。正是这种观念，使人类以无节制地消耗地球资源作为代价去创造自身的幸福，最后导致资源的危机，伤及人类幸福自身。在他看来，人类赖以生存的地球是浩渺太空中的一只小小飞船。人口的无限增加，经济的不断增长最终必将耗尽"飞船"内有限的资源。因此，人类应当建立一种不导致资源枯竭、能够循环利用各种资源的"循环经济"。在这种"循环经济"中，自然资源的消耗将减少到最低水平，人类阐明的发展与生态的健全就可以真正统一起来，现代人的利益与未来人的幸福之间的矛盾就可以得到最终的解决。

20 世纪 70 年代初，罗马俱乐部发表它的第一个研究报告《增长的极限》，该报告指出，地球自身空间上的有限性，必然给人类的扩张设置极限，物质上的增长不可能无限继续下去，社会发展的真正极限，其形成原因与其说是物理上的，不如说是生态学、生物学甚至是文化性质的。如果保持现有的社会发展趋势，当第三个 1000 年开始时，人类就可能完全失去对各种事件的控制，其结果是我们将把资源耗尽。绝大多数与生态学相关的占主导地位的道德观点认为："人类不仅对现在的人们，而且对未来的人们负有责任。我们如何通过节俭地使用现有的资源，节俭地进行生产和消费来安排我们子孙后代的生活，是当前道德争论的核心所在。"[2]建立一种新的自然伦理观，尊重自然的限度，使持续地利用自然资源逐渐成为人们的一种道德共识。

（二）认清自然资源的极限，反对掠夺性开发资源

对自然限度的认识，是建立开发自然资源道德、规范的前提。不可再生

---

〔1〕 世界自然保护同盟、联合国环境规划署、世界野生生物基金会合编：《保护地球——可持续生存战略》，国家环境保护局外事办公室译，中国环境科学出版社 1991 年版，第 1 页。

〔2〕 ［美］R.T. 诺兰等：《伦理学与现实生活》，姚新中等译，华夏出版社 1988 年版，第 448 页。

资源是有限的，它们消耗一点就会少一点，直至最终耗竭，各种矿物、石油、煤、天然气就属于这类资源。从理论上说，可再生资源能持续不断。只要我们对资源的使用维持在这个系统本身能够更新的能力之内，并且尽力保护这个系统免受污染和生态环境破坏等因素的不正当干扰，可再生资源是可以更新的，并且可以持续下去。但可再生资源并不是用不完的资源，可再生资源也并非无穷无尽。实际上，由于过度的开发，生态环境的改变或破坏、污染和引进外来物种等多种因素的共同作用常常使可再生资源灭绝。

　　总之，可再生资源和不可再生资源两者都是有限的，而人类对资源的需要量却越来越大，高消耗急速地使资源趋于退化和枯竭。当今世界上许多人热衷的是更多的生产、消费和更多的利润。为此目的，他们不惜掠夺式地开采日趋匮乏的地下矿藏，把自然界看成源源不断地无偿提供资源的"原料库"；同时，又把大量废气、废水和固体废物不加处理却向大气、河海和地面任意排放倾倒，把环境看成可以无限收购废物、污物的天然"阴沟"和"垃圾箱"。这是一种为追求局部利益，牺牲整体利益，追求短期效益，无视长远效益，追求经济效益，放弃社会效益的不道德行为。如果任其发展下去，河流干涸了，矿藏被挖掘了，土地变成了沙漠，生存环境被破坏了，人类也就无法生存下去。

　　（三）倡导可持续的生产和生活方式，节俭使用自然资源

　　面对自然资源的有限性，只有一个地球原则告诉我们：必须发展一种节俭使用自然资源的新道德观念以建立起人类新的行为规范，使人类的生产与生活方式同自然资源的有限性相适应。

　　大量生产是以大量消费为前提的，而大量消费又是大量生产的结果。大量生产所支持的大量消费带来的结果是产生大量的废弃物，这些废弃物不仅大量浪费了资源，也给环境造成了严重的污染与破坏。因此，必须变革传统的生产方式和生活方式，建立一种可持续的生产和生活方式，这在物质生产领域则要求实行节约的原则，在生活领域则提倡简朴和节俭，制止那些不必要的资源浪费。

　　倡导节俭地使用自然资源的道德观念，并不意味着抛弃科学技术，否定经济增长。事实上恰好相反，耗尽自然资源和引起经济崩溃的挥霍性增长，才最有可能使社会倒退到原始状态。认清节俭使用自然资源的意义，减少挥霍性增长，使人类适于自然资源限定的范围内生活，才是使人类文明持续发

展的正确选择。只有一个地球原则正是立足于此，从认识地球生态环境和资源的有限性出发，把建立国际环境法这一新型行为规范作为人类在国际环境保护领域活动的行为准则，选择有利于生态环境保护的发展道路。

第三节　尊重国家主权和不损害国外环境原则

1972 年 6 月 16 日的《人类环境宣言》表述了国际环境法的一条基本原则，这就是"尊重国家主权和不损害国外环境原则"。《人类环境宣言》第 21 条规定：根据联合国宪章和国际法原则，各国享有根据它们自己的环境政策开发其资源的主权权利，各国也有义务使其管辖范围内或控制下的活动不对其他国家的环境和任何国家管辖范围以外的地区造成损害。以后在 1992 年 6 月 14 日的《里约环境与发展宣言》第 2 条原则得到再一次强调：根据《联合国宪章》和国际法原则，各国拥有按照其本国的环境与发展政策开发本国自然资源的主权权利，并负有确保在其管辖范围内或在其控制下的活动不致损害其他国家或在各国管辖范围以外地区的环境的责任。

一、尊重国家主权和不损害国外环境原则的内容

"尊重国家主权和不损害国外环境原则"是国际环境法的一项基本原则，是已被公认为国际环境保护领域的一项国际习惯法规则。其基本含义是指在环境保护领域，每个国家不论大小，都拥有对本国自然资源的永久主权，拥有自己的环境主权，有权根据本国情况决定自己的环境政策和战略，有权根据本国的需要合理开发、利用和保护其环境资源，对于本国管辖范围内的环境保护问题具有最高的处理权和对外独立性，有权自行处理经济社会发展与环境保护的关系；任何国家、组织和个人不得以保护环境为借口，干涉别国内政；为保护全球环境进行国际合作和实施各种必要的措施，但必须在互相尊重国家主权独立的基础上进行；在处理环境保护关系中每一国都必须尊重别国的主权，同时必须承担不损害国外环境的义务。有人称这项原则为"国家环境资源主权原则"；[1]也有人称其为"国际资源开发主权权利和不损害

---

〔1〕　吕忠梅：《环境法新视野》，中国政法大学出版社 2000 年版，第 167~179 页。

国外环境责任原则"；[1]有的人则将此原则分为尊重国家主权原则和不损害他国环境和各国管辖范围以外环境原则；[2]等等。尽管表述不同，也各有侧重，但都肯定一点，那就是该原则是国家主权原则在国际环境法领域的具体体现。

国家主权原则是公认的国际法最基本的原则，普遍适用于国际关系的各个领域，自然也适用于国际环境关系。

早在1946年，联合国大会通过的《国家权利义务宣言草案》就在第2条中规定："各国对领土以及境内之一切人与物，除国际法公认豁免者外，有行使管辖之权。"1952年，联合国大会通过决议，承认"各国人民自由利用和开发其自然财富的权利，是他们的主权所固有的，而且是符合联合国宪章的"[3]。1962年，联合国大会专门通过《各国对其自然资源之永久主权宣言》，强调"在此方面所采取之任何措施，必须以承认各国依其本国利益自由处置其天然财富与资源之不可剥夺权利及尊重各国之经济独立为基础""各国必须根据主权平等原则，互相尊重，以促进各民族及各国家自由行使其对天然资源之主权"。并且宣布："侵犯各民族及各国对其天然财富与资源之主权，即系违反联合国宪章之精神与原则，且妨碍国际合作之发展与和平之维持。"1966年，联合国大会通过并对各国开放签字的《经济、社会、文化权利国际盟约》，在其第1条中规定："所有民族得为本身之目的，自由处置其天然财富及资源。"1974年，联合国大会通过的《建立新的国际经济秩序宣言》，将"每一个国家对自己的自然资源和一切经济活动拥有充分的永久主权"列为建立新的国际经济秩序所必须尊重的原则之一。同年通过的《各国经济权利和义务宪章》，则将这一主权权利列为国家的经济权利之一。

1972年《人类环境宣言》、1992年《里约环境与发展宣言》《联合国气候变化框架公约》和《关于森林问题的原则声明》等皆强调各国拥有按照本国的环境与发展政策开发本国自然资源的主权权利。《生物多样性公约》则重申"各国对它自己的生物资源拥有主权权利"。可见，关于国际环境保护必须尊重国家主权的规定，早就见诸国际法律文件。具体而言，该原则包括互相关联的两个方面。

---

[1]　王曦编著：《国际环境法》，法律出版社1998年版，第95页。
[2]　马骧聪主编：《国际环境法导论》，社会科学文献出版社1994年版，第37~40页。
[3]　转引自中国国际法学会主编：《中国国际法年刊》（1982），中国对外翻译出版公司1982年版，第29页。

一方面，它重申国家对其自然资源的主权权利，即"各国拥有按照本国环境与发展政策开发本国自然资源的主权权利"。这一点在上述联合国大会决议通过的宣言如1962年《各国对其自然资源之永久主权宣言》、1972年《人类环境宣言》、1974年《建立国际经济新秩序宣言》《各国经济权利和义务宪章》、1992年《里约环境与发展宣言》和国际公约如1966年的《经济、社会和文化权利国际公约》《公民权利和政治权利国际公约》以及1992年的《生物多样性公约》等国际公约中都有体现。

另一方面，在肯定国家的领土主权的同时，这个原则还指出，国家不仅对其自己的活动负有责任，而且对其管辖和控制下的任何公共或私人活动也负有责任。也就是说，国家在环境领域应尽"适当注意"的义务。这意味着，国家有义务建立监督制度，监督可能对其他国家的环境或任何国家管辖范围以外的环境造成不利影响的活动。这个义务是由人类环境问题的国际性和流动性所决定的。海洋、河流、大气、野生物种甚至整个自然环境都是不受人为划定的国界的限制，一国境内严重污染环境或破坏自然的活动，其后果在许多情况下会波及多个国家乃至影响整个地球的生态系统。这就容易导致各国主权权利之间的冲突，而主权权利的冲突只能通过国际法来解决。为了避免发生国际环境争端、出现国家间主权权利的冲突，各国有义务建立监督制度，监督在本国内可能对其他国家的环境或任何国家管辖范围以外的环境造成不利影响的活动。

二、主权内涵与尊重国家主权和不损害国外环境原则的意义

地球只有一个。全球是一个统一的生态系统，如果其中任何一个环节受到干扰，整个生态系统便会失衡。人类就会发生环境灾难。尽管国家可以宣告它们的领土、领水、领空及其底土为主权范围，但污染的迁移转化和环境质量的下降并无边界疆域的限制。环境无国界。不仅是野生迁徙动物物种和跨越领海或专属经济区界限的鱼类，而且，海洋、河流、湖泊和空气污染都不止于领土管辖范围内。

我们面对着一个十分现实的问题：国家主权是平等的，即任何国家的主权行使都是自由而不受干涉的。反之亦然。那么如何才能解决国家之间既能充分行使主权又不对别国造成损害的问题呢？表现在国际环境领域，就是国家的环境不应遭受该国管辖范围以外的活动造成的损害，"人类共同财产"

（包含公域环境）不应遭受来自任何国家的活动造成的损害。有人认为，这个问题必然导致国家主权权利之间的冲突，因为在传统国际法中，国家主权是一项完全的排他性的权利，当然也包括对自己的领空、领海及领土内各种资源任意使用的权利。这样的国家主权原则显然不利于国际环境保护，因而必须加以限制。"我们主张对传统的国家主权加以适当限制，在国家主权中贯穿环境保护的要求。"[1]从环境保护的角度出发，国家主权不能再像过去那样毫无限制，毫不考虑环境资源因素；但也不能完全不要环境主权，不赋予国家在开发利用和保护环境方面的权利。那样的话，国家的经济将无从发展，社会也将无法进步。国际环境法以保护人类共同依赖的全球生态环境为己任，其基本原则必然要以全球环境保护的客观需要为出发点，因此就需要对传统的国家主权原则进行充实与拓展。甚至还认为1972年《人类环境宣言》第21条原则也是对传统的国家主权进行了限制。[2]有的人则认为这是国际环境法的发展对国家主权的挑战。[3]显然，这是对国家主权的曲解或者说是片面的理解。如果说这是对国家主权的挑战而又必须对主权加以限制的话，那应该早在提出互不侵犯、互不干涉内政等国际法基本原则时就应该对主权进行限制了，这个问题就根本没有等到现在来讨论的必要。

（一）国家主权的内涵

1648年，结束欧洲"三十年战争"的威斯特伐利亚公会及公会上签订的《威斯特伐利亚和约》是国际关系史上一个划时代的事件，它所确立的主权平等、领土主权等原则，为近代国际法奠定了基础。所以说，近代国际法的开始形成是以主权国家的建立为标志的。[4]

国家主权不是一个抽象的范畴，而是一个政治法律现实，它有自己的社会基础。国家主权的概念源于法国政治哲学家博丹的主权学说。他认为主权是主权者对领土及其居民的最高权力，除自然法和神法之外，不受其他权力所制定的任何法律和规则的约束，但在对外关系上它受一切国家共有的某些法则的限制。可见，博丹把国家主权定义为依赖于国家法律的、对国家的公民和臣民的最高权力。另外，博丹承认，即使是主权的国家权力，也是受神

---

〔1〕　吕忠梅：《环境法新视野》，中国政法大学出版社2000年版，第167~179页。

〔2〕　秦天宝：《国际环境法基本原则初探——兼与潘抱存先生商榷》，载《法学》2001年第10期。

〔3〕　杜万平：《试论国际环境法的发展对国家主权的挑战》，载《环境保护》2001年第11期。

〔4〕　王铁崖主编：《国际法》，法律出版社1995年版，第36页。

法、自然法和国际法的拘束的。这样，他从来没有主张过国家是最高的法律秩序，他只是指出了国家对它的臣民和公民构成最高的"权力"，因而构成最高的世俗的管辖机关。[1]近代国际法的奠基者荷兰国际法学家格劳秀斯在他著名的《战争与和平法》中，也接受了博丹的国家主权的定义。他认为，凡行为不从属其他人的法律控制，从而不致因其他意志的行使而使之无效的权力，称为主权。格劳秀斯同样反对把主权绝对化。[2]

19世纪，关于主权的性质问题，如主权是绝对性的还是相对性的？主权是可分的还是不可分的？公法学上一直存在着争论。由于受到黑格尔的法律哲学思想影响，主权被说成最高的无限制的权力，是无条件的国家决定的最高原始权力。如德国国际法学者耶利内克（Jellinek）认为国家决定自身的管辖权，在国际法上国家也只是服从自己的意志，所以，除国家的自我限制，即国家可以约束自己外，不受任何限制和拘束。这种自我限制学说的作用在调和国家主权与国际法的义务之间的矛盾时，其实是达不到的。如果一种国际规则只是出于个别国家的自由意志，它便根本不能有约束力，它的效力的存在和消灭终归以依国家的意志为转移。因为他认为国际法的根据在于各个国家的意志，在国际法上国家也只是服从自己的意志。所以，这种学说的目的很显然是为国际关系上的强权政治找借口而为强权政策服务的，其最终的结果是否定国际法。与此相反的是否定国家主权说。社会连带学说的代表人物波利蒂斯和狄骥对国家主权观念进行了全面抨击，他们认为：主权的观念多年支配了国际法理论；它意味着国家可以按照自己的意思在对外关系上采取行动，除自愿外不受任何限制。然而，事实是：随着国际法的发展，国家的行动继续受到限制；这个现象日益难以说明，因为如果国家的意志真是主权（绝对）的，它就不能为强制性的规则所限制。于是在国家主权与国际法两者之间必择其一：要么，主权观念必须放弃；要么，国际法的约束性必须否定。波利蒂斯强调国际法的约束性而主张根本放弃主权观念，因而连所谓相对的、有限的主权的说法他也不接受。他认为承认主权可以削减，就是承认它不存在，因为按照主权的定义，它是排除任何限制的观念，如人们所正确地说过的，有限制的独立就已经是不独立。他说，如果我们抛开主权而正

---

[1] 转引自［奥］阿·菲德罗斯等：《国际法》，李浩培译，商务印书馆1981年版，第106页。
[2] 转引自王铁崖主编：《国际法》，法律出版社1981年版，第11~12页。

视真的事实，就知道国家的所谓独立不过是国家在法律限定的范围内的行动自由；这是各国政府根据国际法而具有的一定的特殊管辖权。[1]这样，就彻底否定了国家人格、否定了国家主权。另一社会连带法学派的学者塞尔从社会连带关系的观点出发，否定国家人格和国家主权。他认为国家人格是一个拟制，国家主权也是一个拟制，一切国家的权限只能是出自国际法。[2]

此外，维也纳学派的创始人凯尔森也从理论上对国家主权进行了否定。凯尔森认为：主权在其原来的意义上意味着"最高的权威"。如果人们认为国家，作为其法律的权威或渊源，是主权的，或者较正确地说，如果人们认为国内法律秩序是最高的权威，那么，在国家之上或在国家的法律秩序之上，就不能设想有任何其他秩序，对国家或代表国家的个人加以拘束。而国际法课予国家义务，即使国际法被认为是国内法的一个部分，作为一个人格者的国家也必须被认为是受作为国内法的一部分的国际法支配的。因此，国际法必须被认为高于作为义务和权利主体的国家；国际法和作为一个人格者的国家之间的高级和低级的关系是不能否认的。如果我们认为国家是在法律上受国际法支配的，正如是受一个高于国内法律秩序的法律秩序支配的，那么，国家，就是说国内法律秩序，就不能是主权的，也就是说，不能是最高法律权威。[3]还有维也纳学派的菲德罗斯基本上也是否定主权观点的。他说：主权国家是完全自治的，因而是独立的、不服从任何其他国家法律秩序的社会。然而，各国的自治，即使按照瓦特尔，也并不排除它们从属于道德规范和实定国际法。因为各国的独立只是意味着它们不从属于外国的法律秩序，而并不是指它们不从属于道德规范和国际法。[4]他认为主权只是国际法赋予的权限而又随着国际法的发展而变化的。

上述否定主权的各家学说，归根到底，都是认为国家主权的观念与国际法的约束性不相容，为了解决这一矛盾，就要抬高国际法而牺牲国家主权。他们认为国内法律秩序隶属于国际法律秩序，或者换句话说，国家的权利，

---

〔1〕　转引自［苏］列宁：《国家与革命》，中共中央马克思恩格斯列宁斯大林著作编译局译，人民出版社 2001 年版。

〔2〕　Scelle, *Precis De droit des Gens*, 1932, I, pp. 13~14, 77~78.

〔3〕　参见［美］汉斯·凯尔森：《国际法原理》，王铁崖译，华夏出版社 1989 年版，第 90~93 页。

〔4〕　See Mcdougal, *International Law Power and Politics*, Hague Academy, Revueil des Cours, 1953, I, pp. 10~13.

包括主权，都是国际法赋予的。像菲德罗斯所说的那样，国家主权作为权限系国际法所赋予，那么，国际法自身的这种赋予国家以权限的权限又是从何而来呢？显然，这种理论很难自圆其说，也不符合国际现实。

国际法对主权国家具有法律约束力，同时主权国家又是国际法的制定者，主权国家遵守国际法就是履行它同意承担的国际义务。所以说，国际法不产生国家主权；相反，国际法主要是由主权国家建立的。因此，国家主权是国际法的基础，否定国家主权就根本动摇了国际法的基础，同坚持绝对主权观点一样，最终势必否定国际法。

当然，说国家是主权的，并不意味着国家可以为所欲为。国家主权的行使是受一定限制的（这并不同于"限制主权论"）。根据公认的国际法原则，国家主权应受尊重。同时，主权国家亦负有尊重他国主权的义务。此外，主权国家为了进行国际合作，参加国际组织，按照国际组织的规则，承担一定的权利和义务，它在行使主权方面也受到某种限制。例如，首先，《联合国宪章》在承认国家主权原则（第 2 条第 1 项）的同时，规定联合国会员国应通力合作，以执行安全理事会的决定（第 49 条）；其次，对在他国领土内享受一定特权和豁免的人员（如外交官）而言，则所在国家的管辖权的行使就受限制；再次，国家在自愿、平等、互利的基础上缔结了条约，承担某种义务，如最惠国条款等，缔约国就不能对有关事项（如关税）自由地决定对另一缔约国的差别待遇，这也是对国家主权的一种限制。上述这些国家主权行使的限制都是正常的，是主权国家进行国际合作所必需的，并无伤于国家主权原则。

中国著名国际法学家王铁崖教授指出：国家主权是相对的，不是绝对的。当代权威的国际法学者都同意主权是一个相对的概念，因为国际社会的现实是国际法与国家主权并存，坚持绝对主权最终将导致否定国际法，或否定国家主权。这就决定了国际法上的国家主权只能是国家对内的最高权和对外的独立权。那种不受任何法律的约束，不服从任何条件或限制的绝对主权只有超国家或世界国家才可能有，然而这样的国家是不存在的。[1]

国家主权的相对性主要体现在国家的对外关系上。在对外方面，或者说在国家间关系上，主权就意味着独立。这一点，在 1928 年 4 月的帕尔玛斯岛

---

[1] Duguit, *Traite de Droit Constitution Nel*, Tome premier, 1921, p.106.

案的判决中，常设仲裁法院法官瑞士法学家休伯已作了明确阐述。[1]

总而言之，今日的主权概念乃是包含国家对内的最高统治权和对外的独立权。这是国家主权包含的两个方面，而并不意味着主权的绝对性或可分性。因此，那种所谓国际环境法的发展是对国家主权的挑战；在国际环境保护领域必然导致国家主权权利之间的冲突，认为从环境保护的角度出发，国家主权不能再像过去那样毫无限制而必须加以限制等说法，实际是对主权的认识不清，是模糊的概念所导致的错误，实在是没有"继续存在"的必要了。

（二）尊重国家主权和不损害国外环境原则的意义

国家主权原则是整个国际法的基础，它当然也是国际环境法的基础和核心，它在国际环境法上的表现形式就是尊重国家主权和不损害国外环境原则，这是在国家主权原则基础上发展起来的一项国际环境法的基本原则。

国际环境法以保护全球环境为宗旨，其基本原则必须以环境保护的客观要求为出发点，在充分赋予各国享有环境与资源开发主权权利的同时，更强调了国家应承担的环境保护的义务。

早在20世纪40年代，著名的特雷尔冶炼厂案裁决就明确了"使用自己的财产不应损及他人"这一法律格言。

严格遵守尊重国家主权和不损害国外环境原则，对于国际环境保护领域的合作具有十分重要的意义，特别是当前对于发展中国家来说尤为重要。因为确有个别发达国家不尊重发展中国家环境主权权利，借口保护环境企图干涉他国的内政，阻碍别国的经济发展。这一基本原则使我们明确，国家虽然有权按照自己的政策开发利用本国的自然资源，但也有义务保证这种开发利用活动不致损害他国和"人类共同财产"。

为保证人类社会的可持续发展，必须依靠科技进步和提高资源利用效率，尽量减少对自然资源的索取和对生态环境的破坏。为此目的，既需要各国从自身的具体国情和环境与发展的总体出发行使本国主权权利，更需要各国在国际环境保护领域的密切合作。因此，必须强调遵守尊重国家主权和不损害国外环境这一国际环境法基本原则。只有这样，才能够适应国际环境保护的需要和我们的"可持续发展"。

---

〔1〕　参见中国政法大学国际法教研室编：《国际公法案例评析》，中国政法大学出版社1995年版，第13~17页。

第四节　可持续发展原则

今天，环境与发展的密切关系被表述为"可持续发展"，必须保护环境、将保护措施统一到发展进程中已成为被广泛接受的原则。"可持续发展"指的是在寻求满足当代人类需要的发展的同时，为后代的需要保护和尊重环境。这已经成为国际环境保护领域的基础。

一、可持续发展的提出

可持续发展（Sustainable Development）是在 20 世纪 80 年代被提出的一个新概念。

联合国人类环境会议后关于环境与发展的问题实际上并没有得到很好的解决。基于此，1983 年，联合国大会为追求问题解决的途径而设置了"环境与发展委员会"。1987 年，环境与发展委员会在其报告《我们共同的未来》中第一次阐述了可持续发展的概念。根据该报告阐述，"可持续发展"指的是既满足当代人的需要，又不对后代人满足其需要的能力构成危害的发展。可持续发展的概念中包含着制约的因素——不是绝对的制约，而是由目前的技术状况和环境资源方面的社会组织造成的制约以及生物圈承受人类活动影响的能力造成的制约。人们能够对技术和社会组织进行管理和改善，以开辟通向经济发展新时代的道路。委员会深信，广泛的贫困绝不是不可避免的。贫穷本身是一种邪恶，而可持续发展则是要满足所有人的基本需求，向所有人提供实现美好生活愿望的机会。一个以贫穷为特点的世界将永远摆脱不了生态的和其他的灾难。[1]同时，全球可持续发展要求较富裕的人们能根据地球的生态条件决定自己的生活方式，例如，能源消费方式。换句话说，经济、社会、资源和环境保护协调发展，是一个密不可分的系统，既要达到发展经济的目的，又要保护好人类赖以生存的大气、淡水、海洋、土地和森林等自然资源和环境，使子孙后代能够永续发展和安居乐业。1992 年 6 月，里约热内卢环境与发展会议以"可持续发展"为口号，提出首先要满足发展中国家

---

〔1〕　世界环境与发展委员会：《我们共同的未来》，王之佳等译，吉林人民出版社 1997 年版，第 10~11 页。

众多贫穷人口的生存所需最低限度的物质要求，即为此而发展是必要的。这与印度总理甘地 1972 年在斯德哥尔摩人类环境会议上所提出的"发展中国家的贫困乃是最大的环境问题"的主张是共通的。"发展"在斯德哥尔摩人类环境会议被列为议题，并通过 UNEP 一直是发展中国家所追求的修正经济差别的目标。

对处于贫困中的发展中国家，创造和维持人类生存的条件才是要务，发展是消除贫困的唯一方法，它们无法认同以环境保护为理由而削减援助额或增加贸易限制或减少发展资源资金等。据环境与发展委员会报告，仅 1985 年，由发展中国家流向发达国家的额差就达 400 亿美元，而这主要来自发展中国家的天然资源，完完全全是所谓"批发自然"。[1]

环境与发展委员会报告从正面反映了发展中国家为解决贫困而发展的观点。1987 年的联合国大会通过了接受环境与发展委员会 1987 年报告的决议，决议还强调了以"可持续且环境上健全的"发展为目标，为了解决贫困，经济增长是必要的，但绝不能使资源耗尽、使环境恶化。即，该决议提出我们最终应致力于和平的维护、增长的恢复、贫困状态的改善、人类生活的需要、人口增加问题的解决，以资源的保护、技术的改革、危机的管理等为目标，在制定政策时，应将环境与经济统一起来加以考虑。

该联合国大会决议对环境与发展委员会报告是加以肯定的。所以，可以认为该报告奠定了里约环境与发展会议的基础，确定了会议方向，这就是里约热内卢会议关于环境与发展的行动计划之底蕴。

二、可持续发展原则的要求

可持续发展是 21 世纪的主题，其中心内容是要求经济增长与环境保护的协调。这是人类社会发展的一种新理念、新模式。可持续发展原则要求环境与发展两方面的互相结合，对我们而言，不能不遵守的一个原则是"本世代人对未来世代的子孙的生存可能性负有责任"。我们必须认识到：不能在将"没有石油便无法生存"的观念留给子孙的同时却一味地在耗尽石油。这就是"可持续发展原则"对我们的要求。具体表现为：

（一）代际公平

代际公平，是从时间特性和人类认识能动性出发提出的一种现世人类应

---

〔1〕　原彬久主编：《国际关系学讲义》（日文本），有斐阁 1996 年版，第 160~163 页。

有的道德责任感和对未来人类利益的道德义务感。[1]

人类的每一代人都是对后代人的地球权益的托管人，我们应当确立一个全社会普遍接受的、不取决于特定利益集团的一个规范标准。在涉及代际问题时，应该将代际公平作为可供选择的可行性方案的约束条件，必须对传给下一代的资源基础质量加以保护，给下一代提供继续发展的机会。

代际公平要求本代人的发展不能以损害后代人的发展能力为代价，至少要留下比前辈留下的更多的自然财富，以满足后代人能进一步发展的环境资源等自然条件。与本代人一样，每一代人都必须依靠足够的自然资源才能生存，后代人与本代人一样，都有着生存下去的不可剥夺的权利。后代人不可能在缺乏生活必需的环境和资源的条件下生存下来，因此，每一代人都必须关心以后各代。"为后代人多着想，这既是本代人的责任，也是本代人超越前代人的表现。"[2]当代人做出节约使用资源、自觉保护生态环境的榜样，对后代人有好的道德示范作用。我们绝不能走过分消费资源和先污染、后治理的路子，当代人应该担当起为后代开创更美好生活的责任。

（二）代内平等

代内平等指的是代内的所有人，无论其国籍、种族、性别、经济发展水平和文化方面的差异，对于利用自然资源和享受清洁、良好的环境享有平等的权利。代内平等要求资源和环境在代内进行公平分配，强调不同发展空间即任何地区和国家的发展不能以损害别的地区和国家的发展为代价，强调人类的整体和长远利益高于局部的和暂时的利益。

代内平等是可持续发展的必要条件。然而，长期以来，由于民族和国家征战，人类对待自然资源的心态上，就往往存在着一种放大了的个人主义——民族、国家利益优先的原则，结果是冲突和纷争，谁都很难独霸地球。从古代君主的开疆拓土到近代的贸易争夺，都表现了民族、国家霸占和控制自然资源的努力以及无法达成这一目标的无可奈何。谁也无法独自拥有地球导致了对地球自然资源的掠夺或开发。现代，虽然赤裸裸的自然资源掠夺战争少见了，但一些发达国家仍在采取以邻为壑的环境政策，为了霸占石油，不惜重金储备，以备自己将来的不时之需；把自己的森林保护起来，却从

---

[1] 裴广川主编：《环境伦理学》，高等教育出版社2002年版，第56~58页。
[2] 厉以宁：《经济学的伦理问题》，生活·读书·新知三联书店1995年版，第213页。

别人那里大量进口木材；各种工业垃圾，要转移到别国领土；核废料，被抛向大海和太空。凡此种种，无不反映了某些国家在环境心态上的自私和野蛮。

根据代内平等，任何一个地区、民族、国家的人都享有在地球上生存、享受和发展的权利。因此，应当从整体上防止国与国、民族与民族，地区与地区间的贫富分化。只有采取资源环境公正配置的原则，缩小贫富两极分化，才可保证人类整体生存和发展的持续性。1991 年的《发展中国家环境发展部长级会议北京宣言》提出："必须建立一个有助于所有国家尤其是发展中国家持续和可持久发展的公平的国际经济新秩序，为保护全球的环境创造必要条件。"

在国际环境法领域，1972 年的《人类环境宣言》宣布人类享有自由、平等和充足的生活条件的基本权利，其原则 5 要求 "在使用地球上不可再生的资源时，必须防范将来把它们耗尽的危险，并且必须确保整个人类能够分享从这样的使用中获得的好处"。原则 24 要求有关保护和改善环境的国际问题应当由所有的国家，不论其大小，在平等的基础上本着合作精神来加以处理。1992 年《里约环境与发展宣言》原则 3 规定了 "为了公平地满足今世后代在发展与环境方面的需要，求取发展的权利必须实现"。该宣言还要求根除贫穷（原则 5）和改变生产和消费方式（原则 8）。

要实现可持续发展，必须强调代内平等。

（三）可持续利用

可持续利用指的是以可持续的方式利用自然资源。对于再生资源，可持续利用指的是在保持它的最佳再生能力前提下的利用。对于不可再生资源，可持续利用指的是保存和不以使其耗尽的方式的利用。可持续利用的核心是利用的 "度"。对自然资源的利用必须有 "度"。这个 "度" 就是自然资源的再生和永续能力。无度或过度地利用自然资源，将毁坏它的再生和永续能力，使它的状况发生不可逆转的恶变。有度地利用自然资源，既使它发挥最大的效益，又不损它的再生和永续能力。为了实现可持续利用，各国必须尽快改变现行的生产和消费方式，并推行适当的人口政策。必须基于循环的观点来对当今的社会体系进行综合调整，摒弃那种生产者追求最大利润，消费者寻求最大功效的分割型社会模式。这样，就会促进有关社会的各项政策、法律的统一。[1]

可持续利用在很多国际环境法律文件中得到了体现。1980 年《南极海洋生物资源养护公约》第 2 条规定了 "防止任何捕捞种群减少到无法保证稳定补充的水平" 和 "维持南极海洋生物资源中被捕捞种群的以其为生的种群和生态关系"。1982 年《联合国海洋法公约》第 119 条规定了 "采取措施……使捕捞的鱼种的数量维持在或恢复到能够生产最高持续产量的水平" 和 "考虑到与所捕捞鱼种有关联或依赖该鱼种而生存的鱼种所受的影响，以便使这种有关联或依赖的鱼种的数量维持在或恢复到其繁殖不会受到严重威胁的水平以上"。1992 年《生物多样性公约》第 2 条规定了 "持久使用" 是指 "使用生物多样性组成部分的方式和速度不会导致生物多样性的长期衰落，从而保持其满足今世后代的需要和期望的潜力"。

（四）环境与发展一体化

环境与发展一体化要求在制定经济和其他发展计划时切实考虑保护环境的需要，要求在追求保护环境目标时充分考虑发展的需要。这就是说，它要求环境与发展两方面互相结合，协调统一，不能以保护环境否定发展，也不能以发展牺牲环境。强调的就是将保护环境与经济和其他方面的发展有机地结合起来。不论是发展中国家还是发达国家，都不得不面对环境破坏的严峻现实。1992 年《里约环境与发展宣言》从整体上体现了环境与发展的一体化关系。[2]1974 年《防止陆源海洋污染公约》要求制定与环境保护要求相一致的一体化的规划政策；[3]1985 年《东南亚国家联盟关于保护自然和自然资源的协定》第 2 条第 1 款要求在所有阶段和层次上将自然资源的保护和管理作为发展计划的有机组成部分；1992 年《生物多样性公约》第 6 条 b 款要求尽可能并酌情将生物多样性的保护和持久使用订入有关部门或跨部门计划、方案和政策内。

三、可持续发展原则的重大意义

《我们共同的未来》强调：环境的恶化与天然资源的枯竭，已十分严重地

---

[1] 潘抱存：《国际环境法基本原则的宏观思考》，载《法学杂志》2000 年第 6 期。

[2] 参见《里约环境与发展宣言》原则 3：为了公平地满足今世后代在发展与环境方面的需要，求取发展的权利必须实现。原则 4：为了实现可持续的发展，环境保护工作应是发展进程的一个整体组成部分，不能脱离这一进程来考虑。

[3] 参见《防止陆源海洋污染公约》第 6 条第 2 款第 6 项。

影响了发展。我们希望通过发展以满足现在的需要，但绝不允许当代使资源枯竭。发展必须虑及将来世代的需求。

1992 年 6 月的里约热内卢环境与发展大会，"可持续发展"成为大会口号，大会提出的可持续发展战略，为处于历史关键时刻的人类指明了改革的方向。大会宣言所提出的可持续发展观完善了保护性利用资源制度。"最优化的而不是最大的"或者"长期有利环境的"资源利用模式将维持自然的生存基础（包括为了下一代人）与提高不发达国家的生活水平有机结合起来。大会通过的以建立新的全球伙伴关系、促进可持续发展为核心的《21 世纪议程》，为各国实行《里约环境与发展宣言》宣布的各项原则和实现可持续发展提供了具体的计划，要求将可持续发展的战略思想贯穿于各国的国内立法、决策和国际环境立法活动，并为人类社会的可持续发展提出了一份全面的行动计划。此后，很多国家都把可持续发展的战略和思想融入本国的环境政策和立法之中，使可持续发展在国际环境法领域具有普遍指导意义，体现了国际环境法的特点并构成国际环境法的基础之一，成为国际环境法的一项基本原则。[1]

2002 年 9 月，约翰内斯堡可持续发展世界首脑峰会以可持续发展为中心议题，提出：想给我们的后代留下一个什么样的世界？会议是全面审查和评价《21 世纪议程》执行情况、重振全球可持续发展伙伴关系的重要会议，大会的主要目的是敦促各国在可持续发展领域采取实际行动。会议通过了两份主要文件——《执行计划》和题为《约翰内斯堡可持续发展承诺》的政治宣言。《执行计划》被认为是关系到全球未来 10 年至 20 年环境与发展进程走向的路线图，是国际社会在可持续发展领域积极努力的最新结晶。大会还针对过去 10 年来被忽视和未得到解决的一些最紧迫生态问题设立了可行的时间表，并将重点集中在水、生物多样性、健康、农业、能源等几大具体领域。一言以蔽之，大会选择了一条给后代留下最宝贵财产的"可持续发展"道路。

2012 年 6 月 20 日至 6 月 22 日，里约峰会即"联合国可持续发展大会"在巴西里约热内卢会展中心举行。此次会议与 1992 年在里约热内卢召开的"联合国环境与发展大会"正好时隔 20 年，为纪念 1992 年通过的《21 世纪议程》这一历史性事件，这次峰会被称为"里约+20"峰会。峰会确定了三

---

[1]　何艳梅：《国际环境法的发展趋势》，载《世界环境》2000 年第 4 期。

个目标：一是重申各国对实现可持续发展的政治承诺；二是评估迄今为止在实现可持续发展主要峰会成果方面取得的进展和实施中存在的差距；三是应对新的挑战。为此，峰会聚焦两个主题，即"可持续发展和消除贫困背景下的绿色经济"与"可持续发展的体制框架"。峰会通过了最终成果文件——《我们憧憬的未来》，决定发起可持续发展目标讨论进程，肯定绿色经济是实现可持续发展的重要手段之一。

2015年，联合国《变革我们的世界：2030年可持续发展议程》[1]呼吁各国采取行动，为今后15年实现17项可持续发展目标而努力。这17项可持续发展目标是：①在全世界消除一切形式的贫困；②消除饥饿，实现粮食安全，改善营养状况和促进可持续农业；③确保健康的生活方式，促进各年龄段人群的福祉；④确保包容和公平的优质教育，让全民终身享有学习机会；⑤实现性别平等，增强所有妇女和女童的权能；⑥为所有人提供水和环境卫生并对其进行可持续管理；⑦确保人人获得负担得起的、可靠和可持续的现代能源；⑧促进持久、包容和可持续的经济增长，促进充分的生产性就业和人人获得体面工作；⑨建造具备抵御灾害能力的基础设施，促进具有包容性的可持续工业化，推动创新；⑩减少国家内部和国家之间的不平等；⑪建设包容、安全、有抵御灾害能力和可持续的城市和人类住区；⑫采用可持续的消费和生产模式；⑬采取紧急行动应对气候变化及其影响；⑭保护和可持续利用海洋和海洋资源以促进可持续发展；⑮保护、恢复和促进可持续利用陆地生态系统，可持续管理森林，防治荒漠化，制止和扭转土地退化，遏制生物多样性的丧失；⑯创建和平、包容的社会以促进可持续发展，让所有人都能诉诸司法，在各级建立有效、负责和包容的机构；⑰加强执行手段，重振可持续发展全球伙伴关系。

2016年5月23日至27日，第二届联合国环境大会在肯尼亚首都内罗毕联合国环境规划署总部召开，大会直面当今世界环境和可持续发展面临的挑战，以"落实《2030年可持续发展议程》"为主题，通过各项决议助推"可持续发展"。

联合国环境大会第五届会议（会议以第一阶段2021年2月22日至23日线上召开、第二阶段续会2022年2月28日至3月2日在肯尼亚内罗毕环境署

---

〔1〕 该议程于2015年联合国大会第七十届会议通过，2016年1月1日正式启动。

总部线下结合线上的方式举行）主题"加强保护自然的行动，实现可持续发展目标"凸显了自然在我们的生活以及社会、经济和环境可持续发展中发挥的关键作用，设定了实现《2030 年可持续发展议程》的任务，为实现可持续发展目标提供了一个综合性行动框架。

2024 年 2 月 26 日至 3 月 1 日，第六届联合国环境大会在肯尼亚内罗毕召开，本次会议主题"采取高效、包容及可持续的多边行动，以应对气候变化、生物多样性的流失和环境污染"不仅聚焦了全球环境前沿议题，更凸显了人类面临的三重环境挑战：生物多样性的流失；污染导致的死亡；气候变化引起的海平面上升、干旱和洪灾。会议体现了国际社会对环境问题的高度重视，不仅加深了全球对环境问题的认识，致力于采取具体行动和合作促进可持续发展，也为实现《2030 年可持续发展议程》和应对环境挑战奠定了坚实的基础。

第五节　预防原则

预防就是防患于未然。在环境保护领域，预防是首务。

环境损害通常是不可能弥补的：一个动物或植物物种的灭绝、水土的流失，或者向海洋倾倒持久不变的污染物，都会造成不可挽回的局面。即使损害是可以补救的，恢复原状的过高成本也常常令人望而却步。所以，预防原则乃是环境保护的"黄金规则"。

一、预防原则的含义

预防原则（principle of precaution）是尊重国家主权和不损害国外环境原则的延伸，是一项国际环境法的基本原则。其含义为，在国际性、区域性或国内的环境管理中，对于那些可能有害于环境的物质或行为，即使缺乏其有害的结论性证据，亦应采取各种预防性手段和措施，对这些物质或行为进行控制或管理，以防止环境损害的发生。一般国际法中也规定了对跨国界污染有通报情况和进行协商的义务。这个义务就是：各国必须遵守向邻国通报跨国界污染的情况，并同邻国共同商讨采取必要和可能的措施以防止造成损害或将损害限制在一定范围内。违反这个义务就应该承担责任。

环境污染和生态破坏不仅给人类健康和社会经济造成了巨大损失，使其治理付出很高代价和很长时间，而且在许多情况下是无法治理、不能恢复、不可逆转的。例如重金属的污染、地下水的污染就很难消除；由于植被破坏造成的水土流失，土壤沙化或物种的灭绝，也是很难恢复或根本无法恢复的。这种状况将给人类健康和人类社会发展带来严重危害和威胁。同时，环境被污染或破坏后，再进行治理，从经济上是最不合算的，往往要耗费巨额资金。更由于环境问题在时间上和空间上的可变性太大，其产生和发展又有一种缓发性和潜在性，又由于科学技术发展的局限，人类对损害环境的物质或行为造成的长远影响和最终结果，往往难以及时发现和认识。所以，最好的环境政策是从根源上避免造成污染或损害，而不是事后治理污染后果。

国际社会就是在世界环境日益恶化、环境保护意识普遍增强的背景下提出预防原则的。

正是由于环境问题的不确定性，所以有人又以"风险预防原则"作为另一项基本原则提出，并将《里约环境与发展宣言》第 15 条原则的规定[1]作为风险预防原则的定义，认为风险预防原则是针对环境恶化结果发生的滞后性和不可逆转性的特点而提出来的。[2]并进一步分析风险预防原则与损害预防原则异同，认为二者之间的相同之处主要是它们都以预防环境损害的发生为目的，而二者的区别主要在于：其一，风险预防原则重在采取预防措施以避免环境恶化之可能性，而损害预防原则重在采取措施以制止或阻碍环境损害的发生；其二，风险预防原则所针对的是严重或不可逆转的环境损害之威胁或风险，而损害预防原则所针对的环境损害的范围更为广泛一些，它既包括环境损害之风险，又包括实际发生的或即将发生的环境损害；其三，风险预防原则所针对的，是在科学上尚未得到最终明确的证实，但如等到科学证实时才采取防范措施则为时已晚的环境损害之威胁或风险，而损害预防原则并非专门针对此种情况。其实，预防原则是包含所谓风险预防原则的，从其所作异同比较就很清楚。当然，将预防原则分为损害预防原则和风险预防原

---

〔1〕《里约环境与发展宣言》第 15 条原则规定：为了保护环境，各国应按照本国的能力，广泛适用预防措施。遇有严重或不可逆转损害的威胁时，不得以缺乏科学充分确实证据为理由，延迟采取符合成本效益的措施防止环境恶化。

〔2〕 参见王曦编著：《国际环境法》，法律出版社 1998 年版，第 115~117 页；乔世明：《环境损害与法律责任》，中国经济出版社 1999 年版，第 388~390 页；秦天宝：《国际环境法基本原则初探——兼与潘抱存先生商榷》，载《法学》2001 年第 10 期；胡斌：《试论国际环境法中的风险预防原则》，载《环境保护》2002 年第 6 期。

则，就更没有必要了。

二、关于预防原则的国际环境立法

对预防原则的支持是多方面的，国际社会也正本着预防原则的精神解决全球环境问题。也正因为预防原则反映了环境保护的客观需要，这一原则在许多国际宣言、决议、条约等国际法律文件以及国际司法实践如 1941 年的特雷尔冶炼厂案、1957 年的拉努湖案、1973 年的法国核试验案中得到体现。

1972 年的《人类环境宣言》首先体现了预防原则的精神，该宣言第 7 项原则规定："各国应该采取一切可能的步骤来防止海洋受到那些会对人类健康造成危害的、损害生物资源和破坏海洋生物舒适环境的或妨害对海洋进行其他合法利用的物质的污染。"

1982 年《内罗毕宣言》明确规定："与其花费很多钱、费很多力气在环境破坏之后亡羊补牢，不如预防其破坏。预防性行动应包括对所有可能影响环境的活动进行妥善的规划。"[1]《世界自然宪章》从头至尾贯穿了预防生态破坏的指导思想，从规划、决策等方面规定了防止滥用自然资源和破坏大自然生态系统的要求和措施，其第 19 条规定："应密切监测自然过程、生态系统和物种的状况，以便尽早察觉退化或威胁情况，保证及时干预，并便利对养护政策和方法的评价。"1982 年《联合国海洋法公约》第 194 条第 1 款规定："各国应在适当情形下个别或联合地采取一切符合本公约的必要措施，防止、减少和控制任何来源的海洋环境污染。"第 206 条规定："各国如有合理根据认为在其管辖或控制下计划中的活动可能对海洋环境造成重大污染或重大和有害的变化，应在实际可行范围内就这种活动对海洋环境的可能影响作出评价，并应依照第 205 条规定的方式提交这些评价结果的报告。"

1985 年《保护臭氧层维也纳公约》第 2 条第 2 款 B 项规定："采取适当的立法和行政措施，从事合作，协调适当的政策以便在发现其管辖或控制范围内的某些人类活动已经或可能由于改变或可能改变臭氧层而造成不利影响时，对这些活动加以控制、限制、削减或禁止。"

1987 年《关于消耗臭氧层物质的蒙特利尔议定书》的缔约国"认识到全世界某些物质的排放会大大消耗和以其他方式改变臭氧层，对人类环境可能

---

〔1〕《内罗毕宣言》第 9 条。

带来不利影响"并"念及这些物质的排放对气候的可能影响""决议采取公平地控制消耗臭氧层物质全球排放总量的预防措施"。[1]

1991年《关于在跨界背景下环境影响评价的埃斯波公约》在其前言中指出：制定预防政策，防止、减少和监测普遍的环境影响，尤其在跨界背景下的环境影响，既是必要的，也是具有重大意义的。欧洲联盟在环境保护领域采取行动之初，其政策的目标就是在根源上防止污染或损害的产生，而不是以后再试图纠正污染或损害的后果。

1992年《生物多样性公约》的序言规定了"注意到预测、预防和从根源上消除导致生物多样性严重减少或丧失的原因，至为重要"。《联合国气候变化框架公约》第2条规定公约的目标是将大气中温室气体的浓度稳定在防止气候系统受到危险的人为干扰的水平上。[2]第3条原则将"采取预防措施，预测、防止或尽量减少引起变化的原因，并缓解其不利影响"列为公约的指导原则之一。《里约环境与发展宣言》第15项原则进一步规定："为了保护环境，各国应按照本国的能力，广泛适用预防措施。遇有严重或不可逆转损害的威胁时，不得以缺乏科学充分确实的证据为理由，延迟采取符合成本效益的措施防止环境恶化。"

第六节　共同责任原则

我们需要培育一种对地球这颗行星作为整体的合理的忠诚。我们已进入了人类进化的全球性阶段，每个人显然都有两个国家，一个是自己的祖国，另一个是地球这颗行星。

一、共同责任原则的基础

共同责任意味着，世界各国，不论其大小、贫富、种族、资源禀赋等方面的差别，都对保护人类环境负有一份责任，都应当无一例外地参加人类环

---

〔1〕《关于消耗臭氧层物质的蒙特利尔议定书》序言。

〔2〕《联合国气候变化框架公约》第2条"目标"：本公约以及缔约方会议可能通过的任何相关法律文书的最终目标是：根据本公约的各项有关规定，将大气中温室气体的浓度稳定在防止气候系统受到危险的人为干扰的水平上。这一水平应当在足以使生态能够自然地适应气候变化、确保粮食生产免受威胁并使经济发展能够可持续地进行的时间范围内实现。

境保护事业，这也是为诸多的国际环境法文件所反复肯定了的。

对于大气、水土污染等环境问题，各地区自行决定的对策是不解决问题的。即使把各地周密的决定全部加在一起，仍然不能起到有效的保护作用，何况各地的周密决定本来不过是大胆的乐观假设而已。[1]像这些全球性的问题，显然需要全球的决策和全球的关心，要求我们采取加强科学研究、改善监测系统、更严格地控制和更多的全球一致行动，需要一个新的全球性的责任机制，同时还需要各国之间的有效行动，切实承担起这个责任。

目前，大多数发展中国家的第一需要，仍然是现代化和经济的增长，这是一项长期性的要求。发达国家虽对环境日益重视，但最富裕国家并未在援助经济发展方面，做出实质性的努力。没有人否认，一定会有许多解决环境问题的好方法出现。困难在于很多方法都需要大量资金，并都要求高级技术，尤其是发展中国家在推行一个改善环境的计划时，更难以获得所需要的资金和尖端技术。

作为地球生物圈中的人类，现在已经到了超出国家范围的时刻了。问题应转向技术圈了，即技术创新后的世界秩序重建的问题、资金流转问题和贸易交往问题。对这些问题的认识，是否也能重新修正和重新安排，从而使人们懂得国家和人类社会是相互依存的？

人类只有一个地球，为了保护地球——我们共同的家园，仅靠少数几个国家（不论发达国家还是发展中国家）的努力是无法奏效的。因此，全世界全人类必须一起承担起保护全球环境的共同责任。

二、共同责任原则的要求和意义

现在的世界，占人口总数 1/3 的发达国家，却消耗着世界绝大部分的能量，而世界人口的 2/3 生活在发展中国家，他们平均每人的能量消耗只等于富裕地区市民的 1/8。[2]发达国家二氧化碳排放量占全球总排放量的 75%；全球消费的有关破坏臭氧层的大量受控物质中，发达国家占绝对多数；全球现有的危险废弃物产生量基本来自发达国家。所以，1972 年《人类环境宣

---

　　〔1〕　［美］芭芭拉·沃德、勒内·杜博斯：《只有一个地球——对一个小小行星的关怀和维护》，《国外公害丛书》编委会译校，吉林人民出版社 1997 年版，第 17 页。

　　〔2〕　［美］芭芭拉·沃德、勒内·杜博斯：《只有一个地球——对一个小小行星的关怀和维护》，《国外公害丛书》编委会译校，吉林人民出版社 1997 年版，第 10~11 页。

言》考虑了需要取得共同的看法和制定共同的原则以鼓舞和指导世界各国人民保持和改善人类环境，并将环境问题区分为发达国家发展过度的环境问题和发展中国家发展不足的环境问题，提出了解决两类不同性质的环境问题的不同对策和措施。[1]在这一基础上，1992年，联合国环境与发展大会进一步宣告，"各国应本着全球伙伴精神，为保存、保护和恢复地球生态系统的健康和完整进行合作。鉴于导致全球环境退化的各种不同因素，各国负有共同的但是又有差别的责任。发达国家承认，鉴于他们的社会给全球环境带来的压力，以及他们所掌握的技术和财力资源，他们在追求可持续发展的国际努力中负有责任。"[2]从而明确了发达国家与发展中国家在造成全球环境问题方面的差别，提出了共同责任原则。

1992年《联合国气候变化框架公约》所确定的原则之一是："各缔约方应当在公平的基础上，并根据他们共同但有区别的责任和各自的能力，为人类当代的后代的利益保护气候系统。因此，发达国家缔约方应当率先对付气候变化及其不利影响。"1992年8月20日生效的《关于消耗臭氧层物质的蒙特利尔议定书》在前言中指出："决心采取公平地控制消耗臭氧层物质全球排放总量的预防措施……并铭记发展中国家的发展需要。"[3]

这些国际法律文件的出台，表明共同责任的确立。它既是对历史和现实的承认，也是指导各国参与国际环境保护事业的一项重要原则。

需要特别强调的是，共同责任并不意味着"平均主义"。

各国虽然负有保护国际环境的共同责任，但在各国之间，主要是在发展中国家与发达国家之间，这个责任的负担是有区别的，区别是对共同责任的一个限定。发达国家应当比发展中国家承担更大的或是主要的责任。这种限制是由全球环境问题形成的历史和现实原因所决定的。从历史上看，环境问题主要是发达国家在其工业化过程中，为自己创造了大量的财富，也向地球排放了大量污染物，从而积累形成的，如温室效应、臭氧层破坏、酸雨、土地沙漠化、热带雨林砍伐、淡水污染等。从现实的角度看，发达国家也仍然

---

〔1〕 参见《联合国人类环境宣言》前言。

〔2〕 中国环境报社编译：《迈向21世纪——联合国环境与发展大会文献汇编》，中国环境科学出版社1992年版，第30页。

〔3〕 国家环境保护总局政策法规司编：《中国缔结和签署的国际环境条约集》，学苑出版社1999年版，第56页。

是主要的能量消耗者和污染物排放者。可见，无论是从历史的角度还是从现实的角度来看，发达国家都是当代环境问题的主要责任者，而发展中国家却是受害者，正在蒙受着发达国家造成的环境污染和破坏所带来的损害。因此，发达国家应对人类环境污染和破坏负主要责任，并有义务提供新的、充分的、额外的资金，帮助发展中国家参加全球环境保护的努力，或补偿由于保护环境而带来的额外损失，并以优惠的、非商业性条件向发展中国家提供环境无害技术。

正是在这个意义上，有人将共同责任原则称为共同但有区别的责任;〔1〕也有人认为共同但有区别责任的表述是对有关国际法文件规定的直接引用，有着比较直观和便于理解的优点，发展中国家提出这一原则的目的在于追求国际环境保护秩序中的公平，所以将其概括为"公平责任原则"。〔2〕但这些表述不足的是，作为一项法律原则不能很好地反映它的深刻内涵。

总而言之，环境问题是科学技术和经济发展造成的（当然曾经还包括人的无知、狂妄和盲目），而且环境问题的产生和发展在世界的各个区域的表现也是不平衡的，不同国家因其经济发展水平的不同存在着巨大差异。所以，对发达国家来说，有义务帮助发展中国家;对发展中国家来说，"区别"并没有免除或忽略它们在保护国际环境中的责任和义务，发展中国家必须努力改革生产方式，争取早日摆脱贫困，增强经济实力和环境保护能力。因为，共同责任原则首先强调的是责任的共同性，即在地球生态系统的整体性基础上，各国对保护全球环境都负有共同的责任。要求发展中国家不以经济发展水平低、科学技术落后、专业人员匮乏等为由，逃避、推脱自己所应当承担的保护环境的责任。

第七节　国际合作原则

恶用迅猛发展的技术和不断提高的生产力，必然会导致不可持续的财富增长和贫困两极分化，随之威胁到整个人类系统的稳定，将人类推入环境危

---

〔1〕 王曦编著:《国际环境法》，法律出版社1998年版，第112~113页;秦天宝:《国际环境法基本原则初探——兼与潘抱存先生商榷》，载《法学》2001年第10期。

〔2〕 吕忠梅:《环境法新视野》，中国政法大学出版社2000年版，第167~179页。

机。为了我们的星球和人类社会有一个可持续发展的未来，所有相关的合作伙伴——政府、国际组织、企业乃至个人——都应通力合作迎接这一复杂的相互作用的挑战。

一、国际合作原则的含义

国际合作是国际环境法的一项基本原则，于国际环境保护事业而言，国际合作原则是指在国际环境领域，各国进行广泛密切的合作，通过合作采取共同的环境资源保护措施，实现保护人类环境的目的。

日益严重的环境污染和生态破坏，不仅给人类带来了巨大经济损失，还危及人类的生存。保护环境，关系到人类的前途和命运，影响着世界上每一个国家、每一个民族，以至每一个人。国际合作原则对于国际环境保护具有特别重要的意义。因为保护全球环境是世界各国的共同任务，只有进行广泛而有效的国际合作才能完成；而且保护全球环境是为了全人类的生存和持续发展，是一项造福全人类的公益事业，有广泛而坚实的国际合作基础。所以，国际社会关于环境保护的各种决议、宣言都反复强调在环境保护领域进行国际合作的重要性，有关环境保护的国际条约也对国际合作作了明文规定。

具有人类环境保护里程碑意义的《人类环境宣言》指出："有关保护和改善环境的国际问题应当由所有的国家，不论其大小，在平等的基础上本着合作精神加以处理，必须通过多边或双边的安排或其他合适途径的合作……"[1] 1982 年的《世界自然宪章》和《内罗毕宣言》也都重申联合国宗旨，"进一步加强和发展各国间友好关系和进行国际合作以解决经济、社会、文化、技术、知识或人道方面的国际问题"[2]"进一步加强和扩大在环境保护领域内的各国努力和国际合作"。[3] 1989 年，联合国大会还专门通过了关于《环境领域中的国际合作》的第 44/229 号决议，从多方面阐明了发展环境领域中的国际合作问题。1992 年《里约环境与发展宣言》不仅再次强调国际合作的重要，而且进一步提出了"建立一种新的、公平的全球伙伴关系的目标"。[4]

---

〔1〕 参见《人类环境宣言》原则 24。
〔2〕 参见《世界自然宪章》（1982 年 10 月 28 日）序言。
〔3〕 参见《内罗毕宣言》（1982 年 5 月 18 日）第 10 项。
〔4〕 参见《里约环境与发展宣言》（1992 年 6 月 14 日）序言。

2002 年的南非环境会议更强调了环境保护领域的国际合作原则。1988 年的《保护臭氧层维也纳公约》把通过多渠道进行多方面合作列为各缔约国的一般义务。[1]1992 年《生物多样性公约》则在第 5 条专门规定合作问题，指出"每一缔约国尽可能并酌情直接与其他缔约国或酌情通过有关国际组织为保护和持久使用生物多样性在国家管辖范围以外地区并就共同关心的其他事项进行合作"。[2]

二、国际合作原则的基础

人类赖以生存的地球是一个整体，是一个总的生态系统，它的各个组成部分是相互联系、相互影响、相互制约的。一个地方的环境灾难会不同程度直接、间接地影响到其他地方的环境状况，危及其他国家乃至全球。大气是流动的，不受国界的限制，在某一个国家排放的空气污染物，可以通过气流传播到其他国家和公域环境。如多氯联苯通过大气从工业国的释放源传到了北极，英国等西欧国家排放的硫氧化物飞到北欧构成了酸雨等。水也是流动的，全球水系是相互联系的整体，一个国家的跨国流域的水污染同样会影响到别的国家。迁徙动物也不受国界的限制，候鸟和洄游鱼类在一年之中有规律地从此地迁徙到彼地，包括从一国迁徙到另一国。因此，从自然环境本身的属性来说，需要各国共同予以保护。此外，鉴于自然环境相互联系的此种属性，地球上存在的大量的两个或两个以上国家共管的如界河、界湖、界山等环境资源，以及不在国家管辖和控制下的公域环境，在利用和保护上也是密切联系而无法完全割裂的。这就需要各国共同制定并共同遵守环境行为规范，进行国际环境领域的国际合作。

20 世纪初期，有机化学工业的蓬勃发展大大刺激了西方经济的发展，但有机化学毒物对人类和自然生态环境的危害更深，到 20 世纪 50 年代，由于燃油、燃煤造成的大气污染、水污染和海洋污染，原子能利用和核动力发展带来的放射性污染，以及农药和有机化学物质产生的有机氯化物对生态环境的污染，人类生存环境恶化到了危险的程度。工业发达国家不断出现环境污染造成的世界公害事件接连不断，令人触目惊心。1962 年，美国生物学家蕾

---

〔1〕　参见《保护臭氧层维也纳公约》（1985 年 3 月 22 日）第 2 条 "一般义务"。
〔2〕　参见《生物多样性公约》（1992 年 6 月 5 日）序言和第 5 条 "合作"。

切尔·卡逊女士所著的《寂静的春天》〔1〕震动了国际社会，该书所揭露的滥用有机农药（如 DDT）严重后果的事实，不仅东西方国家反应强烈，在全世界也引起了空前的重视。

可见，人类面临的全球性且极其严峻的环境危机，就是全人类在环境领域进行国际合作亦即国际合作原则的基础和客观要求。

三、国际合作原则的内容

环境问题已经危及人类的可持续生存和可持续发展，保护环境已经成为国际社会面临的根本任务，不仅需要各国在自己的管辖范围内进行，同时需要整个国际社会的共同努力，明确环境领域国际合作原则的具体内容，加强国际合作。

（一）兼顾各国利益和优先考虑发展中国家

国际环境保护合作和其他领域的国际合作一样，必须顾及合作各方面的利益，必须公平合理。由于各国所处的发展阶段不同，在面临的具体问题上利害关系也不尽相同；而且臭氧层损耗、温室效应、酸雨、赤潮、厄尔尼诺等全球环境问题，都是长期积累形成的，发达国家利用地球资源的人均数量高出发展中国家几十倍，广大发展中国家却普遍面临发展经济与保护环境的双重挑战。因此，在解决全球环境问题和进行国际环境立法、执法的过程中，需要从人类的全局利益、各国的现实利益和长远利益、当代人和后代人的利益出发，充分认识"世代交替"和"地球有限主义"〔2〕的深远意义，在公平合理的基础上进行友好合作。

必须认识到保护环境的最终目的乃是追求生存权和保护人类的健康。保护环境，预防和减少环境损害与保护人权紧密联系，特别是人的生活权和健康权。鉴此，要全面、平衡地解决环境问题就要和发展中国家进行全面的合作，努力打破穷困、不发达和环境状况恶化的恶性循环。鉴于发展中国家在国内环境立法和参与国际环境立法方面的能力不足，这就需要国际社会，尤其是发达国家对其提供额外援助，以帮助其提高立法能力。这是对公平的全

---

〔1〕 ［美］蕾切尔·卡逊：《寂静的春天》，吕瑞兰、李长生译，吉林人民出版社 1997 年版。该书揭露了滥用有机农药（如 DDT）所带来的严重后果：春天里，花儿不开鸟不鸣，如死一般的寂静。故被誉为"现代环境运动的肇始，人类环境运动的丰碑"。

〔2〕 裴广川主编：《环境伦理学》，高等教育出版社 2002 年版，第 56~62 页。

球伙伴关系的恰当注解，有利于全球伙伴关系的形成。所以，解决环境问题还必须和解决贫困问题联系起来，要对最不发达国家的特殊需要和问题给予特别的关注。发达国家要真正理解发展中国家的特殊情况，真诚照顾到发展中国家的特殊情况和需要并将这种理解和照顾落实、体现为相应的权利和义务。

在兼顾各国利益的同时，必须优先考虑发展中国家的特殊情况和需要，这是国际社会的现实和保护人类环境的要求所决定的。

（二）共管共享全球共同资源

在我们的地球上，不仅存在着两国以上共管的环境资源，而且还存在着属于全人类的包括"公域环境"资源，即"人类共同继承财产"。这些环境资源不属于任何国家所有，而为全人类共有，应为全人类谋福利，为世界各国共同管理和合理利用。例如，《联合国海洋法公约》宣布国家管辖范围以外的海床和洋底及其底土为人类的共同继承财产；《各国探索和利用外层空间活动的法律原则宣言》指出"探索和利用外层空间，必须为全人类谋福利和利益"；1967年的《外空条约》规定外层空间"为全人类的开发范围"；1979年的《月球协定》明确规定"月球及其自然资源均为全体人类的共同财产"；公海、南极虽然未被宣布为人类共同财产，但它们也不属于任何国家，可视为"人类共同继承财产"在一个多边合作的体制下进行管理，保证其仅用于和平目的，并重视对其环境资源的保护。

此外，对于各国主权管辖范围的某些环境组成部分，鉴于其对人类的重要价值，亦赋予其"人类共同遗产"或"人类共同财富"的意义，要求在承认国家对它们享有主权权利的前提下，通过国际合作对它们进行国际保护。例如，根据1972年的《保护世界文化和自然遗产公约》，国际社会为集体保护具有重大价值的文化遗产和自然遗产建立了一个长久性的有效制度。这些世界遗产仍属世界各国所有并主要由各国自己保护，但整个国际社会有责任根据该公约进行合作，使之受到国际保护，以便永久保护和为全人类享用。据此，把位于国家领域内的世界文化和自然遗产视为"人类共同财富"或"人类共同遗产"。

（三）禁止转移污染和其他环境损害

建立新的、公平的全球伙伴关系，共同保护人类赖以生存的环境，要求各国既要做好自己本国的环境保护，又要积极而真诚地进行国际合作。但是，长期以来有一些国家以邻为壑，损害别国的和国家管辖范围以外的环境，大肆向发展中国家和公域环境转移污染和危害环境的废物/危险废物。尤其是西方国家向发展中国家转移污染和生态破坏的事实，举不胜举。这种"公害输出""环境入侵""环境干涉"和"环境剥削"，不仅大大损害了发展中国家的利益，而且危害了全球环境。针对这种情况，世界各国必须加强相互间的友好合作。《联合国海洋法公约》第 195 条规定："各国在采取措施防止、减少和控制海洋环境的污染时采取的行动不应直接或间接将损害或危险从一个区域转移到另一个区域，或将一种污染转变成另一种污染。"《里约环境与发展宣言》第 14 项原则进一步规定："各国应有效合作阻碍或防止任何造成环境严重退化或证实有害人类健康的活动和物质迁移或转让到他国。"《控制危险废物越境转移及其处置巴塞尔公约》则对控制危险废物越境转移及其处置作了全面具体的规定。

（四）和平解决国际环境争端

和平解决国际争端是早已确立的一项国际法基本原则。遭受两次世界大战之苦的世界人民和各国政府，在二战后特别强调严格执行这一原则的重要性。而且，随着国际法律调整范围的扩大，将这一原则广泛适用于各个领域和一切国际争端。《里约环境与发展宣言》第 26 项原则明确规定："各国应和平地按照《联合国宪章》采取适当方法解决其一切环境争端。"会议期间签署的《联合国气候变化框架公约》和《生物多样性公约》不仅规定了和平解决争端的一般义务，而且规定了相应的方法和机制。1982 年，《联合国海洋法公约》第 15 部分规定了各缔约国用和平方法解决争端的义务，并确立了一整套机制。1984 年，《保护臭氧层维也纳公约》规定了各缔约国应通过谈判等和平方式解决可能发生的争端。此外，《核事故或辐射紧急情况援助公约》《及早通报核事故公约》《控制危险废物越境转移及其处置巴塞尔公约》等都规定了必须和平解决争端。

为保证顺利开展全球环保事业、维护各国合法权益和稳定的国际秩序，就必须在友好合作的基础上和平解决国际环境争端。和平解决国际环境争端是国际环境领域国际合作原则的重要内容。

四、国际合作原则的意义

为避免人类覆灭所进行的努力和为促进人类可持续生存与发展所进行的

斗争具有同样的深远意义。而在这一意义深远的努力与斗争中，唯有贯彻国际合作原则，切实进行友好协作，才能避免灾难并取得实效和成果。

（一）促进国际环境安全的实现

国际环境问题的特点包括全方位、立体式、整体问题与局部问题交叉和互相促进、既有当前症状又有滞后效应等。这些特点使国际环境领域存在的矛盾是错综复杂的，既向各国提出严峻挑战，又展示出广泛的合作前景。

环境问题对国际关系和国际安全的影响极其重大，不妥善解决则会引发越来越多的国际冲突。面对环境安全对国际政治的深刻影响，国际社会认识到了环境问题不能停留在各种论坛上的一般性讨论，必须在进行国际合作的基础上寻求制定国际环境法，采取切实有效的行动。国际环境法使其主体在法律上享受权利的同时承担相关的义务与责任。国际环境法的迅速发展增强了国际环境保护措施的有效性和强制性，同时也对各国经济和社会发展进程产生了深刻影响。可见，环境问题的解决不是世界上任何一个国家所能够单独胜任的，唯有各国通力合作，协调行动，才有解决之可能。唯有通过国际合作，以国际环境立法来消弭冲突、解决国际环境争端，才能实现国际环境安全。

（二）建立新的全球伙伴关系的有力保障

1992 年 9 月，里约热内卢环境与发展大会提出的"新的全球伙伴关系"充分体现了世界各国进行国际友好合作的愿望和诚意，充分反映了国际社会在环境与发展领域中的共识。"新的全球伙伴关系"之目标应是既推动国际社会在维护、保护和恢复地球生态系统方面的合作，又推动国际社会在经济方面的合作。其目的是使全世界人民在美好的环境中享受更加美好的生活。因此，"新的全球伙伴关系"必须涵盖环境与发展两方面的问题，特别是妥善处理贸易、债务、资金等问题，以利于各国特别是发展中国家实现环境与经济相协调的可持续发展。

"新的全球伙伴关系"必须具有坚实而牢固的国际环境法律基础，必须是公正的。一方面，要充分地、实事求是地考虑造成人类环境恶化的有区分的责任，并依此确定相应的义务。另一方面，在构建和实施相关国际环境法律机制时需要顾及各国经济社会发展水平和能力的不同。由此可见，国际合作原则是国际环境立法的基础，是国际环境法切实实施和建立有效的全球伙伴关系的机制保障。

第六章

国际环境法的实施

法律的实施是指使之产生效果。这就意味着受这些法律规则调整的人遵守规则，确保规则的落实。国际环境法的实施指的是国际环境法主体行使国际环境法规范所赋予的权利并承担义务，其目的是实现国际环境法的法律规范。

第一节　国际环境法实施之要义

徒法不能以自行。任何法律规范，得不到有效的实施则是一纸空文。

国际环境法的实施主要是依靠其主体，特别是国家的自觉执行。但是，世界各国由于政治、经济、文化、历史、地理和社会等方面的原因，对于环境保护的重要性认识并不相同，尤其是发达国家和发展中国家在解决环境问题方面存在着很大的矛盾。虽然均认为保护环境是国际社会所要承担的共同义务，但都从自身的利益出发。发展中国家认为全球环境问题主要是发达国家在长期的发展过程中只顾发展、不顾环境造成的，因此发达国家在保护环境方面应承担比发展中国家更多的责任。发达国家认为保护环境是每一个国家的责任，每一个国家都会从中受益，因而应承担共同的责任。发达国家和发展中国家的"环境与发展"矛盾成为国际社会的一个主要矛盾。[1]这是制约影响国际环境法实施的一个主要原因。此外，在国际环境法庞大的法律体系中，许多规定通常是一般性原则而缺少具体的实施规则，这也难免使国际环境法抽象化而难以实施。国际环境法得不到有效实施，就不能起到调整国际环境法律关系的作用。因此，为了人类共同利益，如何统一认识（达成妥

---

〔1〕　曲格平：《我们需要一场变革》，吉林人民出版社 1997 年版，第 123 页。

协），将国际环境法的原则、规则具体化，进而使有助于改善环境条约实施的不同机构和机制相互协调并使之合理化，便成为国际环境法亟须解决的一个问题。

如何保证国际环境法的规定得到切实的遵守，在国际上引起越来越多的注意，这种倾向反映在联合国环境与发展大会和一系列国际环境条约的谈判和实施过程中。这里有三个方面的原因：其一，国家承担了越来越多和越来越严格的环境义务。其二，一方面经济和社会发展导致对自然资源需求的增加，另一方面资源是有限的，因此环境和资源的争端不时发生。其三，国家承担国际环境义务同国家的经济利益发生密切的联系，国家可以从不履行环境义务中获得相当的经济好处。国家不履行环境义务的行为包括：①没有切实履行实质性规定，如限制本国二氧化硫的大气排放量等；②没有遵守程序上的规定，如在新建项目动工之前进行环境影响评价或与相邻国家进行磋商等。[1]

可见，解决国际环境法的实施并非易事，需要从遵约、执行和争端的解决三个方面进行努力。其一，就遵约而言，要考虑到各个国家特别是发展中国家的需要，国家与国家之间，地区与地区之间，在适用法律规定方面存在差异；并考虑国内经济和技术的可能，给发展中国家提供必要的技术、财政和其他的援助，帮助它们改善遵约能力。其二，应该扩宽在国际上正式享有认定违约或违法行为和采取救济措施的法律人格的范围，尤其是应该强调非政府行为者的法律地位。其三，应该为国际环境争端提供更多的解决办法。正如《21世纪议程》所指出的："《21世纪议程》关于持续发展的国际法的提议重点在改进发展中国家的立法能力，评价当前的国际性协议的功效，并制定将来的重点。有关持续性发展的国际法需要得到进一步发展，特别要重视环境与发展之间的微妙的平衡关系，以及发展中国家的特殊需要。所有国家参与制定全球条约是不可缺少的。目前许多在环境法领域里的国际法律文件和协议都是在发展中国家没有充分参与和作出贡献的情况下制定的。应该向发展中国家提供技术和经济的援助，以提高它们参加国家和国际谈判的能力，以及执行和监督国家和国际的有关持续发展的协议。国际环境保护标准应该逐步推广，考虑到国家的不同情况和能力，因而不使单方面制定的标准成为

---

[1]　宋英：《国际环境法——现代国际法的新分支与挑战》，载中国国际法学会主编：《中国国际法年刊》（1995），中国对外翻译出版公司1996年版，第251页。

贸易障碍。"[1]此外，《里约环境与发展宣言》和欧洲共同体实践都表明，保证有效地利用国内司法和行政程序的做法应在国际环境保护领域加以考虑。[2]

一般来说，国家履行国际环境义务需要经过三个阶段：其一，制定国内履约措施；其二，保证其管辖和控制范围内的行为者遵守国内履约措施；其三，履行国家对国际组织的义务，如汇报国内采取的履约措施等。在有关国际义务对国家在国际法上生效后，该国通常需要制定、发展或修改相关的国内立法和行政措施。因为实施国际环境法的主要是国家，国际环境法的实施实质上就是如何使国际环境法在国内得到实施。有的环境条约明确要求缔约国采取特定的措施履行条约的义务，而有的条约则一般性地要求缔约国采取适当的措施履行条约义务。

而且国际环境法的实施与国家责任直接相关。国家不履行甚至违反其依国际环境法所承担的义务的直接法律后果是为之承担相应的国家责任。不履行国际环境义务可以引出三个问题：其一，国家应采取何种正式或非正式的措施实施国际环境义务；其二，非政府行为者能否采取强制性措施迫使违约国政府履行国际义务；其三，国际环境争端通过什么方法、程序和机构解决。

如果有证据表明国家没有履行承担的国际环境义务，接下来的问题是谁能够在国际上强制执行国际环境法。按照国际法，国家和国际组织是有这个能力的，尤其在国际环境保护领域。有人认为，"国家要想这样做，必须首先证明具有利害关系，也就是说它必须是'受害国'"，而且"尽管国际组织在国际环境法的发展过程中起着重要的立法作用，但是在执法过程中的作用受到很多限制。通常国际组织作为国际法律人格者要保护自身的利益，国家主权利益使得国家不愿意把执法的权力交给国际组织"。这种观点是不能苟同的。倘若有违国际环境法所课予的义务，作为国际环境法主体的国家、国际组织以及个人则都是有权执行的，因为事实上在国际环境领域，施害者以外便是受害者。环境保护组织一直参与国际环境法的实施和执行过程，虽然这

---

[1] 参见《21世纪议程》第39章"国际法律文件和机制"。

[2] 《里约环境与发展宣言》原则13：各国应制定关于污染和其他环境损害的责任和赔偿受害者的国家法律。各国还应迅速并且更坚决地进行合作，进一步制定关于在其管辖或控制范围内的活动对在其管辖外的地区造成的环境损害的不利影响的责任和赔偿的国际法律。欧洲共同体的情况比较特殊，因为欧洲共同体法规定，国际条约所赋予的权利和设定的义务在一定的情况下（如清楚明确和没有附加条件），在国内采取实施措施之前，可以要求国内法院予以保护和执行。

种参与迄今大部分仍然停留在国内的范围，主要通过政治手段、行政程序和司法程序，执行那些国家实施国际条约或其他国际义务所制定的国内立法措施。非政府行为者在国际上直接参与与环境执法的情况虽然还不多见，但是，由于欧洲共同体一体化的深入，它在支持欧洲共同体委员会环境执法中发挥了重要的作用，通常向该委员会就成员国不履行国际环境义务提出申诉。仅1991年，欧洲共同体委员会就收到400多项有关不履行国际环境义务的申诉，该委员会在此基础上进行了几项正式调查。此外，作为一项基本人权的环境权，公民个人的主体性是不容置疑的。[1]

并且，越来越多的环境条约遵循人权公约的范例，它们发展了能够受理申诉的机构并规定了报告制度。目前，国际环境法作为实施的保障已经有了申诉、报告和处罚制度。

就申诉制度而言，根据一般国际法，条约的一缔约方有权对另一缔约方的违反条约的行为提起申诉。但对个人或非政府组织是否可以就违反国际环境条约的情况向国际机构提出申诉，不同的公约有不同的规定。《关于消耗臭氧层物质的蒙特利尔议定书》的1992年的哥本哈根修正案设立了执行委员会，是国际环境法的一个真正突破。[2]该执行委员会可以受理申诉、收集资料、提出建议和有关处理的报告。这样就解决了在国际环境法上向谁投诉、由谁解决的问题，进一步完善了申诉制度的处理程序。所谓报告制度是指缔约各方要接受条约常设机构的监督，就它们履行条约的方式定期向常设机构提交报告。监督对于促进国际协定的遵守是必不可少的。它可以采取许多形式，诸如各国政府或者非政府组织和产业的报告，缔约国、秘书处和咨询委员会的现场监督，通过现代科技的非现场监督，或审查缔约国或者其他来源提交的材料。许多国际环境协定规定，通过国家协同条约秘书处编制定期的国家报告来进行监督。20世纪90年代，在几乎所有新的国际环境协定中规定报告的义务已经成为一种习惯做法。处罚制度，也就是对通过上述的监督或者申诉制度发现的缔约方不履行国际环境义务的情况如何处理的问题，由于国际环境法的作用在于改善环境，所以处罚制度在实质上不过是一项督促履行的措施而已。国际环境协定中的强制性措施可以分为三类：进行贸易制裁，撤销成

---

〔1〕　马骏主编：《国际法知识辞典》，陕西人民出版社1993年版，第498页。
〔2〕　［法］亚历山大·基斯：《国际环境法》，张若思编译，法律出版社2000年版，第358页。

员国资格所享有的特权（如《保护世界文化和自然遗产公约》的"业务准则"规定，如果一个国家不能有效地保护该遗产场所，则缔约国可以将其从其遗产名录中删除），以及在向公众开放的官方出版物中公布其违反协定的情况。但是这些措施在国家环境法的实施中作用是有限的，只能起到一个引导国家遵守协定的作用。当然，某些国际条约也表现为另一种趋势。如《关于消耗臭氧层物质的蒙特利尔议定书》的 1992 年的哥本哈根修正案规定："进行了善意的努力仍不能履行义务的国家，可以向执行委员会提出意见书；执行委员会在收集资料和进行观察后，尝试提出友好的解决问题的办法，然后向缔约方大会报告。由缔约方大会决定应采取的措施，包括提供援助，如收集资料、转让技术、提供资金、信息转让和培训。"此外，国际环境条约还设置了非诉讼解决方法。例如，1992 年的《联合国气候变化框架公约》规定了设立条约实施附属机构对条约实施提供援助、以非对抗的方式对实施问题进行多边磋商谈判等。

尽管困难重重，但国际环境法的实施在国际层次上还是可以得到一定保障的。如果人们愿意实现这种（在法律上保护生物圈）保护，最适合的法律手段是赋予生物圈以相当于法律人格的法律地位。1982 年的《联合国海洋法公约》作出了尝试：它宣布国际海底区域及其资源是人类共同继承财产（第 136 条），对这些资源的一切权利属于全人类，由国际海底管理局代表全人类来行使（第 137 条第 2 款）。这样，地球的一部分被赋予了法律地位，同时它还有确定的代表机构。[1]当然，这还需要不断地探索和实践。

当然，如上所述，国际环境法的实施包括国际组织等主体行使其国际环境法权利和履行其国际环境法义务，但实施国际环境法的主要还是国家。

国家是国际环境法的基本主体，国家的实施是基本的、直接的、主要的和决定性的。一方面，国际环境法的实施由各国根据其主权通过其国内法来决定，他国无权干涉其实施的方式；另一方面，国家亦不得以其国内法来抵触国际环境法。国际法的原则明确规定了国家在国际法上所承担的义务和同国内法的关系。国家负有使本国的国内法与国际义务相一致的一般义务，国家不能以国内法为理由回避国际义务，这是国际法确定的原则。[2]如 1989 年

---

〔1〕［法］亚历山大·基斯：《国际环境法》，张若思编译，法律出版社 2000 年版，第 9~10 页。
〔2〕［日］寺泽一、山本草二主编：《国际法基础》，朱奇武等译，中国人民大学出版社 1983 年版，第 99 页。

《中华人民共和国环境保护法》第46条规定：中华人民共和国缔结或者参加的与环境保护有关的国际条约，同中华人民共和国的法律有不同规定的，适用国际条约的规定，但中华人民共和国声明保留的条款除外。《中华人民共和国海洋环境保护法》第123条规定：中华人民共和国缔结或者参加的与海洋环境保护有关的国际条约与本法有不同规定的，适用国际条约的规定；但是，中华人民共和国声明保留的条款除外。照此规定，我国缔结或参加的国际环境条约，除声明保留的条款外，对我国具有法律效力；我国缔结或参加的国际环境条约，除声明保留的条款外，如与我国国内法不一致时，处于优先地位。

总而言之，在国际环境法50多年的发展历程中，虽然不能令人十分满意，包括它的实施机制，但其发展之迅速已经让我们不能再有什么苛求，唯一需要的，就是我们应该进一步努力地去丰富、充实、发展和完善它。正如世界环境与发展委员会所提出的：如果国际环境法的原则、权利和义务被吸收进国家的和国际的立法体制里，并且得到许多国家的充分尊重和履行的话，很多纠纷是可以避免，或者很容易地被解决的。正如许多国家的法律制度所表明的那样，在存在着有效地解决纠纷的能力以及最终的约束方法的情况下，个人和国家就更不愿按可能导致纠纷的办法行事了。[1]

第二节　国际实施

国际实施是纠正国际环境法律关系中的国际不当行为和救济受害方的重要手段，指的是国际环境法的主体通过具有管辖权的国际司法机构或国际组织的裁判程序迫使违反国际环境义务的国家或缔约方履行其国际环境义务或从该国或缔约方取得赔偿的活动。国际实施的主要方式有国家的自觉执行和国际组织的监督执行。

一、条约个性化

为了客观、明确、严格地设定权利义务，制定法（成文法）是有利的。环境问题极其复杂，关于环境、环境恶化以及将来可能采取的解决办法的知

---

〔1〕 世界环境与发展委员会：《我们共同的未来》，王之佳等译，吉林人民出版社1997年版，第435页。

识也在不断发展，必须预见到国际环境条约的不断细化和完善。因此，迄今多数的国际环境条约通常都是就某一环境领域的保护以主体条款作出原则性规定，赋予各领域环境保护行动之个性特征，以便于国际环境条约的通过和实施，而后通过进一步的规范性文件诸如议定书、附件等使之具体化以便实施。迄今，数量众多的国际环境条约从国际环境立法的角度看，其形式大致可以划分为五类：

第一，"联合国海洋法公约（UNCLOS）模式"。这与《联合国海洋法公约》完全包容所有有关海洋的事项一样，如"大气是人类公共财产，将所有关于大气保全的事项纳入单一条约中加以规定"。

第二，"框架条约模式"。即，将规定"一般义务与国际协力义务"的"框架条约"与规定"具体规则、方法或基准"的"议定书"结合的方法。

第三，"GATT模式"。与各回合之关税削减推进一样，在关于温室效应气体的排出基准上，以"主要排放国为中心，各国根据本国情况于每个回合都进行交涉"，条约成为确保继续之制度的框架。

第四，"保证与再检讨模式"。这个可以经合组织的资本自由化法规为例，各国分别依据国内情况（可以设定例外与保留）自由履行"保证"。至于"保证"是否真正得以履行，即"保证"的履行情况则由具备检查权力的机关进行定期"再检讨"。这样，"保证"就"不仅是道义上的义务"，而是作为法律行为的"一方行为"的一种类型，可被视为根据"禁止反言"之法理而"产生一定法律效果的行为"。[1]

第五，"将义务性条款置入利益性条款模式"。例如，以多边贸易体制的环境规则促进国际环境法的发展，利用多边贸易体制中的环境章节推行国际环境保护制度，将义务性条款置入利益性条款中，以此加大国际环境法的实施力度。

通过附加议定书等形式来补充框架条约，这个方法在国际环境法领域使用较多，为条约的实施提供了捷径，因为议定书并不需要为主条约的全部缔约国所接受。1994年的《防治荒漠化公约》还采取了一个不同寻常的方法，即通过附件而不是议定书对不同地区或国家规定不同的待遇。此外，体现这种个体化的传统方法便是条约的保留，它是指某个缔约国宣布条约的某个特

---

〔1〕〔日〕渡部茂已：《国际环境法入门》（日文本），密涅瓦书房2001年版，第20~21页。

定条款对它不适用。但这样做出的保留不应影响有关条约的基本规则。

由于我们关于环境、环境恶化以及可能的解决办法的知识在不断发展，必须预见到需不断更新环境条约。通常的做法是规定双重的环境条约修改制度。列出受保护的物种或受管制的物质，可以通过简单程序予以修改，只需要缔约国的多数同意。传统的、要求全体缔约国同意的规则适用于条约主体条款。这种简化了的程序可以便于环境条约的通过和实施。

在国际环境保护领域，非常重要的一点是如果国际环境条约可以保证缔约国的利益，或者，至少可以帮助某些国家履行它们的义务，那条约被有效实施的机会就比较大。尤其是，当通过提供资金、提高能力、转让技术或特殊的制度使发展中国家得到帮助，发展中国家就可以较容易地履行国际环境条约。

20 世纪末出台的国际环境条约基本规定了技术转让和/或资金援助等相关内容。例如，1989 年《控制危险废弃物越境转移及其处置巴塞尔公约》规定：各缔约国应互相合作，以便改善和实现危险废物和其他废物的环境无害管理。为此，各缔约国应在不违反其国家法律、条例和政策的情况下，就转让涉及危险废物和其他废物无害环境管理的技术和管理体制方面积极合作。[1]1992 年《联合国气候变化框架公约》规定：附件 2 所列缔约方和其他发达缔约方应采取一切实际可行的步骤，酌情促进、便利和资助向其他缔约方特别是发展中国家缔约方转让或使他们有机会得到无害环境的技术和专有技术，以使他们能够履行本公约的各项规定；确定一个在赠与或转让基础上提供资金包括用于技术转让的资金的机制。[2]1992 年修正的《关于消耗臭氧层物质的蒙特利尔议定书》强调，必须作出特别安排，满足发展中国家的需要，包括提供额外的资金和取得有关技术。1992 年《生物多样性公约》也作了类似规定。[3]

当条约考虑到个别国家或国家群的特殊情况时，它的通过及其以后的实施就会容易一些。当然，国际环境法必须在此基础上有更大的发展。在国际环境条约中，应超越目前的"框架""原则"阶段，为各国设定国际环境法的具体义务。

---

〔1〕　参见《控制危险废弃物越境转移及其处置巴塞尔公约》第 10 条。

〔2〕　参见《联合国气候变化框架公约》第 4 条、第 11 条。

〔3〕　参见《生物多样性公约》第 16 条、第 20 条、第 21 条。

二、不遵约机制

作为国际环境法主要渊源之一的国际环境条约的履行面临困境必然导致国际环境法实施的困境进而便是国际环境法发展的困境。在这种背景下，孕育于公益性和对抗性矛盾中的不遵约机制正在被广泛应用于国际环境条约而变得不可或缺并在不断地演化发展之中，为国际环境条约的履行注入了活力，成为国际环境条约得以有效实施的重要保障。

（一）不遵约机制的产生及其界定

众所周知，国际社会应对气候变化的行动一直在曲折中前进，从最初的联合国决议，到后来的国际公约，从最初的柏林授权直至俄罗斯的签署，《京都议定书》的生效尤其体现了这一艰难曲折的过程。更有甚者，各方围绕《京都议定书》第二承诺期的谈判屡屡受阻，历次的缔约方大会关于这一问题始终难以达成共识。有人认为："国家利益是判断、指导政治行为的唯一永恒的标准。"[1]这种以国家利益为出发点和归宿点的固有观念在既有国际政治架构下很难被突破，这正是气候变化谈判异常艰难的根本原因。正如气候变化谈判亲力亲为者的无奈之言"14年，我们又回到了原点"。[2]长久以来，国家利益即各国参与国际活动的动因和目的。不应否认，国家参与国际活动的目的是从中获利，而在国际环境条约中，尽管条约遵守对国家个体也有重要的意义，但这只是针对其他国家的遵守而言，对某个缔约方来说，其自身是否遵守条约义务往往并不产生直接的效益。毕竟，国际环境条约是对国际社会的整体利益作出的安排，虽然从长远上看一项国际环境条约的切实履行会维护、改善缔约方全体乃至人类整体的生存和发展环境从而对个别缔约方有益，但一国履行国际条约义务的效果可能因为其他国家的不遵约而被抵消，即使达到了保护环境的效果，也会因此影响本国的经济发展水平和竞争力，相反其他国家却可能从中受益。这使得缔约方自觉履约的利益驱动力明显不足。因此，国际环境条约不能得到切实履行的情况变得常见和棘手，而传统的履约保障措施诸如国家责任制度、反措施等对抗性解决途径不仅无法解决

---

〔1〕 ［美］汉斯·J.摩根索：《国家间政治——寻求权力与和平的斗争》，徐昕、郝望、李保平译，中国人民公安大学出版社1990年版，第15页。

〔2〕 《"14年，我们回到了原点"——专访中国气候谈判代表团第一副团长、外交部部长助理刘振民》，载《南方周末》2011年12月8日。

这一问题，甚至有些国家干脆由于担心顾虑或就为了一己之利而不参加国际环境条约。此种情势导致了所谓国际环境法发展的困境。

鉴于如此困境，《关于消耗臭氧层物质的蒙特利尔议定书》早在其文本的谈判中即已就不遵约问题展开了讨论，美国等国家认为应将不遵约国家等同于非缔约方，对其适用贸易制裁措施，也就是不得进出口受控物质，但当时的欧共体和一些发展中国家认为，对不遵约问题应考虑运用"鼓励性方法"，反对惩罚性措施。最终的结果是形成了议定书第 8 条的框架性规定。[1]在1990 年议定书的第二次缔约方大会上，各方同意临时性地应用"裁定不遵守议定书的情势并处理被确定为不遵约的缔约方的程序和体制办法"并观察效果。两年后，缔约方第四次会议批准了该机制，议定书的不遵约机制由此确定。1998 年，缔约方大会委任了一个特设工作组以审查该机制的运行状况并依据报告对该机制作小范围调整。其后，《控制危险废物越境转移及其处置巴塞尔公约》《卡塔赫纳生物安全议定书》《京都议定书》《粮食和农业植物遗传资源国际条约》《跨界水道和国际湖泊保护和利用公约关于水与健康的议定书》《关于持久性有机污染物的斯德哥尔摩公约》《鹿特丹公约》《名古屋议定书》等也相继建立起各自处理不遵约问题的机制。

何谓"处理不遵约问题的机制"呢？在不同的国际条约中，这一机制有不同的称谓，如"不遵守情势程序"（《蒙特利尔议定书》）、"不遵守情势制度"（《斯德哥尔摩公约》）、"遵约情况审查程序"（《奥胡斯公约》）、"促进遵守《名古屋议定书》和处理不履约情势的合作程序和体制机制"等。无论称谓为何，其目的就是促进条约的实施，保证条约目的的实现。固然有的人把这类机制称为"遵约机制"或"遵守程序"，但该机制的主要任务以及运行中的实际工作都是对不遵约的情势进行处理，其具体任务和工作内容包括收集履约情况的信息、判别不遵约并实施应对举措。将其称为"不遵约机制"应更为贴切。使用"遵约机制"在界定上会出现模糊，因为有类似促进遵守目的的还有不少其他机制或者程序，比如联合国环境规划署界定的遵约机制就包括多边不遵约程序、不遵约反应措施及争端解决程序等内容。[2]基

---

〔1〕《关于消耗臭氧层物质的蒙特利尔议定书》第 8 条"不遵守"：缔约国应在其第一次会议上审议并通过用来断定对本议定书条款的不遵守情形及关于如何对待被查明不遵守规定的缔约的程序及体制机构。

〔2〕 Compliance Mechanisms under Selected Multilateral Environmental Agreements, UNEP, pp. 19~22.

于此，"不遵约机制"应定义为："为了实现国际环境条约的目的，促进缔约方履行其条约义务而对未能履约的情势进行预防、判别和应对所作的非对抗性的机构和制度安排。"由此可见，不遵约机制具有区别于传统条约保障机制的性质：不遵约机制是促进性和非对抗性的，其"根本目的是帮助未能遵约的国家回到遵约的轨道上来，而不是对他们施加制裁或处罚"。[1]

当然，具有"合作和非对抗性"特征的不遵约机制与"对抗性，包含惩罚因素"的传统保障机制也并非对立。一方面，两者的最终目的都是保障条约的遵守，促使条约目的的实现；另一方面，不遵约机制的产生是为了弥补传统的条约保障机制的不足。所以，两者是交互式的，在一些国际环境条约的不遵约机制中，贸易措施和制裁被列为严重或持续不遵约的备选应对措施，比如《濒危野生动植物种国际贸易公约》的缔约方大会曾在 1997 年通过第10. 18 号决定允许公约常设委员会可以在面临持续不遵守或者在关于补救措施的决定没有得到遵守且"不得已的情况下"，向缔约方大会建议禁止违约方从事国际公约所涉标本的贸易。[2]

（二）不遵约机制的目标及其运作

实践中，国际环境条约的履约机构通常被要求处理不遵约情势而不是促进条约的遵守。而不遵约机制的目标则是保障国际环境条约得以顺利履行，一般都设定为两个方面：促进国际环境条约的遵守和处理不遵约情势。如《名古屋议定书》第 30 条规定："……促进本议定书各项规定的遵守并对不遵约情势进行处理……"《生物安全议定书》第 34 条规定："……旨在促进对本议定书各项规定的遵守并对不遵约情势进行处理的合作程序和体制机制。"为此目标，不遵约机制通常常设一个专门机构，其名称诸如"履行委员会"（《蒙特利尔议定书》）、"履约和遵约促进机制管理委员会"（《鹿特丹公约》）、"遵约委员会"（《生物安全议定书》《京都议定书》）等。在某些情况下，这一常设机构也可能负责其他履约机制的运用。各委员可以以缔约方的名义进入委员会，也可以以个人名义承担职责。例如，《蒙特利尔议定书》和《远距离跨界大气污染公约》，成员是作为缔约方的代表被挑选的；《生物安全议定书》和《粮食和农业

---

〔1〕 Report of the Ad Hoc Working Group of Legal and Technical Experts on Non-compliance with the Montreal Protocol, UNEP/OzL. Pro/WG. 4/1/3, para. 5~8.

〔2〕 刚果、埃及、印度尼西亚等国曾因履行问题而被讨论是否应适用该决定，但最终均未被采取贸易措施。

植物遗传资源国际条约》则是以个人身份组成委员会。还有类似"委员应以最符合条约利益的方式客观地任职"的表述。绝大多数情况是委员会成员由缔约方提名，在个别情况下，非缔约方也可进行提名，比如《奥胡斯公约》规定签署方和非政府组织也可就委员会成员人选进行提名。成员一般要求应具有相关领域的能力，并有法律或者科技上的专长。委员会的成员数目通常被限制在 10 到 20 人。[1]这主要是出于效率和代表性的考量。成员名额一般按区域或者国家集团来分配，以确保能代表各方的利益。委员会的职责通常包括接收和审议关于不遵约情势的呈件、判定事实并查明原因、酌情采取措施或向理事机构提出建议等。与此同时，国际环境条约通常将理事机构作为条约的最高权力机关，其形式一般是缔约方大会，其职责包括建立辅助机构及其程序规则、指导秘书处的活动、修改条约或拟定议定书、监督缔约方履行条约义务、处理违约或其他情况等，有时候理事机构还有代表缔约方开展对外合作的权力。理事机构并非由不遵约机制所设立，但在机制中发挥着重要作用。一般情况下，不遵约机制专门机构关于不遵约情势的报告需经过理事机构的审议，应对措施也需要获得理事机构的批准。绝大部分的条约都遵循这一模式，当然也有例外。[2]此外，条约的秘书处也在不遵约机制中承担一定的职责，主要是筹备会议、编写文件、收集缔约方提交的报告、提供沟通渠道等事务性工作。但有些也不排除秘书处可以将其收集报告过程中发现的不遵约情势提交给专门机构。

　　鉴于不遵约机制的"促进作用的""非对抗的""合作的""预防性的""灵活的""非司法性的"等特征，不遵约机制需遵循透明、公平、迅速、可预测等原则，如《水与健康议定书》和《生物安全议定书》的不遵约机制规定履约程序的运行受透明、公平、迅速和可预测性等原则指导，《粮食和农业植物遗传资源国际公约》的不遵约机制增加了问责、善意和合理等原则，《濒危野生动植物种国际贸易公约》指出应以公平、一贯和透明的方式审议履约事项。在履约程序中执行透明、可预测性和一贯性等原则可防止出现偏袒和

---

　　〔1〕　如《蒙特利尔议定书》的委员会由 10 个成员组成；《粮农植物遗传资源国际条约》由 14 个成员组成；《生物安全议定书》和《巴塞尔公约》的委员会由 15 个成员组成；《京都议定书》的委员会由 20 个成员组成，但分成促进处和执行处，每处 10 人。
　　〔2〕　在《京都议定书》的机制中，遵约委员会对不遵约情势有决定权，缔约方会议是上诉机构，并且缔约方会议不作出新的实质决定，只是在审议后决定是否将报告退回遵约委员会。但不可否认，在《京都议定书》的模式中，理事机构仍然享有最高权威。

随意的指责。总之，为达到"保障国际条约得以顺利履行"的目标，通过正当程序来保障公平，方可使缔约方主动提交关于对自己不利的呈件信息并主动参与程序。

首先，缔约方主动提交关于自己的呈件是不遵约机制的启动方式之一。缔约方最了解自身的履约能力和遵约状况，而且自主启动不遵约机制也最符合该机制的非对抗性质，因此现有的不遵约机制均规定了缔约方自我提交有关情势而启动不遵约机制的方式。一般而言，缔约方可以就已经发生的不遵约情势提交报告，也可以就潜在的或可能发生的不遵约提交报告。如《巴塞尔公约》的不遵约机制规定缔约方可在"认为已尽最大努力，但仍无法或将无法完全履行或遵守"义务时提交报告；《生物安全议定书》和《京都议定书》不遵约机制规定任何缔约方可向遵约委员会提交自身履约问题，可以理解为既包括无法履约也包括可能无法履约；[1]《蒙特利尔议定书》的不遵约机制则仅规定了未履行的情况："如一缔约方认定，虽经最大的善意努力仍不能完全履行其议定书规定的义务，则可以用书面形式向秘书处提交呈文，着重解释其认为造成不能履行的具体情况"；《〈远距离跨界大气污染公约〉关

---

〔1〕《生物安全议定书》不遵约机制有两种启动方式：一是别的缔约国向实施委员会来文申诉；二是缔约国主动向实施委员会来文，自我申诉。委员会受理来文申诉后，一旦查明存在不遵约情势，有三类可能的选择：第一类是直接向缔约方大会提出建议，建议其提供资金援助或技术援助。第二类是由委员会向缔约方大会提出建议，建议其提供资金或援助，也可能是技术转让、培训和其他能力建设措施。第三类是要求或协助所涉缔约国制定遵守行动计划，以便该国在委员会和缔约方大会规定的时间内达到遵守状态。缔约方大会在实施委员会的建议下，可以采取四类措施：提供资金或技术援助；对所涉不遵守义务的缔约国发出警告；要求执行秘书处公布该国不遵守议定书的情况；如果缔约国数次出现不遵守情势，缔约国大会还可以商议采取更为严格的措施。《京都议定书》不遵约机制于2005年依据第27/CMP.1号决定正式确立。《京都议定书》第18条是设立不遵约机制的法律依据。该机制的一个特点是设立了分工明确的两个职能部门：促进处和执行处。促进处和执行处均由10个缔约国代表组成，实行任期轮换和适当顾及公平地域分配。任何缔约方均可就本身或其他缔约方的履约问题向实施委员会提出意见。促进处以鼓励和促进遵守为导向，负责向缔约国提供执行《京都议定书》的咨询意见和促进缔约国履行自身义务的相关措施。促进处就采取清单所列具有促进作用的后果所作出有约束力的决定，其决策时应以3/4多数通过。执行处负责确定《京都议定书》附件一所列各缔约方是否履行了确定的国际承诺。由执行处确定是否采取旨在调整要求的措施或采取已经列出的旨在恢复遵守条约状态的措施。执行处可能采取的措施包括诸如宣布发生不遵守情势、分析发生不遵守情势的原因、制定并执行恢复履约状态的各种计划或时间表、自今后指定的排放量中扣除超出当前指定排放量，以及暂停转让排放额度和参加排放市场的资格。执行处的决定同时需要附件一和附件二缔约方的双重多数同意。缔约方可向缔约方大会提出申诉，对执行处的决定提出异议。由此可知，这里的实施委员会的职能得到了强化，具有一定的独立决策地位；并且该机制较其他机制更重视执行措施。

于削减硫化物排放的奥斯陆议定书》（即《奥斯陆议定书》）规定："如一缔约方认定，虽经最大的善意努力仍不能完全履行其议定书规定的义务，则可以用书面形式向秘书处提交呈文，着重解释其认为造成不能履行的具体情况。秘书处应将此种呈文转交给履行委员会，该委员会则应在可行范围内尽早予以审议。"这是一种比较独特的方式，这种启动方式是所有不遵约机制启动方式中最引人注目的，它强调了不遵约机制的非对抗性特点，该特点的理论基础是如何切实帮助无法履行条约义务的当事方，而不是立即对其进行严厉谴责或者施加制裁。这是国际环境合作要求的体现，属于国际环境法的一个创新。因为国际环境保护更需要的是合作制度，而不是责任制度。该机制的确立不是为了惩罚，而是为了查明不遵约的原因，找到解决的办法，如获得资金支持、技术援助等。

其次，某个缔约方提交的关于另一个缔约方履约情况的呈件。即只要提出方掌握了对方不遵约的确实证据就可以以书面形式向公约秘书处要求启动不遵约机制。申请方不必证明它是这种不遵约行为的受损害国或者受影响国，它只需要有充足的证据支持其指控就行。任何缔约方都可以为了全体缔约方的利益而启动条约的不遵约机制，同时也不以被指控方同意启动不遵约机制为前置条件。为避免不遵约机制成为缔约方之间相互指责的工具，各条约的不遵约机制对于他方启动不遵约机制规定了主体、程序和证据实质方面的要求。关于他方启动的主体要求，各不遵约机制做法不尽一致。《蒙特利尔议定书》不遵约机制规定："一个或多个缔约方对另一个缔约方在履行议定书义务方面持有保留，则此种关切事项可以用书面形式提交秘书处。提交时应有确凿的资料予以支持。"《京都议定书》规定："任何缔约方针对另一缔约方而提交的有佐证信息的支持的履约问题均可启动不遵约程序。"《奥斯陆议定书》规定："一个或多个缔约方对另一个缔约方在履行其议定书规定的义务方面持有保留。则此种关切事项可以用书面形式提交秘书处，提交时应有确凿的资料予以支持。"可见，《蒙特利尔议定书》《京都议定书》和《奥斯陆议定书》对于他方启动的主体要求较为宽松，只要有关注、保留即可提起不遵约机制，不需要首先通报其遵约状况出现争议的有关缔约方。至于他方启动的证据实质要求，《蒙特利尔议定书》和《奥斯陆议定书》不遵约机制都规定提请审查应有确凿的资料予以支持。《京都议定书》不遵约机制规定他方启动应具备充分信息的佐证，相关证据不应是微不足道或无确实根据的，应当以议定书的要求为依据。他方指控方式源于国际劳工组织和国际人权保护体制的监督方式的借鉴，从国际法的一般原理可以得知，缔约方之间有权相互监督条约的遵守与实施。

最后，由国际环境条约机构提交呈件。[1]由条约机构提出，即由条约秘书处或者特定的专家评审组提出启动不遵约机制的意见。以《蒙特利尔议定书》为例，秘书处收集各个缔约方上报的有关消耗臭氧层物质的生产、出口和进口等方面的数据，并在此基础上形成提交给缔约方会议的书面报告。在此过程中，如果秘书处察觉到某个缔约方可能有不遵约情形，它可以要求该方补充提交相关信息。如果被指控方在 3 个月内不提交任何补充资料或作出说明，或该问题无法经由行政或外交渠道解决，秘书处将会把该问题列入呈送缔约方会议的报告中，并正式通知议定书遵约委员会。遵约委员会应在可行范围内尽早对此事项加以审议。该启动方式的优点是充分利用了秘书处在各缔约方遵约信息掌控方面的优先权，秘书处在协助缔约方履约和接收、编辑缔约方履约报告过程中，对于缔约方履约状况有一定程度的了解。《奥斯陆议定书》则规定了"秘书处在审查按规定提交报告的过程中如了解到任何缔约方可能未遵守议定书规定的义务，秘书处即可请有关缔约方就此事项提供必要的资料。如 3 个月内或该事项情况需要的更长期限内有关缔约方无回应，或该事项未能得到解决，则秘书处应将此事项通知履约委员会"。可以认为，秘书处的职能不仅仅是行政性的，它的条约执行职能色彩十分突出。但秘书处的职能是为缔约方服务，对于启动不遵约机制与其服务职能是否冲突，存在不同理解，各不遵约机制对于秘书处能否启动该机制也有不同的规定。《京都议定书》不遵约机制提供了三种启动方式：一是任何缔约方可在有确定信息支撑时将另一缔约方不遵约的问题提交给遵约委员会；二是任何缔约方可将其自身不遵约的类似问题提交给遵约委员会；三是遵约委员会可接受专家调查团报告中所指出的与遵约相关的问题。与《蒙特利尔议定书》的秘书处不同，《京都议定书》的秘书处不能主动提出与遵约相关的问题。由秘书处启动不遵约机制的实际效果如何，当是我们值得进一步思考的问题，这主要取决于秘书处的效率以及是否客观公正。

上述三种启动方式是绝大多数国际环境条约对不遵约机制的选择，其他

---

〔1〕 这是《蒙特利尔公约》《奥胡斯公约》和《京都议定书》机制下的一种选择。

启动方式如履约机构提交的呈件、[1] 国际环境条约理事机构提交的呈件、[2] 公众提交的呈件[3] 等也为国际环境保护提供了多种路径，为国际环境条约的履行提供了多方面的保障。总之，现实中大多数国际环境条约的不遵约情势并非源于缔约方主观故意不履行条约义务，而是因为客观上缺乏相应的资金、技术、履约能力等。因此，充分发挥不遵约机制促进条约义务的遵守、鼓励遵约存在困难的缔约方自我申报的职能以达到保障国际条约得以顺利履行的目标是极为重要的。

（三）不遵约机制的作用及其意义

联合国环境规划署多年来在不断致力于推动国际环境条约的履约工作，尤其就国际环境条约不遵约机制的建立提供指导。毋庸置疑，"不遵约机制"在加强各方合作、不断完善国际环境条约的实施机制以及促进国际环境法的不断发展等方面具有极其重要的理论与现实意义。

首先，敦促和帮助缔约方履行国际环境条约。环境问题是人类当前面临的最严峻的挑战，是国际政治、经济和外交的重要议题，任何国家想在这个问题上置身事外都是不可能的。面对人类共同的危机，人类必须采取共同的行动，制定改善环境、保护环境的法律，就全人类而言，国际环境法显著的公益性不言而喻。因为国际环境条约缔约方所承担义务的受益对象，不是特定的一个或几个国家，而是所有缔约方——包括其自身——甚至及于未加入该条约的国家。同时国际环境条约的目的也有赖于所有缔约方的共同履行来实现，某一缔约方的不遵约必然影响所有缔约方的利益，甚至让其他缔约方的履约努力付诸东流。而不遵约机制正是为了敦促和帮助缔约方履行国际环境条约以实现保护环境的目的。作为促进履约的机制，不遵约机制可以尽早获知不遵约情势或者发现不遵约的潜在可能，查明原因进而采取有关促进遵约的措施，最大限度地避免不遵约情势的出现，以起到预防不遵约发生以及及时地解决或纠正不遵约情势的作用。这也正是国际环境法预防原则的题中之义。国际环境问题具有影响范围广、修复难度高、危害程度高等特点，这些特点决定了环境问题的解决绝不能单纯依靠事后惩罚或救济。在环境保护

---

〔1〕《关于越境环境影响评估的埃斯波公约》机制中反映的选择。

〔2〕《粮农植物遗传资源国际公约》和《防止倾倒废物及其他物质污染海洋公约议定书》机制下反映的选择。

〔3〕这是《奥胡斯公约》和《水与健康议定书》机制下的一种可能性。

领域，预防是首务。国际环境条约不仅提供事后救济，更重要的是事前预防，从源头上防止破坏环境的行为，同时化解有关环境问题的争端。与此同时，不遵约机制还与条约义务的灵活性相得益彰。这体现在国际环境条约通常会规定一些比较灵活的条款，特别是有关遵守条约义务和援助措施结合起来的条款都具有灵活性。[1]不遵约机制的设计正契合了这种灵活性，有利于遵约委员会在考虑不同情况的基础上，灵活判断缔约国是否存在不遵约情势，灵活采取促进遵约的措施，更好地发挥不遵约机制弥补缔约方遵约能力的不足、提高缔约方履约能力的作用。可见，从运行效果而言，不遵约机制比课予惩罚更加能够促进环境保护目标的实现。

其次，不遵约机制是国际环境援助制度的强化和补充。日益恶化的生存环境使越来越多的国家意识到环境领域国际合作的重要性。然而随着国际环境条约数量增加、缔约方自身情况千差万别，国际环境条约的实施和遵约变得异常复杂，甚至出现了停滞不前的状况。不遵约机制的目的就在于促进国际环境条约的履行，而并非对不遵约国家不问青红皂白地一味惩罚、制裁。目前世界各国发展水平不同，这就决定了在国际环境保护这一需要高端技术、充足资金等条件的领域各国需要通力合作。于发展中国家而言主要是因为履约能力不足，发达国家提供援助是履行国际环境条约的前提和核心；于发达国家而言更多的则是由于缺乏政治意愿，向发展中国家提供资金和技术援助的义务态度消极。生态环境的破坏是全人类共同问题，必须具有超越国家政治主体的人类共同体意识。具有"合作和非对抗性"特征的不遵约机制通过资金、技术等的互相帮助，必将起到加强履约能力建设、解决履约困难以及促进国际环境条约实施的重要作用。而且，在这一互助关系中，助人者与被帮助者都得到了益处，助人者在帮助他人的同时树立了良好的国家形象，被帮助者在接受援助并切实履行国际环境条约的同时也树立了恪守国际条约的国际形象。显而易见，不遵约机制强调通过促进措施提高履约能力，是国际

[1] 例如《京都议定书》遵约机制规定了三个灵活机制。发展中国家倘若不能得到资金、技术支持，则在遵守条约义务上可以给予一定的免除，从而灵活掌握发展中国家的实际遵约能力。再如《蒙特利尔议定书》伦敦修正案经修正的第5条给予发展中国家以特殊的考虑，该条承认发展中国家遵守管制措施及其执行的能力，有赖于财政合作和技术转让的有效实施。《联合国气候变化框架公约》第3条第7款和《生物多样性公约》第20条第4款都规定取得财政和技术援助是发展中国家履行条约义务的条件。

环境援助制度的强化和补充，在一定程度上解决了履约能力不足而导致不遵约情势的出现。另外，在环境保护业已成为当今世界主题的时代背景下，环境外交已经成为各国争夺世界主导权、增强国际话语权和影响世界秩序的重要手段。不遵约机制为方兴未艾如火如荼的环境外交注入新的活力的同时，为国际环境援助提供了有力的法律保障。

最后，也是至为关键的是，不遵约机制促成国际环境条约的签署，不使国际环境法渊源枯竭。虽然国际环境法是一个新兴的国际法领域，国际环境条约的出台亦有一个渐进的过程，但由于国际环境法的"公益性"特点，在其诞生至今的 50 多年里，已经缔结了数以千计的众多的有关环境保护的国际环境条约。作为国际环境法重要渊源的国际环境条约是保护国际环境、规制环境外交乃至维护人类共同利益的重要依据，在国际环境法的产生、发展中发挥着极其重要的作用。可以认为国际环境条约的切实履行既是缔约方的一致诉求，也关乎全人类的共同利益，更决定了国际环境法的发展。正因如此，以"合作和非对抗性"为特征的不遵约机制，其通行的措施主要是鼓励和援助性的，既包括向有关缔约方酌情提供咨询意见或协助，也提供或建议其他缔约方提供财政援助、技术援助以及培训等能力建设措施等，使经济社会处于发展途中的众多发展中国家在环境保护领域获得资金技术等援助的同时，减少了因履约能力不足而遭受诸如国家责任、反措施等惩罚的顾虑，能够在努力履约的同时积极参与国际环境条约的谈判、签署，使作为国际环境法重要渊源的国际环境条约继续保持旺盛的发展态势。

当然，不遵约机制并不完善，其专门机构和理事机构的关系需要进一步协调，不遵约情势的评价标准也尚待进一步明确，技术转让、资金支持、能力建设等条款尚不健全，机制利用程度不高等诸多问题亦十分明显。面对这些不足，鉴于不遵约机制的创设弥补了传统条约保障机制之不足的非对抗性应对措施与解决途径，我们有理由充分重视不遵约机制在国际环境条约实施中的重要作用，并深刻理解不遵约机制对推动国际环境法发展的重大意义。

三、跨界损害的求偿权

跨界损害的求偿有两种情况：一是国家的环境权益即国家管辖范围内的环境遭到损害或受到他国不当行为的侵害；二是对国家管辖范围以外的环境造成损害。前一种情况即一国对其国际不法行为的责任以及跨界损害国家责任。这里要重点探讨的是第二种情况，这种情况会引起一个比较复杂的问题。

在国际环境领域，不仅施害者以外便是受害者，施害者以外的国际环境法主体拥有追诉、求偿的权利也是明确的。在特殊领域，受害者同时也可能是施害者，如"气候变化所致损失损害责任"领域。[1]这里所要研究的是在不存在条约规定的情况下，即谁有权利或资格以全人类的名义对损害国家管辖范围以外的施害方提出权利要求的问题。而不是"一国是否有权以保护全人类的名义对损害国家管辖范围以外的环境的国家提出权利要求"的问题。这个"谁"不是"一国"（或不限于"一国"），可能损害国家管辖范围以外环境的也不仅限于国家。所以，美国在1893年的太平洋海豹仲裁案中，声称自己有权以人类共同财产的受托管理人的身份对该案所指太平洋海豹行使保护权（仲裁庭拒绝了美国这一主张），显然是不允许的，不能够接受的。因为美国的主张的实质是将其国内法适用于国外。众所周知，美国历来就有这种所谓"长臂管辖"的毛病。

虽然，这种类似"群众诉讼"的法律目前是国际法所没有的，[2]还处在发展之中，但在国际环境领域值得注意的是《关于消耗臭氧层物质的蒙特利尔议定书》和《控制危险废弃物越境转移及其处置巴塞尔公约》在这个问题上的创新。

1992年11月23日至25日，在1987年《关于消耗臭氧层物质的蒙特利尔议定书》的第四次缔约国会议上，缔约国通过了该议定书第8条规定的"不遵守"：缔约国应在其第一次会议上审议并通过用来断定对本议定书条款的不遵守情形，及关于如何对待被查明不遵守规定的缔约的程序及体制机构。按照该程序，任何一个或多个缔约国如对另一国履行依议定书承担的义务的情况持有保留意见，皆可以书面形式向《保护臭氧层维也纳公约》秘书处反映其保留意见。[3]秘书处必须将该保留意见连同该意见所针对的缔约国的回复等有关材料一并报告给为处理公约实施事务而专门设立的公约实施委员会。

---

〔1〕 参见林灿铃：《气候变化所致损失损害责任之国际法机制》，中国政法大学出版社2023年版，第35~42页。

〔2〕 ［英］詹宁斯、瓦茨修订：《奥本海国际法》（第一卷第一分册），王铁崖等译，中国大百科全书出版社1995年版，第4页。

〔3〕 《关于消耗臭氧层物质的蒙特利尔议定书第4次缔约国会议报告》附件4，"不遵守程序"，UNEP/OZL. Pro. 4/15，1992年11月25日。

公约缔约国会议可依实施委员会的建议对不遵守公约的缔约国采取一定的行动，如适当的援助、提醒该国有关事项或中止该国依公约所享有的某些权利和特别待遇。[1]《关于消耗臭氧层物质的蒙特利尔议定书》所规定的"不遵守程序"不以遭受实质性损害作为缔约国对另一缔约国的"不遵守"提出意见的条件。这意味着任何一个缔约国都可为了保护臭氧层而通过公约秘书处向它认为未切实履行公约义务的缔约国提出指控并要求答复。经公约实施委员会查证和建议，缔约国会议甚至可作出对被指控缔约国不利的决定。1989年《控制危险废弃物越境转移及其处置巴塞尔公约》第 19 条规定："任何缔约国如有理由相信另一缔约国正在做出或已做出违背其公约义务的行为，可将该情况通知秘书处，在此情况下，并应同时立即直接地或通过秘书处通知被指控的一方。所有有关资料应由秘书处送交各缔约国。"《控制危险废弃物越境转移及其处置巴塞尔公约》也不以遭受损害为提出指控的前提条件。《蒙特利尔议定书》和《巴塞尔公约》规定的这种程序对于保护国家管辖范围以外的环境有特别重要的意义，它们为国际社会保护此类环境提供了一个可能进一步发展的、可操作的法律途径。

此外，1973 年《濒危野生动植物种国际贸易公约》赋予其成员国大会和秘书处以一定监督和执行权。按照该公约，秘书处的职责包括"提请成员国注意与本公约宗旨有关的任何事项"。秘书处根据所得之情报，认为公约保护的物种被作为国际贸易的标的或公约的规定未被有效地执行时，应将这种情况通知有关成员国。有关成员国应尽快将有关实施通知秘书处并提出补救措施。下届成员国大会可对成员国提供的情况进行审议并可提出大会认为合适的任何建议。[2] 1980 年《南极海洋生物资源养护公约》规定设立南极海洋生物资源保护委员会并赋予该委员会比较大的监督和执行权。根据公约的授权，该委员会有权制定为保护南极海洋生物资源所必需的保护措施（如规定捕获种群量、捕获区、捕获季节等），有权监控、提醒非缔约国的国民或船只影响公约实施的活动或其他影响某个缔约国履行公约义务的活动。该公约还规定建立观察、检查制度，授权委员会成员国派出观察员和检察员，并赋予他们

---

〔1〕 《关于消耗臭氧层物质的蒙特利尔议定书第 4 次缔约国会议报告》附件 5，"缔约国会议针对不遵守议定书所可能采取的措施"，UNEP/OZL. Pro. 4/15，1992 年 11 月 25 日。

〔2〕 参见《濒危野生动植物种国际贸易公约》第 12 条、第 13 条。

登船检查的权力。[1]

最值得注意的是 1982 年的《联合国海洋法公约》，它宣布国际海底区域及其资源是"人类共同继承财产"（第 136 条），对这些资源的一切权利属于全人类，由国际海底管理局代表全人类来行使（第 137 条第 2 款）。

《联合国海洋法公约》对利用和保护"区域"即国家管辖范围以外的海床和洋底及其底土作了全面的规定。关于利用和保护"区域"的海洋环境，公约授予"区域"管理机构——海底管理局及其大会和理事会一定的监督和执行权。海底管理局大会是管理局的最高权力机关，由管理局的全体成员即全国缔约国组成。大会有权就管理局权限范围内的任何问题或事项制定一般性政策。管理局理事会由 36 个管理局成员组成，是管理局的执行机关。理事会有权依据《联合国海洋法公约》和大会所制定的一般政策，制定管理局对于其权限范围以内的任何问题或事项所应遵循的具体政策。如缔约国一再严重违反公约有关"区域"的规定，理事会有权就暂停该缔约国的成员权利和特权的行使向管理局大会提出建议。在发生不遵守公约制定的情况下，由理事会代表管理局向海底争端分庭提起司法程序。理事会在遇有紧急情况时，有权发布包括停止或调整作业在内的命令，以防止"区域"内活动对海洋环境造成严重损害。在有重要证据证明海洋环境有受严重损害之虞的情形下，理事会有权不准由承包者或企业部开发某些区域。理事会有权设立关于指导和监督视察工作人员的机构。视察工作人员的职责是视察"区域"内的活动，确定公约有关"区域"的各项规定是否得到遵守。

第三节　国内实施

关于国际法在国内的法律效力问题，世界各国有着不同的实践。国际环境条约一般都要求缔约国在其国内采取措施履约，各国也应当使其国内救济手段可以被用来实施国际环境规则。

国际法在国内的法律效力问题，实际上是国家如何通过国内法执行国际法的问题，也是国家如何在国内履行其所承担的国际义务问题。国家在国内实施国际法的实践一般有：①直接采纳，如美国就将在其权力下缔结的条约、

---

[1]《南极海洋生物资源养护公约》第 7、9、10、24 条。

美国宪法和根据该宪法制定的法律都确定为美国的最高法律，在美国适用。②转化，如英国按照判例法的要求，其缔结的条约必须经过议会立法转化为国内法才能在国内适用。③优先适用国际法，如《中华人民共和国海商法》第268条第1款规定："中华人民共和国缔结或参加的国际条约同本法有不同规定的，适用国际条约的规定；但是，中华人民共和国声明保留的条款除外。"该规定体现了我国法院在解决涉外海事关系的法律适用时，对于我国已参加的国际条约采取优先适用的原则。

国际环境法必须在国内得到切实实施。一般而言，国际环境法在国内的实施包括制定和执行有关履行条约的法律、法规和其他法律文件两个方面[1]以及保证国内法制的健全。

首先，各国应当使其国内救济手段可以被用来实施国际环境规则。个人和非政府组织通过将国家不履行它所承担的国际义务的行为诉诸国内法院或行政机构，可以对国际环境法的实施发挥重要的作用。这就意味着，应使有关人员了解情况，并使他们在法律上有能力向法院提起诉讼（出庭权）。当国家机构忽视或违反国际规则时，个人的知情权和出庭权都应当得到保证。

其次，各国应制定并执行实施国际环境法的有关法律、法规。

许多国际环境条约一般也都要求缔约国在其国内采取措施履行条约。如1989年《控制危险废弃物越境转移及其处置巴塞尔公约》第4条规定了"各缔约国应采取适当的法律、行政和其他措施，以实施本公约的各项规定，包括采取措施以防止和惩办违反本公约的行为"。1990年《关于消耗臭氧层物质的蒙特利尔议定书》第2条要求缔约国采取控制措施，确保议定书所限制的不同CFC物质的消费在不同的限期内达到议定书规定的不同水平。

为实施国际环境法的制定法律、法规的活动包括国家立法机关的有关立法活动和国家行政机关的有关行政立法、制定规章和标准等法律文件的活动。这种活动的目的是将国际环境条约的规定转化为国内法律规范，以便在国内得到实施。如为实施1989年《控制危险废弃物越境转移及其处置巴塞尔公约》，我国1995年《中华人民共和国固体废物污染环境防治法》规定"禁止中国境外的固体废物进境倾倒、堆放、处置"（第24条）、"国家禁止进口不能作原料的固体废物，限制进口可以用作原料的固体废物"（第25条）、"禁

---

[1]　参见王曦编著：《国际环境法》，法律出版社1998年版，第122~123页。

止经中华人民共和国过境转移危险废物"（第58条）。为实施《中华人民共和
国固体废物污染环境防治法》的有关规定，我国的国家环境保护总局、对外
贸易经济合作部、海关总署、国家工商行政管理局和国家进出口商品检验局
联合颁布了《废物进口环境保护管理暂行规定》等。

此外，这种法律、法规还要根据国际环境条约的规定，确定管理条约履
行事务的国内政府机关及其职责、国内的履约方（如企业）、履行的方式、履
行的时限以及不履行所致的法律后果等。

为了实施国际环境法的对上述法律法规的执行，一般来说，主要通过国
家司法、行政执法、守法和个案补充来实现。

国家司法指的是国家司法机关依照法定程序，应用法律处理具体案件的
专门活动。在国际环境保护领域，司法活动的目的是保障国内有关履行国际
环境条约的法律、法规的实施。司法活动主要有民事司法活动和刑事司法活
动。司法活动是运用国家权力，以国家强制力作保障的最后决定当事各方的
权利和义务的国家行为。有关履行国际环境条约的法律和行政法规往往对违
法者规定了民事的或刑事的处罚。司法活动往往导致对违法者适用这些民事
或刑事的处罚规定。这种处罚，同时对潜在的违法者是一种威慑。

行政执法指的是国家行政机关及其工作人员在行使职权过程中，贯彻实
施法律的活动。在国际环境保护领域，行政执法的目的是实现有关履行条约
的法律、法规的规定。与履行国际环境条约义务有关的行政执法活动主要有
审批、登记、许可、命令、检查、征收、监测、通知、取样、听证、处罚、
裁决、强制措施和强制执行。

守法是指国家、国家机关及其工作人员、政党、社会团体、企业事业实
体和公民自觉地按照法律的要求进行活动。在国际环境保护领域，国家的守
法尤其重要，国家、政府必须和上述各类实体和个人一样自觉地按照有关履
行条约的法律、法规要求规范自己的行为。守法是有关履行国际条约的法律、
法规的最终目的。上述行政执法和司法活动，最终都是为了促进守法。守法
的状况是一国履行国际环境条约义务的标志。

个案补充方式主要应用于国际环境条约缔约方通过争端解决机制提出要
求其他缔约方修改或取消有关环境政策措施的领域。

第四节　公众参与

1982 年《世界自然宪章》第 21 条原则作出明确的规定：各国和有此能力的其他公共机构、国际组织、个人、团体和公司都应：①通过共同活动和其他有关活动，包括交换情报和协商，合作进行保护大自然的工作；②制定可能对大自然有不利影响的产品和制作程序的标准，以及议定评估这种影响的方法；③实施有关养护大自然和保护环境的国际法律规定；④确保在其管辖或控制下的活动不损害别国境内或国家管辖范围之外地区的自然系统；⑤保护和养护位于国家管辖范围以外地区的大自然。

非政府组织和个人都是国际环境法的主体，在国际环境法的实施中其作用是不容忽视的。在目前的形势下，公众参与对国际环境法的实施作用是明显的，如向不履行国际环境义务的国家提出建议，在一些情况下，还可以在一个国家不遵守国际环境义务时，建议暂停或取消对该国的国际援助等。

1989 年在《濒危野生动植物种国际贸易公约》第十届成员国大会关于提高非洲象的保护等级的一场争论，是非政府组织影响环境条约的实施的一个很好的例子。在会上，非政府组织主张将非洲象从公约的附录二名单提升到附录一名单，以便给予非洲象最严格的保护。但公约秘书处和有些国家考虑到南非仍存在比较兴旺的非洲象种群和现有象牙囤居者的合法利益，反对将非洲象列入公约附录一名单。一批非政府组织首先利用其观察员的身份使此问题被列入成员国大会的议程。然后，世界自然保护基金向大会和各成员国提出一份批驳公约秘书处的主张的"独立法律意见"。这份文件对成员国产生了影响。最终在对此问题进行表决时，大会以 76 票赞成，11 票反对，4 票弃权决定将非洲象从附录二名单提升至附录一名单。由此可见，非政府组织对于国际环境法的实施所起的重要作用。

此外，个人和/或非政府组织可以就违反国际环境条约的情况向国际机构提出申诉的，尽管不同的公约有不同的规定。这类申诉大多可以作为资料被某些条约的秘书处以非正式方式受理，条约秘书处可以将这些申诉转达给有关国家，要求这些国家提供更多的资料，并将案件提交给由缔约国代表组成的机构进行讨论，如果有必要，还可以向有关国家提出建议。如 1979 年的

《保护欧洲野生动物与自然栖息地的伯尔尼公约》。〔1〕这种非正式程序在未来肯定会得到进一步发展，因为个人申诉制度是保障国际条约实施的最有效的方式之一，尤其是有公共利益存在并很活跃的领域。〔2〕

对于环境紧急情况和可能产生不利跨界影响的活动，国家不是唯一应获得通知的实体。在环境保护领域的个人权利方面，公众参与是个人权利之一。1991年的《关于在跨界背景下环境影响评价的埃斯波公约》确认了这一原则。它规定，如果一缔约国可能受到另一缔约国计划采取的活动造成的重大不利影响，活动的实施国应使可能受影响的其他国家的公众有机会参与对该活动的环境影响评价程序，并应保证这个机会与本国公众享有的机会相当（第2条第6款）。通知的内容包括有关可能对非本国居民的环境具有损害危险的工程、活动和新发展的情况。1992年《关于工业事故跨界影响的赫尔辛基公约》在这方面作出了详细的规定。它要求缔约国应确保危险活动导致的工业事故所影响的区域内的公众得到充分的信息。这些信息应通过缔约国认为适当的渠道传递。公约附件八规定了应传递的信息内容，包括：公司的名称和危险活动的地点；对危险活动的简单解释，如风险、危险活动涉及的物质和制剂的名称及主要危险特性的说明；从环境影响评价中得到的一般资料；关于危险活动可能发生的工业事故的性质的一般情况，包括对人和环境的潜在影响；关于发生事故时受影响人群如何被警告和通知以及应采取行动的情况；关于场外应急计划的情况，以及使公众可以获得进一步相关的信息说明。

国际环境法的历史证明，正是由于公众舆论和公众参与，国际环境法才得以诞生并迅速发展。个人和非政府组织通过将国家不履行它所承担的国际义务的行为诉诸国内法院或行政机构，以及个人或非政府组织可以就违反国际环境条约的情况向国际机构提出申诉等，皆确切说明了公众参与对国际环境法实施发挥的重要作用已经为世界所接受。

---

〔1〕 参见全国人大环境保护委员会办公室编：《国际环境与资源保护条约汇编》，中国环境科学出版社1993年版，第450页。

〔2〕 ［法］亚历山大·基斯：《国际环境法》，张若思编译，法律出版社2000年版，第358~359页。

第五节　特殊机制

从有效的方法而言，利用经济手段刺激和鼓励将对国际环境法的实施提供更大的驱动力。诚如《21世纪议程》所指出的："商业和工业对经济发展是关键性的，在减少资源消耗和环境破坏方面发挥重大作用……为了达到这些目的，应该把经济刺激和法律手段结合起来。"[1]考虑到国家的不同情况和能力，有三类特殊机制需要加以强调。

一、禁止与限制

在国际环境保护领域，某些活动是完全需要予以禁止的，如禁止捕猎受到严格保护的野生动物物种[2]和禁止在特定的时期内进行某些渔猎方式。[3]此外，还有一些活动是需要加以限制的，如1972年12月29日签署的《防止倾倒废物及其他物质污染海洋公约》，它将废物分为三类：黑名单——禁止倾倒的毒性最大的废物；灰名单——其倾倒应事先获得特别许可证的毒性较大的废物；其他废物——其倾倒需要事先获得一般许可证。前两类倾倒物质是根据它们含有针对海洋环境的毒性或危险来确定的。根据它们的生态毒性和持续性而适用不同的处理方法。

为了有效实施禁止与限制，开列清单作为一种法律手段被广泛运用。

首先，它被广泛用于与海水和陆地水域有关的污染，如废物倾倒、船舶正常使用中产生的排弃物、陆源污染、河流或含水层中的排弃物等。除了国际公约以外，欧共体的指令也运用这个手段。如1976年5月4日关于某些危险物质对共同体水环境造成污染的指令；1979年12月17日关于防止地下水遭受某些危险物质污染的指令。

其次，在野生动植物保护方面，开列清单的法律手段也被广泛运用。1973年3月3日的《濒危野生动植物种国际贸易公约》就附有三个清单：濒危物种清单、脆弱物种清单和需接受监控物种清单。对附件一所列物种的贸

---

[1]　参见《21世纪议程》"持续发展的社会伙伴"第30章。
[2]　参见《养护欧洲野生物和自然生境公约》（1979年，伯尔尼）第6条。
[3]　参见《养护南极海豹公约》（1972年，伦敦）第8条。

易须进行非常严格的控制，应使这些物种不面临更多的危险，只能在特例条件下才允许进行有关贸易。附件二所列的脆弱物种，尽管当前并未受到灭绝的威胁，但如果不对这些物种的贸易予以严格控制以避免危害其生存的开发，那么，这些物种就可能濒临灭绝。附件三包括各缔约方为阻止或限制开发而宣布予以管理的所有物种。[1]几乎所有保护野生物的条约和欧共体的指令都运用了开列清单的方法。尽管保护野生物与防治水污染的情况有所不同，但在技术上，开列清单都是对不同类别的事物采取不同的处理方法，而且可以根据情势的变化较容易地调整环境保护措施。

在控制危险物质和活动方面，开列清单作为一种法律手段有重大变化。1989年3月22日《控制危险废物越境转移及其处置巴塞尔公约》也包含有一个需要控制废物类别的清单，其中一方面列举了废物的流动，另一方面列举了废物危险的成分（附件一）。而附件三又以交叉的方法增加了一个危险特征的等级清单，如易爆、易燃物质、生态有毒物质。[2]1998年9月10日《鹿特丹公约》（附件三）也列举了一个需要预先批准的化学品清单，而且还列出了将极端危险的杀虫剂列入该清单的标准。

此外，在国际环境保护领域还实行排除的方法实施禁止与限制。如1974年3月22日签订于赫尔辛基的《保护波罗的海区域海洋环境公约》规定：禁止在波罗的海区域进行任何废物倾倒，除非"疏浚活动产生的倾倒和遇难导致的倾倒"（第11条）。1996年11月7日的《防止倾倒废物及其他物质污染海洋公约》附加议定书禁止倾倒任何废物或其他物质，除了附件一中所列物质（第4条第1款）。这些物质包括：疏浚活动产生的杂物，净化产生的污泥，海上船舶、平台或其他人工设施产生的鱼类废物，地质性无机物，自然有机物，主要由钢铁、混凝土和其他无害物质构成的大体积物质。在任何情况下，倾倒都必须获得许可证（第4条第2款）。但即使获得批准，也不免除努力限制废物倾倒的义务：附件一为此规定了关于防止产生废物的审计。

二、直接管制

直接管制手段就是通常所说的"命令与控制"。在国内法中，它指的是由

---

[1] 参见《濒危野生动植物种国际贸易公约》第3、4、5条。
[2] 参见国家环境保护总局政策法规司编：《中国缔结和签署的国际环境条约集》，学苑出版社1999年版，第14~15页。

国家行政管理部门根据法律、法规的要求，对行政管理相对人制定并一体施行统一的规则和标准。在国际环境法中，直接管制表现为国际环境条约所规定的对条约成员方一体施行的统一的环境保护规则和标准。直接管制往往是命令性的，它规定法律主体必须做一定行为或不行为。直接管制是目前国际环境法的主要实施手段。国际环境法中的直接管制手段主要有环境标准、环境影响评价、情报交流和综合污染控制等。

（一）制定环境标准

最早的也是最有特点的一个环境保护法律手段是制定环境标准。国际环境法中的环境标准指的是国际环境条约规定的人类活动对环境的影响和干扰不得突破的限度。它包括质量标准、产品标准、排放标准和工序标准等。此外，它还包括国际标准组织制定的自愿性的 ISO14000 系列环境管理标准。

质量标准即规定在接受环境如空气、水或土壤中可以接受的最大污染水平，亦即规定环境或环境因子受到的人类活动（如污染和开发、利用活动）的影响和干扰的限度。质量标准可以随着特定环境的利用情况而变化。因此，可以区分为饮用水、生产用水、水产养殖用水等。

产品标准即规定产品设计中的环境参数和产品的制造和使用过程中对环境的影响程度。其目的，或者是规定产品的物理或化学特性，如对医药产品或洗涤液，或者是规定产品尤其是有毒产品的包装或陈列规则，或者规定某个产品在使用过程中可以排放的污染物的限度，如汽车发动机排放的废气。它包括关于产品测试、包装、标志等方面的环境保护要求。

排放标准即规定设施或运输工具排放的污染物的限度。其目的是规定一个污染源可以排放的污染物的数量，或者污染物在排放中的浓度。污染物的排放可以用时间单位来衡量，即在特定时间内的排放，或者计算在某个操作过程中的排放。排放标准可以因区域、污染者的数量和环境的吸收能力而有所不同。它还可以随时间而变化，并在紧急情况下暂时提高标准。

工序标准即设施设计标准和设施操作标准，旨在规定固定设施应达到的某些要求，即根据环境保护的目标要求某个工厂采用某些生产工序。设施设计标准是关于设施的设计和建造的环境保护要求。设施操作标准是关于设施运转和操作的环境保护要求。工序标准包括固定设施的工序标准和移动设施的工序标准两类。

为促进各国企业的环境管理，国际标准组织于 1993 年制定了 ISO14000 系列环境管理标准，鼓励各国的企业界自愿采纳。ISO14000系列环境管理标准是为企业提供企业环境管理制度的基本要求。如对企业环境政策的要求；企业环境目标；企业环境档案管理；对企业的环境审计和对企业环境管理制度的审查程序；等等。

（二）环境影响研究与评价

环境影响研究与评价可以与批准制度结合在一起，因为其主要内容是对重大活动的可以预见的环境影响进行研究。1991年2月25日，在芬兰的埃斯波通过的《在跨界背景下环境影响评价公约》，其基本原则是，各缔约国对其领土范围内可能造成重大不利跨界影响的活动作出批准或实施的决定之前，务必进行环境影响评价（第2条第3款）。公约附件一列出了必须进行这种评价的活动。其范围很广：不仅包括工业活动，也包括建设汽车道、高速公路、长距离铁路线、大的飞机场以及大面积砍伐森林。附件三则规定，没有列在附件一中的活动的规模、地点或影响也可以使环境影响评价成为强制性准备工作。公约的一个重要创新是，对于计划实施的活动是否可能产生重大不利跨界影响的问题，可以提交调查委员会（第3条第7款）。公约附件四规定了这方面的具体规则：委员会由三名成员组成，依照国际仲裁委员会的方式，根据公认的科学原则提出意见。此外，公约还规定了环境影响评价的内容（第4条和附件二），包括：关于计划进行的活动以及替代解决办法包括"零"选择的说明，关于可能受影响的环境、环境潜在影响、补救措施和预测方法说明，关于监测和管理方案的概要等。

该公约的另一个重要创新是设立事后分析程序，与环境审计非常类似，至少在部分上是如此。这个程序可以应一个缔约国的请求而进行，包括检验有关活动是否符合批准该活动的文件所规定的要求，任何不利跨界影响的确定；此外，还可以对过去的预测进行检验，从而为将来进行同样类型的活动吸取教训（第7条和附件五）。该公约还要求制定研究方案，以改善进行环境影响评价所利用的方法、监督决策的有效实施（第9条）。

1991年10月4日通过的《南极条约环境保护议定书》在很大程度上也是建立在环境影响评价的基础之上的。议定书第8条及其附件一规定了进行环境影响评价的方式。如果活动可能造成的影响不是微小的或暂时的，就必须对之进行评价。评价标准必须经过事先检验。附件一对计划进行的活动予以说明，研究其他选择和一切潜在环境影响包括累积影响。如果研究表明存在危险，就必须进行全面的影响评价，不仅包括通常的内容，而且还应确定监督和预警措施。全面评价计划应公开，接受南极条约协商会议的审查。关于是否实施预期活动的任何决定都应以全面环境影响评价为基础。在进行了全面环境影响评价之后，还应实施监督程序，以评价和检验任何已经进行的活动的永久影响。

1992 年 6 月 11 日《联合国气候变化框架公约》第 4 条第 1 款 F 项要求缔约国"采用由本国拟定和确定的适当办法，例如进行的项目或采取的措施对经济、公共健康和环境质量产生的不利影响"。1992 年 6 月 5 日《生物多样性公约》第 14 条第 1 款 A 项要求缔约国"采取适当程序，要求就其可能对生物多样性产生严重影响，并酌情允许公众参加此种程序"。1997 年 5 月 21 日在纽约通过的《国际水道非航行使用法公约》也接受了环境影响评价的思想（第 12 条）。

（三）环境信息的收集交流

掌握充分、准确、及时的环境信息是有效的实施国际环境法的基本条件。上述环境影响评价制度同时是一个环境信息的收集和交流的过程。除关于环境影响评价制度的规定外，不同的环境条约还有不同形式的关于环境信息收集和交流的规定。

国际环境条约规定的环境信息的收集方式主要有监测、监视、视察、观察、检查、报告等。环境信息的收集和报告是很多国际环境条约规定的一项权利和义务。1959 年《南极条约》第 7 条规定缔约国有权指派观察员在任何时间进入南极的任何地区、住所、装置和设备进行视察，还可指派观察员在南极进行空中视察。1972 年《防止倾倒废物及其他物质污染海洋公约》第 6 条第 1 款第 3 项和第 4 项分别要求缔约国指定专门机关对倾倒物质的性质、数量、倾倒时间、地点和方法予以记录和对海域环境状况进行监测。1982 年《联合国海洋法公约》第 204 条规定各国应在不损害其他国家权利的情形下，用公认的科学方法观察、测算、估计和分析海洋环境污染的危险或影响，并特别应不断监视其所准许或从事的任何活动的影响，以便确定这些活动是否可能污染海洋环境。1992 年《联合国气候变化框架公约》有很多关于环境信息收集的规定。例如，在该公约第 1 条第 1 款 a 项中缔约国承诺向缔约国会议定期提供国家温室气体清单，涵盖《关于消耗臭氧层物质的蒙特利尔议定书》未予管制的所有温室气体的人为排放量和汇清除量。该公约第 12 条专门就信息的提供作了详细的规定。1992年《生物多样性公约》第7条规定缔约国应查明和监测对保护和持久使用生物多样性至关重要的生物多样性组成部分。

国际环境条约的实施与环境信息的交流与应用是分不开的。国际环境条约一般都有关于环境信息交流的规定。这种关于环境信息交流的规定，有的要求在国家之间进行信息交流，有的要求在国家与国际组织之间进行信息交流，有的要求在国际组织之间进行信息交流，有的要求在国家、国际组织与非政府组织之间进行信息交流。被要求进行交流的信息的种类不胜枚举，有关于国家政策和法律的、关于科学和技术的、关于组织机构的、关于整体环境状况或特定环境因子的、关于污染物的和关于环境紧急事故的等。如1982年《联合国海洋法公约》第61条第5款要求通过各主管国际组织并在所有有关国家的参加下，经常提供和交换可获得的科学情报、渔获量和渔捞努力量统计以及其他有关养护鱼的种群的资料。该公约第244条第2款强调各国和各主管国际组织应向发展中国家转让和传播有关海洋科学研究的情报和资料。1987年《蒙特利尔议定书》第9条要求缔约国在符合其国家法律、规章和惯例的情况下，特别顾及发展中国家的需要，直接地或通过主管国际机构进行关于受控物质的密封、回收、再循环或销毁或以其他方式减少它们的排放量的最佳技术的资料交流，和关于受控物质的替代物和控制战略的费用与利益的资料交流。环境信息的收集和交流不仅仅是一个一般的知识积累和交流问题，更重要的是一个涉及国家重大经济利益和其他方面重大利益的问题。这一点，不论是发展中国家还是发达国家都有清醒的认识。因此，各国在环境信息的交流方面，既是自由、开放的，又是有限度的。发展中国家与发达国家围绕1992年《生物多样性公约》关于遗传资源研究成果技术及利益分享问题的尖锐斗争明显表现了环境信息交流的重大意义。

（四）综合污染控制

综合污染控制的特点是对各种形式的污染和各环境因子实行整体的、系统的控制。传统的管制是分散的、个别控制的方法，其弊端是忽略了各种形式的污染之间的联系和转化和各环境因子之间的联系和运动。综合污染控制方法旨在克服传统管制方法的这一缺陷。

1991年，经济合作与发展组织理事会提出一项《关于综合污染预防和控制的建议》，号召成员国采取措施，消除障碍，实行综合污染控制。该建议的附件《综合污染预防和控制指南》指出综合污染控制方法具有五个条件：一是"从摇篮到坟墓"的概念（即全过程管理的概念）；二是预测物质和活动对所有环境因子的影响；三是废物数量和有害性的最小化；四是应用共同手段评估、比较环境问题；五是配合应用重在环境影响的措施（如环境质量目标）和重在源的措施（如排污限度）。该建议指出对于综合污染控制至关重要的政策和措施有可持续发展政策、无废或少废技术和循环使用技术、更清洁的技术和更安全的物质、风险预防、信息公开等。

综合污染控制要求将对环境的考虑与公共和私营事业的决策结合起来以使之成为一贯的和有效的守法、执法政策。

三、间接管制

间接管制就是经济手段，它指的是从影响成本效益入手，引导经济当事人进行选择，以便最终有利于环境的一种手段。经济手段的目的是利用市场调节机制，保证环境资源的合理价格，促进环境资源的有效利用和合理配置。经济手段会使在污染者和其他社会群体之间出现财政支付转移，如各种税收、收费、财政补贴、产品税或者产生一个新的实际市场如许可证交易、碳交易等市场。

经济手段应用于环境管理的主要好处是激发污染者以较低的成本获得较高的环境保护效果。经济手段可作为直接管制手段的有力补充。

在国际环境保护领域，第一次规定经济手段的全球性多边环境公约是1987年《关于消耗臭氧层物质的蒙特利尔议定书》。该议定书第2条第8款A项规定，作为一个区域经济一体化组织成员国的任何缔约国可以协议联合履行关于受控物质的消费的义务，只要消费受控物质的总量不超过议定书规定的数量。这一条款开了国际环境条约的联合履行方式之先河。1987年《关于消耗臭氧层物质的蒙特利尔议定书》第四次缔约国会议决定缔约国大会可对"不遵守"的缔约国采取中止其享有的公约赋予的某些权利和特殊待遇的行动。这种权利和特殊待遇包括接受资金援助等经济手段。

1992年《联合国气候变化框架公约》第4条第2款a项和b项规定公约的附件一所列发达国家和经济转型国家（指东欧集团国家）可以联合履行其削减二氧化碳和其他温室气体排放量的承诺。1997年12月10日，《京都议定书》的通过产生了在特定的地理范围内组织可转让的排放许可和发达国家相互间转让或发达国家从发展中国家获得排放单位。[1]

　　总之，作为其他政策手段（如直接管制）的补充或替代，更广泛、更坚定地使用收费和税收、可交易许可证、财政补贴等间接管制措施（经济手段），于国际环境法的实施而言，作用是明显的。

---

〔1〕 参见《京都议定书》"排放权交易、联合履约、清洁发展"三大机制。

第七章

国际环境争端解决

随着环境污染、生态破坏和资源短缺等环境问题日益尖锐，国际发生环境争端是在所难免的，如越境环境污染争端、因输出污染危害引起的争端和环境资源利用争端等。国际环境争端发生的原因是十分复杂且涉及重大利益的。因而，有许多国际环境争端长期未能妥善解决，对世界和平安全与人类经济社会的可持续发展构成了潜在或现实的威胁。这不仅直接影响有关当事各方，甚至也影响到整个地区乃至全世界。所以，国际环境争端的解决是国际环境法的重大议题之一。

第一节　国际环境争端的特点及其善意解决

大自然的变化有着太多人类无法理解的奥秘，即使在科学与技术如此发达的今天。人类的许多行为彼时看起来并无破坏环境之虞，但日后对环境却造成匪夷所思的损害后果。正因如此，国际环境争端往往错综复杂、环环相扣、频繁发生而无法避免。也正因此，国际环境争端相较于其他领域更具有了极端的复杂性，每每掺杂了政治、法律、社会、经济等因素，导致国际环境争端的解决愈加复杂，解决难度异常。

一、国际环境争端的定义与特点

环境问题涉及人类生存不可须臾离开的水、土、大气、臭氧层和生物多样性的污染和破坏等诸多领域。羁绊于林立各国之一己私利，更伴随着人们环境与健康意识的勃兴，国际环境争端的发生既是不可避免的，也是必然的。

（一）国际环境争端的定义

国际关系错综复杂、瞬息万变，由于东西方文化传统差别、社会意识不同、诉求各异，在国际社会中，行为主体在相互交往中会不可避免地对某些问题产生争端。按照 1924 年国际常设法院在"马弗罗马提斯特许权案"的判决中所作的解释，国际争端是两个主体间关于法律上或事实上的论点的分歧，法律上的见解或利益的矛盾对立。[1]根据《中华法学大辞典：国际法学卷》，国际争端则指国家或其他国际法主体之间在法律或事实上的意见分歧及在权利或利益上的相互冲突。[2]而基于环境问题与人类的可持续生存和人类经济社会的可持续发展之紧密关系以及基于环境问题的极端复杂性，国际环境争端应指在国际环境领域由于各种人为的原因造成的污染和破坏而产生的冲突和纠纷。国际环境争端可以是双方的，也可以是多方的，其范围不只限于两国之间，也可能涉及若干国家或整个地区，甚至全世界。例如人为过多排放温室气体引发温室效应导致气候系统的不稳定（气候变化），气候系统是一个整体，所以气候变化所造成的损害后果所及的范围绝不可能只涉及某个国家或某个区域，而是全世界。显然，此种人为所造成的环境破坏后果——气候变化——祸及整个人类，由此产生"国际环境争端（气候诉讼）"则属必然。

当然，国际环境争端亦可分为政治性质的争端与法律性质的争端，而属于政治性质的，仅能以谈判、斡旋、调停、和解等方式进行，属于法律性质的国际环境争端为"可裁判的争端"，方能通过国际司法途径加以解决。

（二）国际环境争端的特点

由于环境问题的复杂和极其重要，而且国际环境争端关系到区域、国家乃至全人类的利益，国际环境争端完全不同于其他的争端，显得更加复杂，更难以解决。具体而言，国际环境争端具有以下特点：

首先，国际环境争端的主体不限于主权国家。国际环境争端的主体不限于主权国家，包括国际组织、个人（包含自然人、法人）。尤其个人，如跨国公司往往是破坏生态、污染环境的主要行为者，经常造成环境污染或生态破坏的严重后果。同时，个人，尤其是自然人却成了环境损害后果的直接受害者，著名有如"世界八大公害"。由此可见，国际环境争端亦发生在国家与个

---

[1] 转引自周忠海主编：《国际法》（第 3 版），中国政法大学出版社 2017 年版，第 362 页。

[2] 王铁崖主编：《中华法学大辞典：国际法学卷》，中国检察出版社 1996 年版，第 234 页。

人、国家与国际组织等主体之间。

其次，国际环境争端往往涉及重大利益，争端极其复杂且难以解决。由于国际环境争端涉及领域广，诸如大气污染、气候变化、水源争夺、生物安全、生物遗传资源获取与惠益分享，甚至转基因等生物技术应用引发的诸多问题等，无不涉及国家、国际社会、人类整体之重大利益，乃至人类之存亡。

最后，国际环境争端的起因复杂，既有政治因素，也有法律因素，抑或一个争端二者兼而有之。正因如此，国际环境争端的第四个特点就是国际环境争端的解决往往受到国际关系力量的制约。当然，国际环境争端的解决方法和程序必将是随着人类社会的发展变化而发展变化的。

（三）国际环境争端的种类

按照国际法传统的分类，国际争端一般分为两种：法律性质的国际争端与政治性质的国际争端。法律性质的国际争端是指当事国的各自要求是以国际法为根据的争端。在传统国际法上也被称为"可裁判的争端"，即可以通过法律方法解决的争端。这类争端关系到国家的被法律承认和保护的权利和利益，如违反条约义务而引起的争端。政治争端指起因于政治利益的国际争端。在传统国际法上也被称为"不可裁判的争端"，即不能通过法律方法或有关国家不愿意通过法律方法解决的争端。这类争端一般对国家的独立和主权问题有重大影响，很难用法律方法来解决，如因国家主权和领土完整受到侵犯而引起的争端。政治性争端和法律性争端往往不能截然分开，但这是决定解决方法的重要因素。[1]此外，还有事实争端和混合型争端。[2]事实争端指起因于有关国家对某项事实、某种情况、某项事项互相争执不下的国际争端。这类争端的起因往往是事实问题不清楚，争端各方对事实真相各执一词。混合型争端指既涉及国家法律权利，也涉及国家政治利益的国际争端。

事实上，在国际关系中，单纯的法律争端和政治争端并不多见，更多的国际争端都是属于混合型争端，政治利益的冲突往往含有法律争端的因素。这类争端的解决往往既可以采用法律的解决方法，也可以采用政治的解决方法，还可以采用法律和政治并用的解决方法。

虽然国际环境争端的性质、内容和产生的原因是极其错综复杂的，但也

---

〔1〕 端木正主编：《国际法》，北京大学出版社 1997 年版，第 406 页。
〔2〕 王铁崖主编：《国际法》，法律出版社 1995 年版，第 569 页。

可以分为法律性的国际环境争端和政治性的国际环境争端两类，法律性质的国际环境争端，按当事国各自的要求与论据，以国际环境法的基本原则和国际环境法所规定的内容为根据，通过仲裁与司法程序来解决；而政治性质的国际环境争端则采取政治方法也就是外交方法加以处理。

二、国际环境争端解决的"善意"适用

在国际环境争端解决中适用"善意原则"（the Principle of Good Faith/the Good Faith Principle），并以此推动秉持不同环境价值观念和利益诉求的国际环境法主体一秉善意不断凝聚环境共识，进而推进相关各方善意行事，以促使国际环境争端的公正合理解决，对稳定国际环境法律秩序并促进经济、社会和环境的协调发展具有极其重大的理论意义和实践价值。

（一）国际环境争端解决适用"善意原则"的基础

"善意原则"在国际环境争端解决中的适用，即指处于国际环境法律制度顶端、象征着国际环境法律规则存在的理由的"善意原则"评判国际环境污染冲突和纠纷争议各方对相关环境法律规则的解释、运用及何方与"善意原则"的要求最为符合的过程。

"善"（good）乃构建一切社会秩序的基础。世间万物所固有的潜在关系及法则决定在立法前即存在天然的公正关系，其中，基于信仰和目的及义务和责任之"善"可谓人类最宝贵的财产之一。从立法角度讲，建立在"地球一体"[1]概念上主要用以调整国家之间环境权利与义务关系的有关保护环境和自然资源、防止污染和制裁公害的行为规则——国际环境法——本身即以"善"为立法理念。立法理念是立法的内在精神和最高原理，其体现立法者对立法之本质、原则及其运作规律的理性认识和价值取向，是实现法之最终目的的最高思想境界。[2]在国际环境法律关系运行中以"善"为核心指引相关立法及由此产生的法律规则的实施和人类行动，体现于促进实现"各国意志的协调"、优先考虑发展中国家的特殊情况和需要及贯彻和落实"和平解决国际环境争端"原则等全面反映和揭示可持续发展所需法律关系的方方面面。

---

〔1〕 ［美］芭芭拉·沃德、勒内·杜博斯：《只有一个地球——对一个小小行星的关怀和维护》，《国际公害丛书》编委会译校，吉林人民出版社 1997 年版，第 3~38 页。

〔2〕 林灿铃：《荆斋论法——全球法治之我见》，学苑出版社 2011 年版，第 131 页。

国际环境法规范是通过立法理念起作用的。[1]以"善"为基础制定的相关环境行为规范充分彰显了"善意原则",正如学者所言,"'善意原则'的确是任何法律制度发挥作用的主要条件之一"[2],而国际环境法尤甚。国际环境法所具有的"超越种族和地域的以人类整体利益为价值尺度"的特性决定不仅在相关环境立法方面,乃至以此制订的法律规范的实施而言,"国际环境法"以"善"为立法理念,才使得相关立法及其实施得以顺利推进。其中,国际环境争端解决作为实现相关国际环境法规范的重要环节,在国际法院(International Court of Justice,ICJ)和法庭裁判案件的过程中贯彻和执行"善意原则",以该原则作为相关案件事实查明及法律适用的依据,实乃"善"这一国际环境立法理念在以此制定的相关法律规范的实际应用中的理念延伸和具体体现,以此"善"之基础有效促使国际环境争端的和平解决。

(二)彰显国际环境立法的宗旨与目的

国际环境法对环境的保护是通过相关国际环境法规则来实现的。正如前述,国际环境立法以"善"为念,通过调整各国际社会成员在开发利用、保护和改善环境的过程中所产生的各种国际环境关系以实现防止和解决国际环境问题的立法宗旨与目的。"其终极目标是保护和改善国际生态环境和生活环境,促进国际经济的发展和人类社会的进步,最终建立一个人类可持续生存的社会。"[3]作为实现如此宗旨和目的的手段,相关国际环境立法往往通过规定各国际环境行为者在开发利用资源、保护和改善环境的过程中所享有的各种环境权利和应尽的环境义务,通过加强相关国际合作解决业已存在的环境问题。[4]其中,国际环境争端解决作为以此制定的相关环境法律规则实施的重要环节,"善意原则"在国际法院和法庭裁判案件过程中的适用充分彰显了国际环境立法的宗旨与目的,在其适用中以协调相关国家环境权利与义务的方式推进解决相关国际环境问题,尤以"善意原则"在环境权利行使方面的适用——"禁止环境权利滥用"(Abuse of Environmental Rights)最为突

---

〔1〕　林灿铃:《荆斋论法——全球法治之我见》,学苑出版社2011年版,第143页。

〔2〕　[法] M. 维拉利:《国际法上的善意原则》,刘昕生译,载《国外法学》1984年第4期。

〔3〕　林灿铃:《荆斋论法——全球法治之我见》,学苑出版社2011年版,第158页。

〔4〕　林灿铃:《国际环境法》(修订版),人民出版社2011年版,第70页。

出。[1]

所谓"禁止环境权利滥用"乃基于权利与义务的相对性及实现有效的国际社会治理的需要，而由国内法发展到处于动态发展进程中的国际法领域的"禁止权利滥用"（Abuse of Rights）在环境权利行使方面的体现。调整国际关系的"善意原则"也调整国家对权利的行使。[2]国际法院和法庭原则上承认的"禁止权利滥用"理论只是"善意原则"在行使权利方面的适用。"禁止权利滥用"作为解释有关善意谈判和协商义务等规则及实现合理或利益均衡原则的方法[3]，在"善意原则"指导下要求相关各方合理和善意地行使权利，即一国权利的行使不得阻碍其他国家享有的自身权利或为了不同于创设权利的目的，其实质在于通过确立相关国家权利与义务之间的相互依存关系进而确定各自权利的界限，使相关各方的国家利益间保持合理的平衡。就"禁止权利滥用"的表现形式而言，其不仅要求相关各方不以"损害他人的恶意目的"行使权利，亦禁止以"利用法律的形式掩盖实际上不合法的行为"即"假借所谓的行使权利规避条约义务"的"虚假权利行使"[4]，此外亦着重强调权利与义务的相互依赖。

（三）"善意原则"兼具"道义"与"规范"双重属性

起源于古罗马法的"善意原则"建立在正义、公平、和平等三大侧重价值判断理性的原则的基础上，直接从正义原则的一部分出发，着手构建在实践中如何扬善的问题，是一种实践理性（practical reason）。[5]如此特性告诉我们在知道了什么是正义、公平与平等之后，还必须知道如何在实践中贯彻它们，不仅要关注理论中的理性，还要关注实践中的理性。[6]从"善意原则"的国际环境法律地位上讲，该原则作为国际环境法的渊源之一，乃"环

---

〔1〕 林灿铃、张玉沛：《论"善意原则"在国际环境争端解决中的适用》，载《世界社会科学》2024年第1期。

〔2〕 郑斌：《国际法院与法庭适用的一般法律原则》，韩秀丽、蔡从燕译，法律出版社2012年版，第125页。

〔3〕 Michael Byers, "Abuse of Rights: An Old Principle, A New Age," *McGill Law Journal*, Vol. 47, No. 2, 2002, p. 411.

〔4〕 郑斌：《国际法院与法庭适用的一般法律原则》，韩秀丽、蔡从燕译，法律出版社2012年版，第125~128页。

〔5〕 罗国强：《重读善意：一种实践理性》，载《湖南师范大学社会科学学报》2015年第5期。

〔6〕 罗国强：《重读善意：一种实践理性》，载《湖南师范大学社会科学学报》2015年第5期。

境保护的一般法律原则”，兼具环境伦理和环境道德的“道义”及环境法律的“规范”双重属性，支配着国际环境法义务的创立和履行。

就“善意原则”的“道义”属性而言，“善意”常被描述为“一种道德品质”，基于国内、国际法律体系的相互依存性，逐渐由国内法上调整私人间契约关系中的普遍的公正观念及“人与人之间公平（fair）交易的一般理念”，发展到国际法乃至调整各国际社会成员在开发利用、保护和改善环境的过程中所产生的国际环境关系的国际环境法领域。要求各国际环境行为者在环境条约关系中、在行使环境权利及履行环境义务时贯彻和执行真诚、合理及公平交往的标准。“良好的环境法律，就是符合环境道德的法律，就是促进环境公平和正义的法律。”〔1〕相较于环境伦理及环境道德所具有的内在精神，相关“具体（法律）规定只不过是拱门上的拱梁，唯有慢慢砌起的道德风尚才最终构成拱门上不可动摇的拱顶石”。〔2〕可见，“善意原则”的实施即为环境法律制度的运行所必要的道德上的实施程度。〔3〕

在“善意原则”所具有的“规范”属性方面，从其“善意”构成国际条约、国际法上的制裁、各国对法律的道义上的承认的基础及限定国际法上的权利上讲，全部国际往来（皆）建筑在诚实和信用上，如果无视善意，那么实在国际法的全部建筑物就会崩溃。〔4〕具体而言，与“先契约团结”（pre-contractual solidarity）的社会理性及正直生活（honeste vivere）的基本训谕〔5〕相应，“善意原则”之“善意”不仅体现出国际社会成员对于公平、正义的价值追求，亦涉及行为规则，要求“法律行为者的声明或行为与其所产生的外观相一致”〔6〕。以此为基础，“善意原则”提出了一个人人有目共睹的明显的社会行为规则〔7〕，即以体现“人在对待自然以及与他人交往过程中的善

---

〔1〕　林灿铃：《国际环境立法的伦理基础》，中国政法大学出版社 2019 年版，第 111 页。

〔2〕　［法］卢梭：《社会契约论》，钟书峰译，法律出版社 2017 年版，第 54 页。

〔3〕　郑斌：《国际法院与法庭适用的一般法律原则》，韩秀丽、蔡从燕，法律出版社 2012 年版，第 117 页。

〔4〕　罗国强：《重读善意：一种实践理性》，载《湖南师范大学社会科学学报》2015 年第 5 期。

〔5〕　郑斌：《国际法院与法庭适用的一般法律原则》，韩秀丽、蔡从燕译，法律出版社 2012 年版，第 6 页。

〔6〕　［法］M. 维拉利：《国际法上的善意原则》，刘昕生译，载《国外法学》1984 年第 4 期。

〔7〕　转引自［法］M. 维拉利：《国际法上的善意原则》，刘昕生译，载《国外法学》1984 年第 4 期。

良与爱"〔1〕为根本，强调内化于心、外化于行的善良、诚实和公正等美好品质。在主观方面表现为国际社会成员对于"诚信、真诚、没有欺骗和隐瞒，和对这种真诚的责任和义务"〔2〕的心理完满状态的追求。并以此主观状态为"底板和内容"，在客观方面体现于约束国际社会成员的要求各方成员的"意思表示必须与其真实意志相一致"〔3〕的国际行为规则中。在对内、对外关系上要求"以善意猜测他人，以诚信规约自己"。〔4〕而有关诚实、公正和合理等由"善意原则"延伸出的相关规则在任何特定时间的适用则取决于在该时间国际社会对于相关规则的主导标准。〔5〕

迄今，"善意原则"在国际环境争端解决中的适用已形成特征较为明显的适用条件和情形。对此"规范"属性，国际法委员会（International Law Commission, ILC）在谈及包括"善意原则"在内的一般法律原则的功能时亦称，根据相关"国家实践和判例以及（国际法）委员会以往的工作"及与此相关的"一些文献"，"善意原则"可作为确立国际法规定的实体权利和义务的独立基础，并可确立对国家具有约束力的义务（及相应的权利），违反这些义务可能引起有关国家的国际责任。〔6〕

（四）国际环境争端解决适用"善意原则"的意义

"善意原则"在国际环境争端解决中的适用意义重大，不仅有利于衡平国家环境权利与义务，亦可对秉持环境利益诉求和价值取向各异的国家及国家集团凝聚全球环境共识、达成相关国际环境协议起到积极的促进作用。

1. 凝聚全球环境共识

危及人类生存和发展的环境污染和生态破坏问题的全球属性意味着——环境保护——这一为了全人类的共同事业和共同福利而采取的行动需在世界各国广泛而深入地开展国际合作的基础上不断凝聚全球环境共识，以充分体

---

〔1〕 吴汉燕：《国际环境法践行之道：善》，载《环境教育》2012年第7期。

〔2〕 王玮：《善意原则在国际法实践中的应用研究——基于国际法院具体适用的类型化分析》，载《河北法学》2021年第4期。

〔3〕 ［法］M. 维拉利：《国际法上的善意原则》，刘昕生译，载《国外法学》1984年第4期。

〔4〕 冯寿波：《论条约的"善意"解释——〈维也纳条约法公约〉第31.1条"善意"的实证研究》，载《太平洋学报》2014年第5期。

〔5〕 John F. O'Connor, *Good Faith in International Law*, Aldershot: Dartmouth Publishing Co. Ltd, 1991, p. 124.

〔6〕 A/CN. 4/753, pp. 38~39.

现人类社会利益和价值的共同行动实现人与自然的和谐共生。在此方面，在国际法上被誉为"化学反应中的催化剂"[1]的"善意原则"在国际环境争端解决中不仅可调节相关环境权利与义务保持衡平并促进达成相关环境协议，对国际环境保护领域中出现的新焦点、新问题，该原则亦可以凝聚全球环境共识的方式发挥其"催化"效用。例如，在跨界损害责任领域中，鉴于从事有别于"国际法不当行为"而不为国际法所禁止的危险性活动所造成的严重跨界损害事件及由此导致的国际环境争端，如"特雷尔冶炼厂案""法国核试验案"及"拉努湖案"等相关案件的频繁发生，国际社会直接感受到了跨界损害问题的严重性并以此贯彻和执行"善意原则"，不断凝聚解决此类问题的全球共识并在国际法委员会框架下开展跨界损害责任的研究和编纂、制定相关国际规则。而在生物多样性领域中，由"死藤案"等生物剽窃案件引发的国际社会对生物遗传资源获取与惠益分享问题的广泛关注及此后进行的相关国际环境立法亦充分体现出"善意原则"在凝聚全球环境共识方面的重要作用——不仅唤起了发展中国家及发达国家的国际环保组织规制遗传资源与传统知识的意识，亦促使国际社会开展合作、凝聚共识并进行相关国际立法，制定并通过确立"惠益分享"为一项国际环境法律制度的《生物多样性公约》、强调惠益分享程序的公平性的《关于获取遗传资源并公正公平分享通过其利用所产生的惠益的波恩准则》及推进惠益分享义务的有效履行的《名古屋议定书》等一系列旨在保护和加强遗传资源惠益分享的国际环境协议。此外，在国际海底区域（以下简称"区域"）活动领域中，自 1982 年《联合国海洋法公约》生效以来，国际海洋法法庭（International Tribunal for the Law of the Sea，ITLOS）海底争端分庭受理的首例案件——关于"区域"内活动的《咨询意见》[2]的发表亦建立在国际社会以"善意原则"为遵循凝聚寻求"区域"资源开发及其环境保护平衡的国际共识的基础上，并在涉及"区域"活动担保国的责任和义务承担问题上以《联合国海洋法公约》为基础，强调发展中国家和发达国家负有同样的环境保护责任和义务。

除国际环境争端的法律解决方法以外，以维护人类共同利益、保护人类

---

〔1〕 ［法］M. 维拉利：《国际法上的善意原则》，刘昕生译，载《国外法学》1984 年第 4 期。

〔2〕 《咨询意见》全称为《国家担保个人和实体在区域内活动的责任和义务的咨询意见》，即《国际海洋法法庭第 17 号咨询意见》。

生存环境为宗旨的建立在完全平等基础上的协商、谈判等政治解决方法本身即以促进达成解决相关环境问题的国际共识为目的，在以"善意原则"为基础的"利益均衡原则"的指导下相关争端各方通过增进相互信任并凝聚相关共识最终实现国际环境争端的公正和合理的解决。

2. 促进国际环境协议的达成并稳定国际环境条约关系

在复杂多样的国际环境争端解决领域中，由于以谈判、协商等政治途径解决争端的方法可以对具体情况灵活掌握且有利于争端的迅速解决，因而此类方法在国际环境争端实践中往往被广泛采用。以国际应对气候变化领域为例，对于在相关国际气候协议履行过程中产生的利益矛盾和观念分歧，相关各方以"善意原则"指导国际气候协商与谈判亦可促进新的、体现各方意志协调和气候合作精神的国际气候规则和协议的产生。例如，基于小岛屿国家对全球温室气体总排放量的极低贡献性及其极易遭受气候变化所致不利影响的特性，在《联合国气候变化框架公约》及其议定书的规定和履行存在不足且各方分歧难以调和的情形下，2011 年，包括帕劳共和国在内的二十几个小岛屿国家联合提出"帕劳提案"，坚持对其所遭受的气候变化所致损失、损害享有合法追索权，并主张在跨界损害责任制度范畴内解决此问题。对此，全球不同国家及气候利益集团通过以"善意原则"为遵循最大限度地弥合各方争议并广泛开展国际气候协商与谈判的方式表明了为了应对气候变化所致损失损害而加强国家和地区适应能力的措施和方针的意图，最终于 2013 年《联合国气候变化框架公约》第 19 届缔约方会议达成协议——决定设立"气候变化影响相关损失和损害华沙国际机制"以处理与特别易受气候变化不利影响的发展中国家与气候变化影响相关的气候资金和气候变化所致损失损害问题。此机制作为国际应对气候变化的一个新的里程碑，标志着人类应对气候变化进程又上了一个新台阶。

与此同时，"善意原则"在稳定环境条约关系中的重要作用也是不言而喻的。在国际环境条约关系中，"善意原则"要求条约各缔约方不得损益其他缔约方在条约已经签署但尚未批准期间的"临时法律状态"中的确定权利，并在相关条约生效后以"有约必守"原则为遵循根据缔结条约时条约各缔约方的共同真实意图善意履行条约。根据 1969 年《维也纳条约法公约》，"善意原则"是条约解释的指导原则之一。可以说从条约缔结到条约终止，"善意原则"始终支配着条约。[1]基于此,诸多国际环境司法判例皆对"善意原则"在稳定环境条约关系中的重要作用加以肯定。例如,国际法院在"加布奇科沃—大毛罗斯工程案"中指出条约的解释和履行须考虑其上下文、各缔约方之间的任何嗣后惯例及任何相关国际法律规则,根据条约的精神而不仅仅是条约的字面意思善意解释并履行之。此外,在 1998 年"海虾—海龟案"、2004 年"莱茵河污染仲裁案"等国际环境案件中善意解释条约、善意履行条约义务的思想均有所体现,前者体现于对"易竭自然资源"及 GATT1994 第 20 条引言及其(g)款的解释中;后者则表现为仲裁庭认定的善意解释条约的方法"要求解释者存在不确定性或不同文本时,注意谈判中导致该文本产生的建议及在该基础上谈判的缔约方的善意"[2]。

3. 禁止环境权利滥用

正如前述,在国际法上,诸多国际司法判例表明"善意原则"在行使权利方面的适用表现为"禁止权利滥用",主要涉及条约及一般国际法关系领域,强调权利的相互依赖与和平共存。在"善意原则"指导下,合理和善意地行使权利意味着权利的行使是真正地追求权利所旨在保护的那些利益,不蓄意对另一国的合法利益造成不公平(unfair)的损害,无论这些利益是根据条约还是一般国际法取得。[3]

在此方面,世界贸易组织上诉机构在"海虾—海龟案"中即充分肯定"善意原则"于限制条约缔约方权利行使中的重要作用,明确指出"第 20 条的引言部分事实上是'善意原则'的一种表述方式……这项一般原则的一种适用,是众所周知的关于权利滥用的原则,即禁止滥用国家的权利和要求无论何时维护条约义务所覆盖范围内的权利"。[4]此外,国际法院在"纸浆厂案"中亦从禁止环境权利滥用角度出发,充分认同阿根廷所表示的乌拉圭纸浆厂的建立须以保护"处于两国之间且构成其共同边境"的乌拉圭河水生环境及其沿岸居民经济和社会利益为基础的合理关切,并强调双方须以"善意

〔1〕 郑斌:《国际法院与法庭适用的一般法律原则》,韩秀丽、蔡从燕译,法律出版社 2012 年版,第 109 页。

〔2〕 冯寿波:《论条约的"善意"解释——〈维也纳条约法公约〉第 31.1 条"善意"的实证研究》,载《太平洋学报》2014 年第 5 期。

〔3〕 郑斌:《国际法院与法庭适用的一般法律原则》,韩秀丽、蔡从燕译,法律出版社 2012 年版,第 135~136 页。

〔4〕 转引自赵建文:《条约法上的善意原则》,载《当代法学》2013 年第 4 期。

原则"为遵循善意履行并执行双方于 1975 年共同签署的《乌拉圭河章程》所规定的磋商及合作机制。

4. 协调各国环境利益

正如郑斌先生（Bin Cheng）所言："诚然，规范权利行使的'善意原则'的重要性远远超出禁止权利滥用。"[1]基于权利与义务之间的相互依赖，在国际环境争端解决中，"善意原则"亦可发挥协调国家之间可能产生冲突的国际环境利益的作用。例如，在彰显环境保护与发展之间矛盾的"太平洋海豹仲裁案"中，美国和英国向仲裁庭所提出的请求实质上就是一种关于公海自由和海洋生物保护之间的利益权衡问题。从当时的仲裁结果来看，仲裁庭更倾向于保护英国在公海自由上所享有的权利——认为美国对当时所主张的领海 3 海里范围以外的海豹没有任何保护权或财产权；而同时，仲裁庭也在海豹的保护方面做出了一定的努力——依据美国的额外请求及仲裁协议所授予的权力制定一项保护和保全海豹的规章，规定环绕白令海上普里比洛夫群岛 60 海里的区域内禁止远洋捕猎海豹，同时还规定禁止捕猎的季节和捕猎方法。

除适用于国际环境争端解决的法律方法外，"善意原则"在谈判、协商等政治解决方法中亦发挥着均衡各国环境利益的作用。例如，当跨界损害发生时起源国与受害国均须基于"善意"针对重大跨界损害赔偿或其他补救办法的性质和程度进行谈判，并须以"善意原则"为基础的"利益均衡原则"为基本指导原则。[2]

第二节 政治解决方法

在复杂多样的国际环境领域，通过政治方法即外交途径解决国际环境争端是一种行之有效的办法，采用这种方式双方不必限于严格的规则，并且可以对具体情况灵活掌握，有利于争端的迅速解决。因而以政治方法解决国际

---

〔1〕 郑斌：《国际法院与法庭适用的一般法律原则》，韩秀丽、蔡从燕译，法律出版社 2012 年版，第 140 页。

〔2〕 国际法委员会 1996 年《国际法不加禁止的行为所产生的损害性后果的国际责任草案》第 21 条规定："起源国和受害国应在任一方提出要求的情况下为第 1 条所指活动造成的重大跨界损害谈判补偿或其他补救办法的性质和程度，同时考虑到第 22 条所列各项因素并遵守受害者不应承担全部损失的原则。"

环境争端是一种被广泛采用的方式。

一、谈判和协商

谈判和协商是两个或两个以上国际法主体为了解决彼此间的争议而进行交涉的一种方式。在国际环境保护领域，两个或两个以上国家之间出现的环境问题及纠纷，为了获得谅解或求得解决，通常采用谈判、协商、斡旋与调停等方法。其中谈判和协商是解决国际环境争端的最正常、最主要的基本方法，是进行国际交涉的常用方式之一。国际环境条约一般也都将谈判和协商作为缔约国之间解决争端的主要方式。

（一）谈判

外交谈判方法由来已久，也比较成熟，已经有了较固定的一套形式和原则。许多重要的国际公约都明确规定，在原则上应该以谈判方法解决国际争端，如《联合国宪章》第 33 条就是明确地把谈判作为和平解决国际争端的首要方法。正因如此，近代国际环境问题的严重所引发的越来越多的国际环境纠纷，也必然越来越多地采用外交谈判的方法求得解决。实践证明，谈判解决国际环境争端是行之有效的比较好的方法。如 1981 年加拿大与苏联关于苏联的宇宙 954 号核动力卫星解体所致环境损害之争。宇宙 954 号卫星在太空解体后，部分带有放射性的卫星碎片降落在加拿大国土上，引起环境污染和损害。加拿大和苏联都是 1972 年《空间实体造成损失的国际责任公约》的成员国。两国依公约之规定就苏联对加拿大给予赔偿举行谈判。最后达成协议，由苏联向加拿大赔偿 300 万美元。

作为一种被广泛应用行之有效的和平解决国际环境争端的方法，"谈判"被规定到了诸多国际环境条约中。1985 年 3 月 22 日的《保护臭氧层维也纳公约》第 11 条要求缔约国以谈判方式解决关于公约的解释或适用的争端。[1]

1992 年《联合国气候变化框架公约》和《生物多样性公约》也都规定缔约国应以谈判方式解决争端。《生物多样性公约》第 27 条"争端的解决"第 1 款规定："缔约国之间在就公约的解释或适用方面发生争端时，有关的缔约国应通过谈判方式寻求解决。"《联合国气候变化框架公约》第 14 条"争端的

---

〔1〕《保护臭氧层维也纳公约》第 11 条第 1 款规定：万一缔约国之间在本公约的解释或适用方面发生争端时，有关的缔约国应以谈判方式谋求解决。

解决"第 1 款规定："任何 2 个或 2 个以上缔约方之间就本公约的解释或适用发生争端时，有关的缔约方应寻求通过谈判或它们自己选择的任何其他和平方式解决该争端。"

此外，当跨界损害发生时，关于谈判的义务还必须注意，那就是起源国与受害国都有谈判的义务。国际法委员会 1996 年《国际法不加禁止的行为所产生的损害性后果的国际责任草案》第 21 条规定："起源国和受害国应在任一方提出要求的情况下为第 1 条所指活动造成的重大跨界损害谈判补偿或其他补救办法的性质和程度，同时考虑到第 22 条中所列各项因素并遵守受害者不应承担全部损失的原则。"[1]谈判过程中，利益均衡原则应作为基本指导原则。[2]

（二）协商

国际环境法主体之间采用协商方法解决国际环境争端，是在 20 世纪 50 年代国际上将国家之间的协商方法逐步发展成国际法的一项制度以后。那时，协商方法作为外交谈判的一种特殊形式，在国际实践中日益得到应用和重视，到 20 世纪 70 年代末，以协商方法解决争端的制度已经在许多重要的国际公约中正式规定，同时也是国际环境条约所普遍规定的争端解决方式。如规定以协商为解决国际环境领域争端的有 1973 年的《国际防止船舶造成污染公约》规定缔约国之间的争议应以协商解决，[3]1977 年的《禁止为军事或任何其他敌对目的使用环境致变技术公约》对有关协商作了明确规定。1980 年 5 月 20 日的《南极海洋生物资源养护公约》反复强调协商等和平解决争端的方法，其第 25 条"解决争端"规定：①如果在两个或两个以上的缔约国之间就本公约的解释或实施问题发生争端，这些缔约国应互相协商，以便通过谈判、调查、调停、和解、仲裁、司法解决或它们自己选择的其他和平方式解决争端。②尚不能解决任何这类争端，在经有争端的各国同意后，应提交国际法院或交付仲裁。但如果不能就提交国际法院解决或交付仲裁的问题达成协议，各当事国有责任继续通过本条第 1 款所述的种种和平方式寻求解决。[4]

---

〔1〕 参见联合国国际法委员会：《第四十八届会议工作报告》，第 198 页。

〔2〕 参见联合国国际法委员会：《第四十八届会议工作报告》，第 196 页；《国际法不加禁止的行为所产生的损害性后果的国际责任草案》第 17 条"关于预防措施的协商"第 2 款。

〔3〕 参见《国际防止船舶造成污染公约》（1973 年）第 10 条"争议的解决"。

〔4〕 王铁崖、田如萱编：《国际法资料选编（续编）》，法律出版社 1993 年版，第 570 页。

1985 年 3 月 22 日的《保护臭氧层维也纳公约》第 9 条第 3 款规定:"各缔约国应尽量以协商一致方式对就本公约提出的任何修正案达成协议。"此外,为了保护臭氧层,避免因臭氧层破坏对人类造成的严重危害,1989 年 3 月 2 日,欧洲共同体各成员国的环境部部长在布鲁塞尔召开了会议。经过协商,一致同意氯氟烃的排放量从当时起减少 81% 的决定,到 20 世纪末将氯氟烃的生产和消费减少到零。这个目标比蒙特利尔议定书中提出的目标更远大。

1992 年《联合国气候变化框架公约》第 13 条"解决与履行有关的问题"规定:"缔约方会议应在其第一届会议上考虑设立一个解决与公约履行有关的问题的多边协商程序,供缔约方有此要求时予以适用。"

以谈判和协商解决国际环境争端的形式是多样的,可以用口头或书面方式,或两者并用;可采取双边形式或由有关国家召开国际会议的多边形式进行;可由国家元首或政府首脑参加,也可由环境部部长、驻外使节或特派全权代表参加。

谈判和协商解决国际环境争端,必须严格遵守国家主权平等原则,在谈判中坚持利益平衡原则。其目的就是维护人类的共同利益,保护好人类生存环境。各方在完全平等的基础上,互谅互让,解决争端。另外,这种方法解决国际环境争端之所以重要和卓有成效,是因为争端各方在直接谈判和友好协商的过程中,可不必限于严格的规则,有利于了解环境纠纷真相,增进相互间信任,缓和气氛,这样才能灵活掌握,互谅互让,以便于环境争端的合理解决。显然这比第三者介入的斡旋、调停等方法更好、更有效。

二、斡旋和调停

国际环境争端当事国不愿意直接谈判或者虽经谈判而未能解决环境争端时,第三国或国际组织可以出面协助当事国解决,这就是国际环境法上的斡旋与调停方法。国际环境争端的斡旋和调停之间没有实质的区别,而仅在于前者是第三国以各种有助于促成当事国进行直接谈判的行动,后者则是第三国以调停者的资格直接参与当事国的谈判。

斡旋的特点在于第三方主动进行有助于促成争端当事方之间直接谈判的行动,但斡旋者本身不参加谈判。斡旋的作用是导致和促成环境争端主体之间开始谈判,或谈判后未能达成协议时再重新开始谈判。在斡旋过程中,斡旋者只提出建议或转达它们双方各自的建议给对方。

调停指的是第三国为了和平解决争端直接参与当事国之间的谈判，调停者主持或参加谈判，提出条件作为谈判的基础，还可以调和、折中环境争端各方相反的主张或要求，缓和气氛，促使双方互相妥协，达成一致意见，最后达成争端解决的协议。调停往往是在争议双方不能以谈判和协商解决争议的情况下采用的方法，例如，1985年《保护臭氧层维也纳公约》第11条第2款规定，如果缔约国无法以谈判方式达成协议，它们可以联合寻求第三方进行斡旋或邀请第三方出面调停。

应该明确的是，在斡旋或调停中，国际环境争端当事国都保留了完全自由，斡旋或调停无论最后结果如何，第三方的任务也就终止了，而且第三方不承担任何法律责任。

此外，解决国际争端的外交方法还有和解与国际调查，尽管很少运用于国际环境争端的解决，但从国际环境法而言它还是适用的。

调解又称和解，指的是争端当事国将争端提交至调解委员会，该委员会由若干人组成，任务是阐明事实真相，提出包括解决争端建议在内的报告，设法使争端双方达成协议，其目的是在和解委员会的帮助下使争端方努力达成协议。

采用和解方式解决国际环境争端，这种方式在一些重要的国际公约中也有明确规定。1985年《维也纳保护臭氧层公约》第11条第5款规定："经争端任何一方的请求，可成立和解委员会。委员会应由有关各方按相同人数所派定的人员组成，并由各方所指定的这些人员联合选出主席一人。委员会应做出最后的建设性的裁决书，争端各方应本着善意予以考虑。"1992年《生物多样性公约》的附件2第2部分对调解程序作了详细的规定。1992年《联合国气候变化框架公约》也规定了调解程序。

和解与调停不同，调停是第三国在争端双方之间主持或参加谈判，促成双方谈判或协议；而和解则是将双方的争端提交至和解委员会，目的在于公正地查明争端事实，建议并且提出适当的解决方法。同时，和解也不同于仲裁裁决与司法判决，争端当事方并没有义务必须接受和解委员会的建议，而仲裁裁决和司法判决则具有法律的强制力。

国际调查的目的在于查明争端事实真相，使争端方能自行解决争端。

第三节　法律解决方法

和平解决国际环境争端的法律解决方法包括国际仲裁和国际司法两种方式。随着国际形势的发展，法律解决国际环境争端的方法越来越受到重视，将成为最重要的国际环境争端解决方法。

一、国际环境仲裁

以仲裁方式处理国际环境争端，形式上类似司法，但其实质又不同于司法。仲裁具有其本身的特点，首先，它是一种争端当事国的自愿接受管辖。一方面，争端当事国愿意把争端提交仲裁解决；另一方面，争端当事国自己选择仲裁人。其次，仲裁裁决对争端当事国有拘束力，争端当事国把争端提交仲裁，就表明争端当事国愿意诚实服从和执行仲裁裁决。最后，仲裁裁决是依据法律作出的，争端当事国有权选择仲裁所依据的法律。[1]

如今已经有许多国际环境公约都规定了以仲裁方式来解决国际环境争端。

（一）国际环境仲裁概述

仲裁又称公断，是解决国际争端的一种法律方法，指的是争端当事方根据协议把争端交给它们所选择的仲裁员处理并接受和遵守仲裁员作出的关于争端解决方式的裁决。仲裁裁决对争端当事国具有约束力并且是终局性的。

与一般国际仲裁一样，国际环境仲裁的具体做法也是由仲裁法庭这种特殊组织形式按仲裁程序依据有关法律原则，尤以国际环境法来审理。当事方基于自愿把环境纠纷交付仲裁时，就达成了相互服从环境仲裁的协议，这样就使这种裁决对双方具有拘束力。由此可见，这是它区别于斡旋、调解等外交方法的一个基本特征。虽然国际环境仲裁没有法律制裁的性质，但双方出于道义上的责任和自觉承担义务的结果，因而仲裁的裁决结果基本上能够得到执行。

许多重要的国际环境公约都规定了用仲裁这一方式处理国际环境争端。例如，1969年《国际干预公海油污事故公约》在其附件中以专章对仲裁规定

---

[1]　王铁崖主编：《国际法》，法律出版社1995年版，第583页。

了详细的程序，[1]如规定"调解不成功，出于仲裁的要求只可在调解宣告失败后 180 天内提出"。

1973 年《国际防止船舶造成污染公约》第 10 条规定：在不能通过协商解决争议，也不能就采取其他方式解决争议取得一致意见时，"经其中任一缔约国的请求，得交付本公约的议定书 II 中所规定的仲裁"。[2]

1985 年《保护臭氧层维也纳公约》第 11 条第 3 款也有仲裁的规定，要求缔约国应以书面方式向公约保存国声明：对未能按谈判或斡旋或调停解决的争端，则接受仲裁这一强制性争端解决方法。[3]

1986 年《关于保护南太平洋地区自然资源和环境的公约》第 26 条第 2 款规定：如果缔约国没能通过谈判、斡旋和调停等方法解决争议的，除公约另有规定外，可达成共同协议，按该公约《仲裁附件》所规定的条件将争议提交仲裁。

1992 年《联合国气候变化框架公约》[4]和《生物多样性公约》[5]都规

---

〔1〕 参见国家环境保护总局政策法规司编：《中国缔结和签署的国际环境条约集》，学苑出版社 1999 年版，第 190~191 页，《国际干预公海油污事故公约》附件第二章"仲裁"。

〔2〕 参见国家环境保护总局政策法规司编：《中国缔结和签署的国际环境条约集》，学苑出版社 1999 年版，第 226~227 页。

〔3〕 1985 年《保护臭氧层维也纳公约》第 11 条第 3 款规定：在批准、接受、核准或加入本公约或其后任何时候，缔约国或区域经济一体化组织可书面向保存国声明，就未根据上述第 1 或第 2 款解决的争端来说，它接受下列一种或两种争端解决办法为强制性办法：（a）根据缔约国会议首届会议通过的程序进行仲裁；（b）将争端提交国际法院。参见国家环境保护总局政策法规司编：《中国缔结和签署的国际环境条约集》，学苑出版社 1999 年版，第 52 页。

〔4〕 《联合国气候变化框架公约》第 14 条"争端的解决"规定：2. 非为区域经济一体化组织的缔约方在批准、接受、核准或加入本公约时，或在其后任何时候，可以在交给保存人的一份文书中声明，关于本公约的解释或适用方面的任何争端，承认对于接受同样义务的任何缔约方，下列义务为当然而具有强制性的，无须另订特别协议：（a）将争端提交国际法院，和/或（b）按照将由缔约方会议尽早通过的、载于仲裁附件中的程序进行仲裁。作为区域经济一体化组织的缔约方可就依上述（b）项中所述程序进行仲裁发表类似声明。3. 根据上述第 2 款所作的声明，在其所载有效期届满前，或在书面撤回通知交存于保存人后的 3 个月内，应一直有效。4. 除非争端各当事方另有协议，新作声明、作出撤回通知或声明有效期满丝毫不得影响国际法院或仲裁庭正在进行的审理。

〔5〕 《生物多样性公约》第 27 条：1. 缔约国之间就公约的解释或适用方面发生争端时，有关的缔约国应通过谈判方式寻求解决。2. 如果有关缔约国无法以谈判方式达成协议，他们可以联合要求第三方进行斡旋或要求第三方出面调停。3. 在批准、接受、核准或加入本公约时或其后的任何时候，一个国家或区域经济一体化组织可书面向保管者声明，对按照以上第 1 款或第 2 款未能解决的争端，可接受下列一种或两种争端解决办法作为强制性办法：（a）按照附件 2 第 1 部分规定的程序进行仲裁；（b）将争端提交国际法庭。4. 如果争端各方尚未按照以上第 3 款规定接受同一或任何程序，则这项争端应按照附件 2 第 2 部分规定提交调解，除非缔约国另有协议。

定了仲裁条款。

（二）国际环境仲裁规则与特点

由于国际环境争端所涉及问题具有高度的科学技术性和边缘综合性，又往往与其他领域的争端相互交错，例如"Urgenda 诉荷兰政府案"，虽起诉的依据为荷兰国内的人权法，但实质内容却属于气候变化的环境诉讼；[1]"Peter A. Allard 诉巴巴多斯政府案"，则是涉及环境争议的国际投资争端；[2]"世界贸易组织稀土案"，则是涉及环境问题而产生的国际贸易争端。[3]因而，许多国际环境条约虽然均有规定仲裁程序，但往往没有成立仲裁机构。也正因如此，常设仲裁法院认识到国际环境争端解决的复杂性和重要性，因此特别就自然资源以及环境保护方面制定新的仲裁规则，即《关于自然资源与环境相关争议的仲裁规则》以受理国际环境争端案件。[4]鉴于国际环境争端的特殊性，常设仲裁法院考虑到国际环境争端的解决与其他国际争端的解决有所不同，故而，为应对国际环境争端的解决，作出包括仲裁员资格、专家证人的任命、临时措施的范围、保密义务等均区别于其他国际仲裁的不同规定。由此可见，涉及国际环境争端的国际环境仲裁相较于传统意义和其他领域的仲裁而言，具有其自身的特点。

1. 适用主体多元化

由于生态系统具有整体性与相互依赖性，亦即地球的每一个部分都是相互联结、相互制约的，整个地球的生态危机，均使得人们成为命运共同体，任何国家、集团甚至个人均不可能脱离地球而置身事外，故只有全人类共同努力，才能保护人类唯一的地球。鉴此，根据常设仲裁法院的《关于自然资源与环境相关争议的仲裁规则》，首先考虑的是国际环境争端经常涉及多方利害关系人，因此再次确认得参与国际环境仲裁的当事方包括主权国家、政府

---

〔1〕　Urgenda 是一个致力于环境保护的非政府间国际组织，建立于 2008 年。因认为荷兰政府欠缺在控制气候变化方面的积极作为，因此 Urgenda 联合 800 多名荷兰公民依据其国内人权法和侵权法，向荷兰政府提出集体诉讼。

〔2〕　Peter A. Allard v. The Government of Barbados（PCA Case 2012-06），Award（27 June 2012）.

〔3〕　China - Measures Related to the Exportation of Rare Earths, Tungsten, and Molybdenum, WT/DS431; WT/DS432; WT/DS433.

〔4〕　The George Washington University Law School Conference on International Environmental Dispute Resolutions（April 15~17, 1999），*George Washington Journal International Law & Economic*，Vol. 32, 2000, p. 325.

间国际组织以及私人当事方等。[1]

2. 仲裁员名单的特殊性

《关于自然资源与环境相关争议的仲裁规则》第 8 条特别要求常设仲裁法院的秘书长应准备一份对于"本规则之争议事项具有专业能力"的仲裁员名单，[2]亦即常设仲裁法院也认知到，因国际环境争端的特殊性，若该仲裁员仅是深通国际法之专业，恐有不足，依据国际环境争端具有高度学科边缘综合性的特点，应对于海洋法、国际水法、国际投资法、国际发展法、环境科学、环境伦理学、化学、天文学、地理学、生物学等亦有所研究，始能作出一个公平、公正且足以令争端当事方信服的仲裁裁决，因此，该规则特别要求秘书长所准备的仲裁人名单，应与其他国际争端有所不同。

3. 仲裁员的资格

该规则允许争端当事方亦得选任仲裁员名单以外之人担任仲裁员。但由于国际环境争端所具有的高度科学技术性以及学科边缘综合性，争端当事方可能会就仲裁员的资格在双方的仲裁协议中特别约定，但若有一方选出的仲裁员不具备双方在仲裁协议中所同意的资格，即产生争议。而该规则第 10 条特别考虑到这个问题，故规定此项争点亦得成为争端当事方对该仲裁员提出疑问的理由。[3]

4. 仲裁庭得要求提出书面文件说明科技信息以厘清高度复杂的环境争议

该规则要求秘书长拟定的仲裁员名单，条件仅有"对于本规则之争议事项具有专业能力"者，因此组成的仲裁庭可能包括该领域的专家，也可能是法律专家。为了让仲裁庭不同领域的专家均能理解其争端的背景，该规则的第 24 条，特别赋予仲裁庭在认为该争点有必要充分了解时，得要求争端当事方共同或分别提出非技术性的书面文件，来解释争议事项所涉及的科学、技

---

[1] Charles Qiong Wu, A Unified Forum? The New Arbitration Rules for Environmental Disputes under the Permanent Court of Arbitration, *Chicago Journal of International Law*, Vol. 3, No. 1, 2002.

[2] 常设仲裁法院《关于自然资源与环境相关争议的仲裁规则》第 8 条第 3 项：In appointing arbitrators pursuant to these Rules, the parties and the appointing authority are free to designate persons who are not Members of the Permanent Court of Arbitration at The Hague. For the purpose of assisting the parties and the appointing authority the Secretary-General will make available a list of persons considered to have expertise in the subject-matters of the dispute at hand for which these Rules have been designed.

[3] 常设仲裁法院《关于自然资源与环境相关争议的仲裁规则》第 10 条：1. Any arbitrator may be challenged if circumstances exist that give rise to justifiable doubts as to the arbitrator's impartiality or independence or if he/she does not have the qualifications agreed by the parties in their arbitration agreement. 2. A party may challenge the arbitrator appointed by it only for reasons of which it becomes aware after the appointment has been made.

术信息或其他专门信息的背景，并进行摘要。[1]

5. 仲裁庭得不经争端当事方的同意任命专家，协助厘清仲裁案件中具有高度科学技术性的争议点

依据该规则第 27 条，仲裁庭在获取各方意见之后，得指定专家，就高度科学技术性的争议点提出书面报告。[2]秘书长列有一份具备科学或技术上专业知识的专家名单，仲裁庭得从名单中任命该领域的专家，协助仲裁庭判断该争点，但并不限制仲裁庭必须在该名单中选择，若仲裁庭认为适当，亦可以选择名单外的专家予以协助。此规定与其他的仲裁规则最大的不同点在于：仲裁庭可以直接依职权任命专家来协助仲裁庭的判断，但其他的仲裁规则并未赋予仲裁庭有此种权利。例如《联合国国际贸易法委员会的仲裁规则》第 29 条仅规定，争端双方若没有进一步的举证，而又不提供任何独立授权传唤证人的权利时，仲裁庭可以关闭仲裁程序，换言之，关于专家证人的传唤，其权利均仍在争端当事方的手里。又例如国际律师协会的《国际仲裁取证规则》第 6 条，虽然允许仲裁庭传唤其他专家证人，但要求仲裁庭应与争端当事方共同决定要传唤哪些专家证人，换言之，是否传唤专家证人以及传唤哪些专家证人的权利，仍并非全部在仲裁庭的手上。[3]

6. 临时措施之指示

该规则特别将 "避免造成环境严重伤害" 列为仲裁庭在考虑是否指示临时措施的理由：《2012 年的仲裁规则》虽然也有对于临时措施的指示的规范，但在此针对环境争端所特别制定的规则中，除对于保护当事人权利的情形，

---

[1]　常设仲裁法院《关于自然资源与环境相关争议的仲裁规则》第 24 条第 4 项：The arbitral tribunal may request the parties jointly or separately to provide a non-technical document summarizing and explaining the background to any scientific, technical or other specialized information which the arbitral tribunal considers to be necessary to understand fully the matters in dispute.

[2]　常设仲裁法院《关于自然资源与环境相关争议的仲裁规则》第 27 条第 1 项：After having obtained the views of the parties, the arbitral tribunal may upon notice to the parties appoint one or more experts to report to it, in writing, on specific issues to be determined by the tribunal. A copy of the expert's terms of reference, established by the arbitral tribunal, shall be communicated to the parties. 第 5 项：The Secretary-General will provide an indicative list of persons considered to have expertise in the scientific or technical matters in respect of which these Rules might be relied upon. In appointing one or more experts pursuant to paragraph 1 above, the arbitral tribunal shall not be limited in its choice to any person or persons appearing on the indicative list of experts.

[3]　Christina L, Beharry, Melinda E. Kuritzky, Going Green, "Managing the Environment through International Investment Arbitration", *American University Law Review*, 2015, p. 413.

得申请采取临时措施之外，亦考虑到由于环境的损害往往是无法或甚难恢复原状的，故为避免争议目标内的环境造成不可逆转的损害，仲裁庭亦得指示必要的临时措施，避免环境受到严重的损害。[1]然而，依据该规则的条文，仲裁庭指示临时措施，仍必须由争端当事方的请求，方能作出指示，如此规定，是因仲裁仍需尊重当事人的意思，但笔者认为，国际环境争端亦具有相当的公益性质，若能赋予仲裁庭在发现环境有可能因此受到严重损害时，即有权作出临时措施之裁决，将能对于环境保护有更进一步的效果。

7. 保密义务

该规则考虑到国际环境争端当中，有许多的资料涉及国家机密，虽然仲裁制度已经具有保密性，但仲裁程序中仍会让对方以及程序中的参与者接触到此机密信息，故该规则特别创设出任命保密顾问的方式，亦即任一方就所提交仲裁的任何信息主张应保密者，经仲裁庭确认该信息应被归类为机密信息时，若认为在缺乏特殊保护机制下有可能对于要求保密的一方造成严重损害者，即应对于可能会接触保密信息之人要求签署保密协议之外，亦得任命一名保密顾问作为专家，仅让该保密顾问接触该机密信息，且在不向对方及仲裁庭揭露该保密信息的方式下，报告具体争议，以确保机密信息不被揭露，及仲裁程序的顺利进行。[2]

---

〔1〕 常设仲裁法院《关于自然资源与环境相关争议的仲裁规则》第 26 条第 1 项：Unless the parties otherwise agree, the arbitral tribunal may, at the request of any party and having obtained the views of all the parties, take any interim measures including provisional orders with respect to the subject-matter of the dispute it deems necessary to preserve the rights of any party or to prevent serious harm to the environment falling within the subject-matter of the dispute.

〔2〕 常设仲裁法院《关于自然资源与环境相关争议的仲裁规则》第 15 条第 4 项：A party invoking the confidentiality of any information it wishes or is required to submit in the arbitration, including to an expert appointed by the arbitral tribunal, shall make an application to have the information classified as confidential by notice containing the reasons for which it considers the information confidential to the arbitral tribunal, with a copy to the other party. 第 5 项：The arbitral tribunal shall determine whether the information is to be classified as confidential and of such a nature that the absence of special measures of protection in the proceedings would be likely to cause serious harm to the party or parties invoking its confidentiality. If the arbitral tribunal so determines, it shall decide and communicate in writing to the parties and the Registry under what conditions and to whom the confidential information may in part or in whole be disclosed and shall require any person to whom the confidential information is to be disclosed to sign an appropriate confidentiality undertaking. 第 6 项：The arbitral tribunal may also, at the request of a party or on its own motion, appoint a confidentiality advisor as an expert in accordance with article 27 in order to report to it, on the basis of the confidential information, on specific issues designated by the arbitral tribunal without disclosing the confidential information either to the party from whom the confidential information does not originate or to the arbitral tribunal.

（三）国际环境仲裁程序

仲裁是自愿的，仲裁法庭审理国际环境争端案，在程序上没有完全统一的规则，其程序往往由仲裁协定规定，一般情况下仲裁法庭应确定其自己的程序以保证争端每一方有陈述意见和提出其主张的充分机会，[1]仲裁员也可以决定在仲裁过程中出现的程序问题。一般来说仲裁程序可以分为四个阶段：

1. 仲裁诉讼的提出

仲裁诉讼的提出有两种情况：一是由双方签订仲裁协定设立仲裁法庭；二是根据事前签订的一般协定中的仲裁条款将争端交付仲裁解决。

提起仲裁诉讼非常重要的是仲裁法庭的组成。仲裁法庭的组成既是仲裁制度的重要问题也是仲裁的主要特征，即由争端当事方自己选任仲裁员，一般以仲裁员 3 人或 5 人组成仲裁法庭，有时也可只有 1 人担任独任仲裁员。

裁决国际环境争端的国际仲裁所适用的是国际环境法原则、规则，有时也可以适用"公允及善良"原则。

2. 书面阶段

仲裁的书面阶段，由提出仲裁协定开始，在由单方面依仲裁条约提出诉讼要求时，以请求国提出诉讼要求开始，紧接着是交换辩诉状，必要时还有复辩状，也就是说，书面程序指由各方代理人，将争端、反诉争端的书状以及必要的答辩状送达仲裁法庭和对方。

诉状应包括事实的陈述、法律的陈述和诉讼主张；辩诉状应包括对于诉讼中所述事实的承认或否认，必要时提出的补充事实，对诉讼中关于法律陈述的意见，答辩的法律陈述和诉讼主张。

另外，一切证据均应在书面程序阶段随同书状提出。

3. 口头诉讼程序

在仲裁诉讼中，口头诉讼程序由庭长（仲裁员）主持，诉讼次序由仲裁协定规定或按争端当事方名字的字母次序确定。仲裁的口头诉讼阶段通常是秘密进行的，除非仲裁协定另有规定或者法庭经双方同意而公开进行。

此阶段非绝对必要阶段，如各方代表都不按指定的时间到庭，口头诉讼即不进行。如一方代表不出庭，诉讼便延期举行，因为仲裁不可以缺席裁判。

---

〔1〕 参见《联合国海洋法公约》附件七"仲裁"第 5 条"程序"。

4. 评议和裁判

当口头辩论结束后，便可以进行评议，评议是秘密进行的。仲裁裁决由多数票通过，仲裁员不同意裁决的结论时，可以提出异议，不同意裁决所依据的推论时，可以提出个别意见。裁决必须说明它所根据的理由，并当庭宣布，宣读后立即将裁决副本送达双方。裁决只有在通知双方时才有效。

裁决是终局的，不得上诉。双方必须诚意执行。特殊情况下，可以要求对裁决进行修改，如发现对裁决有决定性影响的新事实等。

目前，常设的国际仲裁机构主要是常设仲裁法院。常设仲裁法院是 1899 年海牙《和平解决国际争端公约》的缔约国根据该公约第 20~29 条（1907 年《海牙公约》是第 40~50 条）的规定，于 1900 年在荷兰海牙正式成立。常设仲裁法院由 "常设行政理事会" 和 "国际事务局" 两个机构组成，所谓常设实际上就是这两个机关加一份由 "公认深通国际法和道德名望极著" 的个人组成的 "仲裁员名单"。

常设仲裁法院设立的目的和任务是："为便利将不能用外交方法解决的国际争议立即提交仲裁起见，各缔约国承允保留第一次和平会议所设立的常设仲裁法院。该法院随时受理案件，除当事国另有规定外，按照本公约所载之程序规则办事；除非当事国协议成立特别法庭，常设仲裁法院有权受理一切仲裁案件。"

二、司法解决

司法解决是指争议双方在共同同意的基础上，把争端交给一个业已存在的国际法院/法庭，通过国际法院或法庭来解决国际争端。在国际环境保护领域里，可受理国际环境诉讼的法院或法庭主要有联合国国际法院和依据《联合国海洋法公约》设立的国际海洋法法庭。此外，不仅欧洲法院可以受理欧盟成员国提起的环境诉讼，在一定条件下个人也有权向欧洲法院提起司法程序。虽然没有确立 "国际环境破坏罪"，但在 2019 年 12 月举行的《国际刑事法院规约》第十八次缔约国大会上首次讨论了 "灭绝生态罪" 问题，这表明将大规模破坏生态环境行为作为一种新型的国际犯罪的可能性，同时昭示了国际刑事法院对人类环境问题的高度关切并试图将环境犯罪纳入其管辖范围。

（一）联合国国际法院

联合国国际法院于 1946 年 4 月 3 日正式成立于海牙，是联合国的主要司法机关。依据《国际法院规约》第 34 条第 1 款的规定，国际法院的诉讼当事人限于国家。

1. 国际法院的管辖权

国际法院的管辖权主要是诉讼管辖权和咨询管辖权。依据《国际法院规约》第 36 条，[1]诉讼管辖权的"事"包括三类：①当事国自愿提交之一切案件，这就不只限于法律性质的争端，这种管辖被称为"自愿管辖"；②当事国根据现行条约有义务提交法院解决之争端，这类管辖被称为"协定管辖"；③依《国际法院规约》第 36 条发表声明（以在"任择条款"上签字的形式）就该条第 2 款规定的四种法律争端接受法院的强制管辖，这是任意选择的强制管辖，被称为"任意强制管辖"。咨询管辖权是国际法院管辖权的另一个重要方面，即指法院作为联合国的司法机关，为法律问题提供权威性的意见。根据《联合国宪章》第 96 条[2]和《国际法院规约》第 65 条[3]的规定，国际法院具有咨询管辖权。联合国大会和安理会有权就任何法律问题请求国际法院发表咨询意见。联合国其他机关及各种专门机关，对其工作范围内的任何法律问题，可随时以大会之授权请求国际法院发表咨询意见。

在国际环境保护领域，《联合国宪章》实际上已赋予国际法院处理成员国提交的有关环境事务的法律争端的权利。根据《联合国宪章》第 33 条和 36 条[4]以及《国际法院规约》第 36 条[5]的规定，国际法院的管辖范围包括

---

〔1〕《国际法院规约》第 36 条规定："（一）法院之管辖包括各当事国提交之一切案件，及《联合国宪章》或现行条约中所特定之一切事件。（二）本规约各当事国得随时声明关于具有下列性质之一切法律争端，对于接受同样义务之任何其他国家，承认法院之管辖为当然而具有强制性，不须另订特别协定：（子）条约之解释；（丑）国际法之任何问题；（寅）任何事实之存在，如经确定即属违反国际义务者；（卯）因违反国际义务而予以赔偿之性质及其范围。"

〔2〕《联合国宪章》第 96 条：①大会或安全理事会对于任何法律问题得请国际法院发表咨询意见。②联合国其他机关及各种专门机关，对于其工作范围内之任何法律问题，得随时以大会之授权，请求国际法院发表咨询意见。

〔3〕《国际法院规约》第 65 条：①法院对于任何法律问题如经任何团体由联合国宪章授权而请求或依照联合国宪章而请求时，得发表咨询意见。②凡向法院请求咨询意见之问题，应以申请书送交法院。此项申请书对于咨询意见之问题，应有确切之叙述，并应附送足以释明该问题之一切文件。

〔4〕《联合国宪章》第 36 条第 3 款规定：安全理事会按照本条作出建议时，同时理应注意凡具有法律性质之争端，在原则上，理应由当事国依国际法院规约之规定提交国际法院。

〔5〕《国际法院规约》第 36 条第 1 款规定：法院之管辖包括各当事国提交之一切案件，及联合国宪章或现行条约及协约中所特定之一切事件。

环境事务。《21世纪议程》鼓励各国将环境事务诉诸国际法院。[1]

此外，在国际环境领域，因为国际环境损害的受害者不一定都是国家，通常是法人和自然人。虽然法人和自然人都是国际环境法的主体，但囿于目前的国家体制和国际求偿制度的不完善（如国际法院的诉讼管辖权的"人"仅限国家），在这里需要指出的是，当法人和自然人遭受环境损害时，由谁代表受害者向国际法院提起有关国际环境损害赔偿要求的诉讼。如果国家代表他们对损害起源国提出索赔，便产生了哪些国家有权代表的问题。对此，通常首先应该是受害者国籍国有权代表。国籍是国家对其公民行使外交保护权的法律纽带，国籍国代表公民行使求偿权，是国家行使外交保护权的表现。只有在国籍国未能提出索赔要求时，该自然人或法人的所在国才有权代表受害人进行求偿。如果上述国家都没有代表受害人求偿，那么该受害者的永久住所地国可以代表受害人求偿。可见，国家代表个人提起损害赔偿的求偿顺序为：受害人国籍国、受害人所在国、受害人永久住所地国。[2]这三种国家的求偿顺序是不能颠倒的，首先是国籍国，其次是受害人所在国，最后才是住所地国。从大多数国家的实践来看，主要是由其国籍国代表个人行使求偿权的。[3]

2. 国际法院在国际环境争端中适用的法律

按照《国际法院规约》第38条，国际法院在对国际争端进行裁判时，应依照国际法，而且明文规定它所适用的法律有：国际条约、国际习惯、一般法律原则和"作为确定法律原则之补充资料"的司法判例及各国权威最高之公法学家学说并"公允及善良"原则。在国际环境保护领域，实际上就是适用国际环境法的渊源。国际环境法是国际法的分支，是国际法在国际环境领域里的法律规范。所以，国际法院在解决国际环境争端时所适用的必然是国际环境法。

3. 国际法院在解决国际环境争端中的作用

在1992年6月里约热内卢联合国环境与发展大会上，当时的国际法院院长詹宁斯法官发言指出："联合国主要司法机构的职能不仅应当包括解决争

---

[1] 《21世纪议程》第39章第10段：国家应该扩大和改进（防止和）解决争端的技术的范围。（国际法院应该发挥作用。）

[2] 戚道孟编著：《国际环境法概论》，中国环境科学出版社1994年版，第193~194页。

[3] 马骧聪主编：《国际环境法导论》，社会科学文献出版社1994年版，第66~67页。

端，而且还应包括科学地发展一般国际法。"他还指出："法律原则和规则的逐渐发展和制定，可以通过在实际争端的具体和复杂的情势中解释和适用这些原则和规则来实现。"国际环境法是一个新的法律领域，因此，"迫切需要发展新的环境保护国际法是不容置疑的"。[1]

为了专门处理国际环境争端，国际法院曾在 1993 年 7 月设立 7 人组成的环境事务分庭，充分体现了国际法院解决国际环境争端的意愿。国际法院在选举该庭法官时强调：鉴于环境法和环境保护在近几年的发展，考虑到法院应为处理任何其管辖范围内的环境案件进行最充分的准备，然而，环境事务分庭却成效不彰。因国际法院的法官主要均系国际法的专家，并非国际环境法的专家，也并不具有与环境相关的科学或技术方面的专长，因此除提交到国际法院的国际环境争端案件极少之外，即使属于国际环境争端，国际法院也未能以国际环境法的角度进行审理，例如阿根廷与乌拉圭之间的纸浆厂案，其争议内容主要是共同资源的如何利用，属于国际环境争端，但国际法院的判决依据仍是条约法，虽然该案的判决理由提及，国家应在利用共同资源时，明知可能会对他国造成不利影响，必须先进行环境影响评价等论述，仍遭学者批评此等论述在国际环境法的初期早已经成为国际习惯，故本案的论述并未使国际环境法有更进一步的发展。因此，提交至国际法院有关环境争端的案例越来越少，环境事务分庭更是完全没有案源，直到 2006 年，国际法院已决定不再为环境事务分庭选任法官，该分庭后来被废止。[2]

1989 年 5 月，瑙鲁向国际法院起诉澳大利亚，对澳大利亚统治瑙鲁岛期间岛上土地严重退化这一事实，认为澳大利亚对此负有责任，要求澳大利亚予以赔偿。瑙鲁声称，作为一般国际法原则，统治一块领土的国家有义务不使该领土条件的变化对另一个国家的利益造成不可弥补的损害或重大损失。法院受理了此案。由于澳大利亚向瑙鲁支付了赔偿，本案遂由当事方自行解决。1993 年 4 月 7 日，匈牙利与斯洛伐克签署特别协定，同意将两个关于加布斯科夫—纳基玛诺工程的争议提交国际法院解决。该工程涉及在多瑙河上建设一个大坝水利系统，工程是根据匈牙利与捷克斯洛伐克于 1977 年签订的

[1] 转引自 [法] 亚利山大·基斯：《国际环境法》，张若思编译，法律出版社 2000 年版，第 136 页。

[2] 娄立：《从国际环境法的发展看全球环境治理——兼评国际法院等组织的角色定位》，载《创新》2013 年第 1 期。

大坝系统建设和运营条约进行的。匈牙利于 1989 年停止施工，希望充分评定工程的环境后果。捷克斯洛伐克则于 1991 年 11 月采取所谓"临时解决办法"，开始建设一个可能使多瑙河改道的工程。1992 年 5 月 15 日，匈牙利宣布终止 1977 年的条约，捷克斯洛伐克则于 1992 年 10 月 27 日将"临时工程"投入运营，河水几乎完全偏离原来的河床。1997 年 9 月 25 日，国际法院对这一案件作出判决。判决对国际环境法作出了重要阐述。判决指出：长期以来，人类为了经济和其他原则不断破坏着自然。过去这样做是没有考虑对环境的影响。由于新的科学认识和不断增长的对人类无所顾忌开发自然的风险的认识，新的规范和标准已经形成，大量的法律文件在近 20 年订立。各国不仅在策划新的活动，而且在继续过去的活动时，必须考虑这些新规范，对这些新标准予以必要的重视。同时，法院还明确指出一个国家对自然环境的关注是这个国家的"根本利益"。判决宣称：法院注意到，由于环境损害经常不可挽回的特点以及弥补这种损害固有的局限性，在环境保护领域要求警惕和预防。

联合国国际法院有关环境问题的咨询意见有 1996 年 7 月 8 日关于使用核武器的合法性的咨询意见。

1993 年 9 月 6 日，世界卫生组织就"国际法是否允许在任何情况下威胁和使用核武器"向国际法院征求咨询意见。1994 年 12 月 15 日，联合国大会通过决议，也向法院提出了同样的请求。由于问题的复杂性，国际法院有史以来第一次由每个法官对请求咨询的问题发表了单独意见或声明。法院认为使用核武器会构成环境的灾害，因此，各国在衡量追求军事目标的必要性和规模时，必须考虑环境因素。法院指出，第一议定书的条款体现了保护自然环境，避免大面积、长期、严重的环境损害这一一般义务；禁止使用可能造成这种损害的战争方法和手段；禁止以报复方式破坏自然环境。因此，尽管没有禁止使用核武器的具体条款，但法律表明，在适用于武装冲突的法律原则和规则的背景下，重要的环境因素是应该得到适当考虑的。

非常明确，国际法院在对国际环境争端进行审理和作出裁判的同时发展了国际环境法。

（二）国际海洋法法庭

国际海洋法法庭是依据《联合国海洋法公约》附件六《国际海洋法法庭规约》而设立的。国际海洋法法庭的管辖权仅限于依照《联合国海洋法公约》提交的争端和其他国际协定授权管辖的事项。国际海洋法法庭所适用的法律是《联合国海洋法公约》和其他与公约不相抵触的国际法原则。[1]国际海洋法法庭的判决对争端当事方具有约束力。[2]

1. 解决海洋争端的有关规定

关于海洋环境争端解决的规定，主要是《联合国海洋法公约》第 15 部分，这是经过多次协商的结果。《联合国海洋法公约》第 15 部分首条（第 279 条）规定："各缔约国应按照联合国宪章第 2 条第 3 项以和平方法解决它们之间有关本公约的解释或适用的任何争端，并为此目的以宪章第 33 条第 1 项的所指的方法求得解决。"这就规定了缔约国用和平方法解决海洋争端的义务。对有关该公约的解释或适用的任何争端，由争端各方通过谈判交换意见或同意按附件 5 第 1 节规定的程序，将争端提交调解。如果得不到解决，经争端任何一方的请求，再根据第 287 条的规定，可以用书面方式自由选择，将此争端提交按照附件 6 设立的国际海洋法法庭或者国际法院，或提交按照附件 7 组成的仲裁法庭或按照附件 8 组成的特别仲裁法庭。

根据《国际海洋法法庭规约》，国际海洋法法庭按《联合国海洋法公约》及规约的规定组成并履行职务，法庭对各缔约国、管理局和缔约国以外的实体开放。法庭设在德国的汉堡，法庭认为合适时也可在其他地方开庭并履行职务。

法庭由 21 名不同国籍的法官组成，法官任期 9 年，连选连任，每 3 年改选 1/3；法官不得担任任何政治或行政职务。此外，还设临时法官，具体要求，按照《国际海洋法法庭规约》第 17 条的规定，临时法官与其他法官地位平等。对于涉及科学和技术问题的任何争端，按规定要求可推选至少 2 名科学和技术专家列席法庭，但无表决权，可以出庭的全部法官均应出席，但必须有选任法官 11 人参加才组成法定人数。法庭选举庭长，任期 3 年，连选连任，法庭可任命书记官长和其他工作人员。[3]

法庭还可根据需要设立特别分庭，由其选任法官 3 人或 3 人以上组成，以处理特定种类的争端。其中为迅速处理纠纷，法庭每年设由选任法官 5 人组成的分庭，用简易程序审讯和裁判争端，如渔业事务特别分庭、海洋环境保

---

〔1〕《联合国海洋法公约》第 293 条第 1 款规定：根据本节具有管辖权的法院或法庭应适用本公约和其他与本公约不相抵触的国际法规则。

〔2〕 参见《国际海洋法法庭规约》第 33 条 "裁判的确定性和拘束力"。

〔3〕 参见《国际海洋法法庭规约》第一节 "法庭的组织"。

护特别分庭等。[1]

2. 国际海洋法法庭的管辖

与国际法院只有国家才能成为诉讼当事者不同，国际海洋法法庭的当事人不仅是缔约各国，缔约国以外的实体也可以成为当事人。缔约国以外的实体是指："管理局、企业部和在缔约国担保下的具有缔约国国籍或由这类国家或其国民有效控制的自然人或法人。"[2]但如"自然人或法人"为海底争端分庭的一方，应将此事通知其担保国。该国应有权以提出书面或口头陈述的方式参加司法程序。

法庭的诉讼管辖权依照主权原则，以争端各方的同意为基础，而不是强制性的。《国际海洋法庭规约》规定："法庭的管辖包括按照本公约向其提交的一切争端和申请，和将管辖权授予法庭的任何其他国际协定中具体规定的一切申请（第21条）。如果同本公约所包括的主题事项有关的现行有效条约或公约的所有缔约国同意，则有关这种条约或公约的解释或适用的任何争端，可按这种协定提交法庭（第22条）。"这种提交程序是以争端当事各方以特别协定或申请书的方式提交。但如果当事一方将争端提交法庭，而另一方声明在诉讼开始后自愿接受法庭的管辖，即默认同意，可不必在起诉前签订特别协定。如果争端一方向法院提起诉讼，而争端的另一方声明不接受法庭的管辖，法庭则无权审理此案。

审理一般公开进行，由庭长主持。判决由出庭的法官过半数决定，如票数相等，庭长或代理庭长投决定票。判决书应包括叙述其所根据的理由、参加判决的法官姓名，如果判决书全部或一部分不能代表法官的一致意见，任何法官均有权发表意见。法庭对争端所作的任何裁判是有确定性的，争端所有各方均应遵守。

很明显，国际海洋法法庭将诉讼主体由国家扩大到国家以外的实体，扩

---

[1]《国际海洋法法庭规约》第36条：①海底争端分庭为处理按照第188条第1款（b）项向其提出的特定争端，应成立专案分庭，由其法官三人组成。这种分庭的组成，应由海底争端分庭在得到当事各方同意后决定。②如果争端各方不同意专案分庭的组成，争端每一方应指派法官一人，第三名法官则应由双方协议指派。如果双方不能达成协议，或如任何一方未能作出这种指派，海底争端分庭庭长应同争端各方协商后，迅速从海底争端分庭法官中作出这种指派。③专案分庭的法官必须不属争端任何一方的工作人员，或其国民。

[2] 参见《联合国海洋法公约》第153、187条。

大到法人和自然人，是大大有利于人类生存环境的保护，当然对其他领域的国际环境保护也将产生重要的影响。

3. 国际海洋法法庭的国际环境争端解决

国际海洋法法庭成立以来所受理的案件涉及海洋环境问题的占相当大的比例，包括南方蓝鳍金枪鱼案、东南太平洋箭鱼案、MOX 工厂案、马来西亚与新加坡的填海造地案等。由此观之，国际社会对于海洋环境的维护以及生物资源养护投入了更多的关注，因为唯有在海洋科学技术上提升，方能提出造成环境破坏的原因，而更进一步向国际海洋法法庭提出司法争议的审理要求。且由于涉及海洋环境的争议往往具有高端的科学技术性，而缔约国愿将争议提交国际海洋法法庭，表示对于其专业度给予了高度肯定，也反映出在海洋环境保护方面，国际海洋法法庭具有相当的专业素养。再者，国际海洋法法庭关于释放船员和临时措施的案件，实际上都非常快速地作出裁决，反映了国际海洋法法庭审理高效的特征，着实有利于国际环境争端的解决。此外，因为国际海洋法法庭设立分庭的方式，也显示出其具有相当程度的灵活性，因为争端当事方可以依据其争端的特点，选择合适的分庭处理，尤其是专案特别分庭的组建，争端当事方可以自行协议合适的法官人数及审理规则，更加有利于国际环境争端之解决。[1]

相比联合国国际法院，国际海洋法法庭最大的不同点在于国际海洋法法庭就其案件的审理充分表现出对于海洋环境的关注，亦即考虑了国际环境法中的基本原则，包括在 MOX 工厂案[2]中，国际海洋法法庭认为要达到真正防止污染的目标，应注意国际合作的重要性；而在第 12 号马来西亚诉新加坡围海造地的案件中，国际海洋法法庭也强调了谨慎和小心的原则，以及需要争端双方进行合作的必要性。又在第 17 号咨询案件中，说明了预防原则是担保国的义务，故争端方必须采取最佳方式开展环境影响评价，[3]以及在第 21 号咨询案中，强调国家间渔业资源的保全需要各国共同合作，此为各国之义务，并确认"可持续发展"为《联合国海洋法公约》之基本原则，以及"预

---

〔1〕 蒋小翼：《〈联合国海洋法公约〉涉海环境争端解决程序之比较分析》，载《边界与海洋研究》2018 年第 2 期。

〔2〕 The MOX Plant Case（Ireland v. United Kingdom），PCA，2002.

〔3〕 李文杰：《也谈国际海底区域担保国的法律义务与责任——以国际海洋法法庭第 17 号"咨询意见案"为基点》，载《河北法学》2019 年第 1 期。

防原则"采用的标准等，均可看出国际海洋法法庭对于国际环境争端的处理，不同于国际法院的判决，国际海洋法法庭的设立于国际环境领域展现了其专业性和重要性。

（三）国际刑事法院

国际刑事法院（International Criminal Court，ICC）于 2002 年在荷兰海牙设立，其主要职能是对犯有灭绝种族罪、危害人类罪、战争罪、侵略罪等国际犯罪的个人进行起诉和审判。

为了更好地保护和保全全球环境，避免全球环境遭到更加严重的污染与破坏，促进已经受到损害的全球环境的修复和治理，建立更加完善和全面的国际环境法律体系，当前国际社会已经开始考虑通过将一些对环境造成严重的污染和破坏的行为确定为一种国际罪行的具体方法来预防和打击日益严重的全球环境污染与环境破坏行为，以构建更加完善的国际环境法律体系，促进国际环境法得到更加有效的实施和落实，最终实现人类与自然环境的和谐共存以及人类社会的可持续发展。目前，明确将某些对环境当中的具体要素造成严重污染或者破坏的行为确定为一种国际罪行的现行有效的国际条约当属基于成立国际刑事法院的《国际刑事法院罗马规约》（以下简称《罗马规约》）[1]，国际刑事法院亦着手在《罗马规约》所赋予的职权范围内关注日益严重的国际环境问题。

1. 国际刑事法院环境相关文件的出台

2016 年 9 月 15 日，国际刑事法院检察官办公室发布了《关于案件选择以及优先性的政策文件》，文件明确表示将特别考虑起诉与《罗马规约》相关的、通过破坏环境和非法开采自然资源等方式实施的国际罪行。这是继 2013 年《关于初步审查的政策文件》之后，国际刑事法院检察官办公室第二次发布有关环境保护的文件。2013 年的政策文件指出，国际刑事法院检察官办公室将在案件初步审查的过程当中特别考虑"被害人遭受的痛苦和更高的受害风险、后续恐怖氛围或是对受害群体造成的社会、经济和环境损害"。[2]这意

---

〔1〕《罗马规约》于 1998 年 7 月 17 日在联合国设立国际刑事法院全权代表外交大会表决通过，2002 年 7 月 1 日正式生效。

〔2〕 See ICC Prosecutor, Fatou Bensouda, Publishes Comprehensive Policy Paper on Case Selection and Prioritisation, available at International Criminal Court's official website：https//www. icc‐cpi. int/Pages/item. aspx? name=pr1238.

味着，国际刑事法院将在《罗马规约》的基础上更多地参与到人类环境保护事业中。基于这两份政策文件，对《罗马规约》中涉及环境保护的条款可以从两方面进行理解：一方面是以破坏环境为手段而进行的《罗马规约》中所规定的国际犯罪行为；另一方面是在实施《罗马规约》中所规定的国际犯罪行为时对环境造成了损害后果。这两方面的不同之处主要在于前者是以破坏环境为手段而达到实施国际犯罪的目的，而后者则是在实施国际犯罪的过程中造成了破坏环境的结果。换言之，前者是将对环境的损害作为目的，是一种直接的故意，是在主观上积极追求造成严重的环境污染和/或破坏的结果，而后者是把环境的损害作为结果，是一种间接的故意，是在主观上可以意识到所实施的行为会对环境造成严重的破坏和/或污染而放任这种损害结果。这两份政策性文件体现了办公室已经开始意识并关注到与人类环境保护有关的具体问题，这就昭示了国际刑事法院对与其管辖的特定国际罪行相关的造成严重环境损害后果问题的积极态势。

2. 《罗马规约》的绿色条款

《罗马规约》第 7 条和第 8 条等条款对一些具体的环境要素和可能涉及的环境要素，如自然环境以及建筑物、历史纪念物等的保护作了直接或间接的规定。因而被认定为《罗马规约》的绿色条款。这些绿色条款不仅适用于国际性武装冲突，还适用于非国际性武装冲突，不仅体现了对自然环境的保护，也涵盖了对人文环境的保护。

在《罗马规约》第 7(2)(b) 条关于危害人类罪的规定当中，通过故意污染居民的生活用水也可以实现毁灭部分人口的目标。不仅如此，在现实当中已经发生了这样的案件。在检察官起诉苏丹总统巴希尔犯有危害人类罪、战争罪、种族灭绝罪这一案件当中的第（f）项罪名就包括了对当地的水井的污染。[1]

《罗马规约》第 8(2)(a)(ⅳ) 条规定了"无军事上的必要，非法和恣意地广泛破坏和侵占财产"；第 8(2)(b)(ⅱ) 条规定了"故意指令攻击民用物体，即非军事目标的物体"；第 8(2)(e)(ⅻ) 条规定了"摧毁或没收敌方财产，除非是基于战争的必要"；第 8(2)(b)(ⅹⅶ) 条规定了"使用毒物或有

_____

〔1〕　See case sheet information: Situation in Darfur, Sudan The Prosecutor v. Omar Hassan Ahmad Al Bashir, vailable at International Criminal Court's Official Website https://www.icc-cpi.int/darfur/albashir/Documents/Al Bashir Eng.pdf.

毒武器"；第8（2）（b）（XXV）条规定，"故意以断绝平民粮食作为战争方法，使平民无法取得其生存所必需的物品，包括故意阻碍根据《日内瓦公约》规定提供救济物品"。尤其是第8（2）（b）（iv）条的具体规定，在国际性武装冲突期间，行为人如果明知其攻击自然环境的行为会对自然环境造成广泛、长期和严重的损害后果，仍然发动对自然环境的攻击行为，导致自然环境遭到破坏或者污染，并且其对自然环境造成损害的程度与预期得到的军事利益相比是过分的，就可以构成战争罪。以该条款为依据的判决已经生效，即"马里情势案"。2016年9月27日，国际刑事法院以蓄意指挥攻击西非历史文化名城廷巴克图的宗教和历史建筑而判被告人艾哈迈德·艾哈迈迪犯有战争罪并处以9年监禁。不仅如此，2017年8月17日，国际刑事法院还要求艾哈迈德·艾哈迈迪对当地进行总额为270万欧元的赔偿。

除通过第8（2）（b）（iv）条对自然环境的明确保护以及第8（2）（b）（ix）条和第8（2）（e）（iv）条对建筑物、历史纪念物的明确保护体现了《罗马规约》对环境中具体要素的直接保护之外，《罗马规约》中的其他条款虽然没有明确规定对环境的保护，但可以通过条约解释的方法得出对环境保护的内容。这类间接保护环境条款主要体现在《罗马规约》的第6（c）条、7（2）（b）条、第8（2）（b）（XXV）条、第8（2）（a）（iv）条、第8（2）（b）（ii）条、第8（2）（e）（xiii）和第8（2）（b）（xvii）条等具体内容之中。这些条款虽然没有明确规定对环境及其相关要素的破坏构成相应的国际犯罪，但是存在着通过解释而将某些对环境造成污染或者破坏的行为认定为国际犯罪的可能性。

此外，在前述办公室分别于2013年和2016年发布的两份政策文件当中也可以得到证实。这是因为在这两份政策文件当中，办公室都没有明确提出只有在战争罪的项目下才可以考虑与环境保护有关的为国际刑事法院所管辖的具体案件。这就意味着，办公室并没有将案件的选择局限于战争罪这一类犯罪当中，而是从通过破坏环境的方式或者对环境造成损害的结果这样的与环境损害有关的角度进行案件的选择，这就证明了除《罗马规约》在战争罪当中明确对环境的直接保护之外，在其他罪名中也还包括了对环境的间接保护。

总而言之，《罗马规约》体现对环境直接和/或间接保护的相关条款不仅是国际刑事法院得以行使管辖权的重要依据，更昭示了国际刑事法院对于国际环境犯罪的有效管辖以及参与国际环境争端解决的发展趋势。

第八章

国家环境义务与国际法律责任

地球只有一个，人类是一个整体。尽管人们生活在不同的主权国家内，但海洋大气山川河流并不因为国界而不连绵，全球生态系统的损坏并不因国界而不蔓延，在环境问题上，人类直面的是共同的危机。正是由于全球生态环境的整体性以及环境问题对人类影响的极其重大性——直接危及人类生存的物质基础，其后果所涉及的是所有国家、整个人类。因而，我们的环境行为必须受到制约，倘若仅强调环境权利而不履行环境义务，不承担国际法律责任，则人类的生存环境是不可持续的。

第一节 环境问题的实质与环境义务

"命运共同体"的意识是我们所处的这个新千年最具深刻意义的理念。面对人类共同的生存危机，应同心同德，不以追求一己之利而损害他人、损害人类赖以生存的生态环境，强调"人以自然为生存的基础"，彻底抛弃征服自然之执念，建立完善的法律制度并培养强烈的责任感，一秉诚信履行环境义务。

一、环境问题的实质

自然界是人类生命和价值的源泉！文明起源于自然，自然塑造了人类的文化，一切艺术和科学成就都受到自然的影响，人类与大自然和谐相处，才有最好的机会发挥创造力和得到休息与娱乐。[1]人类走过了数十万年的漫长

---

〔1〕 参见联合国大会 1982 年 10 月 28 日通过的《世界自然宪章》序言。

岁月，在这期间人类不断地认识自然，改造自然，脱离了蒙昧和野蛮的时代，创造了灿烂的人类文明。第二次世界大战之后，特别是20世纪60年代至70年代以来，随着量子论、相对论和系统论、控制论、信息论的广泛运用，以及新的理论，如耗散结构理论、混沌理论、协同论等理论的提出和运用，增强了人类对于自然的认识和把握；而宇航技术、通信技术、网络技术的发展使人的器官得到进一步的解放；电子技术的广泛运用，使工业生产由自动化向智能化转化，大大提高了劳动生产率；新的能源和新型材料的运用改善了能源结构；遗传物质的发现、DNA双螺旋结构的发现、基因工程的运用、克隆技术的发明，为人类的农业和医学的发展注入了新的活力。就在现代科学与技术提高了人类生产力前所未有的水平的同时，也创造了置人于死地的大规模的杀伤性武器；破坏了人类赖以生存的自然环境；发达国家利用先进的技术，在其发展过程中造成了大量的环境问题和资源、能源的枯竭；这些问题已经造成人类生存的危机，已经严重影响了人类的生存与发展，使人类在其发展过程中陷入生存的环境危机中。面对如此严峻的生存危机，我们必须清醒地认识到：人类是自然的一部分，生命有赖于自然系统的功能维持不坠，以保证能源和养料的供应。[1]即人类的生存与发展离不开环境，而非环境离不开人类。可见，于人类而言，"环境"指的是影响人类生存和发展的各种天然的和经过人工改造的自然因素的总体，包括大气、水、海洋、土地、矿藏、森林、草原、野生生物、自然遗迹、人文遗迹、自然保护区、风景名胜区、城市和乡村等。当然，不仅是人类，凡是有生命的东西，都存活于使之能够存活的环境之中。即，生物体皆居于与其固有环境能够有机结合的互动关系之中，存在于与各不同物种可能感受的刺激和可能的反应互相对应之所谓"环境世界"中。对于生物而言，除根植于大地母亲而栖居一定的环境外，乃是不可能存活的。因而，环境问题的说法乃是种逆说，其实质是这里（人类存续本身）的问题而不是那里（环境）的问题，非彼而此也。[2]原因就在于人类一旦离开了彼（环境——能够存活的地方）就无法存活了。可见，是大自然（环境）为人类提供了生存和发展的必要条件，而大自然（环境）并不是为了满足人类的需要才存在的。

---

〔1〕 参见联合国大会1982年10月28日通过的《世界自然宪章》序言。

〔2〕 裴广川主编：《环境伦理学》，高等教育出版社2002年版，第20页。

　　自然界的变化是有其自然的客观"法则"的，亦即通常说的自然规律，但自然界的规律性并不等于人类的目的性。整个大自然是一种有序的状态，其中存在着恒量的数值比例关系，进行着有条不紊的循环。人类只是这有序世界的一分子，人类要向自然索取氧气、粮食、淡水、能源等维系生命的基本物质。然而，在以人类中心主义为价值取向、以人类统治自然为指导思想的功利主义的传统环境观下，根据人类价值和经验解释或认识世界，认为人是一切事物的尺度，视环境为"人类生存或健康的工具"，自然资源是无限的，可以取之不尽用之不竭，因而可以不受限制和无偿地使用；自然界消化废物的能力是无限的，可以随意把废弃物排向环境。在这种功利主义的环境价值观下，只要是对集团或个人有利的，便可以为所欲为，可以无限制地作用于自然和改变自然，拼命地向自然索取，不断加剧人与自然的冲突和对立，直至环境危机的出现。可以说，世界环境问题的出现，是传统环境观按照它的价值取向发展所必然产生的，是它的不可避免的直接后果。

　　正是由于人类传统环境价值观的作用，最终践踏了人类自身的生存环境，从根本上破坏了人与自然的关系，导致环境危机的濒临。所谓"环境危机"即"人类的生存危机"。人类意识到再这样无休止无节制地索取会导致严重的环境损害，一味地为了自我而肆意破坏环境，最终迎来的必将是赖以生存的家园不复存在。因此，为了能够持续生存与发展，支撑生存与发展的基础"环境"是不能崩溃的。为了使环境不至于崩溃，就要转变旧有的观念，不应该只是依赖于人的利益和自然对于人的工具价值，而是要根据自然本身的价值，从生命物种的保存、进化和生态系统的完整、稳定、完美出发，采取符合生态规律的行动，[1]使人们的环境行为合乎自然规律，以确保自己的生存与发展基础免遭损害。然而，由于享乐主义与狭隘利益观作祟，使行为合乎自然规律并非易事，更不可能是自觉行为。所以，唯有通过确立行为规范以约束之，要求人们可以做什么，不可以做什么，这就被表述为"保护环境"抑或"环境保护"。其实，我们要保护的是自身的持续生存和发展基础，"保护环境"的目的是基于人类对自身生存基础的保护，而非保护环境。"保护环境"抑或"环境保护"这一说法其实是个伪命题，一方面是自视为万物之主的人类的主观意识的极度膨胀的表现；另一方面则是出于维护自身生存环境

---

　　〔1〕 林灿铃：《国际环境立法的伦理基础》，中国政法大学出版社 2019 年版，第 196 页。

以行为规范来约束行为者之环境行为的冠冕之词。

二、环境义务

物种一般是先稀少，然后灭绝。但是，如果对于物种的稀少并不感到奇怪，而当物种灭绝的时候却大感惊异，这就好像对于病并不感到奇怪，而当病人死去的时候却感到惊异，以致怀疑他是死于某种暴行一样。如今，就生态环境的灾难性而言，其规模之大、范围之广、程度之深超出了史上任何一个时期，已经到了无以复加的地步！海洋油污、水源短缺、酸雨赤潮、土地沙化、森林毁损、物种锐减、能源紧缺、飓风雪灾、火山地震、空气污浊、冷暖无常、四季失调、牛疯鸡瘟、非典疫病……凡此种种，已严重影响人类的政治、科技、经济生活等各个方面，甚至于精神的空虚和文明的萎缩。这迫在眉睫的深重灾难严重威胁着我们，已经成为危及我们生存与发展的根本问题，使我们难以安生。且这灾难的规模和速度，业已超出了一个民族、一个国家或是一个社会群体的控制能力！直面如此的生存危机，为了拯救自己，我们必须采取行动，建立一套行之有效的共同遵守的行为规则以保护和拯救我们赖以生存的家园！必须考虑自身的行为方式，制订规章制度以规范我们的行为！必须扭转环境质量退化，保持和谐、健康的持续发展！燃眉的环境危机要求我们树立人与自然和谐相处的观念，重新认识客观存在的事物条理以更新我们的环境伦理观，确立新型的环境道德观和现代文明观。

确立新型环境伦理观应以生态科学揭示的人类持久生存所必需的且存在于自然生态系统中的"公共利益"作为其现实基础和客观依据，我们只有承认了生态规律的真理性和不可抗拒性，才能发现生态系统的稳定平衡对人类生存利益的价值性，进而作出人类应当尊重自然的理性选择。所以，我们应按照有利于人类在自然界持久生存下去且更好地生活的要求来确立人对自然的实践行为的评价标准系统，为人类改造、利用、占有自然确定正当的范围、合理的途径方式并承担起优化自然生态系统的环境义务。因为从根本上说，我们所关注的实际上是人类持久生存下去的生态要求，之所以强调环境义务，根本在于人类生存有这种生态学意义上的客观要求。因而，为了能够可持续生存与发展，必须重新调整人与自然的关系，必须确立人们环境行为的基本原则，以此作为人类对待自然环境的行为准则和判断人类环境行为善恶的根本标准。

当然，倘若仅有环境道德，而没有将"环境行为准则"法治化的话，也是难以形成真正的行为约束。反之，法治如果不是建立在正确反映客观伦理和道德规范基础上的话，那便注定是"恶法"。因此，我们必须通过变革，变革我们的旧观念，勇于承担义务，于此变革中创建并健全正确反映客观伦理和道德规范的良善之法。正确反映客观伦理和道德规范的良善之法不仅为人们提供善待自然的文明方式，且在价值取向、生产方式、生活方式、社会结构上体现人与自然关系的全新视角，其核心是从"人征服统治自然"过渡到"人与自然协调发展"，是对人类中心主义这一传统环境价值论的颠覆和超越。这种观念的变革，在我们所倡导的"命运共同体""生态文明"等理念指导下以及数次政府机构的改革中得到了充分体现。我国于1974年5月成立国务院环境保护领导小组，1982年12月29日撤销国务院环境保护领导小组，组建城乡建设环境保护部内设环境保护局，1984年12月5日，调整城乡建设部内的环境保护局为国家环境保护局，1988年3月升格为国家环境保护总局，2008年7月11日国家环保总局升格为国家环境保护部，2018年4月16日中华人民共和国生态环境部正式揭牌。由此可见，我国通过政府机构的改革，将新型环境价值观——生态文明的内涵和要求内在地体现于思想意识、生活方式、行为方式和法律制度中，并以此作为衡量人类文明程度的一个基本标尺以实现人与自然和谐相处的制度安排，并确立生态平衡的思想观念和精神追求。

诚如前文所述，人类是大自然的一部分，人类的物质世界完全是以人类对自然环境的开发与利用为基础的。换言之，离开自然环境的物质支撑，人类将无法存续下去。但是，人类在开发利用自然环境的同时，人类的活动反过来也对自然环境的物质循环造成了影响，并且在人类关注环境问题之前，人类肆意破坏环境的行为造成了严重的环境污染，破坏了生态环境，严重影响了人类的生存与发展。显然，环境是人类得以继续在地球上生存的前提，只有满足生存的前提之后，人类才能继续发展。因此对人类的环境行为进行约束、课予环境义务实属理所当然。因此，基于我们生存和持续发展的需要，每个国家乃至每个人以及主要由国家作为行为主体的国际社会都应当诚实履行环境义务。

权利义务是对立统一的。国家有其环境权利，正如《里约环境与发展宣言》所强调的：根据《联合国宪章》和国际法原则，各国拥有按照其本国的环境与发展政策开发本国自然资源的主权权利，并负有确保在其管辖范围内或在其控制下的活动不致损害其他国家或在各国管辖范围以外地区的环境的责任。[1] 这是国际环境法的一项基本原则，其基本含义是指在国际环境领域，每个国家不论大小，都拥有对本国自然资源的永久主权，拥有自己的环境主权，有权根据本国情况决定自己的环境政策和战略，有权根据本国的需要合理开发、利用和保护其环境资源，对于本国管辖范围内的环境问题具有最高的处理权和对外独立性，任何国家、组织和个人不得干涉。但必须在互相尊重国家主权独立的基础上进行，同时必须承担不损害国外环境的义务。[2] 享有权利就必然承担义务。在享有环境权利的同时必须承担环境义务。环境义务与其他义务一样，对义务主体提出作为或不作为的要求。同时，环境问题的实质，决定了所有社会关系的主体都应当承担环境义务，包括国家、政府间国际组织、非政府间国际组织以及法人、自然人。因为每一个主体都可能是环境的破坏者，也都可能是环境损害的受害者。所以，社会关系中的任何一个主体都无法脱离于环境义务。当然，或许仅在我们身边发生的一些环境污染的问题难以让我们感受到整个人类都是该环境污染的受害者，然而全球性的环境危机（诸如淡水资源的匮乏、气候变化等）的出现，足以让我们感受到全人类都是生态环境被破坏的受害者。

我们只有一个地球，地球生态是一个完整的系统。在环境问题上，水、大气等环境要素是流动的，一旦造成污染，其后果将不止于一域。国家可以对其管辖范围内的水、土等环境资源享有主权权利，但客观事实是环境破坏、环境损害的后果是不受人为国界影响的。此外，在开发属于两个或两个以上国家共有的自然资源时，各国必须在互通声气和事前协商的基础上通力合作，以便在不损害其他国家合法权益的前提下，最适当地利用这些资源。[3] 还有，一切国家都有责任为当前这一代人以及子孙后代的利益，维护、保持和改善环境。[4] 据此，一切国家都应当作出努力，都有责任保证在自己管辖地区或控制地区以内的一切活动，不致对本国管辖区域以外其他国家和地区的环境造成损害。

一言以蔽之，环境义务是法律课予行为主体在环境领域的行为或不行为，是对行为主体的环境规范和责任要求。当今世界，国际关系最重要的行为主

---

〔1〕 《里约环境与发展宣言》（1992 年 6 月 14 日）第 2 条。

〔2〕 参见林灿铃：《国际环境法》，人民出版社 2004 年版，第 163 页。

〔3〕 联合国大会 1974 年 12 月 12 日第 2315 次会议通过的《各国经济权利和义务宪章》第 3 条。

〔4〕 联合国大会 1974 年 12 月 12 日第 2315 次会议通过的《各国经济权利和义务宪章》第 30 条。

体是国家。国家联结着每一个人（国民），同时连接着国际社会，国家环境行为更关乎每一个人（人类整体）。因此，"国家环境义务"的究明至关重要。

第二节 国家环境义务

1991 年的《发展中国家环境发展部长级会议北京宣言》提出："必须建立一个有助于所有国家尤其是发展中国家持续和可持久发展的公平的国际经济新秩序，为保护全球的环境创造必要条件。"[1]倘若作为国际关系中最主要主体的世界各国皆以"国家环境义务"为自律，一秉善意以遵行所担负之环境义务，如是，则安生可得，幸福可享。

一、国家环境义务的界定

现代意义上的国家是定居在一定的领土而结合于一个独立自主的权力之下的人的集合体。而这个独立自主的权力的任务在于按照法律的原则实现这一集体（人的集合体）的共同福利。

诚然，在国际关系尤其是国际法律关系的发展历程中，许多问题都是以国家意志和国家利益为导向的。如常设国际法院 1927 年在"荷花号案"中就提到："国际法调整独立国家之间的关系。因此，拘束国家的法律规则来源于国家自身的自由意志，这些意志要么体现在国际条约之中，要么反映在对普遍接受的法律原则的适用之中。"[2]直至现在，仍有许多学者坚持这种观点，[3]认为国际社会只存在一种横向的法律关系，国际法的权利与义务只能是双边的，国际法只不过是两个或多个国家之间的合意。这种自利是以国家

---

〔1〕 参见《发展中国家环境与发展部长级会议——北京宣言》，载中国环境报社编译：《迈向 21 世纪——联合国环境与发展大会文献汇编》，中国环境科学出版社 1992 年版，第 169 页。

〔2〕 Case Concerning The S. S. "Lotus", Series A. –No. 10, Judgment of 7th September 1927, p. 18.

〔3〕 普罗斯珀·韦伊（Prosper Weil）在一篇发表于 1983 年的文章中热烈地为上述主张辩护："国家同时是国际法的制定者和承受者，像昨天一样，今天的国际法也不可能存在某种'国际民主'，在这种民主中，代表了多数国家的意志被认为可以以全体国家的名义发言，并由此被赋予权利将该种意志强加于其他的国家。"See Prosper Weil, "Towards Relative Normativity in International Law", 77 Am. J. Int'l L. 413 (1983), p. 420. 1989 年，美国国际法学者亨金·路易斯（Louis Henkin）在海牙国际法学院的演讲中说："根据传统的原则，一个国家只受得到其自身同意的国际法规则的约束。"See Louis Henkin, "Politics, Values and Functions: International Law", *The Hague Academy Collected Courses*, Vol. 216, Issue Ⅳ (1989), p. 45.

主权为核心的利益观。传统国际法认为，国家仅对可以明确证明源于国家的违法行为所引起的损害承担国际法上的责任。然而，随着科学技术的发展，人类生产力水平的飞速提高，人类活动的范围早就超越一国边界，所产生的不利影响与严重后果跨越国界甚至跨越地球，最明显的莫过于片面追求生活水平的提高大量排放温室气体而导致气候变化所带来的严重后果。然而，又有谁能够意识到：任何一个国家的温室气体排放，都可能成为最后一根压死骆驼的稻草而导致气候变化损失损害，气候变化所致损失损害又祸及本身呢！

当然，限于人类社会发展的当前阶段，主权原则是调整国际关系的国际法中的一项基本原则，各个国家必须尊重其他国家的主权，相互之间地位平等，各自独立。这项原则适用于国际关系的各个领域，当然也适用于国际环境领域。即国家当然地享有对环境与资源开发和利用的自由，但国家在对各自管辖范围内的环境资源行使主权时，应承担尊重他国主权的义务，同时对环境承担相应的义务，保证这种开发利用活动不致损害国外环境，更不应对包括自身在内的人类整体造成损害。

人类从过去、现在直至未来，都要共同生活在这个唯一的地球上。地球生态系统是一个整体。每一个人每一个国家都可能是生态系统的破坏者，也可能是生态环境损害的受害者。当然，或许发生在我们身边的某些环境破坏、环境污染难以让我们感受到整个人类都是该破坏环境、污染环境行为的受害者，为追求生活水平的提高强调 GDP 的高能耗高污染更不会使人联系到生存危机。然而，全球性的环境危机（诸如淡水资源的匮乏、土地荒漠化、气候变化等）的出现，足以让我们感受到人类包括我们自身前景乃至生死存亡的茫然与无措。"皮之不存，毛将焉附。"生态环境关乎人类的生存与发展，倘若不能摆脱环境危机，人类的生存就失去了基础，人类社会的发展就是子虚乌有。所以，为保护环境，为了人类的可持续生存与发展，作为国际关系最主要主体的国家绝不能置身于环境义务之外，更不能无视自己本身就是人类整体的组成部分这一客观现实。

国家是人类社会发展到一定阶段才出现的产物，尽管不能否认国家对于其管辖范围内的环境资源享有权利，国家固然可以对其管辖范围享有主权权利，但是环境危机的转移以及全球生态系统的破坏并不会因国界而受到限制。环境保护并不仅仅关系当代人的生存利益，还关系人类整个种群的延续问题。因此，环境义务是每个人每个国家都不可免除的义务，不仅是为了让自己这一代人能够生活在良好的环境中，还为了让人类种群能够延续下去，并且让自己的后代也能够享受良好的生存环境。尤其于气候变化所致损失、损害而言，其后果所涉及的是所有国家、整个人类——包括当代与后世。因而，国家的环境行为必须受到制约，必须课予国家环境义务，以此达到保存保护人类生存环境并实现人类社会可持续发展的目标。

　　每一个人都希望自己生活之处山清水秀、政通人和、海晏河清、民富国强！而绝没有人愿意所居是空气污浊、地荒水脏、满目疮痍、山河破碎之所！国家是人的居所，国家最基本的职能就是保障所居之人具有所适之所！于人类整体而言，只有一个地球，地球是人类共同的家园，人类是一个命运共同体！鉴于人类社会发展的现阶段，无论是关乎国内事务还是国际事务，国家都是最主要的主体。概言之，国家环境义务，就国际法而言包括两个方面：一是禁止实施国际不法行为侵害国外环境；二是防止实施国际法不加禁止行为损害国外环境。就国内法而言，国家需要通过立法保证国民在有利于身心健康的环境中生活，这是国家环境义务的国内维度，是对本国国民应当承担的环境义务。就命运共同体而言，不因自己的环境行为使包括自身在内的人类整体遭受损害。总之，国家不仅在国际法上承担环境义务，承担双边和多边条约、国际习惯以及国际强行法所课予的义务，同时于国内法上承担对本国国民的环境义务。换言之，国家环境义务是指国家根据国际条约、国际习惯、一般法律原则以及国内法等应当承担的不破坏不损害环境的义务。

　　国家具有居民、领土、政府和主权四个要素。居民是国家的基本要素，领土是国家赖以存在的物质基础，政府是政权组织，主权是国家的根本属性。"主权"包含权利的同时还包括义务和责任，即对外尊重别国的主权，对内尊重所有国民的尊严和基本权利。[1]因此，国家不仅具有保护本国人民福祉的义务，更意味着国家须对国际社会乃至人类整体承担其环境义务。

二、对国际社会的国家环境义务

　　20世纪60年代以来，环境问题受到广泛的重视，国际社会对环境问题高

---

　　〔1〕　关于国家基本义务的内容、数量以及名称，国际法上迄今尚无统一的标准。但根据1949年联合国国际法委员会起草和通过的《国家权利义务宣言草案》，国家的义务包括"尊重基本人权和自由"。参见王铁崖主编：《中华法学大辞典：国际法学卷》，中国检察出版社1996年版，第241页。

度关注，并采取了越来越多的措施以预防或避免环境问题的暴发。因为各种环境问题具有超越国界和影响全球的性质，因此，各种国际环境议题通过谈判磋商，就国家的环境权利义务缔结国际条约以实现保护环境的目的。

国家作为国际关系中最主要的主体，其必须承担基于国际关系准则而产生的国际义务。国家的国际义务可划分为双边义务和多边义务。双边义务指的是一国对另一国应当承担的义务，在国际环境领域，这主要表现为两国签订的双边环境协定和双边贸易协定中关于环境的条款所赋予的环境义务。多边义务是指一国对某个特定国家群体和整个国际社会的共同利益承担的义务，于环境领域而言，它们主要表现为国家缔结的多边环境协定中的环境义务。此外，国际组织、国际会议的宣言与决议以及贸易协定中的环境章节也课予国家相关的国际环境义务。

涉及环境的国际条约很早就已经出现了，如 1867 年的《英法渔业公约》、1882 年的《北海过量捕鱼公约》、1887 年的《在奥匈和意大利领土上消除动物流行病危险的公约》、1909 年的《美加水界条约》、1902 年的《关于保护和利用多瑙河渔业资源公约》以及 1911 年的《关于保护和保全海豹公约》等。这些国际条约主要是为了解决拥有共同边界的国家之间的资源利用或者是病虫传染等问题。而最近的短短几十年由于人类生存环境的快速恶化，以保护环境为目的、约束国家环境行为的国际环境条约之数量，出台之速度，当是不胜枚举，史无前例。

体现国家国际环境义务的双边条约的目标是通过在环境领域的国际合作寻求解决环境问题并协调两国之间的共同行动。我国与数十个国家就签订了环境合作协定，诸如《中华人民共和国政府和保加利亚共和国政府环境合作协定》《中华人民共和国政府和大韩民国政府环境合作协定》《中华人民共和国政府和日本国政府环境保护合作协定》等。这些双边条约无一例外都就双方在环境领域的合作的相关环境义务进行了规定。

由于环境问题愈演愈烈，范围越来越大，以致出现人类生存危机。为了能够更好地解决全球性环境危机，国际社会普遍参与的"多边环境协定"以其特殊的方式课予国家环境义务，即以"框架公约+议定书"以及在议定书后添加附件形式的三重结构并通过缔约方会议就国家的国际环境义务作出规定。最为显著的便是《联合国气候变化框架公约》及其《京都议定书》和议定书的附件，在考虑到各国经济发展程度以及自然环境不同的情况下，要求各成员共同承担不同程度的应对气候变化的责任并切实履行相关国际环境义务。

随着经济全球化浪潮的发展，投资自由化的进程也出现加速的趋势，国家固然能在国际投资中取得经济上的发展，但同时也要重视投资活动对环境造成的负面影响。在意识到国际投资对环境带来的负面影响之后，许多国家都在国际（双边与多边）贸易（投资）协定中加入有关环境保护条款或环境章节，在投资与贸易协定中将环境因素作为一项重要因素加以考量，就环境问题进行详细甚至是严苛的规定，为贸易（投资）协定缔约方设定相应的环境义务。

此外，随着国际关系的发展和国际组织数量的不断增多，国际组织在现代国际关系中的作用也日益增强，尤其在国际环境领域所发挥的作用是不容忽视的，许多国际组织通过的决议或宣言体现了国际社会保护环境的共同信念，为各国国内环境立法、为环境领域的争端解决、为促进国际环境条约的缔结等确立理念提供了指导。历史上很多人认为国际组织的决议和宣言属于建议的性质，不具有法律拘束力，有的人认为可视为"准立法"的性质。[1]但由于国际组织如联合国的作用日益增强，我们对国际组织的宣言与决议所具有的法律意义应该进行客观分析，尤其在国际环境领域。根据国际环境法的实践，有的国际宣言和决议是具有法律约束力的。例如《关于自然资源之永久主权宣言》（1962年）、《人类环境宣言》（1972年）、《里约环境与发展宣言》（1992年）以及《约翰内斯堡可持续发展宣言》（2002年）等。这些法律文件，往往获得各国一致通过或大多数国家的通过，它们创立了事实上得到各国或多数国家认可的国际环境法原则、规则和制度。还有国际组织依据国际条约所作出的决定，这类法律文件的效力来源于条约，是国际条约效力的体现，就像国际捕鲸管制委员会根据《国际捕鲸管制公约》于1982年出台的《关于禁止商业性捕鲸的决定》等。可见，这些国际文件具有直接的立法效力，将直接产生具有约束力的国际法律规则。如塔姆斯认为，国际组织决议"可以最方便地被看作国际法的一个单独渊源……因为，如果不承认适用一项决议不同于一项公约这一点的话，将是不切实际的"。戈布雷哈纳则说，联合国大会决议作为国际法的一种渊源，为国际法律关系提供了新的趋势，并且是创造国际合作的唯一可以想象的论坛。苏联的一些国际法学者持有类似的见解，

---

〔1〕　李浩培：《国际法的概念和渊源》，贵州人民出版社1994年版，第132页。

他们认为国际组织决议这一国际法渊源没有总是得到足够的重视，而这一渊源的作用和重要意义是无比巨大的。[1]

综上所述，国家对国际社会承担环境义务的法律依据就是国际环境条约、国际环境习惯以及国际组织和国际会议的相关决议等。

三、对国民的国家环境义务

1972 年 6 月 5 日的《人类环境宣言》明确了"人类应当有权居住在有益健康的环境并应当对未来世代的人承担保护环境的责任"原则（第 1 条）。这一原则在 1992 年里约热内卢环境与发展大会得到了重申。《非洲人权与民族权宪章》（1981 年）[2]、《美洲人权公约补充议定书》（1988 年）[3] 以及《奥胡斯公约》（1998 年）[4] 等国际法律文件也都体现了人类应当享有美好环境的权利和国家有义务改善国民的生存环境等内容。可见，国家所承担的国际环境法上的环境义务应体现在其国内立法之中。即国家除了在国际环境法层面承担环境义务，还需在国内法层面对本国国民承担环境义务。所以，为了履行国际环境义务，国家在制定国内法时应当借鉴国际法的相关原则、制度和措施，将国家在国际法上承担的环境义务以立法的形式加以明确，这是各国切实承担国际环境义务的体现。以我国为例，为了积极承担国际环境义务，加强环境保护领域的国际合作，我国先后缔结和参加了诸多国际环境条约，如《保护臭氧层维也纳公约》及其《蒙特利尔议定书》，还有《联合国气候变化框架公约》及其《京都议定书》和《巴黎协定》，还有《生物多样性公约》及其《卡塔赫纳生物安全议定书》，以及《鹿特丹公约》《关于持久性有机污染物的斯德哥尔摩公约》等国际环境条约，并建立了相应的国内履约机构，开展了相应的国内立法活动。同时，我国也十分重视推动与周边国家或相关地区的合作，积极参与区域合作机制的建设并高度重视建立有效的

---

〔1〕 转引自周忠海等：《国际法学述评》，法律出版社 2001 年版，第 91~92 页。

〔2〕《非洲人权与民族权宪章》是"非洲统一组织"于 1981 年制定，于 1986 年 10 月 21 日生效，是非洲国家在人权和民族权保护方面迈出的重要一步，对于促进非洲国家民族问题的解决、社会的稳定与发展以及推动区域人权与民族权保护机制的发展均有重要意义。

〔3〕《美洲人权公约补充议定书》，又称《圣萨尔瓦多议定书》，于 1988 年 11 月 7 日美洲国家组织大会通过，是一份关于经济、社会和文化权利的美洲人权公约补充议定书。

〔4〕 该公约全称是《在环境问题上获得信息公众参与决策和诉诸法律的公约》，1998 年 6 月 25 日于联合国欧洲经济委员会第四次部长级会议上通过，是环境信息公开制度发展的里程碑。

区域性共同防治污染环境保护机制，积极开展环境保护领域的双边合作，先后与美国、日本、加拿大、俄罗斯等40多个国家签署了双边环境保护合作协议或谅解备忘录，与10多个国家签署了核安全合作双边协定或谅解备忘录。

民惟邦本。[1]国家应以"民本位"为基础，重视民生，例如发生重大疫情时，对病例所在场所或该场所内特定区域的人员实施隔离措施，在隔离期间，政府应当对被隔离人员提供生活保障。[2]可见，因重大疫情防控需要而实施封控隔离时给封控区域被隔离的居民提供生活保障，是国家政府的法定义务和责任，得到生活保障则是国民的法定权利。毋庸置疑，国家保障本国国民享有在良好环境中生存和生活、接受阳光普照、呼吸清洁空气、饮用清洁的水、观赏宜人的风景以及平等、合理地利用环境资源的权利，让每个人都能享受"有尊严和福利的生活环境"，并"保护保存和改善这一代和将来的世世代代的环境"。这理所当然是国家对本国国民承担的环境义务。目前，包括美国、俄罗斯、韩国、菲律宾等发达国家和发展中国家在内的150多个国家在宪法中明确了国民享有良好环境的权利。许多国家的宪法明确将环境保护作为国家的义务或目标，其中，阿根廷、巴西、哥伦比亚、保加利亚、南非、韩国、葡萄牙等41个国家的宪法都是在确认了环境权的前提下，明确规定了环境保护的国家环境义务或目标。例如，《秘鲁政治宪法》（1980年）第2章第123条规定了国民"有生活在一个有利于健康、生态平衡、生命繁衍的环境的权利"和"国家有防治环境污染的义务"。此外，大多数国家则在环境基本法中对国家环境义务作了规定。《日本环境基本法》第1条规定："本法的目的，是通过制定环境保护的基本理念，明确国家、地方公共团体、企（事）业者以及国民的责任和义务，规定构成环境保护政策的根本事项，综合而有计划地推进环境保护对策，在确保现在和未来的国民享有健康的文化生活的同时，为造福人类作出贡献。"同时于第6条确定了国家在保护环境中应履行的职责："根据前3条规定的环境保护的基本思想，国家有义务制定环境

---

〔1〕 参见《尚书·五子之歌》。

〔2〕 参见《中华人民共和国传染病防治法》第41条：对已经发生甲类传染病病例的场所或者该场所内的特定区域的人员，所在地的县级以上地方人民政府可以实施隔离措施，并同时向上一级人民政府报告；接到报告的上级人民政府应当即时作出是否批准的决定。上级人民政府作出不予批准决定的，实施隔离措施的人民政府应当立即解除隔离措施。在隔离期间，实施隔离措施的人民政府应当对被隔离人员提供生活保障；被隔离人员有工作单位的，所在单位不得停止支付其隔离期间的工作报酬。

保护的政策并采取相应的措施。"《韩国环境政策基本法》第2条对立法目的作了如下规定："鉴于环境质量及其保持，保护舒适的环境并且维持人类与环境之间的协调和平衡，是国民享有健康、文化的生活以及国土保持与国家持续发展所必不可少的要素，国家、地方、企业和国民应当努力维护和促使环境的良好状态。在从事利用环境的行为时，应当对环境质量保持予以优先的考虑。在当代国民能够广泛享受环境恩惠的同时，使后代能得以继承。"德国联邦环境局发布的《环境法典草案》第1条第1款则对立法目的作了这样的规定："为了环境的持久安全，法律的保护目标是：一、生物圈的生存能力和效率；二、其他自然资源的可利用能力。环境保护的措施是为了人类的健康和健全。"《中华人民共和国环境保护法》明确立法目的为"为保护和改善环境，防治污染和其他公害，保障公众健康，推进生态文明建设，促进经济社会可持续发展"（第1条），确立保护环境是国家的基本国策（第4条第1款），强调国家的任务是采取有利于节约和循环利用资源、保护和改善环境、促进人与自然和谐的经济、技术政策和措施，使经济社会发展与环境保护相协调（第4条第2款）。

当然，基于各国立法中的规定，许多学者针对环境立法目的这一问题展开了所谓"一元论"与"二元论"之争。前者坚持环境立法的唯一目的就是保护人类健康（也有人认为是促进经济发展）；而后者认为，环境立法的目的首先是保护环境，其次才是保障人类健康和促进社会经济的发展。其实，人类的生存、良好的环境和经济的发展是相辅相成、休戚相关的。倘若基本生存都无法保障，就很难顾及环境保护，而当生活水平达到一定高度时，对舒适且优美环境的需求自然而然就会产生。因而，人为地将环境保护、人类健康与经济发展割裂开来或排先后次序，都是毫无意义乃至错误的。它们应该完美地统一于环境立法所要追求和实现的目标之中。

四、对人类整体的国家环境义务

传统国际法认为国际社会中的国际法关系是双边的，只不过是两个或多个国家之间的合意。然而，随着两次世界大战的结束，国际社会成员开始逐渐意识到，国际社会存在某种普遍的、关涉全人类福祉的利益，如和平与安全。[1]早在 1945 年的纽伦堡审判与 1946 年的东京审判中，就已经出现了对国际社会整体的义务的相关思想。可以看出，当时国际社会就已经出现了保护国际社会共同享有的和平与人性尊严的思想。

1953 年，赫西·劳特派特（Hersch Lauterpacht）在向国际法委员会提交的报告中指出："条约不纯粹因与国际习惯法不一致而被认定为非法或无效，还必须与可以被视为构成国际公共政策原则的国际法最高原则一致。这些原则显然不仅限于已经被普遍认可的打击海盗和禁止侵略等法律规则。它们得构成对国际道德规则的表述，因其极度令人信服，国际法院将它们视为被文明国家所普遍承认的一般法律原则的一部分。"[2]根据他的主张，国际公共政策原则构成对国际道德规则的表述，而国际道德恰恰关涉的是国际社会整体的利益，可以理解为"对人类整体义务"的思想萌芽。

1967 年 8 月 17 日，马耳他常驻联合国代表阿维德·帕多在向第 22 届联合国大会提交的"帕多提案"中就"国家管辖范围以外的海床洋底及其资源"提出了"人类共同继承财产"的概念，随后，联合国大会通过了一系列有关规定"人类共同继承财产"原则的决议，如 1970 年第 25 届联合国大会以 118 票对 0 票、14 票弃权通过的《关于国家管辖范围以外海床洋底及其底土的原则宣言》（第 2749 号决议）。其主要内容是确认了下列几项原则：国际海底及其资源为全人类共同继承之财产（第 1 条）；任何国家和个人不得将该地区的任何部分或其资源据为己有（第 2、3 条）；尽快建立包括适当机构在内的国际制度，对该区域的所有开发活动和其他有关活动进行管制（第 4 条），该地区及其资源的探测和开发应使各国都能分享收益，尤其要照顾到发展中国家的利益和需要（第 5、7 条），此后，"国际海底'区域'及其资源是人类的共同继承财产"原则得到了国际社会的普遍赞同。

1970 年 2 月 5 日，国际法院在"巴塞罗那电车、电灯和电力有限公司案"第二阶段的判决中首次正式且明确提出了"对一切的义务（obligations erga omnes）"，[3]国际法院认为外国法人或自然人进入一国领土之后所应享有的受该国保护的权利是关涉所有国家的，该权利所对应的义务属于"对一切的

---

[1]　参见《联合国宪章》第 1 条。

[2]　ILC Yearbook (1953), vol. Ⅱ, at 154.

[3]　Case Concerning Barcelona Traction, Light and Power Company, Limited (Belgium v. Spain), (Second Phase), Judgment, ICJ Reports (1970), Para. 33.

义务"。同时，国际法院还列举了一些这样的义务："例如，在当代国际法中，这种义务产生于宣告侵略行为和灭绝种族行为为非法和有关人的基本权利的原则和规则，包括免受奴役和种族歧视。其中一部分权利已经成为一般国际法的一部分，而另一部分权利被国际法律文件赋予了全球或是准全球（quasi-universal）的性质。"[1]澳大利亚和新西兰在 1974 年起诉法国的核试验案中，均以对国际社会整体的义务作为起诉的法律依据之一，而且均希望证明禁止在大气层进行核试验是一项正在形成的国际习惯，而且该习惯与国际法院在"巴塞罗那电车、电灯和电力有限公司案"中阐述的义务具有相同的法律属性。[2]

1993 年，著名的"盖巴契科夫—拉基玛洛水坝案（匈牙利/斯洛伐克）"是国际法院第一次被请求直接考虑环境与经济发展的案件。该案的纠纷源于匈牙利和捷克斯洛伐克共和国就开发利用"布拉迪斯拉发和布达佩斯之间的多瑙河的水资源"所签订的协议。该案涉及条约法与国家继承等重要问题，但是具有深远意义的当属国际法院副院长斯里兰卡籍法官卫拉曼特雷（Weeramantry）在审判阶段的独立意见书里以国际法内部体系的视角论述了"对一切的义务"的相关问题。他认为："在此类争端的当事方之间，存在一个非常重要的概念性问题，这个问题关涉所谓的违反了对世界上其他方的权利或义务。法院的传统职责是在当事方之间作出裁决，在此基础上，本院会作出符合当事方之间公平与正义的裁决。这一程序很大程度上是抗辩式的。而这对于具有'对一切'（erga omnes）特征的权利与义务难以实现正义——至少在具有深远影响且不可逆转的环境损害案件中确实如此。我之所以提及这个问题是因为它迟早会在国际环境法领域中自我呈现，并且因为（尽管对于实际作出的判决而言并不是必不可少的）本案的事实以一种极为尖锐的方式提醒我们对其予以关注。"[3]随后，他还指出，在我们踏进"国际社会整体的义务"领域，基于个体公平与程序合法性的规则也许已经不够用了。日益凸

---

[1] Case Concerning Barcelona Traction, Light and Power Company, Limited (Belgium v. Spain), (Second Phase), Judgment, ICJ Reports (1970), Para. 34.

[2] Marizo Ragazzi, *The Concept of International Obligations Erga Omnes*, Clarendon Press, 1997, p. 179.

[3] Case Concerning Gabcikovo-Nagymaros Project (Hungary/Slovakia), Separate Opinion of Vice-President Weeramantry, p. 115.

显的重大生态问题正要求我们对此进行深思。国际环境法需要脱离国家的个体利益这个封闭圈，将人类整体的利益作为关注的焦点。[1]

综上，国家对人类整体的义务，其目的是维护人类基本道德价值和国际社会共同的利益。从国际实践来看，这种义务涉及两大类事项：一类是基于人道主义的基本考量而确定的义务，如为了反侵略、反奴隶、反种族灭绝而存在的义务；一类则是指环境领域的国家义务，如大气层核试验、海洋污染以及气候变化所致损失损害等。我们必须明确的一点是，人类是大自然的一部分，人类的物质世界完全是以人类对自然环境的开发与利用为基础的，换言之，离开自然环境的物质支撑，人类将无法存续下去。但是，人类在开发利用自然环境的同时，人类的活动反过来也对自然环境的物质循环造成了影响，并且在人类关注环境问题之前，人类肆意破坏环境的行为造成了严重的环境污染，破坏了生态环境，严重影响了人类的生存，也阻碍了社会的发展。如今，我们所面临的由全体人类共同作用结果的气候变化就是地球上任何一个国家都无法回避的问题。近年来，各种严重环境事件的频发以及气候变化所致损失损害让人们越来越深刻地认识到保护地球环境的重要性，感受到稳定气候系统的关键性。而这些关乎人类生死存亡的环境问题的解决，仅凭某个或某些国家或国际组织的努力是远远不够的，这需要法律——国内法与国际法——的介入，更需要站在人类整体的角度去应对，就气候变化所致损失损害后果而言，国家环境义务必须包括对人类整体（包括自身）的义务，建立健全气候变化所致损失损害责任的救助机制。

观念在国际关系中发挥重大作用，法治观念为国家建构价值体系，从内因上为国家转变狭隘的利益观，确立共存、共赢、共进的国际法治观具有重要意义。国家需要树立和深化以人为本、文化和谐、可持续发展的理念，以构建和巩固人文的、和谐的国内法治，不断推进国际法治。国际法至今经历了从斗争走向合作，从合作走向互利，从共赢走向多赢的漫长历程，这是人类社会发展的必经之路。当然，在这一漫长历程中人类经受了数不胜数的曲折与坎坷，即便到如今，依然有为了一己之利而"退出《京都议定书》""拒绝《巴黎协定》"的固持环境保护单边主义者。然而，历史不再被当成

---

〔1〕 Martin Dixon, RobertMcCorquodale, *Cases & Materials on International Law*, 4th edition. Oxford University Press, 2003, p. 465.

民族史来理解和研究，而是被看成人类史，当然也包含民族史，但又超越了民族史。在国内法与国际法互动过程中推进国际法治建设和发展，使国际法治真正体现世界各大文明精华并成为维护人类社会长治久安、公平正义、和谐发展的法律保障，当是我们在 21 世纪应当承担的历史重任。

第三节 "国家责任"理论的发展

以"国家责任"指称国际法主体的国际法律责任乃约定俗成。正如奥本海所言，由于过去只有国家是国际法的主体，所以关于不法行为的国际责任总的题目是在"国家责任"标题项下讨论的。保持这一传统的标题仍然比较方便。[1]否定国家责任就等于毁灭国际法。国家责任（国际法律责任）是国际法的中核，它在很大程度上起着国际社会中国际法主体之间的协调作用。国家责任理论的发展及其制度的实施对于纠正国际法主体行为、维护正常的国际法律秩序、树立正确的行为规范和使受害者得到合理补偿等都起着极其关键的作用。

一、传统国家责任

在过去相当长的时期，国际法关于国家责任的研究主要是着眼于国家违反对外国人的生命及其财产以及待遇等方面的义务的后果。于当时而言，国家责任被理解为仅仅涉及对外国人的财产和人身的保护责任。如国际联盟所主持召开的海牙国际法编纂会议（1930 年）给"国家责任"下的定义："如果由于国家的机关未能履行国家的国际义务，而在其领土内造成对外国人的人身或财产的损害，则引起该国的国家责任。"[2]显而易见，这反映的乃是当时西方国家于东道国保护其殖民活动和投资利益的需要。犹如在外交保护以及当地司法救济等问题上，西方国家的理论认为对于外国人的待遇标准是客观的，是不受东道国的国内法限制的，这就是他们认为的所谓的"最低国际标准"。为了达到这一所谓的"最低国际标准"，各国应当采取措施以保护外

---

〔1〕 ［英］詹宁斯、瓦茨修订：《奥本海国际法》（第一卷第一分册），王铁崖等译，中国大百科全书出版社 1995 年版，第 401 页。

〔2〕 王献枢主编：《国际法》，中国政法大学出版社 1994 年版，第 117 页。

国人财产和人身的安全。如果达不到这一所谓的"最低国际标准"，该国则需要对因此而造成的损害承担责任。在当事人或已用尽当地司法救济，或被拒绝当地司法救济，或司法救济根本不具备，或审判显失公平时，受害者国籍国就可以依此而实施外交干预，视国家为受害者而要求东道国赔偿，甚至采取所谓的反措施，且往往以此为借口而干涉一国内政。针对西方此种理论，经济发展相对落后的国家（发展中国家）为了反对西方大国滥用外交保护理论提出了"卡尔沃主义"[1]"德拉果主义"[2]等。对于卡尔沃主义，不论在理论上还是实践上都存在争议，但正如王铁崖先生所认为的，"卡尔沃主义"使传统国家责任理论的局限性受到普遍的批评。[3]卡尔沃主义和卡尔沃条款的意义在于强调外国人和本国人的同等待遇，而排除强国利用外交保护进行任意的干涉。[4]所以，于反对外国人的特权地位、反对西方国家外交保护权的滥用以及强调国家属地管辖权等方面而言，卡尔沃条款是有着进步意义的。而德拉果主义在 1906 年的泛美会议[5]上经过讨论之后，于 1907 年的第二次海牙和平会议上被规定在《限制使用武力索取契约债务公约》（又名《德拉果—波特条约》）中，接着，德拉果主义成了《国际联盟盟约》（1919 年）、《巴黎非战公约》（1928 年）、《联合国宪章》（1945 年）等一系列否定战争作

---

〔1〕　卡尔沃（Carlos Calvo）于 1868 年在其著作《国际法理论与实践》中提出关于外国人与本国人地位平等的著名主张：在一国定居的外国人，应享有与当地国民相同的保护而不能要求更多的保护；外国人受所在国法律管辖，如受损害或遇争执，须由当地法院处理，不容任何外国干涉。在衡量国家责任时，卡尔沃以外国人与本国人平等待遇的标准取代所谓"最低国际标准"，认为承认"最低国际标准"就是造成本质上有利于强国而有害于弱国的一种特权，会形成本国人和外国人的不平等，并损害国家的领土主权。即属于一国领域内的外国人同该国国民有同等受到保护的权利，不应要求更大的保护。当受到任何侵害时，应依赖所在国政府解决，不应由外国人的本国出面要求任何金钱上的补偿。

〔2〕　德拉果（Drago Doctrine）于 1902 年 12 月 29 日致阿根廷驻美国公使的训令中提出"国家不得以替本国国民索债而向外国使用武力"的主张。其理论基础则是排除欧洲各国干预美洲大陆的门罗主义（美国总统詹姆斯·门罗于 1823 年 12 月 2 日在国情咨文中提出的美国对外政策的原则，即欧洲列强不应再殖民美洲，或涉足美国与墨西哥等美洲国家之主权相关事务。而对于欧洲各国之间的争端，或各国与其美洲殖民地之间的战事，美国保持中立。相关战事若发生于美洲，美国将视为具敌意之行为）和国家不得为国民的契约争执干涉外国的卡尔沃主义。

〔3〕　王铁崖主编：《国际法》，法律出版社 1995 年版，第 128 页。

〔4〕　王铁崖主编：《中华法学大辞典：国际法卷》，中国检察出版社 1996 年版，第 329 页。

〔5〕　即于 1906 年在巴西里约热内卢召开的第三次美洲国家会议，主要议题是促使美洲国家在下一年召开的海牙会议上提出通过一项全球性的强制仲裁条约。参见王绳祖主编：《国际关系史》（第 3 卷），世界知识出版社 1996 年版，第 247 页。

为国家推行对外政策之手段的合法性的国际法律文件的重要内容，成为确立禁止使用武力或武力威胁、和平解决国际争端等国际法基本原则之潮流的起点。毋庸置疑，德拉果主义在反对欧洲列强当时以债务问题为借口而对拉美国家进行武力干涉这一霸权行为上是具有其进步意义的。

当然，对于过去时代资本输出国力图保护其海外投资和侨民利益进行的法律要求和主张的错误的纠正，应该说更主要的还是归功于联合国国际法委员会。1963 年，联合国国际法委员会在对国家责任问题进行多年讨论后，根据国际情势和国际法的最新发展，决定修正传统国家责任理论而摆脱其限制，就国家由于其国际不法行为而产生的一般责任的规则进行研究并编纂之，即不仅仅限于违反某些特定的国际义务，而是违反任何国际义务的责任。国家责任在理论上的这一突破，标志着国际法之国家责任制度的发展到了一个新的转折点。

二、国际不法行为的国家责任

1963 年，联合国国际法委员会第十五届会议一致就国家责任专题的研究决定先制定有关国家责任的一般原则并确定了三项工作原则：一是优先编纂国家责任的一般国际法原则；二是同时考虑某些领域的国际实践，尤其是有关对外国人损害的国家责任方面的实践；三是兼顾与国家责任有关的国际法其他方面的发展。1969 年，国家责任专题特别报告员罗伯托·阿戈向联合国国际法委员会第 21 届会议提出了第一份报告书。委员会对该报告书进行了研究，随即要求专题特别报告员提交该专题的条款草案报告书，并决定先对国际不当行为的国家责任进行研究，同时确立了该项工作的方针，即将该专题分为国家责任的产生和国家责任的内容等两个阶段。1970 年，在国际法委员会第 22 届会议上，罗伯托·阿戈提出了第二份报告书《国家责任的产生》。该报告书的内容主要包括国家责任与国际不当行为的关系、国际不当行为的类型以及国家责任的构成要件等。联合国国际法委员会对该报告书进行研究后决定对国际不当行为的国家责任和国际法不加禁止行为所引起的损害性后果的国家责任加以区别，并确定"国家责任"一词可解释为"对国际不法行为国家应承担的责任"。据此，通过不断努力，联合国国际法委员会终于完成了《国家责任条款草案》（条款草案案文共三部分 60 条），[1]该草案打破了传统国家责任范围的局限性，把国家责任从仅指外国侨民的人身和财产遭受损害所引起的国家责任扩展到了包括一般国际不法行为和国际罪行的所有国际不当行为的国家责任，充分反映了国际社会反对帝国主义、殖民主义的要求和呼声。可以认为这是国际社会在完善国际法之国家责任立法方面所取得的重大成就。条款草案从根本上改变了传统国家责任理论，从根本上改变了国家责任的调整范围。联合国国际法委员会明确宣布，制定条款草案的目的不是确定构成国家责任基础的国家承担的国际法义务的内容，而是规定违背国际法义务的法律后果。简言之，国家责任就是"一国对其国际不法行为的责任"[2]或"国家对其国际不法行为所承担的责任"。[3]由此可见，国家责任的成立，必须具备违反国际法规则和可归责于国际法主体这样两个要件，即必须满足主观要件和客观要件。所谓主观要件是指一不当行为可归因于国家而被视为该国的国家行为。是否可归因于国家的判断标准是国际法而不是某一国家的国内法。国家责任的主观要件意味着只有违反国际义务的行为是可归因于国家的行为，才引起国家责任，并非所有违背国际义务的行为均构成国际不法行为，不能要求国家对其境内的所有人从事的一切活动都对外负责。所谓客观要件是指国家的行为违背了该国所承担的国际义务，此项国际义务，无论是基于国际条约，还是习惯国际法，其法律后果都一样，均引起该国的国家责任。这种行为，既指国家对某一国际义务的作为，也指国家对某一国际义务的不作为。

可见，国际不法行为的国家责任确定的是国际不法行为的法律后果，它是一种法律责任，具有强制执行的性质，它要求加害国以法定的形式承担责任。[4]我们需要明确，法律责任不同于道义责任或政治责任，道义责任或政治责任不具备强制执行的性质，亦无需以法定的形式承担责任。这一点在理论上必须予以澄清，只有明确是法律责任还是非法律责任才能够促使各国认

〔1〕　草案全文见联合国大会第 51 届会议补编第 10 号（A/51/10）《国际法委员会第 48 届会议工作报告》，第 95~121 页。

〔2〕　联合国大会第 51 届会议补编第 10 号（A/51/10）《国际法委员会第 48 届会议工作报告》第 95 页；《国家责任条款草案》第 1 条。

〔3〕　[英] J. G. 斯塔克：《国际法导论》，赵维田译，法律出版社 1984 年版，第 238 页。

〔4〕　周忠海主编：《国际法》（第 2 版），中国政法大学出版社 2013 年版，第 133 页。

真地恪守国际法，才能确保国际社会的有序状态。

三、跨界损害国家责任

随着科学与技术日新月异的发展，各国在原子能利用、工业生产、外层空间探索以及国际海底区域开发利用等活动中往往造成对别国的损害或威胁。然而，这些可能对邻国、对社会、对居民、对财产、对环境造成损害的活动，在运用现代科学与技术开发、利用自然资源等经济社会发展领域却又是必不可少的，而前述国际不法行为的国家责任显然无法适用于调整危险活动所致跨界损害的法律关系。这就需要有一种新的国际法律制度来有效地解决由高新技术所产生的新的责任问题，以避免一旦发生跨界损害却无法可依的状态。在此种背景下，跨界损害的国家责任因应人类社会发展的客观需要应运而生。[1]

1973 年，联合国国际法委员会决定，在完成国际不法行为的国家责任的研究后进行对所谓危险责任的研究和编纂工作，也可以同时分开进行对这两个专题的研究。鉴于可能导致危险责任的行为不同于一般的国际不法行为，联合国大会决定将此问题作为独立议题列入国际法委员会议程。根据联合国大会的要求，国际法委员会于 1978 年的第 30 届会议将该议题列入了工作计划并任命罗伯特·Q. 昆廷·巴克斯特为该议题特别报告员。通过十多年的努力，联合国国际法委员会第 48 届会议专题工作组于 1996 年向联合国大会提交了《国际法不加禁止行为所产生的损害性后果的国际责任条款草案》，将跨界损害定义为"在起源国以外的一国领土内或其管辖或控制下的其他地方造成的损害，不论有关各国是否有共同边界"。[2]这个定义相比国际法协会1982 年在蒙特利尔通过的《适用于跨国界污染的国际法规则》所下的定义"'跨国界污染'指污染的全部或局部的物质来源系在一国领土内，而对另一国的领土产生有害的后果"，几乎可以被认为已经接近完整。因为国际法协会的这个定义指出污染及其产生的影响都是在国家领土范围内，更确切地说，跨国界环境污染只能是发生在一个（或几个）国家的范围内，而对另一个国

---

[1]　林灿铃：《国际法上的跨界损害之国家责任》，华文出版社 2000 年版，第 57 页。

[2]　参见联合国大会第 51 届会议 补编第 10 号（A/51/10）《国际法委员会第 48 届会议工作报告》，第 211 页；《关于国际法不加禁止的行为所产生的损害性后果的国际责任条款草案》第 3 条 b 项。

家或另几个国家或地区产生影响。细加琢磨的话，很容易发现这个概念实在是过于狭窄了。虽然，跨国界污染不是发生在某一国家的领土范围内，但却由某一国家行使在该地区控制污染环境活动的主权，比如二百海里专属经济区或大陆架就属于这种情况，这难道不是跨国界污染？再者，跨国界污染也应指根据注册登记而列入某一国家的设施所产生的后果，如船舶和飞机等。从受害者的角度，更应该扩大"跨国界"的范围。还应考虑除国家范围外各国为某种目的而行使主权的区域，以及包括在本国管辖范围之外停留或拥有的飞机、船只、设备、人员等等。最后，"跨界损害"指的是在起源国以外的其他地方造成的损害，"污染"与"损害"显然不是一回事，将"损害"仅仅视为"污染"未免过于狭隘与短视。很明显，两相比较，联合国国际法委员会的《国际法不加禁止行为所产生的损害性后果的国际责任条款草案》对"跨界损害"所下的定义弥补了国际法协会所作定义的不足。然而，联合国国际法委员会的定义或许是过于小心谨慎吧，它没有考虑到那些不属于任何国家行使主权的区域，例如地球南北两极地区、公海、公空乃至外层空间和国际海底区域等，如果造成对诸如外空、公海等不属于任何国家主权范围或任何国家所管辖或控制范围的损害的话，那么，导致损害后果的行为是否应该也要承担责任呢？因为诸如外空、公海中的有害物质是可以通过各种方式对别的国家产生有害后果的。显然，答案是肯定的。

可见，"跨界损害"不仅应包括在一国境内进行的对别国产生有害影响的典型活动或对一国领土内或其管辖或控制下的其他任何地方造成的损害，而且还应包括对"公域环境"[1]的损害，即国家管辖范围以外的区域，包括公海、公空、国家管辖范围以外的海床和洋底及其底土、地球南北两极、外层空间等。

综上所述，笔者将"跨界损害"定义为：国家管辖或控制下的活动造成该国管辖或控制范围以外的其他国家领土或其管辖或控制范围的以及"公域环境"的损害。而"跨界损害的国家责任"即跨界损害责任则是指国际法不加禁止行为所造成的国家管辖或控制范围以外地区损害性后果的赔偿责任。其目的是确保对跨界损害受害者给予以利益均衡为原则的及时、充分、有效的赔偿。

---

[1]　林灿铃：《荆斋论法——全球法治之我见》，学苑出版社 2011 年版，第 136 页。

四、跨界影响的国家责任

基于人类当前的文明程度和迅猛发展的科学与技术，尤其是人类工业的飞速发展，人类尚难避免意外事故尤其是突发工业事故所带来的灾难，而灾难性的突发工业事故又往往难以避免产生跨界影响，如 2005 年 11 月 13 日中石化吉林双苯厂发生爆炸导致松花江严重污染的重大事故。当此情形，无论是国际不法行为的国家责任还是跨界损害的国家责任都无法适用于这一领域时，即当一跨界损害后果并非由于主体行为所致时，就需要一套新的理论和制度来进行调整。这就是工业事故跨界影响的国家责任。

何谓"工业事故"？根据欧洲经济委员会《工业事故跨界影响公约》的规定，"工业事故"指的是任何涉及危险物质的活动过程中发生的突发性事件，[1]这些活动过程包括：①发生在某一设施中的活动，如生产、使用、储存、操作或处理过程；②受第二条第 2 款（4）规制的任何运输过程。[2]此外，理解这个定义还可参考 1993 年第 80 届国际劳工大会通过的《预防重大工业事故公约》第 3 条（d）项："重大事故"一词系指在重大危害设置内的一项活动过程中出现的突发性事件，诸如严重泄漏、失火或爆炸，涉及一种或一种以上的危害物质，并导致对工人、公众或环境造成即刻的或日后的严重危险。鉴此，工业事故可定义为"工业生产活动过程中发生的意外事故"。[3]"意外"指的是不可预见性，"生产活动"则包括生产、使用、储存、操作或处理、运输等过程。

何谓"跨界影响"？依照欧洲经济委员会《工业事故跨界影响公约》，"跨界影响"指的是发生于一缔约方管辖范围内的工业事故在另一缔约方管辖范围内造成的严重影响，[4]而"影响"是指工业事故造成的直接或间接、瞬间或延迟的不利后果，特别是对人类、动物、植物、土壤、水、空气和景观以及它们之间的相互作用所造成的影响，和对包括历史遗址在内的物质资产

---

〔1〕 参见欧洲经济委员会《工业事故跨界影响公约》第 2 条第 2 款（4）的规定。

〔2〕 欧洲经济委员会《工业事故跨界影响公约》第 2 条第 2 款（4）的规定，公约不适用于陆源运输事故，但以下事故除外：①对此类事故的紧急反应；②在危险活动处所进行的运输。

〔3〕 林灿铃：《工业事故跨界影响的国际法分析》，载《比较法研究》2007 年第 1 期。

〔4〕 1992 年《工业事故跨界影响公约》第 1 条第 4 款。

和文化遗产所造成的影响。[1]由此，可将"工业事故跨界影响"界定为：由工业事故导致在另一国家管辖范围内或在事故发生地国管辖或控制范围以外地区造成的严重影响。[2]而所谓"影响"则指由工业事故所造成的直接或间接、即刻或滞后的不利影响。而"跨界影响"则可定义为：工业事故或（和）在跨界资源开发利用中导致在另一国家管辖或控制范围内或于国家管辖或控制范围以外地区造成的严重影响。[3]

很明显，工业事故跨界影响无法适用国际不法行为的国家责任，首先是二者的适用对象不同。国际不法行为的国家责任针对的是国际不法行为，而工业事故跨界影响针对的是事故。其次，工业事故跨界影响不符合国际不法行为的国家责任的客观要件。国际不法行为的国家责任要求行为违背了该国所承担的国际义务。但在工业事故跨界影响事件中，国家不可能负有阻止有关事故发生的国际义务，因为工业事故是在生产过程中未曾预料到的、意外的、与当事人意愿相违背的事实。最后，工业事故跨界影响不符合国际不法行为的国家责任的主观要件。国际不法行为的国家责任要求行为可归责于国家，而在工业事故跨界影响事件中，造成跨界影响的是工业事故而非可归责于国家的行为者意志。那么，工业事故跨界影响是否违反了国际环境法所确立的习惯原则"尊重国家主权和不损害国外环境原则"呢？很明显，这一原则也不适用于工业事故跨界影响。因为必须把"生产活动"与"工业事故"区分开，"生产活动"包括生产、使用、储存、操作或处理、运输等过程。而"工业事故"的发生不是生产活动的组成部分。国家承担"保证其管辖或控制范围内的活动，不致损害其他国家或国家管辖范围以外地区的环境"义务，这种意义上的活动是指该国正常的生产活动，而不包括国家也不愿发生的意外事故。这一点使工业事故跨界影响与特雷尔冶炼厂案和法国核试验案有了本质差别：在特雷尔冶炼厂案中，提炼矿物质时排放含硫烟雾的活动就是其生产活动的一部分；在法国核试验案中，法国在波利尼亚上空进行大气层核试验造成放射性微粒回降，这种微粒回降也是空中核爆炸活动的组成部分。所以特雷尔冶炼厂案和法国核试验案都是行为本身造成了跨界损害，无疑适

---

〔1〕　1992年《工业事故跨界影响公约》第1条第3款。

〔2〕　林灿铃：《工业事故跨界影响的国际法分析》，载《比较法研究》2007年第1期。

〔3〕　林灿铃：《工业事故跨界影响的国际法分析》，载《比较法研究》2007年第1期。

用"尊重国家主权和不损害国外环境原则"，而"工业事故跨界影响"则完全不同，"事故"不同于"活动"和"行为"。

正是由于工业事故是工业生产活动过程中发生的事故而非行为者所实施的行为。所以，工业事故所导致的跨界影响也不是国家管辖或控制下的活动所造成的跨界损害。因此，工业事故跨界影响也无法适用"跨界损害的国家责任"。一是适用对象不同。跨界损害国家责任针对的是活动，是那些具有高度危险性的，但是对人类社会的生存和发展具有重要意义的活动。而工业事故跨界影响针对的是事故，是那些在生产经营活动范围之外的、由无法控制而导致的事故。二是主体意识不同。跨界损害是人们有意识进行的活动给国家管辖或控制以外的地区造成的环境损害，也就是说人们在行为之前就会对这种行为将会产生的跨界损害有一个事先的认知和预测。而工业事故跨界影响是不以人的意志为转移的事件，工业事故的发生是行为者不能预见的，是包括国家在内也不愿其发生的意外事故。三是主体义务不同。在跨界损害发生之前，国家有义务对危险活动进行实际有效的监控、监督和管理，通过事先的预防措施以及持续的风险评估来进行合理的规制，而工业事故跨界影响是工业生产过程中基于自然灾害、人为操作失误等原因而发生的意外事件，它是不以人的意志为转移的，国家能做的就是加强监管、制定应急预案，尽最大努力预防工业事故及其跨界影响的发生。当然，工业事故跨界影响与跨界损害具有一定的联系，二者都造成了国家管辖或控制以外的地区的环境影响。但"影响"的外延比"损害"大，"损害"是指物质的重大的和有形的后果，[1]而"影响"不仅包括"损害"，还包括工业事故造成的间接的和延迟的不利后果等情况。[2]此外，二者在损害责任制度体系中也具有互补关系。

由上述可见，虽然国际不法行为的国家责任和跨界损害的国家责任都不适用于工业事故跨界影响，但显然，跨界影响的法律后果是在国际不法行为的国家责任和跨界损害的国家责任之外的一个领域，是国家责任理论必须加以解决的新问题，是国家责任理论的有机组成部分，笔者将之称为"跨界影响的国家责任（跨界影响补偿责任）"。跨界影响补偿责任所追求的价值目标在于促进各国在应对和处理工业事故跨界影响时一秉善意，为无辜遭受工业

---

〔1〕 林灿铃：《国际法上的跨界损害之国家责任》，华文出版社 2000 年版，第 51 页。
〔2〕 1992 年《工业事故跨界影响公约》第 1 条第 3 款。

事故跨界影响的受影响者提供及时和适当补偿，其补偿责任形式包括技术援助、物质补偿、信息交换与共享。这三种具体的补偿责任形式既有利于促进跨界影响发生地国在工业事故跨界影响发生之后承认其对受影响者所应当承担的补偿责任，也有利于受影响者及时了解工业事故跨界影响的相关信息，有效利用跨界影响发生地国提供的金钱、技术和其他物质补偿采取有效的应对措施，尽力消除工业事故跨界影响的不利后果，尽快恢复事故发生前的生产秩序和生活状态。

第四节　国际环境法新情势——"帕劳提案"

任何理论都应该也能够指导实践并在实践中不断丰富、完善和发展。对于人类社会发展的当前现实和国家责任制度发展的趋势，联合国国际法委员会在制订《关于国际法不加禁止的行为所产生的损害性后果的国际责任条款草案》时开宗明义：基于科学的当前文明特征是许多不同形式的地球资源日益用于经济、工业或科学目的。此外，自然资源的不足、对更有效率地使用资源的需要、创造代用资源以及操纵生物体和微生物体的能力都在促使人们谋求创新的生产方法，有时候会引起不可预测的后果。由于经济和生态上的相互依存关系，发生在一国领土、管辖或控制范围内涉及资源利用的活动对其他国家或其国民可能产生损害性影响。这类活动的进行在国家领土管辖或控制范围以外屡次造成损害的事件都可表明全球相互依存关系这一事实情况。[1]正因如此，为了避免出现无法可依的窘境，国际环境法必须因应客观现实，正视国家责任理论发展的新挑战。

一、"帕劳提案"的提出背景与核心观点

基于小岛屿国家对全球温室气体总排放量的极低贡献性及其极易遭受气候变化不利影响的特性，包括帕劳共和国在内的二十几个小岛屿国家联合提出"帕劳提案"，坚持对其所遭受的气候变化所致损失损害享有合法追索权，

---

〔1〕 联合国国际法委员会《〈关于国际法不加禁止的行为所产生的损害性后果的国际责任条款草案〉的一般性评注》，联合国大会第51届会议补编第10号（A/51/10）《国际法委员会第48届会议工作报告》第200页。

并主张在跨界损害责任制度范畴内解决此问题。

（一）"帕劳提案"的提出背景

帕劳共和国是一个岛国，位于西太平洋关岛以南 700 多英里处，其陆地面积为 459 平方千米，旅游业是帕劳共和国的支柱产业之一。早在"帕劳提案"提出之前，国际社会就已经开始关注帕劳共和国等小岛屿国家的可持续发展问题。1992 年，里约联合国环境与发展大会上通过的《21 世纪议程》视小岛屿国家为独特的群体，提出对小岛屿国家的发展利益进行维护，1994 年 4 月 25 日至 5 月 6 日，实施《21 世纪议程》的第一次全球会议在巴巴多斯举行，会议出台了关于小岛屿发展中国家可持续发展的《小岛屿国家共同行动纲领》。

2002 年 9 月 20 日，帕劳共和国副总统在纽约举行的联合国大会第 57 届会议上指出，最近举行的可持续发展问题世界首脑会议表明，人们对解决绝大多数国家的发展需要非常缺乏承诺。关键国家未能重新实现里约热内卢地球峰会的目标也同样令人失望。这些事态表明，这种善意和团结显然仅限于那些最关心发达国家的事项。在可持续发展方面缺乏进展也强烈表明，发达国家仍然认为帕劳共和国等发展中国家仅仅是国际社会的象征性成员，而不是可行的伙伴。该机构的某些成员在基本环境问题上的立场也表明，全球团结仅限于那些与发达国家大国有关的领域。那些已经享受并继续享受最高生活水平的联合国成员已经这样做了，并继续以牺牲我们地球环境的完整性为代价这样做。幸运的是，大多数发达国家，包括日本和欧盟的主要工业化国家的政府，已经认识到其责任，并支持唯一可行的应对气候变化不利影响的办法——《京都议定书》中体现的"没有遗憾"的哲学。现在是时候结束那些逃避责任、逃避《京都议定书》的发达国家对那些最容易受到气候变化不利影响的国家命运的无情漠视了。

2003 年 9 月 30 日，帕劳共和国副总统在纽约举行的联合国大会第 58 届会议上指出，全球化也会带来风险。资源枯竭、人口快速增长、环境破坏、非典等新型传染病、普遍腐败、不受控制的难民移民——所有这些问题都对每个国家的安全产生了越来越重大的影响。如果全球经济不稳定或市场崩溃，国家经济将遭受损失，而如果其他国家不加入《京都议定书》，就不能保护如帕劳这样陷入挣扎的小岛屿国家。环境保护是我们所关心的一个主要问题。今天关于环境和自然资源的决定会影响每个国家的安全。环境威胁不分国界，如气候变化、平流层臭氧消耗、引入有害的植物和动物物种、过度捕捞鱼类和获得其他自然资源，以及危险化学品和废物的跨国流动等都直接威胁到世界上每个人民的健康和经济福祉，会对每个国家的安全和福祉构成长期危险。而对帕劳来说，最直接的危险是海平面的上升。

2005 年 1 月 10 日至 14 日，2000 多名来自 40 多个小岛屿国家的代表在毛里求斯的路易港就审查关于小岛屿发展中国家可持续发展行动纲领执行情况举行国际会议并形成会议最终成果文件——《毛里求斯宣言》。《毛里求斯宣言》重申了《小岛屿国家共同行动纲领》指导小岛屿发展中国家实现可持续发展的基础作用，重申了《里约环境与发展宣言》和《21 世纪议程》等相关联合国会议和首脑会议的成果文件对小岛屿发展中国家实现可持续发展的协助作用，重申了小岛屿发展中国家的公认脆弱性依然令人严重关切，除非采取紧急措施，否则这种脆弱性会持续增长。[1]

对气候变化所具有的潜在性问题和安全影响，自 2007 年 4 月安理会就气候变化与能源、安全之间的内在关系进行首次辩论以来，人们有了深刻的认识。联合国秘书长在 2009 年的报告确认，海平面上升会对一些小岛屿国家构成"最严重的安全威胁"，一些国家可能在"未来 30 年内消失"，虽然完全被海水淹没尚需许多年，世界各区域海平面上升的情况也有所不同，但这不仅仅是未来的风险，也是今天的现实：一些小岛屿国家的情况已经非常严重，必须下令疏散现有的常住人口。

2008 年，在联合国大会第 62 届会议上，帕劳共和国提交了一项决议草案，要求安理会遵守《联合国宪章》，并继续积极审议气候变化的安全影响。同年 4 月，小岛屿国家联盟（Alliance of Small Island States，AOSIS）向长期合作行动问题特设工作组提出处理损失和损害的建议，具体如下：通过保险帮助特别脆弱的发展中国家处理日益频繁和严重的极端天气事件带来的资金风险；通过复原措施处理不可避免的气候变化所致损失和损害的影响，如海平面上升，陆地海洋温度的增加和海洋酸化；通过风险管理措施来支持风险评估和风险管理。[2]

---

〔1〕 刘中民等：《国际海洋环境制度导论》，海洋出版社 2007 年版，第 101~103 页。

〔2〕 Alliance of Small Island States（AOSIS）: Proposal to the AWG-LCA Multi-Window Mechanism to Address Lossand Damage from Climate Change Impacts, p. 1.

2008 年以来，对小岛屿发展中国家而言，气候变化问题关乎国家生死存亡，因此小岛屿国家和最不发达国家（Least Developed Countries，LDCs）集团是损失与损害问题最积极的推动者，他们认为发达国家有责任与义务提供资金与技术援助，因此建议将损失与损害问题作为与减缓问题和适应问题并列的第三要素，成为新协定的支柱，在《联合国气候变化框架公约》下建立包括保险、恢复与赔偿、风险管理组成的应对与气候变化问题相关的损失与损害问题"多窗口机制"。[1]

2011 年 9 月 22 日，帕劳总统约翰逊·托里比翁在联合国大会第 66 届会议上提出了三种有害的跨界损害类型：其一，全球渔业的现状以及过度捕捞给渔业资源造成了威胁；其二，无法量化的核辐射将大量进入帕劳领土；其三，人类遭受气候变化的影响极其严重——气候变化带来了生死存亡的威胁——这也是跨界损害问题。托里比翁强调：就在我发言时，人们正遭受气候变化的影响。随着我们的珊瑚死亡、海岸侵蚀和水位上升，人们感到无助和绝望。传统上，我们会恳求神的干预。但是这不是来自上面（神）的问题。它是人为的。而且它引起了以跨界损害问题为典型的生存威胁。今天，我遗憾地说我们离（达成）解决方案还差得很远。明年将是《联合国气候变化框架公约》签署 20 周年。但是我们取得进展了吗？海平面上升而排放继续有增无减。我们仍然没有一个有约束力的协议。今年 7 月，太平洋小岛屿发展国家联合起来向安理会提出应对气候变化安全威胁的适度、可实现和审慎的建议。但是我们的声音却被其他国家的优先事项淹没了。我只能同意这样的观点：一些国家不承认气候变化对安全的明确影响是"可悲的"。[2]

鉴于此，托里比翁呼吁联合国大会根据《联合国宪章》第 96 条向国际法院寻求咨询意见，以明确"各国是否有法律责任确保其领土上的任何排放温室气体的行为不会危害其他国家"。"帕劳提案"几乎获得了所有小岛屿国家的支持，尽管国际法院的咨询意见并没有法律约束力，但托里比翁认为国际法院的咨询意见将就所有国家都必须承担的责任给予小岛屿国家指导。

托里比翁于 2012 年 2 月 3 日再次重申他 2011 年 9 月在联合国峰会上的呼

---

〔1〕 马欣等：《〈联合国气候变化框架公约〉应对气候变化损失与危害问题谈判分析》，载《气候变化研究进展》2013 年第 5 期。

〔2〕 参见帕劳共和国总统约翰逊·托里比翁《在联合国大会第 66 届常会上的讲话》（2011 年 9 月 22 日）。

吁，再次强调国际法院咨询意见对于小岛屿国家的重要性，他强调随着像帕劳这样的小岛屿国家被淹没，一起被淹没的还有小岛屿国家独特的语言、历史和文化，作为第一个对气候变化引起的安全问题发出警报的国家，帕劳对于IPCC建议小岛屿国家采取移民的措施明确表示不予考虑。多数小岛屿国家也不采纳移民的建议，他们积极呼吁各国采取措施减少温室气体排放，同时对气候变化所致小岛屿国家损失和损害进行赔偿。

（二）"帕劳提案"的核心观点

"帕劳提案"的提出并不是偶然的，在应对气候变化的国际谈判过程中，帕劳共和国等小岛屿国家针对气候变化所致损失损害一直都在主张自己的诉求。尽管托里比翁的"帕劳提案"在问题认识的实质上并不准确，但于国际法而言应该说还是具有积极意义的，首先该提案涉及国际法院咨询管辖权的程序问题且十分清楚国际法院咨询意见的重要性，更主要的是该提案提出了一个国际法之国家责任理论发展的新问题——气候变化所致损失损害责任问题。我们可以从以下两个方面进行分析：

第一，"帕劳提案"涉及国际法院的咨询管辖权问题。国际法院是联合国的主要司法机关，联合国每一会员国为任何案件之当事国者，承诺遵行国际法院之判决。[1]国际法院的管辖权包括诉讼管辖权和咨询管辖权。国际法院咨询管辖权主要面向联合国相关机关且仅就法律问题发表咨询意见，同时，国际法院有拒绝发表咨询意见的权利。一般而言，国际法院受理的咨询案件主要涉及国际组织及其行使职能方面的法律问题。如果要求发表的咨询意见不符合国际法院的司法性质或违背指导其作为法院开展活动的基本规则，或者提出的请求超出了提出机关的权限，那么国际法院就可以拒绝发表咨询意见。[2]1993年，世界卫生组织根据其章程向国际法院提交关于核武器合法性的咨询申请（WHA46/40号决议）——在战争或其他武装冲突中使用核武器，鉴于对人类健康和环境的影响，依照国际法规定，国家是否违反其所应承担的国际法义务？国际法院以11票对3票认为世界卫生组织在要求提供咨询意见的申请书中提出的问题，不属于该组织依宪章所确定的活动范围，法院不

---

〔1〕　参见1945年《联合国宪章》第14章第93、94条的规定。

〔2〕　邵沙平主编：《国际法院新近案例研究（1990-2003）》，商务印书馆2006年版，第531页。

能给出咨询意见。[1]

第二，从法理上看，"帕劳提案"请求明确"各国是否有法律责任确保其领土上的任何排放温室气体的行为不会危害其他国家"，并认为"气候变化所致损失损害"属于"跨界损害"。[2]所以，"帕劳提案"再三强调并重申"小岛屿国家不会放弃合法的追索权"。"帕劳提案"于 2011 年提出后，2012 年，再次重申了国际法院咨询意见的重要性和确定相应法律责任的迫切性。此后，帕劳共和国等小岛屿国家一直强调气候变化对小岛屿国家的威胁在不断加重，并一再重申小岛屿国家不会放弃合法的追索权，且不断强调小岛屿国家人民的人身损害、财产损害都属于跨界损害的赔偿范围。同时，还提出应特别关注环境损害问题，因为环境损害给小岛屿国家旅游资源的合法利用等带来的价值贬损是难以估量的，并强调不容忽视的还有小岛屿国家独特的历史、语言、文化，这些不排除属于"文化遗产"的范围，如果造成损失往往也是难以估算的。因此，不仅仅是要建立一个损失损害赔偿机制，而且在此之前必须考虑如何努力预防造成这样的损失，如果小岛屿国家最终被淹没，那么一切事后救济的措施都将是没有任何实际意义的。

"帕劳提案"所阐述的事实——气候变化不利影响对小岛屿国家所致损失损害——是客观存在的，但"帕劳提案"依据"国际法院以及《联合国海洋法公约》的相关条款都确认，根据国际习惯法各国有义务确保其管辖范围内的行为不影响其他国家的环境"而认为"'气候变化所致损失损害'属于'跨界损害'"却是张冠李戴，文不对题。"跨界损害"是国家管辖或控制下的活动造成国家管辖或控制范围以外地区的损害，而"气候变化所致损失损害"则是包括受害国在内的所有国家的行为共同导致的包括受害国在内的所有国家和全人类共同承受的损失损害。虽然小岛屿国家是其中首当其冲的受害者，但这并不能否定其对于气候变化所致损失损害的致害因素，更不能依据跨界损害责任理论要求其他国家对其承担国家责任。

二、"帕劳提案"的解读与气候变化所致损失损害特征

就造成不利后果的法律性质而言，"气候变化所致损失损害"并非"帕劳

---

[1] 邵沙平主编：《国际法院新近案例研究（1990-2003）》，商务印书馆 2006 年版，第 518 页。

[2] 参见"帕劳提案"之"人类遭受气候变化的影响极其严重——气候变化带来了生死存亡的威胁——这也是跨界损害问题"。

提案"所言属于"跨界损害"的范畴，因而无法适用跨界损害责任。在造成损失损害的范围、施害和受害主体、后果承担等方面，气候变化所致损失损害存在显著区别于国内法和国际法中已有的其他损失损害的特征。

（一）"帕劳提案"的解读

如前文所述，2011 年 9 月 22 日，帕劳共和国总统约翰逊·托里比翁在联合国大会第 66 届常会上提出了三种有害的跨界损害类型，第三种，人类遭受气候变化的影响极其严重——气候变化带来了生死存亡的威胁——这也是跨界损害问题。如果依照"帕劳提案"将气候变化所致损失损害视为"跨界损害"，以"跨界损害"的理论为支撑进行索赔，不仅无法实现，且不符合国际法理论，于法理不通。

我们必须明确，所谓"跨界损害"是指国家管辖或控制下的活动造成该国管辖或控制范围以外的其他国家领土或其管辖或控制范围的以及"公域环境"的损害。[1]它具有以下特征：首先，"跨界损害"之损害必须是人类的行为所致，且其后果是物质的、数量的或是有形的；其次，行为的有形后果所造成的损害的"重大"性；最后，行为的有形后果具有明显的跨界性。"跨界性"是指一项活动所产生的有形后果已经超越行为所在国国界，给行为国领土以外的区域造成损害的情况。[2]

深入分析气候变化所致损失损害可知，导致损失损害等气候变化不利影响的行为性质与跨界损害相同，均来自国际法不加禁止的行为，即直接或间接由人类活动排放温室气体改变地球的大气组成而导致的气候变化，这一点已成为国际社会共识。但就其损害后果看，可以是有形的，也可能是无形的。气候变化所致损失损害是难以计算损害数量的，包括实际的和潜在的，主要体现在生命、财产、环境、旅游资源的利用价值上，因受害的小岛屿国家数量众多、衡量标准不统一而难以估计实际损失。另外，跨界损害之跨界性，指的是行为的有形后果在于行为国之外，而气候变化所致损失损害的跨界性，更准确地说应当是全球性，因为这一损失损害的范围不只是某一个或某一些国家和地区，大气的流动性决定了气候变化所致损失损害的后果遍及所有国家和国家管辖以外的地区。跨界损害责任的要旨是使行为国对其国际法不加

---

〔1〕　林灿铃：《跨界损害的归责与赔偿研究》，中国政法大学出版社 2014 年版，第 7 页。
〔2〕　林灿铃：《国际法上的跨界损害之国家责任》，华文出版社 2000 年版，第 51~53 页。

禁止行为给其他国家或地区造成的损害承担赔偿责任，而气候变化所致损失损害中的行为国之行为毫无例外地导致包括其自身在内的所有国家和地区遭受损失损害。[1]气候变化所致损失损害的行为国和受害国具有重合性，所有受害者同时也是温室气体排放者，即导致气候变化损失损害后果的行为者。而在跨界损害中两者是可以区分的。如果采取赔偿的方式处理气候变化所致损失损害，就赔偿的主体难以达成一致意见。[2]可见，气候变化所致损失损害与跨界损害具有根本的区别。跨界损害是国家管辖或控制下的活动造成国家管辖或控制范围以外地区的损害，而气候变化所致损失损害则是包括受害国在内的所有国家的行为共同导致的包括受害国在内的所有国家和全人类共同承受的损害。虽然小岛屿国家是其中首当其冲的受害者，但这并不能否定其对于气候变化所致损失损害的致害因素，更不能依据跨界损害责任理论要求其他国家对其承担国家责任。显而易见，将"气候变化所致损失损害"视为"跨界损害"的"帕劳提案"的论断是错误的。

（二）气候变化所致损失损害特征

气候变化所致损失损害的最大特征是其全球性。这种全球性表现于气候变化所致损失损害的损失和损害范围、施害和受害主体、责任承担等各个方面的全球性，这也是气候变化所致损失损害显著区别于国内法和国际法中已有的其他损失损害的特征。

第一，气候变化所致损失损害的范围是全球性的。气候变化所致损失损害并非由某一个或某一些国家和地区引起和产生之后，再影响或致害国外某一个或某一些国家和地区以及国家管辖之外的区域。大气的流动性决定了气候变化所致损失损害的范围不只局限于某一个或某一些国家和地区，气候变化所致损失损害的后果遍及所有国家和国家管辖以外的地区。[3]

第二，气候变化所致损失损害的主体存在重合。行为国既是施害国，也是受害国。造成气候变化所致损失损害的行为国，不是单方面的施害国或者受害国，行为国之行为毫无例外地导致包括其自身在内的所有国家和地区遭受气候变化所致损失损害。尽管某些特定的国家，例如小岛屿国家，由于其

[1] 林灿铃：《气候变化所致损失损害补偿责任》，载《中国政法大学学报》2016年第6期。
[2] 林灿铃：《气候变化所致损失损害补偿责任》，载《中国政法大学学报》2016年第6期。
[3] 林灿铃：《气候变化所致损失损害补偿责任》，载《中国政法大学学报》2016年第6期。

特殊的地理位置及其他相关条件，受到气候变化所致损失损害的表现更为突出、明显和紧迫，但毋庸置疑的是，这些国家的排放行为是引起气候变化整体后果的组成部分，它们也是造成气候变化所致损失损害的行为国，而不单单只是受害国。据此，有人认为气候变化所致损失损害属于一种集体性和累积性的损害也不无道理，所谓"集体性"意味着每一个国家都是气候变化损害的加害国，同时每一个国家又都是气候变化损害的受害国，各国之间的区别只在于加害与受害的程度不同；"累积性"则意味着任何气候变化损害后果都是由各国温室气体排放的累积效果所导致的，任何单一国家的温室气体排放都不足以导致上述损害。[1]

第三，导致气候变化不利影响和损失损害的是人类活动。气候变化的成因很复杂。由于人类活动，例如焚烧化石燃料等行为产生了大量的二氧化碳等温室气体，以及砍伐森林等行为减少了温室气体的吸收，地气系统吸收与排放的能量不平衡，温室效应紊乱，造成全球气候变暖，进而产生了相关的损失损害。

第四，气候变化所致损失损害的行为性质是国际法不加禁止的行为。具体而言，这些行为或活动既包括类似排放温室气体这样的直接行为，也包括砍伐森林而影响地气系统辐射平衡这样的间接行为。这些行为并不违反国际法规则和原则，因此不具有违法性。

第五，气候变化所致损失损害的后果，既可以是有形的也可以是无形的，既可以是直接的也可以是间接的。一方面，气候变化所致损失损害的后果，包括淡水短缺、珊瑚死亡、海平面上升、自然灾害的增多、海洋环境的改变以及生物多样性的损失等有形的、直接可见的后果，这些有形后果使得一些小岛屿国家处在极不稳定的状态，加之小岛屿国家陆地资源有限，甚至已经危及小岛屿国家的存亡。[2]另一方面，气候变化所致损失损害的后果，还包括农业生产不稳定性增加、其他气候灾害发生可能性增加、各种疾病疫病发生可能性增加、人类健康隐患增加等无形的、非直接可见的后果，这些无形后果使得自然环境、社会产业和居民生活面临新增的风险和危险。另外，值得注意的是，气候变化所致的流离失所问题，它是一种有形后果，同时又可

---

〔1〕　龚宇：《气候变化损害的国家责任：虚幻或现实》，载《现代法学》2012年第4期。

〔2〕　林灿铃：《气候变化所致损失损害补偿责任》，载《中国政法大学学报》2016年第6期。

能是气候变化所致的直接后果或间接后果。在气候变化所致流离失所的问题中，一种是气候变化，例如热浪冲击，直接导致了炎热干旱地区的居住环境不再具备原有的居住条件，从而造成流离失所问题的有形的、直接的损失损害。另一种是气候变化引起居住环境恶化，例如海平面上升淹没居住地，环境变化致使原有居住环境完全丧失，从而导致流离失所问题的有形的、间接的损失损害。

第六，气候变化所致损失损害具有长期性和持续性特点。现有理论中的损失损害法律事实，例如国际不法行为、跨界损害和跨界影响，通常能够通过停止侵害、赔偿、补偿等方式，立即或在一段时间内，对损失损害中的责任和后果进行厘定和解决。然而，气候变化所致损失损害则不然。

第七，气候变化所致损失损害的后果由全人类共同承担。由于行为国和受害国在主体上重合，又由于此种损失损害行为不具有违法性，且损失损害的范围具有全球性，因此其后果不是由某一个或某一些国家来承担，而是包括受害国在内的所有国家和全人类共同承受。

三、气候变化所致损失损害责任之法律属性

气候变化所致损失损害的原因是各国的温室气体排放行为，每一个国家既是造成损失损害后果的行为者，同时也是受害者。因此，气候变化所致损失损害责任便具有了迄今为止国际法之国家责任理论所无法囊括的特殊内涵，是国际法研究的一个新课题，是对国际法之国家责任理论发展的一大挑战。

（一）气候变化所致损失损害责任的特殊性

气候变化所致损失损害责任是指温室气体排放主体（包括遭受气候变化所致损失损害者）为气候变化所致损失损害所承担的国际法律责任。正是因为气候变化所致损失损害的行为者和受害者具有重合性，受害者同时也是温室气体排放者。因而，气候变化所致损失损害责任具有了与以往的国际法之国家责任形式所不同的特殊之处。它既不适用国际不法行为责任，也不适用跨界损害责任，更不适用跨界影响补偿责任，而具有其自身的特殊性。

第一，气候变化所致损失损害责任与传统国家责任不同。气候变化所致损失损害责任的产生不是由国际不法行为引起，而是人类的温室气体排放行为引起的。

第二，气候变化所致损失损害责任不同于跨界损害赔偿责任。"跨界损害

责任"之要旨是使行为国对其国际法不加禁止行为给其他国家或地区乃至"公域环境"造成的损害承担国际赔偿责任。而"气候变化所致损失损害"中的行为者之行为毫无例外地导致包括其自身在内的所有国家和地区遭受损失损害。气候变化所致损失损害的行为者和受害者具有重合性，所有受害者同时也是温室气体排放者，即导致气候变化损失损害后果的行为者。

第三，气候变化所致损失损害责任不同于工业事故跨界影响补偿责任。气候变化所致损失损害是指包括受害国在内的所有国家的温室气体排放行为导致的气候变化不利影响。工业事故是工业生产活动过程中发生的事故而非行为者所实施的行为。气候变化所致损失损害是排放者自身的排放行为而不是突发的工业事故引起的。可见，气候变化所致损失损害与工业事故跨界影响存在根本区别：跨界影响补偿责任的起因在于突发性工业事故，而气候变化所致损失损害责任则是包括受害国在内的所有国家的温室气体排放行为所导致。

综上所述，基于"气候变化所致损失损害"的特性，其所适用的责任制度应是传统国家责任、国际不法行为责任、跨界损害责任、跨界影响补偿责任之外的另一合乎其特性的责任——"气候变化所致损失损害国家补偿责任"。

（二）气候变化所致损失损害的责任实质

随着人类社会的不断发展和进步，国际关系越来越复杂，国家责任问题在纷繁复杂的国际关系中也呈现出其本身的复杂性。

气候变化问题的特殊之处在于所有国家都既是温室气体的"源"，也是温室气体的"汇"和"库"，但遭受气候变化不利影响的无一例外也是所有国家。更为复杂的是遭受气候变化不利影响的程度与对气候变化的贡献量却关系不大而完全取决于地理因素，就像小岛屿国家因为气候变化而遭受严重威胁，甚至是灭顶之灾，却并不是因为小岛屿国家排放了更多的温室气体才导致如此结局。面对如此的不公平的现实，"帕劳提案"所提出的气候变化所致损失损害后果应该由谁来承担责任呢？从国家责任制度的发展来看，根据气候变化所致损失损害后果和温室气体排放行为之间的因果关系，所有的温室气体排放行为者都应该承担气候变化所致损失损害后果。亦即，既然所有国家都存在温室气体的排放行为，那么在不考虑量的多少，只考虑问题性质的情况下，所有国家都应该承担气候变化所导致的损害性后果，这一特征也是气候变化所致损失损害和跨界损害的根本区别。[1]因而，世界各国应该秉持"人类一体"之理念，共同致力于解决气候变化所导致的损失损害问题。可见，气候变化所致损失损害国家补偿责任的实质实为人类"共同责任"。

"共同责任"的确立，既是对历史和现实的承认，也是指导各国参与应对气候变化事业的一项重要基础。共同责任首先强调的是责任的共同性，即在地球生态系统的整体性基础上，各国对保护气候系统的稳定都负有共同的责任。共同责任要求发展中国家不以经济发展水平低、科学技术落后、专业人员匮乏等为由，逃避、推脱自己所应当承担的责任。[2]当然，于气候变化所致损失损害责任中强调共同责任并不意味着"平均主义"。发达国家应对气候变化承担主要责任（如《京都议定书》所列承担减排义务的附件一国家），并有义务帮助发展中国家参与保护气候系统稳定的努力，或对气候变化所致损失损害的遭受损失者进行补偿，并以优惠的非商业性条件向发展中国家提供气候友好技术。

"共同责任"意味着世界各国都应当无一例外地参与到应对气候变化的全人类共同事业中。因为应对气候变化抑或是有效解决气候变化所致损失损害问题的工作，超出了各国分别采取有效防护措施的范围。如果不是全球一体，只靠一国或数国控制其本国温室气体的排放，是不起作用的。由于空气和气候的全球相互依赖性，各地区自行决定的对策是不解决问题的。即使把各地周密的决定全部加在一起，仍然不能起到有效的保护作用，何况各地的周密决定本来不过是大胆的乐观假设而已。[3]应对气候变化这种全球性的问题，显然需要人类一体所有国家共同的决策和全球的关心。这需要协调一致的权力去进行监测和研究工作，需要一个全新的全球性的责任制度，以控制温室气体的排放，并对气候变化所致损失损害责任制订出新的国际法机制。

为了保护气候系统的稳定，有效解决气候变化所致损失损害问题，使人类能够可持续生存和可持续发展，仅靠少数几个国家（不论发达国家还是发展中国家）的努力是无法奏效的，因此，我们（包括发展中国家和发达国家）必须一起承担起保护气候系统稳定的共同责任。

---

〔1〕 林灿铃：《跨界损害的归责与赔偿研究》，中国政法大学出版社 2014 版，第 8~9 页。

〔2〕 林灿铃：《国际环境法》，人民出版社 2004 年版，第 82~83 页。

〔3〕 ［美］芭芭拉·沃德、勒内·杜博斯：《只有一个地球——对一个小小行星的关怀和维护》，《国外公害丛书》编委会译校，吉林人民出版社 1997 年版，第 17 页。

四、气候变化所致损失损害国家补偿责任的意义

倘若已遭灭顶再行救济则毫无意义。2019 年 11 月，汹涌的潮汐袭击意大利的威尼斯，这座美丽而浪漫的水上城市陷入潮水之中，许多著名古迹被水淹没，当地约有一半的街道、建筑遭遇水淹，幼儿园紧急停课，人们被迫涉水出行。据威尼斯市政公布的消息，最高水位达 1.87 米，此次水灾导致约 60 艘船只严重受损，两名威尼斯佩莱斯特里纳岛的居民死亡。[1]美国纽约曼哈顿地区也时刻处在气候变化导致的危险边缘，2011 年的飓风"艾琳"曾经侵袭了这个地区，给该地区民众生活带来了极大影响，照此情形下去，50 年内曼哈顿就可能变成一片汪洋。可见，由气候变化带来的损失损害不仅给人类健康和社会经济造成了巨大损失，而且在许多情况下是无法恢复和不可逆转的。

气候变化给整个人类带来的不利影响是极其严重的。如果任由现状发展，到 21 世纪末，气温将至少升高 3.6℃。全球气温变暖导致珊瑚的生长速度减慢甚至大量死去，被珊瑚礁托起来的由太平洋上的"九颗闪亮明珠"[2]组成的小岛屿国家图瓦卢也会因此而"下沉"。

正如帕劳总统托里比翁所言，不承认气候变化对安全的明确影响是"可悲的"。[3]2022 年 6 月 16 日，小岛屿国家、最不发达国家和立场相近发展中国家（LMDCs）等缔约方集团于德国波恩召开的《联合国气候变化框架公约》第 56 届附属机构会议（SB56）开幕时反复强调应将气候变化所致损失与损害作为谈判的优先事项，呼吁在 COP27 之前制定针对损失与损害的融资机制（Loss and Damage Finance Facility），圣地亚哥网络（Santiago Network）应尽快取得实质进展。非正式资商的主持人敦促各方尽快形成能够在 COP27 被采用的、关于圣地亚哥网络机制安排的案文，包括理事机构的职权范围。小岛屿国家联盟代表于该会议上也就关于"气候变化所致损失损害"的谈判进展进一步强调："气候变化所致损失损害问题由来已久。我们来到这里是为了

---

〔1〕 2019 年 11 月 14 日人民网国际频道。

〔2〕 位于太平洋上的小岛屿国家图瓦卢由九个环状珊瑚小岛组成，被誉为太平洋上的"九颗闪亮明珠"。

〔3〕 参见帕劳共和国总统约翰逊·托里比翁《在联合国大会第 66 届常会上的讲话》（2011 年 9 月 22 日）。

谈判，而不是为了教育。气候变化所致损失与损害问题谈判进程已经脱节，进展太过缓慢。"可以想象，如今，我们所面临的现实有多么的严峻，在环境问题上，尤其面对全球气候变化，我们必须深刻认识到大气山川的污染并不以人为国界为限，我们必须确立"只有一个地球"和"全球环境一体化"理念，我们必须超越民族、文化、宗教和社会制度的区别，培养环境保护的全球意识，秉持"以人类整体利益为价值尺度"的立法理念，立足于"共同责任"和"预防原则"，致力于减缓温室气体的排放，共同应对气候变化这一危及人类生存与发展的世纪危机，建立以救助机制、资金机制、技术支持机制、信息公开机制、防灾减灾机制、磋商机制等气候变化所致损失损害责任的国际法机制。此乃避免产生越来越多的"气候难民"，避免人类遭受灭顶之灾的唯一选择。

毋庸置疑，气候变化所致损失损害责任属性的明确是国际环境法理论的突破。正如帕劳总统托里比翁 2011 年于联合国大会要求联大向国际法院请求发表咨询意见"明确各国是否有法律责任确保在其管辖和控制的地区排放温室气体而不损害国外环境"所言，这不仅是一个需要国际法加以解决的焦点问题，也是国际法研究的热点和难点问题。作为国家之间行动准则和规范的国际法，所反映的理应是保护全世界各个国家共同利益的法律制度，国际法关于国家责任的各项规范，构成了一种特殊的国际法律制度。[1]国家责任理论的发展经历了"传统国家责任""国际不法行为责任""跨界损害责任"和"跨界影响补偿责任""气候变化所致损失损害国家补偿责任"的发展过程。这一过程充分体现了科学与技术发展的高速、人类活动领域的扩大、人类环境破坏的加剧、国际关系的日益复杂等对国际环境法提出的时代诉求，也充分体现了国际法"国家责任"理论和国际环境法的不断完善与发展。

---

〔1〕 林灿铃：《论国际法不加禁止行为所产生的损害性后果的国家责任》，载《比较法研究》2000 年第 3 期。

下 篇
分 论

第九章

水资源保护的国际环境立法

水是生命之源！水占人体重约 65%～70%。[1] 人的生命过程实际上就是体内水的流动过程。水在人体内是以溶剂形式存在的，食物中的许多成分由于能溶于水而被人体吸收，而废物又需要通过水排泄到体外，没有水人体就不能进行新陈代谢和吐故纳新，生命即宣告结束。尽管国际上开始关注淡水污染的时间相对较迟，但这方面进步却非常快。国际条约或国际文件中的有关规定在几十年间成倍增加，在全球和区域范围构建起了水资源保护的国际环境法律制度。

第一节　水资源及其危机

水是地球万物之源！水与土地一起构成地球自然资源的母体资源。水资源对于地球上生命的存在和发展、工农业生产的进行和人类物质文化生活的丰富，都有着不可替代的作用。安全的淡水是维持地球上生命的基本要素。随着经济活动的增加，对水的需求量也在增加。

一、淡水的地球占比

淡水资源是指人类可直接利用的淡水部分。按其在地球上存在位置的不同，可以将其分为地表水资源、地下水资源和土壤水资源。它具有形态多样性、有限性、可恢复性、不可替代性和不稳定性等特征。

虽然地球的 71% 以上面积覆盖着水，但能够为人类直接利用的淡水资源

---

〔1〕　曲耀光编著：《保护人类生命之源——水》，中国环境科学出版社 2001 年版，第 1 页。

却极其有限，只有2.5%的水是供人类利用的淡水，其中大约70%~80%的淡水被用于灌溉，不到20%被用于工业，6%被用于家庭生活。[1]

地球淡水有多种多样的存在形式，除大气中的水汽、水滴、地表水体的海洋、湖泊、河流、地底含水层[2]中的地下水外，还有土壤、生物体中的液态水，冰川、积雪和永久冻土层中的固态水，岩石中的结晶水等。人类可直接利用的多是大气降水、江河、湖泊、土壤的地下含水层中的淡水。冰川和积雪只有在融化为液体水后才可以被利用；海水和其他水体的咸水，被直接利用的量则更少；南北极冰川、高山的冰雪以及冻土层中的水，目前则几乎不可能直接利用。这些水资源中可用的部分仅有20万立方千米，不足淡水总量的1%。

淡水补给依赖于海洋表面的蒸发。每年海洋要蒸发掉50.5万立方千米的海水，即1.4米厚的水层。此外，陆地表面还要蒸发7.2万立方千米，所有降水中有80%降落到海洋中，即每年45.8万立方千米，其余每年11.9万立方千米的降水落于陆地。地表降水量和蒸发量之差（每年约11.9万立方千米减去7.2万立方千米的差额）就形成了地表径流和地下水的补给——大约每年4.7万立方千米。其中包括降水、蒸发和径流。所有径流中，半数以上发生在亚洲和南美洲，很大一部分发生在同一条河中，如亚马孙河，这条河每年要带走6000立方千米的水。[3]

"水是生命之源"——从我们所处的地理环境，从我们的日常生活和工作，从我们的工农业生产、卫生设施以及自然、文化景观等我们生存与生活的每一个环节、每一个细微之处都能体现出来。全球大部分的人口居住在淡水环境的附近并且依赖这一环境。大多数内陆城市往往就在河流或是湖泊的旁边。淡水系统拥有丰富的生物资源，它为人们提供水、食物甚至工作。全世界捕鱼量的6%，也就是每年有700万吨鱼来自河流和湖泊；地球上大部分灌溉用水也来自河湖。作为水上交通和航运线以及动力来源，河流和湖泊也

---

〔1〕《21世纪议程》第18章"保护和管理淡水资源"。

〔2〕含水层是人类可利用淡水的主要来源。而含水层并不受国家界限，一国所控制和管理的含水层并非仅限于其领土范围内，其组成部分可能位于不同国家的管辖或控制区域。从国际环境法的角度而言，跨界含水层是水资源的重要组成部分，具有跨界水资源的基本特征。

〔3〕本章具体数字均引自联合国环境规划署编：《全球环境展望3》，中国环境科学出版社2002年版，第146页。

起着重要作用。河流、湖泊和地下水资源中 70% 的部分为农业所有。其中大部分用于灌溉，从而提供了 40% 的世界粮食产品。此前的 30 多年里，灌溉地面积从不到 2 亿公顷增加到 2.7 亿多公顷。在同一时期，全球水的提取量约从 0.25 万立方千米增加到 0.35 万立方千米以上。由于管理不当，世界上20% 的灌溉土地已经盐碱化，另外每年还有 150 万公顷受到影响，明显地造成作物减产。受盐碱化影响的国家主要分布在干旱和半干旱地区。目前对此所采取的相应措施包括国际行动计划、水政策评论和改革、提高水利用效率以及改进灌溉技术。联合国粮农组织于 1993 年建立了全球水平的信息系统，可为农业用水提供数据。

此外约有 20 亿，占世界人口 1/3 左右的人依赖地下水供给，每年要消耗全球水量的 20%——其中，大部分取自埋藏较浅的地下水。许多农村居民完全依赖于地下水。

与地表水相比，人们较少关注地下水质和使用所引起的问题（尤其是在发展中国家），关于地下水储量和流量的数据就更令人怀疑了。然而，在欧洲由于许多居民都依赖这种水资源供给，因此对地下水水质的关注较多。一般来说，地下水比较容易受过度开采和污染等因素的威胁。

如果地下水的使用量长期超过自然补给量，那么地下水位就会下降。印度、中国、西亚、苏联、美国西部和阿拉伯半岛的部分地区就曾经历过地下水位下降，使得地下水的利用受到限制，也增加了农民用水泵抽水的费用。过度抽取地下水会在沿海地区引起盐水入侵。例如，在印度的马德拉斯，盐水已经向内陆入侵了 10 千米，污染了许多井水。

二、淡水资源危机

随着地球人口的不断增加和工农业生产的发展，水资源的短缺越来越明显，甚至在地球上的许多地方出现了水荒。淡水不仅存在数量问题，而且存在质量问题和水生态系统的严重失调。这就造成了严峻的全球水危机，直接危及人类的生存和发展。

（一）数量危机

全世界对水的需求将是 21 世纪最为紧迫的资源问题。从 1900 年到 1995 年，全球水消耗量增长了 6 倍——是人口增长速度的 2 倍，并随着工农业和家庭用水的增加，仍在快速增长。

根据联合国的评估表明，如果此后 30 年中水的分配和使用方法上仍没有明显改进，全球水资源形势将极大地恶化。事实上，到 2025 年生活在中等或严重水源紧张的国家中的人口已增至全球人口的 2/3。目前人口的增长和社会经济的发展，尤其是工业和家庭的现代化，使得水需求量大大增加。如果目前的增长势头持续下去，工业用水预计 2025 年将会翻番。[1]农业用水预计也会随着世界粮食需求的增加而增长。

据可持续发展世界首脑会议提供的资料，农业用水占用了全球淡水资源的约 70%，并联合国预计在未来的 20 年里，世界需要增加 17% 的淡水灌溉农作物以满足人类对粮食的消费，加上工业用水、家庭用水和市政供水，到 2025 年，整个淡水供给需要增加 40%。[2]水危机已经严重制约了人类的可持续发展。人类的不合理利用也造成了水资源的萎缩。过度用水、水污染和引进外来侵略性物种造成湖泊、河流、湿地和地下含水层的淡水系统的破坏，已经给人类带来了严重后果。在美国、印度和我国的一些地区，过度开采地下水，水床沉降而无法补充河流的水源，常常造成河流断流而使下游干涸，如美国的科罗拉多河和我国的黄河。此外，淡水资源还受到砍伐森林的威胁，亚洲和拉丁美洲国家遭受的洪水主要是上游的森林被破坏所致。在印度，每年 2000 万公顷的土地遭洪水侵袭，洪水仅在恒河平原就造成了超过 10 亿美元的损失。高原森林的破坏使我国的漓江处于危险之中。

大部分水需求的增长将发生在发展中国家，因为那里的人口增长和工农业发展都是最快的。然而工业化国家的人均耗水量也在不断增长。

对水资源的更好管理是减轻未来水资源紧缺和避免水生态系统进一步遭破坏的关键。从目前来看，提高水的使用效率会大大增加可利用的水资源。如在发展中国家有 60%~70% 的灌溉用水并没有被庄稼所利用，而是蒸发或流失了。尽管从 20 世纪 70 年代中期以来，节水滴灌法的使用增长了 28 倍，但它灌溉的面积还不足世界耕地总面积的 1%。

从长远的角度来看，联合国水资源评估明确指出，许多地区日趋严重的水资源危机必须通过严格的政策来解决，即将水资源重新分配到经济和社会

---

〔1〕 世界资源研究所等编：《世界资源报告（1998—1999）》，国家环保总局国际司译，中国环境科学出版社 1999 年版，第 186 页。

〔2〕 参见《WSSD 实施计划中具有时限的目标》"水资源管理"。

效益最好的方面。同时，也有必要对节水技术和污染控制给予更大的重视。水污染破坏了很大一部分可利用的水资源，极大加剧了各地区现有缺水问题的严重性。但是，即使实行了抑制水需求增长的措施和提高了使用水的效率，也还是需要新的水源。世界银行估计，由于多数低投入的可利用水资源储备已消耗殆尽，用于进一步开发新的水源所需的财政及环保的投入将会是现有投资的 2~3 倍。

联合国的研究还着重指出了面临严重的水资源危机且人均收入较低的发展中国家潜在的严峻形势。大部分这样的国家处在非洲和亚洲的干旱及半干旱地区。它们可利用水资源的大部分用于农田灌溉却都苦于缺乏污染控制。这些国家的发展将会受到严格限制，因为他们既没有多余的水资源，也没有财力将其发展方向从密集的灌溉农业转向其他产业，以创造就业机会并获得收入以进口粮食。

根据 1997 年 9 月联合国秘书长关于淡水综合估计的报告，人类现在直接或间接利用着世界水供应量的一半以上，全球人均淡水可用量从 1950 年的 17 000 立方米下降到 1995 年的 7000 立方米。对水的需求不仅是由于人口的增长，而且是由于生活水平的提高和用水行业如采矿、金属加工、水泥生产、木材加工和以灌溉为基础的农业的扩大。这样，一个欧洲人每年消费约 800 立方米的水，大约是一个加纳人的 70 倍，但一个美国人每年对水的消费超过 3000 立方米。[1]

许多大河的流量和水流时间几乎全部为人类控制，实际上没有水流到海洋。这对水生生物非常不利，导致鱼量的减少和生物多样性的严重破坏。三角洲的退缩导致肥沃的土地丧失，而气候变化和水平面的升高使这个问题更加严重。根据联合国上述报告，在之后 60 年间，埃及可能会丧失 19% 可居住的土地，需要迁移大约 16% 的人口。纵观全世界，人们担心半个世纪内，地球 80 亿居民对淡水的需求将超过地球的水资源。

水资源的分布在不同国家之间以及在同一国家内都是很不均匀的。在某些地区，由于水的抽取量极大而资源有限，造成地表水面大幅度缩小而地下水也在以快于降雨补充的速度被大量抽取。

这一形势已在一些地区造成了制约发展的严重的缺水，人类用水的需求

---

〔1〕　[法] 亚历山大·基斯：《国际环境法》，张若思编译，法律出版社 2000 年版，第 186 页。

得不到满足，水生态系统也遭到破坏。据 1997 年联合国对淡水资源的评估显示，全世界有 1/3 的人口居住在面临中度至严重水源紧张的国家和地区中。这些地区的淡水消费量超过可更新水资源总量的 10%。大约有 80 个国家，40%的世界人口在 20 世纪 90 年代中期严重缺水，估计在 25 年之内，2/3 的世界人口将要居住在水紧张国家里。到 2020 年，水的使用量将会提高 40%，其中 17%以上的水将用于满足人口增长所引起的食品生产。联合国是通过确定每个国家的耗水量与其拥有的可利用水资源之比——即使用与资源比进行估算的，这一比值是衡量整体水资源紧张状况的一个很好的标准。所谓中度至严重水源紧张是指水的使用与资源比超过了 20%。联合国警告说，到 2025 年，世界将近一半的人口会生活在缺水的地区。现在缺水或水资源紧张的地区正不断扩大，北非和西亚尤为严重。

当一个国家每人每年可用水量低于 1000 立方米"基线"以下时，该国就被认为可能要长期缺水。许多地区存在着长期水缺乏问题。在这些地区，降雨量少或不稳定，为满足灌溉、工业和城市人口对水的需求，用水量已经大大增加。印度、中国、墨西哥和美国的许多水资源紧张地区已经被迫转向使用地下水，而地下水的抽取通常比补充要快，土地利用的变化（如砍伐森林使水资源减少和流失）以及人类生活、工农业生产造成的污染进一步限制了水的供应。

在过去的一个世纪里，人口增长、工业发展和灌溉农业的扩张是引起水需求增加的三个主要因素。过去 20 年中，农业消耗了经济发展中的大部分淡水。规划者一直认为通过增加更多的基础设施来控制水文循环，这样就可以满足不断增长的需水量。传统上，修筑河坝是保障灌溉用水、水力发电和生活用水的主要手段。世界上最大的 227 条河流中，已经有大约 60%被堤坝、引流、运河等切割，同时对淡水生态系统也造成了影响。

由于清洁水源的减少，对其需求的竞争也就随之加剧。这通常发生在不断扩张的城市地区和农村的使用者之间。在有着系统的水资源使用和配给法规的地方，水市场运作正常，买者以合理的价格与卖者交换供水。这样的系统在越来越多的国家得以成功实施，包括美国的西部和澳大利亚。然而有效的水价，即将水价提高到足以抑制浪费，在一些低收入的国家仍是个极为敏感的问题，因为那里大多数人生活依赖于灌溉农业。即使如此，贫水国家的社会经济发展也得严重依赖于对这一稀有资源的更为合理的分配。

（二）质量危机

淡水受到的威胁是多样的和复杂的，污水排放是传统的利用河流的方式，它会导致鼠疫和霍乱的流行。而排放化学和危险物质、使用杀虫剂和化肥都会影响水的质量。

目前全球有 11 亿人未能用上安全饮用水，24 亿人缺乏充足的用水卫生设施。即使在发达国家，污水在排放前也未必全部经过处理。在欧洲联盟的一些南部成员国中，约有一半人口生活在没有废水处理系统的环境中。

为城市居民提供安全用水和卫生设施仍然是个特殊的挑战。大约有 1.7 亿发展中国家的城镇居民能够得到安全水的供应，0.7 亿人在 20 世纪 90 年代的头 5 年拥有适当的卫生设施，但这些影响仍是微不足道的，因为约有 3 亿的城镇居民仍然缺乏安全水供给，并且到 1994 年底仍有将近 6 亿的居民缺乏足够的卫生设施。

对于世界上许多贫困人口的健康而言，持续饮用未经处理的水仍是最大的环境威胁之一，尽管使用改善水供应的人口比例从 1990 年的 79%（41 亿人）增加到 2000 年的 82%（49 亿人），但仍有占全球人口近一半的人缺乏安全饮用水和缺少足够的卫生条件，而这些人口大部分居住在非洲和亚洲。缺乏安全的水供给和卫生设施导致了上亿人患上与水有关的疾病，每年至少造成 500 万人死亡。[1]特别在发展中国家，80% 的疾病和 1/3 的死亡率与受过污染的水有关系。

在许多发展中国家情况更为糟糕，他们正面临各种各样毒物污染问题，如富营养化、重金属、酸化、难降解有机污染物等，同时也在与一些传统的诸如水资源贫乏和卫生设施缺乏等问题作斗争。当污染涉及地下水时，威胁尤为严重。因为地下水的污染不仅稀释起来慢而且净化措施耗资甚多。据估计，在多数亚洲国家，50% 以上的家庭用水由地下水贮备供给，而这些国家同时也在大力发展采矿业和制造业，这两个行业正是地下水的两大主要污染源。水缺乏正在不断加剧，人类健康也受到生活用水不断加剧污染的严重损害，这在迅速城市化的地区尤为突出。

水质问题常常和水的可用性同样严重，但是却很少有人重视这个问题，

---

〔1〕　参见联合国环境规划署编：《全球环境展望 3》，中国环境科学出版社 2002 年版，"综述"部分。

特别是在发展中地区。污染源包括未处理的污水、化学排放物、石油的泄漏和外溢、倾倒在废旧矿坑和矿井中的垃圾，以及从农田中冲刷出的和渗入地下的农用化学品。世界主要河流半数以上已经被严重地耗竭和污染，周围的生态系统受到毒害，并使其质量下降，威胁着依赖这些生态系统的人们的健康和生计。

（三）淡水生态系统危机

在我们这个似乎所有的生态系统都承受重压的星球上，淡水生态系统（河流、湖泊和湿地、多种多样生态群落）可能是受威胁最严重的。与陆地或海洋的生态系统相比较，淡水生态系统不仅失去了更多的物种和栖息地，还有可能因为修筑水坝、污染、过度捕捞等各种威胁而遭受更大的损失。

从范围上看，淡水生态系统是相当有限的，只占地球表面面积的1%。但这个系统中物种却是多种多样的，有着与其面积极不相称的物种数量。例如，在亚马孙河中有超过3000种的鱼类。非洲的维多利亚湖仅脊鳍类热带淡水鱼就有350种之多。北美的密西西比河里大约有300种淡水贝类。总而言之，全世界40%以上的鱼类和全球动物的12%都居住于淡水栖息地，他们中许多物种都是局限在很小的区域内，因而也极易受到侵扰。

目前，修筑水坝和开挖运河仍然是对淡水生态系统威胁最大的两个因素，它们极大地影响到物种的数量和多样性。埃及的阿斯旺大坝自1979年投入使用以来，使得尼罗河上捕鱼业捕捞到的品种几乎下降了2/3，而地中海地区沙丁鱼的捕获量也下降了80%。100年来不断地开挖运河及河岸的开发使得莱茵河原有的漫滩面积减少了90%，河中原有的鲑鱼群也几乎消失殆尽。

近年来，人类对淡水生态系统影响的规模和范围都在直线上升。1950年，世界上有5270座大坝，今天总数超过了36 500座。与此同时，因航运而改造的河流数目也从1900年时的不足9000个增加到将近50万个，从而使得这些水域渐渐变成不适于生存的栖息地。

鉴于水坝和沟渠对航运、农业及能源生产的效益，它们仍是各国发展战略的重要组成部分，尽管它们所造成的环境危害也是人所共知。在东南亚，沿湄公河及其支流上正在筹建的水坝多达几十个。湄公河流域目前水坝还较少，因而仍是世界上淡水生物种类最丰富的一块宝地。据估计这一流域中鱼类有500种或者更多，每年从湄公河及其支流中所捕到的鱼是当地居民的重要食物来源。但仅从流域中为数不多的几处水坝的情况就可看出这一资源是多么容易受到破坏。

在过去的 50 年里，堤坝改变了世界河流的形状，使得不同地区约 4000 万至 8000 万人口迁移，导致临近的生态系统发生了不可逆转的变化。

20 世纪的水开发减少了沼泽和湿地。将水移为他用、改变水流以及工业和生活废弃物对水的污染等对淡水生态系统产生了很大的影响。在许多河流和湖泊，生态系统功能已经遭到破坏，或已完全丧失。在一些地方，需水量的增加使得大河的来水量减少，对沿岸和临近地区产生了影响。高取水量已经导致了生态系统再生能力的丧失，多种野生物种消失，尤其是食物链顶端的物种。

湿地也是一个重要的生态系统，它不仅会影响物种的分布和广义上的生物多样性，还能够对人类的居住和活动产生影响。湿地能够提供对洪水的自然控制、碳储量、自然水净化，以及像鱼、贝、虾、纤维等产品。目前还没有可靠的信息说明全球还剩多少湿地。最新的估计表明，湿地可能至少覆盖了 1280 万平方千米。农业和定居等人类活动严重破坏了淡水生态系统，20 世纪里 50% 的湿地因此消失。生态系统的破坏降低了水量和水质，导致人类可用水的有效利用率下降。

淡水生态系统还面临许多其他威胁，如工业污水排放对农业、城市生活径流形成普遍存在的压力，酸雨已使加拿大湖泊中的鱼类减少了 40%；过度捕鱼困扰着许多淡水系统，在里海及其支流，各种鲟鱼因过度捕捞而濒临灭绝；为农业生产和城市生活供水而进行的河流改道使得科罗拉多河下游的鱼类受到威胁甚至灭绝；土壤流失造成的淤积是导致斯里兰卡特有鱼类减少的主要原因；生活在维多利亚湖中的 200 种脊鳍类热带淡水鱼在与外来鱼类的生存竞争中惨遭灭绝，另有 150 种也面临威胁。

面对这些威胁，人们对淡水生态系统的关注也在逐渐增加。世界银行和一些发展银行过去一直重视水坝及其他主要的水利项目，现在也渐渐改变了政策，强调对这些项目的总体利益和代价作更加全面彻底的调查。

更为积极的势头是开始恢复被破坏的淡水生态系统。罗马尼亚多瑙河三角洲生物圈自然保护区的官员正将世界银行"全球环境基金"以及其他来自外国的捐赠资金，用于拆除那些为将位于多瑙河口广阔的三角洲湿地变成农田而建的堤防和水坝。美国的工程师也试图在佛罗里达的大沼泽地国家公园进行类似的清理。

为进一步减少对淡水生态系统的破坏，国际社会高度重视并着手淡水资源保护的国际环境立法。例如，《生物多样性公约》缔约国会议将淡水生态系统面临的威胁作为主要议题之一；确立"世界水日"并召开世界水论坛，等等。

第二节　水资源保护的国际环境立法进程

水资源的国际保护肇始于 1966 年的《赫尔辛基规则》。该规则建立了共享水道的国际准则，对很多特殊的河流协议产生了影响。很多国际工作都遵照这一法规，特别是联合国国际法委员会的工作。受其影响，该委员会于 1997 年形成了《国际水道非航行使用法公约》。与此同时，对流域管理的认识还推动了 1996 年国际流域网络组织的成立，此外还包括水与可持续发展国际大会和世界水论坛的召开。考察不同时期对水资源规范的特点，水资源保护的国际环境立法迄今大致经历了四个阶段。

一、19 世纪至 20 世纪 50 年代

这一时期人们开始关注水资源问题，但并没有涉及对水资源的系统保护，而主要是停留在对水的利用上，如航行、捕鱼等。例如，为确保自由航行于 1815 年成立了莱茵河航行中心委员会；1906 年、1944 年美国与墨西哥缔结以解决水资源分配问题为目的的《格兰德河灌溉公约》和《利用科罗拉多河、蒂华纳河以及格兰德河水域的公约》。不发达的工业没有影响到水质的变化，使得水资源保护问题一直未能显露出来，没有得到人们的普遍重视。所以，这一时期的国际条约也主要涉及航行、捕鱼等问题，但国际水域的多用途问题已提出，还出现了专门处理水域污染问题的条约。如最早专门处理污染问题的 1909 年美加间签订的《防止大湖污染条约》，规定了不得污染美加界水的义务；《利用科罗拉多河、蒂华纳河以及格兰德河水域的公约》的第 3 条规定"两国同意特别关注边界污染问题的解决"。

二、20 世纪 50 年代至 60 年代末

这一时期国际水道的自然环境所面临的损害主要是污染，这也是人类最早注意到的环境问题。在情况尚不严重的时候，水流自身能够净化，尚未引起严重的危害后果。

第二次世界大战以后，全球的经济力量加强，工业迅猛发展，工厂的污水排放量增多，而且随着居民生活水平的提高，生活用水大量增加，废弃物也迅速增多，同时农业的化学肥料、杀虫剂、洗涤剂以及一些工业废料加剧了水道污染。随着工农业的发展，排放到水道中的有害物质大量增加，这些废水废物大量地进入了河流、湖泊，从而造成生态系统破坏，严重恶化了水质，水源污染的问题日趋严重，地球人口的剧增，造成全球水荒。所有这一切都危及了人类的基本生存。因此，水资源保护问题得到了各国的关注，被提上了议事日程。

为了保护和合理利用水资源，许多国家都十分重视水资源保护的立法。如英国、德国、罗马尼亚、匈牙利、瑞典、西班牙等国都制定了较全面系统的水法或水法典。我国也一直强调对水资源的合理开发利用和保护管理，特别是 20 世纪 80 年代以来，先后颁布了一系列用水、管水的法律法规。这一时期关于制止污染的规定在国际水域条约中到处可见，防止污染国际水道的条约大量出现。而且这类条约遍及欧、亚、非、美各洲。

这些条约的内容主要涉及跨国水污染与国家责任的关系、共同财产问题以及国际水资源开发问题。国际法主权原则适用于跨国水污染处理，但沿岸国在行使主权时以不妨碍同为沿岸国的其他国家主权及利益为限。国家对在其领土上活动而形成的国际水域污染应承担国家责任。欧洲跨国河流最多，倾倒和排污造成的污染更为严重。

这一时期的条约具有十分突出的特点：它提出了现代国际流域内水域利用规则概念，改变了传统的国际水域需具备"通航性"的要求。

关于跨国河流航行以外的利用，要解决的问题有河水合法使用的条件，使用产生损害的国际责任，水力资源的开发计划和沿岸国的同意和参加问题。国内法和国际法在根本上是一致的。国内社会和国际社会都是人聚集在一起生活的社会，应该诚实信用地行使权利，以不致对其他人造成损害。各国应按照友好原则公平、合理地使用河水，并有分享由于河水利用产生的利益的权利。

1966 年，国际法协会于 8 月 20 日的第 52 次会议上通过了《赫尔辛基规则》，为跨国河流的综合利用和环境保护提供了依据。1968 年 5 月 6 日，欧洲理事会通过了《欧洲水宪章》，它提出：水是必不可少的资源，并非不会耗竭的；水的质量必须得到保护，水是一种遗产，它的价值必须得到所有人的承认；水没有国界，对水的管理需要国际合作。这些基本的原则很好地唤起了人们对水问题的认识。

三、20 世纪 70 年代至 20 世纪末

这一时期人类的环境意识不断地加强，对水保护的认识亦同时加深，水资源的国际环境立法在这种大背景下获得了长足发展。这一阶段的水资源保护国际条约特点是：①缔结了多项重要的多边条约，例如《保护莱茵河免受化学污染公约》等。②出现了全球性国际水域防污立法的趋势。

负责发展和编纂国际法的联合国国际法委员会于 1971 年开始制定关于国际水道非航行利用的法律，1990 年通过了关于国际水环境保护的条款，1991 年，联合国国际法委员会终于通过了反映国际水道立法一般趋势的《国际水道非航行使用法条款草案》。1997 年 5 月，根据国际法委员会的条款草案，联合国大会通过了《国际水道非航行使用法公约》。1979 年，国际法研究院（国际法学会）通过了名为"河流和湖泊的污染与国际法"的决议。该决议第 2 条规定，在根据本国的环境政策行使利用其自然资源的主权权利，并且在不损害其条约义务的情况下，各国应承担义务，保证他们的活动，或在其管辖范围内或控制下从事的行为，不对跨国河流水域或其境外的湖泊造成污染。第 3 条要求各国采取措施对付已有的污染和新的污染形成。第 5 条规定各国对河流和湖泊的污染应承担国际责任。第 6 条建议缔结公约，建立管辖权，制订可适用的法律等，并缔结特别协定，规定对极危险活动造成的污染的赔偿责任制度和赔偿金。此外，该决议还建议对防止和减缓污染进行有效合作，向发展中国家提供援助等。

跨界水道和国际湖泊的保护和利用是一项重要而且紧迫的任务，而且只有通过加强合作才能有效地完成此项任务。1992 年，欧洲经济委员会各成员国政府怀着同一个愿景于芬兰的赫尔辛基举行会议，即商讨如何以合作和可持续的方式管理共享水域，减轻风险，防止可能因共同资源而发生冲突。作为会议成果，1992 年 3 月 17 日《保护和利用跨界水道和国际湖泊公约》应运而生。该公约要求缔约方防止、控制和减少对跨界水质和水量的负面影响，以合理和公平的方式使用跨界水域，并通过合作确保其可持续管理，与同一跨界水域接壤的各方有义务通过缔结具体协定和建立联合机构进行合作。公约是一项独特的国际法律文件，其所确立的法律框架已被广泛接受，最初作

为一项区域性法律文书进行谈判的《保护和利用跨界水道和国际湖泊公约》已于 2016 年向所有联合国会员国开放加入。

四、21 世纪以来

自 1997 年《国际水道非航行使用法公约》通过以来，国际社会在水资源保护方面取得了显著进展，制定了一系列重要的国际文件和协议，并对水资源保护进行了深入研究。

2000 年 9 月，在联合国千年首脑会议上 189 个国家签署的《联合国千年宣言》呼吁世界到 2015 年将无法获得安全饮用水的人口比例和无法获得基本卫生设施的人口比例减半。大会宣布 2003 年为国际淡水年，旨在提高各国政府及民众对淡水资源重要性以及淡水短缺问题严重性的认识；促进各国在淡水管理与消费领域寻求新的思路，制定新的战略与开发新的技术；提高各国民众参与保护淡水资源的积极性。

2002 年，跨界含水层法的起草工作正式开始。在国际法委员会第 54 届会议上，根据先前的审查结果[1]，将"共有的自然资源"专题列入工作方案，任命山田中正先生为特别报告员，启动跨界含水层立法起草工作。

联合国方案问题高级别委员会于 2003 年正式建立联合国水机制，旨在改善有关联合国水机制工作范围的联合国系统举措的协调和统一，改善 2000 年千年宣言和 2002 年世界可持续发展峰会所确定议程的实施。2003 年 12 月，联合国大会第 A/RES/58/217 号决议宣布 2005 年至 2015 年为"生命之水"国际行动十年。世界水日，即 2005 年 3 月 22 日，被正式定为国际行动十年的开始。

2010 年，联合国大会通过了第 64/292 号决议，认识到"享有安全和清洁饮水和卫生设施的权利是一项人权，这项人权对于充分享受生命和所有人权来说必不可少"。2013 年，将 11 月 19 日定为世界厕所日。2022 年世界厕所日的主题是"地下水与环境卫生"。世界厕所日旨在让人们认识到尚有 36 亿人无法享有安全管理的环卫设施和服务。

2015 年 9 月，联合国首脑会议通过《2030 年可持续发展议程》，其中包

---

〔1〕 2000 年第五十二届会议上，国际法委员会将"各国共有的自然资源"列入了长期工作方案，并在 2001 年第五十三届会议上继续审议其是否应当着手编纂。

括清洁饮水和卫生措施的可持续发展目标 6。2016 年，联合国大会宣布 2018 年至 2028 年为"水促进可持续发展"国际行动十年，从 2018 年 3 月 22 日世界水日开始，到 2028 年 3 月 22 日世界水日结束。

2018 年 6 月 20 日至 21 日举行的首届杜尚别水行动十年会议向 2018 年联合国可持续发展高级别政治论坛提出建议，以深入审查可持续发展目标 6 的执行情况。

第二届水行动十年会议于 2022 年 6 月 6 日至 9 日举行，会议的重点是促进水行动和伙伴关系，促进疫情后水资源智能型复苏。会议启动了《水行动议程》，其中汇编了与水有关的自愿承诺，以加快"水行动十年"后半段和《2030 年可持续发展议程》后半段的进展。

确保人人享有饮用水和环境卫生并对其进行可持续管理，长期以来一直是联合国的一个议题，现在的优先重点是通过国家领导和全球伙伴关系，将《2030 年议程》中与水有关的可持续发展目标的新愿景变成现实。水和环境卫生是可持续发展及其提供的一系列服务的核心，是减贫、经济增长和环境可持续性的基础。现在，世界需要改变管理水资源的方式，改变为数十亿人提供水和环境卫生服务的方式。2023 年，联合国再度召开水事会议——联合国 2023 年水事会议，其全称为"2023 年联合国水和环境卫生行动十年（2018-2028）执行情况中期全面审查会议"，于 2023 年 3 月 22 日至 24 日在纽约联合国总部举行。

第三节　水资源保护的国际规则及其实践

水资源，尤其是河流和湖泊，可以跨越国界，或构成两个国家的边界。当水资源（河流或湖泊）被国家边界所划分时，它的管理就极其复杂。长期以来，对水的获取成为国家间争端的缘由，较大的水开发项目都曾引发暴力和冲突。但是水共享也可以成为一种合作。特别是在今天，已经确立了许多水资源开发利用国际规则以及跨界水资源双边或多边的管理机制。

一、水资源保护的国际规则

水是一种有限的资源。砍伐森林、采矿、非持续农业、城市化、过度抽吸蓄水层、水道被用作污染沟、酸雨、化肥、农药、淤积和干旱的气候等因素，导致了水质量和供应的恶化。为了保证优质水的充足供应，以维持人类活动、消灭疾病、保护地球生态系统的水文、生物和化学的功能，不可缺少水资源的规划和管理。保护水资源需要国际合作，更需要相应的国际规则。

（一）《赫尔辛基规则》

1966 年国际法协会第 52 届大会通过的《赫尔辛基规则》，由于它不仅对国际法中关于跨国河流利用的规则作了系统的编纂，而且其规定的各种规则所依据的原则可用于指导各国对其他形式国际淡水资源的利用，它对于国际淡水资源利用和保护的法律制度的发展起到了承前启后的作用，是最早的和最经常被援引的关于淡水资源保护的国际文件之一。在这个意义上说，《赫尔辛基规则》是国际淡水资源保护法律制度发展的一个重大里程碑。

《赫尔辛基规则》规定，国际流域是指跨越两个或两个以上国家，在水系的分水线内的整个地理区域，包括该区域内流向同一终点的地表水和地下水。这一定义为跨国河流的综合利用和环境保护提供了依据。

《赫尔辛基规则》承认，国际流域内的每个国家都有权利合理公平地利用国际流域内的水（第 4 条）。这里的"公平合理"是指在考虑水量、流域的气候、河流利用的影响和其他国家的经济需要的基础上加以利用，特别是不应该对其他国家造成损失（第 5 条）。在公平利用原则之外，第 10 条还规定，各国不应对国际流域内的水造成任何新形式的污染或加重现有的污染程度，从而可能对流域内另一个国家的境内造成严重损害，国家应为减少各种现有的污染采取一切合理的措施，以便不在流域内另一个国家的境内造成损害。关于跨国河流利用产生的争端，应按联合国宪章精神予以和平解决。

《赫尔辛基规则》规定的规则可被视为对管理、分享和保护国际水道的习惯规则的表述，在建立国际水道管理制度中有很大的影响。

《赫尔辛基规则》在其他国际会议上得到发展。1972 年，斯德哥尔摩环境大会行动计划呼吁为防止淡水污染和保护整个水资源进行国际合作（建议 51~55）。1977 年，在阿根廷马德普拉塔召开的水资源大会建议研究可以用来管理共享水资源的方法，制定共同的规划，实施协调水资源利用所必需的机制。以《赫尔辛基规则》为蓝本，1978 年，联合国环境规划署批准了《指导国家保护和谐利用两个或多个国家共享自然资源的环境行为原则》。《21 世纪议程》第 18 章则呼吁通过"适用统一的开发、管理和利用水资源的方法""保障水资源的质量和供应"。

（二）国际水道公平合理利用规则

1997 年 5 月，根据国际法委员会的条款，联合国大会通过了《国际水道非航行使用法公约》这一法典化文件。该公约包括四方面内容：①适用于所有国际水道的一般规则；②实施这些规则的程序规则；③关于淡水保护、保持和管理的实质条款；④关于水道国缔结协定的条款。

《国际水道非航行使用法公约》要求水道国保护、保全和管理国际水道及其水（第 1 条第 1 款），特别是保护水道的生态系统（第 20 条）。这类似于《联合国海洋法公约》对"水道"的定义，公约目标是保护整个流域包括地下水，而且，公约还要求在水道中采取一切必要的措施保护和保全海洋环境包括河口湾（第 23 条）。[1]

在主张对跨界水资源整体生态系统方面该公约作出了重要贡献，表现在：

首先，它将"水道"定义为"由于客观联系而构成统一整体并且通常流入共同终点的地表水和地下水的系统"（第 3 条 A 款）。这个定义与《21 世纪议程》采取的方法部分吻合。根据《21 世纪议程》关于淡水管理应当是从整体出发，采用综合的方法。《21 世纪议程》主张，为统一淡水的质量和水资源管理，需要同时追求三个目标：以流域为基础保持生态系统的统一；保护公共健康；为实施水资源管理发展人力资源。

其次，公约规定，水道国应在其各自的领土内以公平合理的方式利用国际水道，以使水道得到最适宜的和可持续的利用，从而充分保护国际水道（第 5 条第 1 款）。

最后，公约规定，水道国应参与公平合理地利用、开发和保护国际水道，并有义务在保护和开发国际水道方面进行合作（第 5 条第 2 款）。

此外，关于国际水道的保护，公约从三个方面作了规定：

第一，对一条国际水道的污染被广泛地定义为"对水的成分或质量的任何不利改变……改变是直接或间接由人的行为导致"。水道国应防止、减少和控制污染，尤其应通过协调它们的政策。公约倡导的措施包括：确定共同的水质目标和排放标准，针对集中和分散的污染源采用适当的技术的方法，确定应被禁止、限制或监控引入水道的物质的清单（第 21 条）。

第二，保护水道的生物源应当是防治污染的目标。水道国应防止把可能

---

〔1〕 ［法］亚历山大·基斯：《国际环境法》，张若思编译，法律出版社 2000 年版，第 191 页。

对水道的生态系统产生不利影响从而导致对其他国家造成重大损害的外来物种引入河流（第 22 条）。

第三，关于水道的管理，公约要求建立共同管理机制，这里所谓的"管理"是指：①规划一条国际水道的可持续发展并确保实施已通过的规划；②促进合理和最适当地利用、保护和控制水道（第 24 条）。

在程序方面，公约承认国际环境法的一般规则，要求缔约国就计划采取的可能具有跨界影响的措施交换信息（第 11~16 条），进行咨询和协商（第 17 条），并在紧急情况时进行合作（第 25 条）。公约还规定，对于因与国际水道有关的活动遭受明显损害或受此威胁的任何人诉诸司法或其他程序，不应因其国籍或住所有任何歧视（第 32 条）。

经过 17 年的推动，《国际水道非航行使用法公约》终于 2014 年 8 月 17 日生效，但其更多的是在公平合理利用的前提下关注跨界水污染防治问题，并非专门处理跨界水污染防治的全球性公约。鉴于这样的事实，即日益严重的跨界水污染问题和日益增多的跨界水资源开发利用争端，客观上要求我们必须重新反思现有的法律框架，考虑建立起一套原则明确机制完善的关于跨界水资源开发利用以及跨界水污染防治的国际环境法规则体系。

（三）"柏林规则"

《柏林规则》即 2004 年国际法协会通过的《关于水资源法的柏林规则》。《柏林规则》综合体现了适用于水域管理的国际环境法习惯规则，其范围比《赫尔辛基规则》和《国际水道非航行使用法公约》第 1 条的规定更广。[1]

"柏林规则"对跨界水开发利用中的"信息交换""通知义务""磋商机制""争端解决"等作了严格规定。第 56 条第 1 款规定："各流域国应该定期地给其他流域国提供关于流域或含水层的水量和水质的所有相关的、可得到的信息，以及关于水生环境的状态和引起水体、含水层或水生环境任何变化的原因等，包括一份众所周知的取水和污染来源列表，但不限于此。"第 58 条则更是提出相对严格的磋商要求，包括：①流域国应就与其共有水域或水环境有关的实际或潜在问题相互协商，并与主管国际组织协商，以便通过它

---

〔1〕 Because these Rules express the entire body of customary international law applicable to the management of waters, this Rule's scope is broader than the equivalent provisions of the original Helsinki Rules and of the UN Convention, art. 1. ILA, The Berlin Rules on Water Resources, article 1, commentary.

们自己选择的方法，达成符合国际法规定的权利和义务的解决办法。②流域国如果认为某项计划、规划、项目或活动会对其产生重大不利影响，应立即将这些结论以及确凿的文件通知负责该计划、规划、项目或活动的国家。在收到这样的要求后，有关国家应立即相互协商。③为公平和可持续地解决问题，流域国应本着诚意与其他有关国家根据第1和第2款进行磋商和谈判。④在磋商期间，如果另一有关国家提出要求，计划实施某项方案、计划、项目或活动的流域国应在一段合理的时期内不实施或不允许实施该方案、计划、项目或活动。⑤不得利用协商来不合理地拖延作为协商对象的方案、计划、项目或活动的实施。第61条规定，当紧急状态发生而一国必须采取紧急执行计划之时，就会涉及磋商机制在紧急状态下的适用，在此时磋商机制的职能不限于预防跨界损害或跨界损害风险，更侧重寻求在紧急状态下达成协调的国际合作目的。磋商机制在跨界水污染防治中不仅在平时状态下适用，而且在紧急状态下同样具有重要作用。在紧急情况下，磋商机制的职能不仅限于预防，更侧重协调国际合作。第72条的争端解决机制规定，①各国应通过和平手段解决有关本规则范围内的问题的争端。②争端所涉国家应相互协商，并在适当时与主管国际组织协商，以便通过它们自己选择的方法，达成符合国际法规定的权利和义务的解决办法。③在事实有争议的情况下，参与争议的国家应指定一个机构调查和确定有争议的事实，事实调查机构的决定只有在各国同意这种约束力的情况下才对其产生影响。④在解决争端的任何程序中，有关国家应邀请可能受解决争端影响的其他国家在争端的适当早期阶段提出它们的意见。〔1〕而如果规定的程序未能解决争端，有关国家或国际组织应同意将其争端提交特设或常设仲裁法庭，或提交有管辖权的国际法院。

尤其是《柏林规则》第65条规定了联合管理机构的最低要求，其中包括科学技术上的协调综合、建立协调统一的网络、建立联合水质目标和标准等。〔2〕可见，《柏林规则》的目的在于为水管理者、法院以及其他法律决策者提供一个综合的文件，以便在解决水资源管理问题时能够考虑到所有相关的国际规

---

〔1〕 ILA, The Berlin Rules on Water Resources, article 72.
〔2〕 2004年《关于水资源法的柏林规则》第65条：联合管理机构的最低要求1. 根据《关于水资源法的柏林规则》第64条，流域范围的管理机构应具有以下权利：a. 其他科学和技术上的研究计划之间的协调和综合；b. 为了长期进行观测和控制，而建立一个协调的、同等的或统一的网络；以及c. 为整个流域或其重要部分，建立联合的或协调的水质目标和标准。

则。这一规则的制定体现了跨界水资源开发利用所应遵循的国际规则得到了进一步发展。

二、水资源保护的国际实践

水资源的开发利用，因不同的地理、经济、社会和政治因素而存在着很大差异，即使是针对同一种水源，也根据水的用途（家庭用水、农业和工业用水）采取不同的管理方式。水的不同用途受人口密度、经济发展水平和文化传统的影响。反之，又影响着水的经济价值和环境价值。作为一个整体的水系的统一性自然要求针对整个流域来处理水问题。因此，水资源开发利用和保护的区域性或双边的国家实践，为水资源保护国际规则的形成提供了坚实的基础。

（一）北美洲

美国和加拿大之间签订的有关边界水域的条约和有关大湖水质的协定，以及美国和墨西哥之间签订的有关边界水域的条约和协定，构成了北美洲淡水资源利用和保护的国际法基本框架。

1. 美加条约

1909 年签订的《英国（加拿大）与美国边界水域条约》，全名是《关于边界水域和美加有关问题的条约》。[1] 它的宗旨是"防止在利用边界水域方面发生争议，解决目前在美国和加拿大自治领域共同边界地区有关双方之间以及同对方居民之间的权利、义务和利益（有关）的一切悬而未决的问题，并作出规定以调整和解决今后可能发生的问题"。[2] 其中与国际淡水资源保护关系最密切的，是关于条约的地理适用范围的规定、污染的规定和关于国际联合委员会的规定。

1972 年美加两国签订了一项《美加大湖水质协定》。1978 年，两国以一项新的《大湖水质协定》取代 1972 年的协定。

《美加大湖水质协定》是美加两国控制和减轻大湖污染、改善大湖水质的基本法律依据。

该协定的宗旨是"恢复并保护大湖流域生态系统的水体的化学的、物理

---

〔1〕 参见盛愉、周岗：《现代国际水法概论》，法律出版社 1987 年版，第 443~450 页。
〔2〕 参见盛愉、周岗：《现代国际水法概论》，法律出版社 1987 年版，第 443 页。

的和生物学的完善性"。为实现此宗旨，双方在该协定中同意以最大的努力采取措施以实现最大限度地削减对大湖排放的污染物。为此，双方在协定中宣布了三项政策。其一，禁止以有害的数量对大湖排放有毒物质并最终消除任何或所有的具有持续毒性的物质的排放。其二，地方、州、省和联邦政府合作，为建设公共废物处理厂提供财政援助。其三，各方发展并实施协调的规划过程和最佳管理惯例，以保证对各种污染源的充分控制。

2. 美墨条约

1944年11月，美国和墨西哥签订了《利用科罗拉多河、蒂华纳河以及格兰德河的公约》。该公约对格兰德河、科罗拉多河和蒂华纳河的水域分配、水流量分配、水利工程的修建、防洪等问题分别作了规定。依公约设置的国际边界和水委员会负责该条约的实施、执行两国政府的权利和义务的调整、解决在条约实施过程中的一切争议。[1]

1973年，墨西哥与美国签署了《关于永久彻底解决科罗拉多河含盐量的国际问题的协定》。美国亚利桑那州在20世纪50年代大量抽取科罗拉多河河水并将灌溉渠中含盐度很高的水引入该河，造成该河含盐量增高，使墨西哥的农业受到严重损失。根据该协定，美国承诺修建河水淡化工程和补充水量，保证流入墨西哥的科罗拉多河的水量及其正常的含盐量。

（二）南美洲

南美洲有两项重要的关于国际淡水资源的利用和保护的条约。

一项是1969年《银河流域条约》。《银河流域条约》的成员国在《银河流域条约》的序言中宣布，它们"相信通过联合行动将使本地区的巨大自然资源得到协调和均衡的发展并获得最高效益，将通过对自然资源的合理使用为后代保护这些资源"。[2]它们"同意做出联合努力以促进银河流域及其直接影响下的有关地区实现和谐与发展和实质一体化"。《银河流域条约》为这种合作提出以下具体目的：①便利和改善航运；②合理利用水资源；③保护和培育动植物；④改善交通条件；⑤推动本流域工业的发展和区域协作；⑥在边境地区实行经济合作；⑦在教育、卫生和防治疾病方面进行合作；⑧推进其他共同有利的项目，特别是对本地区自然资源的核查、评估和利用；⑨增进

---

[1] 《利用科罗拉多河、蒂华纳河以及格兰德河的公约》第2、24条。
[2] 参见盛愉、周岗：《现代国际水法概论》，法律出版社1987年版，第425页。

对银河流域的全面了解。[1]

另一项是 1978 年的《亚马孙河合作条约》。亚马孙河是世界上水量最大也是世界上流域面积最大的河流，水深河宽，有很大航运价值。它长 6400 公里，1000 公里以上的支流有 20 多条，流域面积 705 万平方公里，占南美洲大陆总面积的 39%。《亚马孙河合作条约》的缔约国[2]在条约的序言中宣布它们的共同目标是"在各国的领土范围内以及相互间为促进亚马孙河区域的和谐发展，并在各缔约国之间公平分配发展所得到的利益，以提高各国人民的生活水平和使亚马孙河地区与本国经济相融合而联合努力"。在亚马孙河的资源利用职权和保护方面，《亚马孙河合作条约》有比较全面的、原则性的规定。条约规定的事项包括航运、环境与生态保护、卫生、科技研究、基础设施建设、边界地区的商品零售业、旅游业和人类考古学财富的保护等。

此外，在南美洲，阿根廷与乌拉圭于 1975 年制定了《乌拉圭河章程》，目的是通过条约设立的委员会协调两国采取适当的措施，以防止生态平衡的改变，并控制河流和集水区域中的杂物和其他有害物质。两国还同意保护河流中的生物资源和水生环境。1995 年，阿根廷、玻利维亚和巴拉圭建立了开发皮科马约河流域的三方委员会。这个机构将监督河水的质量、对具体的污染物提出排放标准。同时，它还将协调必要的国内措施以避免生物平衡的破坏和疾病的传播。

（三）欧洲

1968 年 5 月 6 日，欧洲理事会通过《欧洲水宪章》。其中提出的大多数原则如：水是必不可少的资源，并非不会耗竭的；水的质量必须得到保护，水是一种遗产，它的价值必须得到所有人的承认；水没有国界，对水的管理需要国际合作等，很好地唤起了人们对水问题的认识。此后不久，1968 年 9 月 16 日，欧洲理事会主持通过了《在洗涤产品中限制使用某些去污剂的欧洲协定》。

联合国欧洲经济委员会也发出了好几个保护水资源的建议，其中包括 1970 年《关于保护地表水和地下水免受石油和石油产品污染的建议》。其中第 3 段呼吁成员国政府在需要使水的利用不受污染的地区划定"保护

---

[1] 《银河流域条约》第 1 条。
[2] 玻利维亚、巴西、哥伦比亚、厄瓜多尔、圭亚那、秘鲁、苏里南和委内瑞拉。

区"；为避免油类对水的污染，颁布关于石油及石油产品的储存、运输和处理的规章；对可能污染地下水和地表水的任何石油和石油产品的溢漏予以立即报告。

1980 年至 1990 年十年间，联合国欧洲经济委员会的水问题小组起草了一系列关于在界水方面进行合作的文件。这些文件首先规定了普遍接受的原则，即国家应采取措施不在国家管辖范围以外造成环境污染。因此，对界水的保护不是国家内部事务，需要河流沿岸国之间的合作。河流沿岸国家应缔结条约，尤其是针对污染问题，在条约中共同确定水的质量标准和目标。对水质和污染的监督、控制和观察应共同进行，国家应交换关于污染的情况和资料。这就需要对重大污染事故建立有效的预警制度，并在适当的情况下，组织紧急情况下的相互援助。因此，有必要作出制度性安排，包括创设委员会和混合工作组。

1992 年 3 月 17 日，联合国欧洲经济委员会在赫尔辛基主持通过了《保护和利用跨界水道和国际湖泊公约》，适用于整个欧洲及加拿大、美国。该公约已经生效，成为以后关于多瑙河及其他欧洲地区性河流的协定的典范。

尽管这个公约比联合国国际法委员会《国际水道非航行使用法公约》早5 年通过，但国际法委员会当时已经就联合国公约草案中的大多数内容达成一致。两个文件的目标有所不同。《保护和利用跨界水道和国际湖泊公约》的目标主要是保护水道免受跨界环境损害的影响，而《国际水道非航行使用法公约》的目标更广，涉及国际水道的所有非航行利用。

在欧洲要特别加以强调的是莱茵河。莱茵河全长 1320 公里，流域面积22.5 万平方公里。在欧洲，为保护莱茵河制定了重要的条约制度。

1963 年通过了《关于莱茵河防止污染国际委员会的协定》，该协定设立了一个莱茵河防止污染国际委员会。该委员会的职责是对莱茵河污染进行研究并提出有关的建议，是保护莱茵河的主要国际执行机构，委员会的成立为莱茵河沿岸国保护莱茵河不受污染提供了组织保证。1976 年，欧共体理事会加入该委员会。该委员会还于 1996 年 9 月 9 日制定了一个关于在莱茵河航行中收集和处理废物的公约。1998 年 1 月 22 日通过的《保护莱茵河公约》承认这个委员会，使之成为具有国际法律人格的机构。

1976 年，欧洲通过了旨在保护莱茵河不受化学污染以改进饮用水、工业用水和航行等用途的《保护莱茵河免受化学污染公约》[1]和旨在改善莱茵河水质保护其不受氯化物污染的《保护莱茵河免受氯化物污染公约》。[2]

1992 年的《保护和利用跨界水道和国际湖泊公约》，代表着国际淡水资源利用和保护法律制度的最新发展。该公约最引人注目的是它吸收了 20 多年来国际环境法领域里的很多重要的新原则、新思想和新方法，试图将它们应用于保护欧洲的国际淡水资源。该公约的另一特点是它适用于所有的联合国欧洲经济委员会成员国的跨界水体，它试图为欧洲地区所有的跨界水体的利用和保护提供一套普遍适用的原则、规则和方法。

公约为所有缔约国设立了一项一般义务，即必须采取一切适当的措施以预防、控制和减少任何跨界影响。公约将此一般义务具体化为四个方面的义务，即预防、控制和减少产生或可能产生跨界影响的水污染；保证对跨界水体的利用以生态完善和合理的水管理、保护水资源和环境保护为目标；保证跨界水体以合理而平等的方式得到利用；保证保护和必要情况下恢复生态系统。公约要求对水污染的预防、控制和减少应尽可能在源上进行。公约规定预防、控制和减少污染的措施不得直接地或间接地导致污染在环境中的转移。

1998 年通过了《保护莱茵河公约》，该公约从整体的角度看待莱茵河生态系统的可持续发展，将河流、河流沿岸与河流冲击区域一起考虑。公约的目标是保护和改善莱茵河的水质，包括地下水，防治悬浮和沉积物质，保护生物物种的多样性，维护和恢复水系的自然功能，包括作为鱼类的栖息地。公约第 4 条列举了作为指南的所有国际环境法原则和规则：预防原则，从污染源控制污染排放；污染者负担，减少损害和对不可避免损害予以赔偿；可持续发展，利用最佳技术和最好的环境实践，不将污染从一个部门转移到另一个部门。

（四）亚洲

在亚洲，有关国际淡水资源的利用和保护的条约主要有 1960 年《印度巴基斯坦关于印度河的条约》、1977 年《孟加拉国和印度关于分享恒河水和增

---

[1]　该公约 1976 年 12 月 3 日签订于波恩，于 1979 年 2 月 1 日生效，公约严格管制排入莱茵河的污染物，并以附件一和附件二分别列举受管制的物质。

[2]　该公约 1976 年 12 月 3 日签订于波恩，于 1985 年 7 月 5 日生效，公约有两项具体目标：一项是要求缔约国减少氯化物的排放；另一项是要求法国修建一座控制并削减阿尔萨斯钾矿排放物的处理厂。

加径流量的协定》和 1995 年《湄公河流域可持续发展合作协定》以及 1996 年 2 月 12 日印度与尼泊尔之间的《关于马哈卡河综合开发的条约》。

1960 年《印度巴基斯坦关于印度河的条约》和 1977 年《孟加拉国和印度关于分享恒河水和增加径流量的协定》的主旨是河水的分享和分配。前者结束了印度和巴基斯坦之间长期的水争；后者对印度和孟加拉国两国分享恒河河水作了安排，其目的是确保上游国印度向下游国孟加拉国提供协定规定流量的河水。协定规定由两国的代表组成联合委员会监督和测量对孟加拉国提供的河水的流量并提出报告。协定还规定由两国代表组成的联合委员会进行调查，寻求在旱季增加恒河径流量的长期方案。

湄公河发源于我国的唐古拉山脉，在我国境内称澜沧江，长 1612 公里，流域面积 15.39 万平方公里。该河出我国国境流经缅甸、老挝、泰国、柬埔寨、越南，在越南南部注入南海。湄公河在我国境外的部分长约 2888 公里，有支流 16 条，流域面积 65.5 万平方公里。湄公河流域包括老挝和柬埔寨全境、泰国总面积的 1/3 和越南的主要产米区。湄公河的主要功能是灌溉农田。开发和利用水资源、控制洪水、开发和利用流域丰富的森林资源和矿产资源，是湄公河流域开发的主要目标。

1995 年《湄公河流域可持续发展合作协定》（以下简称《湄公河协定》）是国际淡水资源利用和保护领域十分重要的一部条约，它在内容上的最大特点是将国际环境法中的可持续发展原则贯穿于湄公河流域开发和保护的各方面。《湄公河协定》重申了继续合作和促进湄公河流域可持续发展的决心（序言）；规定了合作的目标和原则（第三章）。关于合作领域，协定规定了各缔约国在可持续开发、利用、管理和保护湄公河的水资源和有关资源的一切领域里进行合作。这种合作包括灌溉、水电、航运、防洪、渔业、木材漂流、娱乐和旅游业。[1] 协定规定了保护湄公河流域使其不受污染或其他开发计划和水资源利用的有害影响。[2] 协定宣布了合作应在主权平等和领土完整的基础上进行。[3] 协定确认了关于国际淡水资源的合理和平等利用原则，并分别规定在雨季和旱季对流域内和流域外水资源利用必须遵守的通知和磋商程序。[4]

---

〔1〕《湄公河协定》第 1 条。
〔2〕《湄公河协定》第 2 条。
〔3〕《湄公河协定》第 4 条。
〔4〕《湄公河协定》第 5 条。

协定规定了保持湄公河主流的流量和预防和停止对河流产生有害影响的活动。[1]协定规定了按照国际法有关国家责任的原则决定对湄公河造成有害影响的沿岸国的国家责任。[2]协定宣布了航行自由原则。协定规定了缔约国在发现有关水质的紧急情况时，必须立即通知并与有关缔约国和联合委员会进行磋商。[3]

1995年9月28日以色列与巴勒斯坦解放组织之间关于约旦河西岸和加沙地带的临时协定主要是关于水资源共享问题。协定附件三第40条只是笼统地提到防止水质恶化、防止对水资源和水处理系统的损害、对所有家庭、城市、工农业废水进行处理和再利用。1996年2月13日，以色列、约旦和巴勒斯坦解放组织通过了《在与水相关的事务上进行合作的宣言》，宣言更明确地指出，新增加的水资源项目将基于环境保护的原则；各方都有责任阻止在其管辖范围内污染环境的项目并保证水的质量。宣言还建议在可持续水资源管理、沙漠化控制以及发展水利设施的规范、标准和要求方面进行合作。

（五）非洲

在非洲，很早就有关于国际淡水资源的区域性或双边协定。

1963年10月26日的《尼日尔河流域协定》规定，对于可能对河流制度的某个方面、其支流和次支流、水域的卫生状况以及动植物的生物特征产生重要影响的任何项目，河流沿岸国将在研究和执行这些项目方面进行合作。

1964年《乍得湖流域开发公约和规约》（以下简称《乍得湖公约》），包括公约、规约和关于建立乍得湖流域委员会开发基金的协议三大部分，其规约部分对乍得湖的开发和保护作了比较具体的规定。《乍得湖公约》规定成立的乍得湖流域委员会由8人组成，每个成员国各派2人。委员会每年至少举行一次会议。委员会的职责包括起草有关的实施规则；收集、评估和散发成员国的建议，并对乍得湖流域的共同项目和联合研究计划提出规划和设想；保持成员国之间的联系；了解乍得湖的测量和工程进展并向成员国通报；制订共同的航行和交通规则；制定人事条例；研究申诉意见，促进争议和分歧的解决。[4]

---

〔1〕《湄公河协定》第6~7条。
〔2〕《湄公河协定》第8条。
〔3〕《湄公河协定》第10条。
〔4〕《乍得湖公约》第5条。

1978 年的《冈比亚河协定》在第 4 条规定，任何可能对河流制度、水域的卫生状况和动植物的生物特征造成重要变化的项目，在实施前都必须经缔约国批准。

1994 年，肯尼亚、坦桑尼亚和乌干达通过的《维多利亚湖三方环境管理规划筹备协定》规定设立一个区域和筹划委员会以及辅助该委员会的区域秘书处和两个区域工作组。管理规划包括渔业管理、对水生植物的控制、对水质和土地使用以及湿地的管理。

1995 年 8 月 28 日，在南部非洲发展共同体内通过了《关于共享河流系统的议定书》。议定书宣布，在公平利用共享河道系统的资源方面遵循利益一致原则，在研究和实施可能对河流系统产生影响的项目方面遵循密切合作原则。议定书还列举了在利用共享河流系统方面应考虑的因素和情况，例如自然因素、有关国家的社会和经济需要、一个国家的用水对另一个国家现有和潜在用水的影响等。议定书突出强调了可持续发展，要求在为实现更高的生活水平开发资源和为促进可持续发展保护和改善环境方面维持适当平衡。议定书设立了一个流域管理机构，该机构可以提出建议、推动采取关于水控制、共享河流系统的利用以及环境保护的措施。其中建议可以列举禁止或限制进入水域中的物质并推动环境影响评价。

第四节　水资源保护的国际环境立法趋势

自联合国环境大会（UNEA）的首次会议以来，水资源的开发利用与污染防治一直是国际社会极度关注的核心议题。

一、世界水论坛与联合国水事会议

水是生命之源，对卫生、人类福祉、生态系统、气候变化、可持续性和经济增长等有着重要的作用。但是水资源需求增长、水资源管理不善、使用不当，过度抽取地下水及污染等造成了严重的水资源压力，对公众健康、生态环境、粮食和能源安全以及经济发展产生了严重影响。

1977 年，联合国就"水"议题在阿根廷马德普拉塔召开了高级别会议——联合国水事会议，向全世界发出严重警告：水不久将成为一个深刻的社会危机，石油危机之后的下一个危机便是水。1992 年里约热内卢环境与发展首脑峰会再次认识到了全球许多地区面临的水资源短缺问题，强调了水资源安全和卫生的重要性，并提出了改善水资源管理和提高水质的措施。

水资源问题使国际社会高度重视。1997 年 3 月 20 日至 25 日在摩洛哥城市马拉喀什召开了"第一届世界水论坛"，发表了《马拉喀什宣言》，宣言强调了水资源的重要性，并提出了水资源管理的全球性挑战，呼吁各国政府、国际组织、公众加强合作，为展开永久确保全球水资源的蓝色革命奠定基础。1998 年召开的水与可持续发展国际大会声明"那些流域国家需要就跨国水资源有效管理和保护达成共识"，会议主要强调了促进各流域国家交流准确和经过协调的信息、推动各层次的磋商特别是相关国际研究单位和机构之间的磋商，为提高水管理、减少水污染这一共同利益制订中等范围内的优先行动计划。[1]

2000 年 3 月 17 日至 22 日，在荷兰海牙举办了"第二届世界水论坛"，大约有 120 个水方面的部长参加了本届水论坛，论坛通过了关于 21 世纪确保水安全的《海牙宣言》和相关行动计划，并对未来 25 年的水资源管理和消除水危机措施提出展望，世界水蓝图也在这次会议上问世。[2]

迄今，世界水论坛已经举办了十届，每一届论坛都聚焦一个"水"主题，强调"水"作为生命源泉的重要性和不可替代性，以及水资源保护的重要性和紧迫性。如 2012 年 3 月 12 日至 17 日，在法国马赛召开的"第六届世界水论坛"主题即是"治水兴水，时不我待"，旨在总结往届水论坛和其他国际会议成果，并在水资源的关键领域制定和实施切实有效的解决方案。2022 年 3 月 21 日至 26 日，在塞内加尔首都达喀尔召开的"第九届世界水论坛"主题是"水安全促进和平与发展"，论坛呼吁各国加快制定全面、有效的水资源开发利用和管理的规则，以应对全球水资源危机。"第九届世界水论坛"的主要成果之一是通过了《水和卫生安全促进和平与发展蓝色协议》，该协议呼吁为落实联合国《2030 年可持续发展议程》，就水安全与卫生、农村发展、国际合作等事项达成一系列具体的共识和行动点，强调了通过立法确保普遍和安全获取清洁安全水等。

与此同时，自 1993 年第 47 届联合国大会作出决议确定每年的 3 月 22 日

---

〔1〕 联合国环境规划署编：《全球环境展望 3》，中国环境科学出版社 2002 年版，第 150 页。
〔2〕 联合国环境规划署编：《全球环境展望 3》，中国环境科学出版社 2002 年版，第 152 页。

为"世界水日"，时隔30年的2023年3月22日在纽约召开了联合国2023年水事会议，本次会议的正式全称为"2023年联合国水和环境卫生行动十年（2018-2028）执行情况中期全面审查会议"。本次会议也是自1977年阿根廷马德普拉塔水事会议召开以来，联合国再度就这个议题举行高级别会议，联合国秘书长在开幕词中表示，人类正在通过过度消费、不可持续利用等方式加速消耗水资源这一"人类命脉"，水资源正处于重重问题之中。会议从22日持续到24日，会议号召人们"欲变世界，先变自身"，尽己所能共同解决水危机。会议成为动员会员国、联合国系统以及利益攸关方采取行动，并在全球范围内成功解决问题的分水岭。会议形成的《水行动议程》旨在鼓励会员国、利益攸关方和私营部门承诺采取紧急行动，应对当今的水挑战。2023年联合国水事会议是近50年来联合国层面规格最高、影响力最大的涉水专题会议，将为加速实现联合国《2030年可持续发展议程》涉水目标锚定方向、明确路径，对推动实现可持续发展涉水目标具有里程碑意义。

二、跨界含水层国际立法

在人类可以利用的淡水中，有超过90%储存于含水层中。[1]根据联合国教科文组织的《2012年跨界含水层地图》，全球已标定的跨界含水层有448处，分布面积超过5500万平方公里，涉及200余个国家和地区。[2]跨界含水层国际立法是联合国国际法委员会长期工作方案中"共有自然资源"专题的一部分，旨在为国际社会提供一套关于跨界含水层的国际法律原则。

"跨界含水层法"的起草工作于2002年正式启动，2003年5月，特别报告员提交了首次报告及一份增编，向委员会介绍了"共有自然资源"专题的背景以及跨界含水层的自然特征，并计划用五年时间先后就跨界含水层和跨界石油、天然气提交报告。在2004年第56届会议上，特别报告员提交了第二次报告。起草工作组认识到"《国际水道非航行使用法公约》所载的几乎所有规则均能适用于跨界含水层"的判断是错误的，决定仅把《国际水道非航

---

〔1〕 数据来源：Mr. Stephen C. McCaffrey, Seventh report on the law of the non-navigational uses of international watercourses, *The Yearbook of the ILC*, 1991, vol. II（1）, Para. 17~49；Vital Water Graphics：An Overview of the State of the World's Fresh and Marine Waters, UNEP（2002）.

〔2〕 Transboundary Aquifers of the World 2012, IGRAC.

行使用法公约》作为框架基础和参考，[1]将跨界含水层法的定位从《国际水
道非航行使用法公约》的"补充规则"转变为对跨界含水层的全面规制。[2]
2005 年 5 月，特别报告员提交了包含一个由 25 个条款构成的完整的《跨界含
水层法条款草案》的第三次报告，起草工作组审议了第三次报告，并提出了 8
条案文的修订意见。[3] 2006 年 5 月至 8 月，起草工作组完成了对特别报告员
第三次报告所含条款的修订，形成了一个由 19 个条款构成的《跨界含水层法
条款草案》并提交委员会审议。委员会随后完成了《跨界含水层法条款草案》
的一读，并将《跨界含水层法条款草案》通过联合国秘书长分发给各成员国，
以征求各国的评论和意见。2007 年，特别报告员提交了第四次报告，建议委
员会继续完成跨界含水层法草案的二读。2008 年，国际法委员会收到了包含
供二审《跨界含水层法条款草案》的第五次报告以及各国政府对一读《跨界
含水层法条款草案》的反馈意见。经过讨论和修改，委员会二读通过了一份
由 19 个条款构成的《跨界含水层法条款草案》及其评注。随后，国际法委员
会将二读通过的《跨界含水层法条款草案》及评注加上序言提交给联合国大
会。在联合国大会第 63 届会议上，各国代表团对国际法委员会和特别报告员
的工作表达了高度的赞赏，但对《跨界含水层法条款草案》的最后形式较为
谨慎。最终，大会通过决议，鼓励各国政府考虑参照《跨界含水层法条款草
案》作出双边或区域安排以妥善管理跨界含水层，并将跨界含水层议题列入
第 66 届会议临时议程。[4] 2011 年，联合国大会第 66 届会议通过决议，再次
鼓励各国政府参考《跨界含水层法条款草案》管理含水层，并决定在第 68 届
会议上继续审议该议题。[5] 2013 年 12 月 16 日，联合国第 68 届会议决定将

---

〔1〕 See Chusei Yamada, Second Report on Shared Natural Resources: Transboundary Groundwaters, ILC fifty-sixth session, A/CN. 4/539, Para. 7.

〔2〕 最初，起草工作组希望就未被《国际水道非航行使用法公约》涵盖的水体（即与地表径流没有水力联系的地下水）起草规则，并采用了"封闭地下水"（分离含水层）的称谓。然而在研究中，工作组发现存在部分与地表径流存在水力联系但联系极为微弱的跨界含水层，适用 1997 年公约显然不能恰当地保护这些更具含水层特征的水系。See Chusei Yamada, Second Report on Shared Natural Resources: Transboundary Groundwaters, ILC fifty-sixth session, A/CN. 4/539, Para. 14

〔3〕 Report of the Working Group on Shared Natural Resources, ILC 57th session, A/CN. 4/L. 681.

〔4〕 联合国大会第六十三届会议 124 号决议（A/RES/63/124）《关于跨界含水层法的大会决议》。

〔5〕 联合国大会第六十六届会议 104 号决议（A/RES/66/104）《关于跨界含水层法的大会决议》。

《跨界含水层法》项目列入第 71 届会议临时议程。

经过多年的审议和修订，国际法委员会最终提出了一套比较完整的《跨界含水层法条款草案》，条款草案通过确立国际规则，提供了一个关于跨界含水层保护的国际环境法框架，如草案中的"数据共享"有助于各国更好地了解和管理跨界含水层，"国际合作"则可以更加有效地应对气候变化等全球性挑战对水资源的影响，而争端解决机制则为处理可能出现的跨境水资源问题提供了法律解决途径，"公平合理利用"和"不造成重大损害""共同保护和管理"等原则，皆有助于实现联合国可持续发展目标中关于水和环境卫生的目标。

国际法委员会在《跨界含水层法条款草案》拟定过程中与联合国教科文组织、国际粮农组织、联合国环境规划署等国际组织广泛开展合作，征询和吸纳了多国政府、国际组织以及国际法专家和地质水文学等自然科学领域的专家意见，条款草案内容涵盖了跨界含水层的定义、国家间合作原则、数据共享、共同保护和可持续利用的义务等关键方面。可以说，《跨界含水层法条款草案》是在总结已有国际实践的基础上，提出了一系列为国际社会普遍接受的规则原则，构建起跨界含水层利用与保护的国际环境法规则体系，是迄今为止对跨界含水层开发利用和保护原则、规则最权威最完整的论述，是国际社会共同保护和可持续利用水资源的重要步骤，于防止过度开发利用和污染破坏、确保水资源的可持续性具有重要意义。毋庸置疑，《跨界含水层法条款草案》体现了水资源保护国际环境立法的发展趋势。

三、跨界水污染防治国际立法

"跨界水污染"指的是一国或多国对跨界水体（包括跨界江河、湖泊、含水层）的污染，通过扩散、传输等方式对共享这些资源的国家造成严重损害后果。在跨界水污染事件中，突发性跨界水污染最为严重。[1]从保障人类的健康和福祉、预防、控制和减少与水有关的疾病的角度来看，跨界水污染的防治于国际环境立法而言极具重大意义。

早期，由于受限于当时的科学技术与公众意识，跨界水污染防治并未得到足够的重视，20 世纪初，国际非航行利用管理制度逐渐兴起，但在这一阶

---

〔1〕 参见林灿铃：《跨界突发性水污染国家责任构建》，载《政治与法律》2019 年第 11 期。

段仅是将跨界水污染防治作为非航行利用管理的一部分，并未予以足够的重视。

20 世纪中叶以来，随着工业化程度的提高，大量的废水和有害物质进入河流和湖泊，导致水质急剧下降，水生态系统受损，水体污染问题日趋严重，跨界水污染事件不断增多。因而，跨界水（河流）航行以外的利用问题的有效解决被提上了议事日程，特别是 20 世纪 80 年代以来，陆续出台了关于跨界水污染防治的国内、区域和全球范围的相关立法，这些立法的显著特点就是改变了传统水域需具备"通航性"的要求。由此，跨界水污染防治进入了"实质性"立法阶段，跨界水污染防治作为一个独立议题在国际环境立法中得以体现。这一时期跨界水污染防治国际环境立法取得了长足进展。其一，在相关国际条约中开始纳入有关跨界水污染防治的条款。例如，2008 年《中华人民共和国政府和俄罗斯联邦政府关于合理利用和保护跨界水的协定》第 2 条规定了中俄双方的合作内容包括信息交流、水质监测、突发情况应对等。[1] 除此之外，该协定还在第 4 条规定了条约的执行机制，明确由根据协定设立的跨界水联合委员会负责制定跨界水利用和保护的联合规划、制定跨界水质的统一标准以及跨界水监测规划。[2] 其二，摆脱先前的"附属属性"甚至是被忽视的境地，出现综合性的跨界水污染防治国际环境立法。这是跨界水污染防治的一大进步。正如斯蒂芬·麦克弗瑞（Stephen C. McCaffrey）指出的："最好的办法显然是一种整体行动方法，即明确地将（水量）分配和（水质）保护同时考虑。"[3] 基于此种理念，各国开始将跨界水污染防治与其他跨界水资源利用视为一个有机整体，通过签订综合性条约并建立综合性联

---

〔1〕《中华人民共和国政府和俄罗斯联邦政府关于合理利用和保护跨界水的协定》第 2 条规定："……（四）制定和采取必要措施，预防和减少由污染物的排放而导致的对跨界水的跨界影响，并对有关信息进行交换……（六）为定期获取有关跨界水水质状况的信息，根据本协定第四条规定的中俄合理利用和保护跨界水联合委员会商定的方案和双边协议，对跨界水进行监测……（十二）共同开展科学研究，制定统一的跨界水水质标准、指标和跨界水监测办法……"

〔2〕《中华人民共和国政府和俄罗斯联邦政府关于合理利用和保护跨界水的协定》第 4 条规定："……三、联委会的主要任务为：（一）协调执行本协定的工作，并对执行本协定的工作进行总结。（二）考虑到双方在该领域已完成的工作，制定跨界水利用和保护的联合规划。（三）制定跨界水水质的统一标准、指标以及跨界水监测规划。（四）研究突发事件所致重大跨界影响的分析和评估方法，并在此基础上制定对受跨界影响一方国家的救助措施。（五）制定预防、应对跨界水突发事件及消除或减轻其后果的计划。（六）促进双方争议问题的解决。"

〔3〕S. C. McCaffrey, *The law of international watercourses*, Oxford University Press, 2019.

合管理机构，对流域内的有关生态要素和经济要素进行统筹规划和综合管理。其三，成立双边或多边的专门性跨界水污染防治管理机构。例如1963年签署的《关于防止莱茵河污染国际委员会的协定》[1]为自1950年成立的该委员会提供了永久性的法律和制度框架，从而正式确立了全球范围内多边流域管理与国家管理相结合的跨界水污染防治管理体制；我国与哈萨克斯坦共和国基于2011年《中华人民共和国政府和哈萨克斯坦共和国政府跨界河流水质保护协定》以及《中华人民共和国政府和哈萨克斯坦共和国政府环境保护合作协定》成立的中哈环保合作委员会。[2]其四，生态系统方法开始在跨界水污染防治中得到应用。美加两国1972年达成的《大湖水质协定》是最早维持生态系统完整性的国际条约之一，其1978年修正案第2条规定，条约的目的在于"恢复和维持大湖流域生态系统的化学、物理和生物完整性"，被认为拉开了新时代跨界水生态保护法的序幕。[3]此外，1998年签署的《保护莱茵河公约》是建立在1976年的《保护莱茵河免受化学污染公约》和《保护莱茵河免受氯化物污染公约》基础之上的。这一公约进一步推动了对莱茵河生态系统全面可持续发展的关注。这些国际条约引入了生态系统方法来应对跨界水污染问题，使跨界水污染防治变得更加科学和系统，标志着跨界水污染防治取得了重大进展。其五，跨界水污染防治与国际环境法的其他领域展开了诸多互动。[4]气候变化所导致的极端天气可能造成一系列灾害事件，例如降水减少地区的干旱和降水增多的洪涝、气候变化可能导致浮游生物大量生长和繁殖并引起水体富营养化、重金属毒性增大、有机物厌氧降解导致水体变黑变臭、污染物难以稀释扩散而不断累积等一系列生态问题。可以说，采取措施以应对气候变化所带来的跨界水污染新形势迫在眉睫。在与生物多样性领域的互动上，生物多样性与跨界水污染防治的关系十分紧密，随着水污染的不断加剧，生物多样性正在遭受威胁，物种赖以生存的生态系统也正在被不断

---

〔1〕 1963年《关于防止莱茵河污染国际委员会的协定》第2条规定："1. 委员会将：（a）筹备、编制和利用为确定莱茵河污染的性质、范围和污染源必要的全部调查结果；（b）建议缔约国政府采取适当的措施保护莱茵河不受污染……"

〔2〕《中华人民共和国政府和哈萨克斯坦共和国政府跨界河流水质保护协定》第5条规定："一、为协调落实本协定，双方设立中哈环保合作委员会……"

〔3〕 何艳梅：《国际水法调整下的跨国流域管理体制》，载《边界与海洋研究》2020年第6期。

〔4〕 Canelas de Castro P，"Trends of development of international water law"，*Beijing L. Rev.*，2015，6，p. 285.

破坏，《生物多样性公约》提供了总体框架，并与其议定书一同对该问题进行规定。此外，其余的一些多边环境协定在湿地、迁徙物种以及世界自然和文化遗产领域也不同程度地涉及跨界水污染防治。

水是万物之源，是人类社会诞生、发展乃至未来永续发展的唯一不可替代的自然资源。2020 年 12 月 1 日，联合国水机制（UNWATER）发布研究报告《联合国全球水公约：促进可持续发展与和平》并指出，水是世界面临的最紧迫的挑战之一，已引起各国的关注，需要进一步加强跨界水方面的合作。

迄今，尽管尚未出台一个类似《联合国气候变化框架公约》或《生物多样性公约》旨在通过促进国际合作、协调分歧、对跨界水污染防治问题提供有效处理途径的专门的跨界水污染防治国际公约，但可以肯定，近年来，跨界水污染防治的国际环境立法在三个方面取得了重大进步：首先，从原来的只考虑保护一个地区的主要河流或河流的一部分这种狭隘的视角发展为从宽阔的视角考虑集水区域或河流流域，以及考虑自然水文状态，同时还将地表水和地下水作为统一的资源来考虑；其次，当下的普遍趋势是从禁止跨界水污染、要求对跨界水资源的开发利用进行磋商的单一规则，转向对跨界水资源进行共同管理共享水资源原则；最后，与国际环境法的其他领域一样，由于持续性和技术合作的需要，使专门的国际机构得以建立。

总之，从保护跨界河流本身到保护整个水系，从创设相对简单和直接的防止重大跨界水污染的义务发展到建立广泛的保护共享资源的相关国际机制，国际环境法在跨界水污染防治领域的发展业已取得相当成果。

在国际环境法以及前述文件的共同推动下，由于生态环境的整体性和各要素间相互影响的特性，"跨界水污染防治"势必得到更加深刻的体现，必将促使国际环境立法进程的向前推进。

第十章

土地资源保护的国际环境立法

人之穷困潦倒生存艰辛之极限是上无片瓦，下无立锥之地。作为国家的物质基础，土地乃立国之本。可见，土地是一切的基础，是人类生存的根本。土地上充满着灵智与物质的创造，它孕育了人类文明。然而，土地本身却是不能创造、不可再生的。表土流失、土壤污染、土地退化等，人类正面临着日益严峻的土地资源危机。

第一节　土地伦理与土地资源危机

土地是一种有限的资源，是其他自然资源的依托，土地除作为动植物生命的支持系统和工业生产的基础外，还有助于保护地球上的生物多样性、调节水循环、碳存储和循环及提供其他的生态系统服务。[1] 土地还是初级原料的存储地、固态和液态废物的堆放地和人类居住及交通活动的基础。土地是人类和其他所有生命的依托，其价值难以言表！不仅如此，土地亦有其自身的内在价值。[2]

---

〔1〕　生态系统服务是指人类从生态系统中获得的惠益。其中包括食物、水、木材及纤维等供应性服务；影响气候、洪灾、疾病、废物、水质量等的调节性服务；提供娱乐、美学和精神享受的文化类服务；土壤形成和保护、光合作用、养分循环等支持性服务。参见联合国粮农组织《2022年世界森林状况》。

〔2〕　土地伦理是要把人的角色从大地共同体的征服者变成大地共同体中的平等的一员和普通公民。这意味着，人不仅要尊重共同体的其他伙伴，而且要尊重共同体——土地本身。参见〔美〕奥尔多·利奥波德：《沙乡年鉴》，侯文蕙译，吉林人民出版社1997年版，第193~194页。

一、土地伦理观念及其要求

土地是指"具有陆地生物生产力的系统，由土壤、植被、其他生物区系和在该系统中发挥作用的生态及水文过程组成"[1]更确切地说那是一层覆盖着地球各大洲的脆弱、松散、不同颜色的表土，表土本身及其上生长的植物、动物和微生物，构成了土地生态系统，是所有陆上生命的家园所在，构成了生命共同体。没有它，就不会有植被、农作物、森林、动物和人类。

（一）土地伦理观念

长久以来，人们把土地仅仅视为满足自己欲求、认识、改造和征服的对象，人是人地关系的主宰者，人地关系是改造与被改造的主客体关系。正因如此，土地沙化、水土流失、土壤污染、土地资源短缺等人类生存危机直面而来，土地资源危机从局部扩展到整体，从区域扩展到全球，从而成为人类生存与发展的严重威胁，且愈演愈烈。由此，土地资源危机促使人们不得不对人类可持续生存和经济社会可持续发展问题进行全面检视与反思。

土地具有多个相互关联的维度，例如，土地作为资源和服务的提供者，作为住所，作为财产，作为文化认同的关键等。土地为陆地生物多样性提供了可能，为人们提供了多样的社会文化和审美福利。我们必须真正懂得，土地的无比丰富性不仅为人类提供了生存基础，而且蕴含了人类全面发展所必需的要素，是人类创造社会文明的基础。土地与其他生物一样，有其内在价值。这种内在价值不仅表现在她对人类至关重要的价值，而且对人以外的生命也有极大的价值。[2]这至关重要。

无论是发达国家还是发展中国家，人们的生活都必须严重依赖土地资源。无论是生活在都市还是农村，都需要"立锥之地"，活着需要粮食，休憩娱乐离不开自然景观，成长、追忆、祭祀以及为自己增加健康与福祉等，以及诸多与土地相关的节日等人类传统，都足以表明，土地的价值不仅仅是对人们生存、发展及其社会文化身份、地位和财产的依托，揭示了土地、文化和身份之间的深层嵌入关系，更是土地自身不可否定的内在价值体现，没有土地，没有生物，也就没有人类。在欧洲联盟（EU），土地的娱乐和文化意义在一

---

[1]　参见 1994 年《防治荒漠化公约》第 1 条（e）。

[2]　裴广川主编：《环境伦理学》，高等教育出版社 2002 年版，第 202 页。

定程度上是通过区域和国家政策纳入生态系统服务管理之中的。目前正在全欧洲实施的"2020 生物多样性战略"主要涵盖了"文化地貌景观"方面的内容。

可知，土地不仅创造了人类，而且为人类的生存提供了适宜的环境。因而，"大地母亲"是恰如其分的表达。不可否认，人类征服自然的壮举带来了物质文明的进步，但这种随心所欲的征服行为也造成了灾难性后果。事实证明，人不应"让高山低头"，以征服和主宰大地为目的。"让高山低头"是凭主观的意愿把自然无限地人化，其改造并欲征服自然的意识本身乃是一种着眼于自然的直接有用性的行为，它仍然以人与自然的分离和对立为前提。不尊重生命之源的"大地母亲"，无视"大地母亲"的养育恩情，而把"母亲"踩到脚下的无良残暴，最终必然自食恶果，导致失败则是必然的。

因此，尊重"大地母亲"就是尊重自己，保护土地资源就是保护人类，追求人与大地的和谐就是追求人自身的全面发展。这并非简单的复归（复古），而是真正人类文明的呼唤，是人与自然（土地）关系的真正人道主义的归宿。我们必须深刻理解：不唯独是人类，生物的物种、生态系、景观等，与人类一样也具有生存的权利，人类不可随意地加以否定。[1]我们必须深刻认识土地的自身价值，必须尊重"大地母亲"。这就是反映事物原本应有样态的"土地伦理"。

土地伦理是土地资源危机"治本"的关键，这既源于土地危机对人类生存威胁的现实性，也因"土地伦理"确立的自觉地爱护和尊重土地的伦理观念。唯此，才能从根本上协调处理好日趋严重的土地资源危机。

（二）土地伦理要求

土地作为动植物生命的支持系统和工业生产的基础，不仅是初级原料的存储地、固态和液态废物的堆放地和人类居住及交通活动的基础，还是地球上生物多样性、调节水循环、碳存储和碳循环以及地球生态系统的基本保障。为有效协调并化解多元化、复杂化的土地资源危机，必须遵循土地伦理观念之要求。

（1）走向荒野，保护荒野。人类从荒野中走出来，用荒野提供的材料构筑自己的文明。利奥波德在他的著作《沙乡的沉思》里说："荒野是人类从中

---

〔1〕 裴广川主编：《环境伦理学》，高等教育出版社 2002 年版，第 52 页。

锤炼出那种被称为文明成品的原材料。"人类"为娱乐而用荒野""为科学而用荒野""为野生动物而用荒野",人类在荒野的基础上创造文化。[1]美国著名哲学家罗尔斯顿在其《哲学走向荒野》一书里,论证了自然界的价值,特别是荒野的价值,他提出了"哲学走向荒野"的环境伦理关系问题。他认为荒野自然的价值是人类在荒野中发现的而不是人类创造的。[2]荒野是有价值的,荒野的价值,是土地道德的一个重要问题。[3]但是,荒野是一种只会减少而不能增加的资源,要创造新的荒野是不可能的。现在荒野正在迅速减少,地球原生生态系统大多数已被人类毁坏,或彻底改变。因而利奥波德说:"在人类历史上,前所未有的两种危险正在逼近。一个是,在地球上,更多的适于居住的地区的荒野已经消失。另一个是,由现代交通和工业化而产生的世界范围性的文化上的混杂。"当今荒野消失已是全球性现象,它导致了生态平衡破坏。因此,他认为需要"像保存博物馆的珍品一样"保护荒野,保护荒野的价值。[4]由于荒野减少,土地的核心价值就被片面地认为在于土地对人类的价值。在此,必须深刻认识拨乱反正:人类必须走向荒野、保护荒野,珍惜荒野。

（2）尊重、热爱土地。利奥波德说:"我们蹂躏土地,是因为我们把它看成一种属于我们的物品。当我们把土地看成一个我们隶属它的共同体时,我们可能就会带着热爱与尊敬来使用它。对土地来说,是没有其他方法可以逃脱机械化的人类的影响的;对我们来说,也无其他方法从土地中得到它能——在受制于科学的情况下——奉献给文化的美学上的收获。""土地应该被热爱和尊敬,这却是一种道德观念的延伸。土地产生了文化结果,这是长期以来众所周知的事实,但却总是被人所忘却。""大概这样一种价值观上的转变,可以通过对非自然的、人工的并且是以自然的、野生和自由的东西为条件而产生的东西进行重新评价而获得。"[5]要把土地当作我们的母亲去赡养去抚爱。这是土地伦理追求的主要目标。这就要求将土地视为与人类一样的自然

---

〔1〕　[美] 奥尔多·利奥波德:《沙乡的沉思》,侯文蕙译,经济科学出版社1992年版,第185页。

〔2〕　转引自叶平:《关于环境伦理学的一些问题——访霍尔姆斯·罗尔斯顿教授》,载《哲学动态》1999年第9期。

〔3〕　裴广川主编:《环境伦理学》,高等教育出版社2002年版,第209~211页。

〔4〕　[美] 奥尔多·利奥波德:《沙乡的沉思》,侯文蕙译,经济科学出版社1992年版,第185页。

〔5〕　[美] 奥尔多·利奥波德:《沙乡的沉思》,侯文蕙译,经济科学出版社1992年版,第20~21、201~202页。

界一员。人类应该尊敬并平等地对待生命共同体中的每个成员，包括共同体本身。另外，人类必须放弃征服者的身份，善待土地，尊重土地，尊重一切生命。人与土地是紧密联系的有机整体。人类应"兼爱万物"，把珍爱自然万物视为君子道德职责，"君子之于物也，爱之而弗仁；于民也，仁之而弗亲。亲亲而仁民，仁民而爱物"。自然万物当然包括土地。这种热爱、珍惜土地的观念为国际环境法的形成与内容的确定提供了依据，从而也决定了我们对待自然的态度。

（3）保护土地。保护土地就是要保护土地的整体性，必须警惕在追求经济发展过程中，使土地本身不至于受片面经济因素驱使而招致土质降低、土地肥力下降、生态系统破坏的恶果。保护土地还体现在使土地保持健康状态。当前土地不健康的原因主要有两个：一是因水蚀、风蚀等原因引起土地肥力的下降；二是因干旱、洪涝、生物多样性减少等原因导致生态景观稳定性的下降。生命主体与自然环境是一个不可分割的有机整体，人类必须通过土地生态重建、环境复原等方式恢复土地健康。

（4）合理利用土地。坚持用养结合的可持续利用，不过度消耗土地肥力；合理规划、分配、节约用地。明确土地的内在价值，在开发利用土地时必须充分评估该行为对土地的潜在影响，实现土地资源的可持续开发和利用。为了实现土地资源的可持续开发和利用，既要处理好当代人与土地的关系，又要处理好后代人与土地的关系，即可持续发展的目标在于实现代内平等和代际公平。其实现的途径是全面考虑环境、社会、经济三个方面，亦即可持续发展的三大支柱。[1]这三个方面必须是相辅相成的统一体。

二、土地资源及其面临的威胁

地球的陆地面积为 1.4 亿平方千米，接近其表面积的 1/3。但陆地资源是有限的、脆弱的和不可再生的，包括对农业发展非常重要的土壤、对环境非常重要的土地覆被和作为人类居住和福利的重要组成部分的景观。

土地是粮食的主要来源，是粮食、饲料、纤维和林产品的提供者。人类对土地的最大利用当属粮食生产，约占可居住土地的 50%。仅提供 17% 的膳食能量和 33% 的膳食蛋白质需求的畜牧业生产将 77% 的农业土地用于生产饲

---

〔1〕 John A. Humbach, "Law and a New Land Ethic", 74 *Minn. L. Rev.* 339 (1989), p. 11.

料、草地和牧场，这无疑会导致土地利用率的低下。然而，有时被认为生产力水平更高、利润更高的单一作物耕作制度往往与土地退化和生物多样性折损有关。例如，南美洲南部的草原被改造成大豆田，主要用于出口；东南亚油棕的扩张是以牺牲森林和泥炭地为代价的。因此，土地与可持续发展目标密切相关：消除饥饿，实现粮食安全，改善营养，促进可持续农业发展。这一目标包括确保获得充足、健康和营养的粮食，特别是针对最脆弱的群体。

对土地资源的过度开发和不合理利用，不仅导致农业生态环境遭到了严重破坏，比如过量放牧、毁林、围湖造田、过度轮作等，引发了如土地退化、水土流失加剧、资源枯竭、生态失衡、地力下降、旱涝风险加大等一系列的环境问题，而且还加剧了农业生态环境退化的速度。[1]同时，为了增产，多数国家，尤其是发展中国家普遍且广泛地大量使用农药、化肥以及地膜等。大量使用化肥造成化肥流失加剧了湖泊和海洋等水体的富营养化，导致地下水和农作物中硝态氮含量超标，影响土壤自净能力。大量农药的使用，特别是高危农药的使用渗入水体、土壤中，使土地受到严重污染，这不仅直接涉及全人类的食品安全、身体健康，还涉及水源、土壤、生物多样性等问题。农用塑料膜残留于土壤中，由于农膜很难降解，会影响土壤通气和水肥传导，造成粮食减产。农药、化肥以及地膜等的大量采用造成的土地面源污染后果极其严重。目前，全球1/4的土地已经高度退化，另有8%出现中度退化。[2]鉴此，我们应在追求粮食增产的同时，更加关注土地生态保护与环境可持续发展。[3]

农业和粮食生产是包括森林和其他类型的生态系统在内的大多数土地变化的原因，而人类造成的土地退化仍然是一个基本环境问题，影响着地球上人类的粮食安全、生存和生活。

气候变化造成洪涝灾害与泥石流和海平面上升，导致沿海地区损失和下沉的风险，威胁到许多沿海居民的生计。人们认识到气候变化是环境变化的驱动力，气候变化通常会加剧生态系统退化，而更多变的气候会使土地生态

---

〔1〕　董红、王有强：《我国农业生态环境保护立法探析》，载《云南民族大学学报（哲学社会科学版）》2013年第6期。
〔2〕　何昌垂主编：《粮食安全：世纪挑战与应对》，社会科学文献出版社2013年版，第41页。
〔3〕　何昌垂主编：《粮食安全：世纪挑战与应对》，社会科学文献出版社2013年版，第62页。

系统退化得更强烈。如果海平面上升 1.8 米，这将使拥有世界一半以上人口的亚洲地区的水稻严重减产。即使海平面只上升 0.9 米，拥有 1.52 亿人口的孟加拉国的稻田也将被淹没一半，而湄公河三角洲的大部分都将被淹没，越南的一半水稻生长在这里，许多从该国进口大米的国家就不得不到别处去寻找口粮了。[1]与此同时，几乎所有大范围流行性、暴发性、毁灭性的农作物重大病虫害的发生、流行都和气候变化密切相关，或与气候变化相伴发生。

此外，土地也是全球绝大多数地区人口最重要的资产，人们越来越认识到明确产权在土地资源管理方面的重要作用，以及农民在土地保护中的关键作用。有 25 亿人依赖于集体拥有、管理或使用的土地资源。这些人管理和保护着 50% 的土地，但只拥有 10% 的合法所有权。而明确产权通常可以改善土地资源管理，有保障的权利可以帮助将这些资产转化为发展机会。没有明确的产权，这些人，尤其是土著居民、穷人和妇女等是最容易受到土地所有权和使用权不平等影响的群体，在世界许多地区，他（她）们无法平等地获得土地资源，并且很容易被强大势力（如跨国公司、政府）剥夺土地。另外，人们越来越关心土地退化如何导致广泛的移徙甚至冲突。非洲布隆迪的部族战争曾经让世人目瞪口呆，其真正的原因就是土地。布隆迪的胡图族农民对土地有珍爱的传统，将其看作代代相传的宝物，长者往往会对子孙说：我把土地留给你了。我把一切都留给你了。由于人口激增，土地被分了又分，最小的一块土地甚至不够一家人吃饭，争夺土地的战争终于开始了。因为土地而互相残杀，成千上万的人倒在中非炎热的阳光下。

还有一个容易被忽视的问题需要引起注意。一方面，随着工业化进程的推进，城市发展与工业生产对土地和其他自然资源的需求不断增长，大量的农地被改变用途。城市扩张导致景观破碎化和城市无序蔓延。随着城市的扩张，城市用地通常会占用农业用地，全球超过 54% 的人口居住在城市，通过给地面覆盖不透水的表层，城市影响了水文循环和土壤功能，产生了所谓的城市热岛效应。这给土地管理带来了额外的挑战：如何应对有害污染物和化学品及其对人类和环境的影响。城乡之间在人员、资源和服务方面相互联系。

---

〔1〕 ［美］莱斯特·R. 布朗：《饥饿的地球村——新食物短缺地缘政治学》，林自新、胡晓梅、李康民译，上海科技教育出版社 2012 年版，第 73 页。

农村地区通过道路、信息技术、电力和贸易网络与城市地区相连。与此同时，城市地区越来越依赖土地资源为人类提供自然的馈赠，例如清洁的水、粮食和纤维。城市化可以对这些资源流动和功能产生积极和消极的影响，并影响城郊和农村地区的经济和发展。城市运行所需要的生态系统通常超出其管辖范围，这就需要采用新方法来准确地评估城市化程度，以帮助决策者和公民社会应对现存的和新生的挑战。城市对粮食、水、纤维和建筑材料的需求已在城市、农村地区甚至其他国家的地区之间建立了牢固的联系。这些联系，也称远程联系，意味着农村地区的土地利用越来越依赖于遥远的城市群的需求。城市基础设施（能源、水、建筑和交通）和粮食供应尤其依赖于跨界供应。农村人口向城市的迁移仍在继续，并且通过改变饮食、改变对基础设施和住房的需求以及改变土地继续为人类提供自然馈赠的能力，对土地使用产生了多方面的影响。

毋庸置疑，迄今为止，仓促的土地归并、过深的纵向犁沟、无节制的毁林砍树、道路的混凝土化、追求土地面积收益的城市化、对难以量化和分类的需求不予考虑的虚假的计划功能等，所有这些都使得充斥简易住宅楼的郊区大为增加，而被吞噬的土地最终必然荒化。如此，严重威胁土地资源的土壤污染、土地退化以及土地荒漠化等，必将导致人类的灾难——城市变成令人厌烦、肮脏、衰败、枯燥、非人格化和犯罪频繁的隔离地；自然灾害也会因此而更加严重。这一切所造成的牺牲和后果是难以计算的。真可谓"人类在文明进步的过程中，虽然已经发展了多种技能，但是却没有学会保护土壤这个食物的主要源泉"。[1]长此以往，我们的子孙后代有一天恐怕真的要生活于"水世界"[2]了。21 世纪，我们该怎样脚踏实地？

第二节　土壤污染和土地退化的遏制措施

土地是生态系统服务赖以维系的主要资源基础。土壤是蕴藏生物多样性的最大宝库之一。土壤污染是指土壤中的有害物质过多，超过土壤的自净能

---

〔1〕〔美〕弗·卡特、汤姆·戴尔：《表土与人类文明》，庄峻、鱼姗玲译，中国环境科学出版社 1987 年版，第 5 页。

〔2〕美国 1995 年的科幻片《未来水世界》：2500 年，由于地球两极冰层融化，世界变得汪洋一片，人们只有在水上生活。

力而引起的土壤组成、结构和功能变化。随着人类对土地和自然资源需求的日益增长，乃产生了竞争和冲突，从而引起土地退化。解决的办法是通过相关国际环境立法出台对土地使用的综合措施，以有效遏制土壤污染和土地退化。

一、土壤污染及其治理

每次不同类型的植物的衰亡都会引起土壤的流失，而每次新增的土壤流失，又带来了进一步的植物的衰亡，今天的结果则是一种步步发展的普遍的衰败：不仅是植物和土壤，而且也包括动物。[1]土壤健康对生命、粮食安全和土壤提供的生态系统服务至关重要。土壤污染对人体健康、生态环境、城市建设、社会经济可持续发展及粮食安全，包括农作物产量和质量等，都会构成严重威胁。由于人类的粮食绝大多数由土壤产出，土壤一旦受到污染，土壤的污染物通过食物链富集到人体，通过"土壤→植物→人体"的形式，最终间接被人体吸收，会形成危害人体健康、粮食安全的隐患。

（1）许多来自工业、城市和农业的化学物质最终污染了土壤。在大多数发达国家，土壤污染的直接原因是工业和商业活动，土壤污染已成为公共卫生和环境的最大潜在风险。发展中国家正处于工业化、城市化的重要阶段，在大型城市地区，卫生和排水设施以及城市垃圾处理不充分，会造成严重的土壤污染，在许多亚洲国家，微量元素对农业土壤和农作物造成了污染，在拉丁美洲的许多地区，农业投入资源的密集使用是导致土壤污染的原因，在非洲，农药、采矿、溢漏和废物处理不当已经给土壤造成了严重污染，在近东和北非，土壤污染主要是石油生产和重型采矿活动造成的。

土壤污染的来源多种多样，包括点源污染、面源污染等，从第一产业到日常产品生命周期的最后阶段都可能造成土壤污染。点源污染产生于污染物排放的可识别、封闭和离散的来源。面源污染来自多个来源点，并可能从其他介质远距离转移扩散到大面积区域并在土壤中累积污染。面源污染通常较难归咎于单一来源，例如，化学品或受污染颗粒从点源地点或污染活动（如工业排放）无意扩散到更广阔的区域，这种扩散可能通过风或水在土壤表面对化学品和微粒的迁移、挥发性化学品在大气中的迁移和沉积，或化学品从

---

〔1〕 ［美］奥尔多·利奥波德：《沙乡年鉴》，侯文蕙译，吉林人民出版社1997年版，第196页。

土壤沥滤到地下水而发生；通过有意施用污染物或污染物源而发生，如使用受污染的地下水或未经处理的废水灌溉、在土地上施用污水污泥，或在农业上使用非快速降解的杀虫剂或用化肥引入污染物。

（2）土壤污染产生的不利影响会破坏生态系统的生产力和可持续性、生物多样性、农业和粮食安全以及清洁的地下水和地表水，可能阻碍实现可持续发展目标。[1]因此，为了防止和减少土壤污染，必须加大力度减少有毒化学品的使用和生产；对工业进行监管和控制，以确保其排放物不会（或以极低的浓度和可控的方式）将污染物带入环境；生产和消费系统应朝着更可持续的方向发展，减少废物的产生。还需要加大投资力度，适当处理城市废物、工业废物和有毒废物，包括再循环和二次生命战略，从而促进更循环、更可持续和污染更少的经济。同样重要的是，要加强向资源较少的国家转让有毒产品的生产、使用和管理方面的知识，并促进这些国家向更清洁的技术转变。

为应对人类正面临的、前所未有的土壤污染压力，联合国粮农组织于1981年11月在联合国粮农组织大会第21届会议上出台了政策性国际文件《世界土壤宪章》，旨在确保满足粮食、生物质（能源）、纤维、饲料等产品的需要，确保在世界所有区域提供必要的生态系统服务，确保从根本上保证土壤的可持续管理。宪章要求停止滥伐森林，建议用替代品取代燃烧木柴，放慢酸化耕作，降低农业投入，并且大力帮助发展保护土壤的耕作方式。《世界土壤宪章》首次对保护和改良土壤的规则作了全面规定。其内容包括关于改善生产力、保护和合理利用土壤、促进土地的最佳利用以及国政府对保持土壤的长期生产力的责任等方面的规定。1980年5月，联合国环境规划署制定了《世界土壤政策》，其主旨是为各国制定国家土壤政策提供指导。制定《世界土壤宪章》和《世界土壤政策》就是为了加强在合理利用土壤资源和防治土壤污染方面的国际合作。

1992年5月18日，欧洲理事会部长委员会通过《关于土壤的建议》，提出有关土壤的保护和利用的四项原则：①土壤保护应被宣布为普遍公共利益并纳入发展规划；②土壤应被承认为一种共同遗产和一种自然的不可更新资

---

[1]　参见 UNEP/EA. 3/Res. 6 联合国环境大会第三届会议决议（2017年12月4日至6日）"治理土壤污染以实现可持续发展"。

源，而且它的社区利益超越与它的利用相联系的私人利益；③土壤保护应在所有其他政策，如农业、林业、工业、交通和市镇规划中得到考虑；④公众应能获得有关土壤的情报资料并被许可参加有关的程序。

于 1972 年 11 月 16 日通过的《保护世界文化和自然遗产公约》规定，从科学、保护或自然美角度看具有突出的普遍价值的天然名胜或明确划分的自然区域，即可列为"自然遗产"。如果现存或潜在"自然遗产"受到土地污染或土壤退化的影响，应得到国家或国际保护，并最大限度地利用该国资源，必要时利用所能获得的国际援助和合作，特别是财政、艺术、科学及技术方面的援助和合作。[1]

2001 年 5 月 22 日通过的旨在加强化学品的管理、减少化学品尤其是有毒有害化学品引起危害的《关于持久性有机污染物的斯德哥尔摩公约》[2]强调，公约的目标是铭记《里约环境与发展宣言》原则 15 所确立的预防原则，保护人类健康和环境免受持久性有机污染物的危害。

此后，联合国粮农组织于 2015 年 6 月在联合国粮农组织大会第 39 届会议上通过《世界土壤宪章》修订版后，紧接着于 2016 年又发布了《可持续土壤管理自愿准则》，其主要目的是为可持续土壤管理提供技术和政策建议。此文件概述了扭转土壤污染驱动因素的关键行动。同时，该国际文件还为政府、企业、农民以及其他利益相关者提供在增加土壤有机质、提升作物生产能力、促进土壤养分平衡、循环、恢复生态等方面可持续性的土壤管理指导。

2018 年 5 月，粮农组织及其全球土壤伙伴关系、世界卫生组织、《控制危险废弃物越境转移及其处置巴塞尔公约》《鹿特丹公约》和《关于持久性有机污染物的斯德哥尔摩公约》秘书处以及联合国环境规划署举办了全球土壤污染研讨会，将科学和政策汇聚一堂，共同了解土壤污染的现状、原因、影响和解决方案，会议成果文件《土壤污染的解决方案》为停止土壤污染实施一系列协调行动提供了切实方案。

自联合国环境大会首次会议以来，土壤污染防治即成为会议始终关注的核心议题。针对土壤污染，联合国环境大会第三届会议的 3/6 号决议"治理

---

〔1〕 参见《保护世界文化和自然遗产公约》第 2、4 条。

〔2〕 该公约于 2004 年 5 月 17 日正式生效。

土壤污染以实现可持续发展"凸显了治理土壤污染在实现可持续发展目标中的中心角色，并据此制定了一系列清晰的策略和行动措施。这包括号召会员国和联合国组织协调行动，将土壤污染防治纳入全球环境保护、粮食安全、农业发展和公共健康议程，并通过科学研究、预防措施和风险管理来系统性地应对问题。进一步地，大会鼓励各国在国家层面上制定和强化相关政策与立法，确立防治土壤污染的标准，同时促进国际和区域间的合作与知识共享，共同抵抗土壤污染的挑战。此外，大会决议特别重视技术支持、资金筹集和能力建设，并倡导为这些领域提供实质性支持，从而加强公众意识和提升行动力，共同推进可持续土壤管理，确保生态系统的完整性和生物多样性，为实现联合国 2030 年可持续发展目标打下坚实基础。

二、土地退化的遏制措施

土地退化是土壤污染的内涵。土地退化主要包括土壤盐渍化、土壤酸化、土壤板结、土壤重金属污染、土壤营养元素失衡、土壤有机质和微生物多样性减少等。土地退化的主要类型包括水蚀、风蚀、化学退化和自然退化，其中水蚀的占比最重，高达 56%。土地退化的主要类型有水蚀（56%）、风蚀（28%）、化学退化（12%）和自然退化（4%）。导致土地退化的原因有过度放牧（35%）、森林砍伐（30%）、农业活动（27%）、过度开采植被（7%）和工业活动（1%）等。[1]

土地退化涉及土地生态系统服务的下降或破坏，包括净初级生产。它源于不同的过程：水土流失、盐渍化、板结和污染，有机质下降，森林火灾和过度放牧。净初级生产的下降还会降低微生物活性和保水能力，降低导水性，降低土壤抗污性等。在干旱和半干旱地区，灌区缺乏足够的排水会导致根部盐分积聚，对作物生产率和土壤性质产生负面影响。在一些国家，土壤盐渍化影响了一半的灌溉土地。由于灌溉不足，全球大约 33% 的灌溉区域生产力下降，造成了水涝和盐碱化。全球每年因盐引起的土地退化造成的灌溉作物损失约为 273 亿美元，主要在于作物产量的损失。对这些土地如不采取行动，会付出相应代价，可能会导致 15% 至 69% 的收入损失，具体取决于土地退化的类型和强度、作物品种以及灌溉水质和管理。联合国粮农组织估计目前土

---

〔1〕　联合国环境规划署编：《全球环境展望 3》，中国环境科学出版社 2002 年版，第 60 页。

地退化为每年 1200 万公顷。据估计，土地退化导致的生态系统服务每年损失在 6.3 万亿美元到 10.6 万亿美元之间。退化可能是一种生物物理现象，其原因和影响也具有经济和社会意义。据最近一项使用卫星图像的估计，全球 29%的土地面积正在退化，约 32 亿人生活在退化地区。[1]

由于对环境、农业生产率和人类福祉的不利影响，土地退化是一个关键的全球性问题。当前的土地管理模式通常认为，土地退化和管理不善所造成的损失可以通过增加农业投入、向新地区扩张以及通过指挥和控制战略管理土地来补偿，例如用人工林取代原生森林等。这种模式还认为，随着农业生产的扩大，营养和其他相关的社会问题将逐渐消失。然而，社会和环境科学家警告，不断改进农业技术可能会给农业管理者带来错误的安全感。考虑到对土地资源可用性的适度预测，目前的趋势不太可能满足未来对粮食、能源、木材和其他生态系统服务的需求。到 2050 年，由于与收入增长和人口增长相关的饮食变化，所有类别的粮食需求都可能比现在高出 50%。从总体上看，在农业面积没有显著扩大的情况下，产量增速不足以满足需求。与此矛盾的是大规模植树造林或将生物能结合碳捕获与封存技术（BECCS）部署在必要层级，从而将全球变暖限制在 2℃ 以下，为了实现限制在 2℃ 以下的目标，到 21 世纪末，BECCS 可能需要 3.8 亿至 7 亿公顷的土地，占全球农业用地的 14%。因此，减少土地退化和增加土地恢复对提供必要的生态系统服务至关重要。

然而，目前的土地管理不能在保护生态系统服务（如保湿、养分循环）、应对气候变化（如碳封存）、提供可持续粮食生产、解决能源和水安全以及促进公平获得土地的同时防止自然资本的损失。目前的土地管理战略不一定考虑到代际公平，当前生产率提高比未来的可持续生产更受重视。

沿着目前的道路前进，联合国《2030 年可持续发展议程》确立的土地退化中性目标[2]将难以达成。但 2030 年实现土地退化中性对于达到其他关键国际目标至关重要，具体涉及减少生物多样性损失和森林砍伐、改善人类福祉以及适应和减缓气候变化。

---

〔1〕 联合国环境规划署《全球环境展望 6》。
〔2〕 联合国《2030 年可持续发展议程》目标 15：保护、恢复和促进可持续利用陆地生态系统，可持续管理森林，防治荒漠化，制止和扭转土地退化，遏制生物多样性的丧失目标。

　　鉴于土地的环境、社会、经济效益，通过国际环境法的原则指导及相关国际文件的配套保障，实施推行恢复或复原政策非常重要。

　　1992 年于巴西里约热内卢举行的联合国环境与发展大会通过的《21 世纪议程》关于持续的土地资源的管理和使用的建议，写明了国际社会为防治土地退化应采取的行动，并提出了一个新的治理水土流失的方式，通过综合规划和管理土地来加强对土壤的保护。《21 世纪议程》建议首先收集数据，例如在非洲撒哈拉沙漠和赫勒地区建立观测站，召开协调南部非洲发展的大会；建议增加植被（森林、蔬菜类植物）追求水资源利用上的平衡，以及引进旨在保护土壤的农牧业技术；建议国家政府应该使用立法、条例和经济手段，鼓励土地资源的持续使用和管理，特别要关注农业用地；建议研究与各种土地用途相关联的影响、危险，以及成本利得分析；建议国民收入和生产核算中应含有土地使用的价值，等等。明确应该支持不断提高对土地资源的科学认识，优先决定土地负载量，生态系统的功能，以及土地使用和环境系统之间的相互关系。为了促进公众高度参与决策，应该发起环境意识运动，还应加强地区合作和分享信息。[1]

　　《21 世纪议程》号召在干旱和半干旱地区消灭贫困和促进新的生活方式，在这些地区传统的生活方式是依赖农牧业，由于干旱和人口的压力，这种生活方式常常不够充分而且无法承受。政府应该对土地资源管理采取一种权力分散的办法，建立和加强农村组织和农村银行系统。由于土地的使用和管理相互交错在一起，所以应该把制止荒漠和旱灾的行动计划列入国家环境计划和发展计划。政府有必要加强各机构的能力，以发展和实施这些计划，这要求增加地区的和国际之间的合作和支持。环境、社会和经济问题要同时兼顾。同时，还要考虑妇女在农业和农村发展中的经济作用，土著人的权利，当地社团，以及保护区和私人财产权的问题。为了有效制止土地退化，政府应做到：①采取持续的土地使用政策和持续的水资源管理；②使用环境无害的农业和畜牧业技术；③使用抗干旱、速生的品种，加速实施造林和再造林计划；④把关于森林、林地和自然植物的土著知识纳入研究活动。[2]

　　2012 年"里约+20"可持续发展峰会将土地退化列为制约可持续发展的

---

〔1〕　参见《21 世纪议程》第十章"土地—资源使用的统筹措施"。
〔2〕　参见《21 世纪议程》第十二章"制止沙漠蔓延"。

重大问题，提出实现"土地退化零增长"的愿景，表明在新的可持续发展目标框架中，土地问题备受关注。土地退化零增长是一种状态，这种状态可通过防止或减缓土地退化、制定可持续土地管理政策和做法以及恢复已退化的土地来实现。[1]土地退化零增长是避免或降低土地退化率与提高土地恢复率相结合的产物。土地退化零增长可自然发生，或经过适当的土地管理来实现。也就是说，人类采取的防治措施只是一方面，土地退化遏制措施中最大的问题是要充分尊重自然，要努力做到人工治理与自然修复相结合。有关资料表明，世界上有8亿至20亿公顷退化土地有望恢复。[2]土地荒漠化遏制能够增加旱地二氧化碳储存量和减少因土壤侵蚀造成的土壤碳流失，进而缓解气候变化。2011年9月，世界自然保护联盟（IUCN）和全球森林景观恢复伙伴关系（GPFLR）以及德国环境部在德国波恩主办了题为关于森林、气候变化与生物多样性的波恩挑战国际会议。会议期间，来自各国的政府官员、企业界领袖和国际森林专家共同提出，在2020年之前恢复1.5亿公顷退化或遭到砍伐的林地，即"波恩挑战"。作为全球迄今为止最大的土地恢复倡议，"波恩挑战"提出到2020年恢复1.5亿公顷退化和经历毁林的土地，如此每年大约将有可能封存10亿吨二氧化碳。可以说，土地恢复是应对气候变化措施的核心，它在减缓变化与促使人类适应改变中起到至关重要的作用。

总之，土地利用必须满足生态可持续条件，公众在自然资源评价和决策过程中需发挥更大的作用。土地退化地区、国家应充分认识土地退化的危害，采取联合行动，加强国家或区域土地退化防治的立法工作。

然而，关于土地的立法，早期的重心在于利用而非保护，立法的内容一般只限于土壤与土地调查、土地评价与土地利用分配等。随着土地退化的日益严重，为了实现土地可持续管理的目标，促进生态可持续发展，有关防治土地退化、森林管理、控制气候变化、维护生物多样性的主要国际环境条约和战略正在被开始用于重新评价国内及国际环境法律与政策，以管理土地退化、规范未来土地的可持续利用。为此，同时也是作为对非洲旱灾的回应，国际社会于20世纪70年代初就十分关注土地退化带来的灾难性后果，并采

---

〔1〕 ICCD/COP（12）/4.

〔2〕 国家林业局经济发展研究中心主编：《气候变化、生物多样性和荒漠化问题动态参考2012年度辑要》，中国林业出版社2013年版，第31页。

取了一系列措施。

1973年10月，联合国决定将联合国环境规划署总部从欧洲的日内瓦（1973年1月成立）迁往非洲的内罗毕。这充分说明，联合国高度重视土地退化这一问题，并以此促进国际社会致力于防治全球土地退化。联合国环境规划署在内罗毕总部于1977年召开了专门的荒漠化防治会议，制订了一个《阻止荒漠化行动计划》，该行动计划反映了三个基本目标：①预防和阻止荒漠化的进一步发展；②使已荒漠化的土地恢复生产能力；③在生态学允许的范围内维持和提高荒漠、半荒漠以及其他易于荒漠化的地区的生产力，以提高那里居民的生活质量。这就标志着国际性的土地立法有了实质性进展。联合国环境规划署于1984年4月在内罗毕又举行特别会议，会议全面评价执行《防止荒漠化行动计划》的进展，并要求各荒漠化地区国家切实执行这一计划，以防止荒漠化的进一步恶化。

在1992年的里约热内卢环境与发展大会上，防治荒漠化被列为国际社会优先行动的领域之一。环境与发展大会后，联合国大会通过了第47/188号决议，成立了关于在发生严重干旱或荒漠化的国家特别是在非洲防治荒漠化的公约谈判委员会。从1993年5月开始，经过五次会议，1994年6月17日，于巴黎通过了《防治荒漠化公约》。此外，根据1996年《生物多样性公约》第三次缔约方大会通过的与全球环境基金（GEF）达成的协议，由GEF负责议定书的财政机制事宜。GEF作为一个国际性的公益基金，主要负责对发展中国家就气候变化、生物多样性、国际水域和臭氧层损耗这四个重点领域以及与此相关的土地退化问题给予资金上的援助。[1]

2022年4月27日，《防治荒漠化公约》出版第二版《全球土地展望：土地恢复以促进恢复和复原力》，内容提及国际社会承诺到2030年恢复10亿公顷的退化土地，同时指出应该在正确的地方以正确的规模进行恢复，在土地是生物多样性丧失和气候变化相互作用的关键因素基础上，以更好地管理相互关联的全球紧急情况。

---

〔1〕 生物多样性公约秘书处编：《生物多样性公约如何保护自然和推动人类幸福》，中国环境科学出版社2000年版，第15页。

第三节　土地荒漠化防治

荒漠化是指由于受环境变化和人类活动影响，在干旱、半干旱和亚湿润干旱地区产生的土地退化。[1]荒漠化是土地退化中最严重的一种状态，是土地资源面临的一个严重问题。它使土地丧失了最基本的生产能力。换言之，土地荒漠化导致的不仅是生态环境的恶化，更重要的是它严重威胁了人类的生存环境。土地荒漠化已经被明确地认定为严重的环境问题。

一、土地荒漠化的后果

荒漠化发生在由于长期滥用土地削弱了生产能力的任何一处贫瘠的土地上，可以表现为土地生产能力的丧失、土壤退化等。荒漠化对地球生态系统和人类生存的严重影响不言而喻。没有人会怀疑荒漠化的严重性和危险性，因为非常明确的一点是：一英尺的土地可能需要数世纪才能恢复地力，但短短数年就可能受到侵蚀并退化。[2]

荒漠化最大的影响之一是它制造出成百上千的"环境难民"，这些人因为原本居住的土地无法养活他们而不得不背井离乡。荒漠化还会给环境带来严重影响，其中一个主要影响就是生物多样性的丧失，荒漠化还可能通过减少碳槽（由于可以固化二氧化碳的植物减少）或者增加地球的反射来影响气候变化。

我国的宇宙飞船"神舟五号"拍摄到的大部分土地没有覆盖绿色植被而是赤裸裸的黄色直接面向宇宙的中国地图令人震惊：沙漠化的中国——地球因中国而憔悴！多年的干旱和毫无节制的乱砍滥伐使我们的绿色极度匮乏。近百年来我国出现了1900年、1928～1929年、1934年、1956～1961年和1972年的大旱，进入20世纪90年代以来，我国北方干旱频繁发生，特别是西北地区出现了1995年和1997年的严重干旱。根据统计，我国沙化土地已达174万平方公里，占国土面积的18.2%，沙化面积每年仍以3436平方公里的速度扩展。[3]

干旱的频繁发生，会造成沙尘暴肆虐、森林覆盖率降低、草原退化严重、

---

〔1〕　参见《防治荒漠化公约》第1条。
〔2〕　杨国华、胡雪编著：《国际环境保护公约概述》，人民法院出版社2000年版，第117页。
〔3〕　新华网北京2002年6月17日报道。

天然水域缩小、河道断流、水资源锐减、土地沙化面积扩大等，致使自然灾害的发生频率加大，会给经济建设和人的生命财产造成巨大损失。干旱造成的环境影响有土壤和地下水的盐碱化、淡水生态系统污染加剧、经济发展和人口膨胀，水资源短缺现象日趋严重，直接导致干旱地区的扩大与干旱化程度的加重。干旱灾害是我国最主要的自然灾害之一。据统计，自然灾害中85%为气象灾害，而干旱灾害又占气象灾害的50%左右。我国最早的旱灾记载始于公元前206年。从那时起至1949年的2155年中，发生过较大的旱灾1056次，平均两年一次。

非洲的撒哈拉地区从1968年到1974年期间遭受了6年的旱灾，大约有25万人死于饥饿、干旱或者疾病，此外还有上百万的动物死亡。

荒漠化产生的灾难（而不是荒漠化本身）能够跨越边界而影响全球。亦即，由于生态与经济、人类社会紧密交织，荒漠化造成的危机证明了经济和生态能够相互起破坏作用，进而使灾难重重，在局部、地区、国家和全球范围内编织成一张无缝的因果网。

对于受荒漠化威胁的人们来说，土地生产力的丧失意味着他们将失去最基本的生存基础。不仅如此，土地荒漠化还会导致淡水资源减少。荒漠化地区的水资源是由降水、森林和山地冰雪消融所形成的地表水与地下水组成的统一体系。[1]由于荒漠化地区降水稀少，蒸发强烈，地表疏松，易于渗漏，因此地表水比较贫乏，加之过度开采导致地下水位下降，贮量急剧减少，沙区植被枯亡，土地荒漠化加剧。而荒漠化的不断扩张，使得地下水位继续降低，最终引发河流、湖泊、沼泽干涸，造成人畜饮水困难，致使当地居民沦为"环境难民"而外徙。可见，这一串连锁反应构成了一个恶性循环，显现了荒漠化地区水资源的危机，同时也说明荒漠化在相当程度上是一个以土壤生产力枯竭为表，以水循环体系瓦解为本的区域生命系统衰落与崩溃的过程。[2]2013年世界防治荒漠化与干旱日主题为"干旱和水资源短缺"，宣传口号为"不要让我们的未来干枯"。确定这一主题的目的是提高公众对荒漠化地区干旱和水资源缺乏问题的认识，号召每一个人采取行动应对水资源稀缺、干旱和荒漠化。

---

〔1〕　时永杰、杜天庆：《我国西部荒漠化地区的自然环境特征》，载《中兽医医药杂志》2003年第S1期。

〔2〕　胡跃高、保母武彦主编：《认识荒漠化——内蒙古、宁夏、新疆荒漠化实况》，中国人民大学出版社2014年版，第7页。

土地荒漠化的结果就是地力下降乃至丧失，导致可利用土地面积的减少，直接威胁着地球的"生命支持系统"。由于荒漠化，地球上超过一半的农田已经退化，全世界每年丧失1200万公顷耕地（每分钟23公顷），这些荒漠化的耕地面积可生产2000万吨谷物。[1]耕地是粮食生产的主要载体，而土地荒漠化就像"地球溃疡症"，不但使耕地面积减少，而且会引起土壤质量下降导致粮食单产不断降低。如果土地荒漠化如预计的那样使全球粮食产量到2035年减少12%，[2]那人们的处境就可能会更加恶化。在2015年6月17日以"通过可持续粮食系统实现所有人的粮食安全"为主题的"世界防治荒漠化和干旱日"上，联合国防治荒漠化公约秘书处执行秘书莫妮克·巴尔比指出，"人类98%的能量摄入来自土地。到2050年，全球人口总数预计将达92亿至93亿。这意味着，到那时全球的粮食需求将至少增长50%。为了应对这种需求，全球每年需新增农业用地400万公顷，肥沃的土地将变得越来越珍贵"。巴尔比强调，"未来数十年，粮食安全问题将日渐凸显。它不仅是发展中国家面临的问题，也是发达国家面临的严峻挑战"。[3]这表明，土地荒漠化防治是一项全人类共同课题，需要每个人的积极参与和共同努力。

土地荒漠化导致生物群落结构、生态结构和营养结构的相应改变，造成生物多样性丰富程度（物种的丰富程度）的变化。土地荒漠化还造成森林锐减，使天然植被大量死亡，甚至引发动植物物种的灭绝，同时引起的景观格局的变化对物种的分布、运动和持久也存在重大影响，这些又进一步促使了该地区生态系统遗传物种多样性的明显减少和生物多样性的丧失。此外，荒漠化导致的栖息地减少和破碎化，影响了83%的濒危哺乳动物和85%的濒危鸟类的生存。[4]这样使现代人和后代人失去遗产物质，失去了医药和工业化学品的重要潜在原料，失去了美丽的动植物和部分自然/文化遗产，使生物圈也缩小了。[5]

---

〔1〕 参见潘基文在2015年"世界防治荒漠化和干旱日"的发言。

〔2〕 资料来源：联合国新闻中心2015年6月17日报道。

〔3〕 《缺乏对土地的了解是一大挑战——访联合国防治荒漠化机构负责人巴尔比》，源自新华网2015年6月16日专访。

〔4〕 参见黄河：《区域公共产品与区域合作：解决GMS国家环境问题的新视角》，载《国际观察》2010年第2期。

〔5〕 世界环境与发展委员会：《我们共同的未来》，王之佳等译，吉林人民出版社1997年版，第41页。

可见，土地荒漠化所导致的水资源危机、地力丧失及粮食短缺、生物多样性丧失、生态系统退化、环境难民等后果是极其严重的。

二、土地荒漠化的原因

伴随着生产力水平的大幅提升，以及现代技术负面效应的迅速累积，土地荒漠化的形势出现了由生态条件优越地点向绝对脆弱区蔓延的趋势。不可否认，如今的荒漠化早已不是某一国家或某一地区的环境问题，而是全球范围问题。土地荒漠化已成为人类生存和生活的严重灾难，是导致贫困和阻碍经济与社会发展的重要因素。

土地荒漠化过程在揭示人为不合理土地利用对土地和生态系统影响的同时也反映了气候变化等对土地退化的影响和受生态系统变化的反馈作用。换言之，干旱多风的气候特征与人类不合理的开发利用共同造就了土地的荒漠化。然而，土地荒漠化的最主要推手，毫无疑问是人类，是人类扭曲的价值观以及贪欲。正如蕾切尔·卡逊所言，让美国无数的城镇失去春天声音的，不是巫术，也不是敌人的行动，而是人类自己。[1]

自然灾害，如干旱、洪水和滑坡等会造成土地退化，当裸露的地表和丰富的沙质土壤遭遇干旱、大风、洪水等极为严酷的自然条件，加之水资源的极度匮乏，势必会造成土地退化，导致荒漠化的形成。但，不可持续的农业土地利用、落后的土壤和水资源管理方式、森林砍伐、毁林毁草造田、大量使用化肥农药和其他化学物质、自然植被破坏、不当使用重型机械、过度放牧及落后的轮作方式和灌溉方式以及贪婪地索取等才是造成土地荒漠化的最主要原因。

城市扩展，包括许多地区的工业、交通和休闲活动用地对土地资源造成了很大压力。比如在美国，每年因城市化损失约 40 万公顷的农业用地，我国在 1987 年至 1992 年因城镇建设损失约 500 万公顷的农业用地。此外，城市产生的废弃物也是土地退化的主要原因，大面积的土地因工业化和城市化而退化，其中一个重要的原因就是发达国家把有毒有害废物出口到发展中国家。土地退化、河流淤积和土壤污染，从酸雨到工业废弃物，都是与城市化和工业化有关的环境问题。发达国家农业土地削减的主要原因之一就是居住区建造过多。对此，许多发展中国家不仅没有警醒，还在亦步亦趋。

---

〔1〕　参见［美］蕾切尔·卡逊：《寂静的春天》，吕瑞兰、李长生译，吉林人民出版社 1997 年版。

人类文明源于土地，但也因土地的退化而陷入绝境。如玛雅文明的消失、印度河文明的衰落、古埃及文明的渐行渐远等。我们必须承认，人类对土地的破坏已远远超过了自然力，在某种意义上说，荒漠化的肆意蔓延是自然对于人类掠夺式行为的报复和惩罚。

21世纪的今天，伴随着人类科学与技术的进步，人类与自然（土地）的矛盾已然达到最大程度，荒漠化依旧在持续加剧。21世纪之初，肆虐疯狂的沙尘风暴频繁而至，再次给我们敲响了警钟。据联合国环境规划署报告，半个世纪以来，亚洲沙尘暴的强度增加了近5倍，是全球自然灾害增多的重要方面。[1]必须认识到，沙尘天气是土地荒漠化的警报，土地荒漠化则是生态危机的前奏，严重威胁着整个地球的生态环境及全人类的生存与发展。它不仅会造成种群、群落破坏，使许多物种濒危或消亡，而且会导致土壤肥力、土地生产力降低，对全球粮食生产也构成了威胁。如果任由荒漠化的持续扩张或不能有效地加以控制，人类势将丧失生存与发展的根基。

三、土地荒漠化的防治

荒漠化是严重的全球性生态问题，直接影响着全球2/3的国家和1/5的人口，严重威胁着人类的生存、健康、安全、和平，是影响可持续发展的重要变量。荒漠化是一项国际挑战，也是在2015年后联合国《2030年可持续发展议程》的大背景下实现可持续发展目标的关键所在。这是于2015年第五届库布其国际沙漠论坛[2]上与会各方取得的共识。可见，土地荒漠化问题所具有的广泛性、全球性，决定了土地荒漠化防治国际环境立法工作的长期性、系统性。

---

〔1〕 钱莉、杨永龙、王荣喆：《河西走廊"2010.4.24"黑风成因分析》，载《高原气象》2011年第6期。

〔2〕 库布其国际沙漠论坛是全球唯一致力于推动荒漠化防治和绿色经济发展的大型国际论坛，论坛创办于2007年，每两年举办一届，至今已成功举办九届，中国内蒙古库布其沙漠为论坛永久会址。论坛由中国科技部、中国国家林业和草原局、中国内蒙古自治区政府、联合国环境规划署、联合国防治荒漠化公约秘书处联合主办，鄂尔多斯市政府、亿利公益基金会承办。第一届论坛于2007年8月25日在内蒙古自治区库布其沙漠七星湖国际会议中心举行，论坛主题为"沙漠·生态·新能源"，第九届库布其国际沙漠论坛于2023年8月25日至27日在内蒙古自治区库布其沙漠七星湖举行，论坛主题为"以科技引领治沙，让荒漠造福人类"。

（一）　土地荒漠化防治国际环境立法进程

鉴于非洲苏丹—萨赫勒地区[1]20 世纪 70 年代的特大干旱灾情，1973 年 11 月 26 日，联合国秘书长和联合国粮农组织总干事联名提出紧急援助呼吁，促请各会员国政府、联合国各机关及各专门机构在紧急救助的范围内，采取一切必要的步骤对苏丹—萨赫勒地区遭受旱灾的各国尽量提供最有效的物质和财政援助。[2]然而，国际社会的相关举措仅是对灾区居民的人道救助，而非防治干旱及土地荒漠化。持续不断的干旱致使荒漠化迅速扩大，在这样的背景下，1974 年 12 月，联合国通过决议，发起向荒漠化进行斗争的国际一致行动，并将其作为优先事项办理。[3]同时，决定在 1977 年召开一个关于荒漠化问题的联合国会议，以进一步推动该项国际行动。

1975 年 12 月，为保证联合国防治荒漠化会议的顺利召开，联合国大会第 30 届会议第 3511 号决议强调，为了向国际社会提供一个面向行动的、全盘的和协调的行动计划，会议要做好基础性工作，促请各会员国与联合国防治荒漠化大会秘书处就会议的筹备工作，包括就案例研究和拟议的防治荒漠化的跨国行动进行合作。1977 年 8 月 29 日至 9 月 9 日，在肯尼亚的支持下，联合国首届防治荒漠化大会在内罗毕举行，大会通过了《阻止荒漠化行动计划》，要求各国政府优先考虑关于国家行动的建议，并考虑必要时成立一个国家机构，负责协调、合并和执行国家防治荒漠化的行动纲领。联合国防治荒漠化大会具有重要的历史意义，大会认识到土地荒漠化是一个世界性的经济和社会问题，拉开了国际社会在全球层面讨论荒漠化问题的序幕，产生了一项综合和协调一致的全球共同行动方案，即《阻止荒漠化行动计划》。该行动计划的制订表现了人类对土地荒漠化及其造成后果的重视程度，并且在行动计划中以提高人们的生活质量为目标，作出将荒漠化问题纳入生态学领域进行防治的决定。这与早期关于土地的立法重心在于利用而非保护的模式已有明显的差别，标志着国际性的土地资源环境立法有了实质性的进步。

---

〔1〕　非洲苏丹—萨赫勒地区通常是指撒哈拉沙漠南缘东西延伸的干旱与半干旱、热带沙漠与苏丹中部热带草原的过渡地带，包括塞内加尔、毛里塔尼亚、尼日利亚、喀麦隆、乍得、苏丹、埃塞俄比亚、肯尼亚、索马里等十几个国家领土，年降水量大约为 200 毫米至 600 毫米，是非洲最贫困的地区之一。

〔2〕　参见 1973 年联合国大会第 28 届会议第 3153 号决议。

〔3〕　参见 1974 年联合国大会第 29 届会议第 3337 号决议。

1978 年，联合国大会通过第 33/88 号决议，为确保苏丹—萨赫勒地区的利益，指定联合国萨赫勒办事处除其现有职务外，代表环境规划署，作为负责支援位于撒哈拉以南和赤道以北的苏丹—萨赫勒地区 15 个国家（佛得角、乍得、埃塞俄比亚、冈比亚、肯尼亚、马里、毛里塔尼亚、尼日尔、尼日利亚、塞内加尔、索马里、苏丹、乌干达、喀麦隆联合共和国和上沃尔特）[1] 执行《阻止荒漠化行动计划》的联合国机构。1979 年 3 月 15 日，联合国防治荒漠化大会秘书长为执行《阻止荒漠化行动计划》开立了特别账户。由于资金募集未能达到预设目的，1989 年，联合国 44/172 号决议决定关闭该账户。

20 世纪 80 年代，发展中国家尤其是非洲的荒漠化情况继续蔓延并且日趋严重。[2] 荒漠化的迅速扩大和持续不断的旱灾造成了悲惨的后果，许多发展中国家的农业产量因而大量减少，非洲的经济危机也随之恶化。1984 年，联合国环境规划署在内罗毕举行了特别会议，对 1978 年至 1984 年《阻止荒漠化行动计划》执行进展情况进行了一般性的评价，在《1978-1984 与沙漠化进行战斗的行动计划进展的综合评价》中指出，土地持续不断地以每年 600 万公顷的速度退化为类似沙漠的地区，每年 2100 万公顷土地由于沙漠化扩展而没有经济收入。虽然一些地区有所改善，但这种趋势仍将继续。[3] 评价结论是"几乎完全失败"。这使得国际社会进一步认识到，尽管对抗荒漠化和旱灾影响的首要责任在于各有关国家，但是鉴于荒漠化和旱灾的范围和严重情况，特别是在最不发达国家内，要达到各项对抗荒漠化方案的目标，其所需的财政和人力资源远超过受灾国家的能力。

20 世纪 80 年代后期，为了进一步促进《阻止荒漠化行动计划》的实施，联合国大会从 1984 年第 39 届会议开始，会议议程增列了题为"遭受荒漠化和旱灾的国家"和"非洲的危急经济"的项目。自 1985 年起，荒漠化和干旱方面的所有问题都被放在"发展和国际经济合作"项目下一个题为"荒漠化和干旱"的分项目下审议。[4] 随后，联合国大会在总结经验的基础上，对

---

〔1〕 后来又增加了吉布提、几内亚、几内亚比绍、贝宁、加纳、多哥、坦桑尼亚联合共和国等，共 22 个非洲国家。

〔2〕 参见联合国大会第 A/39/168 号决议。

〔3〕 引自世界环境与发展委员会：《我们共同的未来》，王之佳等译，吉林人民出版社 1997 年版，第 161 页。

〔4〕 联合国大会第 A/40/209 号决议。

"荒漠化和干旱"的议题不断进行深入探讨,第44、46、47届三届会议都分别通过了有关荒漠化防治的决议案,使得荒漠化问题被提到一个新的更高级别的国际议事日程。

1992年6月,联合国在巴西里约热内卢召开了环境与发展大会。据1991年联合国环境与发展大会筹备委员会第四届会议把土地荒漠化问题列为优先审议事项基础上,在本次大会上,首次把土地荒漠化防治列为国际社会优先采取行动的领域,并规定在《21世纪议程》第12章"脆弱生态系统的管理:防沙治旱"之中。由此提出了在脆弱生态系统中防沙治旱的努力方向。[1]为防治土地荒漠化制订了具体规划和方案,为制订《防治荒漠化公约》做好了铺垫。

(二)《防治荒漠化公约》出台及其主要成果

1994年6月6日至17日,在联合国教科文组织总部举行了政府间谈判委员会第五届会议。[2]会议审议了关于拟订防治土地荒漠化国际公约的问题。在6月17日第11次会议上,政府间谈判委员会收到了临时谈判小组经磋商提交的公约最终草案、主席根据非正式磋商对于未决要点的提案以及帮助非洲的紧急行动的决议草案等文件,审议并通过了经口头进行修改、订正的《防治荒漠化公约》和包括非洲地区、亚洲区域、拉丁美洲和加勒比区域、地中海北部区域在内的四个区域执行附件,遂于当日通过《防治荒漠化公约》并开放签署,公约于1996年12月26日生效。我国于1994年10月14日签署该公约,1997年2月18日交存加入书,公约于1997年5月9日对我国生效。

《防治荒漠化公约》是1992年联合国环境与发展大会之后出现的第一部重要的全球性环境条约,是解决土地荒漠化问题的真正的法律工具,是国际环境法发展史上又一个重要的里程碑,标志着国际社会将土地荒漠化问题真正地纳入了国际环境法治理的轨道。

《防治荒漠化公约》包括序言、六个部分和四项附件。

---

〔1〕 ①加强知识库和发展沙漠化和干旱易发地区的信息和监测系统,包括这些系统所涉经济社会问题;②通过加强土壤保持、造林和再造林等活动,防治土地退化;③制订和加强沙漠化易发地区消除贫困和促进替代生计系统综合方案;④制订全面的防止沙漠化方案并将其纳入国家发展计划和国家环境规划;⑤制订旱灾易发地区的综合备灾救灾计划以及设计应对环境难民的方案;⑥鼓励和促进民众参与和环境教育,重点是沙漠化的控制和旱灾影响的处理。参见《21世纪议程》第十二章"脆弱生态系统的管理:防沙治旱"12.4导言。

〔2〕 参见A/49/84/Add.2附件。

在序言部分，公约反映了国际社会对干旱和荒漠化问题的严重关注，指出地球上的干旱地区和半干旱地区占有相当大的比例而且它们是相当大一部分地球生物的生境，因而国际社会有必要采取措施防治干旱和荒漠化，公约特别指出了发展中国家面临的困境。公约确认国家对自然资源的主权权利和国家政府在防治干旱和荒漠化中的关键作用。公约承认为防治干旱和荒漠化、促进国家计划和优先事项、改善国际合作及其有效性是紧急需要。公约决定为当代和后代人的利益而采取适当措施防治干旱和荒漠。[1]

公约第一部分"导言"界定了有关术语，如规定"荒漠化"是指包括气候变异和人类活动在内的种种因素造成的干旱、半干旱和亚湿润干旱地区的土地退化；"干旱"是指降水量大大低于正常记录水平时发生的自然现象，引起严重水文失衡，对土地资源生产系统造成有害影响；"土地"是指具有陆地生物生产力的系统，由土壤、植被、其他生物区系和在该系统中发挥作用的生态及水文过程组成；"土地退化"是指由于使用土地或由于一种营力或数种营力结合致使干旱、半干旱和亚湿润干旱地区雨浇地、水浇地或草原、牧场、森林和林地的生物或经济生产力和复杂性下降或丧失，其中包括：①风蚀和水蚀致使土壤物质流失；②土壤的物理、化学和生物特性或经济特性退化；③自然植被长期丧失。[2]并阐述了公约目标是为实现受干旱和荒漠化影响地区的可持续发展，通过国际合作防止干旱和荒漠化，尤其是非洲的干旱和荒漠化。简言之，公约的目的就是"防止荒漠化和缓解干旱影响"。[3]

《防治荒漠化公约》以宣言的方式提出并确认了四项指导原则，即：①确保公众和地方社区参与关于防治干旱和荒漠化的项目设计和实施的决策；②以团结伙伴精神在次区域、区域和国际层次上改善合作和协调并将资金、人力、组织和技术资源更好地集中到所需要的地方；③以伙伴精神在所有层次上的政府、社区、非政府组织和土地持有者之间发展合作，以建立对受影响地区的土地和稀有水资源的性质和价值的更好理解；④充分考虑到受影响

---

〔1〕 参见《防治荒漠化公约》"序言"。

〔2〕 参见《防治荒漠化公约》第1条"用语"。

〔3〕《防治荒漠化公约》第2条"目标"：①本《公约》的目标是在发生严重干旱和/或荒漠化的国家，特别是在非洲防治荒漠化和缓解干旱影响，为此要在各级采取有效措施，辅之以在符合《21世纪议程》的综合办法框架内建立的国际合作和伙伴关系安排，以期协助受影响地区实现可持续发展。②实现这项目标将包括一项长期的综合战略，同时在受影响地区重点提高土地生产力，恢复、保护并以可持续的方式管理土地和水资源，从而改善特别是社区一级的生活条件。

发展中国家尤其是其中最不发达国家的特殊需要和处境。[1]

　　公约的第二部分规定了三类义务，即所有缔约方的一般义务、受影响国家缔约方的义务和发达国家缔约方的义务。

　　一般义务包括以综合的或一体化的方法对付干旱和荒漠化过程的物理学的、生物学的和社会经济学的各个方面的问题；适当注意受影响国家缔约方的国际贸易、市场安排和债务情况，以便建立一个有助于可持续发展的国际经济环境；将消除贫困同防治干旱和荒漠化相结合；促进受影响国家缔约方在环境保护领域里的合作；加强次区域、区域和国际的合作；与有关政府间组织合作；决定机构安排并注意避免重复等。

　　受影响国家缔约方的义务除上述一般义务外，包括对防治干旱和荒漠化给予适当优先考虑并按照其情况和能力提供充分资源；在可持续发展的计划和政策框架内建立防治干旱和荒漠化的战略和优先事项；注意荒漠化的潜在原因并特别注意有助于形成荒漠化的社会经济因素；在防治荒漠化的努力中促进地方人群的理解和参与；通过加强现有法律或新的立法提供有利的环境并建立长期政策和行动方案。

　　发达国家缔约方的义务除上述一般义务外，还有按照协议积极支持受影响发展中国家缔约方，尤其是其中非洲国家和最不发达国家防治干旱和荒漠化的努力；为受影响发展中国家尤其是非洲国家发展和实施其防止干旱和荒漠化的长期计划和战略提供实质性的财政资源和其他形式的支持；促进动员新的和额外的资金帮助受影响发展中国家；促进和便利受影响国家，尤其是其中的发展中国家取得适当技术、知识和技术诀窍。[2]并以规划的方式，要求直接受荒漠化影响的发展中缔约国将防治荒漠化和干旱置于优先地位，投入必要的资金，谋求解决造成荒漠化的人为原因。公约要求制定行动规划来支持这些措施，行动规划旨在确定长期战略，使所有国家、国际组织和个人都能有效参与。[3]

　　还要求各国政府鼓励群众和地方社团充分参与制定和执行环境规划，并且要求把提供资助的国家与受惠国之间的单向关系变成合作伙伴关系。[4]

---

　　〔1〕　参见《防治荒漠化公约》第3条。
　　〔2〕　参见《防治荒漠化公约》第6条。
　　〔3〕　参见《防治荒漠化公约》第5条"受影响国家缔约方的义务"。
　　〔4〕　参见《防治荒漠化公约》第10条"国家行动方案"。

公约第 19 条规定了能力建设的指导方针。这一条同样遵循了当地居民充分参与的原则，呼吁妇女、青年人以及非政府组织的更多参与。[1]

为了使现有的资金资源得到有效利用，公约创造了一项"资金机制"[2]以便确认受影响发展中国家缔约方并向他们发放资金。这一机制意在通过合作和利用分散的资助计划来更有效地使用防治荒漠化基金。该机制采取的措施不仅包括向缔约方提供有关筹资和资金援助来源的创新方法，还包括查明和拟订现有可用以执行公约有关双边和多边合作方案的清单。

公约缔约方大会从 1997 年至 2001 年每年举行一届，从 2002 年以后，每两年举行一届缔约方大会，公约履约审查委员会每年举行一届会议。

公约履约审查委员会第一次会议于 2002 年 11 月 11 日至 22 日在意大利罗马召开。148 个缔约方、6 个观察员，联合国粮农组织、国际农发基金等国际组织的代表共 400 多人出席了会议。我国由外交部和国家林业局组成代表团参加。会议依据 2001 年召开的第五次缔约方大会确定的职能，按公约附录的 4 个区域（非洲、亚洲、拉美及加勒比、地中海北部和中东欧及其他受影响缔约方），就第五次缔约方大会确定的 7 个专题（①包括民间团体、非政府和社区组织在内的参与式进程；②立法和机构框架或安排；③包括伙伴关系协议缔结在内的国际和国内的资金筹集与协调；④与其他环境公约以及国家发展战略的联系与协同作用；⑤恢复退化土地和抵御干旱威胁的早期预警系统措施；⑥干旱和荒漠化监测与评估；⑦受影响成员国、特别是受影响发展中成员国获得技术、知识和能力的途径）由区域内的部分国家作了典型案例报告。在总结典型案例报告中的经验和问题的基础上，会议就履约中存在主要问题的解决方法以及履约的下一步工作重点提出了建议，形成了提交第六次缔约方大会的报告。会议期间还开展了由非政府组织、地方当局、私营部门和科学界参与的全球互动式对话。本次会议的焦点仍然是发达国家和国际组织为受影响发展中国家提供资金和技术的问题，以及今后履约审查委员会的工作安排和形式问题。

《防治荒漠化公约》履约审查委员会第五次会议于 2007 年 3 月 12 日至 21

---

〔1〕 《防治荒漠化公约》第 19 条第 1 款（a）规定：鼓励各级尤其是地方一级的当地人民，特别是妇女和青年的充分参与，与非政府组织和地方组织合作。

〔2〕 参见《防治荒漠化公约》第 20、21 条。

日在阿根廷布宜诺斯艾利斯举行。137 个缔约方、联合国专门机构和相关组织以及非政府组织共 400 多名代表参加了会议。会议主要审议了除非洲区域以外的发展中国家、发达国家的履约情况和国际机构对公约的支持情况，并对履约审查委员会第一次会议以来的公约进程进行全面回顾，从筹资、技术合作、信息通报和国家履约方案等方面交流信息和经验、分析和探讨履约中的问题。

为了有效地提高世界各地公众对执行与自己和后代密切相关的《防治荒漠化公约》重要性的认识，加强国际联合防治荒漠化行动，迎合国际社会对执行公约及其附件的强烈愿望，以及纪念国际社会达成《防治荒漠化公约》共识的日子，1994 年 12 月 19 日，第 49 届联合国大会根据联大第二委员会（经济和财政）的建议，通过了 49/115 号决议，决定从 1995 年起把每年的 6 月 17 日定为"世界防治荒漠化和干旱日"，[1]旨在进一步提高世界各国人民对防治荒漠化重要性的认识，唤起人们防治荒漠化的责任心和紧迫感。

《防治荒漠化公约》在许多主要方面与其他国际环境条约有所不同。它并没有特别强调国家行动的重要性，而是强调过程，并且保障公众参与到防治荒漠化计划的制定和实施中来。所以，该公约的主要特征就是它依赖于全面的措施、强调当地人民和社团的作用。要求各国把权力和资源下放到地方的土地使用者团体手中，包括当地的非政府组织。它鼓励并创造了把国际机构、各个国家、非政府组织和当地社团联系起来的新型伙伴关系的发展机制。

《防治荒漠化公约》具有创新之处，如：发达国家在受荒漠化威胁国家实施行动规划的义务，为创立国际基金建立全球伙伴关系，技术转让，以及联合国专门机构之间进行合作。公约规定受荒漠化影响的国家有义务谋求消除荒漠化的深层诱因，包括调整耕作方式、建立防风屏障、停止使用木柴和毁林开垦等。公约要求那些采取错误政策促成荒漠化的发展中国家承担责任，错误包括农村人口外流、消灭粮食种植、滥伐森林、水土流失以及耗竭水资源等。

总而言之，1977 年《阻止荒漠化行动计划》作为标志性国际环境立法开始，到 1994 年《防治荒漠化公约》通过并于 1996 年 12 月 26 日生效，国际社会在取得共识的基础上密切合作，为防治荒漠化提供了国际法律依据，初

---

〔1〕　参见 1994 年 12 月 19 日第 49 届联合国大会第 115 号决议。

步建立起多层次、多渠道的国际合作体制。[1]作为土地荒漠化防治领域内唯一的国际环境法律依据，《防治荒漠化公约》从根源入手，把握全局，体现了以综合治理的思维模式来指导土地资源国际环境立法实践的发展趋势。

---

[1] 段洁龙主编：《中国国际法实践与案例》，法律出版社 2011 年版，第 348 页。

第十一章

大气污染防治与应对气候变化

用于确定土和水的含量构成的对数值——PH 值，对于日常不使用这个计量单位的人而言，就像在哈哈镜里看它一样，难以感觉到它的真实情况。例如，正常雨水的 PH 值是 5.6，如果雨水的 PH 值在 4.6~4.2 之间，说明这已经是酸化标准的 10~14 倍。还有，即使是由大气污染导致气候变化致使海平面上升几十厘米，抑或阳光灿烂的日子少几天，我们也会觉得问题不是很严重。我们长期适应的那种自然永恒的观念，以及自然界将渐渐地、细微地发生变化的观念，源自人类对自然界极其扭曲的感觉。在我们这个世界，在我们这个时代，将要发生足以影响我们生活的变化，这种变化与战争不同，但却比战争来得更加猛烈。今天，不得不说，保护大气、臭氧层和稳定气候系统，已经刻不容缓。

第一节　大气污染及其后果

就人类而言，大气的功能表现为两个方面：一是在分子水平上，大气作为生命要素和经济活动要素所表现的功能，如氧气之于呼吸，二氧化碳（CO_2）之于光合作用，氮气（N_2）之于土壤肥力；二是在整体的运动学意义上，大气以气象或气候方式所表现的功能。[1]然而，排放到大气中的有害物质（大气污染物[2]）导致严重的大气污染对人类健康和生态系统有着极其

---

〔1〕　徐嵩龄主编：《环境伦理学进展：评论与阐释》，社会科学文献出版社 1999 年版，第 389 页。

〔2〕　化石燃料和生物质的燃烧是诸如二氧化硫、一氧化碳、氮氧化物、悬浮颗粒物、挥发性有机化合物和一些重金属等大气污染物最重要的来源，同时也是重要温室气体之一的二氧化碳的一个主要人为源。

重要的影响。

一、酸雨

大气中二氧化碳浓度约为 315ppm。在自然界里，雨水因大气中二氧化碳的溶解而呈微弱的酸性，PH 值接近 5.6。如果雨水的 PH 值小 5.6，那么正常的雨水就变成了通常人们所说的"酸雨"。作为一个环境问题，酸雨大约出现在 20 世纪 50 年代。那时，在美国东北部的主要工业区和欧洲的部分地区出现了严重酸雨。在那之后雨水酸度每年增加 10%，而且酸雨范围不断扩大，现在已在各大洲出现，从而成为全球性环境问题。20 世纪 60 年代后期，酸雨在北欧的瑞典、丹麦等国造成了明显的危害。20 世纪 70 年代以后，酸雨迅速蔓延。在美国，酸雨已由原来的东北部地区向南部和西部地区发展；在欧洲，已由局部地区扩展到所有国家。现在酸雨不但出现在耗能多的经济发达国家，而且由于发达国家把污染严重的工业向发展中国家扩散，致使许多发展中国家也深受酸雨之害。

酸雨的危害是多方面的。当酸雨降到地面得不到中和时，就会使土壤、湖泊、河流酸化。土壤的酸化会降低土壤肥力，导致土壤贫瘠化和土地退化，进而影响农业生产并降低农业产量。水体的酸化则会导致鱼卵因此而不能孵化，水生生物因此受到抑制，严重时会全面破坏水生生态系统，使河湖失去生机而变成"死河""死湖"。酸雨对森林的破坏也是严重的，它可使林木生长缓慢，甚至导致森林的大面积死亡。酸雨还会腐蚀建筑结构、桥梁、水坝、工业设备、管道、地下贮罐、水轮发电机及通信电缆等。酸雨还会严重损害古迹、历史建筑、雕刻、装饰以及其他重要文化设施。世界上许多名胜古迹都程度不同地受到了酸雨的损害，埃及的狮身人面像、古罗马斗兽场、雅典女神像和巴黎圣母院，都在近十年内遭到过酸雨的严重腐蚀，酸雨已成为当今的"空中死神"。

虽然在短时间内酸雨和环境酸化还不会像"温室效应"和臭氧层破坏那样构成全球性危害，但无论对生态系统破坏的程度还是所造成的生物多样性减少都是十分惊人的。酸雨和环境酸化已是不可忽视的重大环境问题。

二、臭氧层的破坏

臭氧层是环绕地球的大气层的组成部分。在 20 公里以下的低层大气里，氧元素绝大部分都以氧分子形式存在，而在 20 公里~40 公里的高空平流层里，光解作用使氧分子分解，并因复合作用而产生臭氧，臭氧在距离地面 20 公里~40 公里的高空形成了一个地球的保护层。如果将它压缩，使之与水平面上的大气压力等同，那么这个保护层则只有几毫米的厚度。人们把臭氧分子密度最高的这一层薄薄的气体层，称为臭氧层。臭氧具有强烈的吸收紫外线的功能，臭氧层吸收太阳紫外线，使地球上和生物免受紫外线的伤害，是保护地球人类和动植物免遭太阳紫外线伤害的一道天然屏障。正是由于有臭氧层这道天然屏障，地球上的人类与生物才能够正常生存与繁衍。从这种意义上说，一切生命都离不开臭氧，它对人类和生物如同氧气和水一样重要。此外，臭氧层还能够吸收地球表面的热量，调节气候，是生物和人类得以生存和发展的重要条件。虽说"万物生长靠太阳"没有错，但如果没有臭氧，太阳会使地球南北极的冰山融化。所以说，臭氧是地球上所有生命的"保护伞"。

臭氧耗竭是一些化学物质即所谓的臭氧层损耗物质（ODS）造成的，其中最为臭名昭著的是含氟氯化碳气体（CFCS），俗称氟氯昂。氟氯昂的使用是臭氧层遭到破坏的主要原因。人类所使用的氟氯昂化学制品向大气中排放了大量的氟氯化碳气体，使臭氧层受到了破坏。氟氯昂被广泛用作制冷剂、发泡剂和洗涤剂，如冰箱、空调、气雾喷雾器、计算机芯片和清洗家具的泡沫和消防设备等，火箭使用的推进器也是平流层中氟氯昂的一大来源。进入平流层的氟氯昂在紫外线作用下，释放出氯原子，一个氯原子可以破坏 10 万个臭氧分子。20 世纪 60 年代以来，人们发现，作为地球"保护伞"的臭氧层在不断地因耗损而变薄。1985 年 5 月，英国南极考察队的科学家首次发现，南极上空的臭氧层出现了面积近似于美国大陆的臭氧层"空洞"。后来，美国"风云-7 号"气象卫星也证实了这一空洞的存在，并发现这个空洞位置不固定，其面积也在逐年扩大。不仅在南极上空，北极上空也出现了臭氧层空洞，在世界其他地区也出现了臭氧层的耗损。

臭氧层是维持整个生物圈平衡的主要因素，它的破坏和迅速消耗，将会使更多的紫外线到达地球表面并大量增加，严重影响着全球的生态环境，人类及其他生物体将会因此遭受极大危害。它会造成谷物减产，使人类皮肤癌和白内障的发病率上升，破坏人体的免疫系统，危及植物和动物群落、海洋浮游生物的生存以及影响地球的气候。它将打乱生态系统中复杂的食物链和食物网，导致一些主要生物的灭绝，使许多浮游生物死亡，使鱼、虾、蟹的幼苗受到威胁，还可导致植物中豆类、瓜类、芥类、白菜、西红柿等农作物产量下降、品质降低。科学研究表明，大气中的臭氧层每减少1%，照射到地面上的紫外线就增加2%，而全球皮肤癌的发生率就增加4%左右。此外，臭氧的减少还会减弱人体的免疫能力。

三、温室气体与气候变化

温室气体指的是大气中那些吸收和重新放出红外辐射的自然的和人为的气态成分。[1]科学家知道自然"温室效应"已经有一个多世纪了，即地球通过吸收太阳辐射能（短波辐射）与向外辐射红外辐射能（长波辐射）之间的精细平衡保持其平衡温度。温室气体（水蒸气、二氧化碳、甲烷等）允许太阳辐射几乎不受阻挡地通过地球大气，但却吸收来自地球表面的红外辐射，并将其中一部分反射回地球。这使地表温度保持在比没有温室效应高33℃左右的水平上——其温度足以维持生命。

当前，大气中的二氧化碳浓度在不断增长。这个增长主要是由于化石燃料燃烧形成的二氧化碳人为释放和小部分土地利用变化、水泥生产和生物质燃烧造成的。尽管二氧化碳可以解释自工业革命以来积累的60%以上的附加温室效应，但大气中其他温室气体如甲烷（CH_4）、一氧化氮（N_2O）、卤代烃和哈龙等的浓度也有所升高。

密集多层的热带雨林，其含碳量是干旱地区森林的3倍~4倍。毁林就相当于向大气释放更多的二氧化碳。然而，热带雨林正在消失。而且，热带雨林土壤贫瘠，只能在几年的时间里用于谷物种植，在很短的时间内，就将沙化或退化为草场。有草场的地方就有奶牛，奶牛的肠道里有大量的厌氧菌，它们可以分解奶牛咀嚼过的纤维素，这是为什么奶牛与人不同，能够食草的原因。这些细菌在分解纤维素的同时还要释放甲烷。甲烷，也叫天然气，在燃烧时释放二氧化碳，尽管它的释放量只是石油的一半，但是，如果它未经燃烧直接进入大气，吸附热辐射从而使地球变暖的能力却是二氧化碳的20倍。有趣的是，在白蚁的体内，也有与奶牛一样的细菌，所以它们能够消化木头。它们可以分解木材含碳总量的65%~90%（碳占木材总重量的50%），它们可以释放出大量的甲烷，仅仅是一个土堆每分钟就可以释放出5升甲烷。

---

〔1〕 参见《联合国气候变化框架公约》第1条第5款。

而白蚁的数量有多少呢？随着森林砍伐的加速，白蚁的数量也在膨胀，据科学家估计，现在地球上每一个人就有半吨白蚁，这就是说，与每个现实的人相对的白蚁重量是人的重量的 6 倍~7 倍。[1] 稻田也是甲烷的重要来源。稻田基底上那些不含氧气的涂泥，是甲烷生成菌最好的庇护所（有些时候甲烷也被称为沼气）。稻田里的水稻就像吸管一样，每年向大气中排放大量的沼气。当然，稻田的数量和规模都在增长，因为地球上数量如此众多的人口需要足够的食物充饥。再就是垃圾场。垃圾场里的垃圾在腐坏变质过程中将产生甲烷。数量巨大的甲烷以氢氧化物的形态被密封在冻土带和大陆架的涂泥里，在那里，甲烷基本上是冰冻的。仅仅是海洋的涂泥中就保存着 1000 亿吨甲烷。如果温室效应使海洋升温的话，如果温室效应开始融化永久冻土的话，最终将使冰冻的甲烷得到释放。这将出现一个恶性的循环：温暖的气候使甲烷释放出来，甲烷的释放又进一步使气候变暖，如此循环反复。甲烷和其他温室气体，尽管含量很小，但是热效应却大约达到了 50%。在总体上，这些气体所造成的问题和二氧化碳一样严重。由于这些气体使大气变暖，于是，就会产生大量的水蒸气，这也是一种潜在的温室效应气体。很久以前科学家们就认识到，在大气中的二氧化碳就好像覆盖在地球上的一个温室屋顶，可以让太阳的热辐射进入大气层，但不能散失。如果没有这种天然的"温室效应"，地球将是一个冰冻的沙漠。但由于人类活动增加了这种天然大气中二氧化碳和其他温室气体的浓度，正在使大气温度日益上升，破坏了天然"温室效应"所形成的热平衡。自工业革命以来，大气中的二氧化碳等温室气体的浓度已经显著增长。这造成了温室效应的增强，即所谓的"气候变化"。

"气候变化"对人类的生产和生活有着巨大影响，甚至威胁人类的生存。"气候变化"使水蒸发加快，进而改变气流的循环，使气候变化加剧，引发热浪、飓风、洪涝及干旱；"气候变化"引发疟疾、登革热等疫病流行；"气候变化"致使南北极的天然冰库和中低纬度高山上的冰雪融化，海水本身也会产生热膨胀，这将导致海平面的上升；"气候变化"会对农业生产产生一系列的影响。从有利的方面看，这种变化可延长作物的有效生长期，提高光合作用，但副作用则更为明显。它将导致农作物的分布发生变

---

〔1〕〔美〕比尔·麦克基本：《自然的终结》，孙晓春、马树林译，吉林人民出版社 2000 年版，第 15 页。

化，各地的农业传统将被打破，原有的农业设施必须改造。它会使许多害虫在一生中多繁殖 1 代~3 代，导致危害增加，影响粮食产量。它还增加了各地的旱涝灾害，如某些干旱地区如非洲的撒哈拉将会更加干燥，全球的土地沙化和饥荒将更加严重。此外，一些动植物则可能由于温度变化而不能适应，逐渐退化以致死亡。

"气候变化"是 2002 年 9 月约翰内斯堡可持续发展世界峰会的议题之一。自工业化革命以来的 200 多年，人类大量使用石油、煤炭和天然气等矿物燃料，排放了大量二氧化碳等温室气体，温室气体排放的增加导致全球气候变暖和自然灾害频繁发生。联合国 2002 年 8 月份公布的报告显示，亚洲地区被污染的环境正在改变这里的气候形态，并且严重影响着人们的健康。科学家们在南亚上空发现的"亚洲褐云"大气污染带，就很可能是造成这一地区反常气候和各种疾病的根源。大气污染带来的后果不光是"亚洲褐云"，同时它正在增加哮喘等各种呼吸系统疾病的发病率和婴幼儿的死亡率。厚厚的大气污染带使照射到地面和海面的阳光减少，而大气层的温度却上升了。这种现象改变了南亚地区的降水规律，从而使南亚一些地区洪水泛滥而另一些地区却干旱肆虐。现在，亚洲和世界其他地区一样，期待着能有更多更加有效的措施来改善人们日益恶化的生存环境。

尽管 1992 年签署的《联合国气候变化框架公约》及其《京都议定书》《巴黎协定》要求各国减少或稳定温室气体的排放量，但 20 世纪 90 年代以来，主要的温室气体二氧化碳的排放量不仅没减反而持续增加。"气候变化"已是不争的事实，是严峻的现实。

第二节　大气污染防治

国际社会着手解决大气污染问题始于 20 世纪 60 年代末。1968 年，欧洲理事会通过的《治理大气污染原则宣言》提出了一系列有关的原则；1972 年《人类环境宣言》在污染形式中提到大气污染问题；[1]1982 年的《联合国海

---

　　[1]《人类环境宣言》原则 2：为了这一代和将来的世世代代的利益，地球上的自然资源，其中包括大气、水、土地、植物和动物，特别是自然生态类中具有代表性的标本，必须通过周密计划或适当管理加以保护。

洋法公约》对大气污染也作了相关规定。[1]2017 年，以"建立一个无污染的星球"为主题的第三届联合国环境大会讨论了包括大气污染防治等五个分主题，呼吁各方加强合作解决大气污染问题。大气污染持续蔓延。迄今，虽然没有针对大气污染的单一全球协议，但关于大气污染防治的一个非常重要的突出标志是联合国欧洲经济委员会主持制订并于 1979 年通过的《远距离跨界大气污染公约》。

一、《远距离跨界大气污染公约》主要内容

《远距离跨界大气污染公约》于 1979 年 11 月 13 日在日内瓦通过，1983 年 3 月 16 日生效，公约的批准国包括所有欧洲国家和美国、加拿大。这是一个框架公约，其主旨是促进合作以达到主要大气污染物的减排目标，"保护人类及其环境不受大气污染并努力限制和尽可能逐渐减少和防止大气污染，包括长程越界大气污染"。[2]根据公约定义，"远距离跨界大气污染"是指：其物质来源全部或部分处于一国管辖内的区域而对另一国管辖内的区域具有损害影响的大气污染，这两个国家之间的距离使辨别个别排放源或排放源群的促成作用一般不可能。这个定义完全排除了污染者个人责任的观念。而且，可以估计所谓"远距离"实际上要超过 30 公里，[3]因为在跨越边界的更狭小区域内的污染不在公约的适用范围内。

缔约国的一般义务包括保护人和环境使之免受大气污染，努力限制并尽可能减少和防止大气污染，包括远距离的大气污染。公约并没有要求缔约国承担将污染控制在一定程度的义务。1985 年 7 月 8 日，在赫尔辛基通过了第一个规定了明确具体目标的治理大气污染（减少硫排放）的议定书。该议定书要求缔约国承担义务，在最短的时间内，至迟不超过 1993 年，将其硫化物排放至少减少 30%，缔约国以其各自 1980 年的排放量作为基础。

1979 年在日内瓦通过的《远距离跨界大气污染公约》没有对其他形式的

---

〔1〕《联合国海洋法公约》第 212 条规定：各国为防止、减少和控制来自大气层或通过大气层的海洋环境污染，应制定适用于在其主权下的上空和悬挂其旗帜的船只或在其国内登记的船只或飞机的法律和规章；各国还应采取其他可能必要的措施，以防止、减少和控制这种污染。

〔2〕全国人大环境保护委员会办公室编：《国际环境与资源保护条约汇编》，中国环境科学出版社 1993 年版，第 225 页。

〔3〕[法] 亚历山大·基斯：《国际环境法》，张若思编译，法律出版社 2000 年版，第 212 页。

污染作出明确规定，但它表示这些污染同样应当予以控制。因此，继1985年议定书之后，立即着手有关氮氧化物（NOx）议定书的制订工作。1988年11月1日，24个国家在索菲亚签署了公约的第二个附加议定书，该议定书是关于主要来自机动车的氮氧化物的排放和跨界流动。这一议定书是合作科学研究与对手外交结合的成果。这个议定书要求各国到1995年把氮氧化物排放量控制在1987年的水平上。一些非政府组织对一部分国家施加压力，要它们通过宣言作出承诺，以1980年至1986年的氮氧化物排放量为基础，将其氮氧化物排放量减少30%。作出承诺的国家数目超过了实际上认真考虑打算达到削减30%的国家。实际上，即使到了签署这个议定书的时候，甚至有些签署了这个议定书的国家还在怀疑他们达到控制水平的能力。

从1988年NOx议定书之后，《远距离跨界大气污染公约》进入了新的阶段。谈判者不是利用议定书作为标准的劝说论点（这是在谈判期间而不是在签署之后影响各方），而是在谋求利用议定书作为真正的规范文件，以便在议定书签署之后对国内的政策实行认真的约束。

另外还有三个议定书进一步完善了1979年的公约框架。

一个是于1991年11月18日在日内瓦通过的关于挥发性有机化合物的排放和跨界流动的议定书，即1991年VOC议定书。1991年VOC议定书与先前的议定书在性质上有所不同。因为它使各个国家保证采取排放物削减政策，削减的排放量在大多数情况下超过这些国家先前自己承诺削减的国内排放量。事实上，大多数国家在议定书签署之前都没有挥发性有机化合物的管理规定。在硫和氮排放的谈判期间，根据政府对减排措施的成本和减少酸沉降的预期受益所作的预测形成了一条分界线；毫不奇怪，低成本高收益的国家赞成大幅度削减，而高成本低收益的国家则反对。

至此，在集体解决问题上的运用上已有两个具体的表现形式：1991年挥发性有机化合物（VOC）议定书和1994年修改的1985年议定书。

其他两个议定书是1998年6月25日在丹麦的奥胡斯通过的。一个是关于对人畜有害的持久不变的有机物污染，特别是在某些区域，例如北极。另一个是关于重金属。两个文件都要求减少排放，它们所附的多个附件则作出了技术性的规定。这体现了国际环境法领域越来越普遍的方法：在事先确立的制度框架内，通过经常性的谈判，使条约制度得到发展。

二、《远距离跨界大气污染公约》评价

《远距离跨界大气污染公约》为防治大气污染提供了一个法律框架。公约是斯堪的纳维亚国家的重大胜利，虽然并没有立刻受益。公约就广泛的原则规定了成员国的义务和联合研究行动，而没有规定任何具体措施。在公约出台的最初几年里，几乎没有迹象表明欧洲其他国家由于已签约而行为有所不同。但从上述公约进展中的一些特点证明《远距离跨界大气污染公约》还是取得了一定的成功。

首先，一个明显的成功是从以往僵硬的、关于立场的争论向共同解决问题转变的能力。在酸雨问题提出的早期，各国主要是互相指责推卸责任。自20 世纪 80 年代后期以来，"指责"明显下降（也许还没有完全消失）并让位于为了相互的利益通过广泛的联合研究一起解决共同的问题。无论对个人生活还是国际政治，这种改变都来之不易，这是一个极大成功的标志。

其次，这种解决共同问题的方式发生于意识形态极其不同的政治环境中。东西方冲突——该公约正是在这种冲突中进行的，却从未严重地削弱该公约的作用。事实上，该公约在帮助东欧和苏联建立评价酸化问题科技能力方面有着重大的影响。

再次，另一个明显的成功是该公约帮助人们加深了对酸雨问题的理解从而扩展了行动范围的方式。该公约没有陷入如何最好回答酸雨问题之类的原始想法。该公约在将氮氧化物和挥发性有机化合物提上其日程上表现了相当的灵活性，现在甚至已经开始调查像重金属和有机化合物这样领域甚远的问题。

最后，该公约在对管理酸雨问题起着重要作用的大量跨国网络的出现中有着重大的影响。它成为连接北美、斯堪的纳维亚、东欧、苏联和欧共体成员国酸雨研究者的科学网络的焦点。

此外，该公约进程灵活地把有关知识的增进与国际条约的谈判相结合。早期，它把规范性议定书作为集中公众注意力、让落伍者难堪和建立跨国联合的工具载体。议定书的应用也利用了基本的科学做法，同时为保持这些科学工作不断繁荣增添了动力。[1]正如前文所言，迄今虽然尚无关于大气污染

---

〔1〕 挪威弗里德约夫·南森研究所编：《绿色全球年鉴》（1995），中国国家环境保护局译，中国环境科学出版社 1995 年版，第 59~60 页。

防治的全球性国际公约，但《远距离跨界大气污染公约》不失为大气污染防治的标志性国际环境法律文件。

第三节　臭氧层消耗及其防治

臭氧层的破坏，不仅进一步强化了温室效应，而且涉及环境、贸易、可持续发展等多个领域，已经成为人们普遍关心的国际环境问题，臭氧层保护已成为人类面临的主要挑战之一，保护臭氧层刻不容缓。

一、《保护臭氧层维也纳公约》

臭氧层保护国际环境立法始于 1975 年，当时 UNEP 理事会号召举行一个会议来协调保护臭氧层的各种活动，并在随后一年建立了一个臭氧层协调委员会来承担每年的科学综述工作。1977 年，美国禁止在不重要的气雾剂中使用含氟氯化碳气体（CFCs）。加拿大、挪威和瑞典等国也很快采取了相似的控制措施，欧共体（EC）冻结了含氟氯化碳气体的生产能力，并开始限制气雾剂的使用。这些最先采取的行动尽管有益，但仅仅提供了一个暂时的缓解。几年后，在 20 世纪 80 年代，随着一些非气雾剂，如飞扬的泡沫、一些溶剂和冰箱等使用的增加，含氟氯化碳气体消耗量又开始增加。这就需要采取更为严格的控制措施，UNEP 和几个发达国家最先采取了行动，并号召达成一个平流层臭氧层保护的全球协议。经过多年的努力，1985 年 3 月 22 日，28 个国家在维也纳外交会议上就保护臭氧层最终达成一致，通过了《保护臭氧层维也纳公约》，这鼓励和促进了有关臭氧层研究、系统观测、监测臭氧层损耗物质（ODS）生产和信息交流等方面的国际合作。

《保护臭氧层维也纳公约》是一个框架性公约，它奠定了系统合作的基础，标志着保护臭氧层国际统一行动的开始。公约回顾了《人类环境宣言》原则 21 的内容和联合国环境规划署世界臭氧层行动计划，促进了保护臭氧层所必需的全球合作。公约得到了所有发达国家和很多发展中国家的广泛支持，缔约方几乎包括所有国家。

公约没有设立行动的目标或时间表，但要求缔约国根据各自的方式和能力采取适当的措施。这些措施包括：为进一步了解及评价人类活动对臭氧层的影响，以及臭氧层的改变对人类健康及环境的影响，以系统观察、研究及交换情报的方式进行合作；采取适当的立法或行政措施，并协调有关政策进行合作，如果发现在其管辖范围内或控制下的人类活动由于改变或可能改变臭氧层而产生或可能产生不利影响，则控制、限制、减少或阻止这些活动。在制定为执行本公约而协商的措施、程序及目标中进行合作，以便通过议定书及附件；与有关国际组织合作，有效地执行本公约及缔约国所参加的议定书。缔约国可以根据国际法采取其他国内措施，并且维持已经采取的国内措施。[1]

公约规定缔约国的一般义务是采取适当措施保护人类健康和环境，使之免受足以改变或可能改变臭氧层的人类活动造成或可能造成的不利影响（第2条）。公约第3条和附件一、二规定缔约国在适宜时，直接或通过有关国际组织，从事下列研究及科学评估，并就此进行合作：可能影响臭氧层的物理及化学工序；臭氧层的任何改变对人类健康及其生物学上的影响，特别是那些带有生物学影响的紫外线太阳辐射的改变对人类健康及其他生物学上的影响；臭氧层的任何改变对气候的影响；臭氧层的任何改变以及随之而产生的紫外线太阳辐射的改变对有益于人类的自然及合成物质产生的影响；对臭氧层可产生影响的物质、实践、工序及活动以及它们积累的影响；可选择的物质及技术；有关的社会经济事务。

缔约国应促进并鼓励为附件二所进一步规定的与本公约有关的科学、技术、社会经济商业及法律的情报的交换。缔约国应在不违背其国内法律、条例及惯例并照顾发展中国家需要的情况下，直接或通过有关国际组织促进技术和知识的发展与转让。[2]

缔约国应向缔约国大会提交实施措施的报告。大会负责公约的实施，通过议定书，增加附件，对议定书和附件进行修改，以及采取公约的目的所要求的其他行动。公约或议定书的附件限于科学、技术和行政的事项，并应被视为公约或议定书的组成部分。[3]

公约第11条规定争端解决程序为：①万一缔约国之间在本公约的解释或适用方面发生争端时，有关的缔约国应以谈判方式谋求解决。②如果有关的

---

[1]　参见《保护臭氧层维也纳公约》第2条第2、3款。

[2]　参见《保护臭氧层维也纳公约》第4条。

[3]　参见《保护臭氧层维也纳公约》第5、6、9条。

缔约国无法以谈判方式达成协议，它们可以联合寻求第三方进行斡旋或邀请第三方出面调停。③在批准、接受、核准或加入本公约或其后任何时候，缔约国或区域经济一体化组织可书面向保存国声明，就未根据上述第 1 款或第 2 款解决的争端来说，它接受下列一种或两种争端解决办法为强制性办法：一是根据缔约国会议首届会议通过的程序进行仲裁；二是将争端提交至国际法院。④如果缔约国还没有按照上文第 3 款的规定接受相同或任何程序，则应根据下文第 5 款的规定提交调解，除非缔约国另有协议。⑤若争端一方提出要求，则应设立一个调解委员会。调解委员会应由有关各方所指派的数目相同的成员组成，而主席则应由各方指派的成员共同选出。委员会将作出最后的建议性裁决，各方应诚恳地考虑这一裁决。⑥本条规定应适用于任何议定书，除非有关议定书另有规定。

二、《蒙特利尔议定书》及其修正和调整

《保护臭氧层维也纳公约》签订以后，新的科学证据表明，某些物质的排放严重消耗和改变了臭氧层，并有可能对气候造成影响。虽然没有科学证据表明这已经带来了实际的损害，但国际社会认为，有必要采取公平地控制消耗臭氧层物质全球排放总量的预防措施，以保护臭氧层。由于在南极上空发现了臭氧层空洞，根据公约第 8 条设立的缔约方大会在相当短的时间内拟定了一个议定书，即 1987 年 9 月 16 日通过的《蒙特利尔议定书》。

1989 年 1 月 1 日生效的《蒙特利尔议定书》是一个里程碑式的国际环境条约。议定书确立了特定的法律义务，包括确定减少和/或消除一系列臭氧层消耗物质生产的时间表和目标。议定书第 2 条要求对所有附件一所列物质的消费和生产进行限制和减少。附件一规定了两类控制的物质以及每种物质消耗臭氧的潜能值。第一类是氯物质，第二类是哈龙物质。议定书允许缔约国对附件一的消耗臭氧层潜能值作出调整，并且可以将控制物质的生产量和消费量从 1986 年的数量作进一步的调整和减少。议定书第 6 条规定，缔约国应在专家组的协助下，根据可以取得的科学、环境、技术和经济资料，对第 2 条规定的控制措施进行评估。

议定书对所控制物质的贸易作出了一些规定，以实现环境保护的目的。但这些规定是有争议的。这些措施涉及的贸易包括缔约国与非缔约国之间的控制物质的贸易，含有控制物质的产品的贸易，以及使用但不含有控制物质

的产品的贸易。国际社会采取了除动植物领域以外的一些贸易措施以保护环境，议定书第 4 条就是这样的规定。从非缔约国进口的控制物质是禁止的。但一个非本议定书缔约国的任何国家，如经一次缔约国会议确定该国充分遵守了议定书控制措施（第 2 条）和同非缔约国贸易的控制（第 4 条）的规定，并且已按照数据汇报（第 7 条）的要求提交了所规定的数据，则可以准许从该国进口控制物质。从 1993 年 1 月 1 日起，发展中缔约国出口含有控制物质的产品也是被禁止的。

议定书要求缔约国设法阻止向非缔约国出口生产和使用控制物质的技术，并且不要为了向非缔约国出口可以便于促进生产控制物质的产品、设备、工厂或技术而向它们提供新的津贴、援助、信贷、担保或保险方案。但这些规定不适用于可改进控制物质的密封、回收、再循环或销毁、可促进发展替代物质，或者以其他方式有助于减少控制物质的排放的产品、设备、工厂或技术。

议定书为发展中国家提供一个 10 年的宽限期，并提供财政机制（议定书第 10 条"资金机制"：缔约国应设置一个机制，向按照本议定书第 5 条第 1 款行事的缔约国提供财务及技术合作，包括转让技术在内，使这些国家能够执行议定书第 2A 至 2E 条所规定的控制措施。对该机制的捐款应当是在对按照该款行事的缔约国的资金转让之外的其他捐款。这个机制应支付这类缔约国的一切议定的增加费用，使它们能够执行议定书的控制措施。缔约国会议应就增加费用类别的一份指示性清单作出决定）支付这些国家逐步淘汰 ODS 的成本。议定书特别规定，应考虑发展中国家的特殊需要。任何发展中国家缔约国，如果在本议定书对它生效之日或其后在本议定书生效后 10 年内任何时间，它每年控制物质消费的计算数量少于平均每人 0.3 公斤，为了满足它国内的基本需要，就议定书第 2 条第 1 款至第 4 款的履行而言，可以比该几款内规定的时限延迟 10 年。各缔约国承担义务，协助发展中国家缔约国取得环境上安全的替代物质和技术，并协助它们迅速利用此种替代办法。各缔约国应通过双边或多边渠道便利向发展中国家缔约国提供津贴、援助、信贷、担保或保险方案，以使其使用替代技术及代用产品（议定书第 5 条）。到 2000 年，多边基金已支出超过 11 亿美元，用来资助在 114 个发展中国家进行的能力建设和工程项目，以逐步淘汰 ODS。

确保履行议定书的报告制度在议定书中比其他的环境条约都详细。每一国家都要在成为缔约国之后的 3 个月内，向秘书处提供关于其 1986 年控制物质的生产、进口和出口的统计数据；在没有确实数据时，则应尽可能提供此种数据的最佳估计数。每一缔约国应向秘书处提供其成为缔约国的一年及其后每一年关于此种物质的生产（另行单独提出关于使用缔约国核准的技术所销毁的数量的数据）、出口和进口的数据。缔约国提供数据不应迟于此项数据有关年份终了后 9 个月（议定书第 8 条）。议定书还对研究、发展、公众意识及资料交流作出了规定（议定书第 9 条）。

议定书最初仅要求到 1999 年 12 月削减广泛使用的 5 种 CFCs 50% 的消耗量，并冻结 3 种哈龙的消耗量。几乎每个《蒙特利尔议定书》的缔约方都已经采取措施来逐步淘汰 ODS，到 2000 年，ODS 总消耗量已经减少了 85%。

《蒙特利尔议定书》开创了在国际环境保护方面进行国际合作的新途径，表现在两个方面：一是制度化的经济援助，促进条约义务的履行；二是关于执行条约义务的控制机制。同时，议定书的规范和经常性的科学评价为此后对议定书进行修正和调整奠定了基础。

1990 年，第二次缔约国会议通过了议定书的第一个调整和修正案。这次修正使议定书得到了很大发展。序言声明，应该考虑发展中国家的发展需要；必须作出特别的安排，满足发展中国家的需要，包括提供额外的资金，取得有关技术，以及转让替代技术。对"控制的物质"和"生产"的定义进行了修改，在议定书两个新的附件中增加了一些控制的物质。附件二增加了三类新的控制物质（第一类，增加的氯物质；第二类，四氯化碳；第三类，三氯乙烷）；修改后的"生产"不包括再循环和再使用的数量，并且加入了"过渡性物质"这一概念。议定书第 2 条第 5 款的内容被修订，确立了缔约国之间转移所生产的控制物质计算总额的新规则。议定书的其他规定也有了一些改变，特别是要求减少并最终禁止使用控制的物质。修正后的议定书对财务安排和技术转让也确立了一些新的规则。1990 年修正对氟氯化碳生产量和消费量的减少作了新的规定。修正要求，每一缔约国应确保，在 1991 年 7 月 1 日至 1992 年 12 月 31 日期间，其氟氯化碳的生产和消费的计算数量不超过其 1986 年这些物质生产和消费的计算数量的 150%。每一缔约国应确保，在 1995 年 1 月 1 日和 1997 年 1 月 1 日起的 12 个月内，及其后每 12 个月内，其氟氯化碳消费的计算数量每年不超过其 1986 年消费的计算数量的 50% 和 15%。到 2000 年 1 月 1 日，氟氯化碳的生产和消费应完全禁止。缔约国应对情况进行审查，以期加速削减的速度。此外，修正要求每一缔约国应确保，从 1992 年 1 月 1 日起，其哈龙的生产和消费的计算数量不超过其 1986 年这些物质生产和消费的计算数量。每一缔约国应确保，在 1995 年 1 月 1 日起的 12 个月内，及其后每 12 个月内，其哈龙消费的计算数量每年不超过其 1986 年消费的计算数量的 50%。到 2000 年 1 月 1 日，哈龙的生产和消费应完全禁止。1990 年修正对议定书的"同非缔约国贸易的控制"（第 4 条）的规定作了重大的修改。从 1990 年 1 月 1 日起，从任何非缔约国进口附件一的控制物质都是禁止的。第 4 条的修正生效一年后，应禁止从非缔约国进口附件二的控制物质。

1992 年，第四次缔约国会议通过了议定书的第二个调整和修正案。1992 年的修正改变了逐渐消除已经修正的议定书第 2A 和第 2E 条所指物质的时间表；列举了三个新的控制物质和进一步的贸易限制；通过了新的报告规定，扩大了实施委员会，规定了拟对不遵守议定书的国家所采取的措施；设立了常设的多边基金。1992 年修正规定，该修正生效一年后，应禁止从非缔约国进口附件三的第二类物质。从 1993 年 1 月 1 日起，应禁止向非缔约国出口附件一的物质。该修正生效一年后，应禁止出口附件二的物质。这些修正为禁止从非缔约国进口含有附件一、二所指控制物质的产品的可行性确定了新的时间表。对于过渡性物质，[1] 1992 年修正增加了三个新的条款，以逐渐消除附件三的三类控制物质的使用。缔约国应限制这些物质的年消费量，不超过 1989 年附件一消费量的 3.1% 以及附件三的消费总量。缔约国应在 35 年的时间里，逐渐削减这些物质的消费数量：2004 年 1 月 1 日为 65%，2010 年 1 月 1 日为 35%，2015 年 1 月 1 日为 10%，2020 年 1 月 1 日为 0.5%，2030 年 1 月 1 日为 0。缔约国还应确保这些物质的使用只限于在没有其他替代物质的情况时，并且尽量减少臭氧的消耗。

2002 年 11 月 25 日至 29 日，在意大利首都罗马举行了《蒙特利尔议定书》第 14 次缔约方会议。包括中国代表团在内的 142 个缔约方的代表及一些国际组织和非政府组织观察员参加了这次会议。会议主要讨论了多边基金的

---

〔1〕 参见《关于消耗臭氧层物质的蒙特利尔议定书》第 1 条第 9 款："过渡性物质"是指本议定书附件 C 所载单独存在的或存在于混合物之内的物质；除非可能在附件 C 内特别指明，应包括任何这类物质的异构体，但不包括制成品内所含任何过渡性物质或混合物，而包括运输或储存物质的容器中的此种物质或混合物。

增资和打击 ODS 非法贸易等问题。2016 年 10 月 15 日，在卢旺达首都召开了《蒙特利尔议定书》第 28 次缔约方大会，以协商一致的方式，达成了历史性的限控温室气体氢氟碳化物（HFCs）修正案——《基加利修正案》。HFCs 是消耗臭氧层物质（ODS）的常用替代品，虽然本身不是 ODS，但 HFCs 是温室气体，具有高全球升温潜能值（GWP）。《基加利修正案》通过后，《蒙特利尔议定书》开启了协同应对臭氧层损耗和气候变化的历史新篇章。

2017 年 9 月 12 日，《蒙特利尔议定书》缔结 30 周年纪念大会在北京召开。自《蒙特利尔议定书》缔结 30 年来，国际社会广泛参与，淘汰了近 99% 的消耗臭氧层物质生产和使用。目前该议定书缔约方已达 197 个国家和地区。

总之，议定书之后的一系列修正是非常必要的，这些修正案基本上改变了整个保护臭氧层的条约制度。尽管有些问题依然没有得到解决，但在一定程度上弥补了议定书的一些缺陷。

第四节　应对气候变化的国际环境立法

大气一体化及大气环流作用决定了气候变化问题自始至终是国际问题。然而，长久以来，国家利益是各国参与国际关系的动因和目的。"国家利益是判断、指导政治行为的唯一永恒的标准。"[1]这种以国家利益为出发点和归宿点的固有观念在既有国际政治架构下很难被突破，这正是气候变化谈判异常艰难的根本原因。然而，气候变化不仅是一个环境问题，也是法律、政治、社会、经济和文化问题。气候变化严重阻碍了人类自身以及经济社会的可持续生存与发展。同时，气候变化无法由一个或几个国家和/或地区来解决。气候变化进程的加速，昭示了"气候的保护需要源自人们对世界以及人类自身的共同理解"。

一、《联合国气候变化框架公约》

《联合国气候变化框架公约》于 1992 年 5 月 9 日在纽约通过，并在一个月后的里约热内卢环境与发展大会上开放签署，于 1994 年 3 月 21 日正式生

---

〔1〕〔美〕汉斯·J. 摩根索：《国家间政治——寻求权力与和平的斗争》，徐昕、赫望、李保平译，中国人民公安大学出版社 1990 年版，第 15 页。

效。这是第一个全面控制导致全球气候变暖的二氧化碳等温室气体排放，以便应对全球气候变暖给人类经济和社会带来不利影响的国际公约。

（一）公约的产生

气候是自然环境的一个因素和主要的自然资源，指的是大气圈、水圈、生物圈和地圈的整体及其相互作用的系统。[1]人类的生存需要正常的气候条件。"气候变化"则指除在类似时期内所观测的气候的自然变异之外，由于直接或间接的人类活动改变了地球大气的组成而造成的气候系统的不稳定。

地球的气候在很大程度上取决于自然产生的温室气体在大气中的存在，包括水蒸气、二氧化碳、甲烷、氟氯化碳、一氧化二氮和对流层的臭氧等。这些气体是透明的，可以通过短波的太阳辐射，但吸收和阻碍地球表面放射的长波辐射。这些气体的存在给地球带来了变暖的后果。有些科学家认为，人类活动使大气中某些温室气体增加，这可能会产生温室效应，引起全球的气候变化。矿物燃料的燃烧所排放的二氧化碳，水泥的生产，农业和其他类型的土地使用（包括森林砍伐），是气候的主要威胁。可见，引起"气候变化"的原因极其复杂，既有自然因素，更有人为因素和社会经济发展等因素。

在评价温室气体浓度增加的可能影响方面，联合国政府间气候变化委员会（IPCC）在2001年得出结论："新的更有力的证据表明，过去50年观测到的增暖主要是人类活动造成的。"20世纪全球增暖达0.6（±0.2）摄氏度，20世纪90年代"很可能"是自1861年有观测记录以来最暖的年代，1998年是有观测记录以来最暖的一年。过去100年很多地方的水平面上升（10厘米~20厘米）可能与当前的全球温度升高有关。[2]然而，在20世纪70年代初期，科学家等有识之士关于全球变暖这一正在出现的全球威胁的呼吁却并未受到重视。随着经济增长，更多的化石燃料被燃烧释放，更多的森林被砍伐并作为农业用地，更多的卤烃被生产。科学家、非政府组织、国际组织以及一些政府又花了大约20年时间的不断努力，才使得国际社会在应对气候变化的共同行动方面达成共识。

1972年联合国人类环境会议通常被看作进行有关气候变化的国际努力的起点。1979年，在日内瓦召开的第一届世界气候会议上各国表达了对大气问

〔1〕　参见《联合国气候变化框架公约》第1条第3款。
〔2〕　联合国环境规划署编：《全球环境展望3》，中国环境科学出版社2002年版，第210页。

题的关注，但这次会议主要是受到科学家的关注，很少得到决策者的注意。20 世纪 80 年代，科学已证明全球性气候变化的可能性，使得这个议题受到广泛的重视。在奥地利的菲拉赫召开了一系列的讨论会和研究会，讨论了一些重要温室气体未来排放情景。在 1985 年的菲拉赫会议上，一个由科学家、专家组成的国际小组在全球变暖的危险性和问题的严重性方面达成了一致意见。

由于日益增长的公众压力，气候变化问题终于被纳入了一些政府的政治议程。

外交突破发生在 1988 年多伦多召开的大气变化会议上，有提案要求发达国家到 2005 年时其温室气体排放量比 1988 年减少 20%。几个月以后，联合国环境规划署和世界气象组织共同成立了一个名为政府间气候变化委员会（IPCC）的机构，其任务是评价气候变化的科学证据，审查其社会经济和环境影响，并针对这些潜在的影响制定适当的政策。联合国还要求世界气象组织和联合国环境规划署通过 IPCC 调查未来制定一个全球气候公约的可能性。

1990 年 8 月，IPCC 的第一次气候变化评估报告认为，人类活动排放的大气污染物使大气层中温室气体（如二氧化碳、氟氯烃、甲烷等）的浓度大为增加。这会导致地球表面平均温度的额外上升。根据目前的排放速度，到 21 世纪，全球最低气温将平均每十年增长 0.3 摄氏度。以这样的速度增长，到 2025 年和 2100 年，全球最低气温将比工业化以前分别高 2 摄氏度和 4 摄氏度。这将使全球平均降雨量增加，海上冰雪的面积减少，海平面升高。1990 年 10 月，第二届气候大会在日内瓦举行，会议审查并接受了 IPCC 的第一次气候变化评估报告。该报告为 1992 年《联合国气候变化框架公约》提供了科学和技术的基础。

1990 年 12 月，联合国大会设立了政府间谈判委员会（INC），就制定一个气候框架公约进行谈判。委员会要求政府和有关组织、科研机构共同努力，制定一个气候框架公约以及相关的文件，以对气候变化及其不良的后果采取行动，同时考虑最新的科学知识以及发展中国家的特殊需要和优先发展的需要。

1991 年 2 月，政府间谈判委员会（INC）在美国华盛顿举行第一次谈判。其后，INC 又举行了 4 次谈判，终于在 1992 年 5 月 9 日就公约文本达成最后协议，《联合国气候变化框架公约》于 1992 年 6 月在联合国环境与发展大会上开放签署，有 154 个国家和欧洲共同体在会上签署了该公约，公约的主要内容是：抑制温室气体排放；强调应对气候变化是世界各国责任，但因各国发展状况不同，允许各国在应对气候变化领域承担程度不同的责任。

（二）公约目标

公约认为地球气候的变化及其不利影响是人类共同关心的问题；认识到人类活动已大量增加了大气中温室气体的浓度，从而增强了自然温室效应，将引起地球表面和大气进一步增温，并可能对自然生态系统和人类产生不利影响。公约所针对的是由于人类改变全球大气构成的活动直接或间接造成的气候变化（第1条第2款）。其目标是："根据公约的有关规定，将大气中温室气体的浓度稳定在防止人为危险干扰气候系统的水平上。"（第2条）公约缔约国有义务为今世后代的利益、在公平的基础上、根据共同但有区别的责任保护气候系统；对于发展中国家的特殊需要和特殊情况应予以充分考虑；缔约国应采取预防措施，以预见、防止或减少气候变化的原因并缓和不利影响（第3条）。

在序言中，公约注意到在气候变化的预测中，特别是在其时间、幅度和区域格局方面，有许多不确定性。这与IPCC在1990年提出的第一次评估报告的内容是一致的。报告认为，这种不确定性来源于对温室气体源、汇和库之间相互作用的不适当理解。所谓的"源"是指向大气释放温室气体、气溶胶或温室气体前体的任何过程或活动；"汇"是指从大气中清除温室气体、气溶胶或温室气体前体的任何自然或人工的过程、活动或机制；"库"是指气候系统中储存温室气体或其前体的一个或多个组成部分。[1]

（三）公约的原则

公约第3条列出了缔约方为实现公约目标和履行公约各项规定而采取行动时应予以遵守的五项原则。

第一，缔约方当代和后代责任的原则。各缔约方应在公平的基础上，并根据他们共同但有区别的责任和各自的能力，为人类当代和后代的利益保护气候系统，因此，发达国家缔约方应率先应对气候变化及其不利影响。

第二，特别考虑发展中国家的原则。应当充分考虑到发展中国家缔约方，尤其是特别易受气候变化不利影响的那些发展中国家缔约方的具体需要和特殊情况，也应当充分考虑到那些按本公约必须承担不成比例或不正常负担的

---

〔1〕　参见《联合国气候变化框架公约》第1条第7、8、9款。

缔约方，特别是发展中国家缔约方的具体需要和特殊情况。

第三，预防原则。各缔约方应当采取预防措施，预测、防止或尽量减少引起气候变化的原因，并缓解其不利影响。当存在造成严重或不可逆转的损害的威胁时，不应当以科学上没有完全的确定性为理由推迟采取这类措施，同时考虑到应对气候变化的政策和措施应当讲求成本效益，确保以尽可能最低的费用获得全球效益。为此，这种政策和措施应当考虑到不同的社会经济情况，并且应当具有全面性，包括所有有关的温室气体源、汇和库及适应措施，并涵盖所有经济部门。应对气候变化的努力可由有关的缔约方合作进行。

第四，发展与保护气候相结合的原则。各缔约方有权并且应当促进可持续发展。保护气候系统免遭人为变化影响的政策和措施应当适合每个缔约方的具体情况，并应当结合到国家的发展计划中去，同时考虑到经济发展对于采取措施应对气候变化是至关重要的。

第五，缔约方合作的原则。各缔约方应当促进有利的和开放的国际经济体系。这种体系将促成所有缔约方，特别是发展中国家缔约方的可持续经济增长和发展，从而使他们有能力更好地应对气候变化的问题。为对付气候变化而采取的措施，包括单方面措施，不应当成为国际贸易上的任意或无理的歧视手段或者隐蔽的限制。

序言多次提到应开展国际合作以应对气候变化。序言在多处引用了《里约环境与发展宣言》原则，例如原则 2 "利用资源的国家的主权，国家有责任不对其他国家或国家管辖以外领域造成损害"；原则 3 "为了公平地满足今世后代在发展与环境方面的需要，求取发展的权利必须实现"；原则 7 "共同但有差别的责任"；原则 11 "国家立法和环境标准"。

（四）公约的特点

《联合国气候变化框架公约》的特点首先表现在它的 "框架" 性。它确立了关于控制温室气体排放，将大气中温室气体的浓度稳定在防止气候系统受到危险的人为干扰的水平上的原则。它为发展中国家和发达国家规定了有关控制温室气体的不同义务。但是，对于那些关键性的义务，如限制和削减二氧化碳的排放量，公约没有规定具体的指标和时间表。公约将此类具体措施留给各国的国内法或缔约国在未来另行议定，以议定书的形式来解决具体问题以减少排放。

其次，公约虽然没有涉及所有的气候变化，而只是关于全球气候变暖问题。但即使是这样，公约无疑仍然是一个非常重要的国际法律文件，它的全面实施对人类生活的影响将比任何其他国际文件都更加重大，因为公约是第一个由国际社会的全体成员参与谈判的国际环境条约，具有广泛的国际社会基础。

再次，公约的影响非常广泛，几乎所有的人类活动都要受到公约的影响。公约试图采取综合的措施，在经济发展中考虑环境因素，并为国际社会的不同成员确定可持续发展的权利和义务，保护全球气候。公约既影响消耗化石燃料并排放温室气体的各种人类活动，又影响开发森林等与公约规定的"库"和"汇"有关的人类活动。

最后，公约直接关系各国的重大经济、社会和环境利益。公约与各国的经济、社会和环境利益之间的关系，在谈判中各利益集团的态度上得到了充分的反映。

二、《京都议定书》

《京都议定书》于 1997 年 12 月 11 日在日本京都召开的《联合国气候变化框架公约》第三次缔约方大会上通过，自 1998 年 3 月 16 日至 1999 年 3 月 15 日在纽约联合国总部开放供签署，于 2005 年 2 月 16 日生效。

2002 年 3 月，欧盟环境部长会议批准了《京都议定书》，2002 年 6 月，日本政府也批准了《京都议定书》。1998 年 5 月 29 日，我国政府在联合国秘书处签署了《京都议定书》，并于 2002 年 8 月 30 日向联合国秘书长交存了我国政府核准《京都议定书》的核准书。在经历了极其坎坷极其激烈的纷争后，[1] 2004 年 10 月 22 日和 27 日，俄罗斯国家杜马（议会下院）和联邦委员会（议会上院）分别批准了《京都议定书》，2004 年 11 月 5 日，俄罗斯总统签署了《京都议定书》，在随后的 11 月 18 日，俄罗斯向联合国递交了《〈京都议定书〉加入书》。按照《京都议定书》规定的生效条件[2]，《京都议定书》于 2005 年

---

〔1〕　美国在克林顿政府时期，签署了《京都议定书》，但布什政府上台后，却在 2001 年退出了该议定书。美国的行为拖延、阻碍了《京都议定书》的生效。

〔2〕　《京都议定书》第 24 条第 1 款：本议定书应开放供属于《公约》缔约方的各国和区域经济一体化组织签署并须经其批准、接受或核准。本议定书应自 1998 年 3 月 16 日至 1999 年 3 月 15 日在纽约联合国总部开放供签署。本议定书应自其签署截止日之次日起开放供加入。批准、接受、核准或加入的文书应交存于保存人。第 25 条第 1 款：本议定书应在不少于 55 个《公约》缔约方、包括其合计的二氧化碳排放量至少占附件一所列缔约方 1990 年二氧化碳排放总量的 55% 的附件一所列缔约方已经交存其批准、接受、核准或加入的文书之日后第 90 天起生效。

2 月 16 日生效，成为具有约束力的国际法律文件。这标志着人类对环境的保护又迈进了一大步。

《京都议定书》规定附件一缔约方排放的二氧化碳等 6 种温室气体[1]的数量，在 2008 年至 2012 年的减排承诺期内这些气体的全部排放量从 1990 年水平至少减少 5%，发展中国家没有减排义务。[2]对各发达国家说来，从 2008 年到 2012 年必须完成的削减目标是：与 1990 年相比，欧盟削减 8%、美国削减 7%、日本削减 6%、加拿大削减 6%、东欧各国削减 5%~8%。新西兰、俄罗斯和乌克兰可将排放量稳定在 1990 年水平上。议定书同时允许爱尔兰、澳大利亚和挪威的排放量分别比 1990 年增加 10%、8%、1%。[3]

为了促进各国完成温室气体减排目标，议定书允许采取下列四种减排方式：①两个发达国家之间可以进行排放额度买卖的"排放权交易"，即难以完成削减任务的国家，可以花钱从超额完成任务的国家买进超出的额度；②以"净排放量"计算温室气体排放量，即从本国实际排放量中扣除森林所吸收的二氧化碳的数量；③可以采用清洁发展机制，促使发达国家和发展中国家共同减排温室气体；④可以采用"集团方式"，即欧盟内部的许多国家可视为一个整体，采取有的国家削减、有的国家增加的方法，在总体上完成减排任务。规定了三个灵活机制：第 17 条排放权交易、第 6 条联合履约、第 12 条清洁发展机制。在排放权交易中，公约附件一所列缔约方可以向任何其他这类缔约方转让或从他们获得由旨在削减"源"的人为排放和增加"汇"的人为清除的项目中产生的任何排放削减单位，包括分配数量单位、清除单位、排放削减单位、经证明的排放削减；联合履约是建立在具体项目基础上的，公约附件一所列缔约方在其他这类缔约方资助了一个使排放量实际减少的项目就可以获得排放削减单位；清洁发展机制不同于排放权交易和联合履约，它使发展中国家也参与其中，公约附件一所列缔约方可从发展中国家进行的旨在减少和避免温室气体排放的可持续发展项目活动中取得经证明的排放削减来协助其遵守排放削减的承诺，同时也帮助发展中国家实现可持续发展，并增进

---

[1] 《京都议定书》规定削减排放的 6 种气体是二氧化碳、甲烷、氮氧化物以及其他 3 种用于取代含氯氟烃的卤烃。

[2] 《京都议定书》要求包括中国和印度在内的发展中国家依照"共同但有区别的责任"的原则，制定自愿削减温室气体排放目标。

[3] 参见《京都议定书》附件 B "排放量限制或承诺表"。

公约的最终目标的实现。缔约方利用灵活机制来履行减排的承诺必须是国内行动的补充。对于发展中国家特别关注的清洁发展机制，议定书规定了三个条件：首先是建立在自愿参加的基础上，其次须证明有与减缓气候变化相关的实际、可衡量的长期效益，最后排放削减是对在未经证明的项目活动的情况下会发生的任何排放减少的额外补助（第 12 条第 5 款）。

由此可见议定书的主要特点：其附件 A 列举了温室气体；工业化国家同意减少排放的目标，并不抵消发展中国家应减少的排放；承认温室气体的"汇"和"库"的作用，并将它们纳入目标中；为了减少排放，可以将公约附件一中所列发达国家的排放予以总量化，并在缔约国之间或国家与私人之间实行"减排量交易制度"。此外，在机构方面，《京都议定书》规定由公约的缔约方大会作为议定书的缔约方会议来行事。

虽然，《京都议定书》在人类应对气候变化历程中首次以国际法律的形式对特定缔约方的温室气体排放量作了具有约束力的限制，但也留下了许多诸如"热空气"买卖、补充性不明确等悬而未决的问题。此外，鉴于预期的经济损失，一些工业化国家损害了《京都议定书》和京都承诺。作为世界最大的燃煤国，美国人口仅占全球人口的 3% 至 4%，而所排放的二氧化碳却占全球排放量的 25% 以上，其二氧化碳排放量占世界排放总量的 1/4。美国于 1998 年 11 月签署了《京都议定书》，但 2001 年 3 月 28 日，布什政府以"减少温室气体排放将会影响美国经济发展"和"发展中国家也应该承担减排和限排温室气体的义务"为借口，确信议定书有"致命的缺陷"而宣布拒绝执行《京都议定书》。

应对气候变化，前路长且艰，任重而道远。

三、《巴黎协定》

从 1979 年将应对气候变化纳入国际政治议程到 1994 年《联合国气候变化框架公约》生效，15 年的历程仅仅初步解决了应对气候变化的国际共识与国际环境法律框架问题。从 1995 年启动减排议定书谈判到 2005 年《京都议定书》生效，10 年的时间勉强在主权国家利益与人类共同利益之间寻求到了脆弱的平衡，而其中自 1997 年启动的、面向中期减排的气候变化谈判却完全陷入了主权国家利益纷争的泥淖中，谈判往往在原地打转、甚至于十几年的谈判一下子又"回到了原点。"[1]直到 2015 年 11 月 30 日，《联合国气候变化框架公约》第 21 次缔约方大会在巴黎开幕，来自 195 个国家以及欧盟的代表出席此次大会，各方代表团人数总计达到 1 万人，全球近 2000 个非政府组织的 1.4 万名代表也参加了此次大会。12 月 12 日晚，历经 20 多年的联合国气候会谈，各国终于达成了共识，参会的所有国家都同意减少本国温室气体排放，从而使历史上第一份承载着全球所有国家共同应对气候变化行动的、覆盖近 200 个国家的、具有法律约束力的全球减排协议——《巴黎协定》尘埃落定。

2016 年 4 月 22 日，《巴黎协定》由 175 个国家正式签署，至 11 月 1 日，共有 92 个缔约方批准了《巴黎协定》，其温室气体排放占全球总量的 65.82%，跨过了协定生效所需的两个门槛。11 月 4 日，《巴黎协定》正式生效，成为历史上生效最快的多边国际条约之一。《巴黎协定》共 29 条，包括目标、减缓、适应、损失损害、资金、技术、能力建设、透明度、全球盘点等内容，其确立的主要目标是将全球平均升温控制在工业革命前的 2℃以内，争取把温度升幅限定在 1.5℃之内，以大幅减少气候变化的风险和影响。这是一份针对气候变化问题达成的具有法律效力且适用于所有国家的国际环境条约，为 2020 年后全球应对气候变化行动作出安排。根据协定，各方将以"自主贡献"的方式参与全球应对气候变化行动，全球将尽快实现温室气体排放达峰，21 世纪下半叶实现温室气体净零排放。

根据协议，各方同意结合可持续发展的要求和消除贫困的努力，加强对气候变化威胁的全球应对。关于透明度，协议规定了所有国家都要对减排和资金情况进行汇报；各国要定期提供温室气体清单报告等信息；所有国家都将遵循"衡量、报告和核实"的同一体系，但会根据发展中国家的能力提供灵活性；除最穷、最小的国家外，各国必须每两年汇报一次；提供资金和减排情况将由第三方的技术专家审评；发达国家在 2020 年之前每年提供 1000 亿美元，鼓励其他国家"自愿提供"这种资助。

《巴黎协定》规定，国际社会须对应对气候变化进展展开阶段性评估，即

---

[1] 《"14 年，我们回到了原点"——专访中国气候谈判代表团第一副团长、外交部部长助理刘振民》，载《南方周末》2011 年 12 月 8 日。

"全球盘点"（Global Stocktake，GST）。[1]"全球盘点"每五年进行一次，每次历时两年。首次全球盘点始于 2021 年的 COP26，以 COP28 为终点，包括数据收集和准备、技术评估和审议产出三个阶段。全球盘点明确，为实现将温升控制在 1.5 摄氏度范围内，到 2030 年必须将全球温室气体排放较 2019 年水平削减 43%。

《巴黎协定》是继《京都议定书》后第二份有法律约束力的气候协议，在行动机制上进行了创新，将以"自下而上"的"自主贡献"为主，代替《京都议定书》"自上而下"的强制减排模式。并为此设定一项逐渐提高力度的机制，通过定期盘点和更新"自主贡献"的方式逐步引导全球向低碳、绿色发展方向转变。《巴黎协定》表明"应对气候变化"乃是人类共识和国际潮流，表明了世界上的所有国家将共同应对气候变化带来的挑战，是人类应对气候变化立法的又一里程碑。

2023 年 8 月 25 日，联合国大会通过了决议，宣布每年 1 月 26 日为国际清洁能源日。1 月 26 日是 2009 年国际可再生能源机构（IRENA）成立的周年纪念日。自 IRENA 成立以来，能源转型已成为应对气候变化、增进人类福祉、推动紧急和系统性转变的核心议题，有助于增加能源获取、减少不平等、改善能源安全以及建设繁荣和更具韧性的经济和社会。设立国际清洁能源日意义重大，它提醒全世界牢记普及清洁能源和实现《巴黎协定》气候目标的承诺。

2023 年 12 月 13 日，《联合国气候变化框架公约》第 28 次缔约方大会在阿联酋迪拜迎来闭幕，[2]会议取得了"以公正、有序和公平的方式在能源系统中转型脱离化石燃料……以便在 2050 年实现零排放"和"为受气候危机影响最严重的发展中国家设立了一个损失与损害基金（damage fund），帮助他们应对气候变化的影响"的主要成果，完成了对《巴黎协定》首次全球盘点，

---

〔1〕《巴黎协定》第 14 条：①作为本协议缔约方会议的《公约》缔约方会议应定期总结本协议的执行情况，以评估实现本协议宗旨和长期目标的集体进展情况（称全球总结）。评估工作应以全面和促进性的方式开展，同时考虑减缓、适应问题以及执行和资助的方式问题，并顾及公平和利用现有的最佳科学。②作为《巴黎协定》缔约方会议的《公约》缔约方会议应在 2023 年进行第一次全球总结，此后每 5 年进行一次，除非作为《巴黎协定》缔约方会议的《公约》缔约方会议另有决定。

〔2〕 本次大会会期原定为 2023 年 11 月 30 日至 12 月 12 日，但由于各国代表就案文对化石能源的表述难以达成一致，大会延期一天闭幕。

就转型远离化石燃料达成决议，形成《阿联酋共识》。决议称，认识到"需要大幅、快速和持续地减少温室气体排放，以符合 1.5 摄氏度的温控目标"，呼吁各国采取以下行动：

到 2030 年，全球可再生能源装机增加两倍，全球年均能效增加一倍；加快减少煤炭发电；在 21 世纪中叶之前或 21 世纪中叶左右，在全球范围加快实现净零排放的能源系统，使用零碳和低碳燃料；在能源系统中，以公正、有序和合理的方式从化石燃料"转型"，在这个关键十年加快行动，以便科学地实现 2050 年净零排放的目标；加快发展零碳和低碳排放技术，包括发展可再生能源、核能，以及碳捕获、利用和封存等减排技术；到 2030 年，加速并大幅减少全球非二氧化碳的排放，特别是甲烷排放；通过一系列途径加快道路运输的减排，包括发展基础设施、加快部署零排放和低排放车辆；尽快取消低效的化石燃料补贴。

2023 年 12 月 6 日，《全球临界点报告》在《联合国气候变化框架公约》第 28 次缔约方大会（COP28）发布。气候临界点指的是全球或区域气候从一种稳定状态到另外一种稳定状态的关键门槛。一旦跨过，就会导致气候系统发生巨大、加速且往往不可逆转的变化。报告指出，在目前的气候变化水平下，有 5 个主要的临界系统已经面临越过临界点的风险，包括格陵兰和南极西部冰原融化、北大西洋副极地环流减缓、暖水珊瑚礁死亡和一些永久冻土区消失。报告呼吁各国承诺逐步淘汰化石燃料和土地使用排放，并在 2050 年前完全淘汰相关旧模式。此外，报告还指出，要关注全球生态系统"临界点"风险，并将其纳入气候变化适应评估、各国的国家自主贡献等。可见，应对气候变化、保持气候系统的稳定乃是一件迫在眉睫却又长期的艰巨的系统工程。在未来的几十年甚至几个世纪，全球变暖仍会持续，海平面还将继续升高，"气候变化"后果的严重性是不容置疑的。

不被课予责任就没有切实的义务履行。"任何值得被称为法律制度的制度，必须关注某些超越特定社会结构和经济结构相对性的基本价值。"[1]回首每年联合国气候变化大会的喋喋争吵，展望应对气候变化的国际环境立法前景，不免令人感伤。因为问题的要害其实并不在于谈判场上哪一个国家立场

---

〔1〕 参见［美］E. 博登海默：《法理学：法律哲学与法律方法》，邓正来译，中国政法大学出版社 1999 年版，作者致中文版前言。

如何，而是几乎所有国家都放手追逐"主权利益"而刻意漠视人类共同利益。其实，"当我们承认'人类共同利益'是国际环境法的目的的那一刻起，这个法律秩序内的行为者就承担了实现这个目的的职责。因此，国家将在国际环境法中行使源于人类共同利益而不是源于主权权利的职责。"在应对气候变化领域，世界各国就必须将"人类共同利益"置于所谓"国家利益"之上，以"国家环境义务"自律，一秉善意遵行之。

大道之行也，天下为公。[1]"气候变化"已远远超出一般意义的气候问题和环境问题。在直面人类共同挑战时，政治家不仅要对本国负责，更要为人类的可持续发展负责。无论是发达国家还是发展中国家，都应在气候变化谈判中将谋求人类社会的进步和发展作为共同追求的目标，以国际立法的方式凝聚人类力量，保护气候系统免遭人为温室气体干扰，这是对整个大自然、对人类利益与福祉的维护，这才真正是天地间之至善。

[1] 《礼记·礼运》。

第十二章

生物多样性保护的国际环境立法

人类文化深深地根植于生态环境，植物和动物是我们这个世界的象征，在旗帜上、雕塑中以及其他代表我们或我们这个世界的形象中都有它们的身影。我们从大自然的美好和力量中获得鼓舞。然而，人类正不断地改变着地球上的生命资源，以前所未有的方式，大规模、长时期地重塑地球上的一切，我们正在把自己变成这个星球上的单一品种。今天，生物多样性面临着威胁，处于危险之中。

第一节　生物多样性概述

地球上丰富的生命资源是经过 35 亿多年演化的结果，它是由诸如星球上地壳、冰期、大火和物种间相互作用等一系列变化带来的巨大力量创造出来的。存活于地球上的物种总数约为 14 000 万个，[1] 而一种消失的物种可能永远带走了今天还不为人所知却对生态平衡非常重要的遗传品质。非农业或非畜牧物种，不仅对于开发新的品种是必需的，而且，对于长期维持适当的利润水平也是不可缺少的。基因资源这个抽象的概念不同于构成一个物种的个体基因的简单汇总，而是使每个物种具有特征和品质的基因。应当受到保护并传给后代的正是这个基因财富，国际环境法必须为了人类的生存保证将之传给后代。这是我们拥有的最大财富之一。

---

〔1〕 联合国环境规划署编：《全球环境展望 3》，中国环境科学出版社 2002 年版，第 116 页。

一、生物多样性的概念

生态系统是一定空间中的生物群落与其环境组成的系统，其中各成员借能源和物质循环形成一个有组织的功能复合体。"系统"一词有两种含义：一是它由一些相互依赖、相互作用的部分组成；二是这些部分按照一定的规律组织在一起，而使这个整体具备了统一的功能特性。生态系统是包括植物、动物和微生物的生物圈的基本单元。[1]在这个系统内，它们三者是时刻不断地进行物质循环和能力交换的，它们是相互制约、相互协调，使整个自然界保持着一定程度的稳定。也就是说，系统中生产者（绿色植物）、消费者（动物者）和分解者（微生物）之间，或物质和能量的输入和输出之间，存在着相对平衡，这就是我们所说的生态平衡。生态平衡，在自然界是非常精巧、非常完美的。这是大自然的最主要特征，也是大自然的奥秘。如果生态系统受到外界干扰、破坏，超过了它自身的调节能力，就会导致该系统中生物物种和数量发生变化，生物量下降，生产力衰退，结构和功能失调，物质循环和能量将受到阻碍，从而造成生态系统失去平衡。

以生态系统为基本组成的生物圈多种多样的特性——生物多样性，是指地球上各种各样的生命及其多种自然形式。我们今天看到的生物多样性是数十亿年演化的结果，是通过自然过程和受到越来越多的人类影响而形成的生命之网。我们只是其中的一个组成部分，并且完全依赖于它。它包括来自陆地、海洋和其他水生生态系统，以及生态系统的各组成部分。[2]具体地说，生物多样性包含：①物种多样性。生物多样性通常可理解为众多的植物、动物和微生物。②遗传多样性。生物多样性也包括每一物种内的不同基因型，例如，各种各样的作物和不同品种的牲畜。染色体、基因是生命的基础，决定着每一个体和每一物种的独特性。③生态系统多样性。生物多样性的另一方面是指各种各样的生态系统，如沙漠、森林、湿地、高山、湖泊、河流和农业景观等各种生态系统。在每种生态系统中，包括人类在内的各种动物生存并形成群落，彼此相互作用，同时也与周围的空气、水和土壤相互作用。

正是各种生命形式的存在、各种生命形式之间的彼此相互作用以及同外

---

〔1〕 张世义编著：《保护人类之友——动物》，中国环境科学出版社 2001 年版，第 19~20 页。

〔2〕 联合国环境规划署编：《全球环境展望 3》，中国环境科学出版社 2002 年版，第 116 页。

界环境之间的相互作用，才使得地球成为唯一适合人类生存的地方。生物多样性为我们生命的延续提供了大量的物品和服务。

二、生物多样性的价值

生物资源是人类文明发展的支柱，是生物多样性中对人类具有现实和潜在价值的基因、物种和生态系统的总称，它们是生物多样性的物质体现，是人类赖以生存的物质基础。[1]

自然界中的物质支撑着各行各业，如农业、化工、医药、造纸、园艺、建筑和垃圾处理等行业。我们对自然界的需求，经常是重要的而且是不可预测的，而这一点我们曾经忽视。为了寻找治疗疾病的方法，或者为了避免作物暴发病虫害而给作物植入野生植物的抗性基因，我们一次次地求助于自然界。各种生物多样性组成间复杂的相互作用有规律地交织在一起，使得所有物种包括我们人类都能够在这个星球生存。我们人类的健康以及经济和社会的健康依赖于各种生态系统持续不断的支持，取代这种帮助是相当昂贵的甚至是不可能的。例如，通过昆虫和鸟类的日常活动来传授花粉，无论如何是其他方式都无法代替的。

人类健康和幸福直接依赖于生物多样性，她为我们的食物和农业提供遗传资源，构成世界食物安全的生物基础并维持人类的生计。生物多样性还为我们提供了多种环境服务，如调节大气中的气体组成、保护海岸带、调节水循环和气候、形成并保护肥沃土壤、分散和分解废弃物、使多种作物授粉和吸收污染物等。

生物多样性给人类的支持与帮助几乎数不胜数，稍微环视一下我们的周围，就不难发现它给我们提供的物品和服务，比如提供食物、燃料和纤维；提供住处和建筑材料；净化空气和水源；去除废物中有毒物质和分解废物；稳定和调节地球气候；减缓洪涝、干旱、极端温度和大风灾害影响；产生和更新土壤肥力，包括营养成分的循环；为植物包括许多农作物传授花粉；控制害虫和疾病；维持用于作物品种开发、家畜育种、医药和其他产品的基因资源；文化和美学方面的用途以及适应变化的能力等。

---

〔1〕 张维平编著：《保护生物多样性》，中国环境科学出版社2001年版，第7页。

三、国际社会的关注

生物多样性丧失通常会降低生态系统的功能，从而降低自然界为我们提供物品和服务的能力，且会使对未来适应全球变化至关重要的基因多样性受到侵蚀。生物多样性丧失使生态系统变得不稳定，削弱了生态系统抵御诸如洪水、干旱和飓风等自然灾害以及人为引起的污染和气候变化威胁的能力。此外，生物多样性丧失会对食物供应、休闲和旅游以及木材、药品和能源供应等方面造成威胁。

历史上对环境问题的关注是一贯的，但是导致全球采取一致行动起因于对 20 世纪 70 年代环境破坏和物种锐减及生态系统失衡的高度关注。

1972 年联合国人类环境会议通过的《人类环境宣言》宣布：人类负有特殊的责任保护和审慎管理由野生动植物及其生境[1]构成的遗产。今天，野生动植物及其生境易受到各种不利因素的威胁。因此，养护自然界尤其是养护野生动植物应当在经济发展的计划中占据重要地位。[2]

1982 年 10 月 28 日通过的《世界自然宪章》肯定了这一发展并同时前进了一步。宪章在前言中宣布"每种生命形式都是独特的，都应得到尊重"，接着，宪章进一步指出：地球上的遗传活力不得加以损害；无论野生或家养，各种生命形式都必须至少维持其足以生存繁衍的数量，为此目的应该保障必要的生境。各项养护原则适用于地球上一切地区，包括陆地和海洋；独特地区、所有各种生态系统的典型地带、罕见或有灭绝危险物种的生境，应受到特别保护。[3]

1987 年的世界环境与发展委员会也得出结论：经济发展必须以给生态系统带来最低程度的破坏为前提。委员会具有里程碑意义的报告——《我们共同的未来》指出，人类有能力使发展具有可持续性，即有能力在确保资源满足我们现在发展需要的同时，也不损害资源满足后人需要的能力。报告还预测"一个环境经济协调发展的新时代"将要到来，同时强调"物种和生态系

---

〔1〕　生境是指生物个体、种群或群落所有的具体地段环境。生境内包含生物所必需的生存条件和其他生态因素。

〔2〕　《人类环境宣言》原则 4。

〔3〕　《世界自然宪章》第 2、3 条。

统是发展的源泉"。[1]

1992 年，在里约热内卢地球首脑会议上，世界各国领导人就"可持续发展"的综合战略问题达成一致，即在满足我们需要的同时，确保给后代人留下一个健康的、生存有保障的世界。里约会议正式通过的重要协议之一是《生物多样性公约》。该协定为世界上绝大多数政府作出了规定，即我们在发展经济的同时要保护好生物多样性。同时，《21 世纪议程》明确指出：生物资源是一种长期资本，但目前却处于危险之中。[2]

此外，联合国教科文组织的《保护世界文化和自然遗产公约》《保护非物质文化遗产公约》和《保护和促进文化表现形式多样性公约》也强调对生物多样性和文化多样性进行保护；联合国粮农组织在《粮食和农业植物遗传资源国际条约》中专门对粮食和农业植物遗传资源的共享利用以及如何分配其资源价值等问题进行规定；世界卫生组织同样重视生物的遗传资源价值，其通过制定多项国际条约对病原体微生物遗传资源的共享、利用以及利益分享等问题进行规定。如 2005 年通过的《国际卫生条例》要求以最可能少地对国际交通和贸易造成不必要干扰的适当方式，最大限度预防、抵御和控制国际疾病的传播。[3]世界卫生组织还于 2011 年通过了《共享流感病毒和获得疫苗和其他利益大流行性流感防范框架》，其目标之一就是公平地获取负担得起的疫苗，同时确保病毒样本能够发送至世界卫生组织系统，从而确保评估和分析公共健康风险和开发疫苗所需要的信息是可获得的。该框架可以被认为是《名古屋议定书》第 4 条第 4 款所指的特殊国际文书，并按《名古屋议定书》第 8 条 b 款的规定，处理在其框架内的个案。

第二节　生物多样性面临的危机

物种的减少和灭绝已凸显为主要的环境问题。目前物种灭绝的速率比背景速率高出 1000 倍，许多物种的全球种群数量正在下降。[4]所谓背景速率是

---

〔1〕　世界环境与发展委员会：《我们共同的未来》，王之佳等译，吉林人民出版社 1997 年版，第 2~16 页。

〔2〕　《21 世纪议程》第 15 章 "维持生物多样性"。

〔3〕　参见《国际卫生条例》第 2 条。

〔4〕　联合国环境规划署《全球环境展望 6》。

指在很长的地质学时间尺度内就一直存在的物种灭绝速率。在植物资源方面，据国际自然保护联盟针对代表全球植物多样性各种类和地域的数千种植物物种的统计结果，22%的植物物种正面临灭绝的危机，大多数集中在热带地区。[1] 2020年9月10日，世界自然基金会和伦敦动物学会[2] 联合发布了《2020地球生命力报告》，该报告对4392个物种中的20 811个脊椎动物种群进行了跟踪研究，结果表明被观察的种群（包括哺乳类、鸟类、鱼类、爬行类和两栖类动物）在1970年至2016年已经减少了68%。该报告指出，全球动物种群数量骤减的主要原因是不可持续的农业、捕鱼、采矿以及其他人类行为所造成的栖息地流失、过度开发、气候变化以及环境污染。[3]

农业在很大程度上造成了野生基因资源的贫瘠，大面积单一种植取代了草原丰富的基因，而整个农业仅仅是建立在几十个物种的基因基础上；单一树种的次生林也取代了天然林丰富的基因。多产的植物或家养动物品种取代了利润较低但更"原始"即更接近野生的品种。可见，生物物种除自然灭绝和进化的原因外，主要是人为的原因所导致。农耕、畜牧、工业化、污染、城市发展和环境破坏等，无疑极大地加速了物种灭绝的速度。

自6500万年前发生恐龙灭绝的自然灾害以来，现在我们正在制造更严重的物种灭绝危机。这种灭绝是不可逆转的，而且对我们人类的幸福构成威胁，因为我们的幸福离不开粮食作物、药品和其他生物资源。

生物多样性正面临极大的危机，这个危机主要来自环境污染、对自然资源的掠夺性获取、外来物种的侵入以及森林、湿地、珊瑚礁和其他生态系统的瓦解、退化和完全丧失。此外，全球大气的变化，如臭氧层损耗和气候变化，又给生物多样性增加了额外的压力；石油泄漏（老问题）和生物技术（新问题）对生物多样性也产生了很大的影响。还有生物技术逐渐被用来对生物进行遗传改良而引发的生物安全问题，使对生物多样性潜在风险的各种担忧也随之增多。

---

〔1〕 Neil Brummitt, et al., "Green Plants in the Red: A Baseline Global Assessment for the IUCN Sampled Red List Index for plants", 2015. PLOS ONE 10: e0135152.

〔2〕 伦敦动物学会（The Zoological Society of London, ZSL）是1826年4月成立于伦敦的一个学术团体。该学会主要作用是对动物及其栖息地进行保护，工作内容有肉食动物种群数量估计的遗传分析、野生大猩猩的健康监测、红树林的恢复及全球生物多样性指数的完善等。

〔3〕 Louise McRae, et al., "The Living Planet Index: an Early Warning Indicator on the Health of Nature", WWF. Living Planet Report, 2020: 14.

一、土地退化和栖息地丧失

土地退化和栖息地丧失（包括农业发展、林木砍伐、大坝建造、采矿和城市发展等）是引起物种减少的最重要因素。

经济驱动力推动了为获取粮食、商品、饲料和生物燃料对农业的扩张，加大了对开采矿物、金属和能源资源的需求，推动了城市化、道路建设、土地占用和森林砍伐等，这是加速土地退化和栖息地破碎化的主要原因。其中农业扩张是土地利用变化的主要原因。城市发展是土地利用变化和森林砍伐造成的栖息地丧失的主要驱动力。在发展中国家，城市地区的建立和扩张（其中许多地区缺乏足够的规划）以及基础设施的增长可以与生物多样性热点相吻合。道路建设促进了入侵物种的传播，并使人们更容易进入以前完好的栖息地，使生物面临狩猎和资源开发的威胁。其他土地使用方式，如燃烧（或抑制自然火灾）和牲畜放牧，对已经退化的系统施加了进一步压力。海洋环境同样受到商业捕鱼活动（如海底拖网捕捞）、海岸开发和疏浚的严重影响。

大规模工业化农业会产生许多不利的环境和社会影响，如土地退化、反照率变化、甲烷排放增加和碳封存能力丧失。农业集约化可以减轻非农业用地的压力，但可能对在不同农业生态系统中共存的野生动植物产生有害影响。大坝、矿山和其他硬基础设施建设（包括与能源生产相关 的基础设施建设）的快速发展对栖息地产生了影响。气候变暖和极端天气事件的频率增加正在减少海冰面积（北极熊、海豹和鱼鸟的重要狩猎栖息地），并与大气中的二氧化碳含量升高相结合，使海洋栖息地酸化，导致栖息地丧失或退化。

二、气候变化

气候变化对生物多样性的影响在自然系统中最为明显，其导致的物种运动正在重塑植物和动物的自然群落，一些流离失所的物种具有入侵性，对人类健康、遗传多样性以及粮食和水安全构成了威胁。在 20 世纪 90 年代，气候变化成为对生物多样性最具威胁的因素之一。一项估计表明，若目前的气候变化趋势不变，到 2050 年，多达 1/6 的物种可能面临灭绝的威胁。随着气温的升高，物种可能会迁移到较冷的地方，或改变其物候状态，从而更快地开花、繁殖或迁移。有证据表明它们在同时进行这两步：物种平均每 10 年向高纬度地区移动 16.9 公里，或者每 10 年在海拔上提升 11 米，而开花物候则每 10 年提前 2.3 天至 5.1 天。[1]这种由气候引起的分布和物候的变化可能通过营养相互作用而级联，从而导致物种之间的不同步，比如花和传粉者之间的不同步。对 10 000 多个时间序列的分析表明，不同营养类群的气候敏感性（即物候变化对气候变化的响应）不同。在海洋环境中，海洋变暖和酸化与珊瑚白化事件有关，2015 年至 2016 年出现了前所未有的泛热带白化现象。海洋酸化也可能对其他海洋系统产生负面影响，包括贻贝床和一些大型藻类栖息地。水温升高还直接增加了礁鱼的代谢成本，降低游泳能力，并增加死亡率。在极地地区，海冰的减少和地表径流的增加可能会增加初级和次级生产力，改变食物网动态，并增加入侵物种立足的可能性。

三、污染和氮沉积

污染和氮沉积已经成为生物多样性减少的主要原因之一。污染可以有多种形式，如有意或无意地将垃圾和化学产品释放到环境中，还有光、噪声、热和微生物。主要排放来源包括运输、工业、农业和水产养殖。新兴污染物包括各种合成化学物质、农药、化妆品、个人和家庭护理产品以及药品等。在陆地上，露天垃圾场对动植物有局部影响，土壤污染会影响微生物种群，降低重要的生态系统功能。农业过程中使用农药、化肥和其他化学物质可能会伤害传粉者和害虫的天敌，表面径流也影响淡水和沿海生物多样性。毒素的生物累积，包括重金属，可能会对整个食物链（包括人类）产生连带影响。在海洋和淡水环境中，微塑料和纳米塑料污染的积累已被确定为一个新兴问题。

自然生态系统中破坏内分泌的化学物质（EDCs）和持久性有机污染物（POPs）的积累对野生生物构成了额外的威胁，在水生系统中尤为如此。空气污染导致陆地生态系统、湖泊、河口和沿海水域的酸化和富营养化，以及水生食物网中汞的生物富集。由于化肥使用增加和化石燃料燃烧，氮沉积日趋严重。氮沉积导致富营养化作用，造成物种的减少和植物群体中物种组成的改变。这是目前对水生生态系统威胁最严重的因素之一，尤其是在有许多商业鱼类和贝壳类品种繁殖的沿岸水域。氮沉积还与有毒藻类的逐渐繁盛

─────────────

〔1〕　联合国环境规划署《全球环境展望 6》。

有关。

四、过度消费和国际贸易

自然资源的过度消费一直在不断增加——例如，全球森林产品如纸张的消费就在大幅增加。过度消费必然导致过度开发，过度开发包括非法、未报告和无管制的捕捞，非法和不可持续的伐木、过度放牧、无管制的丛林肉类消费、野生动物偷猎和非法捕杀（通常针对外国市场），还包括生态上不可持续的采伐。对于许多生物资源来说，如此不断增长的消费是无法承受的。直接开采已威胁到标志性陆地和海洋物种，如因鱼子酱而被珍视的欧洲鳇、因鱼翅而被捕捞的鲨鱼、因角而被偷猎的犀牛物种、因象牙而被捕捉的非洲大象、因羽毛和骨头而被捕猎的南美洲安第斯秃鹰以及为制造香水和沉香而被伐的沉香木（瑞香科）等。野生动植物、渔业和林产品的非法贸易十分广泛，估计其总价值每年在 900 亿至 2700 亿美元之间，并与跨国有组织犯罪相关。[1]然而，与目前的非法做法相比，合法但不可持续的野生动植物开发可能会对生物多样性构成更大的威胁。

过度开发野生动植物对公平造成了影响，因为它剥夺了贫穷和脆弱的当地社区以及土著民的生计、传统药物、旅游收入和其他生态系统利益。

出自野生生物的产品构成国际贸易价值的基础。国际贸易可以将发达国家的需求导致的生物多样性威胁出口给发展中国家。同时，国际贸易的高速度发展为生物入侵打开了方便之门，大量的外来生物随着各种交通工具、进口的农产品和货物传入。

五、外来入侵物种

2019 年，生物多样性和生态系统服务政府间科学与政策平台发布的一份全球评估报告认定，外来入侵物种是生物多样性丧失的主要直接驱动因素之一。[2]

外来入侵物种是成功定居于当地生态系统的那些外来生物。外来入侵物

---

〔1〕 联合国环境规划署《全球环境展望 6》。

〔2〕 See IPBES, "Thematic Assessment Report on Invasive Alien Species and their Control", at https: //www. ipbes. net/ru/node/59068.

种对环境的破坏及生态系统的威胁是长期的、持久的。它不仅会破坏当地的生态平衡，甚至会引起生态灾难。

物种入侵的主要途径包括故意释放、逃逸以及通过贸易、旅游和船舶压载水的意外引入。气候变化可能会通过开辟新的生态位空间和降低隔离障碍（尤其是在更极端的环境中）来促进传播。本土生物多样性的丧失可能会增加入侵的风险，而寒冷地区气温升高则增加了入侵的可能性。北极地区运输的增加、海冰减少、农作物生产中微生物的商业使用、转基因生物的水平基因转移以及入侵性微生物病原体的出现，构成了对未来的威胁。

入侵植物影响关键生态系统服务的供应，比如通过引起水道堵塞和富营养化，以及引起集水区、草地和牧场生存能力的退化，从而影响获得洁净水的途径。侵入性的无脊椎动物可能会带来更大的风险。北美五大湖地区入侵斑马贻贝的数量庞大，阻碍了市政供水和水电公司的水流量。入侵性害虫，如北美的舞毒蛾、翡翠灰螟和铁杉球蚜等，具有巨大的生物多样性和经济影响。侵入性昆虫载体还可以促进寄生虫和新兴传染病的传播，包括基孔肯雅热、登革热和寨卡病毒等。侵入性脊椎动物会造成严重危险，它们可能是生物多样性丧失的主要驱动力。例如，侵入中国的外来物种就有松材线虫、湿地松粉蚧、美国白蛾、非洲大蜗牛、美洲斑潜蝇、豚草、飞机草、水葫芦、大米草等。我们最熟悉的外来入侵物种要算水葫芦了。水葫芦原产南美，大约于 20 世纪 30 年代作为畜禽饲料引入中国，并曾作为观赏和净化水质植物推广种植。由于其无性繁殖速度极快，我国多省市水葫芦泛滥成灾，很多水生物处于灭绝边缘。

第三节　生物多样性保护的条约体系

全球生物资源的破坏是空前的，并已构成对人类生存与发展的威胁。生物多样性的国际法律保护，不能仅限于生物本身，还应包括其生境及生物赖以生存的非生命环境要素，如空气、水、土壤等的保护。所以，从规定禁猎和禁渔甚至管理野生动物的数量到保护生物生境以来，保护生物多样性的国际立法有了很大的发展。既有全球性、区域性条约，也有双边或多边条约；有规定生物资源综合保护的条约，也有规定生物资源特殊保护方法的专门性条约；有针对整个生态系统进行保护的条约，也有只对个别生物物种进行保护的条约。早期条约可追溯到 1867 年的《英法渔业公约》，近期的有《生物多样性公约》及其议定书。

一、保护生物多样性的全球性条约

已经成立的保护生物资源的全球性国际公约，或是基于保护生物生存状况，或是在空间特性上，或是为了保护生物及其生境，或是基于保护特定物种或种群对生物资源进行保护，其中著名的有 1973 年的《濒危野生动植物种国际贸易公约》、1979 年的《保护野生动物迁徙物种公约》、1980 年的《南极海洋生物资源养护公约》和 1946 年的《国际捕鲸管制公约》等。第一个提出为保护生物多样性、持续利用生物资源、公平获益和分享遗传资源提供一个综合而全面的法律框架的是《生物多样性公约》及其议定书。

（一）《关于特别是作为水禽栖息地的国际重要湿地公约》

《关于特别是作为水禽栖息地的国际重要湿地公约》（本章简称《湿地公约》）是全球性保护水禽及其栖息地的重要公约。公约由序言和 13 个正文组成。其宗旨是承认人类同其环境的相互依存关系，通过协调一致的国际行动确保作为众多水禽繁殖栖息地的湿地得到良好的保护而不至于丧失。[1]

在《湿地公约》之前的有关生物资源保护的国际条约带有很强的功利主义色彩，保护生物资源仅从保护某些物种出发，保护措施取决于物种的直接效用，例如 1902 年的《保护农业益鸟公约》。随着知识水平的提高，人类认识到了用功利主义的观点去保护生物资源的功效是有限的，尽管从 19 世纪末开始就有了关于生物资源保护的国际条约，但是生物物种从地球上消失的速度并没有因此而减慢。于是国际社会重新审视原有的保护措施，认识到暂时或永久禁止捕杀并不能解决物种的生存问题，物种生存繁殖的环境必须受到保护。

（二）《保护野生动物迁徙物种公约》

《保护野生动物迁徙物种公约》于 1979 年 6 月 23 日在德国波恩开放签字（故称《波恩公约》），于 1983 年 11 月 1 日生效，宗旨是保护迁徙物种。该公约用于保护陆地与海洋上的候鸟品种。政府间的协定，如非洲—欧亚间的水鸟协定，旨在形成跨境保护战略措施，对于保护候鸟经过的关键湿地是必

---

〔1〕 详见本书第十四章第二节《湿地公约》。

需的。

这个全球性公约是根据 1972 年斯德哥尔摩大会通过的行动计划中关于迁徙动物的建议而制定的，它表明这样一种认识，即对野生动物迁徙物种的有效保护和管理，需要这些物种可能栖息的所有国家在其管辖范围内采取协调行动。

该公约的指导原则是：野生动物构成生物圈的生态系统中不可替代的组成部分，应当为人类的利益保护野生动物；每一代人为后代掌握着地球上的资源，并负有使命使这些资源受到保护，而且应谨慎使用这些资源。

根据该公约的定义，"迁徙物种"是指某个野生动物物种的全部或地理上分开的一部分，其中相当数量的动物周期性地、可以预见地越过一个或几个国家的管辖范围。显然，迁徙物种不仅包括鸟类，也包括陆地或海洋的哺乳动物、爬行动物和鱼类。

"濒危物种"是指整体上或分布上的一大部分面临着灭绝危险的迁徙物种。公约认为，具备这些条件时被认为是良好状态：①有关迁徙物种的活动数量表明它继续并将长期继续构成它所属的生态系统中可以生存的组成部分；②这个迁徙物种的分布范围没有减少而且长期也不会有减少的危险；③这个物种存在着，而且在可以预见的未来将继续存在，其生境足以使这个物种的数量长期维持；④这个物种的分布和实际数量接近历史上的范围和水平，在这个范围和水平上存在着适合这个物种的生态系统，而且是与合理管理野生动物及其生境相协调的。（第 1 条第 c 款）

该公约规定，国家的基本义务之一是对处于不利保护状态中的迁徙动物予以特别关注，单独或共同地采取必要的措施保护这些物种及其生境（第 2 条第 1 款）。

该公约也采用开列清单的方法。需要立即予以保护的濒危迁徙物种列在公约附件一中，这些物种的生境必须保护和恢复，影响这些物种迁徙的严重障碍必须予以清除、减少或矫正，威胁这些物种生存的因素应予以排除，禁止对属于这些物种的动物进行猎捕，除非在严格确定的例外情况下（第 3 条第 4 款）。

公约附件二列举了处于不利生存状态下的迁徙物种。

该公约决定设立三个机构：缔约方大会、科学理事会和秘书处。缔约方大会是公约的决策机构，每三年至少召开一次会议。缔约方大会下设科学理事会，负责向大会、秘书处、任何缔约国以及根据公约设立的任何机构提供科学意见。

《保护野生动物迁徙物种公约》代表了动物保护方面的重要进步，因为它在濒危物种与物种生境之间确立了明确的联系。

公约将野生动物置于整个地球自然系统即生物圈这一整体来考虑，明确提出了"全人类利益"，这在以前的公约中是未曾有过的。

"承认种类繁多的野生动物是地球自然系统中无可替代的一部分，为了全人类的利益，必须加以保护……认识到每一代人为了将来的世世代代拥有地球上的资源，并负有确保该资源遗产受到保护和在其被利用时加以明智利用的义务。"[1]除此之外，公约还提出了后代人利益的问题，要求每一代应该顾及后代的利益而合理地利用资源。

（三）《濒危野生动植物种国际贸易公约》

1973年2月12日至3月3日，在美国华盛顿召开了关于缔结《濒危野生动植物种国际贸易公约》的全权代表会议，并于3月3日通过《濒危野生动植物种国际贸易公约》并向世界各国开放签字。该公约是一项旨在通过控制贸易来保护濒危野生物种的重要国际条约，共有25条、3个附件（即三类受贸易控制的动植物种清单）。该公约规定设立公约秘书处，秘书处设于瑞士的洛桑。秘书处的职责之一是在国际范围内监督公约的实施。该公约规定在生效后每两年举行一次缔约国大会。该公约于1975年7月1日生效。目前共有184个缔约方。我国于1980年12月25日加入，公约于次年4月8日起对我国生效。我国目前担任公约常委会副主席及亚洲区代表。

该公约采用对不同种类的野生物种的国际贸易按该物种的濒灭程度分别予以控制的办法。该公约以3项附录列举了879种动物和157种植物。公约规定附录一所列物种为"所有受到和可能受到贸易的影响的而有灭绝危险的物种"；附录二所列物种为"目前虽未濒临灭绝，但如对其贸易不严加管理，以防止不利其生存的利用，就可能变成有灭绝危险的物种"和"为了使附录一所列某些标本的贸易能得到有效的控制，而必须加以管理的其他物种"；附录三所列物种为"任一成员国认为属其管辖范围内，应进行管理以防止限制开

---

〔1〕 参见《保护野生动物迁徙物种公约》"前言"。

发利用，而需要其他成员国合作控制贸易的物种"。[1]公约对以上 3 个附录所列物种的国际贸易分别规定了管制措施，并禁止违反这些措施而进行 3 个附录所列物种的国际贸易。

公约规定的野生生物国际贸易措施主要有出口许可证、进口许可证，再出口许可证和其他的有关说明书。公约对 3 个附录所列物种的标本的进口、出口和再出口分别规定事先获取并交验有关许可证或说明书的要求。公约对各种许可证或说明书的发放规定了详细的条件，只有满足这些条件才能获得有关的许可证或说明书。[2]

公约要求成员国采取措施执行公约的规定。这些措施包括处罚违反公约的贸易者，或者没收被贸易的标本，或既处罚又没收。[3]

公约规定各成员国为实施本公约而指定有资格代表该成员国发放许可证或说明书的管理机构。公约还规定各成员国指定该国有关本公约的科学机构。[4]管理机构和科学机构的认定对有关的许可证的发放起决定性的作用。

该公约第 12 届缔约方大会于 2002 年 11 月在智利召开，由林业、外交、农业等部门，香港特别行政区和澳门特别行政区的代表组成的我国代表团出席了会议。会议讨论了公约执行情况、物种升降公约附录的提案、公约政策性议题、战略计划等。我国代表团详细阐述了我国政府重视并积极推进濒危野生动植物种保护的基本立场，并主张走加强野生动植物物种的保护与可持续利用并举之路。

（四）《捕鱼及养护公海生物资源公约》

《捕鱼及养护公海生物资源公约》系 1958 年 2 月 24 日至 4 月 27 日在日内瓦召开的第一次联合国海洋法会议通过的四公约之一。它是第一个具有普遍意义的全球性海洋生物资源保护公约。

该公约一方面承认"公海捕鱼自由"原则，规定所有国家的国民有权在公海上捕鱼，另一方面对这一"自由"规定了三项限制，即条约义务的限制、该公约规定的沿海国的权利及利益的限制和该公约有关公海生物资源养护的

---

　　[1]　《濒危野生动植物种国际贸易公约》第 2 条。
　　[2]　《濒危野生动植物种国际贸易公约》第 3、4、5、6 条。
　　[3]　《濒危野生动植物种国际贸易公约》第 8 条第 1 款。
　　[4]　《濒危野生动植物种国际贸易公约》第 9 条。

条款的限制。[1]该公约承认沿海国对于保持毗邻其领海的公海任何部分的生物资源生产力具有特殊的利益。沿海国有权平等地参加任何有关养护公海生物资源的研究和管制制度。

在毗邻沿海国领海的公海捕鱼的国家在该沿海国提出要求的情况下，必须同该沿海国就保护该海域的生物资源进行谈判以签订协议。在毗邻沿海国领海的公海捕鱼的国家不得在该海域执行与沿海国的同类措施相矛盾的生物资源保护措施，但可与该沿海国就此保护措施进行谈判以签订协议。

（五）1982年《联合国海洋法公约》

《联合国海洋法公约》规定，沿海国享有12海里领海及其海洋生物资源的主权权利。[2]沿海国有权对其领海生物资源的利用和保护制定并执行法律。[3]

群岛国对群岛基线以内的水域和海洋生物资源拥有主权。[4]但群岛国应承认直接相邻国家在群岛水域范围内的传统捕鱼权和其他合法活动。[5]

沿海国在专属经济区内有以勘探、开发、养护和管理海床上覆水域的海床及其底土的自然资源（不论其为生物或非生物资源）为目的的主权权利。沿海国应决定其专属经济区生物资源的可捕量，并通过正当的养护和管理措施确保专属经济区内生物资源不受过度开发的危害。[6]对出现在两个或两个以上沿海国专属经济区外的邻接区域内的鱼类种群，有关沿海国应以协议规定保护措施。[7]对高度洄游鱼种，有关沿海国应通过有关国际组织或设立国际组织进行合作，以促进对该鱼种的养护。[8]《联合国海洋法公约》还对海洋哺乳动物、溯河产卵种群、降河产卵种群和定居鱼类的养护作了规定。[9]

《联合国海洋法公约》承认公海自由和公海捕鱼自由。[10]但对捕鱼自由

---

[1] 1958年《捕鱼及养护公海生物资源公约》第1条。
[2] 《联合国海洋法公约》第2、3条。
[3] 《联合国海洋法公约》第21条。
[4] 《联合国海洋法公约》第49条。
[5] 《联合国海洋法公约》第51条。
[6] 参见《联合国海洋法公约》第61条。
[7] 《联合国海洋法公约》第63条。
[8] 《联合国海洋法公约》第64条。
[9] 《联合国海洋法公约》第65~68条。
[10] 《联合国海洋法公约》第87条。

规定了若干限制。这些限制包括条约义务的限制、沿海国关于出现在两个以上沿海国专属经济区的种群或既出现在专属经济区内又出现在专属经济区外的邻接区域内的种群、高度洄游鱼种、海洋哺乳动物、溯河产卵种群和降河产卵鱼种的权利和利益的限制。[1]该公约规定所有国家都有义务为本国国民采取或与其他国家合作采取养护公海生物资源的必要措施。

（六）《南极海洋生物资源养护公约》

《南极海洋生物资源养护公约》于 1980 年 5 月 20 日在堪培拉签署，公约于 1982 年 4 月 7 日生效，不仅适用于南纬 60 度以南的海洋区域，而且还用于该纬度与南极辐合带之间的水域。从生态角度看，这个公约堪称典范，它试图保护整个南极环境和南极生态系统，是在有关地区的生态问题发展到危机程度之前就起草的少数公约之一。它将"南极海洋生物资源"定义为南极辐合带以南水域的鱼类、软体动物、甲壳动物和包括鸟类在内的其他各种生物（第 1 条第 2 款）。"南极海洋生态系统"是指南极海洋生物资源相互间及其与自然环境之间的复杂关系（第 1 条第 3 款）。而"保护"一词则包括资源的合理利用（第 2 条 2 款）。公约第 2 条第 3 款确定了公约的目标和保护原则为：①防止受捕获种类的数量低于保证能使它稳定补充的水平。为此，其数量不应低于保护最大净增值的水平；②维护南极海洋生物资源中被捕获的种群、从属种群和相关种群之间的生态关系；使枯竭种群恢复到①项水平；③考虑到目前捕捞对海洋生态系统的直接和间接影响、引进异种生物的影响，有关活动的影响以及环境变化的影响方面的认识状态，为了能持久地保护南极海洋生物资源，应防止在近二三十年内海洋生态系统发生不可逆的变化的危险，或尽可能减少这种变化的危险。这表明了公约的创新之处。传统国际海洋渔业机构没有多少强制性权力，其目标是以生产力为本位。与此相反，本公约完全是以养护为本位。其内容集中于长期养护战略，基本内容是：维护充足的数量水平以确保资源的再生；保护生态关系；防止所有可能产生的不可逆转的影响。

（七）《国际捕鲸管制公约》

《国际捕鲸管制公约》1946 年 12 月 2 日签署于华盛顿，宗旨是"规定对

---

〔1〕《联合国海洋法公约》第 116 条。

鲸的适当保护以便使捕鲸业的有秩序发展成为可能"。[1]规定设立国际捕鲸委员会（IWC），授权 IWC 收集有关资料，进行研究审查，并订立保护规则。

公约以一项作为附件的计划对成员国进一步规定了有关的义务，其中包括确定禁捕期、限定捕获量和报告捕鲸数据等规定。

公约对它规定的义务规定了一些例外情况。其中一项主要的例外是科学研究。公约规定成员国可以对其国民发放特别许可证，以使其可以科学研究的目的而捕杀、获取和加工处理鲸。[2]

1976 年，国际捕鲸委员会制定了一项《新管理程序》。该程序将每一类鲸划分种群，并对每一种群规定捕猎限额。

同年，国际捕鲸委员会修改了计划，决定禁止商业性捕鲸。

这一修订引起日本、冰岛等国的反对。它们转而援用公约关于科学研究的例外规定继续从事捕鲸。墨西哥和巴西等国也主张它们有权在其专属经济区自由捕鲸。可见，围绕保护鲸鱼展开的斗争是十分激烈的。

（八）《国际鸟类保护公约》

1950 年 10 月 18 日签署的《国际鸟类保护公约》[3]是迄今唯一一部以保护鸟类为宗旨的全球性条约。该公约规定保护一切处于生育季节的鸟类和飞往生育地点的候鸟，并对濒临灭绝的鸟类予以全年保护。除规定的例外情况以外，该公约禁止采集鸟蛋和幼鸟。用陷阱、罗网、毒饵等方法猎鸟也被禁止。公约要求缔约国采取措施，防止因水污染、电线、杀虫剂和毒药伤害鸟类。公约要求缔约国设立种鸟保护区。

关于鸟类保护曾于 1902 年有过《保护农业益鸟公约》，这个公约具有很强的功利主义特征，排斥所谓"害鸟"，特别是昼出和夜出的猛禽、麻雀和涉禽如鹭等。在 1950 年的《国际鸟类保护公约》中，1902 年公约的功利主义倾向和否定某些物种的做法已不复存在。公约的内容保护性更强，所有鸟类都应受到保护，至少是在它们的繁殖期和迁徙期途中，除非是公约明确规定的例外（第 2 条）。1950 年公约更符合我们今天的观念。

此外，1950 年《国际鸟类保护公约》还有其他三个重要特点。缔约国保

---

〔1〕《国际捕鲸管制公约》序言。
〔2〕《国际捕鲸管制公约》第 8 条。
〔3〕 该公约 1950 年 10 月 18 日签订于巴黎，1963 年 1 月 17 日生效。

证对受保护鸟类的贸易进行管制（第 9 条第 2 款），鼓励设立水陆保护区（第 11 条第 1 款），研究和采取适当措施以防止油类和其他原因对水域的污染损害鸟类，防止灯塔、电缆、杀虫剂和毒药对鸟类的伤害。最后，公约还规定，各缔约国应列出在其各自境内可以合法捕杀的鸟类清单，同时遵守公约规定的条件。

（九）《禁止在南太平洋长拖网捕鱼公约》

1989 年《禁止在南太平洋长拖网捕鱼公约》[1]是国际社会第一项专门对捕鱼方法和工具作规定的条约。[2]公约禁止缔约国使用此种网捕鱼，禁止用此种网捕的鱼在缔约国上岸，禁止用缔约国的设施加工用此种网捕的鱼，禁止进口此种鱼，禁止在缔约国管辖范围内的任何船只拥有此种网。

联合国大会于 1991 年通过一项决议，呼吁各国到 1992 年 12 月 31 日全面停止所有类型的大规模海洋长拖网捕鱼活动。

（十）《国际植物新品种保护公约》

《国际植物新品种保护公约》于 1961 年 12 月 2 日制定，1972 年 11 月 10 日、1978 年 10 月 23 日在日内瓦修订。本公约旨在承认和保证符合条件[3]的植物新品种育种者及其合法继承者的权利。公约认为，"无论是发展本国农业，还是保护育种者的权利，保护植物新品种至为重要……"[4]我国于 1998 年 8 月 29 日决定加入《国际植物新品种保护公约》。

---

〔1〕　该公约 1989 年 11 月 24 日签订于惠灵顿，1991 年 5 月 17 日生效。

〔2〕　公约将长拖网界定为以诱陷鱼群为目的的漂在水面或水中的长度在 2.5 公里以上的漂流网。

〔3〕　参见《国际植物新品种保护公约》第 6 条 "享受保护的条件"：（1）凡符合以下条件，育种者应享有本公约提供的保护：（a）不论原始变种的起源是人工的，还是自然的，在申请保护时，该品种应具有一个或数个明显的特性有别于已知的任何其他品种，已知的存在可参考以下因素：已在进行栽培或销售，已经或正在法定的注册处登记，已登在参考文献中或已在刊物中准确描述过。使品种能够确定和区别的特性，必须是能准确辨认和描述的。（b）在向一个联盟成员国注册保护申请时：（Ⅰ）该品种未经育种者同意在该国领土内提供出售或在市场销售，若该国法律另有规定，则不能超过 1 年。（Ⅱ）藤本、森林、果树和观赏树木的品种，包括其根茎，经育种者同意在任何其他国家提供出售或已在市场销售不超过 6 年，或所有其他植物不超过 4 年。与提供出售或在市场销售无关的品种的试种，不影响保护权。以提供出售或市场销售以外的方式成为已知品种的事实，不影响育种者的保护权。（c）就该品种的有性或无性繁殖特性而言，必须是充分均质或一致的，（d）该品种的基本特性是稳定的，即经过重复繁殖，或在育种者规定的特定繁殖周期中的各个周期结束时，品种的基本特性仍与原来所描述的一致。（e）该品种应按第 13 条的规定命名。

〔4〕　参见《国际植物新品种保护公约》"序言"。

（十一）《国际遗传工程和生物技术中心章程》

本章程 1983 年 9 月 13 日订于马德里。我国于 1983 年 9 月 13 日签署，1986 年 11 月 6 日交存加入书。

章程确认有必要发展以及和平利用遗传工程和生物技术以造福人类；强调应当利用遗传工程和生物技术的潜力促进解决发展的紧迫问题，尤其是发展中国家发展的紧迫问题；认识到需要在这个领域，尤其是这个领域里的研究、发展和培训方面进行国际合作。[1]章程第 1 条规定，作为一个国际组织建立的"国际遗传工程和生物技术中心"，其中包括一个中心和附属的国家、分区域中心网。

（十二）《国际热带木材协定》

1983 年 11 月 18 日签订于日内瓦的《国际热带木材协定》涉及全球 90% 的热带木材以及主要的木材生产者和消费者，其目的是为热带木材生产国和热带木材消费国之间的合作建立一个法律框架，进而解决热带木材经济所面临的各种问题。[2]

（十三）《粮食和农业植物遗传资源国际条约》

联合国粮农组织 2001 年 11 月 3 日通过并于 2004 年 6 月 29 日生效的《粮食和农业植物遗传资源国际条约》宗旨与《生物多样性公约》一致，即为可持续农业和粮食安全保存并可持续地利用粮食和农业植物遗传资源以及公平合理地分享利用这些资源而产生的利益。该条约取代了施行 18 年的联合国粮农组织制定的《植物遗传资源国际承诺》，以使其与《生物多样性公约》保持一致。该条约设立了一个遗传资源获取和惠益分享的多边分享体系，鼓励其约束的自然人和法人将实际控制的遗传资源纳入多边体系。[3]

二、保护生物多样性的区域性条约

保护生物资源的区域性条约数量很多，难以一一列举，下面仅列一些主要的具有代表性的区域性条约。

（一）非洲

非洲地区最主要的有关生物资源保护的条约是 1968 年《养护自然和自然

---

〔1〕 参见《国际遗传工程和生物技术中心章程》"序言"。

〔2〕 参见本书第十五章第三节"森林的保护"。

〔3〕 参见《粮食和农业植物遗传资源国际条约》第 10 条第 2 款。

资源非洲公约》〔1〕和 1985 年 6 月 21 日签署的《关于保护、管理和开发东非区域海洋和沿海环境公约》《关于东非区域的保护区和野生动植物的 1985 年议定书》（该议定书附属于 1985 年《关于保护、管理和开发东非区域海洋和沿海环境公约》）以及 1967 年《非洲植物卫生公约》和 1979 年《保护和管理骆马公约》。

（二）美洲及加勒比地区

在美洲和加勒比海地区，有关生物资源保护的条约主要有两项，即 1940 年《西半球自然和野生生物保护公约》和 1983 年《大加勒比地区海洋环境开发和保护公约》及其 1990 年《关于特别保护区和受特别保护的野生生物的议定书》。

（三）南太平洋地区

南太平洋区域有关生物资源保护的条约主要有 1976 年《南太平洋自然养护公约》和 1986 年《南太平洋地区自然资源和环境保护公约》。

（四）欧洲

欧洲地区有关生物资源保护的条约主要有 1970 年《鸟类狩猎和保护比荷卢公约》、欧共体 1979 年 4 月 2 日通过的《关于保护野生鸟类的 79/409 指令》、1979 年《养护欧洲野生生物和自然生境公约》、1982 年《关于自然养护和风景保护的比荷卢公约》、1991 年《保护阿尔卑斯山公约》、1992 年的《关于保护波罗的海和北海小鲸协议》和《关于建立北大西洋哺乳动物组织的协议》以及《欧共体关于保护自然生境和野生动植物的指令》。其中的《保护欧洲野生动物与自然栖息地的伯尔尼公约》〔2〕的缔约国主要是欧洲的发达国家。该公约要求各缔约国采取各种必要措施以使欧洲的野生动植物种群维持在与生态、科学与文化需要相应的水平上，或使其达到这一水平，并采取步骤促进国家的自然保护政策。公约以三个附录列举不同水平保护的野生动植物。公约设立一个常务委员会以监督公约的执行情况。

（五）亚洲

亚洲的区域性生物资源保护条约主要有 1956 年《东南亚和太平洋区域植

---

〔1〕　该公约于 1968 年 9 月 15 日签订于阿尔及尔，于 1969 年 6 月 16 日生效，该公约的前身是 1933 年《关于在其自然状态中保存动植物的伦敦公约》和 1900 年《关于保护非洲的野生动物、鸟类和鱼类的伦敦公约》。

〔2〕　该公约于 1979 年 9 月 19 日签订于伯尔尼，于 1982 年 6 月 1 日生效。

物保护协定》和东盟国家于 1985 年 7 月 9 日在吉隆坡签订的《东南亚自然界和自然资源保护公约》。

《东南亚自然界和自然资源保护公约》于 1996 年 5 月 30 日生效。这个公约是根据人类环境保护知识的最新发展而制定的，内容完善，对可能产生环境问题的各个领域都作出了规定。公约承认自然资源对于今世后代的意义、其巨大的价值以及自然保护与社会经济发展之间的密切联系。公约第 1、2 条反映了同样的思想。缔约国应单独或根据需要共同行动采取必要的措施，以维持基本的生态进程和维系生命的系统，保护遗传多样性，为实现可持续发展的目标而持久利用自然资源。

（六）其他

除上述区域条约外，还有旨在保护某一特定区域的生物资源条约如 1933 年《保护自然环境中动植物公约》、1957 年的《保护北太平洋海豹临时公约》[1] 和《养护北太平洋海狗临时公约》、1966 年《养护大西洋金枪鱼国际公约》、1969 年《养护东南大西洋生物资源公约》、1972 年《养护南极海豹公约》以及 1973 年的《保护北极熊协定》[2] 和 1982 年《养护北大西洋鲑鱼公约》等。其中《养护南极海豹公约》于 1972 年 6 月 1 日在伦敦通过，1978 年 3 月 11 日生效。其宗旨是促进并保护在科学研究及合理使用南极海豹方面取得的成就，确保在南极生态系统上保持符合要求的平衡。该公约适用于南纬 60 度以南的海洋，以及 5 种海豹和所有南方海狗。[3]

第四节　《生物多样性公约》及其议定书

在保护生物资源的国际条约中，最重要的是《生物多样性公约》。因为它是在非常广泛和深刻的意义上对保护生物资源作出总的原则规定，它将生态系统、物种或基因的频度与数量这两方面归于同一组合之内，不仅包括植物、

---

〔1〕　该公约于 1957 年 2 月 9 日签订于华盛顿，于 1957 年 10 月 14 日生效，缔约国为加拿大、日本、苏联和美国。

〔2〕　该公约于 1973 年 11 月 15 日签订于奥斯陆，于 1976 年 5 月 26 日生效，缔约国是加拿大、丹麦和挪威。

〔3〕　全国人大环境保护委员会办公室编：《国际环境与资源保护条约汇编》，中国环境科学出版社 1993 年版，第 446 页。

动物、微生物等所有物种及其组成的生态系统，也包括物种在生态系统中的生态过程。它是迄今最具普遍性的全球性公约，是保护生物资源的总公约。其《卡塔赫纳生物安全议定书》是 21 世纪第一个重要的国际环境条约。

一、《生物多样性公约》

《生物多样性公约》（下称"公约"）是在国际社会可持续发展的承诺日益增长的情况下缔结的。在保护生物多样性、可持续利用其资源并公平合理地分配使用遗传资源所取得的利益方面，是一个巨大的进展。公约是解决生物多样性问题的重要国际文件。它为保护生物多样性、持续利用自然资源、公平且合理地分享通过使用遗传资源而获得的惠益提供了一个综合而全面的方案。

地球的生物资源对人类的经济和社会发展是至关重要的。因此，人们越来越清楚地认识到，生物多样性是对当代和后代人具有巨大价值的全球的财富。同时，对物种和生态系统的威胁从来也没有像今天这样巨大。人类活动造成的物种灭绝正以惊人的速度继续。作为对此的反应，联合国环境规划署于 1988 年 11 月召开了生物多样性特设专家工作组（这个小组后来改名为政府间委员会）会议，来探讨一项生物多样性国际公约的必要性。此后不久，1989 年 5 月建立了技术和法律特设专家小组，以拟定一个保护和可持续使用生物多样性的国际法律文书。谈判从 1989 年 11 月开始，到 1992 年 5 月 22 日内罗毕会议通过《生物多样性公约协议文本》，随后于 1992 年 6 月 3 日至 14 日的里约热内卢环境与发展会议上开放签署，签署期限一直延续到 1993 年 6 月 4 日，共有 168 个缔约方签署了公约。在 30 个国家批准 90 天后的 1993 年 12 月 29 日公约生效。我国于 1992 年 6 月 11 日签署该公约，1993 年 12 月 29 日，公约对我国生效。

（一）公约的目标

1992 年，史无前例的众多的国家领导人参加了在巴西里约热内卢举行的联合国环境与发展大会。在地球首脑会议上签署了一系列历史性的协议，包括两个约束性协议——《联合国气候变化框架公约》和《生物多样性公约》。《联合国气候变化框架公约》的目标是控制工业和其他部门排放二氧化碳等温室气体。《生物多样性公约》是全球第一个关于保护和可持续利用生物多样性的公约。生物多样性公约迅速而广泛地得到承认，在里约环境与发展地球峰会上，就有 157 个缔约方（包括欧洲经济共同体）签署了该公约，迄今已有 180 多个国家批准了该公约。

公约第一次认识到，保护生物多样性是人类共同面对的问题，是发展过程中的一个组成部分。公约包括了所有的生态系统、物种和基因资源；它将传统的保护努力与可持续利用生物资源的经济目标联系在一起；确定了公平、对等地分享因利用基因资源所获得利益的原则，尤其在商业性应用方面；它也包括了扩展生物技术、强调技术开发和转让以及分享利益及生物安全等领域。

公约提出了三项主要目标：保护生物多样性、可持续利用生物多样性和以公平对等的方式分享因基因资源的商业性利用及其他利用所获得的利益。[1]

公约的目标是全面的，旨在解决关系人类未来的重大问题，在国际法上是一个里程碑。公约具有法律约束力，公约成员方必须履行应尽的义务。[2]

（二）公约的主要议题

1. 生物多样性的保护和可持续利用

虽然过去的保护努力是针对一些特殊的物种和栖息地，但公约认识到，为了人类的利益，生态系统、物种和基因必须得到利用。然而，这种利用的方式和速度不应导致生物多样性的长期减少。

公约基于预防原则向决策者提供指南，即在面对生物多样性存在显著下降和消失威胁的地方，科学上的不确定性不应成为推迟采取避免或减小威胁措施的理由。公约规定了关于保护和持续利用生物多样性的基本措施。这些措施在强调"国家对其自然资源的主权权利"[3]的同时包括：①制定有关保护和持续利用生物多样性的国家战略、计划或方案；②查明并监测对保护和

---

〔1〕　第 1 条"目标"：本公约的目标是按照本公约有关条款从事保护生物多样性、持续利用其组成部分以及公平合理分享由利用遗传资源而产生的惠益；实施手段包括遗传资源的适当取得及有关技术的适当转让，但需顾及对这些资源和技术的一切权利，以及提供适当资金。

〔2〕　生物多样性公约秘书处编：《生物多样性公约如何保护自然和推动人类幸福》，中国环境科学出版社 2000 年版，第 8 页。

〔3〕　"国家对其自然资源的主权权利"的观点不仅在公约序言中提出，在正文中又两次提到。第 3 条原原本本地引用了《人类环境宣言》的第 21 条原则，即国家拥有按照自己的环境政策开发其资源的主权权利。有关遗传资源获取的第 15 条再一次申明国家对其自然资源有主权权利，并有权决定对遗传资源的获取。

持久使用生物多样性至关重要的生物多样性组成部分，并查明和监测对保护和持久使用生物多样性产生或可能产生重大不利影响的过程和活动种类；③就地保护，重点在自然中保护基因、物种和生态系统，例如建立保护区、重建退化的生态系统、通过立法保护受威胁的物种等；④移地保护，主要通过动物园、植物园和基因库来保护物种；⑤关于生物多样性组成部分的持久使用的措施，包括在国家决策过程中考虑到生物资源的保护和持久作用、避免和尽量减少对生物多样性的不利影响的措施、保障和鼓励符合保护或持久使用要求的生物资源习惯使用方式等；⑥在查明、保护和持久使用生物多样性及其组成部分的措施方面建立科技教育和培训方案；⑦宣传和公众教育；⑧对可能造成生物多样性严重不利影响的拟议项目进行环境影响评价；⑨信息交流；⑩技术和科学合作。[1]

2. 遗传资源的获取和惠益分享

遗传资源是指具有实际或潜在价值的遗传材料，而遗传材料是指来自植物、动物、微生物或其他来源的任何含有遗传功能单位的材料。基因是遗传的基本单位，由一个生物体传递给后代，它由核酸组成，存在于生命体的染色体以及细菌的质粒中。[2]

随着现代生物技术的迅速发展，人类对遗传资源的开发利用程度也在不断加剧，拥有丰富遗传资源的发展中国家与拥有发达生物技术的发达国家之间的利益冲突也日渐加大。如何通过适当的机制获取遗传资源并且公平分享其惠益，已经成为世界各国普遍关心的问题。《生物多样性公约》争论的一个重要内容，就是关于如何获得和分享产生于商业或其他用途的基因材料和利益，例如药品。世界上大多数的生物多样性存在于发展中国家，它们认为生物多样性是推动他们经济和社会发展的一种资源。从历史上看，收集植物基因资源是为了在其起源地之外的地区进行商业活动或植物育种。国外的生物基因提取人员收集自然界动植物来开发新的商品。通常这些商品被出售并受专利或其他知识产权的保护，而资源的原有国却没有从中获得合理的收益。

---

〔1〕 参见《生物多样性公约》第6~18条。

〔2〕《生物多样性公约指南》，中华人民共和国濒危物种科学委员会、中国科学院生物多样性委员会译，科学出版社1997年版，第18页。

公约承认国家对所有的基因资源拥有主权，[1]认为获取有价值的生物资源必须在互相同意的基础上进行，并且必须得到资源原有国家的事先同意。[2]当某种微生物、植物或动物在商业活动中被使用时，这些物种的原有国有权从中受益，这种利益可以是现金、收集的样品、研究人员参与工作或接受培训、转让生物技术设备和技能以及分享使用该资源所获得的其他任何好处。

3. 生物安全

生物安全是《生物多样性公约》所阐述的主要问题之一。这一概念指的是承认现代生物科技在提高人类生活质量方面具有极大的潜力，特别是在满足食物、农业及卫生保健这些必不可少的需要方面的同时强调各国必须保护人类卫生和环境免受现代生物科技产品对其可能造成的有害影响（详见下文"生物安全议定书及其补充议定书"）。

4. 履约机制

《生物多样性公约》明确共同的问题，确定总的目标、政策和一般性义务，并组织技术和资金方面的协作。但履约的关键在国家水平上，实现公约目标的责任主要由各国承担。

私人公司、土地所有者、渔民和农民是采取影响生物多样性行动的主角。政府需要起关键的领导作用，尤其是要制定规定，以指导利用自然资源，保护政府直接控制的土地和水域的生物多样性。

在公约之下，各国政府承担保护和可持续利用生物多样性的工作。政府需制定国家生物多样性战略和行动计划，并将其纳入更广泛的国家环境和发展计划中。这对林业、农业、渔业、能源、交通和城市规划等部门特别重要。此外还包括：对需要保护和可持续利用的生物多样性重要成分进行确认和监测；建立生物多样性保护区，推动这些地区向有利于环境的方向发展；重建并恢复退化的生态系统，与当地居民合作推动保护受威胁的物种工作；在土著居民和地方团体的参与下，尊重、保护和维护生物多样性可持续利用方面

---

〔1〕《生物多样性公约》第3条"原则"：依照联合国宪章和国际原则，各国具有按照其环境政策开发其资源的主权权利，同时亦负有责任，确保在它管辖或控制范围内的活动，不致对其他国家的环境或国家管辖范围以外地区的环境造成损害。又第15条第1款：确认各国对其自然资源拥有的主权权利，因而可否取得遗传资源的决定权属于国家政府，并依照国家法律行使。

〔2〕《生物多样性公约》第15条第5款：遗传资源的取得须经提供这种资源的缔约国事先知情同意，除非该缔约国另有决定。

的传统知识（公约认识到土著和地方团体对生物资源有着紧密的和传统的依赖性，并且认识到有必要确保这些团体分享其中的利益，这些利益来自他们有关生物多样性保护和可持续利用的传统知识与做法的运用。各成员国政府已采取措施，"尊重、保护、维持"这样的知识和做法，通过有关团体的认可和参与，促进并鼓励传统知识和做法的广泛应用，并鼓励平等地分享因此而获取的利益）；避免引入、控制和消除对生态系统、栖息地、物种可能造成威胁的外来物种；控制可能由生物技术改变的有机体带来的风险；促进公众参与，在评估威胁生物多样性的开发项目对环境的影响时尤其重要。针对生物多样性的重要性以及保护它的必要性，对人们进行教育并提高这方面的意识；对每个国家如何实现各自的生物多样性目标作出报告。

报告要求，加入公约的各国政府必须报告其履约工作，以及这些工作对实现公约目标所起的作用。[1]报告提交给缔约方会议——一个所有批准公约的国家参与的管理机构。所有国家的公民均可看到这些报告。公约秘书处与各国政府一道加强报告制度，使不同国家的报告更加具有一致性和可比性，以便让整个国际社会对大的发展趋势有一个清晰的认识和了解。其中，一部分工作是制订测定生物多样性变化趋势的指标，尤其是人类活动和决策对生物多样性保护和可持续利用的影响。国家报告，特别是综观所有国家的报告，已成为考察实现公约目标方面所取得进展的关键工具之一。此外，国家生物多样性战略取得成功的首要步骤之一是开展调查，查明存在哪些生物多样性、其价值和重要性，哪些处于危险之中。根据调查结果，政府可以制定相应的保护和可持续利用的具体目标。根据上述这些目标，再制定或者调整国家战略和计划。[2]

公约的成功取决于世界各国的共同努力。各国具有履约的义务，并且在很大程度上，遵约有赖于来自自身的既得利益，同时也有赖于来自其他国家的公众的压力。因此，在国际水平上，公约创造了一个全球论坛——实际上就是一系列的会议。在这里各国政府、非政府组织、研究院所、私人机构以及其他感兴趣的团体和个人互相交流想法和对策。亦即公约提出设置运转机

---

[1]《生物多样性公约》第26条"报告"：每一缔约国应按缔约国会议决定的间隔时间，向缔约国会议提交关于该国为执行本公约条款已采取的措施以及这些措施在实现本公约目标方面的功效的报告。

[2]参见《生物多样性公约》第7、17条。

构去指导和协助缔约方对它的履行。缔约方大会，尤其是它的科学、技术和工艺咨询事务附属机构及秘书处都起到了关键作用。

公约的最高权力机构是缔约方会议（COP），由已经批准公约的所有政府（区域经济一体化组织）构成。该管理机构审评履约的进展，确定新的优先事项和领域，为成员国制定工作计划。如于 2002 年 4 月 7 日至 19 日在荷兰海牙举行的公约第六次缔约方大会通过了 36 项决议文件，并发表了部长宣言。大会决议要求各缔约方将制订或修订以及实施国家生物多样性保护战略计划作为实施公约的基石；强调把生物多样性保护、可持续利用及其惠益公平、公正分享的三大目标作为国家战略计划的重要优先领域并纳入国家和部门政策及计划中。我国派出由国家环保总局、外交部、财政部、农业部、国家林业局、中科院、香港特别行政区政府代表组成的政府代表团参加了这个由 164 个缔约方代表团、22 个联合国机构、42 个政府间组织和 277 个非政府组织共 2100 余名代表参加的会议。

缔约方会议也可对公约作出修正，建立专家咨询机构，审议各成员方的进展报告，并与其他国际组织和条约开展合作。[1]

缔约方会议可以借助由公约创建的其他几个机构所提供的专门知识和支持来开展工作，如附属科学、技术和工艺咨询机构，这是一个由各成员国政府相关领域的专家组成的委员会，它在就科学和技术问题上向 COP 提出建议方面发挥着重要作用；信息交换机制，这种基于国际互联网的网络机制旨在促进技术和科学合作以及信息的交换；秘书处，设在蒙特利尔，隶属于联合国环境规划署，它的主要作用是组织会议、起草文件、帮助各成员方实施工作计划、协调与其他国际组织的关系以及收集和分发信息。

另外，缔约方会议还可根据情况设立特设委员会或特设机制。例如，缔约方会议在 1996 年到 1999 年之间设立了一个生物安全工作组，还设立了一个关于土著和地方团体知识的工作组。

此外，财政资助机制也必须运转，必须采取政策、战略和方案重点等作

---

[1]《生物多样性公约》第 22 条"与其他国际公约的关系"：①本公约的规定不得影响任何缔约国在任何现有国际协定下的权利和义务，除非行使这些权利和义务将严重破坏或威胁生物多样性。②缔约国在海洋环境方面实施本公约不得抵触各国在海洋法下的权利和义务。

出决定来完成管理任务。[1]

在通过公约时，发展中国家强调，他们为保护全球生物多样性所采取国家行动的能力，将取决于资金和技术方面的支持。这样，双边和多边的能力建设和投资项目的支持，对帮助发展中国家实现公约的目标是至关重要的。

发展中国家采取的与公约有关的行动应当得到公约资金机制——全球环境基金的支持。对于各国在严重威胁全球环境的四个领域里所采取的行动，由联合国环境规划署、联合国开发署和世界银行执行的 GEF 项目，旨在帮助促进国际合作并提供资助。全球环境这四大严重威胁是：生物多样性丧失、气候变化、臭氧层损耗和国际水域退化。到 1999 年底，GEF 已向 120 多个国家的生物多样性项目支付 10 亿美元。[2]

《生物多样性公约》已在国家和国际水平上开展了较大的活动，促成了国内和国家间的跨部门行动。然而其主要挑战在于提高评价生物多样性的能力及其对人类的价值，确保保护行动有足够的资金支持，以及为确保生物多样性保护和可持续利用所必需的政策变化提供支持。

从国家报告中可以明显看出，大多数国家正在执行该公约。主要表现在准备本国的生物多样性策略和计划，不断努力改革制度和立法程序，将生物多样性和部门的活动结合起来以及政府不断认识到对生物多样性进行监测和鉴定的重要性等方面。如作为生物资源丰富的国家，我国认真履约并积极致力于生物多样性的保护工作，曾在 1994 年发布并实施了《中国生物多样性保护行动计划》。

总之，还应该重新考虑《生物多样性公约》及其与该领域其他公约的关系，也应该建立起来能够有效合作和相互协调的网络。当初促成《生物多样性公约》是为了把基于各公约基础上建立起来的不完整的各部分进行完善，在现阶段不应该被漠视。相当多的全球和地区性的文件都直接与生物多样性有关，这些成就及其潜力必须在履行过程中尽可能地在最大程度上加以考虑

---

〔1〕《生物多样性公约》第 21 条第 2 款：依据本公约目标，缔约国会议应在其第 1 次会议上确定政策、战略和方案重点，以及详细的资格标准和准则，用于资金的获取和利用，包括对此种利用的定期监测和评价。缔约国会议应在同受托负责财务机制运行的体制机构协商后，就实行以上第 1 款的安排作出决定。

〔2〕 生物多样性公约秘书处编：《生物多样性公约如何保护自然和推动人类幸福》，中国环境科学出版社 2000 年版，第 15 页。

使其完善。有效地把某一领域内的已有条约结合起来并非易事。仅有公约的总体目标还不够，还得有富有创造性的措施才能实现这些目标。

此外，在国家和国际水平上，非政府组织在公约的履行中起着重要作用，对此，序言的第 14 段特别强调"非政府部门对生物多样性保护及其组分的可持续利用的重要性"。

非政府组织，不论是发达国家还是发展中国家的，它们对公约兴趣的增加预示着公约履行的广阔前景。各成员方将充分利用其国内、地区和全球的非政府组织的知识技术和承诺来协助它们履行公约。

（三）公约特点

公约是环境与发展领域中的里程碑，因为它第一次综合地提出了地球生物多样性的保护和生物资源的可持续利用。

公约明确指出，出于道德、经济利益，更确切地说人类生存等原因，生物多样性和生物资源应当得到保护。对我们的后代来说，我们这个时代最大的遗憾或许就是生物多样性丧失所带来的环境压力，因为大多数生物多样性的丧失如物种的绝灭是不可挽回的。

《生物多样性公约》从两个意义上来说是个框架性文件。

第一，大部分条款的履行方式由各成员国来决定，因为它的规定大多以总体目标和方针的形式体现，而不像有些公约如《濒危野生动植物种国际贸易公约》那样具体。公约也未趋同制定目标的方式，它把主要的决策权交给了缔约国，这同其他与生物多样性保护有关的条约有别，不列名录，没有承认地点或应保护物种的附录。有关保护和可持续利用的条款，公约着重强调国家级的行动，公约第 1 条规定了公约要达到的目标，包括生物多样性的保护及可持续利用的目标；第 6 条要求每个缔约国都要制定本国生物多样性保护和生物资源可持续利用的策略、计划或纲要。这样，各缔约国为实现第 1 条中的总目标，就不得不充分发挥公约所规定的权利和义务。关于执行的政策，公约第 8 条提出了有效实施生物多样性就地保护的主要政策，并向各缔约国提出了一系列的目标，以便与各国的法律和政策相匹配。有关迁地保护的第 9 条、生物资源可持续利用的第 10 条以及环境影响评估的第 14 条都提出了类似的要求。此外，还包括研究和培训（第 12 条）、教育及科普宣传（第 13 条）等。由于有关遗传资源的获取（第 15 条）及技术的获取和转让（第 16 条）规定的模糊性，各缔约国在执行方面便有了许多余地。有关财政的条款（第20、21、39条）在某种程度上有意留出含糊的地方让缔约国大会去澄清。公约仅仅给出了有关标准，使得该公约在1992年6月里约热内卢举行的联合国环发大会上的签字最后期限到来之际得以按时完成。

从第二个意义上说，《生物多样性公约》是个框架性公约也是很明显的，因为它强调的是缔约国大会的进一步协商以制订附录和议定书。如考虑通过起草议定书以进一步协商某些设计的必要性等。公约第19条第3款要求考虑起草由生物技术修饰过的任何活生物体的安全转让、控制和利用的议定书，因为这些生物技术可能对生物多样性的保护和持续利用产生相反的影响。[1]公约认识到外来物种作为全球问题的重要性，并号召签约各方阻止引进、控制或根除这些威胁生态系统、栖息地和本地物种的外来物种。对1996年公约建议的反应是促成建立了全球外来物种计划。通过与IUCN、农业和生物科学国际中心和UNEP合作，国际科联理事会环境问题科学委员会对该计划进行协调。该计划将综述目前有关外来物种方面的知识并形成新的工具和方法来处理当地和全球问题。这最后导致2000年《卡塔赫纳生物安全议定书》的出台。

二、《生物安全议定书》及其补充议定书

生物安全是《生物多样性公约》阐述的问题之一。这一概念所指的是各国必须保护人类卫生和环境免受现代生物科技产品对其可能造成的有害影响，同时亦承认现代生物科技在提高人类生活质量方面具有极大的潜力，特别是在满足食物、农业及卫生保健这些必不可少的需要方面。

（一）《生物安全议定书》的产生

从1973年重组DNA技术的成功至今近50余年来，现代生物技术的发展突飞猛进，为解决人类的粮食和医药短缺以及环境问题带来了美好的前景。先进的生物技术使我们能够通过物种之间转基因的方式跨越种间的界限。我们现在已有转基因植物，例如转入冷水鱼基因的西红柿和草莓，它们能够抵御霜冻；某些获得细菌基因的马铃薯和玉米，它们自身能够产生杀虫剂，这

---

〔1〕《生物多样性公约》第19条第3款：缔约国应考虑是否需要一项议定书，规定适当程序，特别包括事先知情协议，适用于可能对生物多样性的保护和持久使用产生不利影响的由生物技术改变的任何活生物体的安全转让、处理和使用，并考虑该议定书的形式。

样可以减少化学杀虫剂的喷施；其他一些改变了基因的植物能够抗御杀死杂草的除草剂。通过应用现代生物技术，对农作物、畜禽品种和水产品的基因进行修饰，可使其品种改良、产量增加、品质提高、抗性增强。正是由于这种十分广泛的市场效益，目前各国都在抓紧进行这一领域的研究并取得了显著进展，如转基因牛羊、转基因鱼虾、转基因粮食、转基因蔬菜和水果等都相继培育成功并已部分投入市场。

然而，科学技术既可以造福人类，也可能给人类带来灾难。生物技术作为生产粮食和制造药品的一种良好方法，在不断得到加强的同时也带来了对人类健康和环境的潜在负面影响，包括生物多样性方面的风险。尤其是当人类不能确保正确合理操作和运用这项技术时，这种影响可能是灾难性的。所以，随着生物技术产品的产业化水平不断提高，生物技术的安全问题也引起了国际社会和各国政府的广泛关注，并成为环境保护合作的热门议题，也为国际环境法提出了一个崭新的课题。

1985 年，由联合国环境规划署、世界卫生组织、联合国工业发展组织及联合国粮农组织联合组成了一个非正式的关于生物技术安全的特设工作小组，开始关注生物安全问题；其后，1989 年，国际农业研究磋商小组（CGIAR）设立了"生物技术工作组"（BIOTASK）；经济与合作组织（OECD）在 1986 年和 1992 年连续发布了有关重组 DNA 安全问题和生物技术安全问题的文件。1992 年，里约热内卢联合国环境与发展大会第一次在国际范围内讨论了生物技术的安全使用和管理问题。大会签署的两个纲领性文件《21 世纪议程》和《生物多样性公约》均专门提到了生物技术安全问题。

作为人类未来发展蓝图的《21 世纪议程》在第 16 章"生物技术的环境无害管理"中，对生物技术的开发、利用和管理作出了战略部署。它明确指出，生物技术虽然不能解决环境与发展的基本问题，但能通过改善粮食生产和饲料供应，加强医疗保健和环境保护，从而大大有助于可持续发展。它同时强调，只有谨慎地发展和利用生物技术才能获得生物技术的最大惠益，并要求各国通过达成包括风险评估和风险管理的可适用原则在内的国际协定来确保安全开发、应用、交流和转让生物技术。[1]

---

〔1〕　中国环境报社编译：《迈向 21 世纪——联合国环境与发展大会文献汇编》，中国环境科学出版社 1992 年版，第 97 页。

《生物多样性公约》明确阐述了现代生物科技在两方面的孪生关系。一方面，公约对与生物多样性保护和持续利用之相关技术的使用和转让（包括生物科技）提出了规定（例如，第 16 条第 1 段和第 19 条第 1、2 段）；另一方面，在第 8 条 g 款和第 19 条第 3 段中，公约本着减少对生物多样性造成威胁的所有可能之总体目标，同时也考虑到人类卫生所面临的风险，力求确立适当的程序以提高生物科技的安全，第 8 条 g 款的规定与缔约方应采取的国家级措施有关；而第 19 条第 3 段则为解决生物安全问题而须制定的有法律约束力的国际文件奠定了基础。

为施行《21 世纪议程》和《生物多样性公约》，联合国环境规划署设立了 4 个专家小组，为各国行动提供咨询。第 4 专家组致力于研究制定一个生物安全议定书的必要性、基本要素和形式的议题。随后为准备《生物多样性公约》缔约国大会，联合国环境规划署于 1993 年成立了《生物多样性公约》政府间委员会。

《生物多样性公约》缔约国第一次大会于 1994 年 11 月 28 日至 12 月 9 日在巴哈马的拿骚召开，会议主要讨论审议有关如何执行公约、资金财务机制等议题。但 77 国集团和北欧国家坚持要求审议生物安全问题，主张迅速开始制定生物安全议定书。缔约国第二次大会于 1995 年 11 月 6 日至 17 日在印度尼西亚的雅加达召开，本次大会设立了一个生物安全全权特设工作组，以完善生物安全议定书草案，尤其关注由生物技术改变的活生物体越境转移而对生物多样性的保护和可持续利用可能产生的不利影响。自 1996 年 7 月至 1999 年 2 月，该工作组举行了 6 次会议，最后，工作组提交了议定书的草案文本以及成员国特别关心的问题，供 COP 为通过生物多样性公约关于生物安全的议定书而召开的特别会议考虑。

1999 年 2 月 22 日，在哥伦比亚的卡塔赫纳召开了 COP 第 1 次特别会议，会议的原定工作是通过生物安全问题不限成员名额特设工作组提交的生物安全议定书。但由于工作组没有完成预定目标，特别会议首先需要将就议定书达成一致。鉴于此，COP 暂停了这次特别会议。

2000 年 1 月 24 日至 28 日，《生物多样性公约》缔约国大会特别会议在加拿大蒙特利尔复会。来自 133 个政府、非政府组织、工业组织和科学界的 750 多名人士出席了此次会议。经过九天的谈判，1 月 29 日，代表们终于通过了《卡塔赫纳生物安全议定书》。21 世纪第一个重要的国际环境条约产生了。

2000 年 5 月 15 日至 5 月 26 日，156 个国家政府代表团和数十个相关国际组织的 1500 多位官员、专家和观察员出席了在肯尼亚首都内罗毕召开的《生物多样性公约》第五次缔约方会议（COP5）。会议的核心内容是签署《生物多样性公约》的《卡塔赫纳生物安全议定书》，COP5 期间有 64 个国家和欧共体签署了这份文件，文件继续于 2000 年 6 月 5 日至 2001 年 6 月 4 日在纽约联合国总部开放供各国和各区域经济一体化组织签署，至今已有 160 多个国家签署了议定书，我国于 2000 年 8 月 8 日签署该议定书，是签署该议定书的第 70 个国家，2005 年 4 月 27 日，我国政府批准了议定书，9 月 6 日，我国成为《卡塔赫纳生物安全议定书》的缔约方。

2003 年 6 月 10 日，太平洋岛国帕劳成为了第 50 个《卡塔赫纳生物安全议定书》的接受国，满足了议定书自动生效的条件。[1]《生物安全议定书》在 90 日后的 9 月 11 日自动生效。

（二）《卡塔赫纳生物安全议定书》的主要内容

《卡塔赫纳生物安全议定书》共包括 40 个条款和三个附件，其目标是依循《里约环境与发展宣言》原则 15 所订立的预先防范方法，协助确保在安全转移、处理和使用凭借现代生物技术获得的、可能对生物多样性的保护和可持续发展使用产生不利影响的改性活生物体领域内采取充分的保护措施，同时估计对人类健康所构成的风险并特别侧重越境转移问题（议定书第 1 条）。为此目的，议定书要求每一缔约方应采取必要和适当的法律、行政和其他措施以确保在从事任何改性活生物体的研制、处理、运输、使用、转移和释放时，防止或减少其对生物多样性构成的风险，同时亦应顾及对人类健康所构成的风险。[2]

议定书着重对改性活生物体的越境转移作了详细规定，要求其越境转移应遵循事先知情协议程序（第 7 条），风险评估与风险管理机制（第 15、16 条），标识管理（第 18 条）等规则，规定了对无意中造成的越境转移的防范

---

〔1〕《卡塔赫纳生物安全议定书》第 37 条第 1 款：本议定书应自业已成为《公约》缔约方的国家或区域经济一体化组织交存了第 50 份批准、接受、核准或加入文书之日后第 90 天起生效。

〔2〕《卡塔赫纳生物安全议定书》第 2 条"一般规定"：①每一缔约方应为履行本议定书为之规定的各项义务采取必要和适当的法律、行政和其他措施。②各缔约方应确保在从事任何改性活生物体的研制、处理、运输、使用、转移和释放时，防止或减少其对生物多样性构成的风险，同时亦应顾及对人类健康所构成的风险。

和应急措施（第 17 条）以及针对出现非法越境转移时的处理措施。[1]

　　作为议定书最重要的操作机制，以国际环境法的预防原则和国家主权与不损害国家管辖范围以外环境原则为依据的事先知情协议程序（AIA）的基本规定赋予了公约成员方一些权利，即：① 在首次进口改性活生物体（LMOs）之前，有权向旨在引入自然环境的 LMOs 出口商索要资料；② 有权批准、禁止或限制 LMOs 的进口。缔约成员方作出进口决定时必须以严谨的科学态度作出风险评估，应采用公认的风险评估技术。公约成员方可以要求出口商进行风险评估并承担相关费用。

　　通过 AIA 机制，《卡塔赫纳生物安全议定书》总体论述了"所有改性活生物体的跨国界移动、运输、处理和利用可能对生物多样性的保护和可持续利用产生负面影响，同时也考虑到对人类健康的危害"。但本议定书不包括那些用作人类医药但已归入其他国际协议的 LMOs。[2]

　　此外，议定书还规定了建立信息交流与生物安全资料交换所，以便利交流有关改性活生物体的科学、技术、环境和法律诸方面的信息资料和经验，并协助缔约方履行本议定书，同时顾及各发展中国家缔约方特别是其中最不发达国家和小岛屿发展中国家、经济转型国家以及属于起源中心和遗传多样性中心的国家的特殊需要。[3] 为了促进议定书的有效执行，议定书规定了能力建设（第 22 条）和财务机制及财政资源条款（第 28 条），以协助发展中国家和经济转型国家缔约方特别是其中最不发达国家和小岛屿发展中国家逐步建立和加强生物安全方面的人力资源和体制能力，包括生物安全所需的生物技术。对一些难以在短时间内解决的问题，如责任和赔偿问题，议定书采取

---

　　[1]　《卡塔赫纳生物安全议定书》第 25 条"非法越境转移"：① 每一缔约方应在其国内采取适当措施，防止和酌情惩处违反其履行本议定书的国内措施的改性活生物体越境转移。此种转移应视为非法越境转移。② 在发生非法越境转移事件时，受到影响的缔约方可要求起源缔约方酌情运回本国或以销毁方式处置有关的改性活生物体，所涉费用自理。③ 每一缔约方应向生物安全资料交换所提供涉及本国的非法越境转移案件的信息和资料。

　　[2]　《卡塔赫纳生物安全议定书》第 4 条"范围"：本议定书应适用于可能对生物多样性的保护和可持续使用产生不利影响的所有改性活生物体的越境转移、过境、处理和使用，同时亦顾及对人类健康构成的风险。第 5 条"药物"：尽管有第 4 条的规定，在不损害缔约方在其就进口问题作出决定之前对所有改性活生物体进行风险评估的权利的情况下，本议定书不应适用于由其他有关国际协定或组织予以处理的、用作供人类使用的药物的改性活生物体的越境转移。

　　[3]　参见《卡塔赫纳生物安全议定书》第 20 条"信息交流与生物安全资料交换所"。

了务实的态度，将其留待以后解决。[1]例如，议定书与世界贸易组织（WTO）的关系。由于议定书规定了调节 LMOs 进口的条例，这些条例与 WTO 相关贸易政策之间的关系成为谈判中一个较长久的主题。志趣相投的集团（包括大多数发展中国家）希望在二者相抵触时明确议定书优于 WTO 的相关条例。然而，迈阿密集团[2]则寻找一个范围较宽的"补救条款"，以保护包括 WTO 在内的国际条约中的权利和义务。虽然，议定书在序言中说明了议定书与其他国际组织，包括 WTO 之间的关系，[3]但这并没有把议定书与各组织之间的关系说清楚。在多数方面，议定书的基本条款与 WTO 相关条例一致，但某些条款的准确实施范围仍然不明确，这还要取决于国家决策。例如，如何评估诸如公约成员方可接受的风险水平、预警方法适用的准确环境、社会——经济忧虑所产生的影响、由于进口 LMOs 引起的人类健康问题等。

（三）《卡塔赫纳生物安全议定书》的意义

《卡塔赫纳生物安全议定书》的缔结是人类在环保和贸易方面迈出的意义重大的一步，它就一个迅速成长的全球工业（即生物科技工业）所需要解决的问题提供了一个国际性的法律架构。议定书为有利于环保的生物技术的应用创造了一个基础环境，从而使各缔约方能在最大限度地降低生物技术对环境和人类健康可能造成的风险的同时，尽可能从生物科技所能提供的潜力中获得最大的惠益。

《卡塔赫纳生物安全议定书》是 21 世纪产生的第一个有约束力的国际生物安全协定，是一份为保护生物多样性和人体健康而控制和管理生物技术改性活生物体越境转移、过境、装卸和使用的国际法律文件，它将生物技术的作用、转基因生物的出现和生产与生物多样性保护联系起来，为生物安全立

---

〔1〕《卡塔赫纳生物安全议定书》第 27 条"赔偿责任和补救"：作为本议定书缔约方会议的缔约方大会应在其第一次会议上发起一个旨在详细拟定适用于因改性活生物体的越境转移而造成损害的赔偿责任和补救方法的国际规则和程序的进程，同时分析和参照目前在国际法领域内就此类事项开展的工作，并争取在四年时间内完成这一进程。

〔2〕迈阿密集团：成员包括阿根廷、澳大利亚、加拿大、智利和美国，迈阿密集团代表世界主要转基因植物种子、粮食出口国和具有最先进的生物技术产业的发达国家，其目标在于确保转基因产品的自由贸易，使之免受进口国的知情同意程序限制，不为贸易保护壁垒以环境保护的形式出现留一丝余地。

〔3〕《卡塔赫纳生物安全议定书》"序言"：……认识到贸易协定与环境协定应相辅相成，以期实现可持续发展，强调不得将本议定书解释为缔约方根据任何现行国际协定所享有的权利和所承担的义务有任何改变，认为上述陈述无意使本议定书附属于其他国际协定。

法、建立和健全生物安全法律制度奠定了法律基础，是国际环境法发展的一个里程碑。

（四）补充议定书

根据《卡塔赫纳生物安全议定书》第 27 条，2004 年 2 月 23 日至 27 日，于吉隆坡召开的生物安全议定书第一次缔约方会议设立了安全议定书范围内责任和赔偿问题特设工作组。经过 7 年艰难谈判后，2010 年 10 月 15 日，在日本名古屋召开的《卡塔赫纳生物安全议定书》第五次缔约方会议上终于通过了《卡塔赫纳生物安全议定书关于赔偿责任和补救的名古屋—吉隆坡补充议定书》[1]（以下简称"补充议定书"）。补充议定书规定了改性活生物体破坏进口方生态系统时的补救和赔偿方法。其要点包括：转基因生物跨境移动，使生物多样性和人体健康严重受损时，缔约方可要求直接或间接管理转基因生物的所有者、开发者、生产者、进出口者等肇事者恢复原状并负担相关费用；缔约方有必要根据国内法制定财政措施，以便为预防损失而建立保险和基金等。

三、《名古屋议定书》及"爱知目标"

2010 年 10 月 18 日至 30 日，《生物多样性公约》第十次缔约方会议（COP10）于日本名古屋市举行，具体讨论保护生物多样性的国际目标和利用遗传资源等议题，就世界范围内遭到破坏的生态系统的保护措施及自然资源的可持续利用等议题展开讨论。经过近两周的拉锯战，发展中国家和发达国家终于就未来十年生态系统保护世界目标和生物遗传资源利用及其利益分配规则达成共识，最终通过了《名古屋议定书》。这是为获取与平等分享生物遗传资源制定基本原则的具有历史性意义的国际环境法律文件。

《名古屋议定书》规定了转基因生物破坏进口方生态系统时的补救和赔偿方法，其要点包括：转基因生物跨境移动，使生物多样性和人体健康严重受损时，缔约方可要求直接或间接管理转基因生物的所有者、开发者、生产者、进出口者等肇事者恢复原状并负担相关费用；缔约方有必要根据国内法制定财政措施，以便为预防损失而建立保险和基金等。

《名古屋议定书》就"生物多样性的总体保护"作出了概括性的规定：

---

[1] 补充议定书于 2018 年 3 月 5 日生效。由于该补充议定书的谈判于 2004 年在马来西亚首都吉隆坡正式开始，所以也称《名古屋—吉隆坡补充议定书》。

通过适当的资金援助和技术合作来保护生物多样性，实现生物遗传资源的可持续利用。其目的在于保障生物遗传资源利益的公平分配。同时，在具体问题上，发展中国家和发达国家也相互作出了让步。《名古屋议定书》反映发达国家的主张，将《名古屋议定书》生效前获得的遗传资源排除在外。但另外，《名古屋议定书》还加入了获得国家主权范围之外的公海等地资源的利益分配多边新框架，反映了发展中国家的意见。此外，为加强监管，防止不正当取得和使用，《名古屋议定书》还规定遗传资源的利用国须设立一处以上监管机构。对于发展中国家大幅增加资金援助的要求，《名古屋议定书》没有规定具体的数额，只表示"至少要比现有水平有较大幅度增加"。《名古屋议定书》还决定就共享基因资源的获取和受益建立一个国际机制。

《名古屋议定书》所规定的遗传资源非常广泛，涉及了从病毒到真菌、植物和动物的广泛领域，其核心是如何分享遗传资源带来的惠益，尤其是那些千百年来保护和管理某种遗传资源的社区和国家如何分享利益的问题。议定书既为保护正在迅速减少的世界生物资源提供了创新性途径，又利于所有各方，特别是发展中国家的地方性群体。

《名古屋议定书》的意义不仅局限于保护生物多样性本身，它同时是实现可持续发展、推动千年发展目标，是《生物多样性公约》的一个重大进展，有助于《生物多样性公约》得到全面执行。

会议的另一成功议题是就基于生态系统保护的新世界目标达成共识，提出了2010年至2020年保护生物多样性的数值目标——"爱知目标"。"爱知目标"是一个保护生物多样性的总体框架性目标。它不单单涉及有关生物多样性的公约，还纳入了整个联合国体系。各缔约方同意，在两年的时间内，将这一国际总体框架纳入国家体系，转化为各国、各地区的生物多样性保护战略和行动计划。

"爱知目标"包括近期目标和长远目标两个部分。到2020年的近期目标是"有效保护生态系统目标，各国应采取行动阻止破坏行为"；到2050年的长远目标则是"实现人类与自然的和谐共存"。

"爱知目标"包括20个具体目标，可以划分成5个大类。这5类战略目标分别是：解决导致生物多样性丧失的根源，减少对生物多样性的压力，在各个层面展开生物多样性保护，提高生物多样性所提供的利益，以及提供能力建设。在众多目标中，特别强调：

（1）关于自然栖息地（包括森林）的损失率：各缔约方同意至少减少一半，并在可行情况下将损失率降低至接近于零。

（2）关于保护区：在 2020 年前，至少要在 17% 的陆地和包括公海在内的 10% 的海域建立保护区。

（3）关于退化地区的恢复：各缔约方表示，通过保护和恢复，政府将至少恢复退化地区的 15%。

此外，各方将作出特别努力，以减少珊瑚礁所面临的压力，同意为了保障公约的实施，将经济支持水平大幅提高。

第五节　"生物多样性"的未来重点

2021 年 10 月 11 日至 15 日，以"生态文明：共建地球生命共同体"为主题的《生物多样性公约》缔约方大会第 15 次会议（COP15）在我国云南昆明滇池国际会展中心开幕，此次大会为 COP15 第一阶段会议。大会总结了过去十年全球生物多样性履约的经验和教训，并为接下来的十年全球生物多样性治理制定蓝图。2022 年 12 月 7 日至 12 月 20 日，COP15 第二阶段会议在加拿大蒙特利尔举行，目的是尽快扭转全球生物多样性丧失的趋势。会议达成了一揽子协定，于 2022 年 12 月 19 日通过了《昆明—蒙特利尔全球生物多样性框架》（以下简称《昆蒙框架》），该框架内容包含四大总体目标和 23 个具体目标，旨在通过对 23 个具体目标的实施到 2050 年实现人与自然和谐共生的愿景。

2022 年是联合国《生物多样性公约》缔约 30 周年。过去 30 年间，全球生物多样性丧失的势头并未被扭转，多达 100 万个物种濒临灭绝。全球首个以 10 年为期的生物多样性保护计划"爱知目标"落实不力，没有达到预期目标。可见，保护生物多样性面临前所未有的挑战。我们需要做的是将《生物多样性公约》落到实处。

一、建立"遗传资源数字序列信息"惠益分享多边机制

遗传资源数字序列信息（Digital Sequence Information，DSI）是近年来 DNA 测序技术的产物，指的是从生物体中获取的遗传信息的数字化表示，通常是 DNA、RNA 序列。遗传资源数字序列包含有关生物体的遗传信息，可以用于研究和理解生物的遗传特征、进化历史以及基因功能等方面，对于药物

研发、农业改良、公共卫生、医药、动植物育种研究等领域具有巨大的潜在价值和经济利益。

作为一种特殊的非实物性质的信息资源，DSI 可能给遗传资源获取与惠益分享制度带来挑战，涉及遗传资源的获取、利用和分享等问题。在保护生物多样性的同时，如何确保技术发达国家与不发达国家在遗传资源获取和惠益分享上的公平公正，保障 DSI 的合理获取和使用，并促进生物多样性的保护和可持续利用，对于实现《生物多样性公约》的三大目标至关重要。

2022 年 12 月于加拿大蒙特利尔召开的联合国生物多样性大会第 15 次缔约方大会（COP15）上，将"公平公正地分享利用遗传资源数字序列信息（DSI）所产生的惠益"作为《昆蒙框架》（第 15/4 号决定）的一部分，首次将 DSI 纳入框架，实现了发展中国家对 DSI 惠益分享的阶段性诉求，建立了一个包括全球基金在内的遗传资源数字序列信息利用惠益分享多边机制。这一机制的建立对于生物多样性保护，无疑具有重大的历史意义。

二、设立生物多样性框架基金

为确保实现生物多样性保护目标，资金的投入极其关键。在为生物多样性保护调动更多资源历来是谈判各方关注的焦点。

2023 年 6 月，GEF 第 64 届理事会在巴西召开，重点讨论了框架基金的设立方案、运行规划、战略重点、规划方向和资金分配原则。8 月底，GEF 第七届成员国大会在加拿大温哥华召开，185 个成员国代表同意设立框架基金，大会批准设立框架基金，重点讨论了批准成立全球生物多样性框架基金文件，通过了框架基金理事会的人员组成结构、主要职责、重点支持方向等。框架基金理事会组成参照 GEF 理事会组成模式及运行规则，其战略重点是提升 GEF 受援国生物多样性管理、规划、政策、治理和融资水平，框架基金还将吸引政府、慈善机构和私营部门的资金，旨在动员和加速对野生物种和生态系统的保护，扩大对可持续发展领域的投资，以实现《昆蒙框架》的目标。

框架基金的资金分配有三个原则：一是资金分配需根据融资情况进行滚动；二是资金分配应考虑到最不发达国家和小岛屿国家的特殊需求；三是全球生物多样性资源分布不均衡，资金分配时要考虑到一些地区对全球生物多样性保护的贡献潜力要大于其他地区。

框架基金目前已经正式运行，框架基金正式运行后，将有助于扩大生物多样性融资规模，提升生物多样性保护力度，遏制全球生物多样性丧失趋势并加强濒危物种及生态系统的保护。

三、协同作用

人类共享一个地球。生物多样性显然与土地相关，土地退化与物种丧失直接相关；生物多样性与气候变化相关联，气候变化威胁着生物多样性丧失，而生物多样性丧失在适应和减缓方面带来了进一步的气候挑战。因而，迫切需要找到与自然的平衡，采取统筹行动至关重要。对土地、气候和生物多样性采取协同办法是找到解决办法的唯一途径。

2020 年后全球生物多样性框架是促进共同利益和协同作用的机会。必须认识到 2020 年后全球生物多样性框架不能孤立存在，而应包括可持续发展目标、《气候变化框架公约》和其他承诺在内的更广泛的全球框架。例如，海洋是地球生物多样性的巨大堡垒，包含 80% 的生物多样性，强有力的 2020 年后全球生物多样性框架对于确保在气候变化、生物多样性丧失和海洋健康方面采取一致行动至关重要。《保护世界文化和自然遗产公约》《濒危野生动植物种国际贸易公约》《保护野生动物迁徙物种公约》《湿地公约》《国际植物保护公约》《粮食和农业植物遗传资源国际条约》和《国际捕鲸管制公约》，所有这些公约的任务都与生物多样性有关，必须确保所有成员的任务都纳入 2020 年后全球生物多样性框架的战略目标、具体目标和指标，以促进协同进展。

世界已经到了这样一个地步，如果要保障这个星球上的生命，我们需要国际环境合作的多边主义，除了通过加强多边进程的一致性，别无选择。

在地球上，生物有机体与其所居住的环境之间，生物与生物之间，都是互相联系、互相制约而形成一个不可分割的统一体，这一统一体叫作"生态系统"，生态系统是脆弱的。人类是生态系统中的一员，从科学和哲学角度讲，人类社会和自然界的每一事物都不是独立的存在。生物进化的历史记录表明，进化的类型不可能再回到祖先的类型，后代进化了的器官不可能恢复到祖先的原始状态。这就是著名的"道罗定律"[1]。我们必须认识到，每一个

---

[1]　"道罗定律"是比利时古生物学家路易斯·道罗（Louis Dollo，1857 年–1931 年）于 19 世纪 90 年代提出，指的是生物体在演化过程中如果失去了某些结构或者器官，那么是不可能重新获得的，即演化是不可逆的。

物种都是生态系统的重要组成部分，是一个由许多环节相互供应、相互依存、相互影响才能生存下去的集合体。生态系统不仅仅是由生物组成的有机环境，它还包括由水、土、大气等组成的无机环境。这个巨大的系统，就像一个完整的环形链条，缺了哪个链节都无法正常运转，每一个物种的消失，都会影响生态平衡。

《生物多样性公约》及其议定书使人们了解可持续发展的哲理、生态系统的方法以及伙伴关系的建立，都将有助于推进生物多样性的全球行动。各国政府收集并相互分享的资料与报告，都将为认识挑战和合作解决问题打下可靠的基础。

在今后的日子里，生物多样性将经受最严峻的考验，物种和生态系统将面临更严重的威胁——更不用说气候变化、臭氧层损耗和危险化学物会使其雪上加霜。除非我们现在就采取行动，否则我们的后代将生活在一个贫困的世界里。为防止这样的悲剧，《生物多样性公约》为我们提供了一个全面的、全球性的战略体系。一个富裕的未来是很可能出现的，如果我们每个人、各国政府和社会各界都依照公约的精神，将生物多样性保护和可持续利用作为真正优先考虑的问题，那么，笔者确信下一代面临的人类与自然的关系肯定是一种新型的可持续的关系。

第十三章

海洋环境保护的国际立法

海洋环境是整个地球环境的一个重要组成部分。海洋污染状况在很大程度上代表着全球环境的状况。尽管采取了相应的国家和国际行动，诸如禁止生产和使用某些物质、制定减少废物排放的规章制度、禁止向海洋倾倒垃圾等，但海洋污染、海洋生物资源的过度捕捞及沿海生态环境的退化等主要威胁依然存在且加剧。

第一节　海洋环境污染概述

自 1609 年格劳秀斯的《海洋自由论》以来，人们认为海洋与空气一样是取之不尽用之不竭的，"海洋自由"被奉为圭臬。但是，如今的事实——严重的海洋污染——使我们日益清楚，海洋环境资源的使用并不是无限的。污染给海洋环境造成的危害已经越来越严重了。

一、海洋与人类的关系

海洋占地球总面积的 71%，广阔的海洋不仅给人类提供交通、海产、海底宝藏，还能净化大气并有利于人类身心健康等。浩瀚的海洋是生命的摇篮、人类的故乡、资源的宝库。

世界上 60% 的人生活在 60 公里宽的海岸线上。人类生活所不可缺少的氧气 70% 是由海洋提供的；海洋中蕴藏的丰富生物资源，目前已知的海洋动植物种类约 30 万种，占地球生物资源的 80%，构成人类食物中蛋白质供应的重要组成部分；海洋是重要的交通通道也是世界各国经济、文化交流联系的主要手段。人类最早认识世界和相互交往就是通过海上交通来实现的，直到今天我们依然把外国称作"海外"；国际贸易货物的95%是通过海上运输的，海洋运输成本低，仅为铁路的40%~50%，更不必与空运进行比较。海洋运输容量之大、成本之低是其他运输方式无法比拟的。

人类已知的化学元素有99%存在于海洋，其中食盐有55亿吨，铁矿石300亿吨，黄金1000万吨，白银数百万吨，石油7000亿吨以及丰富的波力蕴藏电能。辽阔的海洋，不仅蕴藏着丰富的矿物资源，同时也是个取之不竭的"天然药库"，各种抗毒抗癌药物及激素，可以说是应有尽有。

海洋是极其重要的食物来源。到2017年，捕捞渔业和海水养殖业的总产量超过1.7亿公吨，海水养殖业的贡献将继续增长。鱼类为31亿多人提供了20%以上的膳食蛋白质，在粮食安全问题很严重的沿海地区，这一比例很高。此外，鱼类中的微量营养元素对人类健康具有重要作用，在鱼类供应量下降的地区难以替代。许多人的健康和生计通过海洋的资源及其提供的重要美学、文化和宗教利益直接与海洋联系在一起。这对经济处于不利地位的沿海地区和社区尤其重要。

沿海生态系统还提供了许多不易货币化的好处，例如沿海稳定、调节沿海水质量和数量、生物多样性和许多重要物种的产卵栖息地。海洋是全球气候系统不可或缺的一部分，有助于热量传输，从而影响全球气温和降雨量。全球约50%的初级生产发生在海洋。海洋还提供了其他具有重要经济意义的资源，如骨料和沙子、可再生能源和生物制药。[1]凡此种种，都说明了海洋与人类的密切联系以及我们对海洋的无以替代的依赖性。

二、海洋污染源

海洋环境污染的原因是多种多样的。有人为故意的，如倾倒在陆地难以处理的或处理起来代价昂贵的废物；有在公海清洗油舱将剩余的油倾泻海中的；有如海湾战争伊拉克纵火油田造成海域不可逆转的严重污染。有事故性的，如油船失事致使有毒或危险物质落入海中等。此外，还有海洋航行、海洋开发等造成的污染。总之，从污染源来看，造成海洋污染的原因主要有船舶污染、勘探和开采海床及其底土造成的污染、陆源污染、海上倾废造成的

---

〔1〕 联合国环境规划署《全球环境展望6》。

污染以及包括在海上或海边焚烧废物造成的空气污染等。从污染物的种类来看，有石油、生物及植物垃圾、化学及放射性废物等。

（一）污染物质

在海洋污染物质中，油类是最明显也最引人注目的。石油进入海洋后造成的危害是明显的，它对海洋生物的生长、对海岸活动（如游泳、划船、钓鱼、跳水等）、海洋资源的开采、局部地区的水文气象条件、航运、海岸工业活动（如海边的电厂和发电站）、港口和码头的正常进行、海洋自净能力等产生严重的影响，同时还与生物系统的多样性、可变性及其对油污染的敏感性等复杂因素有关。

油污染虽然最终能被海洋生物分解，但在油类被分解之前，对海洋能造成很大的损害。它可以污染海洋、海滩，杀死海鸟，鱼类也因此而受害，如鱼类患上皮肤癌和失去平衡等，而且海中贝类由于油污染而不可食用等。油污染在一定程度上可以处理和控制，当然指的是在没有超出海洋自净能力范围时。

除油污染之外，一些化学物质，如 DDT 及其他氯化物，重金属，如铅、汞、镉等也严重污染海洋。放射性废物更危险，因这些物质一旦进入海中就无法再把它们捞出来。这些物质往往被海洋生物吸收，进入生物链，影响海洋生物的再生产。人类食用含有这类污染物质的鱼类，会造成极不良的后果，甚至有生命危险。如日本的水俣病，就是人吃了含有汞污染的鱼之后，造成死亡、眼瞎、肌肉酸痛、四肢无力、头昏脑胀、神志不清等。

在全球范围内就数量而言，污水从前并不是海洋和沿岸环境的最大污染源，但近年来污水的排放量急剧增加。如由于城市对水资源的大量需求，水供应任务比污水处理更加紧迫，也使得废水数量不断增加。

少量的污水，海洋可以吸收或净化，但是大量的污水进入海洋，就会造成很大的危害。大量污水会造成海水中缺氧，特别是在闭海中更为明显，如波罗的海、黑海等。当海水中缺氧时，鱼卵便不会孵化出小鱼，大鱼会转移到有氧的地方。另外还会影响海洋环境，影响海水游泳场和海上娱乐活动及海洋养殖等。最近有迹象表明，即使在符合当前微生物标准的海水里洗澡，患上胃肠疾病的概率仍然很高。

（二）海洋污染途径

海洋污染途径可以列出许多，主要有：通过江河、地下水、大气等的污染及直接的有害废弃物倾倒等的陆源污染；排油、漏油、废弃物等导致的船舶污染；船舶碰撞、意外事故造成的污染；大陆架、海床、洋底等海底活动造成的污染等。

1. 来自船舶的污染

船舶给海洋带来的石油污染，一般可分为操作性排放和事故性排放。

操作性排放主要是指机舱含油舱底水、油轮的含油压载水和洗舱水的排放。这些含油污水的形成与运输石油的操作工艺和船舶动力装置的技术管理有关。就船舶而言，其操作和航行本身就会对海洋造成一定的污染。绝大多数船舶都是以柴油机为动力，这就不可避免地要往船外排放污油水。船舶的烟囱有油烟排入空气，归入大海。油轮以外的一些船舶用油舱打入海水压载，也必然再把这些含油的压舱水排入海中。一些核动力船舶，主要是核潜艇，也可能对海洋造成某种污染。所有船舶，不论使用什么作为动力，只要它们往海里倾倒垃圾和废弃物，便会对海洋造成污染。但是船舶对海洋造成大面积严重污染的是其所载之货物，如石油。原油在海上运输量大、航程远，随时都有流入海中的可能。即使油轮不发生事故，在其正常航行中要压舱，洗舱，然后排入海中，也同样会造成海洋污染。

油轮发生碰撞、搁浅、触礁和爆炸等严重事故，致使所载原油、化学物品、天然气、液化气和某些放射性物质部分或全部溢入海中，会对海洋造成严重污染。随着工业和科技的发展，海上运输越来越繁忙，船舶数目日益增多，吨位越来越大，事故频繁，对海洋的污染也就越来越严重。

2. 倾废造成的污染

在20世纪50年代和60年代，把陆地活动中所产生的废弃物倒入海中成为一种很普遍的处理废弃物的方法。之所以如此有两个原因：一是往海里抛弃废物比较便宜；二是由于陆地对污染控制越来越严格，所以往海中倾倒便成为一条出路。倾倒的废物主要有放射性物质、军用物资（包括不用的武器和炸弹）、变质食物、生活垃圾和工业废料等。这些物质含有各种污染物，而其中许多物质含有剧毒。仅美国每年倾倒入海的工业废渣就有5000万桶之多，俄罗斯当局也承认，战后30年来，苏联的核动力舰与破冰船所用过的放射性废料，大部分被抛入北极海域，致使数千只海豹因放射性物质的污染濒临死亡。[1]尽管这些废物是从船舶上倾倒入海的，但所有国际公约都把倾倒作为船舶之外的另一种污染源。这是因为倾倒不像其他来自船舶的污染那样是事故或偶然的排放，而是有意为之，而且常常是专程去倾倒；另外一个原因是倾倒是陆地污染的延伸。尽管由于倾倒的地方不是陆地而和陆地污染源分开，但是仍应认为倾倒是来自陆地污染的延伸。

3. 来自海底活动的污染

由于石油、天然气和多金属矿球的勘探和开发活动在海底日益频繁，在海上用于勘探和开发的设施和装备也日益增多。开发海底，尤其是开采石油，虽然只是始于较近的时期，但今天全部石油的 1/3 来自近海石油开采。就这些设施本身而言，排放到海里的废物并不多，只是少量的废物，工业废渣和少量的油类和化学物质。偶然的较为严重的污染可能由于井喷而酿成。船舶碰撞，船舶和海底设施碰撞，或由于自然磨损或由于拖船或拖网的勾挂而造成海底管道的破裂和损坏，也可能造成严重的海洋污染。深海洋底的多金属矿产的开发也会造成海洋污染。

4. 来自陆地和空气的污染

这是最重要的污染源，居四者之首。在污染海洋的物质中大约有 3/4 来自陆地和空气。这包括直接入海或经河流入海的污水、工业废水以及作为肥料和农药用的化学物质；在沿海和河口建造的发电站（有些是核电站）排放的热水；车辆排放到空气里的烟尘，工厂和家庭的烟尘及散布到空气中的农药粉等。所有这些最终都归入大海。

第二节　海洋环境保护立法进程

海洋对人类生存和社会发展的重要意义以及日益加剧的海洋环境污染和破坏以及由此而产生的严重危害，促使国际社会认识到保护海洋环境的重要性和迫切性。在各沿海国加速完善本国海洋环境保护立法的同时，国际社会先后在全球和区域范围内召开了一系列关于海洋环境保护的国际会议并制定了一系列保护海洋环境的国际公约。

---

〔1〕 王豪编著：《生态环境知识读本——生态的恶化与环境治理》，化学工业出版社 1999 年版，第 29~30 页。

早在 1926 年，就在华盛顿召开了一次专家会议，讨论航行水道的石油污染问题。此次会议的目的是对航行水域石油污染问题的技术事项交换意见并考虑制定一项国际协定。会议最后虽然未能达成任何实质性的协议，但却揭开了海洋环境保护的序幕。

第二次世界大战后，由于船舶造成的海洋石油污染日趋严重，1954 年 4 月 26 日至 5 月 12 日在伦敦召开了关于防止船舶造成海洋石油污染的第一次外交会议，制定了第一个海洋环境保护的全球性公约——《国际防止海洋石油污染公约》。这标志着国际社会在防止全球海洋污染方面迈出了具有决定意义的第一步。这次会议，有 42 个国家的代表与会，会议通过的公约要求倾废尽可能远离陆地，一般应距岸 50 海里，并建立禁止倾废的特别区。这是为保护海洋环境最早制定具体措施的一个公约，虽然它仅限于石油污染。

紧接着的是 1958 年第一次联合国海洋法会议的召开。这次会议通过的《公海公约》《领海和毗连区公约》《大陆架公约》都对海洋环境污染作了规定。《公海公约》有两项关于防止海洋环境污染的规定，即第 24 条规定："各国应参照现行有关的条约制定规章，以防止因船舶或管道排泄油料或因开发和探测海床和底土而污染公海。"以及第 25 条规定："（a）各国应考虑到主管国际组织所制定的标准和规定，采取措施，以防止因抛掷放射性废料而污染公海。（b）各国应与主管国际组织合作，采取措施，以防止因排放放射性原料或其他有害物质的活动而污染公海或公海上空。"《公海公约》还规定了船旗国的专属管辖权。此外，《领海和毗连区公约》第 17 条规定："行使无害通过权的外国船舶应遵守沿海国依照本公约条款和其他国际法的规则所制定的法律和规章，尤其应遵守有关运输及航行的法律和规章。"这里，沿海国享有在其沿海内制定法律和规章的权利，但要遵守公约和国际法的一般规则，特别是有关运输和航行方面。《大陆架公约》第 50 条第 7 款规定："沿海国有义务在安全区域采取一切适当措施以保护生物资源不受有害物质的损害。"

在海洋环境保护方面，还于 1959 年 1 月 6 日在伦敦正式建立了政府间海事协商组织，[1]该组织所起的重要作用是不容忽视的。它是联合国从事船舶活动管理事项的专门机构，其宗旨和任务是：在有关解决国际贸易的船运技

---

〔1〕 这是联合国负责海上航行安全和防止船舶造成海洋污染的一个专门机构，总部设在伦敦。该组织最早成立于 1959 年 1 月 6 日，原名"政府间海事协商组织"，1982 年 5 月更名为国际海事组织。

术问题的政府规章和惯例方面，为各国政府提供合作机会；在海上安全、航行效率和防止、控制船舶污染海洋方面鼓励各国采用最高可行的统一标准，并处理与之有关的法律问题。多年来该组织制定了为数众多的有关海洋环境保护的国际公约，涉及海上人命安全、海上避碰、防止海洋污染、油污民事责任、油污赔偿国际基金、海上倾废和海上救援等方面。

进入 20 世纪 70 年代以来，由于海洋环境污染日益严重，有关海洋污染方面的条约就日益增多起来。这方面的条约可以分为 4 类：①一般性多边条约；②区域性条约；③双边条约和④联合国海洋法公约。[1] 在众多的条约中，毫无疑问，1982 年联合国第三次海洋法会议通过的《联合国海洋法公约》在关于海洋环境保护方面用一种综合的方式作了回答，对于全面保护海洋环境作了基础性工作。[2] 可以说，该公约是一部划时代的海洋宪章，它为我们提供加强海洋管理的国际法律依据。该公约第 12 部分是专门关于海洋环境保护的部分，它要求各国采取一切必要措施，防止、减少和控制来自任何污染源对海洋环境造成的污染。

1972 年，人类环境会议催生了"国际环境法"。会议通过的《人类环境宣言》和《环境行动计划》，呼吁各国尽可能采取措施防止海洋污染，并专门针对海洋环境的原则要求各国应采取一切措施防止可能危害人类健康、损害海洋生物资源和海洋生物、破坏海洋的优美、妨碍海洋其他正当用途的物质污染海洋（宣言原则 7）。这使海洋环境的国际保护进入了新阶段。

如果说 20 世纪 60 年代以前为海洋环境国际立法的第一个发展阶段，其特点是以控制船舶造成的油污污染为重点；其后的第二个发展阶段，特点则是以控制倾废为中心，对各种来源的海洋污染进行全面控制。这个阶段对各种海洋污染源的控制订立了一系列全球性和区域性条约，有力地促进了国际海洋环境保护法律制度的发展和完善。

1973 年 10 月 8 日至 11 月 2 日，政府间海事协商组织在伦敦召开了国际防止海洋污染会议，70 个国家的代表和 7 个国家的观察员出席了会议。会议继《防止倾倒废物及其他物质污染海洋公约》之后再次对沿海国的污染管辖权进行了激烈的辩论，并通过了 1973 年《国际防止船舶造成污染公约》。该

[1] 周忠海：《国际海洋法》，中国政法大学出版社 1987 年版，第 221 页。
[2] 周忠海：《科技与海洋法》，泰山出版社 1998 年版，第 30 页。

公约虽然未能解决沿海国管辖权问题，但为第三次联合国海洋法会议讨论和解决这一问题打下了基础，并标志着国际社会已经找到了全面控制船舶造成污染的有效途径和技术手段。

1982年是海洋立法最有意义的一年，这一年作为海洋宪章的《联合国海洋法》终于诞生，为人类管理、保护海洋提供了法律体系。

1992年，里约热内卢环境与发展大会通过的《21世纪议程》提出了综合管理沿海区域的原则和技术手段，以及保护海洋环境的原则。

2011年8月，《国际防止船舶造成污染公约》两项修正案正式生效，分别对油污染和大气污染作出了新规定。根据规定，在南纬60度以南的南极海域，船舶不得燃用或者运载超过一定浓度的包括原油、燃油等在内各油类物质。

作为《国际防止船舶造成污染公约》的一部分，国际海事组织宣布，从2020年1月1日起，全球船舶燃油含硫量上限将从以前的3.5%降至0.5%。这一被称为"国际海事组织2020"的减排量限制措施具有强制性，适用于在特定指定排放控制区以外运营的所有船舶。

2023年7月，国际海事组织海洋环境保护委员会第80届会议通过了《2023年船舶温室气体减排战略》，强化了2018年到2050年将排放量至少减半的目标，提出在考虑到不同国情的情况下，在2050年前后实现航运燃料全生命周期的温室气体的净零排放，与《巴黎协定》的长期温控目标保持一致。

第三节　保护海洋环境的条约体系

保护海洋环境的国际条约不仅有关海洋倾倒、陆源污染、船舶污染的，还有关于海洋事故污染的，不仅有全球性的还有区域性的，不仅数量多，而且形成了体系，确立了一整套海洋环境保护的国际环境法律制度。

一、关于控制陆源污染的条约

海洋污染的70%来自陆地，污染物或者直接在海岸被倾倒，或者通过江河流入海洋。产生陆源污染的原因多种多样，有农业、工业、城市居民等；陆源污染物质包括河流携带的陆地污水中的污染物质、工业废水和农田流出的污染物、大气污染物以及沿海居民的生活污水和其他废物。因此，应予陆源污染特别关注。陆地来源是海洋环境污染的最大原因。所以有人称："每年进入海洋的污染物质中 50%～90% 为陆地来源。"[1]1974 年 3 月 22 日通过的《保护波罗的海海洋环境的赫尔辛基公约》是第一个着手解决陆源污染的文件。其宗旨是："通过区域合作，保护和提高波罗的海区域的海洋环境。"公约主要规定：①缔约国应控制并限制有害和有毒物质引入该地区，包括陆源污染；②缔约国应防止来自船舶、倾弃和开发海底造成的污染；③缔约国合作解决海洋污染；④公约附件载有被管制的物质清单；⑤设立一个波罗的海海洋环境保护委员会，经常审查公约和附件内容执行情况。[2]

而第一个专门针对陆源污染的则是 1974 年在巴黎通过的《防止陆源污染海洋公约》，[3]该公约的成员国仅仅为欧洲国家，它适用于东北大西洋、部分北冰洋，不包括地中海和波罗的海。该公约第 1 条规定，各缔约国应单独或共同采取措施以克服陆源物质造成的海洋污染，并在这一方面协调其政策。该公约将陆源物质造成的污染界定为"通过下列途径造成海域的污染：①经由水道；②来自海岸，包括通过水下管道或其他管道；③来自设置在本公约所适用的区域并受某一缔约国管辖的人工建筑；④通过从陆地或从本条第 3 项所界定之人工建筑散发到大气层。"[4]该公约是国际社会第一部专门关于防止陆源污染海洋的公约，是防治陆源污染海洋的国际条约的典范。公约缔约国于 1986 年签订了一项议定书，对该公约进行了修正。

《防止陆源污染海洋公约》和 1972 年 2 月 15 日的《防止在东北大西洋和部分北冰洋倾倒废物污染海洋的公约》（即《奥斯陆公约》）共同构成了 1992 年《保护东北大西洋海洋环境公约》的基础。

1992 年《保护东北大西洋海洋环境公约》对陆源污染的控制更为严格。首先，该公约扩大了陆源定义的外延，将它界定为陆上点源、散源或海岸，包括通过隧道、管道或其他同陆地相连的海底设施和通过位于缔约国管辖权之下的海洋区域的人造结构故意处置污染物质的源。[5]公约要求对有些污染

---

〔1〕　陈德恭：《现代国际海洋法》，中国社会科学出版社 1988 年版，第 404 页。

〔2〕　全国人大环境保护委员会办公室编：《国际环境与资源保护条约汇编》，中国环境科学出版社 1993 年版，第 321 页。

〔3〕　该公约 1974 年 6 月 4 日签订于巴黎，1978 年 5 月 6 日生效。

〔4〕　第 4 项为 1986 年的议定书所加。

〔5〕　参见《保护东北大西洋海洋环境公约》第 1 条 e 款。

物质如重金属、有机卤素化合物、磷和硅的有机化合物、生物杀虫剂、油类、氮磷化合物、放射性物质的废物和不易降解的合成物质，强制性地应用最佳可得技术或最佳环境惯例。公约规定所有的污染物质的排放必须事先得到许可。

二、关于船舶运行污染的条约

随着海运事业的发展，船舶的数量和吨位也与日俱增，船舶成为海洋环境的另一个主要污染源。1973 年在伦敦通过的《国际防止船舶造成污染公约》[1]是关于船舶污染的主要国际条约。

《国际防止船舶造成污染公约》代表海洋环境污染防治质的飞跃，对缔约国的船舶有着很强的约束力。海上事故的增加迫使公约在生效之前进行修改，这就是 1978 年的附加议定书。公约和这个议定书于 1983 年 10 月 2 日同时生效。《国际防止船舶造成污染公约》及其 1978 年议定书的目的是"彻底消除有意排放油类和其他有毒物质而污染海洋环境并将这些物质的意外排放减至最低限度"。[2]该公约及其议定书适用于"有权悬挂一缔约国国旗的船舶"和"无权悬挂一缔约国的国旗但在一缔约国的管辖下进行营运的船舶"，不适用于"任何军舰、海洋辅助船舶或其他国有或国营并暂时只用于政府非商业性服务的船舶"。[3]

之后，公约又分别在 1984 年、1985 年、1987 年、1991 年、1992 年、1996 年、1997 年、2011 年以及 2020 年经过多次修改。其中 1992 年修改的内容要求新建的油轮必须是双层船壳。而 1995 年修改的内容则要求超过 30 年船龄的油轮必须退役，而超过 20 年的船龄的油轮必须按照要求改造。双层船壳的要求激起了很大的争论，因为它增加了造船成本、需要更大的动力，也增加了船舶海上航行的风险。1997 年增加的附件六旨在表明这是一个不断发展的公约，其目标是将来自船舶的各种形式的污染都包括进去。

1973 年《国际防止船舶造成污染公约》附有三个议定书和六个附则。制

---

[1] 该公约 1973 年 11 月 2 日签订于伦敦。该公约的缔约国于 1978 年 2 月 17 日签订一项议定书，对该公约予以修订并决定实施经修订的公约。该公约及其 1978 年议定书于 1983 年 10 月 2 日生效。我国是该公约 1978 年议定书的缔约国，该公约及其 1978 年议定书于 1983 年 10 月 2 日对我国生效。
[2] 1973 年《国际防止船舶造成污染公约》序言。
[3] 《国际防止船舶造成污染公约》第 3 条第 1 款第 1、2 项。

定附件的原则是对不同的污染物质适用不同的规则：油污染（附件一），散装运输有害液体物质（附件二），整装、集装箱、罐装等运输有害物质（附件三），船舶排出的废水（附件四），垃圾（附件五）和大气污染（附件六）。目前，所有的附件都已生效。该公约的重点在于防止船舶造成的污染，因此有关的惩罚措施原则是以船旗国为对象。

三、关于控制海洋倾废污染的条约

1972 年 2 月 15 日，在奥斯陆签署了《防止在东北大西洋和部分北冰洋倾倒废物污染海洋的公约》。该公约于 1974 年 6 月 4 日生效，并经 1983 年和 1989 年两个附加议定书修改。该公约的目的是防止船舶和飞机倾倒废物污染海洋。该公约于 1992 年被更全面的《保护东北大西洋海洋环境公约》所取代。

关于控制海洋倾废最重要的是 1972 年的《防止倾倒废物及其他物质污染海洋公约》（以下简称《倾废公约》），该公约于 1972 年 12 月 29 日在伦敦、墨西哥、莫斯科和华盛顿同时开放签字，并于 1975 年 8 月 30 日生效。截至 2002 年 12 月 31 日，公约已有 78 个缔约国。我国于 1985 年 11 月 15 日加入公约，同年 12 月 15 日公约对我国生效。《倾废公约》是为控制因倾倒行为导致的海洋环境污染而订立的全球性国际公约。公约由正文和 3 个附件组成。《倾废公约》正文有 22 条，分别对《倾废公约》缔约国防止海洋污染的义务、一些用语含义、缔约国发放特别许可证和一般许可证的条件、对倾倒活动的管理、与区域性协定的协调、缔约国之间的帮助和支持、《倾废公约》的实施及修正、《倾废公约》的签字和批准、生效日期等作出了规定。附件 1 列举了禁止在海上倾倒的物质，被称为"黑名单"；附件 2 列举了获得特别许可证后方可倾倒的物质，被称为"灰名单"；未列入附件 1 和附件 2 的物质，被称为"白名单"，在获得普通许可证之后，可以按许可证规定的时间、地点、倾倒方式等进行倾倒；附件 3 对废弃物的分类标准、倾废区选划的条件及应考虑的因素、废弃物倾倒的方式等问题作了规定。

该公约的性质明显是预防性的，其前言和开头两条都强调：各缔约国应采取一切可能的措施，防止因倾倒废物及其他物质污染海洋，它们可能危害人类健康、损害生物资源和海洋生物、破坏环境优美或妨碍海洋的其他正当用途。

该公约第 3 条第 1 款第 2 项将动力牵引排除在适用范围之外；第 3 项规定，清除来自海底开采活动的垃圾也不属公约的调整范围（比较联合国海洋法公约第 145 条及第 209 条）。公约严格禁止倾倒附件 1 列举的物质（一些重金属与放射物质）；只有经过特别许可，才允许倾倒附件 2 列举的物质（其他的重金属、混合金属以及障碍物质）。倾倒除上述之外的垃圾则需要获得一般的许可。可见，公约采取传统的以许可为条件的禁止制度。1996 年的补充议定书则扩大了公约的适用范围，尤其规定了国家间的技术合作以及设立专门的仲裁庭裁决纠纷。

该公约生效后，缔约国协商会议经过研究和协商，制定了许多执行《倾废公约》的程序和标准，对《倾废公约》在 1978 年和 1980 年进行了两次重要的修正并先后通过了三个有关附件修正的决议，作出了一系列有利于全球海洋环境保护的决定。

三个有关附件修正的决议分别为：① "关于逐步停止工业废弃物和海上处置问题的决议"，该决议的全称为 "就逐步停止工业废弃物的海上处置问题对 1972 年《防止倾倒废物及其他物质污染海洋公约》附件的修正案"，简称 LC.49（16）号决议，由缔约国协商会议于 1993 年 11 月 12 日在伦敦通过，于 1994 年 2 月 20 日生效。② "关于海上焚烧问题的决议"，该决议的全称为 "就海上焚烧问题对 1972 年《防止倾倒废物及其他物质污染海洋公约》附件的修正案"，简称 LC.50（16）号决议，由协商大会 1993 年 11 月 12 日在伦敦通过，于 1994 年 2 月 20 日生效。③ "关于海上处置放射性废物的决议"，该决议的全称为 "就海上处置放射性废物及其他放射性物质问题对 1972 年《防止倾倒废物及其他物质污染海洋公约》附件的修正案"，简称 LC.51（16）号决议，由协商大会于 1993 年 11 月 12 日通过，于 1994 年 2 月 20 日生效。

此外，该公约 1996 年的补充议定书也对公约进行了补充和修订。议定书的管辖范围选择性地扩大到内水，倾倒的定义包括了近海石油平台的弃置和推倒，倾废管理更加严格，采纳了 "反列名单" 的方法和废物评价框架的体系。

四、关于防止油污的国际条约

在海洋污染源中，船舶油类污染引起的后果是极其严重的。船舶油类污染可分为正常营运中的油类排放和船舶事故而导致的油类排放。

随着航运业的发展和海洋石油运量的增长以及运输船舶的大型化，一方面，船舶在正常营运中排放油类货物，燃料油或其他油类物质，如废油、油类混合物等，这在排放到海洋的油类总量中占的比例很大；另一方面，船舶发生事故，导致大量油类物质溢出船舶污染了海洋。

为解决船舶油类污染这一大问题，1954 年 4 月，在伦敦召开了关于防止海洋石油污染的第一次国际会议，会议通过了第一个防止船舶油污染的国际条约——《国际防止海洋石油污染公约》。这是海洋环境保护的第一个国际公约，得到了许多国家的承认，并于 1958 年 7 月 26 日生效。该公约规定，禁止 150 吨以上的油轮和 500 吨以上的其他船舶在离海岸 50 海里以内排放油类或油类混合物。1962 年修正案将 50 海里扩大到 100 海里。该公约还于 1969 年、1971 年进行了修改。该公约坚持船旗国管辖制度，规定"不论所断定的违章行为发生在何处，任何缔约国政府可向缔约的船旗国提供有关该船违反本公约规定的任何局面详情"（第 10 条）。这说明对违章船只，沿海国只有向船旗国提供情况的权利。但因为船旗国，特别是方便船旗国既没有严格执行公约规定的标准，也没有严厉惩罚造成油污的船舶，因此，油污情况仍然十分严重。另外，该公约并未涉及因船舶发生事故造成油污应如何处理的问题。

随着巨型油轮的问世、海洋日益无法承受的沉没的放射物、塑料以及化学物质的增多、船舶油污染的威胁日趋严重等危及人类健康的事故以及持久的污染的发生，特别是严重的油轮泄漏事件——1967 年 3 月 10 日托列峡谷号油轮的公海搁浅事故造成史无前例的黑潮，向人们提出了严重警示：一是沿海国对公海上发生的油污事故是否有干预权；二是如何保障无辜的油污受害人得到充分的赔偿。灾难发生后，人们越来越认识到，必须在一个国际的水平上采取更多的行动，防止重大油污的发生，并对油污造成的损害进行有效和完全的赔偿，才能进一步抑制油污事故的威胁、保护全球的海洋环境。于是政府间海事协商组织于 1967 年 5 月专门设立了法律委员会，负责起草《国际干预公海油污事故公约》和《国际油污损害民事责任公约》。此间，联合国大会也于 1968 年 12 月 21 日通过 2467（XXIII）号决议，第一次涉及了事故污染问题。

1969 年 11 月 29 日，政府间海事协商组织提交的两个公约——《国际油污损害民事责任公约》和《国际干预公海油污事故公约》同时获得通过。

《国际油污损害民事责任公约》于 1975 年 6 月 19 日生效。该公约对于由船舶逸出或排放出的油类而造成的污染损害（但仅限于包括缔约国领海在内的领域所发生的污染损害及为防止和减轻这种损害而采取的预防措施的所需费用），[1]如果不能证明具有与所规定的免责事由相当的事实，船舶所有人就要对所有的损害承担赔偿责任（第3条）。这是对船舶所有人责任进行推定的结果，虽然没有直接用语但实质上已适用了与严格责任十分相近的责任制度。其实，也可以理解为：如果在缔约国的领土上，包括领海，由于船舶漏油或排油而造成损害，那么船东要在三个例外的限制下，对这种损害和为防止污染采取措施所引起的费用负严格责任。[2]之所以确立这样严格的责任制度，乃是由于对油污损害，尽管也有很强烈地主张继续维持以过失责任原则为基础的传统的船主责任制度的观点，但结果是正如托列峡谷号事故所显示的那样，其损害规模之大令人触目惊心，而不得不使人注意到损害的例外。尽管如此，公约对船舶所有人实行严格责任制，并规定强制保险制度已给船舶所有人增加了额外经济负担，但在发生重大油污事故时受害人仍不能得到充分的赔偿。

公约分别在1976年、1984年及1992年出台了议定书。

1969年11月29日《国际干预公海油污事故公约》是第一个规定沿海国为了防污目的可在公海对他国船只采取干预措施的国际协定。公约于1975年5月6日生效，1990年5月24日对我国生效。

《国际干预公海油污事故公约》的目的是使缔约国国民免于遭受海上事故引起的海上和海岸油污危险的严重后果。[3]公约规定了"各缔约国可以在公海采取必要的措施，防止、减轻或消除由于海上事故，或与事故有关的行动所产生的海上油污或油污威胁对它们的海岸线或有关利益的严重和紧迫的危险，上述事故或有关的行动都可以合理地被认为将会导致重大的有害后果"（第1条第1款）。"有关利益"被定义为沿海国直接受到海上事故影响或威胁的利益，例如海岸、港口或海湾的活动包括渔业活动、旅游、海岸居民的健康和有关地区的福利，包括对海洋生物资源和野生动物的养护。沿海国有权对事故所涉及的或造成事故的船舶采取措施，包括拖曳船舶、填补船体裂缝

---

〔1〕 参见《国际油污损害民事责任公约》第2条。
〔2〕 周忠海：《国际海洋法》，中国政法大学出版社1987年版，第241页。
〔3〕 参见《国际干预公海油污事故公约》序言。

以及销毁遇难船舶残骸。但是，沿海国在采取任何措施之前，应同受海上事故影响的其他国家，特别是船旗国进行协商；应通知那些可能受其措施影响的人，并避免任何生命危险（第3条）。沿海国采取的措施应同实际损害或损害威胁相适应，不超过合理必要的程度（第5条）。任何缔约国采取违背公约的措施而对其他国家造成损害，应有义务给予赔偿（第6条），但不得对军舰或为政府非商业性服务的船舶采取措施。

这个公约对传统的公海上船旗国专属管辖的法律创设了一个重要的例外，使环境受到威胁的国家可以进行自我保护。

鉴于海上运输危险物质数量的增加，沿海国环境面临的威胁也有增加，仅仅允许对公海油类污染进行干预已不够。公约遂于1973年11月2日通过的伦敦议定书将公约的内容扩大，适用于油类以外的物质。这些物质是由政府间海事协商组织确定的、可能威胁人类健康、危害海洋生物、破坏海洋的优美、妨碍海洋的其他正当用途的物质（第1条第2款）。当一个国家对国际海事组织所列清单以外的物质采取措施时，该国有义务证明在进行干预时，该物质可能造成类似于清单所列任何物质所具有的严重和迫切的危险（第1条第3款）。

经验表明，只有通过适当手段迅速进行干预才能控制事故的后果。

由于1969年11月29日的《国际油污损害民事责任公约》和《国际干预公海油污事故公约》仅适用于油船造成的油污，具有局限性，且《国际油污损害民事责任公约》规定的赔偿限额过低。为了弥补上述公约的不足，保障油污受害人能得到充分的赔偿，政府间海事协商组织遂于在布鲁塞尔召开的关于设立国际油污损害赔偿基金会议上通过了《1971年设立国际油污损害赔偿基金的国际公约》（1978年10月16日生效）。此公约是为了在上述1969年《国际油污损害责任公约》不能使受害人得到充分合理赔偿的情况下，采用国际基金性质的补充措施以确保船舶因排油或漏油引起污染的受害人获得足够赔偿。公约规定了基金的摊款办法，对油污受害人的赔偿办法，以及对船舶所有人的补偿办法等内容。其宗旨是：补充1969年《国际油污损害民事责任公约》；确保船舶排油或漏油引起污染的受害人获得足够赔偿；保证油货货主负担这种油污损害造成的部分经济后果，以减轻航运业的负担。[1]公约还分

---

〔1〕　参见全国人大环境保护委员会办公室编：《国际环境与资源保护条约汇编》，中国环境科学出版社1993年版，第292页。

别于 1976 年、1984 年及 1992 年出台了议定书。十分明显，这个条约的目的是基于严格责任确保油污损害的受害者能够得到充分而且合理的救济。实践已经证明，这个公约所建立的海洋油污损害赔偿制度是切实可行的。[1]

为了维护国际赔偿制度的生命力，1984 年和 1992 年又分别对 1969 年《国际油污损害民事责任公约》和 1971 年《设立国际油污损害赔偿基金的国际公约》作了修改。国际海洋环境保护问题已受到各国高度重视，许多国家纷纷加入上述各项公约，并在发生的油污事件中积极合作，减少因油污而导致的损失，对受害人作出合理和充分的赔偿。

1973 年，《国际干预公海油污事故公约》的缔约国在政府间海事协商组织的主持下签订了《关于油类以外物质造成污染时在公海上进行干涉的议定书》。[2]该议定书规定缔约国可在公海上采取必要措施，以防止、减轻或消除因发生海上事故而发生除油类以外的物质对海岸线或相关利益造成严重和紧急危险。该议定书以附件对这类物质予以列举。

此外，关于防止石油污染的国际条约还有 1976 年 12 月 17 日在伦敦签署的《关于海底矿物资源的勘探及开发而造成的油污损害的民事责任公约》。此公约与上述关于油污损害民事责任的公约没有什么本质上的不同，它同样规定了对于设施的业主如不能证明与所规定免责事由相当的事实存在，就须对事故所造成的任何油污损害承担严格赔偿责任。

1989 年 4 月 28 日，国际海事组织主持签订了《国际打捞公约》。该公约宗旨是："鉴于需要及时行动和保护环境，对打捞活动制定统一的国际规则。"公约主要内容有：①承认沿海国家有权根据国际法采取措施保护其沿海地区不受可能导致有害后果的污染或污染威胁。可由国家发出打捞活动的指示。国家在发出这种指示时应考虑保证打捞活动成功的必要性，以拯救生命或财产和防止整个环境受到损害。②如果一艘船本身或它的货物可能造成环境损害，如果没有根据确定补偿的通常标准进行补偿，由船主对打捞者进行特别补偿。[3]

为加强对油污的防备、反应和国际合作，国际海事组织于 1990 年 11 月

---

〔1〕 杜大昌：《海洋环境保护与国际法》，海洋出版社 1990 年版，第 20 页。

〔2〕 该公约 1973 年 11 月 2 日签订于伦敦，1983 年 3 月 30 日生效，1990 年 5 月 24 日对我国生效。

〔3〕 全国人大环境保护委员会办公室编：《国际环境与资源保护条约汇编》，中国环境科学出版社 1993 年版，第 260 页。

30 日制定并通过了《国际油污防备、反应和合作公约》,[1]该公约的目的是促进各国在对付重大石油污染事故方面的合作。[2]该公约适用于由船舶、近海设施、海港和石油处理设施引起的石油污染事故。公约国采取一切适当措施准备对付石油污染事故,其中包括应急计划、石油污染报告程序以及国家的和区域的防备和反应措施。该公约以附件规定对援助行动的代价予以补偿的原则。

2001 年 3 月,国际海事组织全体大会通过了《船舶燃油污染损害民事责任公约》(以下简称《燃油公约》)。

为了填补在船舶污染损害民事责任国际立法领域的非油轮造成的燃油污染的空白,2001 年 3 月 19 日至 23 日,国际海事组织主持的 2001 年船舶燃油污染损害责任与赔偿外交大会在英国伦敦召开。来自包括我国政府代表团的 70 个国家的代表和观察员出席了会议。会议制定了《燃油公约》。

《燃油公约》扩大了船舶所有人的定义,将船舶登记所有人、光船租船人、船舶管理人、经营人等作为船舶所有人对待,规定了其承担的严格责任,并规定相互之间承担连带责任。另外,该公约取消了免除有关责任人对受害人责任的规定。因此,受害人完全可以基于其他法律的规定向船舶所有人以外的其他人提出赔偿,船舶所有人之间也可相互追偿。这样,在《燃油公约》规定的情况下,污染损害的直接索赔和追偿途径更加广泛,也更为复杂。

由于各类船舶都需要燃油,因而公约适用的船舶自然而然地扩大到所有船舶。船舶使用范围的扩大将增加船东和保险人的负担。更为突出的是,政府管理部门的履行公约规定的管理负担也大大加重。

毋庸置疑,《燃油公约》的制定,对于船舶油污损害赔偿责任制度是一大推动。该公约的诞生标志着国际海洋环境保护立法的新发展,也进一步完善了国际船舶油污损害的赔偿机制。

此外,必须着重强调的是,在关于海洋的油污损害方面,特别需要提出的是 1982 年第三次联合国海洋法会议制定通过的《联合国海洋法公约》,该公约在第 194 条规定:"各国应采取一切必要措施,确保在其管辖和控制下的活动的进行不致使其他国家及其环境遭受污染的损害,并确保在其管辖或控

---

〔1〕　该公约 1995 年 5 月 13 日生效,1998 年 6 月 30 日对我国生效。

〔2〕　参见《国际油污防备、反应和合作公约》"序言"。

制范围内的事件或活动所造成的污染不致扩大到其按照本公约行使主权权利的区域之外。"第 235 条进一步规定了各国在履行其关于保护和保全海洋环境的国际义务方面所应承担的国际法责任。[1]

五、海洋环境保护的区域性条约

海洋环境保护的区域性国际条约也是整个海洋环境保护法的重要组成部分，许多海岸国家通过努力，尤其是在联合国环境规划署的推动下，缔结了一系列具有重大意义的海洋环境保护条约。

保护海洋环境的区域性条约并不局限于单一的保护对象。例如，对东北大西洋及其欧洲的边缘海域（北海、东海、地中海和黑海）、波斯湾、加勒比海、中北非洲沿海以及南太平洋、东南太平洋就签订了全面的保护协定。特别以 1986 年 11 月 24 日在太平洋的努美阿通过，1990 年 8 月 22 日生效的《保护南太平洋自然资源和环境公约》为例可以进一步说明问题。该公约宗旨是"保护与管理南太平洋地区自然资源和环境"。公约要求："采取一切适当措施防止、减少并控制公约地区的污染，尤其是船舶污染、陆源污染、海床勘探与开采污染、空中污染、倾倒核装置试验造成的污染，以保证公约的实施不会造成公约地区以外的海洋环境污染的增加；为有效履行本公约的各项义务而制定法律和规定；禁止在公约地区储放核废料；采取一切适当措施，保护并养护公约地区的稀有生态系统和濒危动植物群及其生境；合作采取一切必要措施处理公约地区紧急污染事件。"[2]由于认识到海洋环境保护远远超出了国家的法规政策要求，所以该公约采纳了全面的生态保护模式并考虑到了不同生态系统之间的相互作用。

此外，《保护东南太平洋免受陆源污染议定书》也属于非常重要的区域性海洋环境保护公约。该公约主要内容为：①制定方案和措施，特别是排放标

---

〔1〕《联合国海洋法公约》第 235 条"责任"规定：①各国有责任履行其关于保护和保全海洋环境的国际义务。各国应按照国际法承担责任。②各国对于在其管辖下的自然人或法人污染海洋环境所造成的损害，应确保按其法律制度，可以提起申诉以获得迅速和适当的补偿或其他救济。③为了对污染海洋环境所造成的一切损害保证迅速而适当地给予补偿的目的，各国应进行合作，以便就估量和补偿损害的责任以及解决有关的争端，实施现行国际法和进一步发展国际法，并在适当情形下，拟订诸如强制保险或补偿基金等关于给付适当补偿的标准的程序。

〔2〕全国人大环境保护委员会办公室编：《国际环境与资源保护条约汇编》，中国环境科学出版社 1993 年版，第 351 页。

准；②测量海岸的污染水平并评价根据议定书采取的各项措施的效果；③在科技领域内进行合作、交换资料并进行协商；④在南太平洋常设委员会的范围内召开常会和特别会议以审查本议定书的执行情况、所采取措施的效果以及是否需要进行修正。其宗旨是"防止、减轻防治和控制因河流、沿岸装置或河口的排放物，或来自沿海国领土内任何其他陆源排放物引起的东南太平洋地区污染"。[1]

可见，保护海洋环境的区域性条约具有十分重要的意义。不仅考虑到不同生态系统之间的相互作用而采纳了全面的生态保护模式，且为将来出台全球性的海洋环境保护公约提供了经验。

第四节　《联合国海洋法公约》

1982 年的《联合国海洋法公约》是关于海洋制度的法典，针对世界海洋环境受到来自各方面不同程度的污染和破坏，公约第十二部分"海洋环境的保护和保全"对防止海洋环境污染的法律问题作了详尽的规定，是迄今最全面的关于海洋环境保护的国际法律制度，是在继承与发展的基础上全面保护海洋环境的杰作。

一、一般性规定

公约开宗明义，在第 1 条就对此下了定义："'海洋环境的污染'是指人类直接或间接把物质或能量引入海洋环境，其中包括河口湾，以致造成或可能造成损害生物资源和海洋生物、危害人类健康、妨碍包括捕鱼和海洋的其他正当用途在内的各种海洋活动、损坏海水使用质量和减损环境优美等有害影响。"按照这个定义，我们可以看出，国际法并不禁止往海水里倒入物质的所有行为，有些无害的或很快就能被海洋吸收或净化的物质就没有禁止，而只是禁止往海中抛弃那些造成不良影响的物质或能量。海洋环境保护就是以此定义为基础而展开的。

海洋是营养品、能源以及原材料的储藏地，保护与利用之间的矛盾至今

---

〔1〕　参见 1983 年 7 月 22 日于基多通过，1986 年 9 月 23 日生效的《保护东南太平洋免受陆源污染议定书》。

依然存在。随着沿海国家权利的扩大，海洋环境保护分为两个方面：其一，内水、群岛水域及领海属于国家区域，毗邻区、专属经济区与大陆架也受沿海国家多方面的控制。其二，保护公海、大陆架以外的海床洋底及其资源。

公约第 193 条强调沿海国家"在环境保护政策条件下的、符合其保护环境义务的自主利用权"。其意义在于保护与利用既理想结合而又强调了"自主权"。将海洋空间分为国家与非国家区域以及沿海国家功能管辖区域与国家共同体区域对海洋环境保护具有决定意义，沿海国家为此享有"自主权"（第 56 条 1 款 a 项），而公海资源则归属于船旗国（第 116 条）。大陆架以外的海床则应当由国际组织管理（第 150 条）并应当采取措施以确保海洋环境（第 145 条）。

享有权利的同时也意味着承担义务。

各国有保护和保全海洋环境的义务（第 192 条），应采取一切必要措施，包括制定国内法律、规章和在专属经济区内设立特别区域，制定特别法律、规章，以防止、减少和控制任何污染源（包括陆地来源、海底活动、倾倒、船只来源和来自或通过大气层等）的海洋环境污染。[1]各国在采取措施、减少和控制海洋环境的污染时采取的行动，不应直接或间接将损害或危险从一个区域转移到另一个区域，或将一种污染转变成另一种污染（第 195 条）；各国应通过主管国际组织或外交会议制定全球和区域性的国际规则和标准以保护和保全海洋环境（第 197 条）。海洋环境保护和保全仅靠几个国家的努力是不够的，应由国际社会所有成员共同进行努力。国际合作是保护海洋环境的一个重要措施，该公约要求各国尽力在全球和区域的基础上进行合作，为保护和促进海洋环境制定符合公约的规则、标准、适当的办法和程序。当一国获知海洋环境已经遭受污染损害或有即将遭受污染损害的迫切危险情况时，应当立即通知可能受这种损害影响的国家和主管国际组织。受影响区域的各沿岸国应当共同发展和促进各种适当计划，并与主管国际组织合作，消除污染的影响，防止并尽量减轻损害。还应当直接或通过主管国际组织进行合作，促进保护海洋环境的科学研究，实施科学研究方案，交换所取得的有关海洋环境污染的理念和资料，尽量参与区域性和全球性海洋污染研究计划。

该公约第 235 条特别强调了各国保护海洋环境的责任：①各国有责任履

---

〔1〕 参见《联合国海洋法公约》第 207~212 条。

行其关于保护和保全海洋环境的国际义务。各国应按照国际法承担责任。②各国对于在其管辖下的自然人或法人污染海洋环境所造成的损害，应确保按照其法律制度，可以提起申诉以获得迅速和适当的补偿或其他救济。③为了对污染海洋环境所造成的一切损害保证迅速而适当地给予补偿，各国应进行合作，以便就估量和补偿损害的责任以及解决有关的争端，实施现行国际法和进一步发展国际法，并在适当情形下，拟订诸如强制保险或补偿基金等关于给付适当补偿的标准和程序。此外，该公约还对发展中国家的技术援助和优惠待遇（第 202 条、203 条）、经常性监督与生态评价（第 204 条、第 206 条）等作了一般性规定。

上述规定重申了国际社会关于环境与发展的基本原则，为各国利用和保护海洋环境确立了必须遵循的国际法原则和义务，构成了海洋环境保护的国际法律基础。

二、海洋污染防治措施

《联合国海洋法公约》第 194 条关于"防止、减少和控制海洋环境污染的措施"规定：①各国应在适当情形下个别或联合地采取一切符合本公约的必要措施，防止、减少和控制任何来源的海洋环境污染，为此目的，按照其能力使用其所掌握的最切实可行的方法，并应在这方面尽力协调它们的政策。②各国应采取一切必要措施，确保在其管辖或控制下的活动的进行不致使其他国家及其环境受污染的损害，并确保在其管辖或控制范围内的事件或活动所造成的污染不致扩大到其按照本公约行使主权权利的区域之外。③依据本部分采取的措施，应针对海洋环境的一切污染来源。这些措施，除其他外，应包括旨在最大可能范围内尽量减少下列污染的措施：其一，从陆上来源、从大气层或通过大气层或由于倾倒而放出的有毒、有害或有碍健康的物质，特别是持久不变的物质；其二，来自船只的污染，特别是为了防止意外事件和处理紧急情况，保证海上操作安全，防止故意和无意排放，以及规定船只的设计、建造、装备、操作和人员配备的措施；其三，来自用于勘探或开发海床和底土的自然资源的设施和装置的污染，特别是为了防止意外事件和处理紧急情况，保证海上操作安全，以及规定这些设施或装置的设计、建造、装备、操作和人员配备的措施。其四，来自在海洋环境内操作的其他设施和装置的污染，特别是为了防止意外事件和处理紧急情况，保证海上操作安全，以及规定这些设施或装置的设计、建造、装备、操作和人员配备的措施。④各国采取措施防止、减少或控制海洋环境的污染时，不应对其他国家依照本公约行使其权利并履行其义务所进行的活动有不当的干扰。⑤按照本部分采取的措施，应包括为保护和保全稀有或脆弱的生态系统，以及衰竭、受威胁或有灭绝危险的物种和其他形式的海洋生物的生存环境，而有必要的措施。

显然，该公约第 194 条在规定保护和保全海洋环境的各国应采取的必要措施"防止、减少和控制任何来源的海洋环境污染"的同时，规定不得使其他管辖或控制的事件或活动损及国家按本公约行使主权权利的区域之外。

该条还对勘探和开发海底活动所造成的污染进行了专门规定，并对国家管辖的海底活动和"区域"活动进行了区分。该条规定不仅明确肯定了海洋环境保护的迫切性和全球意义，而且将这项工作从一般的道义性要求上升为各国必须普遍履行的国际法律义务。同时，也恰当地处理了海洋开发和环境保护之间的辩证关系，表明了保护海洋环境是为了更充分地合理利用海洋环境和资源。

三、海洋环境污染的管辖

海洋环境污染的管辖是一个涉及在不同海域发生不同污染行为应由哪个国家管辖和以什么标准进行管辖的问题。1982 年《联合国海洋法公约》总结了自 1954 年《国际防止海洋石油污染公约》签订以来的国际海洋协定的有关规定，对海洋防污的法律、规章的制订及执行作了全面规定，形成了沿海国管辖权、船旗国管辖权以及并行管辖权为内容的海洋防污管辖制度，该管辖制度构成了整个海洋环境保护的法律制度的核心。

造成海洋污染的来源多种多样，陆源污染是发生在国家领土范围内的行为，一般情况下，这种污染是由行为发生国进行立法管辖的，当然必须遵循"各国有在其领域内的行为不给领域外环境造成危害的原则"，但来自海底活动的污染主要是指勘探和开发大陆架的资源造成的污染，其管辖权当属于大陆架沿岸国家。"区域"内活动造成的污染，受国际海底管理局和船旗国的双重管辖。来自大气层和通过大气层的污染的管辖权属于船舶和飞机的登记国。船舶污染则由于船舶航行于各种水域（公海、专属经济区、领海、内水和港口），船旗国、沿海国和港口国都拥有一定管辖权。这种管辖权的分配和实施是联合国海洋法会议争论的焦点，也是《联合国海洋法公约》的核心之一。

（一）沿海国的管辖权

根据《联合国海洋法公约》的规定，沿海国拥有在领海内海洋污染的管辖权，同时亦享有在其专属经济区的保护和保全海洋环境的管辖权，还承认沿海国在其专属经济区和大陆架防止海底开发和倾废等活动造成海洋污染的管辖权。[1]

沿海国在其领海内行使管辖权是习惯国际法所承认的，行使海洋污染管辖权是其中的一项内容。在《联合国海洋法公约》签订之前，1958 年的《领海及毗连区公约》第 17 条对此就作了规定："行使无害通过权的外国船舶，应遵守沿海国根据本条款和国际法其他规则制定的法律规章，尤其应遵守运输和航行的法律和规章。"据此，沿海国有权根据国际法规则制定各方面的法律、规章，而不仅仅是根据国际法规则来行事，沿海国在其领海内行使防污管辖权应是毫无疑问的。《联合国海洋法公约》第 211 条第 4 款进一步明确规定："沿海国在其领海内行使主权，可制定法律和规章，以防止、减少或控制外国船只，包括行使无害通过权的船只对海洋的污染。"同时，公约对此亦作了一些限制，主要是沿海国在行使防污管辖权时负有不妨碍外国船舶无害通过其领海的义务。第 19 条对无害通过作了明确规定。在提到防污时，该条规定只有过往船舶犯有"违反本公约规定的任何故意和严重的污染行为"，其通过才被认为是有害的。这里用的"故意"和"严重"的强调措辞明显是对在领海行使防污管辖权的限制。《奥本海国际法》一书认为这一简洁但显然重复的限制的效力或许不是完全没有疑问的。沿海国对穿过其领海的被怀疑的船只按照该款采取行动，是冒了法律上的风险的。如果船只事实上毕竟没有犯违反公约的"故意和严重的"污染行为，似乎沿海国就处在已经无理地干预了无害通过的风险之下。[2]虽然这种限制效果可以避免沿海国以防污之名而行妨碍无害通过之实，但还是有一些难于把握的地方，即给予所谓"无害通过"者含糊的理由和借口，因为没有给主观上的"故意"与客观上的"严重"具体的标准。这也体现了公约的规定一般原则的"框架性"。

按照该公约第 211 条第 6 款，在一定条件下，沿海国家可以在专属经济

---

〔1〕　参见《联合国海洋法公约》第 21、56、60、80、208、210 条。

〔2〕　参见［英］詹宁斯、瓦茨修订：《奥本海国际法》（第一卷第二分册），王铁崖等译，中国大百科全书出版社 1998 年版，第 232 页。

区的"特别划定的区域"颁布法令"防止船舶污染"。因此，在功能管辖区域，沿海国家成了"环境保护的主人"。第 5 款首先对此作了一般规定："沿海国为第六节所规定的执行的目的，可对其专属经济区制定法律和规章，以防止、减少和控制来自船只的污染。这种法律和规章应符合通过主管国际组织或一般外交会议制定的一般接受的国际规则和标准，并使其有效。"至于所谓"一般接受的国际规则和标准"，学者们对此有不同的理解。杜大昌在其所著的《海洋环境保护与国际法》一书中认为此处的国际规则和标准当指国际海事组织制定的，对船舶防污标准作出具体规定的《73/78 防污公约》。[1] 周忠海教授则指出：可以推测"一般接受的国际规则和标准"包括 1954 年《国际防止海洋石油污染公约》。但是否包括 1973 年《国际防止船舶造成污染公约》，是包括该公约的五个附则，还是仅包括其中两个强制性附则，不得而知。但有一点是清楚的，即船旗国制定的标准、规则包括在其是缔约国的公约中所规定的标准和规则中。[2] 除上述一般性规定以外，《联合国海洋法公约》第 211 条第 6 款又作了特殊性规定："如果第 1 款所指的国际规则和标准不足以适应特殊情况，又如果沿海国有合理根据认为其专属经济区某一明确划定的特定区域，因与其海洋学和生态条件有关的公认技术理由，以及该区域的利用或其资源的保护及在航运上的特殊性质，要求采取防止来自船只的污染的特别强制性措施，该沿海国……即可对该区域制定防止、减少和控制来自船只的污染的法律和规章，实施通过主管国际组织使其适用于各特别区域的国际规则和标准或航行办法。"该特殊规定的意义在于：如果沿海国认为"国际规则和标准"不足以适应该国专属经济区域内实行特殊的管辖权，要求采取特殊的措施。1954 年《国际防止海洋石油污染公约》中没有关于特殊区域的规定。1973 年《国际防止船舶造成污染公约》虽有特别区域的规定，但它仅限于某些特殊的海域，如地中海区域、波罗的海区域等，并且在此等特殊海域内只限于禁止船舶的污染排放。因此可以说，该项规定是对以往国际防污公约的一个新发展，是沿海国为自己争取的一项意义重大的特殊性权利，能够使沿海国对特殊区域的防污执行更为严格的标准。

    《联合国海洋法公约》扩大了沿海国的海洋污染管辖权，但为不妨碍在领

---

〔1〕 参见杜大昌：《海洋环境保护与国际法》，海洋出版社 1990 年版，第 14 页。

〔2〕 参见周忠海：《国际海洋法》，中国政法大学出版社 1987 年版，第 232 页。

海内享有的"无害通过权"和在专属经济区内的"航行自由"这两项权利，公约对管辖权的实施规定了严格的限制。该公约第 225 条、第 226 条规定：沿海国在对外国船舶行使管辖权时，不应危害航行的安全或对船舶造成任何危险，或将船舶带至不安全的港口停泊地，并应避免在海上对船舶进行不必要的实际检查。该公约第 230 条接着规定："对于外国船只在领海以外的违章排污行为，仅可处以罚款；对于外国船只在领海以内的违章排污行为，一般情况下也仅可处以罚款。"在这些规定旨在避免对违章排污的外国船舶提起不适当的司法程序，确保船舶正当的无害通过权与航行自由权。

沿海国在其专属经济区为防止、减少和控制来自船舶的污染而订立的法律、规章，应符合通过主管国际组织或一般外交会议制定的普遍接受的国际规则和标准。在对其专属经济区内设立的特别区域，订立关于防止来自船舶的污染的特别法律、规章时，这种法律和规章可涉及排放和航行办法，但不应要求外国船只遵守普遍接受的国际规则和标准以外的设计、建造、人员配备或装备标准。

此外，各国应强制执行关于保护海洋环境的国内法律和规章，并采取必要措施实施国际规则和标准。对外国船舶在领海、专属经济区和大陆架上造成污染和违法行为，沿海国有权依据本国法律进行司法管辖，但如污染行为发生在该沿海国领海之外海域，而船旗国在沿海国对这种污染行为提起司法程序的半年之内也依同样理由提起司法程序，则沿海国提起的司法程序即应暂停进行，除非外国船舶的违法行为使沿海国遭受重大损害或船旗国不履行其应对本国船只的违法行为实行强制执行的义务。在执行方面，公约将领海内的执行同专属经济区内的执行加以适当区别，是符合两类不同性质的海域各自的特点的。

（二）船旗国的管辖权

该公约第 211 条第 2 款规定：各船旗国应制定法律和规章，以防止、减少或控制其船舶对海洋环境的污染。这种法律和规章至少应具有与一般接受的国际规则和标准相同的效力。

船旗国既拥有管辖本国的权力，同时它又应该承担保护海洋环境的义务。公约是以船旗国义务的形式规定了船旗国的执行权。有的学者指出：公约作这样的规定是十分明智的，因为只有当一个国家意识到它有"义务"时，才会利用其"权利"认真地实施关于防止海洋污染的法律和规章。[1]该公约第217条规定：船旗国应对悬挂其旗帜的船舶的违法行为进行调查并提起司法程序，不管其违法在何处，并给以严厉的惩罚，其严厉程度以足以阻止违法行为在任何地方发生为限。该公约第228条规定：船旗国如果在其他国家对其船只的违法行为提起司法程序最初6个月内，就同样控告提出加以处罚的司法程序，其他国家应暂停司法程序。该条规定表明，船旗国的管辖权在某种程度上优于沿海国和港口国的管辖权。

可见，《联合国海洋法公约》在很大程度上保留了传统的船旗国管辖原则。尤其需要指出的是，该公约缺乏对悬挂"方便旗"的船舶的控制与处罚，这是国际规则得不到遵守的重要原因之一。

（三）港口国的管辖权

《联合国海洋法公约》确认港口国有一定程度的管辖权，但同时又规定了许多限制条件。第211条第3款规定：港口国可以制定关于防止、减少和控制海洋污染的特别规定，作为外国船只进入港口或内水或在其岸外码头停靠的条件。港口国如果作出特别规定，通知主管国际组织并妥为公布。同时公约对港口国的这种权利作了限制性规定：即外国船只在驶入作出特别规定国家的港口时，应作出是否遵守该国有关进入港口规定的通知。这实际上是把船旗国的管辖权置于港口国的管辖权之上。

在执行方面，第218条规定：①当船只自愿位于一国港口或岸外设施时，该国可对该船违反通过主管国际组织或一般外交会议制订的可适用的国际规则和标准在该国内水、领海或专属经济区外的任何排放进行调查，并可在有充分证据的情形下，提起司法程序。②对于在另一国内水、领海或专属经济区内发生的违章排放行为，除非经该国、船旗国或受违章排放行为损害或威胁的国家请求，或者违反行为已对或可能对提起司法程序的国家的内水、领海或专属经济区造成污染，不应依据第1款提起司法程序。③当船只自愿位于一国港口或岸外设施时，该国应在实际可行范围内满足任何国家因认为第1款所指的违章排放行为已在其内水、领海或专属经济区内发生，对其内水、领海或专属经济区已造成损害或有损害的威胁而提出的进行调查的请求，并且应在实际可行范围内，满足船旗国对这一违反行为所提出的进行调查的请

---

[1] 参见《国际法委员会第42届会议特别报告员巴尔巴萨的工作报告》（中文本）。

求，不论违反行为在何处发生。④港口国依据本条规定进行的调查的记录，如经请求，应转交船旗国或沿海国。在第七节限制下，如果违反行为发生在沿海国的内水、领海或专属经济区内，港口国根据这种调查提起的任何司法程序，经该沿海国请求可暂停进行。案件的证据和记录，连同缴交港口国当局的任何保证书或其他财政担保，应在这种情形下转交给该沿海国。转交后，在港口国即不应继续进行司法程序。亦即，当外国船只自愿停泊在一国港口或岸外码头时，港口国可以对发生在其领海、专属经济区内的违法行为进行调查，并在有充分证据的情形下，提起司法程序。对于发生在另一国的领海或专属经济区的违法行为，只有在该国、船旗国或受违法行为损害的国家提出请求的情况下，或在该违法行为已对或可能对港口国的内水、领海或专属经济区造成污染的情况下，港口国才可提起司法程序。

该公约通过扩大港口的管辖权消除了许多国家对由沿海国行使管辖权影响船舶"航行自由"的担心，因为在一般情况下，港口国对自愿进港的船舶检查和取证不会影响船舶的航行。[1] 显然，这是防止污染国的利益和航行自由国的利益妥协的结果。

（四）公约海洋污染管辖制度的意义

通过上述对《联合国海洋法公约》关于防止海洋环境污染的管辖制度的分析和介绍，我们清楚地看到公约较以前的任何规定都更为详细和明确，使得海洋防污的法律制度进一步充实和丰富。

第一，沿海国由于所处地理位置，同防止海洋环境污染有极其密切的利害关系，因此不论是为了维持其在专属经济区的利益，还是为了保全整个海洋环境，都应有防止海洋环境污染的管辖权。《联合国海洋法公约》的上述规定基本上反映了这个观点，满足了沿海国对防污管辖权的要求。沿海国在专属经济区防污管辖权的确立，顺应了时代发展的潮流，并为国际社会普遍承认和接受。

第二，沿海国防污管辖权的确立，同时打破了船旗国专属管辖权的统治地位，而代之以船旗国、沿海国、港口国的并行管辖。港口国管辖权是对沿海国管辖权的补充和平衡，更重要的是对船旗国专属管辖的否定。这无疑是海洋法的一个进步和发展，因为国际社会认识到，海洋环境的保护和保全是

---

〔1〕 参见《国际法委员会第42届会议特别报告员巴尔巴萨的工作报告》（中文本）。

一个世界性的问题，单靠个别国家进行管辖是行不通的，反映在实践中也必然表现得无能为力，沿海国和港口国管辖权的确立就是为了弥补这方面的不足。

第三，公约所规定的此种并行管辖制度对防止海洋环境污染极为有利，一方面，三种管辖权可以相互协调，因为它并非一般意义上的共有管辖权，每一方都有同样的权力对违章船舶采取制裁措施，而是要根据违章行为的发生地、危害程度等不同情况分别优先行使何种管辖权，采取何种措施或行动；另一方面，从维持利益平衡的角度看，三种管辖权又可相互作用，防止某种管辖权的滥用。

当然，应该承认，如同整个《联合国海洋法公约》是照顾各方利益的一个调和折中的产物一样，其中关于防污管辖权的规定，也反映了发展中国家和海洋大国的妥协。举例来说，公约除对船旗国管辖作了很大的保留外，还规定了船旗国的优先执行权。第 228 条规定，船旗国如在其他国家对其船只的违法行为提起司法程序最初 6 个月内就同样控告提出加以处罚的司法程序，该其他国家应立即暂停进行司法程序。这实际上是把船旗国的管辖权置于沿海国管辖权之上，不利于沿海国的管辖。[1]

第五节　海洋环境保护新焦点

在召开斯德哥尔摩大会时，农业营养物质流失还"不是主要的全球问题"。当时发达国家施用了绝大部分的化肥，但预见到了发展中国家用化肥的快速增长。化肥的施用在发达国家已经稳定，但在发展中国家仍在继续增长，这种趋势还将持续。各种补贴（主要表现为政治上）优先考虑的是粮食产量的提高、生产成本的降低，这将毫无疑问地提高化肥的施用量。

今天，尽管采取了相应的国家和国际行动，关于海洋环境的保护和保全问题，不论是国际性、区域性还是各国内都通过和制定了一系列的公约、协定、法律、规章等，特别是第三次联合国海洋法会议的召开并通过了《联合国海洋法公约》，可以说，关于"海洋环境的保护和保全"的制度已经确立，处理海洋环境污染的国际法律制度有了很大的发展，但这并不等于这一法律

---

〔1〕　周忠海等：《国际法学述评》，法律出版社 2001 年版，第 508～512 页。

制度已经十分完善。自从 1972 年就已意识到的海洋污染、海洋生物资源的过度捕捞及沿海生态环境的丧失等主要威胁依然存在。不仅如此，我们所面临的海洋环境恶化的形势更加严峻并出现了新的焦点。现在，对于海洋的健康发展来说，海洋生物的过度捕捞和生态环境的丧失已经成为至少是与海洋污染同样重要的威胁。很显然，我们对海洋环境问题的认识也必须改变。

"由于海洋污染主要源于陆地江河的污染，以及核废料的倾倒和油船泄漏石油，因而只要治理了江河湖泊的污染，禁止向海洋倾倒核废料的国际公约得到了认真执行，运用现代科学手段收集海水中泄漏的石油，可以说海洋的污染就基本上得到了控制。"——这样的观点，需要回溯 100 年去看。

一、海洋富营养化

近年来，进入海洋的固态氮急剧增加，而通过人类活动固化氮达到一半以上。在靠近城市的地区，污水排放是氮的主要来源，它主要来源于农业径流和大气沉降。在一些沿海地区，则来自交通车辆、工业排放以及一些地区有机化肥蒸发的氮占了大气沉降中氮的较大比重。随着工业化和交通的进一步发展，特别是在发达地区，通过大气沉降输送的氮还会增加。氮会继续通过大气沉降进入氮元素含量少的公海中，这对海洋的初级生产力和碳循环将产生重要影响。

输入海洋中氮浓度的增加而导致的富营养化作用，已经不能不令人忧虑。越来越多的证据表明有毒或有害的浮游生物的滋生频率和地理分布都在不断增加。包括黑海在内的几个封闭的或半封闭的海洋已经发生了严重的富营养化。另外，浮游生物的滋生及其腐烂引起了季节性无氧水域的广泛分布。浮游生物的滋生对于渔业、水产业和旅游业有重大的经济影响。对海洋环境的破坏起到了一个恶性连锁反应，如骇人听闻的"赤潮"。

浩瀚的海洋受到来自人类生产生活的废物污染时，也会放弃宽广的胸襟，向人类展开可怕的报复，而其报复的程度尤甚于陆上自然的反击。

海洋中存在着种类繁多的藻类，它们是海洋生态系统的组成部分，在特定的环境下，海藻家族中存在少数赤潮藻类会暴发性地增殖，由此造成海水的 PH 值升高，黏稠度增大，非赤潮藻的浮游生物衰减，赤潮藻自身也因增殖过快过度聚集而大量死亡。腐解时造成海域大面积缺氧甚至无氧，藻体分解产生大量的有害气体，释放出大量的藻毒素，使海水变色、变臭，造成海洋环境严重恶化，最终破坏海洋生态系统。赤藻造成的这种破坏性现象，因其发生使海域海水颜色变红，故被称为赤潮现象。

赤潮的发生是海洋生态系统的一种异常现象，会造成海洋生态系统的严重破坏。首先，它直接造成对海洋渔业的破坏。20 世纪 80 年代以来，仅中国各地发生赤潮所造成的损失就令人吃惊。1981 年 9 月，三沙和霞浦海域的夜光藻赤潮，使几百公顷养殖牡蛎死亡；1983 年，广东大亚湾、大鹏湾裸甲藻赤潮使 20 多种鱼类死亡；1985 年 6 月至 8 月，大连湾甜水套发生的异弯藻赤潮使养殖贻贝死亡 500 多台筏，损失 80 多万元人民币；1986 年 2 月，广东深圳湾夜光藻赤潮造成养殖牡蛎大量死亡；1989 年 4 月，福建福清海域夜光藻赤潮使 1300 亩养殖蛏绝收；同年，河北黄骅市等地鱼虾因渤海西部养殖海域的裸甲赤潮大量死亡；2002 年，广东发生历史大旱的同时，珠海市、深圳市等地区珠江出海口岸也发生了历史最大面积的赤潮；2003 年 5 月，广东珠江口海域出现大面积的硅藻赤潮，赤潮一度绵延 300 多平方公里，面积之大为经年少见，造成了万山白沥岛数千条名贵石斑鱼在赤潮中死亡，损失严重。其次，赤潮藻类含有多种毒素，其中很大一部分可通过食物链对人类健康造成危害。现已发现与人类疾病有关的有赤潮贝毒、神经性贝毒、记忆缺失性贝毒、泻痢贝毒、西加贝毒等。

赤潮的罪魁祸首是大量的污水直排入海，工业废水、生活污水、农业排水等废水中含有大量的营养盐、铁锰微量元素和有机物，使赤潮有了滋生的"温床"，而在枯水季节或干旱年份来水量减少的情况下水体污染浓度加大，赤潮现象就得以暴发。随着人类活动的复杂化，危及水环境的因素也日益趋向多元化，赤潮、咸潮、酸雨以至更多的水灾害正以不同的形式表现。

当前，赤潮发生的主要特征是：①由以前少数海域分散零星的发生变为高度扩散且危害增加；②有害、有毒赤潮藻类的记录不断增加；③由航运和贸易等人类经济活动引起的有害赤潮藻种不断跨海域迁移。海洋赤潮的发生并非个别现象，世界上大约有 30 多个国家报道过由于赤潮造成的巨大经济损失，其中尤以日本最为严重，美国、中国等也有严重损失的记录。如我国的渤海湾素有"天然渔场"之称，但由于受污染与过度捕捞，已无鱼汛可言，许多鱼虾已绝迹。这是每年来自陆地 28 亿吨污水，70 万吨污物严重污染的必然结果。照此下去，用不了许久，渤海这块 8 万平方公里的海域将会成为"死海"。

二、海洋生态系统危机

人类的介入是对沿海生态环境系统的一个主要威胁。由于人类的介入而引起的沉积物自然流的改变，自从斯德哥尔摩大会就出现了。城市和工业的发展驱动了居民区和工业基础设施的建设，这会改变沉积物的自然流动。另外，农业、森林砍伐和建筑都会使沉积物流发生改变。三角洲、红树林[1]、海滨的其他沿海生态一起靠沉积物的供应才可持续，而其他生态环境，像珊瑚礁和长满海藻的海底，则可能会缺少氧气或阳光。沉积物流的改变是珊瑚礁面临的一个最主要的全球性威胁。旅游在近期的海洋利用中也发挥着重要作用，造成大量污染且难以控制的大量增加的游艇，使海洋的污染进一步恶化。

捕鱼是利用海洋的一种传统方式，它的发展也是前所未有的。海洋捕鱼已发展为一种产业，现在人们甚至去捕获最遥远最荒凉区域的生物资源，例如南极水域的磷虾。现在，全球年捕鱼量已超过 9000 万吨，接近海洋生物资源开发的极限，已经预见到某些鱼类会因为过度捕捞而产量减少。以前，渔业被认为几乎完全属于经济和政治领域。今天，渔业活动被认为也属于广义的环境问题。因为上一级的捕食者已经消失，当前渔业产量的增长越来越多地依赖于海洋食物网络中较低层次的生物种类（这种反馈作用还未被人类所认识）。在全球数以百万吨计的渔业副产品中，包括海豚、海龟和其他许多海洋生物。渔业活动对于海洋和沿海生态系统的影响人们还知之甚少，但其影响可能是深远的。负面的生态影响来自一些会对海洋生态环境造成实质性破坏的捕鱼装置（如拖网捕鱼）和破坏性行为（如用炸药捕鱼）。重新审视海洋渔业与海洋和生态之间错综复杂的关系，在渔业管理中要考虑到生态问题。

尽管海洋食品是沿海居民，尤其是比较贫困居民的主要蛋白质来源，但进行渔业生产不仅仅是为了满足营养需求。许多渔业产品被作为奢侈品或成了家畜的饲料。缺乏限制每个人都能得到捕捞的合理理由是过度捕鱼的根本原因，也是公众的悲剧。另一个原因被称为"马尔萨斯式的过度捕捞"，它是

---

〔1〕　红树林是生长在热带、亚热带海岸潮间带上的沼泽林，或海滨森林，由于其独特的地理位置，处于海陆过渡带上，因而为各种各样的陆生和水生动物提供了适宜的生活环境，是许多鸟类、珍稀水禽的迁徙驿站或繁殖基地。红树林动物主要有底栖动物、浮游动物、鱼类、昆虫及鸟类等无脊椎或脊椎动物。

指绝望的穷人没有办法，只有收集剩下的资源。许多管理渔业可持续发展的努力最后沦落为"瓜分赃物"。

此外，海洋污染问题还有由持久性有机污染物（POPs）（尤其是 DDT 和 PCBS）、重金属和油类所引起的海洋污染。尤其是 POPs 通过大气在全球范围内传播。长期、低强度接触某些 POPs 会导致生殖系统、免疫系统和神经系统出现问题。海洋生物的另一个威胁是非降解垃圾。每年，大量的海鸟、海龟和其他海洋哺乳动物因非降解垃圾缠绕或摄食了非降解垃圾而死。

三、自然变化

现在自然变化和生态环境的破坏被认为是威胁沿海环境的最主要因素。而海洋发生自然变化的驱动因素是规划不当，诸如人口、城市化、工业化、海洋运输和旅游业之类不断增大的压力。

港口疏浚、垃圾填埋、沿海固体废物倾倒、沿海建筑和道路建设、沿海森林的砍伐、滨海砂矿的开采、旅游休闲过程中践踏、停泊和潜水所带来的破坏等，都是海洋生态环境的自然改变比较明显的例子。现在，人们没有完全意识到这些生态环境的经济价值，这加剧了问题的严重性。例如，在过去的 100 年，主要是由于自然变化，全球损失了大约 1/2 的湿地。据估计，全世界 58% 的珊瑚受到威胁，其中最主要的原因是直接的自然破坏。[1]

政府间气候变化专业委员会（IPCC）指出，由人类诱导的全球快速变暖会威胁珍贵的沿海生态系统及依赖于沿海生态系统的经济部门，对海洋产生惊人的影响。其他潜在的影响是复杂的，也鲜为人知。极地变暖、冰盖融化会使全球大气/海洋"热机"效应减缓，可能会改变主要洋流的流动。海洋表层温度升高，海洋淡水输入增加，会减少对海洋生产力起到重要支撑作用的营养物质的上涌，如果变得比较温暖，生产力水平很高的上涌海流会得到加强。IPCC 预测暴风雨和其他极端天气事件的发生频率和强度会加强，这会增加对沿海生态系统的干扰，减少其恢复能力。

全球变暖对于珊瑚的影响受到了极大的关注。在 1997 年至 1998 年厄尔尼诺现象强烈期间，全球范围内的广大珊瑚地区发生珊瑚白化现象。尽管一些珊瑚迅速恢复，但另外一些，尤其是印度洋、东南亚和太平洋的珊瑚死亡

---

〔1〕 联合国环境规划署编：《全球环境展望3》，中国环境科学出版社 2002 年版，第 180 页。

率较高，部分地区更是高达 90%。

一些模型预测，厄尔尼诺和其他类似现象的发生频率和强度正在慢慢增加。如果这种现象发生，珊瑚白化现象的频率和强度也会增加，这会对珊瑚造成不可逆转的破坏。有证据表明，遥远的印度洋查尔斯群岛的珊瑚长期下降既与厄尔尼诺现象相关，又与海洋表层温度的长期增加有关。2000 年，世界的许多地方都发生了大规模的珊瑚白化，这可能是珊瑚白化频率越来越快的信号。珊瑚礁也可能被海水中高浓度的二氧化碳所威胁，因为这会削弱其石灰质骨骼的沉积。

为防止由气候变化导致的水平面上升，保护措施已经从如防波堤这样的刚性建筑转向一系列的柔性措施（如海滩营养物质和湿地保护区的设立），采取适应性的规划（如采用新的建筑规范），停止在沿海地区进行新建设在内的管理措施等。一些措施认为气候变化本身也是值得关注的原因，尤其是那些为了加快海洋浮游生物的生长而在大面积的海洋表面施用氮或铁肥料，或者将二氧化碳注入深海，都使二氧化碳从大气到海洋的循环缩短。尽管不能预见，但这些措施在大范围内实施的影响可能是巨大的。

对于水平面上升和极端天气，由于小岛发展中国家和低洼的沿海地区完全属于沿海地带，发展也更多地依赖于沿海和海洋资源，所以显得尤其脆弱。

另一个引起自然变化的严重问题是外来物种的入侵。物种侵入最常见的媒介是船舶的压舱水，每天大约有 3000 种动植物经由压舱水传送。[1] 在不受控制的情况下，外来物种会快速繁殖，这种入侵会对经济和海洋生物多样性产生破坏性影响。

四、海洋微塑料污染

"海洋微塑料"是指全球海域中存在的直径小于 5 毫米的合成塑料颗粒，这些塑料颗粒的来源广泛，既包括以工业或商业目的制造的初级微塑料，也包含由塑料制品自然分解产生的次级微塑料。过去 60 年中，人类生产了大约 83 亿吨塑料制品。[2] 囿于人类极为有限的塑料回收能力，每年大约有 1000

---

〔1〕 联合国环境规划署编：《全球环境展望3》，中国环境科学出版社 2002 年版，第 182 页。

〔2〕 Roland Geyer et al., "Production, Use, and Fate of All Plastics Ever Made", Sci. Advances (July 19, 2017), at http: //advances. sciencemag. org/content/3/7/e1700782/tab-pdf.

万吨~2000万吨塑料垃圾通过各种方式最终流入海洋。[1]经过持续不断的累积、叠加和扩散作用，通过工业生产、光降解和机械降解等方式产生的微塑料颗粒的总量已从5万吨~50万吨增加到12万吨~125万吨。[2]在某些海域，例如"大太平洋垃圾带"[3]的微塑料颗粒的数量可能比海洋浮游生物还多。

2017年12月4日至6日，第三届联合国环境大会通过关于海洋垃圾、污染防治等相关决议和决定。2019年3月11日至15日，第四届联合国环境大会讨论了海洋塑料污染和微塑料、化学品和废物无害化管理等议题。同年10月23日至24日，"我们的海洋"[4]第六届会议达成370项关于保护海洋环境的承诺，各方围绕气候变化对海洋的影响、海洋塑料污染和可持续渔业等议题展开了交流讨论。可见，日益加剧的海洋微塑料污染正加速海洋环境退化，并通过物质循环和能量转化最终影响人类健康和福祉，其危害已超乎人们的想象。作为海洋环境治理之新领域，海洋微塑料污染问题亟须全球的共同参与，以建立健全海洋微塑料污染之国际环境法制，进一步推动海洋环境保护之国际立法。

---

〔1〕 See Gaelle Gourmelon, "Global Plastic Production Rises, Recycling Lags", Worldwatch Inst. (Jan. 28, 2015), at http：//www. worldwatch. org/global-plastic-production-rises-recycling-lags-0.

〔2〕 Damian Carrington, "Microplastic Pollution in Oceans Vastly Underestimated--Study", Guardian (May 22, 2020), at https：//perma. cc/BY83-HQKL.

〔3〕 "大太平洋垃圾带"由位于夏威夷和加利福尼亚之间的"东垃圾带"和位于日本以东至夏威夷以西的"西垃圾带"构成，总面积相当于数个英国，其中绝大部分垃圾为塑料制品，是世界范围内最大的垃圾场。

〔4〕 "我们的海洋"是2014年由美国国务卿克里发起的讨论全球海洋治理问题的重要国际论坛，呼吁国际社会就海洋面临的危机取得共识，并开展合作、携手并进，展开实质性行动，共同保护"我们的海洋"。

第十四章

湿地的国际环境法保护

　　湿地乃地球之"肾",是大量物种的摇篮及重要的栖息地。湿地与森林、海洋并称全球三大生态系统。湿地保护、修复、管理以及合理和可持续利用,对于应对气候变化和生物多样性丧失等紧迫环境、社会和经济挑战至关重要,同时保障着人类和整个地球的健康和福祉安全。

第一节　湿地概述

　　"湿地"一词源自英文"wetland",其实我国早就有关于湿地的名称,我国古代将常年积水的沼泽地或浅湖称为沮泽,将季节性积水或过湿的沼泽化地带称为沮沼,将滨海沼泽或盐沼称为斥泽。但关于湿地的定义,目前尚无定论,各国学者有不同的解释。一般而言,湿地有广义和狭义两种定义。狭义定义一般认为湿地是陆地与水域之间的过渡地带。广义定义则把地球上除海洋(水深6米以上)外的所有水体都当作湿地。《关于特别是作为水禽栖息地的国际重要湿地公约》(本章简称《湿地公约》)对湿地的定义就是广义的定义,具体文字表述是:"湿地系指不问其为天然或人工、长久或暂时之沼泽地、湿原、泥炭地或水域地带,带有或静止或流动,或为淡水、半咸水或咸水水体者,包括低潮时水深不超过六米的水域。"[1]根据这一定义,河流、湖泊、沼泽、珊瑚礁都是湿地,此外湿地还包括人工湿地,如水库、鱼(虾)塘、盐池、水稻田等。湿地广泛分布于世界各地,从冻土地带到热带都有湿地,但迄今没有全球湿地资源的精确数字。据资料统计,全世界共有自然湿

---

　　[1]　参见《湿地公约》第1条。

地 855.8 万平方公里，占陆地面积的 6.4%。我国湿地资源丰富，面积占世界湿地的 10%，单位面积大于 100 公顷的湿地总面积为 3848 万公顷，位居亚洲第一位、世界第四位。[1]

湿地的类别很多，《湿地公约》主张各国可以根据本国的具体情况对湿地进行分类。一般可将湿地分为三类：

（1）海洋/海岸湿地：下分 12 类，主要有浅海水域、河口、泻湖、盐湖、滩涂。

（2）内陆湿地：下分 20 类，主要有河流、湖泊、沼泽、泥炭、冻土。

（3）人工湿地：下分 10 类，主要有水产养殖、灌溉地、盐池、污水处理池、水库。

长期以来，湿地的价值不为人们所知，往往把湿地当作无用之地。芬兰的湿地面积非常大，多年来开发出一整套技术和机械，将湿地转变为农耕地和林地。我国东北三江平原的大片湿地被称为"北大荒"。20 世纪 50 年代，我国政府下令以大量人力、物力、财力开垦北大荒，喊着"战天斗地""人定胜天"的口号将湿地的水排干，要变"北大荒"为"北大仓"。但其长期的后果是周边环境的恶化。

湿地是地球上维系生命的重要生态系统，具有涵养水源、净化水质、调蓄洪水、控制土壤侵蚀、补充地下水、美化环境、调节气候、维持碳循环和保护海岸等极为重要的生态功能，是生物多样性的重要发源地。湿地在生态学和水文学上具有非常重要且不可替代的作用，湿地中生活着世界上大多数濒危物种。湿地在生态上、水文上和经济上都具有重大的意义，其功能和重要性可以区分为：

（1）生命的摇篮。湿地是成千上万的水禽、鱼类、两栖动物、哺乳动物和动植物物种赖以生存的栖息地，湿地的消失则意味着某些动植物的灭绝。从三角洲到泥炭地，再到红树林，湿地生态系统在维持生命方面发挥着至关重要的作用。

（2）健康的保障。人类健康的核心是获得清洁水。饮用水、工业用水大部分来源于湿地，在许多难以获得洁净水的地区，湿地提供了一个天然的解决方案——供人类饮用的淡水生命线。湿地因农业而流失，因工业废物而污

---

〔1〕 数据来源于环境保护部网站。

染，因城市发展而被侵占，湿地损失不仅危及生物多样性，还削弱了我们抵御水污染、气候变化和自然灾害的天然屏障——所有这些都直接影响人类健康。

（3）文明的摇篮。人类文明发源于大河，尼罗河、底格里斯河、幼发拉底河、恒河、湄公河和我国的黄河都是人类文明的发祥地。

（4）直接利用的价值：

第一，水资源。湿地是一个天然的蓄水池，能够自然地调节水分循环，有效地防止旱涝灾害，为农业提供用水。虽然湿地仅占地球陆地面积的6%，但却是自然界最有效的净水器，可以过滤污染物和病原体，分解有害物质，改善总体水质。

第二，湿地产品。主要有鱼、虾、贝、藻类、莲、藕、菱、芡、泥炭、木材、芦苇、药材等。湿地动植物资源的利用还间接带动了加工业的发展；我国的农业、渔业、牧业和副业生产在相当程度上要依赖于湿地提供的自然资源。

第三，湿地矿产。湿地中有各种矿砂和盐类资源。我国的青藏、内蒙古、新疆地区的咸水湖和盐湖的种类齐全，储量极大。盐湖中还富集着硼、锂等多种稀有元素。我国一些重要油田，大都分布在湿地区域，对发展国民经济意义重大。

第四，能源。湿地中的泥炭是很好的燃料，此外，水力发电是人类生活中的重要能源之一。我国水能蕴藏量占世界第一位，达6.8亿千瓦，有着巨大的开发潜力。

第五，水运。水运是最古老也是最廉价的运输方式，某些地方水运是唯一的运输方式。我国约有10万km内河航道，内陆水运承担了大约30%的货运量。

（5）间接利用价值：

第一，流量调节。除了净化水质的作用，湿地还能调节水流，降雨时湿地可以吸纳大量的水，干旱时又能释放水，降低洪水和干旱等自然灾害的风险。这对于人们生活和生产是十分重要的。我国1998年洪灾的一个重要原因是沿江、河的湿地（湖泊）被开垦，从而大大地降低了调洪能力。

第二，防止海水入侵。沿海地区入海的淡水减少时，海水会沿着江河向上扩展，严重时会影响人们的生活。天津和上海多次发生过海水倒灌，山东莱州至烟台沿海因海水入侵造成4万多公顷土地盐渍化。

第三，与地下水的交流，即补充地下水或来自地下水。这个功能十分重要，如果地下水得不到补充造成地下水位下降，地面会沉降，必然将危及人们的生活和生命安全。

第四，营养物质的沉积。水流进入湿地后，其中的营养物质会因水流缓慢而沉积，成为湿地植物的养料。湿地还可以有效分解沉积的有毒物质，所以人们把湿地称为地球之肾。

第五，调节气候。湿地在减缓气候变化方面有着重要的作用。通过在植物和土壤中，湿地储存大量碳，成为碳汇，有助于减少大气中的二氧化碳含量。这不仅有助于应对气候变化，还能防止与气候相关的健康问题（从热浪到疾病传播）恶化。破坏湿地意味着将湿地储存的碳释放到大气中，加剧气候变化。

第六，文化遗产。世界上有些种族的文化和宗教与湿地不可分割，如菲律宾的棉兰老岛。我国在太湖发现了新石器时期的文化遗址数百处。

第七，保护海岸，防止侵蚀。热带和亚热带的红树林对防止海岸侵蚀的作用最为明显。此外，湿地植被还有防风作用。

第八，景观价值。湿地具有巨大的景观价值。风景区不能没有水。我国桂林山水甲天下，没有漓江就没有桂林的美景；"九寨归来不看水"的九寨沟的美景全在水；滇池、太湖、洱海、杭州西湖等都是著名的风景区。现在提倡生态旅游、观鸟等，湿地可谓最佳去处。

第九，教育与科研价值。湿地生态系统特别是动植物群落的多样性，在科研中有重要地位，它们为教育和科学研究提供了对象、材料和试验基地。一些湿地中保留着过去和现在的生物、地理等方面演化进程的信息，在研究环境演化和古地理方面有极重要价值。

第十，生物多样性。湿地是一个独特的生态系统，它具有自己的物种、生境和自然过程，是全球生态系统的组成部分，是生物多样性的摇篮，为无数动植物物种提供赖以生存的水源和生产力。任何一个国家的湿地状况都会影响全球生态环境。湿地物种十分丰富，蕴藏着丰富的遗传资源。仅我国的湿地植物就有2760种，在湿地栖息的动物也有1500种左右（不含昆虫、无脊椎动物、真菌和微生物），其中水禽大约250种，包括亚洲57种濒危鸟中的31种，如丹顶鹤、黑颈鹤、遗鸥等。湿地是迁徙鸟类必需的停歇地，在亚太地区，就有 243 种候鸟，每年沿着固定的路线迁飞，途经 57 个国家和地区。以涉禽为例，每年春秋两季沿中亚—印度、东亚—澳大利亚、西太平洋三条线路在南北半球之间进行上万公里迁飞，途中必须在湿地停歇和补充食物。

第二节　《湿地公约》

尽管湿地具有不可替代的"人类生存环境"的重要作用，但是，由于人类的无知、工业化的进程、水土流失、建设项目等带来的破坏，把湿地开垦为农用地、农用水池的疏浚以及污染等因素，世界上湿地的数量急剧减少。为了保护全球湿地，20 世纪 60 年代，在国际水禽与湿地研究局（IWRB，即现在的湿地国际[1]）的倡议下，国际社会召开了一系列保护全球湿地的国际会议并开始制定有关的国际法律文书，终于产生了《湿地公约》。

一、《湿地公约》概述

《湿地公约》是在斯德哥尔摩环境会议之前的 1971 年 2 月 2 日在伊朗的拉姆萨尔镇签署的，于 1975 年 12 月 21 日正式生效，1982 年 3 月 12 日的议定书对它进行了修改。《湿地公约》缔约国已达 170 多个，我国于 1992 年 7 月 31 日加入，同年 11 月 30 日对我国生效。由湿地退化及丧失的担忧凝结而成的《湿地公约》涉及对约占地球陆地总面积 6% 的湿地生态的全面保护。其执行局设在瑞士格兰德。《湿地公约》不仅要求各缔约国承诺在本国境内对湿地进行管理，而且提供资助和监测，从而为湿地保护的国家行动和国际合作建立起一个国际性框架，以便系统保护和合理使用湿地及其资源。

签订保护湿地的想法始于 1962 年，当时欧洲有许多湿地被开垦，丧失了许多水禽的栖息地。于是国际水禽与湿地研究局（IWRB，即现在的湿地国际）、国际自然与自然资源保护联盟（现更名为国际自然保护同盟，IUCN）、国际保护鸟类理事会（ICBP，即现在的国际鸟类组织）就开始研究保护湿地

---

〔1〕 湿地国际是由原亚洲湿地局（AWB）、国际水禽与湿地研究局（IWRB）和美洲湿地局（AW）三个国际组织合并而成立的国际组织，宗旨是通过在全球范围内开展研究、信息交流和保护活动，维持和重建湿地，保护湿地资源和生物多样性，造福子孙后代。

的问题。经过 8 年的多次会议协商，包括 1963 年在圣安德鲁斯（St. Andrews）、1966 年在诺德韦克（Noordwijk）、1967 年在莫尔日（Morges）、1969 年在维也纳、1969 年在莫斯科和 1970 年在埃斯波（Espoo）举行的会商，在荷兰政府的支持下由马修斯教授（G. V. T. Matthews）主持起草了《湿地公约》的文本。当时文本的核心内容是保护水禽。最后伊朗体育与渔业部部长艾斯坎德尔（Eskander Firouz）于 1971 年 2 月 2 日在里海边的旅游城市拉姆萨尔（Ramsar）召开了国际会议，次日 18 个国家在《湿地公约》文本上签了字。根据《湿地公约》的规定，当第 7 个缔约国递交批准书后 4 个月公约生效。[1]澳大利亚于 1974 年 1 月递交了批准书，是第一个递交批准书的国家。1975 年 12 月 21 日在希腊递交批准书（第 7 个递交批准书的国家）4 个月后生效。

《湿地公约》于 1982 年和 1987 年经过两次修改。1982 年 12 月，在法国巴黎联合国教科文组织总部召开了缔约国特别大会，通过了对公约文本的修正，即巴黎议定书（1986 年 10 月生效）。这是《湿地公约》的第一次修改，规定了公约修改程序以及把阿拉伯文、法文、英文、德文、俄文和西班牙文定为正式语言。1987 年 5 月至 6 月，在加拿大里贾纳召开了缔约国特别大会以及第三届缔约国大会，对第 6 条、第 7 条进行非实质性修改，规定了缔约国大会的权力、建立常委会、预算和常设执行局（或称秘书处）。但此项修正条款直到 1994 年 5 月 1 日才生效，因为在 1987 年通过的决议（Ⅲ.4）中规定了自愿原则。大会还修改了国际重要湿地标准和建立湿地合理利用工作组。

1980 年 11 月，在意大利卡利亚里（Cagliari）召开了第 1 届缔约国大会，规定了国际重要湿地标准。

1984 年 5 月，在荷兰格罗宁根（Groningen）召开了第 2 届缔约国大会，制定了《湿地公约》实施框架。

1988 年 7 月，在瑞士蒙特勒市（Montreux）召开了第 4 届缔约国大会。大会再次修改国际重要湿地标准，决定建立蒙特勒档案（Montreux Record），设立湿地保护基金（后来更名为《湿地公约》湿地保护与合理利用小额赠款基金），决定把西班牙文作为《湿地公约》的三种工作语言之一，其他两种工作语言是英文和法文。

1991 年 12 月，在巴基斯坦卡拉奇召开《湿地公约》第一次亚洲区域

---

〔1〕 参见《湿地公约》第 10 条。

会议。

1993 年 6 月，在日本钏路召开第 5 届缔约国大会，发表了钏路声明，决定建立科技审评组。

1996 年 3 月，在澳大利亚布里斯班召开了第 6 届缔约国大会。大会通过了 1997 年至 2002 年战略计划。10 月《湿地公约》第 19 次常委会决定每年 2 月 2 日为世界湿地日。

1999 年 5 月，在哥斯达黎加召开了第 7 届缔约国大会。大会决定编纂一套工具书，正式确认国际鸟类组织、国际自然保护同盟、湿地国际和世界自然基金会为《湿地公约》的伙伴组织。

2002 年 11 月 18 日至 26 日，第 8 届缔约国大会在西班牙瓦伦西亚举行，大会共通过了 46 个决议，包括《湿地公约》2003 年至 2008 年战略计划和 2003 年至 2005 年工作计划等。119 个政府代表团参加了本次大会。我国政府代表团由外交部、水利部、国家环保总局、国家林业局和香港特别行政区政府代表组成。我国代表团在大会中陈述了我国政府认真履行《湿地公约》，在湿地保护上取得的成绩：包括多部门共同实施《中国湿地保护行动计划》；启动实施"全国野生动植物保护及自然保护区建设工程"；全国湿地资源调查已经结束；新增加了 14 块国际重要湿地等积极举措。

2011 年 11 月 14 日至 18 日，第 11 届缔约国大会亚洲区域协调会在印度尼西亚首都雅加达召开，会议就亚洲各缔约国"《湿地公约》2009-2015 战略计划"执行情况、亚洲湿地区域动议报告、当前履约面临的主要问题，以及就提交将于 2012 年在罗马尼亚召开的第 11 届缔约方大会的决议草案等方面进行了深入而广泛的磋商和交流，预选了 2013 年至 2015 年亚洲区域常委会成员。

古往今来，人类逐水而居，文明伴水而生，人类生产生活同湿地有着密切联系。守护湿地，对维护生物多样性、固碳减排、缓解和预防自然灾害等意义重大。诚如《湿地公约》所述，其宗旨是为了"阻止湿地的被逐步侵占及丧失""确认湿地的基本生态作用及其经济、文化、科学和娱乐价值"。[1]

《湿地公约》第 1 条第 1 款规定："湿地系指不问其为天然或人工、长久或暂时之沼泽地、湿源、泥炭地或水域地带、带有或静止或流动，或为淡水、

---

〔1〕　参见《湿地公约》"序言"。

半咸水或咸水水体者，包括低潮时水深不超过 6 米的水域。"可见，湿地的涵盖面是相当宽的，不但包括了江河湖泽，而且还包括了水深不超过 6 米的沿海海区。保护湿地的主要方式是由各缔约国指定其领域内的适当湿地列入"国际重要湿地名册"。[1]

《湿地公约》是世界上一个旨在使国际社会成员普遍参加的自然保护公约，是世界上第一个唯一只涉及生境的国际公约。

《湿地公约》要求通过国际合作保护湿地。缔约国如发现其境内的及列入名册的任何湿地的生态特征由于技术发展、污染和其他人类干扰而已经改变或可能改变，应尽早向其他缔约国通报并通报公约执行局（第 3 条第 2 款）；缔约国应就履行本公约的义务尽力相互协商，特别是当一片湿地跨越一个以上的缔约国领土或多个缔约国共处同一水系时，缔约国应尽力协调和支持有关养护湿地及其动植物的现行和未来政策与规定（第 5 条）；公约鼓励缔约国之间交换关于湿地及其动植物的研究及数据资料和出版物（第 4 条第 3 款）。

此外，《湿地公约》还要求缔约国为促进已列入名册的湿地的养护和合理利用制订实施计划并予以实施（第 3 条第 1 款）；要求缔约国设置湿地自然保护区，无论该湿地是否已列入名册（第 4 条第 1 款）；当缔约国需对已列入名册的湿地撤销或缩小范围时应尽可能地补偿湿地资源的任何丧失，包括为水禽及原栖息地另外设立相当于撤销或缩小的湿地面积的自然保护区（第 2 条第 5 款）。

《湿地公约》规定缔约国应就履行本公约的义务相互协商，特别是当一片湿地跨越一个以上缔约国领土或多个缔约国共处同一水系时。同时，他们应尽力协调和支持有关养护湿地及其动植物的现行和未来政策与规定。[2]为了切实实施公约，规定缔约国大会的职能包括批准大会决议、建议、技术指导以及共享与公约实施有关的信息。在必要时，缔约国应该召集关于养护湿地和水禽的咨询性会议，这种会议应是咨询性的，并除其他外，有权：①讨论本公约的实施情况；②讨论名册之增加和变更事项；③审议关于公约第 3 条第 2 款规定的列入名册湿地生态学特征变化的情况；④向缔约国提出关于湿地及其他动植物的养护、管理和合理利用的一般性或具体建议；⑤要求有关

---

〔1〕 参见《湿地公约》第 2 条。
〔2〕 参见《湿地公约》第 5 条。

国际机构就影响湿地、本质上属于国际性的事项编制报告和统计资料。[1]此外,《湿地公约》还成立了一个科学技术视察小组,由它对公约实施过程中出现的重要事项进行指导。同时规定国际自然保护同盟（IUCN）应履行本公约执行局的职责,执行局的职责除其他外,应为:①协助召集和组织上文提到的咨询性会议;②保管国际重要湿地名册并接受缔约国根据公约第2条5款规定对已列入名册的湿地增加、扩大、撤销或缩小的通知;③接受缔约国根据公约第3条第2款规定对已列入名册的湿地的生态特征发生任何变化通知;④将名册的任何变化或名册内湿地特征的变化通知所有的缔约国,并安排这些事宜在下次会议上讨论;⑤将会议关于名册变更或名册内湿地特征变化的建议告知各有关缔约国。[2]

《湿地公约》一开始并没有规定缔约国大会定期举行。卡里亚里会议考虑到需要定期召开会议,因此提出了这个建议。此后,缔约国大会每3年举行一次,并允许观察员出席会议,尤其欢迎非政府组织参加。为了定期对《湿地公约》的实施进行监督,在大会之外还由来自《湿地公约》划定的七个地区的地区代表组成常设委员会,每年举行一次会议。

《湿地公约》自诞生以来,对全球的湿地保护起到了很大的作用。对保护湿地的立法思想和方式与以往的公约明显不同。早期的某些条约虽然也规定了保护生境,但重点一般放在物种保护上。而《湿地公约》抛弃了早期条约建立自然保护区、不许干涉的观念,强调"合理利用"。因此,《湿地公约》更符合现代社会可持续发展概念,更易于为国际社会所接受,在保护日益减少的湿地、保护众多野生动植物的生境方面作用非凡。《湿地公约》可谓在现代国际野生动植物保护法领域开了先河。

2022年11月5日至13日,以"珍爱湿地——人与自然和谐共生"为主题的第14届缔约方大会在我国武汉设线上线下主会场、在瑞士日内瓦设线上线下分会场举行。11月6日,会议达成《武汉宣言》和《2025-2030年全球湿地保护战略框架》,共通过21项决议。《武汉宣言》呼吁,从各种渠道筹措更多资源,以制定并强化实施《湿地公约》战略计划,在2030年前采取更有影响力的行动。《2025-2030年全球湿地保护战略框架》明确,确保公约战略

---

〔1〕　参见《湿地公约》第6条第1、2款。
〔2〕　参见《湿地公约》第8条。

计划的同时，聚焦湿地保护和修复在促进可持续发展和应对全球环境挑战方面的作用，加快推进湿地保护和修复行动，遏制湿地退化。

二、国际重要湿地名册

《湿地公约》的第一步就是制定国际重要湿地名册。每一个缔约国签署、认可或者批准公约时应该在国际重要湿地名册中至少列入本国的一处湿地，并且精确记述每一湿地的界线并标注在地图上，还可以包括邻接湿地的河湖沿岸、沿海区域以及湿地范围内的岛屿或低潮时水深不超过 6 米的水域，特别是当其有水禽栖息地意义时（第 2 条 1 款）。公约允许每一个缔约国在任何时候扩展已列入名册的湿地的界线，或者追加新的湿地，或者由于紧急的国家利益而撤销列入名册的湿地，或者缩小其范围。全球列入国际重要湿地名册的湿地达 2200 多处，这个名册保存于国际自然保护联盟。目前，我国已有 64 处湿地被列入《国际重要湿地名录》。2021 年，我国出台了《中华人民共和国湿地保护法》[1]，这是我国第一部统筹兼顾湿地保护与生态恢复的法律。

（一）列入名册标准

为实现《湿地公约》的宗旨，公约希望尽可能地包括所有国际重要湿地。因此《湿地公约》对列入名册的湿地没有一个审查机制和程序，完全由缔约国单方面决定，"选入名册的湿地不妨碍湿地所在地缔约国的专属主权权利"（第 2 条第 3 款）。只要求各缔约国考虑到湿地对水禽在生态学上、植物学上、湖沼学上和水文学上的国际意义，并首先选入在所有季节对水禽具有国际重要性的湿地。[2]

缺少苔原、泥炭地、潮汐港湾和南方的水禽越冬地，未能使国际重要湿地形成完整的网络体系，为增加列入名册的湿地数量，《湿地公约》于 1980 年 11 月在意大利卡利亚里的第一届缔约国大会上，规定了新的国际重要湿地标准，通称"卡利亚里标准"。

卡利亚里标准分为三部分。第一部分是满足三个特征之一的湿地就被认为具有国际重要性：①其中通常生活着 1 万只野鸭、鹅和天鹅，或者 1 万只

---

〔1〕《中华人民共和国湿地保护法》于 2021 年 12 月 24 日第十三届全国人民代表大会常务委员会第三十二次会议通过，2022 年 6 月 1 日开始施行。

〔2〕 参见《湿地公约》第 2 条。

黑鸭，或者 2 万只涉禽类动物；②其中通常生活着一种水禽物种或者亚种群个体数量的 1%；③其中通常生活着一种水禽物种或者亚种群中母体数量的 1%。

第二部分是对动植物具有国际重要性的湿地应该满足三个条件：①其中生活着一定数量的稀少、脆弱或者濒危的动植物物种或者亚种群；②在维持能够体现动植物性质和特征的区域基因和生物多样性方面有特殊价值；③对地方性动植物物种或者种群具有特殊价值。

第三部分是将具有特殊区域性质的湿地作为典型列入国际重要湿地。如果一处湿地是濒危物种如海龟筑巢的海滨，或者生活着某些稀有的地方性甲壳类动物，或者是经济鱼类产卵和孵化的场所，卡利亚里标准将证明把湿地列入名册是必要的。

《湿地公约》并未规定缔约国只能列入已经受到国内法律保护的湿地，或者列入尚未受到国内法律保护的湿地。只要湿地符合生物学标准就可以列入名册，而不必理会是否已受国内法律保护。

（二）蒙特勒档案

1988 年 7 月在瑞士蒙特勒市（Montreux）召开的第四届缔约国大会再次修改了国际重要湿地标准，决定建立蒙特勒档案（Montreux Record）。

蒙特勒档案主要记载受到威胁的湿地地点。制定该档案的目的是确认需要国内和国际条约加以紧急关注的湿地。档案不仅向国家和地方当局就消除湿地面临的威胁提供实用的建议，并且引导公众关注这些威胁。每当《湿地公约》执行局得知一处湿地面临威胁时，它就会查找更多有关该湿地的资料，此后相关的成员国就可能促使执行局采取一项名为"管理指南程序"的行动。在实施该行动的过程中，执行局的工作人员、顾问以及专家可能会做一次或者若干次调查，由此作出包括对具体情况详尽分析以及对今后解决该问题应采取的行动的建议。问题还可以在下次的缔约国会议上正式讨论。

可以促使一个缔约国要求把一处湿地列入档案的问题包括：对湿地的供水、排放或者补给造成的威胁，以及工业或者农业污染。

目前档案已经列入包括美国的埃及维格雷德、乌干达的乔治湖等多处湿地。

（三）名册湿地的管理和利用

《湿地公约》规定，一旦缔约国在湿地名册中列入一处湿地，它就必须

"制定并实施其计划以促进已列入名册的湿地的养护尽可能地促进其境内湿地的合理利用"（第 3 条）。这个要求体现了《湿地公约》的核心主题。

卡利亚里缔约国会议决议的序言指出："湿地的合理利用包括对生态特征的维持，不仅要以此作为自然保护的基础，而且还要作为发展的基础"。1990 年"合理利用"概念的实施指南，进一步描述了缔约国应该采取的各类行动，包括：改善制度和组织上的部署、强调法律和政策、确定所有湿地的地位和保护的急迫性，以及开展环境影响评价、监测和对可能影响湿地的项目进行评估。

《湿地公约》第 4 条还要求缔约国设置湿地自然保护区，以促进湿地和水禽的养护并应对其进行充分的监护。公约号召为这些地区以及小规模或者特别敏感的湿地保护区规定严格的保护措施。

为了实现《湿地公约》的目的，公约第 4 条要求缔约国交换湿地及其动植物的研究及数据资料和出版物，努力通过管理增加湿地中生活的水禽的数量，促进能胜任湿地研究、管理及监护的人员的训练。实际上，信息的交换不仅在缔约国大会上，还以与跨界湿地、共用水系、共有物种以及湿地保护区的开发援助等事项有关的缔约国向执行局提交报告的形式进行。

第三节　红树林的开发与保护

红树林不仅能够通过吸附、沉淀有毒物质净化水体，还是藻类、海鸟、虾蟹以及贝类等多种生物的栖息地，在海洋生态保护、生物多样性、减碳固碳等方面具有巨大效用，被誉为"海岸卫士""鱼虾粮仓""鸟类天堂"等。然而，长期以来红树林的保护被迫让步于经济发展，以致红树林锐减造成海滨生态系统恶化、生态环境日趋死寂、土地盐碱化等严重后果。严峻的现实危机使红树林开发与保护成为摆在我们面前亟待解决的重要课题。

一、红树林概况

红树林是生长在热带、亚热带海岸潮间带的木本植物群落，是地球上生物多样性和生产力最高的海洋生态系统之一，也是生态服务功能最高的自然生态系统之一，具有重要的保护和修复意义。但全球红树林的生存正面临严重威胁。自 20 世纪 80 年代以来，由于人类活动的影响，全球红树林面积已缩减了至少 1/5。目前全球红树林面积仍在以年均 0.7% 的速度缩减，比陆地上其他类型的森林缩减速度快 3 倍~4 倍，红树林退化与消失的趋势已相当严重，而不可持续的沿海滩涂开发活动和近海养殖等将会加快红树林退化速度。同时，全气候变化导致一些岛屿半数以上的红树林湿地消失。

（一）红树林的分布状况

1. 全球红树林分布状况及特点

全球红树林面积共计 15 万平方公里，生长于沿海的水陆之间，在热带、亚热带的 123 个国家均有生长。拥有大面积红树林的国家包括印度尼西亚（全球红树林面积的 21%）、巴西（9%）、澳大利亚（7%）、墨西哥（5%）、尼日利亚（5%）。

红树林是发育在特殊环境下的生物群落，因此典型的红树林植物种类并不是很多，而由于红树林植物可以借助海流传播后代，只要海域相通，相距遥远的红树林就可以有相似的组成。非洲大陆和美洲大陆将热带大西洋与热带印度洋和热带太平洋隔离开来，而热带印度洋和热带太平洋则海水相通，这样一来，红树林就形成了西方和东方两大群系。东方类群分布于亚洲沿岸、东太平洋群岛、大洋洲沿岸和非洲东岸；西方类群分布于美洲东、西两岸和非洲西岸。全世界红树植物种类有 24 科，30 属，83 种（或变种）。其中东方类群 72 种，西方类群 14 种。全世界真正的红树植物约 60 种。两大类群仅有两种真红树植物交迭，即大红树和红茄。两大类群的交界处在太平洋中部的斐济和汤加岛。因此，红树植物的东方类群和西方类群实质上是两个各自独立的起源中心和演化历程，东方类群红树林从面积和种类而言，主要集中在亚太地区热带海岸。特别是从印度到马来西亚这一区域，由于具有最大的遗传多样性，而被认为是东方类群的起源中心。我国红树林的种类属于东方类群，从植物区系来说，与马来西亚、菲律宾、印度尼西亚及澳大利亚北部的关系特别密切。

2. 中国红树林的分布及现状

我国的海岸线虽然辽阔，但是红树林面积仅占世界红树林面积的 1.3‰，集中在海南、广东、广西、福建、香港、台湾等省（区），尤以广西壮族自治区的红树林资源量最丰富，面积占全国红树林面积的 1/3。

由于中国处于热带北缘，无论红树植物的种类和高度都不如赤道附近，且加上受到严重的人为干扰，我国的红树林多为次生林，仅在海南岛和广东、广西沿海地区可见高达 8 米~15 米、胸径 10 厘米~30 厘米的大树。但它们对研究世界红树林的起源、分布和演化都具有特殊价值。我国的红树林群落共有 36 个品种，其中海南、广东、广西分别为 35 种、19 种和 17 种。海南海桑属于国家一级保护植物，在我国只有 5 株。我国红树林区记录的浮游动物有110 种，大型底栖动物 650 种，鸟类 286 种，爬行纲动物 39 种。这些生物中，包括列入一级重点保护的大型海洋哺乳动物中华白海豚，以及因濒危而被列入国际自然保护联盟红皮书的黑脸琵鹭。

在我国，由于围海造地、围海养殖、违法砍伐等人为因素，红树林面积在大大缩减。特别是在《中华人民共和国海洋环境保护法》和《国家海域使用管理暂行规定》颁布实施多年的今天，大片砍伐红树林的现象仍然存在，包括几个国家级红树林自然保护区都遭到过不同程度的砍伐破坏，其中尤以广西砍伐红树林为甚。更为糟糕的是，随着人口不断增长，土地需求量日益增加，红树林的生存空间日显窘迫。旅游业和养殖业的丰厚利润，驱使着人们大量砍伐海边的红树林。红树林正被人们一点点地蚕食。在利益的驱使下，红树林这样一个"海岸卫士""造陆先锋"，仍然摆脱不掉被人类破坏的命运，我国红树林的生存状况令人担忧。

（二）红树林的特质与作用

1. 红树林的特质

红树林本是一种稀有的木本胎生植物，当它们成规模生长于陆地与海洋交界带的滩涂浅滩时，便形成了一个由陆地向海洋过渡的特殊生态系，兼具陆地生态和海洋生态的双重特性，涵盖着林业、海洋、水产、土地、生物保护等多个体系。

红树林的植物有其结构的特殊性，为适应生境有以下特点：

胎生现象——红树林最奇妙的特征是所谓的"胎生现象"，红树林中的很多植物的种子还没有离开母体的时候就已经在果实中开始萌发，长成棒状的胚轴，胚轴发育到一定程度后脱离母树，掉落到海滩的淤泥中，几小时后就能在淤泥中扎根生长而成为新的植株，未能及时扎根在淤泥中的胚轴则可随着海流在大海上漂流数个月，在几千里外的海岸扎根生长。

特殊根系——红树林最引人注目的特征是密集而发达的支柱根，很多支柱根自树干的基部长出，牢牢扎入淤泥中形成稳固的支架，使红树林可以在海浪的冲击下屹立不动。红树林的支柱根不仅支持着植物本身，也保护了海岸免受风浪的侵蚀。红树林经常处于被潮水淹没的状态，空气非常缺乏，因此许多红树林植物都具有呼吸根，呼吸根外表有粗大的皮孔，内有海绵状的通气组织，满足了红树林植物对空气的需求。每到落潮的时候，各种各样的支柱根和呼吸根露出地面，纵横交错。

泌盐现象——热带海滩阳光强烈，土壤富含盐分，红树林植物多具有盐生和适应生理干旱的形态结构，植物具有可排出多余盐分的分泌腺体，叶片则为光亮的革质，利于反射阳光，减少水分蒸发。

2. 红树林的重要价值

红树林是一种生长在热带和亚热带陆地与海洋交界处滩涂地带的特有植物群落，因主要由红树科的植物组成而得名，与珊瑚礁、上升流、海岸湿地并称为最具生命力的四大海洋自然生态系统。作为湿地的一种重要类型，红树林具有生态、经济、社会的多层次价值。

（1）生态价值：茂密生长的红树林固滩护堤的能力非常强，对风浪具有强大的"消能"作用，能抵抗猛烈的风浪冲击，保护海岸河堤，保卫着沿海的农田和村舍，被誉为"天然海岸卫士"。有相当多的证据表明，若干地点的红树林甚至减缓了 2004 年印度洋海啸的影响。同时，红树林的根能积沙淤泥，开拓新的滩涂，因此又被称为"造陆先锋"。另外，红树林还可以防止污染、过滤陆源入海污染物、减少海域赤潮的发生、净化海水和空气。

红树林生长的土壤中还含有大量有机碳，这意味着在减缓气候变化的过程中，它们可能发挥着重要作用。初步估计数据显示，世界红树林的地表生物质总量或可超过 3700Tg 的碳当量，红树林沉积物每年直接固碳能力可能在 14Tg~17Tg 碳当量之间。

据保守统计，我国红树林总的生态功能价值为每年 23.7 亿元，其中还有大量的直接和间接价值没被计算在内，如景观生态价值、湿地系统营造价值、风险及污水去除价值等，如果这些项目均被科学地计算在内，红树林的生态价值将大大提高。

（2）生物多样性价值：红树林是至今世界上少数几个物种最多样化的生态系之一，生物资源量非常丰富，如广西山口红树林区就有 111 种大型底栖动物、104 种鸟类、133 种昆虫。广西红树林区还有 159 种和变种的藻类，其中 4 种为我国新记录。由于红树林生长于亚热带和温带，并拥有丰富的鸟类食物资源，所以红树林区是候鸟的越冬场和迁徙中转站，更是各种海鸟觅食栖息、生产繁殖的场所。

对于海洋和沿海渔业而言，红树林也是一种重要的潮间带生境。红树的落叶碎屑是虾、蟹及鱼类的重要食物，也是湿地食物网的重要环节。据估计，东南亚国家的红树林相关物种支撑着30%的渔获资源以及约100%的虾类捕获量。在澳大利亚的昆士兰，红树林及相关生境支撑着75%的商业渔获物种。

（3）经济价值：红树林是大自然赐予人类的一笔宝贵财富。红树为人类提供质地坚硬、不易腐化的木材，是建筑、桥梁和船舶的优质用材和优质木炭的重要材料。白骨壤的成熟果实可以作蔬菜，叶子可以作饲料；木榄和秋茄的胚轴可以作木本粮食。红树科植物的单宁是优质的鞣料和染料，而且含量比较高，特别是真红树植物，如秋茄、红海榄、木榄、桐花树、海漆等树皮的单宁含量通常高达 10%~30%，国际上很多红树林资源丰富的国家已经广泛将红树植物作为鞣料资源加以开发利用。

红树林所处的水域，属于世界沿海水域中鱼类和贝类产量最丰富的地方。红树林区的养蜂和海产养殖是海岸居民的重要经济来源。红树林中的很多植物，如桐花树和角果木等都是很好的蜜源植物。

（4）药用价值：红树自身具有极高的药用价值，可以医治疟疾和癌症等疾病。其中木榄、银叶树、白骨壤、老鼠簕、海杧果、海漆、黄槿等红树植物均含有萜类、多糖和生物碱等化合物，具有抗艾滋病、抗肿瘤、抑菌和抗氧化等活性药用价值。

在我国 37 种红树植物中，已发现 19 种红树植物具有明显的药用价值。作为天然海洋药物，红树林植物的药用价值仍有巨大的开发潜力。

（5）景观价值：红树林体形千姿百态，素有"海滩明珠"的美称。由于它对海岸潮间带生境的适应，所形成的发达的根系和胎生现象构成了独特的景观，被誉为"海底森林"。同时红树林区聚集着大量的鸟类和海洋动物，处于潮间带的红树林生态系统是宝贵的生态旅游资源。

（6）科研价值：由于红树林独特的生态及经济价值，20 世纪 70 年代后期便引起了全球科学界及政府部门的高度重视。国际红树林生态系统学会（ISEM）于 1990 年在日本东京成立；1991 年 5 月，ISEM 与联合国教科文组织和联合国开发计划署一道在曼谷主持起草了《红树林宪章》（Charter of Mangrove）；1992 年，在联合国环境发展大会上，红树林生态系统被《生物多样性公约》列为两个重点保护的海洋生态系统类型之一。1993 年 9 月，在我国香港召开了亚太地区国际红树林生态系统学术研讨会。同时，由联合国教科文组织资助下的"亚太地区区域合作计划"等八项国际区域合作计划相继实施。

二、红树林的开发利用及其影响

联合国环境规划署报告显示，红树林消失的最主要原因是人们将其生长地带直接转为水产养殖、农业或城市用地。沿海地区往往人口密集，土地压力紧张。在红树林仍有存留的地方，它们往往由于过度收割而逐渐退化。虽然能够迅速盈利，但往往会留下长期债务，滋生贫困，这些问题则难以逆转。

与此同时，对于红树林保护和管理的环境控制手段落后、技术水平落后；缺乏湿地管理协调机制，导致因不同地区在湿地保护、利用和管理方面的目标和利益不同，矛盾较为突出，影响了湿地的科学管理。此外，针对红树林保护的监测体制不完善，缺乏对资源和土地利用后的红树林生态变化、生物多样性变化的监测；环境影响评价制度亦不健全，难以全面反映红树林的环境质量状况。

（一）红树林开发与利用的主要方式

1. 农（渔）业生产对红树林的开发和利用

农业开发是对红树林最直接和最基本的开发利用方式。湿地农业一方面表现为在沿海湿地上直接进行养殖、捕捞等生产活动，另一方面指在天然湿地基础上改造成以稻田、苇塘、鱼塘、小型水库为主体的农、林、牧、副、渔综合发展的人工农业复合生态系统。

近年来，沿海地区的海水养殖业实现了规模化、产业化经营，产业规模迅速壮大，在海洋渔业中比重很大，从传统副业上升为农业和农村经济的一项支柱产业，取得了良好的经济效益和社会效益并成为沿海农村农民增收的亮点。海水养殖业的快速发展与红树林湿地良好的生态环境分不开，取决于海堤外的大片的红树林湿地对污染物的降解和良好的滨海水质对污染物的稀释。然而，近海养殖却需要付出巨大的生态代价。如在国际上被公认为污染严重产业的对虾养殖，保守测算对虾养殖最终排放到海区的污染物约占饵料用量的50%，其中包括绝对数量虽不大但环境影响严重而复杂的消毒剂、抗生素和环境激素。对整个社会而言，对虾养殖虽然创造了一定的财富，但不断扩展的虾塘侵占了红树林地、滨海陆缘植被和部分防护林带和海岸沙坝，使湿地资源的多样性持续下降，消浪护岸的功能遭到破坏，累积了大量的生态风险，影响着中长期的海洋经济发展。

2. 工业活动对红树林的开发与利用

工业活动对红树林的影响主要表现在围海造田上。

早在 20 世纪中叶，吹沙填海造地工程、城市建设、公路建设以及工业生产需要，就占用了大片的滨海湿地。不可否认，填海造地给土地紧缺的沿海地区带来了明显的社会效益和经济效益，养殖、农田、城市发展及大量的工业用地，均可用填海的形式获得。但同时也给海洋生态环境和海洋的可持续发展带来了严重影响，造成了红树林湿地生态系统的永久性破坏和丧失。

3. 第三产业对红树林的开发与利用

海洋第三产业中的航运业、旅游业，对红树林的利用及其影响是巨大的。良好的海洋环境、湿地生态环境和生物多样性、由大自然经过漫长描绘雕塑的地形、地貌景观，是海岸带旅游资源的集中代表。

近海及港口的发展与堆积沙洲、浅滩发育、港池淤积以及发展空间的限制等自然条件的制约和影响有关。如果不注重对红树林湿地的保护，必然会影响近海、海滩、海港的天然深槽，使深槽淤浅，导致海岸线质量下降，从而影响到港口业的发展。

（二）红树林面临的危机

1. 红树林面积急剧缩小，生态作用弱化

海洋工程、海岸工程以及流域内养殖、淘矿、围垦造地、开垦破坏植被，使红树林面积大量减少，从而导致潮流速度出现大的变化，海水动力冲淤不平衡，影响到了岸线的质量。长期以来，经过人为大规模开发，特别是海洋工程和海岸工程，致使红树林面积、纳潮量减少，减弱了海湾的自身冲淤能力，造成深槽的淤浅。而红树林资源锐减换来的是海滨生态环境恶化、滩涂海洋经济动物产量急剧下降、近海鱼苗资源明显减少、近海养殖出现危机等，同时也造成了海洋景观日趋单调。

2. 生物多样性受到威胁和破坏

近岸海域经济鱼类和蟹类的捕捞强度过大，部分成鱼、幼鱼、成蟹、幼蟹，能捕则捕，能采则采，致使一些主要经济鱼类和蟹类大大减少甚至绝迹。这种掠夺式经营方式造成了水产资源的枯竭和生态环境的破坏。同时，由多种多样的生境类型组成的自然湿地被改造为单一的稻田、虾田，生境的多样性降低，依赖于湿地生存的生物种类和数量明显减少。按照岛屿生物地理理论推测，湿地面积减少1/2后，生物种类将减少1/4。迁徙的鸟类数量也因栖息地和食物的减少而明显减少。

3. 海水水质污染严重

不断增加的工业项目也新增了许多工业污染源，进而排放的污染物总量也随之增加，加之原有污染源由于治理资金投放不到位，未达到达标排放或是达标排放不稳定，致使大量的污染物进入海域。同时，随着人口的增加，生活污染物总量也在增加，加之将未经处理的生活污水直接排入海域，造成了对海水的污染。还有盲目急剧上升的粗放型水产养殖业，生产密度超过了生产的容量和环境容量，造成了大量的养殖污染物进入海域。

4. 海岸带景观遭受破坏

为了眼前利益，在沿海开挖上坡造塘，破坏了岸线植被，在临海的山体和海滨盖房、挖塘，建造一些与自然不符的建筑物，不仅造成水土流失，海岸受到侵蚀，影响了附近海域生态环境，同时也影响了海岸带景观。

三、红树林保护机制的建立健全

2019年3月11日至15日，以"通过创新解决方案应对环境挑战，推进可持续消费和生产"为主题的第四届联合国环境大会在肯尼亚内罗毕举行，在全球面临气候变化、过度捕捞、海洋酸化等问题的关键时刻，大会通过了涵盖从循环经济到环境评估的23项决议，会议决议着眼于生物多样性和生态系统的可持续性，认识到这些生态系统在维护生物多样性、提供生计支持以及增强应对气候变化能力方面具有不可替代的作用，特别关注了全球红树林的健康和可持续管理。

（一）《湿地公约》对红树林的保护

《湿地公约》要求各缔约国考虑到湿地对水禽在生态学上、植物学上、湖沼学上和水文学上的国际意义，应首先入选国际重要湿地名册。一旦缔约国在湿地名册中列入一处湿地，它就必须"制定并实施其计划以促进已列入名册的湿地的养护尽可能地促进其境内湿地的合理利用"。《湿地公约》同时要求缔约国设置湿地自然保护区，以促进湿地和水禽的养护并应对其进行充分的监护。《湿地公约》号召为这些地区以及小规模或者特别敏感的湿地保护区规定严格的保护措施。

（二）《红树林宪章》

1991年11月，国际红树林生态系统协会[1]在泰国曼谷通过了《红树林宪章》。《红树林宪章》是以保护和修复红树林及其与整个生态环境的和谐、安全为目标的，其序言直抒红树林保护的紧迫性："作为与非可持续性利用和过度开发有关的行为的后果，红树林的破坏和退化是世界范围内的现象。当人们出于非可持续性的目的而将改变红树林区域的现状时，红树林的价值始终被低估了……出于生态、社会和养护的原因，当务之急是恢复退化的红树林生态系统。"

为避免红树林生态系统的过度开发和退化，为使红树林生态系统能够可持续发展以为当代和后代保证生态恢复力，以不丧失红树林生态系统的长期生产力和效益，宪章强调：红树林生态系统的构建、机能和重要性的知识，应在地方、国家和国际层面上，以所有可能的方式进行交流；需从国家和国际两个层面监测红树林生态系统的状况，以确保对当前实践的评估，并尽早发现不良影响；国家应当为红树林及红树林生态系统的保护和管理，制定专门的法律规章。

（三）国际红树林示范区

"南中国海"项目是全球环境基金资助的全球最大海洋环境保护项目，2002年发起实施的"GEF（全球环境基金）南中国海项目"是南中国海周边七个国家（中国、越南、柬埔寨、泰国、马来西亚、印度尼西亚、菲律宾）为扭转南中国海及泰国湾环境退化趋势而共同发起，由联合国环境署组织实施、全球环境基金提供赞助的海洋环境保护大型区域合作项目。通过在参与国设立一系列示范区，在红树林、珊瑚礁、海草、滨海湿地、渔业资源保护和陆源污染控制等方面，提供海洋保护与经济协调发展的范例。七国共有43个红树林区申报该项目下红树林示范区项目，区域红树林工作组经过两轮评选，从43个红树林备选示范区中筛选出了3个示范区，确立成为国际红树林保护的典范。

在这一项目的示范作用推动下，现在世界各国已建有约1200个红树林保

---

[1] 国际红树林生态系统协会是于1990年8月成立的一个非营利性、非政府间国际组织，总部设在日本冲绳的琉球大学，该协会通过包括研讨会、派出工作组、制定研究计划、培训、开展国际性合作等多种方式，促进全球范围内的红树林生态系统研究。其主要目标是开展红树林生态系、植物区系、动物区系和微生物、非生物的组成及其相互影响等的研究。

护区，面积达 40 万公顷，占红树林总面积的 1/4，但这距红树林保护目标仍有相当差距。

（四）中国的红树林保护

1982 年公布的《中华人民共和国海洋环境保护法》第二章第 9 条第 2 款规定："禁止毁坏海岸防护林、风景林、风景石和红树林、珊瑚礁。" 2018 年《中华人民共和国防治海岸工程建设项目污染损害海洋环境管理条例》第 24 条规定："禁止在红树林和珊瑚生长的地区，建设毁坏红树林和珊瑚礁生态系统的海岸工程建设项目。" 1999 年修订的《中华人民共和国海洋环境保护法》第 20 条第 1 款规定："国务院和沿海地方各级人民政府应当采取有效措施，保护红树林、珊瑚礁、滨海湿地、海岛、海湾、入海河口、重要渔业水域等具有典型性、代表性的海洋生态系统，珍稀、濒危海洋生物的天然集中分布区，具有重要经济价值的海洋生物生存区域及有重大科学文化价值的海洋自然历史遗迹和自然景观。" 2010 年 3 月 1 日起实施的《中华人民共和国海岛保护法》规定了禁止砍伐海岛周边海域的红树林，并规定了违法砍伐红树林的法律责任。

此外还有 1984 年国务院环境保护委员会发布的《珍稀濒危保护植物名录》将红树植物水椰列为三级保护植物。1990 年《中华人民共和国防治海岸工程建设项目污染损害海洋环境管理条例》第 24 条规定："禁止在红树林和珊瑚礁生长的地区，建设毁坏红树林和珊瑚礁生态系统的海岸工程建设项目。" 1993 年颁布的《国家海域使用管理暂行规定》为海域的合理利用和持续开发设置了海域使用证制度和有偿使用制度，旨在保护海域生态环境、资源和自然景观，促进海域整体功能的发挥和各种使用的协调发展，提高海域使用的社会、经济和生态环境的整体效益。1996 年林业部颁布的《沿海国家特殊保护林带管理规定》（已失效）第 4 条规定："经国务院批准，下列沿海基干林带划定为国家特殊保护林带……（二）在泥岸地段：从红树林或者适宜植树的地方起向陆地延伸使林带宽度不少于 100 米……" 1999 年国家环境保护总局发布的《近岸海域环境功能区管理办法》第 11 条规定："禁止破坏红树林和珊瑚礁。在红树林自然保护区和珊瑚礁自然保护区开展活动，应严格执行《中华人民共和国自然保护区条例》，禁止危害保护区环境的项目建设和其他经济开发活动。禁止在红树林自然保护区和珊瑚礁自然保护区内设置新的排污口。本办法发布前已经设置的排污口，依法限期治理。"为提高以红树林为主的消浪林带防灾减灾功能、加快红树林建设，我国国家林业局将红树林纳入沿海防护林体系，2005 年 10 月制定并实施《红树林保护与发展工程规划（2006-2015）》，2017 年 5 月颁布实施《全国沿海防护林体系建设工程规划（2016—2025 年）》，极大地推动红树林的保护、恢复与可持续发展。

在红树林保护的专门性地方立法层面，海南和广东分别于 1998 年和 2006 年颁布《海南省红树林保护规定》和《广东省湿地保护条例》，规定禁止砍伐红树林以及从事其他破坏红树林自然保护区生态环境的行为。此外，海南、广西、广东和福建的其他立法对红树林保护也作了规定，体现了地方政府对红树林保护的重视。1994 年，广西壮族自治区政府发布了《广西壮族自治区北仑河口海洋自然保护区管理办法》和《广西壮族自治区山口红树林生态自然保护区管理办法》，对两个红树林自然保护区的保护与管理作了规定。

当前全球红树林总面积以每年 0.16%～0.39% 的速度减少。我国 20 世纪 50 年代初有红树林近 5 万公顷，经历了 20 世纪 60 年代初至 70 年代的围海造田运动、80 年代以来的围塘养殖和 90 年代以来的城市化、港口码头建设及工业区的开发，我国红树林面积急剧减少。2001 年，全国湿地调查得出我国红树林面积为 22 683.9 公顷，仅为 20 世纪 50 年代初的 45%。但进入 21 世纪以来，我国政府高度重视红树林的保护和恢复，通过对现有红树林的严格保护和大规模的人工造林，成功遏制了红树林面积急剧下降的势头，红树林的面积逐步回升，由 2001 年的 22 000 多公顷增加至 2019 年的 3 万多公顷，年均增加 1.8%，[1]成为世界上少数红树林面积净增加的国家之一。

---

〔1〕 参见保尔森基金会、老牛基金会、红树林基金会《中国红树林保护及恢复战略研究报告》，2020 年 6 月 8 日。

第十五章

森林资源的国际环境法保护

如果没有碳的存在，也就没有生命的诞生。[1]碳的循环和氧气的循环，再加上少量的氮、硫及磷的循环构成地球上全部动植物生命的源泉。森林是碳贮藏库和排污口。森林的显著功能不仅体现为大量吸纳工业化释放的二氧化碳，降低温室效应，保证气候正常，而且对保护生物多样性有着特殊的意义。但毁林开荒、商业采伐等，致使森林锐减。因此，通过国际环境立法对森林资源进行保护，就显得非常重要与紧迫。

第一节　森林与生态环境

很久以来人们便已认识到森林生态系统[2]的独特特征，它在全球及地方的各个层次发挥着各种作用：一方面，从宏观上它可以为自然，尤其是给人类提供环境服务；另一方面它还提供了大量具有经济价值的产品如工业木材、薪材、纤维、食品和药品等，还对土壤的形成、水土保护、空气和水的净化、促进营养循环、保护生物多样性（作为动植物的栖息地、物种和基因资源）、减弱气候变化和碳贮存以及人们的就业和收入、娱乐、保护自然文化遗产等都具有不可替代的重要作用。

---

〔1〕 ［美］芭芭拉·沃德、勒内·杜博斯：《只有一个地球——对一个小小行星的关怀和维护》，《国外公害丛书》编委会译校，吉林人民出版社1997年版，第48页。

〔2〕 森林生态系统服务是从森林中获取的生态系统服务，其中包括生态系统商品的生产；气候和水资源调节；土壤形成和保护；生物多样性的产生和保持；授粉；虫害防治；种子传播；文化价值观；以及审美价值。

一、森林与气候变化

森林是陆地生态系统的主体，是除海洋外对地气系统碳素循环影响最大的自然因素，在稳定气候方面起着重要的作用。森林生态系统是全球碳循环的一个重要组成部分，森林中贮存将近一半的碳，并将之储存在地表植物中。

森林是陆地生态系统中最大的碳库，是控制碳平衡的调控器，陆地植物与大气中二氧化碳的交换 90% 以上是由森林植被完成的。森林植物在光合作用中固定二氧化碳，合成碳水化合物。森林碳汇的生理机制是通过光合作用实现的，树木通过吸收二氧化碳释放出氧气，将化石燃料释放出的二氧化碳以生物形式固定到森林中实现大自然的碳氧平衡。反之，气候变化又影响森林生态系统的动态及其对入侵物种和疫病的抵御能力，并可能会产生非常大的生态和经济影响。

尽管围绕着森林砍伐到底释放出多少碳还存在许多不确定性，但是森林减少的确促进了大气中二氧化碳净释放量的增加。所以从《联合国气候变化框架公约》到《京都议定书》的谈判，人们都将注意力放在了森林对气候变化的影响和作用上。森林既影响气候变化又受到气候变化的影响：它们在全球碳循环中居重要地位，对它们的管理或破坏可以显著地影响到 21 世纪的全球变暖过程。

二、森林与生物多样性

森林对于维护生物多样性非常重要。

天然林是所有生态系统中物种多样性最高和地方特殊性最高的，据估计其蕴藏了全球生物多样性总量的一半左右，热带森林中的蕴藏尤其丰富。在热带地区，那里的许多残余森林依然是本地原始森林，由于人口压力的不断增高，因此与森林恢复及在森林内部及周围发展地方社区一起推进的森林保护，对于实现维持生物多样性的目标十分重要。

森林拥有地球上陆地生物多样性的大部分及其三个组成部分——生态系统、物种和遗传多样性。树木是森林生态系统的基础，世界上 6 万种树木中有许多也是林地和农业景观的重要组成部分。森林为大约 80% 的两栖动物物种、75% 的鸟类物种和 68% 的哺乳动物物种提供栖息地。大约 60% 的微观植物生长在热带森林中。树木的遗传多样性正受到树木种群减少、不可持续的采伐、过度放牧、气候变化、火灾和入侵物种的威胁和侵蚀。预计许多主要传粉昆虫的多样性和丰富度会下降，对粮食安全、人类健康以及亿万人的文化生活和生计造成威胁，农村和土著社区尤其如此。[1]

森林管理活动对森林生态系统和生物多样性能够产生双重影响。比如在选址和树种选择方面，选择在被破坏的林地重新造林，能够防止土地盐碱化和土地侵蚀，重新建造动物栖息地，有利于保护生物多样性；选择在仅适合草本植物的地方或湿地进行造林活动，必会损害此地原有的生态系统，破坏生物多样性。选择与当地生态系统相协调的树种种植，有利于保护生物多样性；但为追求生长速度，种植单一品种的转基因速生树种则不利于森林生态系统的保护。尽管种植树木能在短期内防止水土流失，但速生树木的生长需要超量的水分和养分，将会过度消耗资源，长此以往将会加剧土地退化，损害生物多样性和破坏森林生态系统平衡。

设置森林保护区是保护全球范围生物多样性的重要手段。但是真正的问题是现场管理的有效性。在世界许多地方，存在很大的"纸上公园"趋势，即保护区只是一种理论概念，而非现场真实的和持久的保护区。另外，目前激烈的土地利用竞争也给这些地区带来了压力。商业性砍伐和灌木果实贸易造成的以森林为基础的野生动植物减少越来越受到关注。这在热带非洲的部分地区已经达到造成危机的水平，那里许多灵长类和羚羊类物种受到了威胁。这些难题已经得到了地方或国家层次的各类决策者以及国际层次的普遍关注。

三、森林与水土保持

森林土壤的水文功能主要体现在它有较强的蓄水、透水能力，是整个森林生态系统对水分起涵养和调节作用的主体。土壤蓄水、透水能力的大小主要决定于它的结构和机械组成，而植被又能对土壤结构产生较大的影响。

森林是"绿色水库"。森林高大稠密的树冠能够截留降雨，林地上的苔藓和枯枝落叶层可以吸储大量水分，疏松的森林土壤有利于水分的渗透和贮存，生长的林木及其凋落的枝叶能有效地阻滞地表径流，所以森林具有调节水分、涵养水源、减缓洪峰的巨大作用。森林覆盖率大，稳定补给冬春枯水季节的河川径流量增加，能减少汛期径流量，削减洪峰，调节河川径流趋于相对

---

〔1〕　联合国粮农组织《2022年世界森林状况》。

稳定。

森林的消洪补枯作用是森林涵养水源功能的另一种表现形式，主要通过森林的贮水作用，延长水量流出时间，使得汛期河川流量增势缓慢，枯水期仍有壤中流补给河川，起到削减洪峰作用。

地球水分总量约为 14.1 亿立方千米，以液态、固态和气态方式分布于地表上下 1‰ 地球直径范围内，构成一个水圈。[1] 在太阳能的作用下，水圈中的水分在大气、陆地、海洋之间进行循环。

森林生态系统的水文生态效应主要表现为：①对大气降水在陆地进行再分配，降水一旦进入森林生态系统，就被林冠、枯落物和土壤等层层截留，以及树木蒸腾等方式减少降水到达地面的数量；②森林作为一个有机的整体，它具有庞大的树冠层、松软且吸水能力很强的枯枝落叶层和结构良好的土壤层，因而，森林具有很强的水分吸收、贮存和再分配能力，能显著地增加壤中流、减少地表径流，对局地径流有很大影响，在一定程度上能调节河川径流。[2]

森林的水土保持功能表现为对降雨有很强的拦蓄能力。其根本原因就是枯枝落叶层的存在，使雨滴不能直接击溅土壤，林内灌木和草本也在一定程度上降低了林内降雨的动能。

森林的防风固堤作用是以高大森林作为屏障，降低风速，减弱风的能量，提高空气湿度，有利于保持水分。

森林的肥土作用与同地域的草地和农田相比十分显著，主要机制是森林每年的大量凋落物分解，因此保留和保护森林凋落物层是维护和提高森林自肥水平的简便和有效的途径。

此外，森林还具有贮存能量的作用。森林木质材料含有大量热能，世界能源的发展趋势之一是用短轮伐期的木质产品代替煤和石油发电和取暖，有试验表明，这不仅对改善环境质量大有裨益，在经济上也是可行的。有的国家考虑在不久的将来关闭正常运转的核电站，而将以柳树为主的能源林作为未来的主要能源。

---

〔1〕 周晓峰等：《森林生态功能与经营途径》，中国林业出版社 1999 年版，第 43 页。
〔2〕 周晓峰等：《森林生态功能与经营途径》，中国林业出版社 1999 年版，第 45 页。

第二节　森林退化

森林面积总计 40.6 亿公顷（占地球陆地面积的 31%），但该面积正在缩小，据粮农组织《2020 年全球森林资源评估》，在 1990 年至 2020 年间，有 4.2 亿公顷森林被砍伐（转为其他土地用途）。[1] 森林在推动全世界实现可持续发展目标方面发挥着至关重要的作用，包括与生物多样性保护、生计、粮食安全、减轻自然风险以及减缓和适应气候变化有关的目标。如果毁林活动持续进行，将产生重大后果，但由于存在一系列不确定因素以及潜在的临界点、阈值和反馈，这些后果难以估计。例如，森林退化[2] 面积超过原始森林面积的 40%，亚马孙生物群落则可能会跨越一个临界点，过渡到热带草原生态系统，其后果和成本无法轻易评估。《联合国森林战略规划（2017-2030年）》提供了一个全球框架，[3] 以便在所有各级采取行动，以可持续的方式管理所有类型森林和森林外树木，并制止由人类活动导致的毁林和森林退化。

一、森林转为耕地和牧场

粮农组织的遥感调查发现，在 2000 年至 2018 年间，近 90% 的毁林与农业有关（52.3% 来自农田扩张，37.5% 来自放牧扩张）。非洲和亚洲超过 75% 的毁林是由农田扩张导致的。在南美洲和大洋洲，导致毁林的最重要因素是放牧；而在欧洲，则是基础设施和城市扩张。

预计到 2050 年，全球人口将增长到 97 亿人。考虑到膳食变化和其他因素，这意味着粮食需求将增加 35%~56%，这可能会增加对土地的需求和对森林的压力。随着人口数量的增长，人均土地面积不断减少，对耕地、牧地等的需求增加。为了协调"人地矛盾"，就必须开发新的土地来安置不断增长的人口，并对林地进行开垦，将之转换成耕地、牧地等。同时，由于不平等的

---

〔1〕　联合国粮农组织《2022 年世界森林状况》。

〔2〕　森林退化是指森林提供的总收益长期下降，这些收益包括木材、生物多样性及其他产品和服务。

〔3〕　该规划于 2017 年 4 月 27 日第 71 届联合国大会审议通过，这是首次以联合国名义作出的全球森林发展战略，彰显了国际社会对林业的高度重视。该规划阐述了 2030 年全球林业发展愿景与使命，制定了全球森林目标和行动领域，提出了各层级开展行动的执行框架和资金手段，明确了实现全球森林目标的监测、评估和报告体系，并制定了宣传策略，具有重要的指导意义和导向作用。

土地分配制度，以及出口农产品的增加，迫使许多农民不得不砍伐森林种植粮食。

此外，人口的增加，人类居所及其建筑也导致林地减少。由于经济发展的需要，加快贸易和出行速度，就需要修筑道路，于是，森林就成了交通要道的牺牲品。如早期修建的亚马孙横贯公路，不仅对森林本身造成了破坏，同时由于公路的便捷，更使人们加大了对沿线木材的掠夺式开采。一些涉及农林产品的贸易措施会促发毁林活动。尽管世界上若干区域的森林面积有所扩大，但其进口贸易却导致了毁林活动的增加。粮农组织的遥感调查发现，在 2000 年至 2018 年间，全球多达 7% 的毁林活动都是由油棕种植园扩张造成的，这些种植园的产量中约有 3/4 进入了国际贸易。[1]

二、来自薪柴与木制产品需求的压力

滥伐森林是沙漠扩大和气候变化的一个重要原因。热带森林以每年 1130 万公顷的速度被砍伐，热带森林的砍伐率为每年 1% 左右。

人类砍伐森林的 80% 是用于薪柴、修路以及开矿，15% 构成国际热带雨林贸易，还有 5% 用于国内工业。世界上有 1/3 的人口把薪柴作为主要炊事燃料，发展中国家的比例更高，依赖薪柴的人达到 2/3。随着人口的增加，对薪柴需求的压力日益增长。薪柴的短缺势必会导致更大规模的毁林。薪柴不仅是家庭的主要能源，在很多国家也是全部耗能活动的能源保障。显然，薪柴与木炭一旦被作为工业能源，只能加剧毁林。

生活水平的提高增加了对建筑木材、家具和其他木制产品木材的需求，从而扩大了树木的砍伐量。在第二次工业革命之后，全球经济得到了迅猛的发展，人们的生活水平也随之逐渐提高。人们的需求也由俭入奢。一方面，人们开始追求生活的舒适，木制家具往往具有更高的观赏价值，于是对家具的要求也越来越高，往往通过砍伐树木尤其是优质树木来制造家具。另一方面，随着生活要求的提高，人们对于阅读和书写的纸张的质量以及生活的便利要求也更高。这样，对于纸张、纸巾等的用量无疑会大大增加。同时，发达国家大量建筑用材的消费，也是原因之一。如此，森林历经长年作为有机物凝固的二氧化碳，在短期间内，排放到大气中，相应地致使大气中二氧化

---

〔1〕 联合国粮农组织《2022 年世界森林状况》。

碳浓度激增。因为，无论建筑用材还是纸张、纸巾等，终究将燃烧或者腐蚀，从而将增加大气中二氧化碳浓度。[1]

可以说，商业性的伐木作业方法是最具有破坏性的，并直接或间接地导致了森林采伐。在西非，估计每获得 1 立方米的伐木，就要破坏 2 立方米的立木。伐木尤其对陡坡或森林过渡带和红树林等敏感性生态系统具有破坏性。一旦一种物种被选择砍伐后，其他的非目标物种也会受到破坏。森林被砍光后，对当地居民的影响最为严重，他们失去了基本的食物、薪炭、建筑材料、药品来源和可以放牧牲畜的地方。它还使土壤和耐阴物种直接暴露在风、阳光、蒸发和侵蚀之中，加剧了坝底、河流和海岸带的泥沙淤积，并导致严重的洪水泛滥。

目前，在全球存在这样一种趋势，即工业木材来源强烈依赖于人工林。全球人工林的显著增长是最近几年才出现的现象，全球所有人工林有一半以上的树龄不超过 15 年。亚洲是全球最先开始培育人工林的地区，到 2000 年，该地区的人工林占全球总量的 62% 以上。其他重要的发展趋势还包括：私营部门加大对发展中国家培育人工林的投资，外商对人工林的投资增加等。人工林一般只包括一个或少数几个物种，因此生物多样性很低，并比其他天然林容易受到灾害和其他干扰的影响。

另外，许多国家还禁止砍伐木材，这或是为了保护他们的森林资源，或是对过度的商业性伐木或多或少地造成破坏性自然灾害（如滑坡和洪水）的一种应对。禁伐令的效果因政策的形式、所影响的产品、市场环境的差异而不同。在许多情况下，禁伐令把砍伐的压力从一个地区转移到了另一个地区，影响了以森林为基础的社区生活，增加或减少了就业机会，并导致了市场混乱。

林产品贸易的发展趋势也表明木材产品出口在总产品中的比例呈上升趋势。

三、污染对森林的威胁

在工业大发展的情况下，废弃污水的排放导致水土中富含重金属物质，

---

〔1〕 ［日］岸根卓郎：《环境论——人类最终的选择》，何鉴译，南京大学出版社 1999 年版，第 48 页。

植物在这样的环境中生长很容易"患病"。森林会遭受污染造成的疾病以及寄生虫的威胁。

空气污染和酸雨严重损害森林。人们逐渐认识到空气污染可以导致森林退化，空气污染使阿巴拉契亚山脉南部云杉相继死亡，美国林务局对此区表示极大关注，污染法规已经减少了东北地区的酸雨，但一些树种生长缓慢仍和酸雨有关。

酸雨使林地中钙、镁、钾等养分流失，导致在通常条件下无害的铝变为有毒的可溶性物质，继而损害了树木。

1983年秋季，联邦德国经普查后向公众宣布，该国森林有34%变黄，树叶脱落，或表现出遭受损害的其他迹象。一年以后，受害森林面积扩大到50%。受害最严重的则是波兰，该国已经枯死和正在枯死的森林有45万公顷，占该国受害森林面积的20%。

在北美，树林不仅变黄和枯死，还减慢了生长速度。北极泰加林的主要威胁包括破碎、森林火灾和虫害暴发，云杉树皮甲虫毁掉了阿拉斯加很大一部分云杉林，芬诺斯坎迪亚区的秋蛾暴发导致森林大范围落叶。虫害使干枯死亡的木材更易遭受火灾，由于温度上升降水减少，火灾发生频率在增长，虫害暴发和火灾的影响都是非常严重的。

四、森林火灾和气候事件

森林火灾属世界性、跨国性的重大自然灾害，会使森林锐减。

全球约1/3的森林损失与火灾有关。森林火灾（其中90%是由人类引起的）会对生态系统产生广泛的不利影响，并对许多可持续发展目标的实现产生严重影响，包括与生物多样性、水、健康、陆地生命和气候相关的目标。2015年，火灾影响了全球约9800万公顷的森林，并破坏了约4%的热带森林面积。[1]

2003年至2018年，全球森林损失的29%~37%（以永久性和非永久性树木覆盖损失衡量）与火灾有关。火灾的发生率和严重程度正在增加。例如，1997年和1998年，强烈的厄尔尼诺现象导致许多地方气候干燥，全球大面积的森林发生火灾。澳大利亚在2019年至2020年遭遇了历史上最严重的火灾，

---

〔1〕 联合国粮农组织《2022年世界森林状况》。

估计有 1020 万公顷被烧毁，其中包括 819 万公顷的原生森林（其余包括农田和草地、人工林和其他非原生林、城郊土地、原生草原、荒地和灌木林地）。

由于森林火灾的频发，森林不仅不能起到"汇"和"库"的作用，相反，其火灾的燃烧还会释放出大量的二氧化碳，使森林变成了产生二氧化碳的"源"，增加了空气中二氧化碳的浓度，反过来又导致了全球气温的升高。森林大火已经引起了公众对森林野火的了解与关注，促使国家积极采取应对政策并制定相关的预防、早期预警、探测和消除火灾的机动性区域和国际措施。

极端气候事件是另外一个威胁。进入 20 世纪 80、90 年代以来，全球气候变暖导致的林火火灾有上升的趋势。气温升高不仅使森林火灾发生率升高，而且气温升高可使森林火险期提前和延长，[1] 1999 年 12 月，袭击欧洲的风暴给森林和森林外的树木带来了大规模的破坏。欧洲的总损失相当于该地区 6个月的总采伐量，而在一些国家，则相当于摧毁了该国家几年的采伐量。许多国家已经提议对森林管理予以变革，如增加对树木自然更新的依赖性，以降低未来风暴损失的潜在风险。

第三节　森林保护

森林对人的精神和文化价值观及传统具有重要意义。这些非物质因素难以量化，但显然对人类福祉很重要。然而，占地球陆地面积 31%（40.6 亿公顷）的森林正在缩小，1990 年至 2020 年间，有 4.2 亿公顷森林因砍伐而消失，在 2000 年至 2020 年间，约有 4700 万公顷原始森林消失。[2] 全球非可持续的森林消费模式亟待扭转。

一、森林保护概况

森林管理系统发展很快，同时政府、私营部门、本地社区和民间团体的作用和责任也在不断增强。

可持续森林管理的概念——以及实现这种目标的行动——过去几十年在

---

[1]　邢曼曼：《气候变化对森林火灾的影响及预防对策的探讨》，载《科技视界》2016 年第 6 期。

[2]　参见联合国粮农组织《2022 年世界森林状况》。

全球继续得到了发展。森林管理的主要手段，如综合生态系统和景观管理，已经被广泛接受并付诸实施。这些手段使人们认识到生态和社会系统的动态特征，以及采用管理和综合决策体系的重要性。到 2000 年，已经有 149 个国家加入若干国际性公约中，以建立和实施可持续森林管理的标准和指标，这些国家覆盖了世界森林的近 85%。发展中国家的总森林面积中至少有 6% 被正式的、国家允许的、至少持续 5 年的森林管理计划所涵盖。工业化国家近89% 的森林按照正式或非正式的计划管理。粮农组织一项对 145 个国家的调查表明，96% 的国家已经制定了国家森林计划，并处于不同的发展时期。[1] 森林计划的模型和实证已经被大量地利用，以阐明如何在实践中实现可持续的森林管理。

目前地方社区共同参与森林管理已正式成为各个国家森林政策和项目的主要特征。由于存在资金和人力资源不足等问题，发展中国家的政府越来越转向地方社区以便在国有森林保护和管理方面予以帮助。在一些管理计划中，地方社区可以提供劳动力和保护措施，而过去他们进入这些区域是受到限制的。尽管几个基于社区的管理计划取得了成功，但是这些系统依然处于变化和发展当中。

近年来人们对非法森林活动的了解程度也越来越高，这些活动包括腐败性砍伐，他们会耗费大量的资金、环境和社会成本。腐败已经在许多国际性论坛中被公开讨论，政府、非政府组织、私营部门和国际性组织也积极采取措施予以制止。与犯罪及腐败斗争的主要因素在于加强监管和打击系统，增加决策过程的透明度，简化法律程序并增强惩罚力度。

在国际上，自 1980 年《热带森林资源评估》出版之后，又连续出台了两个主要的国际性动议。第一个是 1983 年在联合国贸易与发展委员会（UNCTAD）的支持下建立的国际热带木材组织（ITTO），第二个是热带森林行动计划（TFAP）。热带森林行动计划于 1985 年在粮农组织、联合国开发计划署、世界银行和世界资源研究所共同倡导下成立，TFAP 确认了四个优先行动领域：土地利用中的森林、薪炭和能源、热带森林生态系统的保护以及机构建设。到1990 年底，TFAP 由于其管理方式而受到许多批评，到 1995 年左右，TFAP 被重新修订，可以使更多的国家参与，并将重点放在了加强政府的规划能力方面。

---

〔1〕 联合国环境规划署编：《全球环境展望3》，中国环境科学出版社 2002 年版，第 91 页。

1980 年和 1990 年的森林资源评估为联合国环境与发展大会（UNCED）的行动提供了重要的背景资料。对森林砍伐（1980 年至 1990 年每年为 1530 万公顷）和森林资源评估发展中国家能力欠缺的发现都及时地为《21 世纪议程》中的国家能力建设问题等内容提供了重要材料。联合国环境与发展大会在《关于森林问题的原则声明》和《21 世纪议程》中明确阐述的关于指导可持续的森林管理的总体方针已经在过去 10 年里被进一步地阐述和理解。联合国环境与发展大会通过的三个国际公约（《联合国气候变化框架公约》《生物多样性公约》和《防治荒漠化公约》）都对未来的森林具有重要意义。

政府间森林专题小组（IPF）（1995 年–1997 年）和政府间森林论坛（IFF）（1997 年–2000 年）已经促进了各种类型的森林管理、保护和可持续发展的共同理想的实现。这两个组织都是由国际可持续发展委员会（UNCSD）赞助和支持的。政府间森林专题小组和政府间森林论坛已经达成了 300 个行动议案，并促成了 2000 年 10 月联合国森林论坛（UNFF）的成立。这个论坛是一个永久性的高层次的政府间组织，其成员具有广泛性。为支持 UNFF 的行动并加强政策协调和国际合作，11 个与森林相关的联合国系统内或外部的国际性组织共同成立了一个森林协作伙伴（CPF）。UNFF 的主要经营方式是制定多年工作计划和行动计划来实施 IPF/IFF 的行动议案。

对于发达国家和发展中国家的重要国际挑战，将保证各种森林类型的森林产品、服务和生物多样性可持续性的实现。斯德哥尔摩环境大会对森林生态系统的重要性及对它们完整性威胁的认识是一个重要的进步。但是，随后的工作并没有阻止大量有价值森林的损失。评估显示森林砍伐和森林退化仍在继续。因此需要采取具体的行动来控制和阻止这种趋势——同时也要求解决总是伴随着那些依赖森林资源生存的人群的贫困问题——这是一项长期而艰巨的任务。把成功地处理森林问题作为国际议程议题之一将大大取决于国际团体利用政治、金融、科学和技术手段实现可持续森林管理，尤其是发展中国家的森林管理的能力。

二、国际组织和会议

当今世界面临着诸如战争冲突、气候危机、生物多样性丧失、环境污染、疫病肆虐等多重危机，对人类社会产生了严重影响。对此，森林可以发挥关键作用，帮助人类从这些危机的影响中恢复，因此国际社会需要加强行动，进一步释放森林潜力。联合国《2030 年可持续发展议程》提出的 17 项可持续发展目标是人类的共同愿景，也是世界各国领导人与各国人民之间达成的社会契约。其目标 15 即：保护、恢复和促进可持续利用陆地生态系统，可持续管理森林，防治荒漠化，制止和扭转土地退化，遏制生物多样性的丧失目标。

（一）斯德哥尔摩人类环境大会

1972 年 6 月的斯德哥尔摩环境大会认为森林是所有生态系统中最大、最复杂并能使自身长久存在的系统，并强调了制定合乎土地和森林利用要求政策的必要性，且要求继续对世界森林的状态进行监测及执行已制定的森林管理计划。它建议各个国家应该：①加强注重森林环境职能的森林规划和管理的基础和应用研究；②对森林管理的概念予以革新，使之既考虑了森林职能的多样化，又反映了森林可提供舒适服务的成本与利益。同时大会还要求：①联合国各个国家相互合作，以满足在把环境价值纳入国家土地利用和森林管理过程中对新技术和知识的需要；②通过利用各国的主要监测系统机构，继续加强对世界森林覆盖的监测。[1]

目前，由于森林管理在环境保护和经济发展之间存在利益上的矛盾，因此斯德哥尔摩大会上提出的与森林有关的提议依然有效且没有完全实现。

（二）里约热内卢环境与发展大会

森林保护是 1992 年里约热内卢环境与发展大会的主要议题之一，《里约环境与发展宣言》承认"有必要恢复和保护地球生态系统的统一性"，[2]并于 6 月 13 日通过《关于森林问题的原则声明》，同时在《21 世纪议程》中强调关于以有益于生态的方式管理、保护和开发所有类型的森林。

《关于森林问题的原则声明》目的是发挥权威作用，它在承认森林的多种用途的同时，建议进行可持续性的开发，指出森林是维系各种生命形式所不可缺少的；[3]鼓励发达国家提供援助，帮助制定森林保护规划，推动植树造

---

〔1〕 转引自联合国环境规划署编：《全球环境展望 3》，中国环境科学出版社 2002 年版，第 86 页。

〔2〕 参见《里约环境与发展宣言》原则 7。

〔3〕 《关于森林问题的原则声明》前言（G）项：森林是经济发展和维持所有生物所必不可少的。又原则 2（B）款：森林资源和森林土地应以可持续的方式管理，以满足这一代人和子孙后代在社会、经济、文化和精神方面的需要。这些需要是森林产品和服务，例如木材和木材产品、水、粮食、饲料、医药、燃料、住宿、就业、娱乐、野生动物住区、风景多样性、碳的汇和库以及其他森林产品。应采取措施来保护森林，使其免受污染的有害影响，包括空气污染、火灾、虫害和疾病，以便保持它们全部的多种价值。

林，并且承认土著人的知识在森林保护方面的重要作用。它还强调必须控制严重损害森林的污染物的排放。声明的其他原则是关于木材的自由开发和自由贸易，使木材生产国在国际市场上获得好处。[1]

《21 世纪议程》建议寻求更好的国际合作进行有益于生态的森林开发，并鼓励各国对木材的生产予以更好的管理，使树木的社会、经济和生态价值得到承认。同时强调："森林资源对于开展全球环境保护是至关重要的。合理使用森林资源，可以创造就业机会，有助于减少贫困，还可以生产很多有价值的产品。森林的管理不善，包括未能适当控制森林火灾，不能承受的商业性砍伐，过度放牧和空气传播污染物的有害影响，这一切又与土壤和水资源恶化，野生动物和生物多样性减少，以及全球变暖加剧等联系在一起。目前迫切需要一份广泛的容量摸底结果，为的是国家可以监测森林（如果要执行《21 世纪议程》的计划，这是不可缺少的条件）。政府和机构应该建立和/或加强关于林业、林业资源和林业计划的国家评价和观测系统。这将要求建立新的数据系统和统计模型、遥感、地面测量和其他的技术革新。"[2]

联合国环境与发展大会组织全球森林会议，其目的在于促进对话、在优先采取森林保护行动上实现政府间的协商一致。

（三）联合国粮农组织

1980 年由 FAO 和 UNEP 进行的热带森林资源评价，是第一次对热带森林进行综合性的评估。通过计算发现，热带森林以每年 1130 万公顷的速度被砍伐（FAO、UNEP1982 年），这证明了斯德哥尔摩大会关于全球森林面积锐减的担忧是正确的。此后，尽管发达国家的森林面积保持稳定并有轻微的上升，发展中国家的森林面积则依旧在继续减少。

---

〔1〕《关于森林问题的原则声明》原则 13：①森林产品的贸易应该根据非歧视性的多边商定条例和程序以及符合国际贸易法和惯例的规定。在这方面，应推动林产品的自由国际贸易。②降低或消除关税壁垒和阻碍，提供附加值较高的林产品及其本地加工品进入市场的机会和有利的价格均应予鼓励，以便使生产国更好地保存和管理其可再生的森林的资源。③将环境成本和效益纳入市场力量和机制内，以便实现森林保存和可持续开发，国内和国际均应予以鼓励，以便使生产国更好地保存和管理其可再生的森林的资源。④森林保存和可持续开发政策应与经济、贸易和其他有关政策相结合。⑤应避免可能导致森林退化的财务、贸易、工业、运输和其他政策和做法。应鼓励旨在管理、保存和可持续地开发森林的适当政策，包括适当情况下提供奖励。原则 14：与国际义务或协议有所抵触的限制和/或禁止木材或其他森林产品国际贸易的单方面措施应当撤销或避免，以求实现长期可持续的森林管理。

〔2〕参见《21 世纪议程》第 11 章"森林的保护及合理使用"。

FAO 的《全球森林资源评价 2000》，第一次将"森林"定义为"不小于0.5公顷，地面至少 10% 为树冠所覆盖的地区"，并认为：①20 世纪 90 年代人工林面积的增长率为平均每年 310 万公顷左右。这些增长部分是由于在原来非林业用地植树还林的结果，部分是天然林转换为人工林的结果；②世界天然林依然以很高的速率转变为其他用地。在 20 世纪 90 年代期间，天然林的损失量（森林砍伐加上天然林转变为人工林的数量）大约在每年 1610 万公顷左右，其中 1520 万公顷发生在热带地区。③在 20 世纪 90 年代，大约有70% 的森林被砍伐改为农业用地，而且大多数为永久性的改变，而非轮作型的变化。在拉丁美洲，大多数转变是大规模的，而在非洲则以小规模的农业企业为主导。亚洲的变化在永久性大规模农业、永久性小规模农业和轮作种植系统之间平衡分布。[1]

2022 年 5 月 2 日，FAO 在第 15 届世界林业大会上发布了《2022 年世界森林状况》报告，报告指出当前世界面临疫情、冲突、气候危机和生物多样性丧失等多重危机，森林可以帮助我们从这些危机和影响中恢复过来。各国应加强行动，释放森林各种潜力。报告提出了实现绿色复苏和解决多重环境危机的三种途径，即停止毁林并保持森林面积、恢复退化土地及扩大混农林业、促进森林可持续利用并构建绿色价值链。报告称，快速实施"森林和树木支持经济复苏和环境恢复的三个路径"可采取以下行动：其一，将经济复苏资金投资于旨在打造可持续经济和绿色就业的长期政策，并进一步调动私营部门投资；其二，为包括妇女、青年和土著人民在内的地方行动者赋权，激励其在基于森林的解决路径中发挥领导作用；其三，参与关于提高可持续森林利用意识的宣传活动和政策对话，并将其内化为实现经济和环境目标的手段；其四，在三种基于森林的解决路径之间，以及在农业、林业、环境和其他政策当中，最大限度地实现协同增效，防止顾此失彼。

《2022 年世界森林状况》报告为实现基于森林的解决路径的可行性和价值提供了依据，并概述了进一步推进这些路径应采取的初步举措。报告呼吁立即采取行动，助力实现将全球气温升高控制在 1.5℃ 以内的目标，降低未来流行病发生的风险，确保粮食安全和营养，消除贫困，保护地球的生物多样

---

[1] 转引自联合国环境规划署编：《全球环境展望3》，中国环境科学出版社 2002 年版，第 87～88 页。

性，为年轻人带来希望，为所有人创造一个更美好的世界和更美好的未来。

（四）世界森林大会

世界森林大会（World Forestry Congress，WFC），亦称世界林业大会，其前身是 1900 年和 1913 年先后在法国巴黎举行的国际营林大会。世界森林大会为国际性的林业学术研讨会，是全世界规模最大、最具影响力的林业研讨会，主办单位为联合国粮农组织（FAO）林业部与各主办国政府，大会自 1926 年起，每 6 年举办一次，至今已举办了 15 届。

1971 年，第七届世界森林大会决定将每年的 3 月 21 日定为世界森林日（World Forest Day），以引起各国对人类的绿色保护神——森林资源的重视，通过协调人类与森林的关系，实现森林资源的可持续利用。这个纪念日是于 1971 年，在欧洲农业联盟的特内里弗岛大会上，由西班牙提出倡议并得到一致通过的。同年 11 月，联合国粮农组织（FAO）正式予以确认。1972 年 3 月 21 日为首次世界森林日。有的国家把这一天定为植树节；有的国家根据本国的特定环境和需求，确定了自己的植树节；我国的植树节是 3 月 12 日。随着人类的发展，从早期的农业耕种到近现代对木材及林产品的消耗猛增，导致全球森林面积急剧减少，森林品质不断下降，生态环境逐渐恶化。世界森林日的诞生，标志着人们对森林问题的警醒。善待森林，无异于善待人类自己。而今，除了植树，世界森林日还广泛关注森林与民生的更深层次的本质问题。

2022 年 5 月 2 日至 6 日，因疫情推迟一年举办的第 15 届世界林业大会在韩国首尔召开，会议主题为"通过森林打造绿色、健康和有韧性的未来"。这是世界林业大会继 43 年前在印度尼西亚举办以来再次在亚太区域举办。会议通过了《首尔宣言》。宣言强调了森林在保护生物多样性、维持碳平衡、水资源和能源循环中的作用，应打破各自为政的局面，统筹施策，调动社会各级力量。到 2030 年，全球投入林业和景观恢复的资金增加 3 倍才能满足实现恢复退化土地的国际承诺和目标。大会传递的一个重要信息是加快推进循环生物经济和碳中和的重要性，宣言呼吁创新型的绿色金融机构加大对森林保护、修复和可持续利用的投资，强调可持续生产的木材作为可再生、可循环、复合型材料的潜力。宣言还强调维护生长良好、多产的森林对人类身心健康和未来减少疾病流行具有重要意义。

（五）森林管理委员会

森林管理委员会（Forest Stewardship Council，FSC）是一个非政府、非营利组织，致力于促进全球社会责任的森林管理，于1993年在加拿大多伦多成立，其发起者为国际上一些希望阻止森林遭到破坏的人士，由来自世界各地的环境和社会团体、木材贸易和森林行业、土著居民组织、社区林业团体和森林产品认证组织的代表组成。

FSC旨在促进对环境负责、对社会有益和在经济上可行的森林经营活动，为实现这些目标，它倡导以自愿、独立、第三方认证为主要的方法手段。FSC作为一个庞大的组织，本身不进行认证工作。它的主要任务是评估、授权和监控认证主体。认证者特别承诺接受FSC的目标和准则以及在他们的认证工作中反映这些目标和准则。全球总共有19家机构被授权实施FSC认证，其中7家在我国开展业务。FSC采用国际森林产品认证制度，为来自管理良好的森林产品提供可靠的担保。所有带有FSC标志的森林产品都经过独立认证为来自符合FSC原则和森林管理标准的森林。对森林的检查由FSC认定的认证机构进行。对经过认证的森林进行定期视察，以确保其继续符合FSC的原则和标准。FSC也支持制定国家和地方标准，以便在当地一级执行国际原则和森林管理标准。这些标准由国家和地区工作组同世界各地从事森林管理和森林保护的工作人员，在协商一致的基础上制定出来。FSC编写了一些准则，以帮助工作组制定出地区认证标准。

（六）联合国森林论坛

为了有效保护森林生态系统，1997年，联合国关于森林问题的"政府间森林论坛"启动，1998年8月24日，在瑞士举行了论坛成立以来的首次实质性会议，会议为期10天，讨论防止森林面积减少的措施，并重点讨论将这些计划付诸实施的办法，以及为2000年达成具有法律约束力的国际协议做准备。"政府间森林论坛"在联合国专门机构发起了森林保护规划，寻求资金，促进对各种森林的共同保护行动。此外，森林贸易和环境问题也被纳入"政府间森林论坛"的考虑议题当中。在此基础上，2000年10月，在联合国可持续发展委员会第八次会议建议下，联合国经济和社会理事会创建了联合国森林论坛（United Nations Forest Forum，UFF），旨在促进森林的管理、保护和可持续发展。其任务在于促进森林的管理、保护和可持续发展，监督会员国政府长期政策关注。论坛每年召开会议，加强对森林问题的长期优先关注，并回顾过去政府间组织行动的执行情况。联合国森林论坛应依循《里约环境与发展宣言》《关于森林问题的原则声明》《21世纪议程》第11章以及政府间森林问题小组/政府间森林论坛的行动建议开展工作，应探讨如何加强有关森林的活动的政策拟定和执行方面的配合和协调，包括向联合国相关机构以及与森林问题有关的其他国际组织、文书和政府间进程提供其届会报告，向经济及社会理事会、并通过理事会向大会提出报告。

2007年4月16日至27日，联合国森林论坛第七次会议在纽约联合国总部举行。经过各国代表团历时两周的艰苦谈判，最终达成了《国际森林文书》，其核心内容是加强各级有效实施森林可持续经营的政治承诺和行动，实现全球森林的共同目标；增强森林对实现千年发展目标，特别是与脱贫和环境可持续发展目标在内的国际发展目标的贡献；为国家行动和国际合作提供框架。《国际森林文书》的达成，使森林问题谈判迈出了实质性的一步，成为森林问题谈判的历史性转折点，是推动全球森林可持续经营的里程碑，将对国家、区域和全球的社会、经济和生态可持续发展产生重要影响。《国际森林文书》对森林可持续经营的国家和国际行动提出了原则性要求。要求成员国继续加强对森林可持续经营的政治承诺，制定和实施国家林业发展战略和规划，并纳入国家经济社会发展总体规划，制定和实施支持林业发展的长期资金机制；加强林业行政管理、立法和执法，鼓励全社会参与林业建设；加强相关研究、推广、宣传和教育；积极参与区域、全球合作，监测、评估并报告有关落实进展情况。要求国际社会建立新的额外的资金安排机制，扭转用于林业官方发展援助下降的趋势，促进技术转让和发展中国家能力建设；加强林业行政管理和执法，打击非法采伐，规范正常林产品国际贸易；大力开展植树造林，加强森林资源保护和森林资源恢复，增加森林碳吸收能力，应对气候变化。《国际森林文书》是在十多年谈判基础上形成的全球森林治理最全面、最重要的文件，被认为是未来林业国际法的基础，为全球森林可持续经营提供了一个政策框架。

国际森林问题经过20多年的艰苦谈判，在2015年5月召开的联合国森林论坛第11届会议上，全球森林治理的许多机构和机制等关键问题的谈判都取得了重大进展。会议讨论了未来全球森林治理体系的构建，通过了《我们憧憬的国际森林安排》部长宣言和《2015年后国际森林安排决议》。这两项重要成果被纳入了联合国发展峰会审议通过的新的全球可持续发展议程的考虑范围，决定了未来 15 年全球森林政策走向和全球林业可持续发展战略，对提高森林在全球可持续发展中的战略地位有着重要意义。《2015 年后国际森林安排决议》充分肯定了包括全球森林目标在内的《国际森林文书》的继续有效性和价值，强调需要加强和促进各级的执行，评估 2007 年以来的涉林进展，决定根据 2015 年后发展议程，将全球森林目标延期至 2030 年，并将《国际森林文书》更名为《联合国森林文书》，敦促成员国将《联合国森林文书》作为实施森林可持续经营和 2015 年后发展议程中涉林国家行动和国际合作的综合框架。

2017 年 4 月 27 日，联合国大会审议通过《联合国森林战略规划（2017-2030 年）》（UNSPF），旨在为各级可持续地管理所有类型的森林和森林外树木以及制止砍伐森林和森林退化提供一个全球行动框架。这是首次以联合国名义作出的森林发展战略规划，阐述了全球林业发展的愿景与使命，制定了全球森林目标和行动领域，提出了各级开展行动的执行框架和资金手段，明确了实现全球森林目标的监测、评估和报告体系，彰显了国际社会对森林可持续管理的高度重视。

联合国森林论坛（UNFF）第 19 届会议于 2024 年 5 月 6 日至 10 日在美国纽约联合国总部召开，来自 172 国家和多个联合国系统机构及国际组织等约 400 名代表参会。会议围绕履行《联合国森林战略规划（2017-2030 年）》进展情况和国际森林安排中期评估结果进行了深入讨论，召开了部长级高级别会议和森林合作伙伴关系（CPF）高级别对话，重点讨论如何发挥森林在应对气候变化、生物多样性丧失和土地退化等方面的重要作用。来自 14 个国家的部长、联合国副秘书长、联合国经济及社会理事会副主席、粮农组织总干事等出席了高级别会议。

经过 5 天的激烈讨论，就推进实现全球森林目标达成新决议。决议不仅展示了国际社会对森林保护和发展的共同承诺，也为进一步实现既定全球森林目标指明了方向，确立了行动指南。未来，UNFF 将继续作为推动全球森林议程的重要平台，促进各国政府、国际组织和主要群体之间的合作与对话，以持续推进全球森林可持续经营，发挥森林在实现 2030 年可持续发展目标和应对气候变化、生物多样性丧失等多重危机中的重要作用。

三、相关国际条约

毁林〔1〕是不可逆转的，这是一个令人担忧的问题。森林资源的国际环境法保护是人类应对气候变化等一系列环境问题中不可或缺的一环。为了更好地贯彻落实森林可持续管理，必须以国际协议和规则加以规制，需要不断建立健全森林资源保护的国际环境法制度。

（一）《联合国气候变化框架公约》

面临毁林或森林退化风险的生态系统含有极其可观的不可回收或难以回收的碳，特别是在泥炭地、红树林、原始森林和沼泽中。除非采取额外行动，否则将导致大量二氧化碳的排放。因此，遏制毁林和防止森林退化是减少温室气体排放和从大气中去除二氧化碳的最重要行动之一。

1992 年《联合国气候变化框架公约》第 4 条（d）：促进可持续的管理，并促进和合作酌情维护和加强《蒙特利尔议定书》未予管制的所有温室气体的汇和库，包括生物质、森林和海洋以及其他陆地、沿海和海洋生态系统。《联合国气候变化框架公约》及其《京都议定书》对森林部门产生了深远影响。〔2〕如"清洁发展机制"的碳排放交换等，这为将森林资源保护纳入国际环境法规范内加以有效保护开启了新篇章。

2005 年《联合国气候变化框架公约》第 13 次缔约方大会正式把"减少森林砍伐和森林退化的碳排放（Reducing Emissions from Deforestation and Forest Degradation，REDD）机制"列入"巴厘路线图"，后来在此基础上又增加了保护和可持续管理森林以增加森林碳汇（REDD+）。即鼓励森林温室气体高排放国家减少森林砍伐，并允许这些国家通过碳交易市场获得相应的收入。

很多国家已经认识到了 REDD+ 的重要作用，希望尽快将 REDD+ 的运行规则通过《联合国气候变化框架公约》的国际谈判制定出来。发达国家对该机制的谈判比较积极，因为此机制的开展避开了《京都议定书》对附件一国家规定的强制减排义务，甚至有可能将 REDD+ 的作用放大以忽略《京都议定书》的履约机制。发展中国家对该机制表示欢迎，以期尽快达成具体运行规则并获得更多来自发达国家的资金，但同时强调，虽然 REDD/REDD+ 机制能

---

〔1〕　毁林是指将森林转变为其他土地用途的自然或人为过程。
〔2〕　参见《京都议定书》第 2、3 条。

为发展中国家带来融资机会，但不能代替公约所要求的发达国家应向发展中国家提供新的、额外的资金的义务，并且建议 REDD/REDD+机制要特别关注土著和地方社区的权益。

REDD/REDD+机制是在《联合国气候变化框架公约》与清洁发展机制向森林保护延伸的产物。其运作逻辑是通过相关基金或碳交易市场获得基金，并以此补贴发展中国家保护森林时面对的损失。

森林对于生态的影响非常广泛，包括但不限于生物多样性、调节水循环、巩固土壤等，远远不止于减少碳排放。REDD+机制是以发展中国家为碳排放权的卖方市场，发达国家通过购买碳排放额度，市场允许污染者继续排放温室气体，只要他们能够证明在其他地方帮助阻止了等量排放的证明即可。对于大多数工业国家来说，购买碳额度可以实现在气候变化协议中作出的国际承诺，所以 REDD+表面上是在增强森林的碳储存，实际上是在保护大多数工业国家可以继续排放污染物的资格。REDD+只是大多数工业国家实现排放额度为零的一个工具，通过这一工具它们获得了交易的污染许可。这样看来，REDD+机制其实质是发达国家以解决温室气体减排为借口，通过贸易合同的方式，以实现本国利益最大化的"阴谋"。同时，REDD 片面强调碳排放，并非立足于保护森林资源。因此，REDD+机制不能将森林的环境价值、社会价值和经济价值有机结合起来，必须另辟蹊径以保护森林资源。《巴黎协定》将森林及相关内容作为单独条款纳入其中，规定缔约方应当采取行动酌情养护和加强《联合国气候变化框架公约》第 4 条第 1 款 d 项所述的温室气体的汇和库，包括森林。鼓励缔约方采取行动，包括通过基于成果的支付，执行和支持《联合国气候变化框架公约》下已经为减少毁林和森林退化造成的排放所涉活动而采取的政策方法和积极奖励措施而议定的有关指导和决定所述的现有框架，以及发展中国家养护、可持续管理森林和增强森林碳储量的作用；执行和支持替代政策方法，如关于综合和可持续森林管理的联合减缓和适应方法；同时重申酌情奖励与这种方法相关的非碳收益的重要性。[1]如此，将综合和可持续森林管理的联合减缓和适应方法作为执行和替代政策方法。可谓是一大突破和进步。

---

〔1〕《巴黎协定》第 5 条。

（二）《国际热带木材协定》

与森林保护的缓慢发展并存的是，木材生产业面临着资源的匮乏和自身恶劣的处境。1983 年，在联合国贸易与发展委员会（UNCTAD）的支持下，建立了国际热带木材组织（ITTO），随后于 1983 年 11 月 18 日在日内瓦签订了《国际热带木材协定》。国际热带木材组织的目的是将热带木材的生产国和消费国联合在一起，主要以项目的形式进行工作，并已建立了几个关于更新造林和森林管理、森林工业和市场的委员会。虽然这些并不是他们的本意，但 ITTO 已经变成一个可持续的森林管理相关议题的重要讨论平台。

《国际热带木材协定》代表着全球 90% 的热带木材以及主要的木材生产者和消费者，其宗旨是："为生产和耗用热带木材的各国之间的合作和协商提供一个有效的纲领，促进国际热带木材贸易的扩展和多样化以及热带木材市场结构条件的改善，推广并支持研究和发展工作以求改善森林管理和木材利用，鼓励制定旨在实现持久利用和养护热带森林及其遗传资源，以及旨在保持有关区域生态平衡的各种国家政策。"[1] 该协定为解决热带木材经济所面临的各种问题而为热带木材生产国和热带木材消费国之间的合作建立了一个法律框架。

该协定的主要成果是设立了国际热带木材理事会。理事会通过协商一致提出建议，具有三个主要职能：植树造林、恢复森林遭到破坏的地区以及合理管理。该协定在 1994 年 1 月 26 日被修改，将热带木材定义为来自原生林的木材，是必须受到保护的森林类型。

（三）相关的多边环境协定

《2022 年世界森林状况》指出："没有一个健康的地球，就没有健康的经济。"人类应该更好地利用森林和树木，从而保护生物多样性，让森林生态系统更好地为人类服务，提供更多福祉，同时创造经济效益，特别是为农村人口创造更多的收入。然而，森林已成为应对气候变化、保护生物多样性、涵养水源、减轻贫困等环境与发展问题的交汇点与重要解决途径。鉴此，在森林可持续使用和管理机制中，将森林问题纳入《联合国气候变化框架公约》

---

〔1〕　全国人大环境保护委员会办公室编：《国际环境与资源保护条约汇编》，中国环境科学出版社 1993 年版，第 213 页。

以及《防治荒漠化公约》（该公约强调对森林的保护[1]）和《生物多样性公约》《关于特别是作为水禽栖息地的国际重要湿地公约》及《濒危野生动植物种国际贸易公约》[2]和《保护世界文化和自然遗产公约》等国际环境法框架下，课予条约缔约方具有约束力的国际法律义务，必将有助于改变世界森林状况，亦可提供融资来实施森林保护项目。在森林资源可持续管理和利用的总体方针上具有重要意义。

---

〔1〕 参见《防治荒漠化公约》第1、2、8条。

〔2〕 《濒危野生动植物种国际贸易公约》的一个工作组已经开始就贸易对一些商业性树种的影响进行回顾与评估。

第十六章

山地保护的国际环境立法

山地占地球陆地面积的22%左右，山地对于地球生命的重要性要比我们所设想的高。山地也是我们的家园，山地如同海洋一样活跃，如同低地热带雨林一样对我们的健康起着关键作用。山地是提供淡水、能源、矿产、林产品、农产品和休养娱乐的重要来源，但山地却极度脆弱，加上山地生态管理的极其落后以及气候变化、环境污染、矿产开发、过度耕作和旅游等，导致山地退化，洪涝、山崩和饥荒等灾难频繁发生。山地保护已刻不容缓。

第一节　山地生态系统

山地生态系统非常多样化，是生物多样性和濒危物种的贮藏室，是特殊植物群落和动物的避难所，是全球生态系统至关重要的组成部分。山地生态系统为人类社会经济的发展提供着大量的生态系统服务和冰冻圈服务，包括水利、供给、旅游、文化和生物多样性支持等众多方面。

一、山地——世界水塔

地球高山地区被誉为"水塔"，是地球上的独特地理单元，以高峻地形插入大气水汽凝结高度甚至冰冻圈高度，形成独特的"湿岛"效应。这些"水塔"在全球水循环中扮演着极其重要的角色，不但是滋养干旱区绿洲存续和可持续发展的"生命线"，更是大江大河的源头，确保了地球万物和人类用水需求。

山地孕育着河流，并对其周边居民以及自然环境产生了重大影响。世界屋脊的青藏高原，分布着大量的雪山和冰川，这些雪山、冰川的融水，成为诸多世界大河的源头，发源于青藏高原的世界大河主要包括了黄河、长江、湄公河、萨尔温江、伊洛瓦底江、雅鲁藏布江—布拉马普特拉河、恒河以及印度河等，在其周边，我国和印度人口超过14亿，中南半岛人口也高达3亿，三地相加人口超过31亿，几乎相当于全世界人口的一半，作为这片人口密集区域的"水塔"，青藏高原的"至关重要"不言而喻。与青藏高原一样，作为"水塔"的还有亚马孙河的源头安第斯山脉、奥里诺科河的源头圭亚那高原、尼日尔河的源头富塔贾隆高原以及多瑙河的源头阿尔卑斯山脉，等等。

再以我国秦岭为例。秦岭是区别我国南北方的标志性山脉，是我国承东启西、连接南北的战略要地。秦岭在陕西省境内水资源量就多达220多亿立方米，占全省水资源总量的50%，是陕西省主要水源涵养区。其中秦岭北麓水资源量约40亿立方米，约占关中地表水资源总量51%，是渭河流域水资源重要涵养区和关中城市群重要水源地，也是关中整个生态系统的命门和核心，是维系关中生态水系、生态水量和经济可持续发展的重要保障。秦岭横亘中西、跨越南北。向西延伸与昆仑山接壤的西倾山等广大地区，已经成为西北地区的主要水源涵养地、保障地、来源地。与向西南延伸的岷山地区、向东南延伸的大巴山地区形成了长江重要的水源涵养区与水源补充地，有力支撑了受水区和水源区经济社会发展，促进了生态文明建设，经济、社会、生态效益显著。可以说，秦岭不仅仅是我国西北地区生态安全屏障和"水塔"，更是我国战略性水资源补充地、来源地、接续地、涵养区和保护区。保护好秦岭生态环境，对确保中华民族长盛不衰、实现可持续发展具有十分重大而深远的意义。

山地是世界上大多数河流的源泉。地球上绝大多数人每天都在用来自山地的水滋润干渴的喉咙，以从山地不断流下的新鲜干净的水为生。2003年12月11日，首次"国际山地日"便是以"山脉：淡水的来源"为主题，山地是"世界水塔"是不容置疑的。

二、山地生物多样性

因为垂直环境的海拔高度和气候等特殊性，山地具有世界生态领域包括热带雨林中最多的生物多样性。为世界提供80%食物的20种植物种类中，有6种起源于山地。其中，马铃薯是最先被发现于秘鲁安第斯山地的，玉米被发现于墨西哥齿状山脊，高粱被发现于埃塞俄比亚高地。正是山地的遥远保护了许多谷物种类没有被消耗和绝种。

山地生物多样性有什么特别之处呢？这要看你问谁了。植物学家回答的声音可能最大，因为许多植物多样性的中心都在山地。他们会指出热带山地森林惊人的繁多种类，优美的阿尔卑斯山春季和夏季野生植物的种类，还有一些能适应苛刻环境的岩石型植物种类。动物学家会注意山地动物群中高级别的物种形成和地方特殊性，特别是他们研究得最多的昆虫和鸟类。保护主义者会强调许多山地的"旗舰种类"，从大熊猫和雪豹到猩猩和有眼镜状斑纹的熊。食物科学家及山地农民会着重于源于高地的农作物的不协调的数目。考古学家会赞美山地人类文化的多样性，他们的语言、信仰、传统与艺术表达方式都别树一帜。我们都会同意山地生态系统是遗传、种类的生态系统和人类文化多样性的无价宝库。

生态学家告诉我们：山地生态系统的多样性来自需要很强适应性和有利于新物种进化的陡峭多变地形上微环境下的纯种。他们也指出频繁的大自然聚变会使得最牢固的树木及优雅的岩羚羊轰然倒地，跌成碎片。另一个因素就是很容易跨山把它们的基因和附近物种混合的山地物种的地理上的隔离——一个原因是许多山地植物都是自行授粉。因为物理屏障把他们分成能适应艰苦环境的文化多样性的小种族组的人类社区也遵循同样的模式。

山地的环境一直是艰苦多变的，石崩、雪崩、日照强度的低限、温度及湿度——甚至是火山活动——这对于山地物种来说都不足为奇。给予他们足够的时间去适应，它们就能把逆境变为富有竞争力的优势。

作为生物学上的"热点"，山地留存了成千上万的地方性生物种群。山地是地方特有物种和生物基因高度集中的宝库。它们是迁徙动物的重要走廊，也是那些天然栖息地由于自然或人为活动缩小或更改了的动植物的庇护所。生物多样性不仅与环境、伦理道德有关，而且与健康和经济也有关联。比如，许多高海拔地带的植物对于山地居民来说是重要的治病药物，还有一些植物具有潜在的经济价值，甚至能够带动山地经济发展。

山地生物多样性的意义已经变得很清楚了，保护性社区目前正关注的25个"热点"生物灭绝中的16个全部或主要在山地，包括：马达加斯加高地、西亚马孙河的安第斯坡地、东喜马拉雅山（尼泊尔、不丹、相邻印度国家及我国云南）、菲律宾高地、坦桑尼亚的山地森林、美国中部山地及巴西的大西洋森林。

三、山地人类文化多样性

山地人类文化多样性的影响十分深远。人们将目光移向山峰并发现了存在于高耸入云的山尖的灵感、启迪和太阳之乡。这些受人崇敬的、启发灵感的高峰在许多文化中都被认为是众神之家，它们是恒久不变、坚不可摧的。山地被认为是神的家园和祖先的居所，被世界宗教和文化赋予了一种精神上的意义。

山地可以提供给我们一条重要共同点的发现之路。人们用不同的方式崇敬山地一如世界中心、神的居所、生命的秘源地、死者的坟墓、激发灵感的地方、娱乐的光辉时刻、知识和力量的神秘宝库等。当我们看到第一缕阳光划过雪山山顶，将森林变成金黄色的时候，我们无不充满敬畏之情。

登山运动员、商人、诗人、哲学家、农夫、牧人、竹子托运工、冒险旅游者都在那条山路上聚合，发现了一条普遍历程：超越了语言、职业、教育和经济。各大洲的人们都为复兴和灵感望向他们各自高耸的山顶，及其后的天空。所以，我们都会带着希望在一条山间小路上汇合。

为了提高环境知识及作为人类与生俱来的权利，山地人民应受到更好的待遇。他们的贡献潜能必须得以实现，他们应该受益于他们本地资源的开发与保护。他们应该是作为主要资金保管者的管理决策的一部分。山地赋有灵感的、精神的及宗教的禀赋必须用于更有利的理想追求——取得山地环境、资源发展与山地人民福利之间更好的平衡。

沿着陡峭艰难的山路向前迈步，山地有太多的理由值得我们重视和保护。

第二节　山地生态系统危机

山地生态系统十分脆弱。山地正面临什么问题呢？水、森林、草地及矿产资源的过度使用及滥用引起了土壤腐蚀、水及空气污染和河流下游破坏，这在山地陡坡地区尤为严重。无规划的旅游业导致环境退化、生物多样性散失、山地文化的堕落及山地人民的被剥夺感等。

一、山地生物多样性的丧失

山脉覆盖了地球约 22% 的陆地空间，并提供了多种生态系统服务。[1]但是我们很快就得知它们也会像海洋、森林和低地一样脆弱。

经过一千年来人类对山地环境还算是成功的适应后，我们现在目睹了史无前例的快速发展。热带山地森林比任何其他生物群系甚至是低地热带森林都消失得要快。从都市中心而来的空气污染正导致从中欧巨人山到美国的森林死亡。采矿工业正在开发一种更高效的去除山顶的方法，同时那种有利的药物的集中耕作正取代从中亚到南美的农业和林业。大多数极具破坏性的主要武装冲突都是在山地进行的。

山地生物多样性的丧失——山地居民对生物资源的持续利用会完全地影响我们。人类依靠山地的自然资源：森林、农田、农场特别是从它们流到河流、湖泊且渗透到地下的淡水。我们依靠来自山地的有益物质，还有它多样的、珍稀的、绝无仅有的生物基因，从安第斯山地的土豆到埃塞俄比亚高原的咖啡。人们需要大规模农业种植中的野生亲源种：从墨西哥的稻谷、玉米的原始品种，到高加索山地的小麦、水果的野生亲源种。然而，基因多样性的失去会破坏它们对新环境的适应能力。

现在一个更大更普遍的威胁正在逼近。气候变化将比任何其他情况更严重影响山地生态系统：影响包括物种的分布范围和组成的变化，尤其会对那些分布可能受到限制，或者限制在高海拔地区的生物产生显著影响，当生态系统向更高处移动时，合适的居住地将被压缩在更小的区域，海拔梯度上边缘的物种可能会在当地灭绝，动植物的种类和数量将变得单一；气候引起的变暖可改变生态系统功能，提早春季物候；在较低的海拔地区，山地生境（尤其是热带地区的生境）往往比邻近的低地更具有生物多样性和特有性。然而，生境退化和破碎化已经影响了许多山地生态系统。现在包括热带安第斯山脉和中亚山区生物多样性热点地区在内的大多数山区，都面临着巨大的人类压力。据记载，喜马拉雅山脉有大约 19 000 种物种，[2]极易受到气候变化影响。在欧洲，气候变暖已促使许多物种向更高纬度上生长，导致当地寒带

---

〔1〕 联合国环境规划署《全球环境展望 6》。
〔2〕 联合国环境规划署《全球环境展望 6》。

和温带山顶物种多样性增加；但是，地中海山脉却受到了相反的影响，那里已经失去了一些物种。在一些地区，山区农业用地的废弃也导致了生物多样性的减少，尤其是鸟类种群。山地生态系统的退化将导致空气质量和气候调节的变化，如温室气体封存的减少。当地社区面临的威胁包括粮食安全、药用植物、水供应的丧失，以及与山体滑坡、河流淤积和洪水相关风险的增加，这些风险改变了他们的生计和土地覆盖。少数山区仍然保持着物种的传统利用方式（如安第斯山脉、喜马拉雅山脉），而阿尔卑斯山脉的民族植物学知识，由于土地利用模式的变化而丧失。冰川消融影响水安全，南亚国家的一些人口依赖于从喜马拉雅山脉西部以及中部和东部流出的河流。土地利用变化的经济代价也可能很高，例如，据报道，在尼泊尔用农作物取代山地森林之后，基于自然的娱乐活动带来的经济效益减少了75%。[1]

不论什么时候山地生态系统因过度开采而退化，都会导致植被地带改变、冰川融化及降雨模式的改变。这些对经济及社会的代价都非常高。因为当植被被清除后，蓄水层和水井将会干枯，淤积会降低水利和灌溉水库的可持续能力。农业径流会污染可循环的清洁水，在旱季，渔业和城市用水都会受到影响。在森林遭到破坏的山区，大雨后的洪水将不可控制，每年在全球造成极其严重的损失。

二、山地旅游的淹没

以前，山地是因为偏远和隔离而不受干扰的，随着山地变得越来越容易进入，现在被缺乏管理的旅游严重地影响着：干扰植物的生长，使森林消退；干扰野生动物，缩小它们栖息地；引发更多的森林和草地火灾；旅游者制造了山地群落本身无法处理的大量垃圾和废弃物，等等。它们已被日益增多的据说是世界增长最快的旅游业所淹没。

山地旅游占全世界旅游行业收入的15%~20%，每年收益为7000万~9000万美元，这对于山地的发展是至关重要的，而且给这些非常偏远、不发达地区带来了绝好的发展经济的良机。但是这同时也让它们变成了"世界最高的垃圾场"，这个最高海拔的"迪士尼乐园"只是滥用和剥削山地文化，而对于当地的居民则几乎没有任何好处。在合理的规划、管理实施之前，公路、机

---

[1] 联合国环境规划署《全球环境展望6》。

场、宾馆、会议交流中心和其他的基础设施的建设为大批的游客来这旅游打开了山门。

旅游显然是能维持最快发展的一种行业，但也伴随着对生态和文化价值的显著的、直接的、巨大的影响。这些促成了维持生态旅游的理论和实践的思考。

当旅游业进入当地山地经济时，特别角色和关系也常常变化。导游和司机的工作使男人们离家时间很长，在妇女已有的沉重的家务活的担子上又加重了很多如抚养孩子、下地工作和收割等任务。这种增加的责任使得妇女离求学、工作和参与政治的道路越来越远，相应的较低的社会地位和缺乏"经济能力"也影响了她们的健康、寿命和孩子的幸福。

随着旅游业增加，别的生活资源和市场需要的缩减，有些山地经济，包括农业，都渐渐地全部依赖旅游。

与山地旅游相关的经济、社会和环境压力也威胁着山地文化特有性和多样性。长期被隔离的山地文化突然之间成了游客转动胶片中的"目标"。由现代人享有的科技在山地运动中失去了价值，他们需要五星级酒店的城市标准。本土文化的丢失导致了犯罪和吸毒的增长，导致了曾经共同支撑整个社会的集体价值和宗教习俗的崩溃。

山地人民在他们的现在和今后的文化开发中必然带来利弊。旅游业能够带来收入以便维持那些真正具有文化特色的东西，比如建筑、舞蹈、音乐、食品、服饰、历史典故和手工艺品，而保存完好的山地文化强烈地吸引着游客，外界的关注又能提升文化自豪感，所以希望保留真实的文化遗产。那么，在文化旅游和商业旅游中有一条好的道路，但成功地走上这条路需要当地的参与和努力做到真实、公平和管理细致。

由于闭塞和有限的沟通，住在山地的许多人缺乏足够的技能和条件去投资旅游或者说从中获得收益。旅游确实提供了工作机会和投资契机，但是它更能够给房屋所有者和已经拥有不少财产的投资者带来利益。比较穷的、没有受过教育的普通体力劳动者，得到的只是极少的收益，比如他们种植、生产食物、从事耗时的手工生产，获得的只是微利。居住在山地景区中或附近的当地人不得不忍受旅游带来的副产品——比如废弃物的增多、安全隐患的增加和通货膨胀——但从景区门票收入中几乎得不到任何的好处，所有收入都用在所谓的更需要的当地发展和景区维护上了。

山地居民——这些可贵的山地资源的保护者——最易受到这些变化的伤害。他们是这世界上最贫穷、最饥饿和处于最边缘的人群。在一些山地社区，人口增长直接导致了食物不安全感。另外，因为贫瘠的山地上不能持久发展，山地农民摒弃了传统的耕作方式，结果饥饿的周期也随之而增长。

山地旅游的执行和管理的经验已经显示出：公平的利益分配会产生更多更好的实践，从而更好地保护生物和文化资源。当地居民需要参与山地旅游且被授权保护资源。

三、山民困顿

人类与大自然之间的联系是无可否认的，而这种联系在世界各地的山脉中体现得尤为明显。在这片古老的山脉中，山地众多独特的物种与壮丽的自然景观与生于斯长于斯有着不同族群语言文字、婚丧礼俗、生产方式和宗教信仰以及独特居所等的山地居民相互交织，谱写出一曲壮美的自然之歌。

"一方水土养一方人"，生长和居住的地方往往会在人的性格特质上留下别样的印记。

在历史发展长河中，各民族在探索并认识自然规律，适应和改造生存环境，协调人与自然的关系等方面都形成了一系列生态意识和设计观念，普遍存在对天地自然、万物神灵的自然崇拜，有些民族甚至将树木、森林视为祖先，认为植物曾经拯救过他们的祖先，民族才得以繁衍。换言之，自然万物的崇拜思想影响了山地民族的造物设计观念。山地居民尊重自然山石，崇拜树木本性，重视与生态环境融合且强调人与自然的和谐。因此，建造出来的民居被嵌入自然环境中，形成"虽由人作，宛自天开"的和谐画面。例如，山地民居建筑不仅是山地居民适应自然、顺应自然的生活方式的体现，还是山地居民因地制宜的"天人合一"朴素自然设计观的彰显。其理念强调与自然的和谐共处，注重与自然环境的有机融合。按照尊崇自然、巧用地形、依山就势的营造理念，将一幢幢民居依山就势、随地形地貌化整为零，分散布局在群山怀抱之间。在不破坏山形地势、地质地貌的前提下，利用山地的高差错落，自然植被、山石溪流等自然屏障，将民居嵌入大自然的画面中，使建筑空间与人们的活动空间融汇交织在群山的大背景中，呈现出生动活泼的水墨风景般的图画式空间形态。自然环境的"底"与民居建筑及生活空间的"图"相映成趣，宛如一幅自然天成的优美山水画卷。又譬如，苗族传统民居——吊脚楼，依山就势沿着山形坡面布置，利用木楼的吊脚将楼房植入山地自然环境中；布依族石头村落，就地取材，采用当地遍布的石材，利用石块砌墙，石板盖屋，并随山形地势地貌依山就势融入大自然中，呈现出鲜明的自然天成的山地民居建筑特征。这些民居犹如从山地生长出来，与山地浑然一体，构成自然天成的生态建筑空间。如此"自然天成"的生态观念与山地居民的生存环境和生活方式是密切相关的。这种与山地协调共生的观念，显示出山地民族以积极的心态在探求改善居住生存的方式，以及其中蕴含的种种设计智慧。这不就是我们追求的"生态设计""绿色设计"[1]吗？

然而，由于山地对气候变化高度敏感，随着全球变暖，高山地区冰冻圈退缩，降水和蒸发蒸腾模式不断改变，加剧了水塔地区的脆弱性，山地水资源供应时间和规模发生变化。陡峭的地形和极端的气候条件经常引发滑坡、泥石流、雪崩、冰湖溃决洪水等多种灾害。此外，导致山地饥饿的最大的原因是冲突和战争引起的混乱。在那些发生冲突的地方，山民不能进行基本的生产活动，如种植和收割，剩余的微少食物被战士或冲突的领导者占有，一些地区的农田被埋上地雷，使得从战争中恢复生产成为一项长期的生存斗争。

文化的全球化和发达国家的过度消费方式正在消灭古老的文化、语言、传统、本地知识以及生活方式。由于人口的增长，可供轮歇的土地面积严重不足，再加上民族国家形成后不断强化的国土意识，使得山地族群刀耕火种的生产方式越来越难以为继。特别是民族国家大多把改变山地族群的游耕方式作为社会发展的目标之一，刀耕火种被贴上了"落后农业"的标签，山地族群更被指责为"森林的杀手"。同时，满目的城市化和日趋严重的污染正在造成山地生态的进一步破坏。这种情况在山地比在任何别的地方更加触目惊心。

如果所有的人都致力于促进山地的和平与稳定，世界饥饿和营养不良的人数将大大减少。从现在起，通过协调的行动，我们必须为减轻山地粮食不安全感做出显著的成绩。鉴此，为了让所有的人认识山地所扮演的重要角色，联合国将2002年定为国际山地年。对所有的人，包括个人、国家和国际社会，都是一个前所未有的去护卫山地生态系统和帮助山地人民达成他们的目

---

[1] 20世纪90年代兴起的一种设计观念，其理念是设计不仅不能对环境、生态造成破坏，要能持续发展、循环利用，还要考虑"人—社会—自然"整个生态系统的和谐。

标和渴望的机会，这就需要有相应的支持机构和法律措施。

第三节　山地保护的相关机构

山地的重要性并未被人们充分认识。山地在大气过程和地球化学循环中起着重要作用。同时它们有复杂的体系，对变化很敏感，目前山地的升温已超过了全球平均水平，带来的生态、社会与经济后果日趋严重。山地的复杂性与演变性，使保护工作更需要科学的解读与方案。所以，我们需要有广泛系统的山地保护机构和保护规划，以为下一代保存本土知识，增强山地的力量。

一、联合国环境规划署

许多人类团体和工业的安康和利益依赖于山地的健康发展。联合国环境规划署早已着手于山地生态状况的评估，也就是我们所知的"山地观察"。通过 GEF 工程，这项评估将在发展中国家得到设计和实施。现已出版了世界山地及其森林地图，以后还将不断细化，最终制出世界山地地图集。

许多国家已经建立地区性的基地来实现主要的跨国山地的保护和可持续发展。联合国环境规划署欧洲山地基地就是应欧洲和中亚地区政府的要求设立的，它致力于加强喀尔巴阡山地、高加索山地和中亚地区的合作。1991 年签订的阿尔卑斯协议召集所有阿尔卑斯山地周边国家共同为山地的发展和保护努力。在德国，2002 年 6 月 26 日至 29 日，阿尔卑斯山地专家会同喀尔巴阡山地、高加索山地和喜马拉雅山地同僚，研习从阿尔卑斯工程中得到的经验教训。

联合国环境规划署欧洲地区办公室和多瑙河喀尔巴阡山地规划办公室正在帮助乌克兰进行政府间的商谈。焦点是喀尔巴阡山地生态基地，这是由 50 多个组织参加的联盟，意在促进喀尔巴阡山地保护区生物多样性，并加强本地社团、个人和 NGO 的参与。

意大利国际山地年社团积极筹备了一场高级电视峰会，并在北美洲、南美洲、欧洲、亚洲和非洲同步直播。在意大利政府的支持下，来自山地地区的专家、法制规定者、研究人员和学者就山地生态文明的方方面面进行了讨论，并为山地地区的未来发展作了准备报告。联合国环境规划署负责该电视会议的非洲中心部分，将非洲大陆各地的代表召集到一起。

实施从国际山地年活动中得出的政策和计划需要许多国家有更强的能力。联合国环境规划署正在和达尔文基金会共同努力，帮助尼泊尔最大的保护区——安那普那保护区。这将成为开发用于衡量山地生态文化价值的工具和培训成员的试点基地，并调节旅游带来的冲击。

重整山地生态系统，改善山民居住环境，管理分水岭和山地的其他环境因素，都需要当地和地区性的社团、个人、有关人士联合会、法规制定者和发展投资商的长期规划。如何实现呢？联合国环境规划署的方法是：加强所有有关人士的参与，并在行动上得到大大小小组织的支持。想要在这些合作伙伴和有关人士之间持久进行对话，就需要有共同的、易理解的网络。联合国环境规划署正在同合作伙伴们就资助建立"山地共同合作会"的可能性进行讨论，该合作会将成为国际山地年后续活动的国家级的、地区级的甚至国际级的中心和技术情报交换站。

二、联合国粮农组织

联合国粮农组织（FAO）为山地可持续发展做了长期的工作，所以被邀请成为国际山地年的联合国领导协调机构。这样补充了 FAO 作为《21 世纪议程》第 13 章（保护高山生态系统）内容的任务管理者的责任。在与国家机构、联合国机构和非政府组织（NGO）的合作下，FAO 召集一家山地国际机构组织以解决山地问题，并执行了一个全球通信规划以提高山地生态系统的重要性意识和改进山地人民健康的需求。FAO 同时支持建立和发展国家委员会，让他们领导国际山地年的国家级观察。国家委员会是改变山地的最基本的催化剂。他们有权利去发展和执行可持续发展战略和建立适合于他们国家的需要、优先权和条件的山地友好政策和法律。迄今已有 50 多个国家建立了国家委员会。许多成员包括政要、民间社团、非政府组织和私营部门。这些委员会正在从历史的、长期观察的角度动手处理山地发展事务，并全体动员支持去执行这些规划或计划。毫无疑问，这些国家委员会在现在和今后对山地发展扮演一个完整的角色。

FAO 规划响应了山地生物群落的长期需要和提供了对山地生态系统的保护。这个正在进行的工作包括了分水岭管理、家畜生产、发展中女人的角色、粮食保障、教育、政策和许多其他对山地生态系统和生物至关重要的问题。

如果同联合国粮农组织紧密合作，山地合作就能和环境与发展机构、国内社会团体以及某些个人建立新的合作项目。它的成功与否在于通过交流经济和法律条文，建立由国际智囊团设计的参与性计划，指导建立特殊的山地地区共同行动和合作关系。

三、联合国教科文组织

为什么仅在 10 年至 20 年前，山地还不能占据世界政治议程的主要位置呢？荒漠化、热带雨林的侵犯、濒临绝种的海洋、湿地及南极洲——它们都有其坚决的活动家，也展开了对于威胁到"西方文明"的空气污染、臭氧层空洞、气候暖化及不断升高的海平面等方面的关注。部分的答案是：山地还不能吸引有效的赞助者。1972 年斯德哥尔摩环境会议在对正在增长的南北差距的危险方面的认同及多个环境部门的设立方面迈进了一大步，但山地没有引起人们丝毫的关注。不管怎样，联合国教科文组织（UNESCO）的人与生物圈规划，把人类活动对山地生态系统的影响的研究项目作为其 14 个项目的第六项。从上述研究又产生了一个研究旅游业、总体资源利用与一个小提落尔社区山地生态系统的功能之间内部关系的项目。

人与生物圈规划第六项（MAB-6）的建立是一个转折点。它带来了联合国大学（UNU）有关高地—低地互动系统方案、国际山地社团的成立、季刊杂志《山地研究与发展》的发行、加德满都综合性山地开发国际中心（ICI-MOD），联合国大学（UNU）的山地作品展示了有关环境灾难的普遍观点的过度简单化和危险以及喜马拉雅山环境灾难的起因。后来才知道山地少数民族不仅是"问题"本身，而且也是部分重要的解决方法，并且也认识到喜马拉雅山大部分农民是妇女，应努力在决策时包括她们的意见。

四、全球环境基金

2002 年，全球环境基金（GEF）不断地支持在保护全球重要的生物多样性的同时提升山地社区人民生活质量的倡议活动。过去十年，GEF 已经提交近 5 亿美元，融资超过 13.3 亿美元投资于 44 个国家 70 多个山地相关计划。这些计划由联合国环境规划署、联合国发展规划署和世界银行贯彻完成。

GEF 的山地计划主要集中在发展中国家政府保护的地区。政府利用 GEF 资金设立组织和提供管理这些地区可持续发展所必需的培训等。GEF 计划帮助其自生地保持生物种群。例如在尼泊尔进行的高级野马生物多样性计划将发展一个自然资源管理计划，该计划将有助于牧场的保持和保护受危及的物种，如藏狼和藏羊。科学家把它分类为世界珍稀濒危物种领地的最重要的生态地区之一。

GEF 计划确定了这些社区为促进可持续资源利用的直接工作活动。GEF计划也鼓励种植生产荫生咖啡、蘑菇和药用植物等非木材树种。在巴基斯坦兴都库什（Hindu Kush）山地，在创造增加其收入来源的同时，本地居民用GEF 资金建立了保护濒危药用植物的系统。例如，控制狩猎所得税收直接用作村庄发展资金。

GEF 计划也提供了其他的可持续环境经济机会。其中之一集中在阿根廷和玻利维亚贝尔梅霍河（Bermejo）的盆地中，从事安第斯山地的土壤侵蚀研究。

作为国际山地年的一项贡献，GEF 正投资一项 UNEP 管理的项目，绘制一幅全面的附有所有山地生态系统状况的山地地图，用于可持续山地发展的工具。计划也寻求建立私人和公众的伙伴关系的机会，并给予为保持山地地带而提供例如水净化等重要环境设施的人以公平的经济补偿。

对于已签署的生态多样性会议的财政机制和关于气候变化的联合国框架会议，GEF 起着催化剂的作用。它在与政府、双边或多边组织、非政府组织、私人企业、本土社区、农业组织或其他组织或他们之间起着锻炼真正的伙伴关系作用。我们希望在 GEF 第二个十年中深化和扩大这种伙伴关系。这样的协作对制定新政策以减少不必要的部门联系以及确保未来的和现在的人们受益于我们慷慨宽容的自然系统是至关紧要的。

国际山地年之后，GEF 继续推进全球环境的山地生态系统的保持和可持续利用。

五、国际自然保护同盟

山地资源逐渐受制于外部经济和政治压力，生物多样性首当其冲，成了第一个牺牲品。在更多的山地生态系统和文化丧失之前，由山地议程合伙人指导下的环境团体应该就它们所面临的威胁尽快达成协议。他们充分利用自然与社会科学家们的广泛网络，这些自然与社会科学家虚构了 IUCN 家族，包括其生物多样性政策协调组、物种生存委员会和受保护地区世界委员会（WC-PA）。为加强对生物多样性相对完好的 500 个山地保护地区管理工作，IUCN

正发挥着表率作用。如果我们要保护山地生态系统现有的一切的话，如果我们要保证那些直接或间接依赖山地资源的数以亿计的居民的生活的话，我们就必须利用关于山地生态系统现有的任何专业技术。

六、国际山地综合发展中心

国际山地综合发展中心是一个为喜马拉雅山八个地区成员国和全球山地社区服务的、独立的国际山地研究和知识创新中心。1983 年成立于尼泊尔加德满都的山地中心与地区成员国多个机构伙伴一起致力于喜马拉雅山地区前途保障的发展行动。其宗旨是：建设和平、平等、环境可持续的繁荣富强和有保障的山地社区。其使命为：与地区和国际伙伴一起克服山地居民在经济、社会和环境上的脆弱性的行动和变化而共同开发和提供综合和创新的途径。

喜马拉雅山区养育着 1.5 亿人。同时，它对于居住在下游平原河谷地区 3 倍于此人口数量的人们有着极大的影响。这里不仅仅是世界上最高的山地，还是最贫穷、人口最密集和环境最脆弱的地区。从西部的阿富汗到东部的孟加拉国延绵 3500 公里，从北部我国的青藏高原到南部印度的恒河盆地，亚洲 8 大主要河流均发源于此，印度河、恒河、雅鲁藏布江、伊洛瓦底江、怒江（萨尔温江）、澜沧江（湄公河）、长江和黄河。喜马拉雅地区还以动植物以及民族和语言的多样性而闻名。仅在我国的山地地区就有近 55 个民族，整个地区估计超过 300 个民族。然而，即便有如此丰富的资源，这个地区的人们仍处于极度贫穷、脆弱的社会和经济环境中。一些地区一年中有 8 个月处于饥饿与食物不足中。各种自然和社会的压力导致了冲突，在一些地区已演变为长期的暴力冲突。

过去，政策制定者们往往忽视山区，缺乏对影响山地人类和自然进程的了解，导致制定政策时没有考虑山地的具体情况。所制定发展计划只考虑到表面现象而没有深究其原因，致使错过了许多的发展机遇。实际上，山地可以为山区这一特定地区的消除贫困和可持续发展提供许多有利的契机。

作为喜马拉雅地区应用性研究和发展的核心机构，国际山地综合发展中心肩负"与地区和国际伙伴一起克服山地居民在经济、社会和环境上的脆弱性的行动和变化而共同开发和提供综合和创新的途径"的使命，实施"与其合作伙伴一起为贫困和弱势群体寻找克服山地脆弱性和并转化为保障和可持续性而发现、试验、适应和交流的机会和途径"的战略。中心充分发挥有广泛合作伙伴的地区机构的优势，积极为寻求全球山区发展途径而提供服务的一个山地研究学习和知识中心创造合作网络和良好环境，使其发展方案在不同规模的贫困和弱势人群中开花结果。改善喜马拉雅地区人们（特别是农牧民）的生活方式，就是中心的努力方向和目标。

第四节　山地保护措施

我们滥用山地的行为将危及自身。山地会以可怕的后果回应人类的愚蠢。更有甚者，除非它们保持完好无损，否则，我们就会遭受干旱和缺水的威胁，山地是万物生灵赖以生存的淡水源泉。山地环境需要一个与低地发展不同的发展模式——这常常被忽视。我们需要在山地生态系统具体的研究和认识的基础上，制定详细的山地政策和法律。

一、《21 世纪议程》

全球陆地面积的 1/4 是山地，山地也是生物多样性的重要集中分布区，提供了生态服务功能，人类 2/3 的淡水资源来自山地。保护山地运动真正突破性的行动源自 1992 年的里约热内卢环境与发展地球峰会通过的《21 世纪议程》。《21 世纪议程》强调："提高对高山生态系统的生态和可持续发展的认识。促进森林地带集水区的发展，改变与高山退化活动有联系的山区居民的传统职业。目前对高山生态系统了解得不够。建立全球的高山数据库对实施高山生态系统的持续发展计划，是至关重要的。国家应该刺激当地居民从事保护；形成多样性的高山经济；在物种丰富的地区建立自然保护区；确定易于侵蚀、洪涝、滑坡、地震、雪崩和其他自然灾害的地区，以及易于受到来自工业和城区空气污染的地区。通过当地居民参与，促进综合流域发展计划，是防止生态进一步损害的关键措施。建议争取到 2000 年适当地使用土地，以防止土壤侵蚀，增加生物量，维持生态平衡。应该鼓励村庄水平以上的持续的旅游、捕鱼，对环境无害的采矿、养蜂、种庄稼、种草药和香料以及其他活动，以保护当地社团和土著人的生活环境。对于高山灾害和洪涝的计划应包括预防措施，确定危险地区，早期预警系统，疏散计划和紧急供应。"[1]

---

〔1〕　参见《21 世纪议程》第 13 章"保护高山生态系统"。

毋庸置疑，《21 世纪议程》是山地国际保护与发展的一个里程碑。

二、国际山地年和国际山地日

山地的生物多样性对于水土保持、清洁水源、粮食、医用植物等至关重要。但随着人类对山区开发的加剧，山地独有的生物和文化遗产面临着灭绝的危险，山地正在受到伐木、采矿、工业、旅游、气候变化等多重威胁。国际社会必须建立由国际组织、国家政府、民间社会、私营部门和山地居民组成的联盟，将山地保护列入国际议程，开展山地活动，促进保护山地。

（一）国际山地年

2002 年是联合国环境与发展大会的 10 周年，也是斯德哥尔摩环境会议 30 周年纪念以及约翰内斯堡可持续发展首脑会议召开的当年，联合国确认《21 世纪议程》和《可持续发展问题世界首脑会议执行计划》（即《约翰内斯堡执行计划》）所有有关段落，尤其是第 42 段，构成山区可持续发展的总体政策框架，此时召开国际山地年[1]意义尤为重大。

2002 年 10 月 29 日至 11 月 2 日，在吉尔吉斯斯坦的比斯凯克（Bishkek）召开了全球山地峰会——国际山地年大会。

国际山地年旨在创造一个山地自然环境与人文相融合的机会，以提供我们提升可持续山地发展的政治轮廓。通过国际山地年活动，联合国环境规划署同它的合作伙伴明确了一个针对山地的全球性的行动规划，以使在国际山地年后，山地依然在议事日程中。

2002 年国际山地年（IYM）推动了如下进程：它引起了对有关问题和机遇的关注；它帮助了网络利益相关集团跨越部门和公司界限；它改善了有益的政策和激励性的措施。商业社团能够指望当前全球伙伴议程的工作，由全球 3000 个非政府组织和联合国环境规划署的山地项目联合制定的水和山地议程可被看作是对 IYM 有形的贡献。在比斯凯克（Bishkek）全球山地峰会上，IYM 的一个重要结论性的成果就是要建立一个特殊的山地市场来改善包括上游和下游社区在内的企业——政府伙伴关系及山地相关利益集团间的联系。

国际山地年产生了两个重要结果：一是提高全球对山地生态和社区所面

---

〔1〕 根据第二委员会报告（A/57/531/Add.5），2002 年 12 月 20 日，联合国大会第五十七届会议第 78 次全体会议通过了"国际山地年"决议。

临的威胁的认识；另一是建立详尽的政策和活动方案，以便于政府和所有相关组织应对国际山地保护难题。

国际山地年活动为"比斯凯克山地平台"打下了基础，该平台是在全球山地峰会上为各国代表所接受并回国后实施的政策框架。尽管国际山地年已经在 2002 年底结束，但我们保护山地生态系统和增强山地人民和全世界人民福利的决心将年复一年。因此，在举办"国际山地年"的同时，联合国宣布每年的 12 月 11 日是"国际山地日"，以促进对保护山地生态系统的认识，进一步了解贫困的山区居民的生存需要，促使国际社会重视保护山区生态系统和促进山区居民福祉，确保山区的农业和野生生物多样性。同时把联合国粮农组织指定为国际山地年的领导协调机构并被委任负责组织国际山地日的纪念活动。

（二）国际山地日

山地是人类文明的重要发源地，独特的山地资源和地貌环境创造了璀璨的山地文明，是多彩文化的宝库，是人类弥足珍贵的文化遗产。山地文明作为一种独特的文明形态，历史悠久、源远流长，承载着丰富多元的文化内涵。我们应重视山地的特色化和差异化，共同营造超越地域和文化差异的山地合作氛围，致力于增进全球山地民众福祉，推动山地文明建设。

为了突出全球山地生态系统的重要性，不断提升对山地社会独特需求的重视，以不同主题关注世界山地的可持续发展，每年的"国际山地日"都有一个鲜明的主题。2003 年 12 月 11 日作为第一个"国际山地日"，以"山地：水源地"为主题，凸显了山地作为"自然水塔"的重要地位。

此后每一年都紧扣山地现实问题以不同主题举办"国际山地日"。2004年以"和平：山地可持续发展的关键"为主题，强调了"和平"对山地可持续发展的重大意义；2005 年以"旅游：减缓山地贫困"为主题，突出了"旅游"在减缓山地贫困中的重要作用；2006 年以"为了更好的生活，经营管理好山地生物多样性"为主题，阐明了维护"山地生物多样性"与人们构建美好生活的生态关系；2007 年国际山地日的主题是"应对变化：山地气候变化"，旨在凸显山地在应对全球气候变化中的重要地位。

山地有关当地粮食本土知识和传统农作方法正在逐步消失，农业多样性和生产力下降，进一步增加了山地人民的脆弱性，加上政治和社会边缘化使山地人民很容易遭受粮食短缺的影响，山地居民的饥饿问题不断恶化。2008

年国际山地日则以"山地粮食安全"为主题，提出改善山地粮食安全的优先重点应包括：促进和扩大传统的山地作物；维护土著人口的土地使用方式，改善适应山地牲畜的育种计划；更好的市场准入；由山地人民参与制定的面向山地的公共政策等。许多山地社区的生活受到地震、火山、雪崩、山洪、泥石流等的威胁。人们选择在这种脆弱环境中生活的原因很多，涉及亲属和社会关系、文化上不同的风险概念，也包括贫困这一同等重要的因素。2009年国际山地日以"山地灾害风险管理"为主题，旨在提高人们对山地多发的自然危险和山地社区高度脆弱性的认识，以促使人们关注可持续农业、牧场和林业规范，将它们视为减少风险的主要内容和制定国家综合战略方针的必要措施。

2010年国际山地日以"山地少数民族和土著人民"为主题，目的在于提高公众对居住在山地环境中的土著居民及少数民族的认识，以及对其文化遗产、传统和习俗之间联系的认识，以凸显这些社区所面临的威胁，同时认可他们在克服饥饿和营养不良、生物多样性丧失及气候变化的全球挑战方面所能够作出的重要贡献。该国际山地日主题提供了一个很好的机会来反映"加强土著社区能力并帮助他们保护传统知识"是多么重要。这些传统知识包括科学、农作方式、对全球变化的反应、医药和卫生实践、动植物、口口相传的传统、工艺和艺术等。

山区在推动世界可持续经济增长方面具有关键作用。它们不仅为山区人口提供生计与福祉，还间接惠及数十亿下游人口。尤其是山区提供的淡水、能源和粮食，都将是未来数十年日益稀缺的资源。然而，山区贫困发生率高，极易受到气候变化、毁林、土地退化和自然灾害影响。目前的挑战是发现可持续的新机遇，使其为高、低地社区带来福利并帮助消除贫困，同时不造成脆弱的山区生态系统退化。因此，2013年国际山地日主题设为"山区——可持续未来的关键"。

2017年国际山地日主题为"重压之下的山脉：气候、饥饿、移民"。超过一半生活在山区的人口依赖于来自山地的水、食物和清洁能源。然而，山地正受到气候变化、土地退化、过度开发和自然灾害以及旅游的威胁，对山地社区和世界其他地区都可能产生深远和破坏性的后果。山地是气候变化的早期指标，随着全球气候持续变暖，山地居民——世界上最饥饿和最贫穷的人——面临着更大的生存困难。气温上升还意味着高山冰川正在以前所未有的速度融化，影响下游数百万人的淡水供应。然而，山地社区在如何适应气候变化方面积累了几代人的丰富知识和策略。气候变化、气候多变性和气候引发的灾害，加上政治、经济和社会边缘化，增加了山区人民面临粮食短缺和极端贫困的脆弱性。随着山区人口的脆弱性增加，向国外和城市中心的移徙也在增加。留下来的往往是妇女，她们被留下来管理农地，但很少有机会获得信贷、培训和土地使用权。从山区向外迁移也将在提供生态系统服务以及保护文化和农业生物多样性方面造成不可估量的损失。2017 年国际山地日提供了一个机会，强调气候、饥饿和移民如何影响山地，并确保将可持续山地发展纳入联合国《2030 年可持续发展议程》和《巴黎协定》的执行。

在世界上一些最壮观的景观中，山脉巍峨耸立。其独特的地形、压缩的气候带和与世隔绝为各种各样的生命形式创造了条件。生物多样性包括各种生态系统、物种和遗传资源，山区有许多地方性品种。在海拔、坡度和山地暴露方面，不同的地形为种植各种高价值作物、园艺、牲畜和森林物种提供了机会。例如，巴基斯坦的山区牧民拥有一个非常珍贵的牲畜遗传资源库，这些遗传资源库具有特殊的性状，如疾病抵御能力，这有助于适应不断变化的气候。然而，气候变化、不可持续的耕作方式、商业采矿、伐木和偷猎都对山区的生物多样性造成了严重损害。此外，土地利用和土地覆盖的变化以及自然灾害加速了生物多样性的丧失，使得山地环境更加脆弱。生态系统退化、生计丧失和山区移民可能导致世代维持生物多样性的文化习俗和古老传统被抛弃。山地生物多样性的可持续管理已日益成为全球优先事项。随着联合国宣布 2021 年至 2030 年为联合国生态系统恢复十年，各国政府准备就 2020 年后全球生物多样性框架进行谈判，以便在《生物多样性公约》第 15 次缔约方大会上通过，所有生态系统的生物多样性都应受到关注。同时也为应对山地面临的生物多样性丧失威胁，2020 年 12 月 11 日国际山地日即以"山地生物多样性"为主题。

2023 年国际山地日主题为"恢复山地生态系统"。2023 年 12 月 10 日至 12 日，国际山地日活动暨国际山地综合发展中心中国委员会（CNICIMOD）2023 年度工作会议在成都举行。此次活动以"国际山地日"为契机，旨在进一步提升对山区生态保护的重视，同时交流在山地科学方面的最新成果和进展。选择"恢复山地生态系统"这一主题是为了将山区全面纳入由联合国粮农组织和联合国环境规划署共同领导的"联合国 2021-2030 年生态系统恢复十年"。十年是一个汇集政治支持、科学研究和财政资源的机会，以大幅扩大恢复和防止山地生态系统进一步退化。山脉是种类繁多的动植物的家园，也是许多拥有不同语言和传统的多元文化社区的家园。从气候调节和供水服务到土壤维护和保护，山脉对我们的生活和生计至关重要。然而，山地正遭受气候变化和不可持续发展的影响，人类和地球面临的风险不断上升。气候变化威胁着水流，快速上升的气温正迫使山地物种和依赖这些生态系统的人们适应或迁移。陡峭的山坡意味着为了农业、定居点或基础设施而砍伐森林，可能会导致土壤侵蚀以及栖息地的丧失。侵蚀和污染损害了下游的水质。一系列山地动植物物种的数量预计将减少并面临灭绝。2023年国际山地日活动提高了人们对山地生态系统相关性的认识，并呼吁采取基于自然的解决方案、最佳做法和投资，以建立复原力、减少脆弱性并提高山地适应日常威胁和极端气候事件的能力。

几个世纪以来，山地社区已经开发出适应恶劣环境、应对气候变化、减少贫困以及保护或恢复山区生物多样性和生态系统的解决方案。2024年国际山地日以"为可持续未来提供山区解决方案：创新、适应、青年和超越"为主题，旨在重点关注创新解决方案，促进适应战略，增强青年权能，以实现可持续未来。创新对于解决复杂的山地问题至关重要。它包括技术进步，如监测和保护的数字解决方案，以及创造性解决问题，如气候智慧型农业和生计、资源管理和融资的新方法。由于气候变化加剧了山地的环境压力，适应气候变化对于建立复原力和降低脆弱性至关重要。为山地生态系统和社区量身定制的适应战略包括以生态系统为基础的减少灾害风险方法和整合土著知识系统等解决方案。2024年国际山地日活动是交流知识、展示最佳做法和动员集体行动的平台。通过创新、适应、青年赋权和合作方式，为山地社区和生态系统的可持续、更有韧性的未来铺平道路。

三、山地保护的国际条约

被称作"大自然的宫殿"的阿尔卑斯山地处中欧温带大陆性湿润气候和南欧地中海式气候的分界线，具有气候垂直分异特征。欧洲许多大河均源出阿尔卑斯山，如多瑙河、莱茵河、波河、罗讷河等。阿尔卑斯山区风景优美，是旅游、度假和登山、滑雪胜地，每年吸引了大量游客。山区主要城镇有法国的格勒诺布尔、奥地利的因斯布鲁克、意大利的博尔扎诺等。阿尔卑斯山脉分为西、中、东三段。西阿尔卑斯山是山脉最窄、高峰最集中的山段，最高峰勃朗峰在法、意边境。中阿尔卑斯山介于大圣伯纳德山口和博登湖之间，宽度最大。东阿尔卑斯山海拔相对较低。山脉主干向西南延伸为比利牛斯山脉，向南延伸为亚平宁山脉，向东南延伸为迪纳拉山脉，向东延伸为喀尔巴阡山脉。阿尔卑斯山脉不仅构成了欧洲最雄伟的自然景观，还是独特的生命和文化环境以及重要的经济和娱乐地区。它对于非常丰富的动植物来说还是具有极其重要价值的生境。

阿尔卑斯山构成了具有丰富多样性和独特性的环境，是有关国家的共同遗产，阿尔卑斯山区是欧洲以区域合作为目的成立跨界机构历史最为悠久的山区。阿尔卑斯山区的中、东、西部从 20 世纪 70 年代起逐步创建了山地组织如欧盟山区合作协会、欧洲山区代表联盟、阿尔卑斯山联盟、欧洲山地论坛等团体，对阿尔卑斯山的保护和发展起到了积极作用。

20 世纪 80 年代末，奥地利、德国、法国、意大利、列支敦士登、瑞士、斯洛文尼亚和摩纳哥等八国开始讨论如何更好地开发和保护阿尔卑斯山的自然文化资源。1991 年 11 月 7 日，八国达成了共识，在奥地利萨尔茨堡共同签署了《阿尔卑斯山公约》，共同推动阿尔卑斯山区的可持续发展，兼顾山地生态系统和人文环境。《阿尔卑斯山公约》于 1995 年 3 月正式生效，这是欧洲大陆第一个关于山地保护的国际公约。

《阿尔卑斯山公约》对阿尔卑斯山林业、农业、旅游业、自然景观保护等方面均作了符合各国国情的规定，是一项促进可持续发展的条约，目的是在促进发展的同时，保护好阿尔卑斯山的自然环境，永久秘书处设在因斯布鲁克市，现有"可持续旅游""山地农业"等 9 个工作平台。

《阿尔卑斯山公约》承认阿尔卑斯山各国的平等利益并保障其可持续地利用自然资源，确认环境保护的预防原则和国际合作原则，并要求缔约国采取行动以保障生态系统持久运作的方式恢复自然，保存动植物及其生境。公约包括一个框架条约和有关自然保护、景区管理、山区农业保障、地区规划和可持续发展、山区森林保障、旅游、土壤保护、能源及交通等 9 个具体实施议定书。公约期望缔约国就议定书具体的环境问题作出具体规定，其中包括关于保护野生动植物和森林的规定。公约设立缔约方大会——阿尔卑斯山大会，以保证公约的实施和监督，公约决定每两年举行一次缔约国大会。

成立于 1997 年的阿尔卑斯联盟是一个国际性乡镇联合组织，目前包括法国、意大利、瑞士、列支敦士登、德国、斯洛文尼亚和奥地利的 138 个乡镇，其主要目标是切实实施《阿尔卑斯山公约》。

山地包容了最多的少数民族，包含了不同的传统文化遗迹和环境知识以及人类栖息地适应性变化的信息，山地巨大而多姿多彩的地貌景观和传统文化等宝贵的山地资源对人类的未来具有十分重要的全球意义。

我们未来的安宁和星球的健康寄托于山地。迄今，尽管尚未出台山地保护的全球性条约，但毫无疑义，《阿尔卑斯山公约》是国际社会第一部以保护山地生态系统为宗旨的条约，它构建了一个山地保护的国际法律框架，开创了山地保护国际环境立法的先河。

第十七章

公域环境的国际环境法保护

地球作为一个完整的生态系统，各环境要素之间是相互依存、互相影响的；人类与各环境要素同处地球生态系统。因而，并不是只有人类所处区域的环境需要保护，那些看似远离日常生活的区域，如公海、极地、外层空间等的环境，也是地球生态系统不可或缺、至关重要的组成部分。这就是公域环境国际环境法保护的意义所在。

第一节　公域环境及其损害的实质

环境无国界。人们虽然因"国家"而处于不同的区域，但当今的世界早已进入一个紧密联系、互相依赖的时代。自 20 世纪中叶以来，日益严峻的"环境危机"把人类牢牢地联系在一起，成为一个"命运共同体"。任何环境破坏和环境损害都不会简单地停留于一隅，而是通过大气、海洋等影响到全球，包括公域环境。公域环境是地球生态系统的重要组成部分，对于整个地球生态系统的平衡和稳定起到至关重要的作用。

一、"公域环境"的产生及其界定

自 17 世纪以来，国家对于其领土、领海以及领空的主权所有，一直是现代国际法体系的基本原则。而国家管辖范围以外的诸如公海、公空、国家管辖范围以外的海床和洋底及其底土、地球南北两极、外层空间等领域及其资源不属于任何国家所有，但这并不意味着这一领域不需要任何法律规制。对此，国际社会催生了一个新概念"人类共同继承财产"。

1967 年，马耳他外长帕多在联合国大会上发表了具有历史意义的"帕多提案"：海床和洋底及其底土不应被视作无主物，而应作为"人类共同继承财产"处于国际共同管理之下。海床和洋底及其底土（即"区域"）丰富的资源利益应在国际社会进行公平分享。该提案得到了多数国家的认可。1970 年，第 25 届联大通过了第 2749 号决议，即《关于国家管辖范围以外海床洋底及其底土的原则宣言》。该原则宣言宣告"各国管辖范围以外海床洋底及其下层土壤以及该地域之资源，为全人类共同继承之财产"。此后，经过第三次联合国海洋法会议长达 9 年的审议和协商，终于 1982 年通过了《联合国海洋法公约》。公约最大成果之一就是其第 136 条的规定："区域"及其资源是人类的共同继承财产。这是确定区域及其资源法律地位的基础。以此为基础，公约第 138 条至第 143 条规定了区域活动的基本规则，如区域开放给所有国家、区域内活动应为全人类利益进行等。

由于科技力量的制约，南极在 20 世纪初以前一直都为人力所不及，所以被视为地球上最后一块无主地。但是，随着人类对南极的探险和考察活动的增多，南极的巨大科研、经济和战略价值使许多国家对南极地区产生了极大的兴趣。不少国家对南极提出了领土要求，如阿根廷、智利、法国、澳大利亚、挪威、新西兰和英国。[1]而大多数第三世界国家则主张将人类共同继承财产原则类推适用于这一区域。为了缓和各国在南极的纷争，促进南极活动的国际合作，美国、苏联、英国、法国等 12 个国家签署了《南极条约》。《南极条约》第 4 条规定，冻结各国对南极的领土要求，使南极事实上成为公域环境。自 1959 年开始，一系列关于南极共同使用的规则开始逐步被制定，形成了南极条约体系，尤其着重规制南极地区的海洋资源开发和南极独特自然环境的保护。除《南极条约》外，南极条约体系还包括 1964 年的《南极动植物保护议定措施》、1972 年的《南极海豹保护公约》、1980 年的《南极海洋生物资源养护公约》、1988 年的《南极矿物资源管理活动公约》以及 1991 年《南极条约环境保护议定书》。

1957 年，苏联发射了第一个人造地球卫星，标志着人类对外空开发的开始，同时也打开了一个新的环境领域。1966 年《关于各国探索和利用包括月球和其他天体在内的外层空间活动原则的条约》（以下简称《外空条

---

〔1〕 王铁崖主编：《国际法》，法律出版社 1995 年版，第 250 页。

约》）〔1〕明确规定外层空间为全人类共有。《外空条约》第 1 条规定，探索和利用外层空间，应为全人类谋福利和利益，并应为全人类的开发范围。所有国家在平等、不受歧视的基础上，根据国际法自由探索和利用外层空间，自由进入天体的一切区域。第 2 条规定，各国不得通过任何措施，把外层空间据为己有。1979 年《指导各国在月球和其他天体上活动的协定》〔2〕（以下简称《月球协定》）规定，月球及其自然资源均为全体人类的共同财产；月球不得由国家依据主权要求，通过利用或占领或以任何其他方法据为己有；月球表面或表面下层或其他任何部分或其中的自然资源均不应成为任何国家、政府或非政府国际组织、国家组织或非政府实体或任何自然人的财产。同时该协定的第 1 条规定："本协定内关于月球的条款也适用于太阳系内地球以外的其他天体，但如果任何此类天体已有现已生效的特别法律规则，则不在此限。"这说明其他天体及其资源的地位若无有效的特别法律规则加以规定，则应与月球及其资源的地位相同，为人类共同继承财产。

　　事实上，只要人类可以到达的地方，尤其是不属于任何国家管辖的领域，如果没有法律的规制，人类的贪欲便会膨胀，由此带来的后果就是这些"国家管辖范围以外的诸如公海、公空、国家管辖范围以外的海床和洋底及其底土、地球南北两极、外层空间等领域及其资源"就会遭受严重破坏，"公地悲剧"就会在此上演。〔3〕为此，作为国际法新领域的国际环境法基于其人类公益性特征以及真正意义上的"公法"特性，将这些关系"人类共同继承财产""人类共同利益"的国家管辖范围以外区域界定为"公域环境"。亦即，"公域环境"就是指国家管辖范围以外的区域，包括公海、公空、国家管辖范围以外的海床和洋底及其底土、地球南北两极、外层空间等。

---

　　〔1〕　该公约于 1966 年 12 月 19 日由联合国大会通过，1967 年 1 月 27 日开放签字，1967 年 10 月 10 日生效。

　　〔2〕　该协定于 1979 年 12 月 5 日联合国大会通过，1979 年 12 月 18 日开放签字，1984 年 7 月 11 日生效。

　　〔3〕　一群牧民一同在一块公共草场放牧，每一个牧民都想尽可能多地扩大自己的牧群以增加个人收益，虽然他明知草场上羊的数量已经太多了，再增加羊的数目，将使草场的质量下降。牧民将如何取舍？如果每人都从自己私利出发，肯定会选择多养羊获取收益，因为草场退化的代价由大家负担。每一位牧民都如此思考时，"公地悲剧"就上演了——过度放牧导致草场持续退化，直至无法养羊，最终导致所有牧民破产。每个人追求最大个人利益的最终结果是无法避免地导致所有人的灭亡。See Garrett Hardin, "The Tragedy of the Commons", 162 *Science* 1243（Dec. 13. 1968）.

二、"公域环境"损害的实质

长久以来，人们认为自己是自然的统治者，一切活动均以人的利益为出发点，行为与行为目标离不开利益[1]而无视自然的限度，一味地沉浸于征服、改造、掠夺一个又一个自然物的胜利之中。[2]时至今日，依然有人认为自然资源是取之不尽用之不竭的。"享乐主义"关注的就是物欲熏心的奢靡行为。"公地"意识导致的就是对公域环境的肆意索取。

人类是自然的一部分，人类的生存与发展离不开环境。不仅是人类，生物体皆居于与其固有环境能够有机结合的互动关系之中，人类与环境存在于统一体中，二者相互依存、相互影响和促进。因而，"环境危机"与其说是"环境"问题不如说是人类自身存续的问题，原因就在于人类一旦离开了环境——能够存活的地方就无法存活了。[3]可见，人类依赖地球环境与地球资源而生存。而地球资源是不可无限再生的，地球生态系统的承载能力是有限的，耗尽地球资源、超越其承载力的方式会对地球环境造成不可逆转的破坏，最终将导致人类发展的停滞乃至毁灭。环境问题所导致的生存威胁没有任何一个国家或个人能够幸免。地球极地环境状况与全球气候变暖之间的反馈环路即这一过程的最好例证。因而，在全球环境危机中，在国际环境事项中，必须将人类看作一个整体。"命运共同体"就是在此直面环境危机时被提出并得到重视的。[4]国际环境法正是基于"命运共同体"的理念，确立"人类共同利益"为其最高目标。

当然，目前的现实是"人类共同利益"与"国家利益"并不总是协调一致。

国家主权观念在人们的观念中根深蒂固。在人类社会发展的现阶段，总会出现一些国家为了追求所谓"国家利益"而以邻为壑，以环境的"单边主义"抵制"多边主义"，甚至将向国家管辖范围外的公域环境转嫁污染的行为视为理之当然。殊不知，国家有疆域，环境无国界。人类赖以生存的地球是

---

[1] 陈昌曙：《哲学视野中的可持续发展》，中国社会科学出版社2000年版，第76页。
[2] 王劲、王学川：《生态环境危机的实质与生态伦理的价值取向》，载《科技管理研究》2011年第15期。
[3] 参见裴广川主编：《环境伦理学》，高等教育出版社2002年版，第10页。
[4] 参见林灿铃：《国际环境法》，人民出版社2004年版，第13~14页。

一个整体，是一个总的生态系统，地球上的环境是相通的，任何理论上的分界线都不会阻挡环境影响的扩散，发生在一处的环境损害会随着空气、洋流以及人员的流动而影响到其他地区的环境。公域环境是地球环境的有机组成部分，在公域环境中发生的任何一点波动都会引起全球的连锁反应。对公域环境的损害最终都会以一定的方式影响到地球上的每个国家乃至每个人，不仅影响当代人，而且影响后代人，不仅影响当前，而且祸及未来。

我们必须深刻认识，地球只有一个，人类是一个整体。尽管人们生活在不同的主权国家内，但海洋大气山川河流并不因为国界而不连绵，全球生态系统的损坏并不因国界而不蔓延，在环境问题上，人类直面的是共同的危机。正是由于全球生态环境的整体性以及环境问题对人类影响的极其重大性——直接危及人类生存的物质基础，其后果所涉及的是所有国家、整个人类。国家固然可以对其管辖范围内的环境资源享有主权权利，但同时应该明确，"尊重国家主权"的基础是国家主权的平等，于国际环境法而言，就是"尊重国家主权和不损害国外环境原则"。亦即，在环境保护领域，每个国家不论大小，都拥有对本国自然资源的永久主权，拥有自己的环境主权，为保护全球环境进行国际合作和实施各种必要的措施，但必须在互相尊重国家主权独立的基础上进行；在处理环境保护关系中每一国都必须尊重别国的主权，同时必须承担不损害国外环境的义务。不损害公域环境自是题中之义。

一言以蔽之，公域环境事关每个国家和人类整体的利益，对公域环境的损害，其实质即是对"人类共同利益"的损害。因此，国家对内向国民承担环境义务的同时一秉诚信履行对国际社会乃至人类整体的环境义务，这既是国家宪法的要求，也是国际法律秩序的要求。

第二节　极地环境保护

极地地区在影响全球环境的动态方面起着重要作用，并且是全球变化，尤其是气候变化的指示器。尽管对全球气温上升与当地降水量和积雪覆盖变化的后果尚未充分了解，但是这可能导致极地冰盖、冰架和冰川的融化，海平面上升，永久冻土解冻等。这无疑会加剧诸如气候变化、物种锐减等环境问题。

一、极地概述

与其他地区截然不同，地球两极地区的未来很大程度上是由全球的发展所决定的。北极地区与南极地区环境关注的焦点与其他地区不同，二者也有所差别。除了共同关注的问题，南极和北极从地理环境、与主要的人口中心和人类活动的隔离程度以及法律地位来看，二者都有较大的差异。北极占主要地位的是被陆块环绕的又大、又深的中央海洋。而南极是一片被海洋包围的大陆块，部分被冰雪覆盖。

经过北极地区委员会北极监测和评价组织认可，北极相当于北极地区，已为国际公认。对于南极，极锋或南极辐合带〔1〕提供了适用于海洋学和生物学的自然边界。因此，南极就被界定为南极辐合带以南的地区。

由于气候寒冷，在南极地区只有3种显花植物、约60种苔藓以及生活于岩石表面之下的微生物、藻类和细菌。由于自然因素的作用，那里的再生长过程比温带地区缓慢得多。极地海洋内生活着一些稀有生物如鱼、虾、海豹等。南极地区还有丰富的矿物资源，已发现的有煤、石油、天然气、铂、铀、铁等。所以，必须将经济利益与珍稀动植物保护以及对南极的系统保护结合起来。此外，南极大陆还幸存着地球上少有的处女地，例如干谷。〔2〕南极寒冷的气候对保护地球气候具有非常重大的意义。气温的升高将使南极的冰层减少并导致全世界的海平面上升，岛国与沿岸国家的陆地将被海水淹没。南极不过是这种效应的中转站，它就像多米诺骨牌一样能够带来连锁反应。

北极有相当丰富的生物多样性。在海洋环境中也有丰富的浮游生物群体。北极渔业是一个重要的资源。但石油污染、放射性污染事故、水下噪声、过度捕捞和物种生境退化是北极地区比较突出的环境问题。在北极，这些活动已威胁到传统上以海为生的一些土著居民的生计。有几种候鸟每年都要到北极度过一段非常重要的时光，它们通常把那里作为繁殖和孵化地，这些物种

---

〔1〕 南极辐合带是将南极洲周围海水分隔成南极区和亚南极区的世界大洋主要分界。在此带以南，冷而密度大的表面的海水下沉北流，因而形成一个巨大的经向环流系统。此带构成了一个重要的生物分界线。有许多在南极区海水中有代表性的植物以及鸟类和鱼类等动物，在辐合带另一侧十分少见。南极辐合带大致位于南纬48度到61度之间。

〔2〕 干谷，又称"死谷"，岩溶地区的干涸河谷。虽然冰层几乎覆盖了整个南极洲，但那里仍有3个干谷。它们位于该洲大陆部分的罗斯冰架以东和麦克默多湾上，分别被命名为泰勒、赖特和维利亚干谷。

特别容易受到环境污染的伤害。商业性林业把北方森林逐块分割并消耗殆尽，特别是在俄罗斯北部和芬诺斯堪迪亚（指包括斯堪的纳维亚、芬兰和俄罗斯西北部毗邻地区在内的区域）。压力正在向北移动，威胁到树木线生态系统的生物多样性。

北极环境的进一步破坏归因于对自然资源的开采和加工。工业加工造成当地严重的污染，尤其是在俄罗斯境内的北极地区。一些采矿活动也是当地污染的原因之一。北极拥有部分世界上储量最大的石油和天然气田。破坏环境的现有和潜在的原因还有局部渗漏和井喷、油轮泄漏和管道渗漏等问题。对北极沿海和海洋环境的另一威胁是不断发展的航线，尤其是贯穿挪威和俄罗斯联邦北部海岸的北部航线。

北极和南极的环境价值极其重大。极地生物群已经适应那里极端的条件，其特点是温度、光照的巨大变化和冰雪的作用。这种适应性使部分动植物较之人类对环境的影响更加敏感。南北极地区都会受到发生在本地区以外的事件影响。特别是极地地区成为气候较温和地带产生的各种污染物的沉积地，包括有机污染物、重金属、放射性物质和酸性物质。人们越来越关注这些污染物对北极居民健康造成的严重危害，因为它们在陆生和水生食物链中有生物积累和生物放大性。由于平流层的臭氧耗竭造成的紫外线辐射量提高，同样会对生态系统构成威胁。

极地面临着气候变化、臭氧层损耗、土地利用改变和自然资源的不可持续性利用等威胁。海洋区域包括一些世界最大的海洋生态系统，它们也受到商业性的渔业和海洋哺乳动物捕猎业的影响。

二、南极条约体系

对南极环境的破坏，将对地球气候和生态系统的平衡带来致命的扰乱和破坏。南极地区的严寒和冰原是地球气候得以稳定的重要因素。即便予以南极冰盖较弱的热力作用，也可能致使南极冰盖剧烈移动，将大量的浮冰送往各大洋，从而造成海平面上升，大量的土地被海水淹没，给人类带来巨大的灾难，而且还可能破坏各大洋的热状况和盐度状况，对大洋生物群落产生致命的影响。保护南极环境对于保护全球环境、造福于全人类，具有极其重要的意义。

（一）《南极条约》

《南极条约》，1959 年 12 月 1 日签订于华盛顿，1961 年 6 月 23 日生效。

我国于 1983 年 6 月 8 日加入该条约，1985 年 10 月 7 日成为南极条约协商国，开始参与南极事务的管理。

《南极条约》通过冻结对南极的领土要求，确保永远专为和平而使用南极，为科学和全人类进步的利益而在南极科学调查自由的基础上继续和发展国际合作。[1]条约的第 2 条和第 3 条规定，首先必须保证科学研究的自由。其次，为了促进科学研究和国际合作，则必须保证科学家、研究成果的信息资料的互通有无、自由交换，以及与其他机构和国际组织的合作。根据条约第 9 条召开的南极条约协商会议主宰着南极事务，南极的一切活动都由协商国集体决定。

南极条约本身没有严格意义上关于环境保护的规定，只是第 9 条在涉及南极条约的协商会议的范围时提及 "南极生物资源的保护与养护"。然而南极条约的根本宗旨在于保护南极，缔约国基于对南极条约的深刻而善意的理解，20 世纪 60 年代以来南极环境保护问题逐渐引起重视，遂将保护南极环境列为南极条约协商会议上的最重要议题。

（二）南极条约体系

关于南极环境的保护，目前由南极条约体系调整。南极条约体系除 1959 年《南极条约》外主要包括 1972 年 6 月 1 日的《养护南极海豹公约》、1980 年 5 月 20 日的《南极海洋生物资源养护公约》和 1991 年 6 月 23 日于马德里签署的《南极条约环境保护议定书》及其后签署的附件。

1.《养护南极海豹公约》

1972 年 6 月 1 日签订于伦敦，1978 年 3 月 11 日生效的《养护南极海豹公约》适用于南纬 60 度以南的地区。该公约指出：南极的各类海豹是海洋环境中的重要资源，不应由于过度开发而枯竭，为此任何捕获均应受到控制。公约还规定了限制捕获的具体措施。

该公约的目的在于保护南极地区的五种海豹和所有的南方海狗（南方皮毛海狮）。以确保在南极生态系统上保持符合要求的平衡。公约规定未经许可，不得捕杀受保护的海豹和海狗。公约要求缔约国为其国民和悬挂其国旗的船舶制定有关捕猎上述海豹和海狗的许可证制度。

公约还以一个附件详细规定了保护措施，其中主要有关于许可的捕获量、受保护的和未受保护的物种、禁猎区、禁骚扰海豹的特别区域，以及各物种

---

[1] 参见《南极条约》第 1 条。

的性别、大小和年龄的限制、对捕猎时间、方法和器具的限制、捕获记录、便利科学情报审查和评估的程序等规定。此外，公约还有关于特别许可证规定，关于缔约国之间协商的规定，以及关于公约的修订、签署、批准、生效等方面的规定。

2. 《南极海洋生物资源养护公约》

1980 年 5 月 20 日签订于堪培拉，1982 年 4 月 7 日生效的《南极海洋生物资源养护公约》是继《养护南极海豹公约》后制订的一项全面保护所有南极海洋生物资源的公约。该公约保护的资源包括鱼类、软体动物、甲壳动物和包括鸟在内的其他各种生物。鉴于磷虾的经济价值与大量捕获，限捕磷虾为该公约的主要目标之一。公约除规定保护的具体措施外，还规定了各国保证公约实施的国内措施，并建立了观察与视察制度。该公约于 2006 年 10 月 19 日对我国生效。

《南极海洋生物资源养护公约》的目的是保护南极海洋生物资源。公约规定，"保护"一词的含义包括资源的合理利用。公约规定了关于保护的三项原则，即：①防止受捕获种类的数量低于保证能使它稳定补充的水平，为此，其数量不低于保证最大净增量的水平；②维护南极海洋生物资源中被捕获的种群、从属种群和相关种群之间的生态关系，使枯竭种群恢复到能稳定补充的水平；③考虑到目前捕捞对海洋生态系统的直接和间接影响、引进异种生物的影响，有关活动的影响以及对环境变化的影响方面的认识，为了能持久保护南极海洋生物资源，应防止在近二三十年内海洋生态系统发生不可逆转的变化的危险，或尽可能减少这种变化的危险。[1]

《南极海洋生物资源养护公约》适用于南纬 60 度以南和自该纬度与构成海洋生物系统一部分的南极辐合带之间水域的南极生物资源。因此，该公约的适用范围大于《南极条约》的适用范围。此外，该公约的缔约国既包括《南极条约》缔约国，又包括非《南极条约》缔约国。这两种缔约国之间的关系，受《南极条约》第 1 条即关于南极只用于和平目的的条款和第 5 条即关于"冻结"对南极的主权权利和领土的要求的条款的约束。

该公约建立南极海洋生物资源保护委员会。委员会由参加公约缔约国会议的成员国和加入公约的成员国以及加入公约的地区性经济一体化组织组成。

---

〔1〕 参见《南极海洋生物资源养护公约》第 2 条第 1 款。

委员会具有法人资格，并在成员国境内享有为履行其职责和实现公约目的的所必要的法律权利。委员会及其工作人员在成员国境内的特权和豁免权，根据委员会与成员国之间的协议确定。委员会的职责包括促进对南极海洋生物资源和南极海洋生态系统的广泛调查；汇编南极海洋生物资料；统计被捕获种群的捕获量；查明保护的必要性和分析保护的有效性；制订、通过和修改保护措施；落实观察和检查制度等。委员会有权就非缔约国的国民或船只所从事的影响公约实施的活动提请该国注意；委员会还有权就影响某个缔约国实现公约或履行公约的活动提请所有缔约国注意。凡属实质性问题的委员会决议应当在协商一致的基础上作出。对一个问题是否属于实质性问题有疑问时，按实质性问题对待。委员会的总部设在澳大利亚塔斯马尼亚的霍巴特。委员会每年举行一次例会。公约还决定设立一个科学委员会和一个秘书处。[1]

该公约要求各缔约国尽其所能，采取措施实施公约，并将这些措施报告南极海洋生物资源保护委员会。[2]

3. 《南极条约环境保护议定书》及其附件

由于环境保护规范相互交错，南极已经不只是具备科学考察意义，而且具有全球环境保护意义。1991年6月23日，第11届南极条约特别协商会议于马德里通过了《南极条约环境保护议定书》。《南极条约环境保护议定书》的签订标志着人类社会将保护南极环境提高到了法律层面，开始构建法律制度来全面保护南极环境。议定书要求各缔约国进行广泛合作，努力促进有关南极环境和生态系统的合作研究计划。议定书规定设立南极环境保护委员会，其职责是解决南极环境及其生态系统的保护问题，包括环境保护的措施、环境影响的评价程序、减轻或消除环境影响的方法。它呼吁国际社会在南极环境保护方面积极进行国际合作，并为缔约国设定南极环境保护的预防义务。议定书是在南极条约框架下的一项全面保护南极环境的法律文件。议定书确认有必要加强对南极环境及依附于它的和与其相关的生态系统的保护，并确认南极为监测与研究具有世界重要性演变进程所提供的独特机会，深信健全保护南极的综合制度是符合全人类利益的。

议定书将南极指定为仅用于和平科学目的的自然保护区，确定了南极环

---

〔1〕 参见《南极海洋生物资源养护公约》第7~17条。
〔2〕 参见《南极海洋生物资源养护公约》第22、23条。

境保护的原则：在计划和进行南极活动时，应当减轻南极环境及其生态系统的有害影响，避免对气候类型和天气类型、水质和空气质量产生有害影响，避免引起大气、陆地、冰川或海洋环境的重大变化以及动植物区系、种群分布、丰度或生产力的不利变化，防止受威胁或危害的种群遭到进一步的危害，避免严重危及或减损在生物学、科学、美学等方面具有重要意义的区域；在进行或计划南极活动时，所具有的资料应当足以进行这类评价和南极环境及其生态系统可能影响的预测评价和鉴定。

议定书第 7 条禁止任何矿产资源活动，从而在事实上否定了 1988 年通过的《管制南极矿产资源活动公约》。第 9 条规定附件及任何可能增加的附件应成为议定书的组成部分。此种灵活的机制使条约的环境保护体系及时地得以补充完善。第 10、11、12 条规定南极条约协商会议应制定环境保护的总政策及必要措施，审查环境保护委员会的工作。环境保护委员会的主要职能是向缔约国提供咨询与建议。第 13 条除规定每一缔约国应采取国内措施保证遵守本议定书外，还应在协商会议上就非本议定书缔约国的国家所进行的影响本议定书规定的活动，提请该国注意。第 14 条规定各协商国有权任命其视察员在南极地区进行视察。如今进行依协商会议程序的视察，协商会议也可任命视察员。第 15 条规定应对南极地区的环境紧急事态作出迅速反应。第 17 条为年度报告，第 18、19、20 条为争端解决条款。议定书应于本议定书所有协商国批准后生效。议定书生效满 50 年后，任何协商国可依第 25 条规定的程序提出修改或修正。修改或修正由包括 3/4 协商国在内的多数通过。如修改或修正在通过后 3 年内仍未生效，缔约国得随时退出议定书。

与议定书同时通过的有 4 项附件，分别为环境影响评价、动植物保护、废物处理以及预防海洋污染。在 1991 年 10 月的第 16 届南极条约协商会议上，协商国又建立了南极保护区制度，并将它作为议定书的第 5 附件。

1992 年，第 17 届南极条约协商国会议在威尼斯召开，会议决定成立一个专门工作组，来研究制定《南极条约环境保护议定书》第 16 条〔1〕所规定的责任附件。2005 年 7 月 15 日，第 28 届南极条约协商会议在瑞典斯德哥尔摩

---

〔1〕《南极条约环境保护议定书》第 16 条：根据本议定书全面保护南极环境及依附于它的和与其相关的生态系统的目标，各缔约国承诺制定关于在南极条约地区进行的并为本议定书所涉及的活动造成损害的责任的详细规则与程序。此类规则与程序应包括在根据第 9 条第 2 款将要通过的一项或多项附件之中。

召开，长达 13 年的谈判终于尘埃落定，各缔约国终于达成一致，最终通过了《责任附件》，即议定书附件六。从此，南极环境损害后果的责任问题终于有了法律依据。

《责任附件》由 13 个条款组成，包括适用范围、经营者的义务和责任、责任限制、诉讼和争端解决、基金等主要内容，建立了一个从经营者预防义务到经营者严格赔偿责任的责任制度。从最初预防环境损害事件的发生，到环境损害事件发生时采取特定措施，再到没有采取这些措施时承担赔偿责任，《责任附件》都有着明确的规定。

《责任附件》适用于科学研究和旅游活动造成的环境紧急情况，也适用于预防和应对环境紧急情况下的措施和计划，但是不适用于捕鱼船只的捕鱼活动及非捕鱼活动、旅游活动等。[1]它为缔约国设定义务，缔约国必须在国内设立机制，要求经营者采取合理的预防措施，尽最大可能降低环境突发事件的发生，并且制定应急计划，应对那些对南极环境可能造成潜在不利影响的突发事件。在发生环境紧急事态时，导致事故发生的经营者应该采取及时有效合理的应对措施，使得突发事件对南极环境造成的环境损害最小化。如果经营者没有采取及时有效合理的应对措施，《责任附件》鼓励缔约国或其他非缔约国或个人经营者采取行动。如果没有任何国家或者个人采取反应行动，经营者有义务向根据《责任附件》第 12 条成立的基金支付应该采取反应行动所支出的合理费用。

诚然，任何责任制度都必须做到切实可行。因此《责任附件》仅仅是缔约国完成《南极条约环境保护议定书》第 16 条所规定义务的第一步，它充分考虑现实情况，从一个切实可行的角度对紧急事态导致的南极环境损害责任首先进行规制，对南极条约缔约国逐步建立环境损害责任的综合制度具有重要借鉴和指导意义。

迄今，南极条约协商会议已通过数百项建议，其中 60% 是关于南极环境保护的。建议是由协商会议一致通过并对明示接受建议的国家有效的具体措施，尽管各国对其法律地位尚有分歧。建议主要有关环境措施，诸如为设立南极各类保护区的规定、保护动植物的行为准则、废物处理行为准则、防止污染南极海域的规定、人类在南极活动须进行环境影响评价等。另外，在南

---

〔1〕 转引自何艳梅：《跨国污染损害赔偿法律问题研究》，复旦大学出版社 2011 年版，第 242 页。

极条约建立的视察制度中亦增加了要求各缔约国加强对环境保护措施的执行内容。

可以认为，南极条约体系所建立的南极环境保护制度已日臻完备和系统化。

三、北极的环境保护

与南极地区不同，北极地区具有包括土著居民在内的永久居民。

北极地区指的是 10 摄氏度 7 月等温线以北的地区，其面积为 2640 万平方公里，由北冰洋及其岛屿和北美洲、亚洲和欧洲的北部组成。半个世纪以来，北极成为一个由环绕北极的 8 个沿海国家美国、加拿大、冰岛、挪威、瑞典、丹麦（格陵兰岛和法罗群岛）、芬兰和俄罗斯组成的重要地缘政治区域，北极地区的陆地也已为沿海国划分完毕。但在北极海域的管辖权方面，北极国家之间仍存在分歧和争议。自 1972 年联合国人类环境大会以来，土著居民对 NGO 论坛以及科学会议的参与已经促进了以不同的方式了解传统知识，并将传统生态知识应用到土地和资源规划之中。

1989 年，芬兰发起保护北极环境的协商运动。1990 年，环北极国家成立国际北极科学委员会。1991 年 6 月 14 日，8 个北极地区国家在芬兰洛瓦奈密举行第一届北极部长会议，签署《关于保护北极环境的宣言》并通过《北极环境保护战略》，2008 年 5 月，五个北冰洋沿岸国家签署《伊卢利萨特宣言》，该宣言强调《联合国海洋法公约》作为他们处理北极事务的国际法依据，不需要新的国际条约来管理北极。但鉴于迅速变化的地缘政治现实和环境状况，这些文件的出台，开启了北极环境保护的国际立法进程。

（一）《北极环境保护战略》

《北极环境保护战略》的目标是"保护北极生态系统，包括人类；保护、增强和恢复自然资源，包括北极当地人民和土著居民对它们的利用；承认并在可能的范围内寻求容纳由土著居民自己决定的有关保护北极环境传统的和文化的需求以及有关的习惯和价值；定期审查北极环境状况；查明、减少并最终消除污染"；《北极环境保护战略》规定了实施该战略所要遵循的十项原则：①为当代人和后代人的利益和享用保护和可持续利用北极环境；②考虑生态系统组成部分的价值和相互依赖性；③评价活动对环境的可能影响，包括累积影响；④保护生态系统和生物多样性；⑤重视与全球气候的关系；⑥注意科学调查和传统知识；⑦发展并共享情报和知识；⑧发展保护区网络；⑨促进国际合作；⑩确保在履行国家的和国际的责任方面的合作，包括利用、转让和交易有效的和适当的技术。

（二）北极监测和评价组织

北极监测和评价组织（AMAP）建于 1991 年，其目标是执行北极环境保护战略（1997）的一部分，负责编写北极环境污染状况评价报告。在 1991 年至 1996 年间，AMAP 设计并执行了一项监测项目，主要以正在进行的国家和国际活动的改编为基础。大约有 400 个项目和方案为 AMAP 的评价提供了数据。评价由北极地区 8 国的科学家和专家、观察员国家和组织以及北极土著居民代表共同编制。

AMAP 的评价结果在两个互补的报告中发布。《北极污染问题：北极环境状况报告》是 AMAP 评价结果的简要说明，包括对所采取行动的建议。该报告于 1997 年 6 月提交给挪威阿尔塔的部长会议，特别请部长们参阅。《AMAP 评价报告：北极污染问题》是一册更为详尽、参考文献充分的有关 AMAP 评价的科学背景文件。

AMAP 的评价是对北极地区现有知识的汇集，是对该信息的评价以及该地区当前状况的说明。评价报告采用了系统的统一风格，为地区环境状况的相互比较提供了手段，也为评价人类对较大（全球）范围影响的性质和程度提供了手段。

（三）北极理事会

北极理事会是由加拿大、丹麦、芬兰、冰岛、挪威、瑞典、俄罗斯、美国八个环北极国家组成的政府间论坛，1996 年 9 月 19 日，北极国家在加拿大渥太华举行会议，宣布成立北极理事会，其宗旨在于保护北极地区的环境，促进北极地区的经济、社会和福利方面的持续发展。该理事会于 1997 年 6 月开始履行监督、协调《北极环境保护战略》各项活动的职责。

2013 年 1 月，北极理事会常设秘书处在挪威特隆姆瑟正式宣告成立，北极理事会在组织机制建议方面取得了重要的进展。常设秘书处的设立使北极理事会更多地具有国际组织的特点，将强化北极理事会在北极事务中的作用。在北极法律制度发展方面，北极理事会也发挥着越来越重要的作用，先后组织制定了两个具有法律约束力的条约，即《北极航空和海上搜寻与救援合作协定》〔1〕和《北极海洋油污预防与反应合作协定》。

（四）关于北极环境保护的主要国际条约

1.《北极熊养护协定》

《北极熊保护协议》是加拿大、丹麦、挪威、苏联和美国于 1973 年 11 月 15 日于奥斯陆签订的专门针对北极地区的唯一一个多边环境协议，是对北极熊这一物种从整体上以全局的生态观念进行全面系统保护的国际条约。

2.《北极海洋石油污染预防与应对合作协议》

2013 年 5 月，北极理事会 8 个成员国美国、加拿大、丹麦、芬兰、冰岛、挪威、俄罗斯、瑞典的代表签署了《北极海洋油污预防与反应合作协定》。该协定是北极理事会通过第二个具有法律拘束力的条约，其宗旨在于加强环北极八国在北极地区油污预防和应急的合作、协调以及共同协助，以保护海洋环境免遭油污的污染。该协定适用于在北极海域发生的或者对北极海域产生或者可能产生威胁的油污事件。

3.《预防中北冰洋不管制公海渔业协定》

《预防中北冰洋不管制公海渔业协定》于 2018 年 10 月由北极五国（美国、俄罗斯、加拿大、丹麦、挪威）加上中国、冰岛、日本、韩国共 9 个国家以及欧盟签署，该协定对于有效防范北极公海区域可能出现的不受管制的商业捕鱼活动具有重要意义，也标志着各国通过积极合作来保护海洋环境。

4. 北极环境保护的双边条约

北极国家间签订的有关北极生物资源养护、环境保护、航行的双边协定主要有：《美英（加拿大）保护北极亚北极候鸟协议》（1916 年）、《美国和俄罗斯养护和管理阿拉斯加——楚科奇北极熊数量协定》（1973 年）、《苏联和美国签订的保护北极候鸟及其生存环境协议》（1976 年）、美加两国 1988 年签订的关于北极航行的《北极合作协议》和《美国政府和俄罗斯联邦政府关于防止北极地区环境污染协议》（1994 年）以及 1998 年挪威与俄罗斯签订的《环境合作协议》等。

---

〔1〕　2011 年 5 月 12 日，北极理事会 8 个成员国美国、加拿大、丹麦、芬兰、冰岛、挪威、俄罗斯、瑞典的代表共同签署了《北极航空和海上搜寻与救援合作协定》，这是北极理事会首次签署具有拘束力的法律文书。

第三节 外层空间环境保护

外层空间亦称宇宙空间或太空，是指空气空间以外的空间。1957年10月4日，苏联首次把人造卫星送上蓝天，从而开创了人类历史上一个全新的时代——宇航时代。外空活动是指人类对外层空间的探测、试验以及通信、运输等各种利用和开发活动。空间技术的迅速发展为人类带来了巨大利益，但外层空间活动也带来了多方面不同的影响，涉及包括地面、空气空间和外层空间在内的整个空间环境。随着外层空间事业的大发展，外层空间的环境保护已成为重要课题。

一、外层空间的环境损害

人类进入外层空间并开始开发利用外空资源，这是人类文明史上的一次伟大飞跃。但与此同时也不可避免地给外空环境带来了一系列问题，诸如空间垃圾的大量产生已经成为空间环境污染的巨大隐患。

（一）空间碎片

"空间碎片"一般指的是报废的空间物体。[1]空间碎片的主要来源是空间物体的爆炸和碰撞。两者都可以是意外的或有意的行为所造成的。空间碎片问题与空间环境保护活动密切相关，对空间活动的最大威胁日益被认为是来自空间碎片对卫星、航天器等空间物体所造成的危害。

意外的爆炸是由于推进系统的故障产生的。有些爆炸是在航天器发射后若干年由于火箭上剩余的燃料自爆引起的。因此火箭应在完成其任务后把燃料烧尽，以防止此类事故的发生。此外，还存在空间物体在轨道上意外碰撞的可能性。碰撞和爆炸是紧密相连的。

有意的爆炸则是由外空的军事活动所制造的。苏联发射的许多短寿命的侦察卫星在完成任务后往往以自爆方式炸毁。这些卫星大都在低轨道上，其碎片坠入大气层中被烧毁。另一个主要来源是卫星之间的碰撞，即利用所发

---

[1] 关于报废的空间物体是否包括在"碎片"的范围内，是有争议的。前国际宇航联合会主席 L. 佩雷克认为，"碎片"是指破碎的东西，是整体的一部分；一个完整的卫星即使耗尽了燃料和失去控制，也不被称为"碎片"，而是"不活动的卫星"。但目前一般趋势是把燃料已耗尽、完成其使命无法控制的卫星也称为"碎片"。

射的卫星，直接向目标碰撞，同归于尽。此外，火箭遗弃的各种装置以及空间物体解体后的大小零部件和颗粒等都是人类从事外空活动的人为产物。

空间碎片的危害性在于它对空间飞行和运输造成破坏的同时大大增加了空间物体碰撞的机会。在地球轨道上正常运行的卫星由于未知的原因而突然失灵可能就是被碎片所击中。一个显著的例子就是 2005 年 1 月 17 日，南极上空 885 公里处发生了一起"宇宙交通事故"———一块 31 年前发射的美国雷神火箭推进器遗弃物，与我国 6 年前发射的长征四号火箭 CZ-4 碎片相撞。这是一起典型的空间碎片"宇宙交通肇事案"。[1]

（二）空间污染

空间污染是指由于航天活动而对空间或其某一部分带来过多的物质、成分、电波、辐射等，从而对空间环境结构和空间活动产生不利影响和障碍。[2]其中有的是有形的、直接的物质损害，有的是无形的、非直接的物质损害。从污染物的性质看，外空活动对空间环境的污染可分为化学污染、生物污染和放射性污染等。

化学污染主要来自航天器发射时的排放物和返回地面时燃烧产生的物质。其危害是可能破坏臭氧层并干扰电离层。航天器在发射时排出大量的由废气、冷却水、沙子和尘土构成的"地面云"。在一般情况下，这种"地面云"对地面环境不一定产生严重影响。但一旦发射活动急剧增加，如需要发射由数十个卫星组成的太阳能卫星系统时，将会对发射地的空气和水至少在短期内造成污染。最易受航天活动污染的空间是大气层的高空部分。由于高空的空气极为稀薄，即使排出少量的废气和废物也不易通过互相混合冲散这些排出物造成的污染。这些排出物主要有氧化氮、二氧化碳、氯、氯化氢和废水等，被排出后在高空的水平面上散开，并长期存在下去。其中氯和氯化物对离地面 16 公里至 48 公里的臭氧层有不利影响。航天器的这些排出物对于 80 公里以上的电离层也有重要影响。被排出的物质即使是无毒的水蒸气，进入电离层后也会降低其中电子的密度。这种变化将干扰无线电通信，因为无线电通信必须通过电离层来传递无线电信号。此外，外空物体重返大气层时，由于空气的阻力，在高温中迅速烧毁，并产生金属蒸气。大量的金属蒸汽对电离

---

〔1〕 参见林灿铃等编著：《国际环境法案例解析》，中国政法大学出版社 2020 年版。

〔2〕 贺其治：《外层空间法》，法律出版社 1992 年版，第 196 页。

层和无线电通信也有影响。

生物污染理论上包括"向外污染"和"返回污染"。前者指航天器所载地球上的微机体对外空环境和其他星球造成的污染，后者指航天器将地球以外的微机体带回地球后对地球造成的污染。

放射性污染主要来自放射性物质和电磁波的辐射，放射性物质可来自核动力卫星事故、外空核爆炸等。核动力卫星发射失败和核动力卫星在重返大气层时解体，都会对空间和地面造成放射性污染，迄今已多次发生这类事件。在大气层和外层空间进行核爆炸，其放射性尘埃将在高空中广泛散开，不仅会改变高空的环境结构，而且还破坏在轨道上运行的卫星上的电子设施。因此禁止在大气层和外层空间进行核爆炸是十分必要的。从地球和卫星，特别是从卫星上发出的高频电波所形成的远距离磁场，对其他卫星的无线电通信会产生不同程度的干扰，并对射电天文观察产生妨碍作用。此外，航天器排出的废气的干扰，对射电天文观察也会产生不利影响。总之，从地面或空间发射激光，对空间环境和外空活动都将产生巨大影响。在外空军事化日益加剧的形势下，高能激光武器和粒子束武器的发展将对外空的和平利用构成严重威胁。

（三）其他相关问题

地球静止轨道是指位于地球赤道平面正上空离地面约 35 800 公里的环绕地球的圆形轨道。放置在该轨道上的人造卫星绕地球一周约需 24 小时，恰等于地球自转一周的时间。由于静止卫星和地球自转方向相同，从地面上观看，卫星犹如处于静止状态，固定在这条轨道的一定位置上。因此该轨道被称为地球静止轨道，放置在该轨道上的卫星被称为地球静止卫星。

与地球静止轨道密切相关的是地球同步轨道，二者属于同一类轨道，前者是后者的一种特殊类型。自从 1965 年 4 月 6 日美国成功发射世界第一颗实用静止轨道通信卫星——国际通信卫星 1 号，现在地球静止轨道已经十分拥挤，随时都可能因发生意外事故而造成严重的外空环境损害。我国迄今也已成功发射多颗静止轨道卫星，第一颗静止轨道通信卫星是 1984 年 4 月 8 日发射的"东方红二号"。

二、外层空间的环境立法

目前有关外层空间的国际条约屈指可数，外空环境保护还没有专门的国际条约，这与人类探索外空的现实是极不相称的。迄今为止，有关外层空间环境保护的法律规则基本上从相关的国际条约和国际决议中得以体现。

（一）联大决议

外空使用核动力源主要是为了解决航天器所需电能供应，目前有同位素发电机和核反应堆两类。核动力卫星所使用的核动力燃料含有大量的放射性物质，卫星一旦失事，将给空间环境造成严重的潜在放射性污染威胁。

1992 年，联合国大会以第 47/68（1992 年）号决议通过了联合国和平利用外层空间委员会制定的《关于在外层空间使用核动力源的原则》。和平利用外层空间委员会在该文件中提出了 11 项原则。其中原则 3 规定，为尽量减少在外层空间中的核材料的数量，在外层空间使用核动力仅限于以合理方式不能使用非核动力源的飞行任务。为此该原则进一步规定放射性保护和安全的一般目标，其中包括关于将可预见的运行或事故情况下的危害控制在可接受水平之下的要求、关于核材料不得严重污染外层空间的要求、关于在外层空间使用核反应堆限于星际飞行任务并位于足够高的轨道上的要求、关于只能用高浓缩铀 235 作燃料的要求、关于放射性同位素装置只能被用于星际飞行和其他脱离地球引力的飞行的要求。该文件还包括安全评价、再进入通知、磋商、援助和责任与赔偿的规则。

1998 年 2 月 9 日至 20 日，联合国和平利用外层空间委员会科技小组委员会于维也纳召开的第 35 届会议就外层空间使用核动力源议题指出，联合国大会 1992 年通过的 47/68 号决议，即《关于在外层空间使用核动力源的原则》，对于在外空如何安全使用核动力源，具有重要的指导意义。同时强调，使用核动力源的航天器的制造商或国家应该从技术上采取安全措施，以确保核动力源装置在任何情况下，不会遭到破坏或受损。

（二）相关国际条约

1963 年《禁止在大气层、外层空间和水下进行核武器试验条约》（以下简称《部分禁止核试验条约》）[1] 是第一个涉及空间环境保护的条约。该条约第 1 条规定，禁止在大气层、外层空间和水下进行核爆炸。

被称为外空宪章的 1967 年《外空条约》第 1 条第 1 款规定："探索和利用外层空间，包括月球和其他天体，应为所有国家谋福利和利益，而不论其

---

〔1〕　该公约 1963 年 8 月 5 日签订，1963 年 10 月 10 日生效。

经济或科学发展程度如何，并应为全人类的开发范围。"这一规定就是著名的"共同利益"条款，[1]目的在于保护整个国际社会，特别是发展中国家的利益。第 1 条关于共同利益的规定和第 3 条关于遵守国际法的规定，均可解释为包括对空间环境的保护在内。第 4 条规定，各缔约国不得在绕地球轨道上放置和部署核武器或任何其他类型大规模毁灭性的武器。这一规定和上述《部分禁止核试验条约》结合起来，明确禁止在外空试验和部署核武器。《外空条约》第 9 条是直接保护空间环境的具体条款，它规定："各缔约国从事研究、探索外层空间（包括月球和其他天体）时，应避免使其遭受有害的污染，以及地球以外的物质使地球环境发生不利的变化。如必要，各缔约国应为此目的采取适当的措施。"这一规定实际上包括了两方面内容：其一，避免使外层空间遭受有害的污染。从条约规定的措辞来看，它所适用的范围仅限于外层空间（包括月球和其他天体），而不包括外空活动对地面所造成的污染。其二，避免使地球环境发生污染。该条还规定，一缔约国如认为其外空活动会对另一缔约国的外空活动或试验造成潜在的有害的干扰，则应保证在实施这些活动或试验前，进行适当的"国际磋商"；如有理由相信另一缔约国的外空活动或试验会对和平探索和利用外空的活动或试验产生潜在的有害的干扰时，则应"要求"就这种活动或试验进行"磋商"。

1972 年《禁止为军事或其他敌对目的使用改变环境技术的公约》[2]规定，各国承允不为军事或敌对目的而使用具有广泛、持久或严重后果的改变环境的技术。"改变环境的技术"这一用语是指通过蓄意操纵自然过程改变地球或外层空间的动态、组成或结构的技术。公约的规定是同空间环境有直接关系的。

1975 年《关于登记射入外层空间物体的公约》（以下简称《登记公约》），[3]是有关防止空间环境污染的另一个重要条约。《登记公约》的目的是帮助缔约国辨认外空物体而制定的一项强制性的登记射入外层空间物体的制度。鉴于空间碎片的巨大危害性，建立这项制度是非常必要的。

1979 年的《月球协定》，是对《外空条约》有关规定的改进。该协定第 7

[1] 贺其治：《外层空间法》，法律出版社 1992 年版，第 58 页。
[2] 该公约 1978 年 10 月 5 日生效。
[3] 该公约 1974 年 11 月 12 日由联合国大会通过，1975 年 1 月 14 日开放签字，1976 年 9 月 15 日生效，1988 年 12 月 12 日对我国生效。

条规定：①各缔约国应采取措施防止月球环境的现有平衡遭到破坏，不论这种破坏是由于在月球环境中产生"不利的变化"，还是由于引入月球环境外的物质使其环境受到"有害的污染"，或由于"其他方式"而产生。②各缔约国也应采取措施防止地球环境由于引入地球外的物质或由于"其他方式"而受到"有害的影响"。③各缔约国应将所采取的措施通知联合国秘书长，并应尽可能将它们在月球上放置的一切放射性物质以及放置的目的通知秘书长。

在上述规定中，"防止月球环境的现有平衡遭到破坏"这一点极为重要，同时对污染月球和地球两种情况，都加进"其他方式"一语而包括了其他各种污染方式，又特别强调防止"地球环境"受到月球的影响。整个规定具有义务性质，这无疑是对《外空条约》的规定进行补充和改进。

（三）与环境保护密切相关的外空制度

1. 保护空间环境的磋商制度

《外空条约》第9条关于环境保护的规定，同时规定了磋商制度。这有两种情况。其一，当缔约国有理由相信其外空活动对其他缔约国的外空活动或试验造成潜在的有害干扰时，该国应保证在实施这种活动或实验前进行适当的国际磋商。其二，当缔约国有理由相信另一缔约国计划进行的外空活动可能对和平利用和探索外层空间产生潜在的有害干扰时，可以要求就这种活动或试验进行磋商。《外空条约》关于磋商制度的规定，有助于协调外空活动中的环境保护。

2. 外空环境污染损害的国家责任制度

《外空宣言》提出了国家责任原则和损害赔偿原则。《外空条约》把这些原则规定为法律制度。《外空条约》第6条规定，各缔约国对其外空活动承担国际责任，而不管这种活动是由政府部门还是非政府部门进行的。第7条规定缔约国对其外空活动造成的损害承担赔偿责任。

《空间物体造成损害的国际责任公约》[1]（以下简称《国际责任公约》）把《外空条约》第6、7条的原则规定进一步具体化。该公约规定："发射国对其空间物体在地球表面，或给飞行中的飞机造成的损害，应负有赔偿的绝对责任。"这里的损害或损失概念，是指生命丧失、身体受伤或健康的其他损

---

〔1〕　该公约1971年11月29日由联合国大会通过，1972年3月29日开放签字，1972年9月1日生效。

害；国家、自然人、法人或国际政府间组织的财产的损失或损害。所谓"空间物体"，则包括空间物体的绝大部分、该物体的运载工具及其部件。第12条则规定损害赔偿额应按国际法、公正合理的原则来确定，以保证上述赔偿能把损害恢复到未发生损害前的原有状态。但对不属于国家管辖的公共国际区域，如海洋、南极以及整个空间环境造成的污染和损害，公约未作规定，不包括在赔偿范围内。至于报废的卫星是否应对其所碰撞的空间物体给予赔偿也存在不同意见。一种意见认为报废的卫星仍然是发射国的财产并处于它的管辖和控制下，因此发射国必须按《国际责任公约》承担赔偿责任。

3. 空间环境损害的其他补救方法

1968年《营救宇航员和归还射入外层空间的物体的协定》[1]第5条第4款则规定："如果缔约国有理由认为在其管辖的区域内发现的或在其他地方寻获的空间物体或其绝大部分，具有危险的和有害性质时，则可通知发射当局，发射当局应立即采取有效措施，在该缔约国的领导和监督下，消除可能造成危害的危险。"消除危险的补救措施，从某种意义上更有利于环境保护。

第四节 "区域"环境立法

"区域"是指国家管辖范围以外的海床和洋底及其底土。[2]《联合国海洋法公约》在其第十一部分明确规定"区域"为"人类共同继承财产"，确立了"区域"及其资源的基本制度，同时也为"区域"资源的勘探与开发奠定了法律基础。然而，从当前的总体情况而言，"区域"及其资源的国际立法仍然侧重保障资源开发的经济效益而对环境效应重视不足，对"区域"之"人类共同继承财产原则"中的环境保护要素和勘探开发活动可能造成的环境影响重视不足。为实现"区域"开发利用与环境保护、国家利益与人类整体利益的平衡，必须健全"区域"相关规章制度，以促进国际环境法律新秩序的进一步完善。

---

〔1〕 该公约1967年12月19日由联合国大会通过，1968年4月22日开放签字，1968年12月3日生效。

〔2〕 参见《联合国海洋法公约》第1条第1款第1项。

一、"区域"活动的环境影响

被誉为"生命摇篮"的浩瀚海洋蕴藏着丰富的生物资源、矿物资源和能源资源，对人类生存和社会发展具有重要意义。与海洋资源的开发获取密切相关，伴随着陆地资源的日渐枯竭，以及可带来可观经济收益亦可显著增加世界资源基础的新海洋矿源知识和海洋资源勘探开发技术的迅速发展，人类开发利用海洋资源的步伐逐步由近海向深海、由海洋水体向海洋洋底迈进。自 1873 年英国军舰挑战者号在其航海探险中首次观测到深海"区域"蕴藏富含一定的镍、钴、铁和锰的多金属结核矿物资源以来[1]，能源储量充足、开发难度较大的"区域"逐渐成为海洋探矿、勘探者关注的焦点。

"区域"活动指勘探和开发"区域"内矿物资源的一切活动[2]，主要包括利用遥感设备和探测技术观察、测量、记录和采集矿物样品的勘探活动以及利用海面浮式平台和相关采矿设备坑道掘进或铲扩、挖掘和抽取海底矿物的采矿活动。伴随着采矿技术的蓬勃发展以及矿物资源开采的持续发展，由"区域"活动带来的可观经济效益仍具有巨大的增长空间。然而，在日渐深入的"区域"活动带来巨大经济效益的同时，亦有可能对保持微妙生态平衡的海洋生态系统造成诸如海洋生物资源损害和物种灭绝、海水使用质量损坏以及海洋环境退化等难以逆转、难以恢复的环境损害。全球生态环境是一个整体，海洋、陆面和大气的相互作用以及大气的环流效应决定"区域"活动的环境影响不仅局限于海洋环境领域。一方面，与"区域"活动相关的陆上作业以及随之产生的废物的处理和处置可能导致某些化学物质释放，进而引发诸如空气质量影响等不利环境后果，在某些情形下这些物质甚至可能进入大气并进一步加剧全球气候变化；[3]另一方面，由"区域"活动造成的温室气体的重要缓冲区——"区域"海洋生态系统的环境损害必将反作用于大气环

---

〔1〕　Conrad G. Welling, "Mining of the Deep Seabed in the Year 2010", *Louisiana Law Review*, Vol. 45, No. 6, 1985, p. 1257.

〔2〕　参见《联合国海洋法公约》第 1 条第 1 款第 3 项。

〔3〕　Dionysia-Theodora Avgerinopoulou, "The Lawmaking Process at the International Seabed Authority As A Limitation on Effective Environmental Management", *Columbia Journal of Environmental Law*, Vol. 30, No. 3, 2005, p. 580.

境系统，从而提升全球气候变化的速度。[1]

在"区域"活动日益蓬勃发展，"区域"环境影响持续加剧的时代背景下，如何平衡资源开发与环境影响之间的关系，在现有国际法律制度框架下通过进一步规范开发主体的环境行为，进而有效遏制"区域"环境破坏和环境污染，不断推进"区域"活动之国际环境治理进程向前发展，成为摆在国际社会面前亟待解决的现实问题。

二、国际海底管理局的勘探规章

根据《联合国海洋法公约》的规定，"区域"及其资源的一切权利由国际海底管理局代表全人类行使。国际海底管理局在《联合国海洋法公约》及其《关于执行 1982 年 12 月 10 日〈联合国海洋法公约〉第十一部分的协定》（以下简称《执行协定》）所确立的基本法律框架下，制订必要的规章制度以规范"区域"活动、管理环境等。

关于"区域"勘探活动所面临的环境问题，国际海底管理局列举了包括"区域"活动可能造成环境影响的程度、环境基线的确定及对其未来变化的监测、对这些活动开展何种海洋科学研究等问题。[2]迄今，国际海底管理局确定了三项可能造成环境影响的"区域"活动：①勘探有商业价值的矿床；②商业回收采矿系统的小规模试验和原型试验；③在"区域"内可能进行的冶金加工处理。[3]并制定通过了三部勘探规章，即《〈区域〉内多金属结核探矿和勘探规章》（以下简称《锰结核规章》）由国际海底管理局大会于 2000 年 7 月 13 日通过；《'区域'内多金属硫化物探矿和勘探规章》（以下简称《硫化物规章》）于 2010 年 5 月举行的第 16 届会议上核准通过；《'区域'内富钴铁锰结壳探矿与勘探规章》（以下简称《富钴结壳规章》）于 2012 年 7 月举行的第 18 届会议上审议通过。促进了"区域"及其资源法律制度向纵深化

---

〔1〕 Salvatore Arico, Charlotte Salpin, "Bioprospecting of Genetic Resources in the Deep Seabed: Scientific Legal and Policy Aspects", UNU, IAS, 2005, p. 53.

〔2〕 国际海底管理局将其总结为："海底勘探活动可能造成何种程度的环境影响""使用哪些基线来测量人类活动前的环境状况，以及应如何监测其后发生的变化"以及"对有关的自然过程和人源（人类引起）过程进行何种研究"。

〔3〕 International Seabed Authority, "Protection of the Seabed Enviornment", at https://isa.org.jm/files/files/documents/eng4.pdf.

发展。而关于国际海底管理局的管理制度，最终将体现为一部完整的《采矿法典》，囊括为"区域"内矿物资源的勘探和开发而确立的一整套规章制度。关于这些规章与《联合国海洋法公约》及其《执行协定》之间的关系，《勘探规章》将作明确界定，如《硫化物规章》即规定了"《执行协定》的条款及 1982 年 12 月 10 日《联合国海洋法公约》第十一部分应作为一个单一文书来解释和适用。本规章和本规章中提及公约的条款应相应地加以解释和适用""本规章可以由其他的，特别是关于保护和保全海洋环境的规则、规章和程序补充。本规章应符合《联合国海洋法公约》和《执行协定》的规定及与公约无抵触的其他国际法规则"。[1]

三、"区域"环境保护原则

伴随着国际社会对"区域"采矿的持续关注及其相关活动的不断深入发展，以《联合国海洋法公约》为基础的"区域"及其资源国际法律制度亦不断深化发展。"区域"环境保护作为其中的重要组成部分，在逐步更新理念、明确义务和责任[2]过程中逐渐走向规范。

（一）防止、减少和控制来自"区域"内活动的污染

《联合国海洋法公约》第十二部分第五节专门规定了防止、减少和控制海洋环境污染的国际规则和国内立法问题，其中第 209 条具体规定了来自"区域"内活动的污染。根据这条规定，各国应按照《联合国海洋法公约》第十一部分有关"区域"的规定制定规则、规章和程序，以实现控制"区域"内活动可能造成的海洋环境污染。这些规则、规章和程序还应根据需要随时重新审查。[3]此外，环境损害起源国在"区域"内进行勘探和开发活动时还应承担防止发生跨界损害并在损害发生时及时通知的义务。

（二）最佳环境做法

最佳环境做法（best environmental practices）作为"区域"活动环境保护的国际环境法义务之一，指的是在环境保护和风险管理中广为接受的相关规则或习惯。在缺乏充分信息或既有最佳实践的情况下，最佳环境做法还要求

---

〔1〕　ISBA/16/C/L. 5.

〔2〕　参见万洌等：《国际海底区域环境保护制度分析与中国实践》，载《海洋开发与管理》2022年第 2 期。

〔3〕　《联合国海洋法公约》第 209 条第 1 款。

采取预防性做法。最佳环境做法作为国际海底管理局和担保国的一项环境保护义务，规定于国际海底管理局的三部探矿规章中。[1] 即各探矿者应采用预防性做法和最佳环境做法，在合理的可能范围内采取必要措施，防止、减少和控制探矿活动对海洋环境的污染及其他危害。各探矿者尤应尽量减少或消除：①探矿活动对环境的不良影响；②对正在进行或计划进行的海洋科学研究活动造成的实际或潜在冲突或干扰，并在这方面依照今后的相关准则行事。同时就"担保国义务"明确规定各国在探矿、环境监测过程中应"采取预防性做法和最佳环境做法"，在合理的可能范围内采取必要措施，防止、减少和控制探矿活动对海洋环境的污染及其他危害。[2]

国际海底管理局法律和技术委员会在其关于"深海矿产资源勘探环境管理需要"的报告中建议，最佳环境做法应作为一项法定义务规定在未来《采矿法典》中，不要求作具体、详尽的规定。这样的原则性规定将允许最佳环境做法随时间的推进不断演进，以适应不同的具体情况。

（三）预防性做法

预防性做法（precautionary approach）起源于《里约环境与发展宣言》第15项原则，即"为了保护环境，各国应按照本国的能力，广泛适用预防措施。遇到严重或不可逆转损害的威胁时，不得以缺乏科学充分确定证据为理由，延迟采取符合成本效益的措施防止环境恶化"。预防性做法实际上是国际环境法基本原则"预防原则"的具体体现。事实上，国际海底管理局的三部探矿规章，都明确直接援引预防性做法作为国际海底管理局和担保国以及承包者的义务。预防性方法作为一项担保国的尽责义务，使得作为海底活动参与者的承包者，亦通过担保国尽责义务作为纽带，以遵守各国国内立法和执行本国行政措施的方式，直接履行采取预防性做法的义务。[3]

国际海底管理局法律和技术委员会在其关于"深海矿产资源勘探环境管理需要"的报告中建议，在未来《采矿法典》中，应以灵活的方式对预防性做法作出规定。这种灵活方式允许承包者通过监测、评估其采矿活动，并根

---

〔1〕　参见《锰结核规章》第31条第2款、《硫化物规章》及《富钴结壳规章》第33条第2款。

〔2〕　参见《硫化物规章》第5条第1款。

〔3〕　See Responsibility and Obligations of States Sponsoring Persons and Entities with Respect to Activities in the Area（Request for Advisory Opinion Submitted to the Seabed Dispute Chamber），No. 17，February 2011，ITLOS Reports 2011，p99.

据将来取得的新的科学信息，修改或改善其环境管理工作计划，以履行最佳环境做法和预防性做法的义务。

（四）环境影响评价

《联合国海洋法公约》第206条规定了各国对各种活动的可能影响作出评价的义务，进行环境影响评价是各缔约国的直接义务。根据这条规定，各国应对其管控下的可能造成环境污染的活动进行环境影响评价。[1]

《执行协定》附件二第一节第7条也规定了环境影响评价义务。这项规定明确了承包者有义务"请求核准工作计划的申请"，并应"附上对所提议的活动可能造成的环境影响的评估"。此外，国际海底管理局的《锰结核规章》《硫化物规章》也将环境影响评价规定为在"区域"内进行探矿和勘探活动的义务之一，例如《锰结核规章》第31条第6款以及《硫化物规章》第33条第6款的规定。[2]《硫化物规章》第二部分对探矿过程中保护和保全海洋环境问题作了详细规定，其中，第5条第2款规定了探矿者的环境影响评价义务。[3]根据这些规章的规定，环境影响评价与预防性做法、最佳环境做法共同构成"区域"内各探矿主体的直接义务。[4]履行环境影响评价的义务既是有关条约规定的义务，也是习惯国际法规定的一般性义务。

四、"区域"环境立法的进一步完善

"区域"乃海洋强国重点关注的战略方向，是大国战略博弈的前沿。[5]伴随着"区域"资源探矿、勘探和开发技术的迅猛发展，"区域"采矿时代已经到来。对此，如何最大限度地减少由"区域"活动产生的环境损害风险，限制、减轻相关环境损害后果带来的不利影响成为摆在国际社会面前不可回避的关键问题。尽管在国际社会的共同努力下，当前"区域"环境保护国际立法制度正不断细化和发展，但在"区域"环境保护范围、相关环境标准明

---

〔1〕《联合国海洋法公约》第206条规定：各国如有合理根据认为在其管辖或控制下的计划中的活动可能对海洋环境造成重大污染或重大和有害的变化，应在实际可行的范围内，就这种活动对海洋环境的可能影响作出评价，并应依照第205条规定的方式提送这些评价结果的报告。

〔2〕《锰结核规章》第31条第6款；《硫化物规章》第33条第6款。

〔3〕《硫化物规章》第5条第2款规定：探矿者应同管理局合作，制订并实施方案，监测和评价多金属硫化物的勘探和开发可能对海洋环境造成的影响。

〔4〕《硫化物规章》第5条。

〔5〕贾宇：《关于海洋强国战略的思考》，载《太平洋学报》2018年第1期。

晰、统一和适用以及"区域"环境监管和责任制度方面仍然存在不足，"区域"活动之国际环境法律制度尚未能满足开展商业化、产业化的"区域"采矿活动的现实要求。对此，国际社会还需进一步加强国际合作，在"人类共同继承财产"原则指导下将"海管局企业部和发展中国家"纳入"区域"活动主体范围并对其加强能力建设，统一"区域"资源"探矿"以及"勘探"和"开发"阶段相关环境标准和制度，以预防原则为核心促进包括"区域"资源"探矿"在内的"区域"活动环境标准合乎《联合国海洋法公约》及其《执行协定》的要求，同时以普遍接受的国际标准和原则为参照加强"区域"活动环境监管，并应以诸多国际环境条约所确立的环境赔偿或补偿基金制度为理论指南，进一步细化"环境补偿基金"有关事项，最大限度地避免包括"区域"在内的海洋环境遭受污染和破坏，以旨在规制"'区域'资源探矿和勘探活动"的三部勘探规章为基础，囊括"区域"资源的探矿、勘探和开发等一整套规章制度最终形成一部完整的《采矿法典》，为"区域"活动之国际环境法规制提供相应的制度保障。

第十八章

世界遗产的国际环境法保护

　　地球在亿万年的历程中形成的、人类社会在发展进程中留下的珍贵且具有不可估量之价值的自然景观、动植物生境、天然名胜、人文遗迹等珍贵的自然和文化遗产、非物质文化遗产等，不仅是当代人的财产，也是后代人的财产，不仅是所在国家的宝贵财产，更是全人类共同的财产，是"人类共同记忆"，是"世界遗产"。然而，由于自然力的长期分化、人类的活动和破坏（例如战争等）所致的各种不利影响，世界遗产受到了不同程度的损坏或面临毁坏的威胁，有的甚至已经被彻底毁坏。这就需要建立健全相关国际法律制度，需要国际社会、世界各国乃至每一个人参与进行广泛的特殊的保护。

第一节　世界遗产的界定与类别

　　记忆对创造力来说是极其重要的，对个人和各民族都极为重要。各民族在他们的遗产中发现了自然和文化的遗产，有形和无形的遗产，这是找到他们自身和灵感源泉的钥匙。我们要唤醒人们的记忆，因为没有记忆就没有创造，这也是我们对未来一代所肩负的责任。因为战争，自然灾害、城市化以及工业化不断地危害着我们的遗产，目前人类保护遗产的责任非常重大。这是一项与保护生物种类和地球环境同样重要的工作。因此，这项工作既是一项科学的工作，又是一项和平、发展与人权的基础工作。

一、世界遗产的界定

　　人类是自然环境的产物，同时也在不断地利用改造着自然环境，这些利用改造凝结着智慧与文化的传承。自然环境和文化传承为人类一代一代的维系生存提供着智力、道德、社会和精神等各个方面的支持。这些日久形成的自然和文化遗产、非物质文化遗产等，作为大自然的馈赠和人类创造力的体现，于人类可持续生存和可持续发展而言，具有突出的重要性和普遍价值。

"遗产"一般意为"父辈留下的财产"。在国际环境法领域，应拓展"遗产"这一概念，应以国际环境立法举全人类之力保护世界上所有著名的风景名胜古迹和人类智慧结晶这一"人类共同遗产"，使对人类而言具有突出重要性和普遍价值的自然和文化遗产、非物质文化遗产以及"文献遗产"[1]等的保护不局限于一国范围之内。同时，人类得不断地总结经验，有所发现，有所发明，有所创造，有所前进。在现代，人类改造环境的能力，如果明智地加以使用的话，就可以给各国人民带来开发的利益和提高生活质量的机会。如果使用不当，或轻率地使用，这种能力就会给各国人民和人类环境造成无法估量的损害。为此，1972年人类环境会议要求国家之间广泛合作和国际组织采取行动以谋求共同的利益。会议呼吁各国政府、人民为全体人民和子孙后代的利益而做出共同的努力。会议通过的《人类环境宣言》申明了共同的信念：为了这一代和将来的世世代代的利益，地球上的自然资源，其中包括空气、水、土地、植物和动物，特别是自然生态类中具有代表性的标本，必须通过周密计划或适当管理加以保护；[2]强调了世界遗产保护行动的必要性。嗣后，联合国教科文组织于1972年11月16日通过的《保护世界文化和自然遗产公约》（本章简称《世界遗产公约》）表明：保护不论属于哪国人民的这类罕见且无法替代的财产，对全世界人民都很重要，考虑到部分文化或自然遗产具有突出的重要性，因而需作为全人类世界遗产的一部分加以保护，考虑到鉴于威胁这类遗产的新危险的规模和严重性，整个国际社会有责任通过提供集体性援助来参与保护具有突出的普遍价值的文化和自然遗产；这种援助尽管不能代替有关国家采取的行动，但将成为它的有效补充，为此有必要通过采用公约形式的新规定，以便为集体保护具有突出的普遍价值的文化

---

〔1〕"文献遗产"指对某个社群、文化、国家或全人类具有重大和持久价值，且其老化或丧失会构成严重损失的单一文件或组合文件。参见联合国教科文组织《关于保存和获取包括数字遗产在内的文献遗产的建议书》（2015年11月17日通过）。

〔2〕《人类环境宣言》原则2。

和自然遗产建立一个根据现代科学方法制定的永久性的有效制度。[1]根据《世界遗产公约》的规定，"世界遗产委员会"[2]应制定、更新和出版一份《世界遗产名录》，其中所列的均为本公约第 1 条和第 2 条确定的文化遗产和自然遗产的组成部分，也是委员会按照自己制定的标准认为是具有突出的普遍价值的财产。[3]

综上所述，"世界遗产"可界定为全人类公认的罕见且无法替代的具有突出重要性和普遍价值的自然、文化以及文献遗产。根据形态和性质，世界遗产可分为物质遗产和非物质文化遗产。截至 2023 年 9 月 18 日，世界遗产总数达 1121 项，分布在世界 167 个国家，世界文化与自然双重遗产 39 项，世界自然遗产 213 项，世界文化遗产 869 项。

二、世界遗产的类别

作为"人类共同记忆"的"世界遗产"包括自然遗产、文化遗产、自然与文化双重遗产和非物质文化遗产等。

（一）自然遗产

自然遗产包括三类，分别是从审美或科学角度看具有突出的普遍价值的由物质和生物结构或这类结构群组成的自然景观；从科学或保护角度看具有突出的普遍价值的地质和地文结构以及明确划分为受到威胁的动物和植物生境区；从科学、保存或自然美角度看具有突出的普遍价值的天然名胜或明确划分的自然区域。[4]

根据《世界遗产公约》对自然遗产的定义，符合下列规定之一者为自然遗产。

（1）从美学或科学角度看，具有突出的普遍价值的由地质和生物结构或这类结构群组成的自然面貌。

（2）从科学或保护角度看，具有突出的普遍价值的地质和自然地理结构以及明确划定的濒危动植物物种生态区。

（3）从科学、保护或自然美角度看，具有突出的普遍价值的天然名胜或

---

[1]　参见《世界遗产公约》"序言"。

[2]　《世界遗产公约》第 8 条。

[3]　参见《世界遗产公约》第 11 条第 2 款。

[4]　《世界遗产公约》第 2 条。

明确划定的自然地带。

（4）凡提名列入《世界遗产名录》的自然遗产项目必须符合下列一项或几项标准方可获得批准：

第一，构成代表地球演化中重要阶段的突出例证。

第二，构成代表进行中的重要地质过程，生物演化过程以及人类与自然环境相互关系的突出例证。

第三，独特、稀有或绝妙的自然现象，地貌或具有罕见自然美的地带。

第四，尚存的珍稀或濒危动植物的栖息地。

（二）文化遗产

文化遗产包括文物、建筑群和遗址三类。

文物是指从历史、艺术或科学角度看具有突出的普遍价值的建筑物、碑雕和碑画、具有考古性质的成分或构造、铭文、窟洞以及景观的联合体。

建筑群是指从历史、艺术或科学角度看在建筑式样、分布均匀或与环境景色结合方面具有突出的普遍价值的单位或连接的建筑群。

遗址是指从历史、审美、人种学或人类学角度看具有突出的普遍价值的人类工程或自然与人联合工程以及包括有考古地址等的地方。[1]

依据《世界遗产公约》的规定，属于下列各类内容之一者，可列为文化遗产：

（1）文物：从历史、艺术或科学角度看，具有突出、普遍价值的建筑物、雕刻和绘画，具有考古意义的成分或结构，铭文、洞穴、住区及各类文物的综合体。

（2）建筑群：从历史、艺术或科学角度看，因其建筑的形式、同一性及其在景观中的地位，具有突出、普遍价值的单独或相互联系的建筑群。

（3）遗址：从历史、美学、人种学或人类学角度看，具有突出、普遍价值的人造工程或人与自然的共同杰作以及考古遗址地带。

凡提名列入《世界遗产名录》的文化遗产项目，必须符合下列一项或几项标准方可获得批准。

（1）代表一种独特的艺术成就，一种创造性的天才杰作。

（2）能在一定时期内或世界某一文化区域内，对建筑艺术、纪念物艺术、

---

〔1〕《世界遗产公约》第1条。

城镇规划或景观设计方面的发展产生重大影响。

（3）能为一种已消逝的文明或文化传统提供一种独特的至少是特殊的见证。

（4）可作为一种建筑或建筑群或景观的杰出范例，展示出人类历史上一个（或几个）重要阶段。

（5）可作为传统的人类居住地或使用地杰出范例，代表一种（或几种）文化，尤其在不可逆转之变化的影响下变得易于损坏。

（6）与具特殊普遍意义的事件或现行传统或思想或信仰或文学艺术作品有直接或实质的联系（只有在某些特殊情况下或该项标准与其他标准一起作用时，此款才能成为列入《世界遗产名录》的理由）。

还有一个"文化遗产"中的特殊类型，即"文化景观"。文化景观这一概念是 1992 年 12 月在美国圣菲召开的联合国教科文组织世界遗产委员会第 16 届会议时提出并纳入《世界遗产名录》中的。文化景观代表《世界遗产公约》第 1 条所表述的"自然与人类的共同作品"。文化景观的选择应基于它们自身突出、普遍的价值，其明确划定的地理——文化区域的代表性及其体现此类区域的基本而具有独特文化因素的能力。它通常体现持久的土地使用的现代化技术及保持或提高景观的自然价值，保护文化景观有助于保护生物多样性。一般来说，文化景观包括：①由人类有意设计和建筑的景观。包括出于美学原因建造的园林和公园景观，它们经常（但并不总是）与宗教或其他概念性建筑物或建筑群有联系。②有机进化的景观。它产生于初始的社会、经济、行政及宗教需要，并通过与周围自然环境的相联系或相适应而发展到目前的形式。它又包括两种次类别。一是残遗物（化石）景观，代表一种过去某段时间已经完结的进化过程，不管是突发的还是渐进的。它们之所以具有突出的、普遍的价值，就在于显著特点依然体现在实物上。二是持续性景观，它在当地与传统生活方式相联系的社会中，保持一种积极的社会作用，而且其自身演变过程仍在进行之中，同时又展示了历史上其演变发展的物证。

关联性文化景观则以与自然因素、强烈的宗教、艺术或文化相联系为特征，而不是以文化物证为特征。目前，列入《世界遗产名录》的这类景观还不多，庐山风景名胜区是我国目前列入"世界遗产"中的文化景观。

（三）自然与文化双重遗产

按照 1977 年在第一届世界遗产大会上通过的《实施世界遗产公约操作指

南》，只有同时满足《世界遗产公约》中关于文化遗产和自然遗产定义的遗产项目才能成为文化与自然混合遗产。[1]如我国的泰山、黄山、武夷山、青城山与都江堰、峨眉山与乐山大佛等自然遗产与文化遗产混合体，即双重遗产。

（四）非物质文化遗产

非物质文化遗产指来自某一文化社区的全部创作，这些创作以传统为依据、由某一群体或一些个体所表达并被认为是符合社区期望的作为其文化和社会特性的表达形式，包括：语言、文学、音乐、舞蹈、游戏、神话、礼仪、习惯、手工艺、建筑术及其他艺术。除此之外，还包括传统形式的联络和信息。

原先《世界遗产公约》并不适用于非物质文化遗产。在1972年世界遗产公约获得通过之后，一部分会员国提出在联合国教科文组织内制定有关民间传统文化非物质文化遗产方面的国际标准文件。因此在1989年11月联合国教科文组织第25届大会上通过了关于民间传统文化保护的建议。接着在联合国教科文组织1997年11月第29次全体会议上通过一项关于建立一个国际鉴别的决议，这个决议称非物质文化遗产为"联合国教科文组织宣布的人类口头遗产优秀作品"。联合国教科文组织执委会第154次会议指出，由于"口头遗产"和"非物质遗产"是不可分的，因此在以后的鉴别中，在"口头遗产"的后面加上"非物质"的限定。显然，文化遗产不限于纪念馆和文艺著作。还有一个无形的组成部分，即口头传说、风俗、语言、音乐、舞蹈、表演艺术，许多民族特别是少数民族及土著社会仍沿袭着深深地植根于过去的反映他们自身的必不可少的渊源文化。这种无形的大自然遗产显得更加脆弱，如果我们想要维护文化的多样性并加强文化的多重性的话，保护非物质文化遗产就是一件紧迫的事情。正如《联合国教科文组织发展纲领》指出的："想给这些事物注入生命力，首先要做的事情是以我们设想的行动形式给年轻人增加一种意识，即传统的和大众文化的丰富性。特别注意对现代文化作出贡献。在这种过渡当中要特别强调妇女的作用，和恢复各种传统的表现形式。联合国教科文组织将鼓励成员国制定全面的政策保护和恢复他们的无形遗产，带给他们技术进步的利益，既为培养专家，也为传播文化遗产的最有意义的

---

〔1〕 参见《实施世界遗产公约操作指南》第46条。

方面。"[1]

2001年，联合国教科文组织建立首批世界非物质文化遗产名录，全球范围首批列入包括我国的昆曲、日本的能剧和狂言以及韩国的宗庙皇家祭祖仪式及神殿音乐和印度的卡提亚达姆梵剧等19个世界非物质文化遗产。

（五）其他遗产

1. 世界记忆文献遗产

世界记忆文献遗产是指符合世界意义，于1992年经联合国教科文组织世界记忆工程国际咨询委员会确认而纳入《世界记忆名录》的文献遗产项目。世界记忆文献遗产是世界文化遗产保护项目的延伸，侧重文献记录，包括博物馆、档案馆、图书馆等文化事业机构保存的任何介质的珍贵文件、手稿、口述历史的记录以及古籍善本等。其目的是对世界范围内正在逐渐老化、损毁、消失的文献记录，通过国际合作与使用最佳技术手段进行抢救，从而使人类的记忆更加完整。文献遗产反映了语言、民族和文化的多样性，它是世界的一面镜子，同时也是世界的记忆。

2. 现代遗产

"现代遗产"是世界遗产中一个重要的类型，它的定义是"19世纪以后出现的人类杰出创造"，其口号是"人类献给未来的礼物"。

国际社会最初关于文化遗产保护的立法，通常是为了保护史前时期的古老遗物。19世纪中后期，人们开始将中世纪的历史建筑，尤其是教堂建筑纳入保护之列，并进一步包括了文艺复兴时期的文化遗产。进入20世纪，保护对象逐渐扩展至20世纪初、两次世界大战期间的文化遗存。同时1945年以后的各类文化遗产也日益受到关注。鉴于代际公平和可持续发展的思想，联合国教科文组织在坚持不懈地致力于古代遗产的保护之外，没有因为19世纪至20世纪那些有内在价值的建筑、城镇规划和景观设计的历史时间相对较短而忽略对其加以保护，而是给予高度关注，并将它们定名为现代遗产。附录在"对于将特殊类型的项目列入世界遗产目录的指南"中提到了文化景观、历史城镇和城镇中心、遗产运河、遗产线路等四个特殊遗产类型，其中在"历史城镇和历史中心"这个特殊类型下专门列出了"20世纪的城镇"这个类别。现代遗产被列入世界遗产的重要类型，反映了联合国教科文组织以具

---

〔1〕　转引自《联合国教科文组织发展纲领》。

体遗产项目见证人类文明发展轨迹的一贯思想，保证了近两个世纪文明发展历程在实证符号上的连续性。

第二节　世界遗产的保护理念与国家责任

世界遗产是"人类共同记忆"，如艺术与科学不能被认为是这个或那个民族的财产，而是全人类共同财产。继承和共享前辈留存的宝贵的物质和精神遗产，为实现世界遗产在代际之间公平地传承，保证其永续流传，不仅国家、国际社会，我们每个人以及我们子孙后代亦有同样的义务和责任。

一、世界遗产的保护理念

世界遗产既是人类创造力和想象力的体现，也是人类创造力和想象力的源泉。对于整个人类社会而言，世界遗产是人类生活、文化多样化的重要保障，是人类智慧传承和可持续发展的必需。于一个民族而言，世界遗产是独特的民族精神体现、特有文化内涵的积淀、独特文化身份的表明。

世界遗产是人类共同的记忆与精神财富。记忆具有连接性、延续性、传承性，充分反映了世界遗产作为环境要素之一与人类之间的密切关系以及世界遗产保护对于代代相传的可持续性要求。人类共同记忆是指人类对于世界遗产所蕴含的凝结在特定时空中特有的历史、文化、传统的记忆，这种记忆是全人类所共同拥有的精神上的印象与意识，反映了世界遗产对于人类的精神价值，也是世界遗产保护的国际环境法理念实现从物质到精神的跨越。

一直以来，对世界遗产的保护仅是从财产和资源的角度考虑。实际上，世界遗产能体现凝结其中的精神内涵，前人的精神气质和个人情怀在它身上得以彰显，是精神的传达。我们透过这些建筑、古迹、文物，能看到其中的记忆与灵魂。艺术家从这里获取了创作的灵感，作家从这里获得了诗意的启迪，孩子们在这里获得了历史文化的教育等，这些不仅仅是因为时间的沉淀而升值的财产，更是人类各种时期的种种记忆、梦和希望，是一种集体性的历史纪念。因而，世界遗产不仅是物质的，更是精神层面的财富。名山大川、名胜古迹、文化艺术所蕴含的抽象因子与价值远远不是世间一切珠宝财富所能衡量的，它们是人类精神上的宝藏，是人类世世代代智慧与技艺创造源源不竭的动力与源泉。世界遗产承载着人类的智慧和想象，是社会得以延续的命脉和源泉，促进了人类共同记忆的丰富与延续，是逝去时光的浓缩，也是书写文明的产物，不仅是前世留下的宝藏，也是我们未来继续留给后世的珍藏。

一言以蔽之，世界遗产作为人类实践的对象，在传承中传递着精神和文明；作为全人类共同拥有的物质和精神瑰宝，其历经岁月的淘洗见证了人类文明的悠久，见证了人类为延续文明和维护进步而努力的发展历程；深深影响着人的情结和价值取向，令人产生内心的共鸣与归属感。

对于过去、现在以及将来，没有记忆意味着没有创造、没有发展，失去了生生不息的力量。我们真正理解"人类共同记忆"于世界遗产保护的价值，必将更有利于突出传统意义上的世界遗产在环境要素中的道德与精神内涵。

确立"人类共同记忆"的世界遗产保护理念，视"世界遗产"为"人类共同记忆"以保护世界遗产，就是保护地球环境，传承人类文明，尊重文化多样性，增进民族团结，维护国家统一和国际社会的稳定。

二、保护世界遗产的国家责任

世界遗产保护不是为了昨日的辉煌，而是为了创造我们更加美好的明日。拥有可以传承的世界遗产——人类共同记忆，使我们能够在此基础上得以创新和前进，世界各民族正是在记忆的传承中收获了他们发展和前进的动力和方向。然而，世界遗产正在遭受着不同程度的破坏。自然力破坏的同时，诸如人类的污染行为、城市化、战争、暴乱、公共工程、旅游资源开发、现代农业等人为破坏更甚。世界遗产所在地国，为了发展经济，盲目开发、过度利用，会使世界遗产遭到严重破坏甚至灭失。

世界遗产资源是不可替代的，任何一种世界遗产都包含着人类发展的特有信息，有些甚至是某种文明的唯一见证，保护世界遗产是呼唤人类文明的回归。因为，作为"人类共同记忆"的世界遗产一旦消失，人类对文明的记忆也将永远逝去，失去记忆意味着失去了创造的根基。没有记忆就没有创造，这是我们对未来一代所担负的责任。

《世界遗产公约》承认国家领土内的世界遗产的确定、保护、保存、展出和遗传后代，主要是有关国家的责任。[1]各国应最大限度地利用本国资源，

---

[1]《世界遗产公约》第4条。

必要时利用所能得到的国际援助和合作，特别是财政、艺术、科学及技术方面的援助和合作以保护世界遗产。同时，公约规定缔约国在充分尊重世界遗产所在国的主权，并在不使国家立法规定的财产权受到损害的同时，承认这类遗产是世界遗产的一部分，因此，整个国际社会有责任进行合作，予以保护。[1]公约还规定缔约国不得故意采取任何可能直接或间接损害其他缔约国领土内世界遗产的措施；在公约中，世界遗产的国际保护应被理解为建立一个旨在支持公约缔约国保存和确定这类遗产的努力的国际合作和援助系统。[2]

公约规定了各国应在国内根据本国情况采取的措施，如制定规划和总体政策、建立适当的机构、发展科学和技术研究及实施适当的法律、科学、技术、行政和财政措施等。具体为：①通过一项旨在使文化和自然遗产在社会生活中起一定作用并把遗产保护工作纳入全面规划的总政策；②若本国内尚未建立负责文化和自然遗产的保护、保存、展出的机构，则建立一个或几个此类机构，配备适当的工作人员和为履行其职能所需的手段；③发展科学和技术研究，并制订出能够抵抗威胁本国文化或自然遗产危险的实际方法；④采取为确定、保护、保存、展出和恢复这类遗产所需的法律、科学、技术、行政和财政措施；⑤促进建立或发展有关保护、保存、展出文化和自然遗产的国家或地区培训中心，并鼓励这方面的科学研究。[3]

公约要求缔约国按照联合国教科文组织大会确定的日期和方式向该组织大会递交报告，内容是它们为实施本公约所通过的法律、行政规定和采取的其他行动的情况，并详细描述在这些方面取得的经验。世界遗产委员会应该注意这些报告。委员会自己也应该在联合国教科文组织大会的每届常会上递交一份关于其活动的报告。[4]

此外，公约还规定了关于"世界遗产"的教育和宣传责任（第27~29条），各缔约国不仅不能封闭它们的世界遗产区域，还应该通过一切适当手段，特别是教育和宣传计划，努力增强本国人民对文化和自然遗产的赞赏和尊重，并尽可能使它们在当地社会生活中起积极作用；应该使公众广泛了解

[1]《世界遗产公约》第6条第1款。
[2]《世界遗产公约》第7条。
[3]《世界遗产公约》第5条。
[4]《世界遗产公约》第29条。

对这类遗产造成威胁的危险和根据本公约进行的活动；接受根据本公约提供的国际援助的缔约国应该采取措施，使人们了解接受援助的财产的重要性和国际援助发挥的作用。世界遗产委员会也在为此努力，近几年来出版了宣传公约宗旨的小册子，并用广告的形式介绍公约议程和在一些国际会议上播放众多世界遗产区域的幻灯片。

国内采取的保护世界遗产的措施，即保护世界遗产的国家责任对实现《世界遗产公约》的目的是十分重要的。世界遗产的保护是一个持续进行的过程，将一处区域列入《世界遗产名录》只是保护的一个重要步骤。如果被列入名录的该区域随后面临毁灭的威胁，或者国家开发计划有可能破坏该区域的某些重要特征，而正是这些特征使该区域被列为世界遗产，也就是说一个国家不能完成它在公约下所承担的责任，那就可能出现本国区域被从《世界遗产名录》中除名的危险。

第三节　世界遗产保护的国际文件

为避免世界遗产遭受进一步毁损，敦促世界遗产保护过程中的争议处理，世界遗产国际保护机制的发展逐步趋于成熟。国际组织和国际会议的相关决议、计划、议程等与世界遗产保护相关国际条约一同构筑了世界遗产保护较为完整的国际环境法律体系。

一、国际宣示性文件

国际宣示性文件诸如国际组织的宣言、决议以及相关建议书、指南等。为世界遗产保护相关问题的定位与理解、政策和措施的制定以及具体实施提供了相应的方案，对世界遗产保护国际公约的出台和实施起到了先导和指南的作用。

（一）《国际古迹保护与修复宪章》

1964年世界自然保护联盟在威尼斯召开会议通过了《国际古迹保护与修复宪章》，即著名的《威尼斯宪章》，强调：世世代代人民的历史古迹，饱含着过去岁月的信息留存至今。人们越来越意识到人类价值的统一性，并把古代遗迹看作共同的遗产，认识到为后代保护这些古迹的共同责任。将它们真实地、完整地传下去是我们的职责。古代建筑的保护与修复指导原则应在国际上得到公认并作出规定，这一点至关重要。

（二）《实施世界遗产公约操作指南》

世界遗产委员会于 1977 年 6 月通过了《实施世界遗产公约操作指南》，于同年 10 月公布生效，操作指南规定了在公约框架下世界遗产的管理和保护的具体措施和实现对世界遗产保护的可持续发展理念，具体阐述了世界遗产的突出普遍价值标准。世界遗产委员会是负责执行《世界遗产公约》的主要机构，它为将遗产列入《世界遗产名录》以及在世界遗产基金下提供国际援助制定了精确的标准。委员会定期修订本文件，以反映新的概念、知识或经验，其中规定了对《世界遗产名录》遗产进行监测和报告的原则。《实施世界遗产公约操作指南》共有 1977 年、1987 年、1988 年、1994 年、2005 年、2015 年等版本，最新版于 2023 年 9 月 24 日发布，与时俱进地更新了世界遗产类型保护规定，对于公约未规定或者规定模糊部分进行细化，如管理机构、咨询机构的职能范围，对监测工作内容、具体评估标准的界定等问题进行说明。

（三）《水下文化遗产保护和管理宪章》

国际古迹遗址理事会 1996 年在《水下文化遗产保护管理宪章》中提出了水下文化遗产的概念。该文件旨在鼓励保护和管理内陆和近海水域、浅海和深海的水下文化遗产。就本宪章而言，水下文化遗产是指位于水下环境中或已从水下环境中移出的考古遗产。它包括水下遗址和结构、沉船遗址和残骸及其考古和自然背景。它侧重水下文化遗产的具体属性和情况，应被理解为对 1990 年《国际古迹遗址理事会保护和管理考古遗产宪章》的补充。1990 年宪章将"考古遗产"定义为根据考古方法提供主要信息的实物遗产部分，包括人类存在的所有遗迹，包括与人类活动的所有表现有关的地点、废弃的建筑物和各种遗迹，以及与之相关的所有便携式文化材料。

（四）《布达佩斯世界遗产宣言》

《布达佩斯世界遗产宣言》于 2002 年世界遗产委员会第 26 届会议上通过，该宣言旨在确立和宣传新的战略目标，呼吁建立新的伙伴关系，促进世界遗产保护，宣言目标为：加强《世界遗产名录》的可信度；确保世界遗产的有效保护；促进制定有效的能力建设措施，包括协助准备将遗产提名列入《世界遗产名录》，以促进理解和实施《世界遗产公约》及相关文书；通过沟通提高公众对世界遗产的认识、参与和支持。

（五）《保护非物质文化遗产伦理原则》

根据 2003 年《非物质文化遗产保护公约》及保护人权和土著人民权利的国际准则性文件精神，联合国教科文组织于 2015 年通过《保护非物质文化遗产伦理原则》。该等伦理原则代表了一系列范围广泛的理想原则，被广泛地认为构成直接或间接影响非物质文化遗产的政府、组织和个人的优秀实践，以确保其存续力，由此确认其对和平与可持续发展的贡献。该等伦理原则是对 2003 年《保护非物质文化遗产公约》、《实施世界遗产公约操作指南》和各国立法框架的补充，旨在作为制定适合当地和部门情况的具体伦理准则和工具的基础。

（六）《关于保存和获取包括数字遗产在内的文献遗产的建议书》

文献遗产记录了人类思想与活动的演变和语言、文化、民族及其对世界认识的发展，对于促进知识共享以利于增进了解和对话、促进和平及对自由、民主、人权和人的尊严的尊重具有重要意义。联合国教科文组织于 2015 年 11 月通过了《关于保存和获取包括数字遗产在内的文献遗产的建议书》。

文献遗产的发展有助于实现跨文化教育、个人充实和科技进步，因此是发展的关键资源。随着时间的推移，大量文献遗产已经因为自然或人为灾害而消失，或者因为技术的快速变革而逐渐变得不可获取，立法缺失阻碍记忆机构，导致文献遗产不可逆转的损失和枯竭，教科文组织针对这一挑战于 1992 年设立了世界记忆计划，以增强对世界文献遗产的认识和保护，实现文献遗产的普遍和长久获取。面对由于技术的迅速发展（包括多媒体作品、互动超媒体、在线对话、来自复杂系统的动态数据对象、移动内容以及未来出现的新格式等复杂数字遗产的模式和流程）所带来的挑战，为采取适当措施，保护、保存、获取、提高文献遗产的价值，建议书的出台具有十分重要的现实意义。

（七）《促进国际团结与合作保护世界遗产的原则宣言》

《世界遗产公约》缔约国大会 2019 年第 22 届会议强调所有利益攸关方（缔约国、世界遗产中心和咨询机构）负有维护《世界遗产公约》的完整性和可信度的集体责任，并因此按照《世界遗产公约》的最高道德标准行事，需要在公约理事机构的决策过程中尊重工作方法的完整性和透明度的最高标准。因此，大会通过决议决定建立一个由公约缔约国组成的不限成员名额工作组，其任务是制定"行为准则、道德原则声明或同等文本"。鉴于此，2021

年 11 月第 23 届缔约国大会通过了《促进国际团结与合作保护世界遗产的原则宣言》。

除上述国际文件外，相关世界遗产保护的国际宣言等文件还有教科文组织《关于故意毁坏文化遗产宣言》（2003 年）、国际古迹遗址理事会关于历史建筑、古遗址和历史地区周边环境保护等的《西安宣言》（2005 年）、《魁北克宣言》（2008 年）、《巴黎宣言》（2011 年）、《佛罗伦萨宣言》（2014 年）和《德里遗产与民主宣言》（2017 年）以及世界自然保护联盟的《气候变化对世界遗产影响的政策文件》（2017 年）和《世界遗产战略：世界遗产的新目标》（2023 年）等。

二、国际法律文件

世界遗产正遭受着不断毁损和灭失的威胁。仅在国家层面实施世界遗产保护工作无法充分地解决问题。特别是在需要投入大量的人力、物力加以保护的今日，仅依靠一国的力量无法实现对于文化遗产的系统保护，对于这种情况，很有必要将世界遗产纳入国际保护，构建国际法律机制加以保护。

（一）《在武装冲突情况下保护文化财产公约》

在《世界遗产公约》出台前，联合国教科文组织 1954 年 5 月 14 日在海牙通过了《在武装冲突情况下保护文化财产公约》，还于 1970 年 10 月 12 日至 11 月 14 日在巴黎举行的第 16 届会议通过了《关于禁止和防止非法进出口文化财产和非法转让其所有权的方法的公约》。

世界遗产在武装冲突中遭到了严重损害，这构成了对整个人类遗产的破坏，尤其是文化遗产的破坏。考虑到保存文化遗产对全世界人民的极大重要性，务须确保这种遗产得到国际保护，在 1899 年和 1907 年《海牙公约》以及 1935 年 4 月 15 日《华盛顿条约》中关于在武装冲突情况下保护文化财产的原则指导下，联合国教科文组织于 1954 年 5 月 14 日在海牙通过《在武装冲突情况下保护文化财产公约》。《武装冲突情况下保护文化财产公约》及其实施条例是针对武装冲突之下的文化财产保护的规定，在《世界遗产公约》之前，该公约于 1954 年通过时便确立了对于文化遗产的损害意味着对全人类共同遗产的损害这一理念，将各国文化遗产的地位上升至人类共同拥有遗产的一部分，对于文化财产保护的重视程度可见一斑。公约界定的文化财产的保护范围，与《世界遗产公约》规定的概念具有相互重叠部分，但不同的是公约将文化财产分为可移动文化财产和不可移动的财产，从特别保护、文化财产的运输、人员、识别等层面制定具体的规则，并且明晰了武装冲突情况下文化财产保护不仅涉及财产本身的尊重和保护，也涉及对于其周边环境的维护而制定相应的措施规定。此外，公约为严格地限制武装冲突中人员对于文化财产的破坏行为而设置了法律制裁措施章节。即便在《世界遗产公约》颁布后，《武装冲突情况下保护文化财产公约》仍在现实中为武装冲突前的预防措施和发生武装冲突时保障措施方面发挥了重要的作用。

（二）《世界遗产公约》

《世界遗产公约》1972 年 11 月 23 日签订于巴黎，1975 年 12 月 17 日生效，1986 年 3 月 12 日对我国生效。公约自诞生以来，在保护世界文化和自然遗产方面作出了巨大贡献。

《世界遗产公约》的宗旨是保护具有"著名国际价值"的文化和自然地带，是为集体保护具有突出的普遍价值的文化遗产和自然遗产建立一个依据现代科学方法组织的永久性有效制度。这个制度的性质，是通过提供集体援助来保护具有突出的普遍价值的文化遗产和自然遗产。它虽不能代替有关国家采取的行动，却可成为有关国家行动的补充。[1]其目的是对具有特殊世界意义的文化和自然遗产进行识别和保护。《世界遗产公约》把自然的保护和文化的保护这两个通常是分开的目标联合起来。它有两个任务：其一，选定世界遗产，具体方式是制定一个自然和文化区域的名录，这些区域因其具有不可替代的价值而应为后代保存之；其二，通过国际合作来确保这些区域受到保护。公约在承认国际社会有保护具有公共遗产价值的区域这一责任的同时，也尊重各国的国家主权。《世界遗产公约》主要内容包括：其一，明确阐述了世界遗产的认定标准。在公约中世界文化遗产的内涵仅限于结合科学、历史和艺术视角分析独具显著普遍性价值，不能被其他文化遗产所取代的建筑群、遗址和文物。公约详细说明了符合何种标准的文化遗产可以被列为世界文化遗产，即依据公约规定的具有一定历史性以及在保护措施上具有充分性的独具显著的普遍价值文化遗产。缔约国在承担本国责任保护世界文化遗产之外，也应采取积极有效的措施对本国领土内其他文化遗产给予保护。其二，公约规定的部分原则性内容需结合《实施世界遗产公约操作指南》等一系列配套

---

〔1〕《世界遗产公约》序言。

的措施进行理解适用，并规定，地球上部分地区因自身自然特征、精神价值或历史文明而具有显著的普遍价值，因而保护这些重要的区域不能将其单纯划分为一国责任，应是国际社会共同使命。其三，公约丰富了世界文化遗产保护范围，确定了多层次、普遍性、系统性的保护。公约摒弃了过去仅对于特定条件下提供保护的规定，对人为因素和自然因素所造成的文化遗产环境问题进行全面保护。其四，公约在保护措施上进一步强调了文化遗产保护的国家责任。规定了国家应配备相应的管理机构，在行政、立法、科学、财政、教育等方面的保护义务，同时规定了世界文化遗产的登录和除名、定期报告、国家监督、国际援助等措施。从国家责任到具体采取保护措施使公约具有较强的实效性、操作性、权威性，更加有助于世界遗产的保护、展示和传承。

（三）《保护水下文化遗产公约》

水下文化遗产是几千年来人类共同记忆的见证。海洋、湖泊和河流将无价遗产隐藏并庇护在水面之下，它们的价值在很大程度上不为人知。而今，这些水下文化遗产正遭受掠夺和商业开采、工业拖网捕捞、沿海开发、自然资源和海底开发的威胁。全球变暖、海水酸化和污染也使得这些水下文化遗产更加脆弱。

为了保护水下文化遗产，教科文组织于 2001 年通过并实施了《保护水下文化遗产公约》，该公约宗旨在于确立水下文化遗产的保护行动，细化具体保护措施。

公约界定了水下文化遗产的内涵，水下文化遗产主要指在时间上经历了大约 100 年的时长，在历史文化领域具有重要意义的，在特定周期或长期以来部分或者完全位于水下的遗址和遗迹。水下文化遗产的保护适用特定的实施准则，例如规定了缔约国应出于对人类共同利益的维护而保护水下文化遗产，此项原则为保护公共利益原则。关于水下遗产的就地保护原则的规定，详细说明了包含水下遗产及其周边环境，在批准缔约国实施水下文化遗产资源开发之前，应该将就地保护作为保护措施的第一选择。另外，还规定了禁止对水下文化遗产商业开发原则，也就是当开发出于商业目的时，禁止一切行动的开展。公约还规定了在水下文化遗产保护上应该积极进行国际合作。公约要求缔约国进行水下文化遗产打捞活动须在取得主管部门同意的条件下并符合充分的保护措施。如果违反公约规定，自行实施打捞行动给文化遗产造成损失的，缔约国应及时采取措施扣押被打捞的文化遗产，并对当事人进行严格惩处，扣押物及时进行登记和保护，采取科学措施使其保留原有形态。

（四）《保护非物质文化遗产公约》

联合国教科文组织于 2003 年 9 月 29 日至 10 月 17 日在巴黎举行的第 32 届会议通过了《保护非物质文化遗产公约》，该公约宗旨是保护非物质文化遗产；尊重有关社区、群体和个人的非物质文化遗产；在地方、国家和国际一级提高对非物质文化遗产及其相互欣赏的重要性的意识；开展国际合作及提供国际援助。公约特别要求对各国和各地区现有的非物质文化遗产进行清点，列出急需抢救的重点和有重要代表意义的遗产项目，并要求建立一个由专家和各会员代表组成的非物质文化遗产保护委员会，协调有关工作。

保护非物质文化遗产政府间委员会由《保护非物质文化遗产公约》缔约国大会选举产生的 24 个成员国组成，是该公约执行机构之一。

（五）区域性国际公约

在世界遗产保护领域，与全球性国际公约相辅相成，对一些特殊区域的世界遗产保护的区域性国际公约涉及了地球的大部分地区：欧洲、美洲和大洋洲等。

1. 欧洲

1969 年 5 月 6 日，法国、希腊、比利时等国家于伦敦签订《保护考古遗产欧洲公约》，该公约的宗旨是"将严格的科学方法应用于考古研究和发现，以保存其完整的历史重要性；防止非法发掘；通过教育，给予考古发掘以完整的科学意义"。公约主要内容是：①缔约国应划定并保护有考古价值的地点和地区；②缔约国应禁止非法发掘，而交由合格人员进行发掘，并确保对考古发现的管制和保护；③缔约国应就公有——可能时包括私藏——古物建立全国登记和科学目录；④为科学、文化和教育目的，促进古物的巡回展览。

1979 年 9 月 19 日，《欧洲野生生物和自然界保护公约》（即《伯尔尼公约》）在欧洲理事会的主持下在伯尔尼通过。该公约的前言反映了对自然遗产这一概念的新发展，如野生动植物也可以构成自然遗产，具有必须传给后代的固有价值，而且在维持生态平衡方面发挥着基本作用；保护自然生境是自然保护的基本内容之一等保护理念。这样，大大扩大了保护自然遗产的范围，同时也对生物多样性的保护具有革新意义。

1982 年 6 月在布鲁塞尔签署的《荷比卢自然养护和风景保护公约》在保护文化与自然遗产方面也具有重要的意义。尽管这一公约只有三个国家适用，但由于公约中的一些概念的定义具有突破性发展，因此这一公约对于世界文化遗产和自然遗产的保护具有重要意义。风景是指土壤、地形、水、气候、动植物和人类等各种不同因素之间的联系和相互作用所形成的陆地可以感知的一部分。在一个特定的风景单位中，这些因素形成自然、文化、历史、功能和视觉方面相结合的景象。风景可以被认为反映了集体对其自然环境的态度和行为方式。1985 年，欧洲议会又通过了两个新的保护文化遗产的公约，即《保护欧洲建筑遗产的公约》和《关于欧洲文物犯罪的公约》。此外，还有 1991 年 11 月在萨尔兹堡签署关于 1995 年 3 月生效的《阿尔卑斯山公约》，该公约强调，就保护文化遗产和自然遗产而言，环境管理应保全并发扬当地居民的文化和社会身份，风景应受到保护或恢复等。

2. 美洲

1940 年在华盛顿通过的《美洲国家动植物和自然美景保护公约》对文化遗产和自然遗产的保护体现在以下两方面：一方面是设立自然风景名胜——具有美学、历史或科学价值的区域、物体或物种，应受到绝对保护；另一方面，公约也要求缔约国采取必要的管理措施以确保对动植物、风景、罕见的地理形成以及具有美学、历史或科学价值的区域和自然物的保护及养护。1970 年 7 月，墨西哥和美国签署了一项双边条约即《关于取回和返还被窃的考古、历史和文化物品的公约》，约定取回和返还被窃的文物。

1976 年，在智利圣地亚哥签订的《保护美洲国家考古、历史和艺术遗产公约》由中美洲 9 个国家缔结，是一部专门关于保护文化遗产和自然遗产的区域性公约，其宗旨是"在国家和国际各级采取步骤，以便有效保护文化宝库，并履行将文化遗产转交给后代子孙的义务"。公约主要内容包括：①文化遗产的鉴定、登记、保护和保管，以防止其非法输出和输入，并增进对文化遗产的了解和鉴赏。②本公约所指文化遗产包括纪念碑、纪念物品、遗址、人类遗留物、哥伦比亚时代以前的动植物群落；殖民时代和 19 世纪留下来的纪念碑，建筑物、艺术品、用品或具有民族代表性的物品、图书馆、档案室和原稿；1850 年以前出版的书刊和文件以及任何其他 1950 年以后由缔约国宣布属于本公约范围内的物件。③缔约国采取国内措施来进行这一类文化遗产的收藏登记，并对这类遗产的买卖进行登记，禁止在没有适当授权的情况下从其他国家输入这类遗产。④缔约国应防止文化遗产的非法输出和输入，并应将这类非法转移的遗产交还其原属国家。⑤缔约国在文化遗产的流通、交换和展览方面进行合作，并应交换这类遗产的资料和在考古学的发掘和发现方面进行合作。[1]

3. 大洋洲

1976 年 6 月《南太平洋自然保护公约》在阿皮亚通过，1990 年 6 月生效，其缔约国为 6 个。该公约的前言主要从以人为中心的角度强调了自然资源的重要性，表现在食物、科学、文化和美学等方面，还指出应考虑土著人的习惯和传统文化习俗。其重心是由每个有关缔约国鼓励设立保护区，以保护自然生态系统中具有代表性的样本、突出的风景以及具有美学意义或历史、文化和科学价值的地区或事物。

第四节　世界遗产保护的组织体系与运行机制

《世界遗产公约》颁布四年后，联合国教科文组织设立了世界遗产委员会作为公约管理机构，建立了有助于实现公约宗旨的保护世界遗产基金会，并设置了记录世界遗产项目的《世界遗产名录》和《处于危险的世界遗产目录》。《世界遗产公约》以及相关公约的出台以立法形式确立了世界遗产国际保护相关机制，为世界遗产国际保护提供了法律依据。

一、世界遗产保护的组织体系

为更好地保护世界遗产，协调缔约各方在世界遗产保护领域的权利义务，构建世界遗产评估、确定、资金、监督等机制并使之有效运行，以及引导和协调不同层级的行政机构依法履行相应的职责，需要明确世界遗产保护的相关国际机构及其职能以及相关机制的运行规则。

（一）联合国教科文组织

1945 年 11 月在英国伦敦召开的联合国大会上通过了《联合国教科文组织组织法》，联合国教科文组织 1946 年 11 月 4 日正式成立，总部设在巴黎。该组织作为负责并实施世界遗产事务管理、运作的机关，承担着组织引导世界各国保护世界遗产的职责，根据其组织法规定开展活动，对于科学、教育、

---

〔1〕　全国人大环境保护委员会办公室编：《国际环境与资源保护条约汇编》，中国环境科学出版社 1993 年版，第 349 页。

文化的推广进行调研，推动知识文化的发展和传播，或制定文件、提出法律建议等。

从管理世界遗产事务的职能来看，联合国教科文组织设立专门职能部门负责世界遗产保护的评估、监测、报告等活动，统一对世界遗产资金进行监管，协调缔约国开展国际合作，推动着世界遗产事务在全球开展，也在推动全球和平发展进程中起着不可忽视的作用。

（二）世界遗产委员会和世界遗产基金

为了保护世界遗产，公约规定在联合国教科文组织内建立一个保护具有突出的普遍价值的文化和自然遗产政府间委员会，[1]称为"世界遗产委员会"。委员会由联合国教科文组织大会常会期间召集的本公约缔约国大会选出的 15 个缔约国组成，在公约对 40 个缔约国生效后，委员会成员的数目增至 21 个。委员由委员会成员国在文化或者自然遗产方面有资历的人员担任，任期 6 年，每一届全体大会召开时选出代表替换其中的 1/3 席位。此外，国际文物保护与修复研究中心（罗马中心）的一名代表、国际古迹遗址理事会的一名代表以及国际自然保护同盟的一名代表可以咨询者身份出席委员会的会议，应联合国教科文组织大会常会期间举行大会的本公约缔约国提出的要求，其他具有类似目标的政府间或非政府间组织的代表亦可以咨询者身份出席委员会的会议。[2]委员会的选举必须保证均衡地代表世界的不同地区和不同文化。[3]我国于 1991 年当选为世界遗产委员会委员。联合国教科文组织总干事充分利用国际文物保护与修复研究中心[4]、国际古迹遗址理事会和国际自然保护同盟在各自职权范围内提供的服务，以便为委员会准备文件资料，制订委员会会议议程，并负责执行委员会的决定。[5]联合国教科文组织还于 1992年成立世界遗产中心，通过该中心设立世界遗产委员会的秘书处，秘书处协调联合国教科文组织内部有关世界遗产事务。世界遗产中心为条约的立法及其他会议做准备，并帮助成员国履行世界遗产委员会的决议。

世界遗产委员会的主要职责为：①制定、更新和出版《世界遗产名录》

---

〔1〕 该委员会根据《世界遗产公约》第 8 条设立。

〔2〕《世界遗产公约》第 8 条第 3 款。

〔3〕《世界遗产公约》第 8 条第 2 款。

〔4〕 该中心是一个政府间组织，负责向世界遗产委员会确定文化景区并提出保护意见。

〔5〕《世界遗产公约》第 14 条。

和《处于危险的世界遗产名录》；②确定可列入前两项目录的遗产的标准；③筹集和管理世界遗产基金；④接受并研究缔约国提交的要求国际援助的申请，对这些申请所需采取的行动作出决定，必要时应确定其援助的性质与程度，授权并以它的名义与有关政府作出必要的安排；⑤接受或拒绝缔约国关于将其领土内的文化遗产和自然遗产列入此两项名录的申请；⑥制定、更新和发表已给予国际援助的财产目录。[1]

拟将列入《世界遗产名录》的"遗产"，首先遗产所在的缔约国必须将其视为文化或与自然二者之复合体或文化景观或非物质文化遗产。其次，必须由它所在的国家提出申请。该申请必须包括对该区域的管理和法律保护计划。最后，还必须达到一定的筛选标准。公约第1条列举了筛选世界文化区域的标准，这些区域包括那些代表了人类创造性天才的杰作，或者是表现了人类价值观的重要交流，或者是一种文化传统的独一无二或者特殊的见证，或者是一种建筑、风景或者古老的小村落中的典型代表。公约第2条表明作为世界自然遗产的区域必须：或者是从美学角度看，具有世界价值的一种或一组某种的自然和生物构造组成的自然特征；或者是从科学或保护角度看，具有世界价值的著名动植物濒危物种生境的地理和地形构造，并有明确轮廓的地区；或者是从科学、保护或自然景观角度看，具有世界价值的著名自然区域或有明确轮廓的地区；或来自某一文化社区的全部创作，这些创作以传统为依据、由某一群体或一些个体所表达并被认为是符合社区期望的作为其文化和社会特性的表达形式。

世界遗产委员会在1979年采纳的用于指导自己行动并且经常加以修订的《实施世界遗产公约操作指南》进一步指出，公约第2条定义的地区如果要列入目录，必须是：

（1）地球进化历史重要阶段的突出典型代表。

（2）正在进行的重要生态和生物过程的突出典型代表，即在地质演变、生物进化、人类与自然环境相互作用的重要事件中的突出典型代表（在这里，"重要事件"不包括地球的阶段发展，而是主要指动植物群落、地貌、海域和淡水水体的发展）。

（3）具有独特的自然美感和美学重要性现象或者构造。

---

[1]　《世界遗产公约》第11~13条。

（4）从科学或者保护的角度来看，就地保护生物多样性的最为重要的天然生境，也就是说，在这些地区生存着有世界价值的著名动物和植物濒危物种。

（5）一个地区要想列入《世界遗产名录》，必须首先达到一定的"完整性"，即该地区范围广泛，包括所代表的关键要素，并且能够自身永久保存。如珍贵的动物由于它们可以游走四方，不是固定不动的财富，绘画作品以及其他可以移动的艺术品等都不能成为世界遗产。

此外，《实施世界遗产公约操作指南》还要求在世界遗产的周围划出一定的"过渡地带"并给予保护，从而实现保护遗产的目的。

另外，《实施世界遗产公约操作指南》还规定了从《世界遗产名录》中删除的条件：

（1）已列入名录的遗产已经丧失了那些具有被列入《世界遗产名录》特性。

（2）推荐过程中人类行为已经威胁到世界遗产内在性质，且缔约国保证采取的改正措施还没有如期进行。

《实施世界遗产公约操作指南》强调"应该采取任何可能措施防止从名录中删除遗产"，并要求世界遗产委员会"准备尽可能地向有关缔约国提供技术协助"。

将需要采取重要行动加以保护的区域列入特殊的《处于危险的世界遗产名录》中。这样的区域也许正受到如下危险的威胁：蜕变加剧；大规模公共或私人工程、城市或旅游业迅速发展计划造成的消失危险；土地的使用变动或易主的破坏；发展计划造成的重大变化；地震、山崩；火山爆发；水位变动、洪水和海啸等。把这类区域列入这个名录，有助于向它们优先提供财政资助，并且极有希望发起一场国际性紧急援助运动。

《世界遗产公约》规定缔约国可要求遗产委员会对该国列入《世界遗产名录》和《处于危险的世界遗产名录》的文化遗产和自然遗产提供国际援助。缔约国可要求委员会提供关于鉴定文化遗产或自然遗产、培训专家和援助专家培训中心的国际援助。援助的形式有研究关于鉴定、保护、保存、展出和恢复文化遗产和自然遗产的技术问题；提供专家、技术人员和熟练工人；培训鉴定、保护、保存、展出和恢复文化遗产和自然遗产方面的工作人员和专家；提供有关国家不具备或无法获得的设备；提供可长期偿还的低息或无息贷款；在例外并具有特殊原因的情况下提供无偿补助金。[1]

《世界遗产公约》决定设立一项保护具有突出的普遍价值的世界文化遗产和自然遗产基金，即"世界遗产基金"。[2]根据联合国教科文组织的《财务条例》，该基金构成一项信托基金。基金来源为公约缔约国的义务捐款和自愿捐款；其他国家、联合国教科文组织或联合国系统其他组织或政府间组织以及公共或私立团体或个人的捐款、赠款或遗赠；基金款项所得利息；募捐的资金和为本基金组织的活动的收入；世界遗产委员会所认可的所有其他资金。公约规定，对基金的捐款和向委员会提供的其他资金形成的援助只能用于委员会限定的目的。捐款不得附带政治条件。[3]

保护世界文化和自然遗产基金向《世界遗产名录》和《处于危险的世界遗产名录》列入的具有突出的全球价值的世界文化和自然遗产提供财政支援。这类财政支援可以分为四种类型：

（1）筹备类的援助：用于准备符合《世界遗产名录》的列入标准并有望列入的区域名单，以及准备培训课程或者大规模技术支持项目。

（2）技术类协作：用于保护和管理《世界遗产名录》上的区域，例如，研究这些区域，培训管理人员，提供补给，以及通过发放低息贷款或者在特定情形下给予补贴来提供财政支持。

（3）培训类的帮助：用于与这些区域的确认、保护、保存、展示以及恢复原样等工作相关的职员和专家的集体培训。

（4）紧急援助：用于准备紧迫情况下的提名或者制定紧急规划，或者向《世界遗产名录》提名或者已经列入的区域提供紧急保护。

（三）国际古迹遗址理事会

1965 年成立的理事会，是非政府国际机构。参与研究文化遗产保护的理论、技术、并实施推广事务，在全球享有很高的声誉。同时，其作为评审组成员，通过该理事会评判所有被提名纳入名录的世界文化遗产。此外，该组织和世界自然保护联盟在评估文化与自然双重遗产和文化景观遗产工作中紧密配合。国际古迹遗址理事会拥有来自 100 多个国家的 7500 余名成员，他们

---

〔1〕《世界遗产公约》第 19~22 条。

〔2〕根据《世界遗产公约》第 15 条设立一项世界遗产基金。

〔3〕《世界遗产公约》第 15 条。

是建筑学、考古学、艺术史、规划学、遗产地管理和保护方面的专家。

二、世界遗产保护的运行机制

成为世界遗产，关键在于以质得名，而非以量取胜。以质得名又在于所有的法定实质标准和程序要件均合乎法定申报条件和法律规定。申报程序严格依据《实施世界遗产公约操作指南》规定的相关机制运行，以最终决定是否入选。

（一）"世界遗产"的申报

"世界遗产"的申报首先要经过确认程序。确认程序是决定一个世界遗产项目能否进入遗产保护名录至关重要的一步。开展本国世界遗产保护工作，应列出其中独具突出的普遍价值遗产的预备清单，遴选出当年申报项目，及时向世界遗产委员会呈递准备材料。

第一步是由世界遗产委员会对申报文件进行审核，并将申报文件发送给国际古迹遗址理事会。而在这一过程中，世界遗产委员会联合相关咨询机构如国际古迹遗址理事会，由众多专家依据专业知识、经验对于是否符合《实施世界遗产公约操作指南》的各项标准进行核实、判断。理事会将对文化遗产项目参照规定的标准进行专门考察与评估，通过向申报地派遣专家，实地对遗产本身及其保护和管理状况进行考核，是否符合显著的普遍价值，经过验证后将评估报告辅之以推荐材料提交至世界遗产中心。由世界遗产中心对文件进行审核，要求申报国提交补充材料，及时向世界遗产委员会作出推荐。

世界遗产委员会每年举行一次会议对申请列入名单的遗产项目进行审批，提出该项目是否满足世界遗产各项要求的最终意见。其主要依据是《世界遗产公约》规定的标准和委员会此前委托有关专家对各国提名的遗产遗址进行实地考察而提出的评价报告。世界遗产委员会每届大会均产生一批新的世界遗产，它们都是在严格的确认程序中诞生的。

（二）世界遗产保护资金机制

竭力抢救世界遗产是国际社会的共同责任。资金是确保世界遗产保护行动顺利开展的必不可少的物质基础和条件，尤其在发展中国家自身保护措施不足的情况下。

设立一项为缔约国提供资金帮助的世界遗产保护基金是世界遗产资金机

制的重要部分。根据《世界遗产公约》的规定[1]，结合联合国教科文组织制定的财政政策而设立一项信托基金。基金中的资金来源于公约缔约国的自愿与义务捐款；来自其他国家、联合国其他组织以及联合国教科文组织或者其他政府间组织，公共或私立机构或个人赠款、捐款或遗赠；还包括基金款项利息；本基金组织活动所得收入和从其他渠道募捐的资金。此外，还规定针对基金捐款以及向委员会提供援助应限于实现公约规定的目的，禁止带有政治条件。

根据《世界遗产公约》第 15 条的规定，世界遗产基金是一项保护显著普遍价值的世界文化和自然遗产基金。缔约国每两年一次向基金缴纳不超过联合国教科文组织的预算费用 1/10 的捐款，形成基金的固定资金来源渠道。在不影响任何自愿补充捐款的情况下，除紧急援助外，没有自愿捐款和拖欠世界遗产基金义务捐款的缔约国没有资格获得国际援助。此外，鼓励缔约国积极参与联合国教科文组织举办的旨在保护世界遗产的国际资金筹集活动。鼓励缔约国设立国家、公共和私人基金机构，筹集资金以支持世界遗产的保护。大会秘书处充分支持调动财政或技术资源保护世界遗产。在遵照世界遗产委员会和联合国教科文组织相关指南和规定的条件下，秘书处积极与公共或私人组织发展伙伴关系。

（三）世界遗产保护监督机制

世界遗产保护需要通过一定的监督手段予以保障相关措施的落实。在保护世界遗产的行动中，监督意味着参照国际社会公认的文物保护原则，在各个世界遗产地开展不定期专项检查、评估和审核，实地走访遗产地了解其保护现状，制定相关调查报告，向世界遗产委员会出具翔实的报告内容。而世界遗产委员会参考报告中的内容对该世界遗产地的保护情况作出相应的评判，给予情况通报、鼓励与肯定保护措施，建议采取国际援助或国际合作的措施。一旦出现保护状况存在严重问题的世界遗产地，选择将其列入《濒危世界遗产名录》并提请当事国及时对问题给予关注和提供解决之道。当经过提醒和采取措施后仍未能有效改善相关问题，以至于认定遗产价值已丧失或面临严重威胁情况而无法得到纠正，该项世界遗产将面临从《世界遗产名录》中除名的风险。

---

[1]　根据《世界遗产公约》第 15 条、联合国教科文组织《财务条例》的规定，此项基金应构成一项信托基金，对基金捐款和其他形式援助仅限于委员会特定目的。

落实严格的监测制度是监督世界遗产保护情况的一项重要内容，对于保证各国切实履行保护世界遗产义务起到了一定推动作用，监测工作有利于增进各国之间人才、技术的交流与合作，还有助于发挥国际社会的集体力量抢救稀有的世界遗产。《实施世界遗产公约操作指南》规定了两种监测手段，即反应性监测和系统监测。系统监测的实施是对世界遗产地所在国每年进行检查和评估。其实质是指《世界遗产公约》中的缔约国定期报告制度，其中规定了缔约国需要每六年针对本国世界遗产保护情况向世界遗产委员会提供一份翔实的报告。这份报告就反映了系统监测的数据和信息。由于文化遗产位于一国境内，对其保护措施的开展需要依靠缔约国履行公约规定的自觉性，通过缔约国定期系统监测，世界遗产委员会可以及时更新遗产保护数据，也可以以此信息内容对于缔约国开展保护行动的效果加以评估，判断文化遗产价值的保持情况。因而，针对系统监测的监督工作便主要依据定期报告内容开展。反应性监测主要是指通过联合国教科文组织、公约秘书处、专家咨询机构等部门的专门工作人员根据现有的世界遗产地保护情况进行监测，通过实地考察、评估、走访、审议等流程，对濒危世界遗产的保护与恢复情况进行调研，最终以报告的形式呈递给世界遗产委员会。[1]实施反应性监测，是针对濒危世界遗产保护的最后一道屏障。当存在濒危毁损、灭失情形时，世界遗产的保护岌岌可危，如若不再采取相关的应急措施加以调整、反应，则很可能发生世界遗产灭失的后果。最终也将发生该世界遗产地被列入《濒危世界遗产名录》或者从《世界遗产名录》中除名的后果。

（四）公众参与机制

公众参与世界遗产保护已成大势所趋。《世界遗产公约》专章阐述了利益相关方的参与问题，规定了公众参与是一项十分有效的措施。[2]要求缔约国采取相应措施，确保引导各方参与并发挥世界遗产所在国的政府机关、管理者、非政府组织、社区以及相关团体等利益相关方在参与世界遗产保护行动中的作用。

承认、管理、保护、展示、后代传承是世界遗产保护的重要步骤、关键

---

〔1〕《实施世界遗产公约操作指南》第169条规定的反应性监测是指由秘书处、联合国、教科文组织其他部门和专家咨询机构向委员会递交有关具体濒危世界遗产保护状况的报告。

〔2〕参见《世界遗产公约》第27条。

行动。从各国的实践来看，增强公众参与世界遗产保护意识，鼓励公众对于破坏毁损世界遗产行为进行揭露，是充分发挥公众参与机制的体现。

（五）世界遗产名录的除名机制

为避免世界遗产申请成功后的管理乱象，《世界遗产公约》规定一旦监测出世界遗产存在严重威胁或濒危灭失的情况，如若世界遗产地所在国不能及时采取有效行动加以防范和解决，将面临世界遗产被除名的严重后果。也就是说一旦经审核批准成为世界文化遗产项目不是一劳永逸的事，仍需要持续不断地推进保护行动的开展，以维护原先所享有独特的保护地位。

《濒危世界遗产名录》围绕着文化遗产濒危状态而设置，是《世界遗产名录》的补充名单，在人为和自然因素的影响下，世界遗产中如存在受到战乱、武装冲突、火灾、地震、过度公共、私人工程开发、自然退化等方面遭受特殊的严重的威胁无法确保原先申报时的形态特征的世界遗产，将被列为《濒危世界遗产名录》之中，并提供重大的国际援助行动加以保护。公约强调了此类遗产必须是正在遭受的威胁和困境已经达到重大、必要的程度才可予以认定为濒危世界遗产。经过一段加以允许的改善时间过后，当濒危情形无法得以纠正或改善时，失去作为世界遗产所应有的价值时，此类遗产将从《世界遗产名录》中撤销。

世界遗产委员会在专家咨询机构的建议下，经过与缔约国磋商，可基于保护状况报告，将遗产纳入《濒危世界遗产名录》。《濒危世界遗产名录》依据《世界遗产公约》第 11 条第 4 款对严重地受到特定危险威胁的世界遗产，需要采取重大活动加以保护并给予援助，《实施世界遗产公约操作指南》第Ⅳ.B 为濒危遗产的收录提供指南（《实施世界遗产公约操作指南》第 177 条），并确立了将遗产以已确知的还是潜在的危险收入《濒危世界遗产名录》（《实施世界遗产公约操作指南》第 178~180 条）的标准。当遗产的状况符合至少其中一条标准时，委员会可以将其收入《濒危世界遗产名录》。已明确的危险指的是具体的且确知即将来临的危险，如属于文化遗产，则包括材料、结构、建筑和城镇规划的统一性的严重受损，以及历史真实性或文化意义的严重受损。潜在的危险指可能会对遗产的世界遗产价值造成负面影响的威胁。《实施世界遗产公约操作指南》规定了[1]这些潜在威胁可能是导致世界遗产评估价

---

〔1〕　参见《实施世界遗产公约操作指南》第 179 条。

值的变化而削弱了对其原貌的维护，譬如保护政策的缺失，城市化建设的破坏，武装冲突爆发导致毁坏，气候、地质条件改变而发生一些缓慢递进的外在变化等。这些威胁不一定发生在遗产范围内，因为在遗产缓冲区内或更广泛的环境下所采取的行动也可能危及遗产原先的突出普遍价值而失去其相应的保护地位。

在审议是否将一项遗产列入《濒危世界遗产名录》时，委员会应当针对具体的案例单独加以考虑，除了一些不可估量的直接的重大危机，如战争破坏，其他对于世界遗产面临的威胁在能够评估的范围内，应考虑在世界遗产所处的社会条件下、在物质和文化上威胁是否达到了严重的程度，是否面临可能灭失的危险境地。

在将遗产收入《濒危世界遗产名录》时，专家咨询机构将与缔约国磋商，准备一份《预期保护情况》以及一系列改正措施，以达到恢复原有状态目的。这份文件将提交委员会审核通过，每年向委员会报告。

为制定改正措施，世界遗产中心应与缔约国合作，确认当前遗产状况、遗产所受到威胁的程度以及采取改正措施的可行性。这可能需要专家咨询机构或其他组织派出一个特派小组，评估威胁的性质和范围，提议应采取的措施。同样，缔约国也可以申请专家咨询特派小组和国际援助，也可以要求捐助者提供援助，在必要的情况下，委员会还会协助谈判。

综上所述，世界遗产委员会每年都会对名录中所列世界遗产项目重新给予评估，如有由于受到严重威胁而不再具有最初列入世界遗产名录的相应特征遗产，将被从《世界遗产名录》和《濒危世界遗产名录》中除名。

三、"世界遗产"国际保护的重大意义

在自然灾害、人为毁损引起的诸多世界遗产遭遇不利境地的今天，面对世界遗产受到的种种威胁和保护实践过程中面临的困境，保护作为"人类共同记忆"的世界遗产，需要进一步加强国际合作，充分发挥联合国教科文组织等相关国际机构在世界遗产保护领域中的重要作用，引领国际社会、国家政府、社会团体乃至每一个人共同参与到世界遗产保护行动中。同时，世界遗产保护的国际环境立法更需要进一步健全完善。

"世界遗产"作为"人类共同继承遗产"的有机组成部分，从经济、社会、政治、文化、道德等各层面越来越深刻地影响着人们精神的成长，更成

为不同文明不同文化间对话、沟通、理解和相互尊重的纽带。世界遗产的国际环境法保护是人类经济社会可持续发展的一个重大举措，具有极其深远的重大意义。

我们需以"人类共同记忆"的理念保存和延续世界遗产，加倍珍视我们的历史，善待我们的今天和未来，造福我们的子孙后代。

第十九章

废物的国际环境法规制

由于工业化的扩张和消费主义的兴起，废物大量产生，引发了严重的环境污染和人类健康问题。正如 2016 年第二届联合国环境大会所强调的，废物管理是一个严峻的挑战。废物问题是困扰世界的一个难题，不论在发展中国家还是在发达国家。为了防止无辜人们成为废物的牺牲者，需要进行国际环境立法以规制废物损害后果，减少其对人类健康和环境的不良影响。

第一节　废物及其损害后果

废物生命周期的各个环节，包括生产、转移、处置等相关活动，都会对环境和人类健康造成危害。废物引发的是一个全球性问题，其危害范围波及全球且具有跨周期性。

一、废物的界定

对"废物"进行界定，是废物国际法律规制的一个最基本的问题。这个问题由于两方面的因素而变得复杂起来。其一，废物本身具有两重性。所谓废物往往从一个角度看是废物，从另一个角度看是可再加利用的资源，因而从法律上难以界定。其二，废物涉及国家的经济利益和环境利益。就可回收利用的废物而言，它的国际贸易可为贸易双方带来经济上的好处。就废物的非法越境转移而言，它给进口国带来了严重的环境问题，其造成的环境损害大大超过由进口废物而得到的一些经济补贴。所以，应如何对废物进行界定是比较困难的。

1972 年《防止倾倒废物及其他物质污染海洋公约》中"废物或其他物质"系指任何种类、任何形状或任何式样的材料和物质，[1]并以附件形式列举了禁止在海上倾倒的物质（黑名单）、获得特别许可证后方可倾倒的物质（灰名单）和在获得普通许可证之后按许可证规定的时间、地点、倾倒方式等进行倾倒的物质（白名单）。其目的是为禁止向海洋倾倒任何物质提供法律依据。

欧共体 1975 年 7 月 15 日的指令（75/422 号指令）将"废物"界定为：持有者扔弃或根据国家现行规定必须扔弃的所有物质或物品。[2]1990 年，欧洲法院将这一定义解释为不排除具有再利用经济价值的物质和物体。

经济合作与发展组织 1984 年的一项建议将废物定义为"位于或被带到一个国家内的、在该国被认为是或在法律上被定义为废物的任何物质"。并于 1987 年秋天完成的关于控制危险废物越境转移的国际协定草案中给废物下了一个非常详细的定义。草案附件一规定了要处置的物质的理由：不合乎标准或变质的产品，意外倾倒、遗失或污染的物质，已不再适合利用的物质，各种生产残渣，不再使用的产品等。然而，另一份表列出了具有回收或再利用可能性的物质和一个危险废物类别的清单，包括液体、固体或泥浆等各种形式的废物。在这个清单中，废物包括解剖物质、医药产品、杀微生物剂和植物检疫产品、卤化有机物、油和油类矿物质、不确定的化学物质等。清单中的一部分废物含有特殊的成分，使之具有危险的性质。这些成分是例如铍、砷、镉、汞等物质及其化合物。对这些危险废物的特性的说明使这个制度进一步完善。说明的内容包括：易爆性、助燃性、易燃性、刺激性、有害性、有毒性、致癌性、腐蚀性、传染性、生态性等。有人认为这是到目前为止最完善的定义。[3]

迄今为止，应该说关于"废物"的最权威定义是 1989 年联合国环境规划署主持制定的《控制危险废物越境转移及其处置巴塞尔公约》所界定的，该公约为危险废物和其他废物的越境转移制定了法律框架。公约第 2 条规定了"废物"是指处置或打算予以处置或按照国家法律规定必须加以处置

---

〔1〕　《防止倾倒废物及其他物质污染海洋公约》第 3 条第 4 款。

〔2〕　1987 年 6 月 17 日，联合国环境规划署理事会通过决议批准的《关于有毒和危险废物的处置和国际运输问题指南》使用了同样的用语。

〔3〕　［法］亚历山大·基斯：《国际环境法》，张若思编译，法律出版社 2000 年版，第 323 页。

的物质或物品。这里讲的处置既包括将废物置放于地下、存放于地表、排入海洋或排入海洋之外的水体等最终处置方式，也包括对废物的再循环和回收利用。公约将废物分为危险废物和其他废物两种，并在有关附件中作了具体规定。[1]

从废物的属性来说，废物是积极性与消极性（正负性）、风险性与价值性的交织，看似矛盾冲突却又缠绕共存。[2]废物可以是人类活动的残留物，包括工业、医疗、农业、建筑活动，以及城市废物。废物通常以其来源或特性分为生活废物、工业废物、危险废物和放射性废物等类别。

二、废物的环境损害后果及其特征

现代社会是一个以工业、商业和所谓新技术发展为追求目标的社会，热衷于新物质、新产品的研制和开发。由此产生了大量具有尚不为人知的风险、隐患的废物。

废物危害环境和人体健康的情况可以在任何一个环节发生。如生产阶段，废物作为工业和制造过程的副产品产生，如果管理不当，废物的产生会导致环境污染，造成工作场所事故或工人的慢病危害；转移阶段，如果废物未根据适用法律法规进行适当包装、标记和运输，则可能对人类健康和环境构成风险，废物的非法运输可能导致溢出、泄漏和其他可能导致土壤、水和空气污染的事故；处置阶段，如果废物非法进行处置，则会对人类健康和环境构成重大危害，且产生严重的长期影响。此外，废物的储存、处理和回收等相关活动如果管理不当，也同样会对人类健康和环境造成危害。

地球是一个整体，是人类的共同家园。产生于地球任何一隅的环境污染和破坏，都可能产生全球后果，废物尤其如此。

首先是废物污染后果的跨界性。废物污染的跨界性是指废物经由河流、大气等介质造成废物所在地国以外的环境污染损害和人为的废物越境转移造成的环境污染损害。

废物对空气的污染方式是多种多样的，诸如废物蒸发或汽化而将有毒气

---

〔1〕 其中，在附件一"应加控制的废物类别"中，列有45种废物组别；在附件二"须加特别考虑的废物类别"中，列有2种，即一种是从住家收集的废物，另一种是从焚化住家废物产生的残余物；在附件三中规定了"危险特性的等级"。

〔2〕 师华、韩子燕：《国际法视野下废弃物法律概念评析与重思》，载《德国研究》2021年第3期。

体和烟雾释放到空气中；废物焚烧也会向空气中释放有毒烟雾、灰烬和气体；废物在储存、处置、事故中的泄漏将有害物质释放到空气中；化学品等工业制造过程也会向空气中释放挥发性有机化合物等污染空气。同样，废物对水环境的污染破坏也有多种路径，诸如将废物直接排放进入河流、湖泊、海洋等而污染水体；废物会通过浸出污染水。废物被填埋或倾倒在地面上经雨水或其他液体带走有害化学物质和毒素的浸出而对地下水等水体造成污染。这些废物对土壤、水和空气的污染损害后果，最终会通过各类环境介质而跨越国界。在自然生态系统中，物质交换和能量流动在各个圈层之间不断循环。废物产生之后，经过迁移、转化等过程，其污染损害后果最终可能影响到地球的各个圈层。此外，人为的废物越境转移也是导致废物跨界污染损害的主要方式。由于生产力水平不同，国家政治经济制度不同，社会经济发展水平和生活水平不同，以及价值观与文化观念和事物认知的差异，废物贸易大行其道，甚至为了获取废物贸易利益的最大化，废物的非法运输也屡禁不绝。发达国家将废物销往发展中国家或运往发展中国家进行处置，源源不断地将其本国所产生的污染物、废弃物、工业垃圾以及生活垃圾等向发展中国家转移，不仅通过销售获利，同时转嫁废物污染损害后果。发展中国家似成发达国家处置其废物的垃圾场，这给发展中国家带来了沉重负担并付出沉重的环境代价。如美国等发达国家不断向亚洲、非洲和拉丁美洲的发展中国家出口废物，美国还为几内亚比绍、圭亚那、巴拿马、刚果、危地马拉、塞拉利昂、巴哈马、埃塞俄比亚、贝宁、秘鲁、阿根廷和委内瑞拉规划了大型垃圾填埋场，[1]以方便其进行废物处置。这就使发达国家废物处置成本外部化。

其次是废物污染后果的长期性和潜在性。废物对环境的污染和破坏及对人类健康的威胁不仅仅具有即时性后果。从外空物体的发射到原子能的利用，从航空运输到海上运载石油，从跨界河流的开发利用到原子、化学武器的试验，从废物的越境转移到有目的地将废物不管是否得到批准都排入环境，从工业生产所排放的有害烟雾到屡屡发生的核事故，如1986年著名的莱茵河污

---

〔1〕 李金惠、王洁璁、郑莉霞：《在博弈中发展的国际废物管理——以〈巴塞尔公约〉为例》，载《中国人口·资源与环境》2016年第S1期。

染事件〔1〕及同年发生在苏联的切尔诺贝利核电站事故〔2〕，2011年的日本福岛核电站泄漏事件〔3〕等。这些无论是国家行为还是私人行为，也不论是有意识造成还是无意识造成的废物污染和损害，其后果的长期性和潜在性都是极其明显的。

可见，废物对环境造成损害的影响是极其深远的。全球范围废物数量大，种类多，性质复杂，会导致土壤、水、空气等的严重污染，还会导致植物和动物的生命以及生态系统的损害，并构成人类健康的严重威胁。鉴此，应最大限度减少废料产量，〔4〕各国需制定减少会影响生产和消费方式的废料的目标，重视清洁生产技术，建立健全废物管制的国际环境法律制度。

第二节　废物规制的国际环境立法

20世纪80年代以来，发达国家的废物越境转移到发展中国家，把发展中国家当作"垃圾场"，使发展中国家承受了本来不属于他们的风险。如1988年尼日利亚科科港的有害废物投弃事件〔5〕，1992年，一直被认为是最具有环保意识的德国将废物非法转移到法国、乌克兰甚至印度尼西亚等。这给发展中国家国民的生命财产安全和生态环境带来了巨大的损害和潜在危险。为了制止这种危险废物的跨国越境转移，建立健全国际环境法律制度是势所必

---

〔1〕 1986年，莱茵河畔一家化学工厂起火，剧毒物质流放河中，污染了1000多公里河段，大批鱼类和水生物被杀死，居民无法饮用河水。据估计，残留物质至少在8年至10年内无法消除。此即著名的莱茵河污染事件。

〔2〕 切尔诺贝利核电站事故不仅对苏联境内的居民及环境带来了灾难性后果，而且放射性物质随风飘移，严重损害了邻国的环境。

〔3〕 该事件除本身造成的环境污染损害后果，日本政府还坚持将此事件造成的核污水持续不断地排放入海。

〔4〕 参见《21世纪议程》第21章"寻求解决固体废料问题的办法"。

〔5〕 1988年6月初，尼日利亚报道了一条非官方获得的消息，意大利一家公司分5条船将大约3800吨的有害废物运进了本德尔州的科科港，并以每月100美金的租金堆放在附近一家农民的土地上。这些有害废物散发出恶臭，并渗出脏水，经检验，发现其中含有一种致癌性极高的化学物——聚氯丁烯苯基。这些有害废物造成很多码头工人及其家属瘫痪或被灼伤，有19人因食用被污染了的米而中毒死亡。经过调查核实后，尼日利亚政府采取了果断的措施。疏散被污染地的居民，逮捕了10余名与此案有关的搬运人员，并将此事上升为外交问题，从意大利撤回了大使。经过交涉，意大利政府将所投弃的有害废物和污染的土壤进行处理，将其运回意大利。但由于意大利的各个港口拒绝其进港，欧洲各国也拒绝其入境，只好长期停留在法国外公海上。

然、不可缺少的。

一、国际组织的决议/规章

把发展中国家当作废物倾泻地以及废物的越境转移，引起了国际社会的高度关注，各国要求对废物进行建章立制予以管制，包括防止废物的非法交易。在构建有关废物管制的国际环境法律制度上相关国际组织的作用十分突出。

（一）联合国环境规划署

联合国环境规划署极其关注废物问题。在经过执行理事会讨论之后，有毒和危险废物的处置和国际运输问题被列入联合国环境规划署法律行动计划的优先议题中并为此成立专家组，1987 年 6 月 17 日，联合国环境规划署理事会通过决议批准了该专家组于 1985 年在开罗通过的关于危险废物的指导性文件——《开罗指南》，指南"承认不同国家存在差异，要求建立一个行动框架，旨在对危险废物进行有效管理，尤其在发展中国家"。指南呼吁各国采取立法或其他措施以确保人类健康和环境不受生产和管理危险废物可能造成的威胁。指南第 7 条原则要求防止废物的产生：应将废物的产生减少至最低程度，并尽可能避免废物可能造成的污染。1992 年 12 月，在乌拉圭举行的《控制危险废弃物越境转移及其处置巴塞尔公约》缔约国会议第一次会议上，主持人联合国环境规划署主任托尔巴博士指出，发达国家生产的危险废物占全球生产量的 95%。[1]从 1986 年到 1988 年，有 350 万吨危险废物主要由工业国家运往非洲、加勒比和拉丁美洲，同时也运往亚洲和南太平洋。[2]

化学品和废物管理始终是联合国环境大会议程上的焦点话题，在 2014 年 6 月第一届联合国环境大会上，便通过了一项关于"海洋塑料废物与微塑料"的决议，充分体现了对塑料尤其是微塑料等废物污染问题的高度关注。2016 年 5 月，第二届联合国环境大会提出，废物管理是一个严峻的挑战，需要国际组织协调一致的行动，特别是在帮助发展中国家实现无害环境管理方面。[3]在 2021

---

〔1〕 《巴塞尔公约缔约国会议第一次会议报告》（二），载国家环境保护局污染控制司编：《控制危险废物越境转移及其处置文件和技术准则汇编》，中国环境科学出版社 1994 年版，第 55 页。

〔2〕 《巴塞尔公约缔约国会议第一次会议报告》（二），载国家环境保护局污染控制司编：《控制危险废物越境转移及其处置文件和技术准则汇编》，中国环境科学出版社 1994 年版，第 55 页。

〔3〕 参见《联合国环境大会第二届会议记录》（UNEP/EA.2/19）。

年召开的联合国环境大会第五届会议期间，废物管制议题迎来了关键性的发展。会议决议，联合国环境大会将创立一个独立的政府间机构，即科学政策专门委员会，其任务是提供关于政策的科学依据，目的之一就是尽力打破科学与政策之间的"间隔"和"缝隙"，减少科学证据和采取政策行动之间的延迟，并传播真正可信、可靠且有效的信息。减少排放到空气、水和土壤中的废物（化学物质），最小化对人类健康和环境的不良影响。联合国环境大会第五届会议取得了一系列成就，特别是在控制塑料污染、化学品和废物管理以及环境卫生问题方面。

（二）经济合作与发展组织

经济合作与发展组织（OECD）的宗旨是促进经济进步和世界贸易，极其关注废物问题，一直致力于有关废物规制的谈判和起草。

20世纪70年代以来，其理事会通过了一系列有关废物的建议和决议。1976年9月28日通过的建议要求制定一套全面的废物管理政策。所谓"全面的政策"，是指涉及产品设计、制造、利用以及废物回收和处置的一整套措施，目的是最有效最经济地减少废物的损害。在1989年3月《控制危险废弃物越境转移及其处置巴塞尔公约》通过后，OECD重点转向了废物的越境转移问题。理事会在1992年通过了一项决定，该决定适用于在OECD国家之间运输的所有废物，并为回收作业设计了一套不同的程序要求，这些要求根据废物的不同类别而有所不同。这套要求于2001年进行了修订，为了与《巴塞尔公约》所列清单保持一致，由三类组成的分类被减少为两类。对绿色清单上的废物没有具体的贸易限制，而对黄色清单上的废物则有一套控制制度，其中包括书面合同和事先通知等要求。

（三）欧共体/欧盟

在危险废物的管理方面，欧共体首先是以1975年7月15日关于废物的75/442号指令确定了一个关于所有废物的法律框架。该法律框架要求成员国必须采取措施促进对废物的防止、回收和加工，鼓励减少某些废物的数量，设立或指定主管机构以规划、组织和监督对废物的处理。在这个框架下，1978年3月20日通过的78/319号指令规范了整个有毒和危险废物。

1985年，欧共体理事会《关于环境影响评价的指令》规定用土地填埋方法处置有毒和危险废物必须进行环境影响评价，并规定陆上焚烧废物属于应进行环境影响评价的活动。1989年，欧共体理事会第89/369号指令分别对欧共体成员国在 1990 年 12 月 1 日以后获准营运的废物焚烧工厂和同日以前获准营运的废物焚烧工厂规定了空气污染物排放标准。1991 年，欧洲经济委员会的《跨界环境影响公约》也规定陆上焚烧废物属于应进行环境影响评价的活动，同时还要求可能引起重大跨界环境影响的填埋有毒和危险废物活动遵守环境影响评价程序和通知可能受影响国家的程序。[1]

关于环境保护，欧盟出台了一系列"指令"，其中关于废物的欧盟《废物框架指令》即第 2008/98/EC 号指令[2]为欧盟的废物立法奠定了总体基础。该指令取代了两年前制定的指令 2006/12/EC，针对废物立法制定了一套欧盟成员国国内应遵守的一般要求，包括例如关于防止、回收和处理废弃物的规则。特别是在危险废物方面，进一步规定了控制、不混合和正确标记危险废物的义务。此外，欧盟关于废物越境转移的条例构成了有关特定类型废物处理的规则体系的一部分。根据《废物运输条例》（第 1013/2006/EC 号指令），《巴塞尔公约》和 OECD 理事会 C（2001）107/FINAL 号决定的要求在欧盟地区得到执行。该条例还考虑了欧盟一般环境法所规定的原产地和邻近地区的原则，使该原则同样适用于废物和危险废物，并涵盖了欧盟成员国参与跨境废物运输的任何情况。2004 年 4 月，欧洲议会和欧盟理事会通过了关于环境责任的第 2004/35/CE 号欧盟环境责任指令。该责任指令也适用于与废物和危险废物管理有关的活动，包括废物/危险废物的处理、转运和最终处置，以及任何与危险物质有关的职业活动。

（四）其他

公众参与和非政府组织的高度关注，对促进废物管制的国际环境立法具有不可忽视的促进作用。如 1988 年绿色和平组织发表了《废物国际贸易：绿色和平组织清单》第三版，揭露了发达国家向非洲等发展中国家"倾销"废物的情况。凡此种种，不胜枚举。

二、相关国际环境条约

废物相关的活动如生产、储存、利用、贸易、越境转移以及处置等，每

---

〔1〕　1991 年《跨界环境影响公约》第 2 条第 2 款、第 3 条第 1 款和第 5 条。

〔2〕　欧洲议会和理事会 2023 年 7 月 12 日关于电池、蓄电池和废电池的第 2023/1542 号法规勘误表，修订了第 2008/98/EC 号指令和第 2019/1020 号法规（EU），并废除了第 2006/66/EC 号指令（OJ L 19128. 7. 2023）。

一个阶段都可能产生污染和损害。而以国际环境条约明确关于"废物"行为的相关权利义务，以促进国家间的合作与协作，全面有效规制废物，解决废物污染损害问题，是国际环境立法的重要任务。

（一）全球性国际环境条约

1.《防止倾倒废物及其他物质污染海洋公约》

《防止倾倒废物及其他物质污染海洋公约》是为控制因倾倒行为导致的海洋环境污染而订立的全球性国际公约。该公约 1972 年 12 月 29 日于伦敦、墨西哥城、莫斯科和华盛顿签订，并向所有国家开放签字，1975 年 8 月 30 日生效。1985 年 9 月 6 日，我国第六届全国人民代表大会常务委员会第十二次会议决定批准加入该公约，于 1985 年 11 月 14 日交存加入书，公约自 1985 年 12 月 14 日正式对我国生效。该公约将"倾倒"定义为"任何从船舶、航空器、平台或其他海上人工构筑物上有意地在海上倾弃废物或其他物质的行为"和"任何有意的在海上弃置船舶、航空器、平台或其他海上人工构筑物的行为"。[1]公约以三个附件列举了三大类受管制的物质。公约禁止倾弃附件一黑色名单所列举的物质（包括 1993 年 11 月举行的第 16 次协商会议上列入附件一的放射性废物），附件二灰色名单所列举的物质倾倒需事先获得特别许可证，附件三所列物质的倾倒需事先获得一般许可证。此外，公约还有三个有关附件修正的决议和三份议定书，即《关于逐步停止工业废弃物和海上处置问题的决议》《关于海上焚烧问题的决议》和《关于海上处置放射性废物的决议》以及对公约进行补充和修订的 1978 年、1980 年和 1996 年议定书。

2.《控制危险废物越境转移及其处置巴塞尔公约》

1989 年联合国环境规划署主持制定了《控制危险废物越境转移及其处置巴塞尔公约》。该公约是关于通过控制危险废物跨越国境的转移和处置来防止危险废物对环境和人体健康造成危害的全球性国际公约，于 1989 年 3 月 22 日在瑞士的巴塞尔通过，1992 年 5 月 5 日生效。该公约由序言、29 条正文和 6 个附件组成。其目的是加强世界各国在控制危险废物和其他废物越境转移及其处置方面的合作，防止危险废物的非法越境运输，保护全人类的身体健康和生存环境。其宗旨是：将危险废物的越境转移减至最低限度，使其符合无害环境和有效管理的标准；将产生的危险废物的数量和毒性减至最低限度，

---

〔1〕《防止倾倒废物及其他物质污染海洋的公约》第 3 条。

并保证在离生产地最近的地方对其进行无害环境的回收或处置；帮助发展中国家对其产生的危险废物及其他废物进行无害环境的管理。我国参与了该公约的起草，并于 1991 年 9 月 4 日批准加入该公约。1992 年 5 月 5 日该公约对中国生效。

该公约对危险废物跨越国境的转移和处置作出了较为全面的规定。公约规定了危险废物越境转移及其处置所应遵循的原则，主要包括：各缔约国应采取措施，保证国内生产的危险废物和其他废物减至最低限度（第 4 条第 2 款 a 项）；对于不可避免产生的危险废物，应尽可能以对环境无害方式处置，并尽可能在产生地处置（第 4 条第 2 款 b 项）；只有在特别情况下，即当危险废物产生国没有合适的处置设施时，才允许将危险废物转移到其他国家以对环境更为安全的方式处置（第 4 条第 9 款）；不许可将危险废物和其他废物转移到南纬 60 度以南地区（第 4 条第 6 款）等。公约对缔约国的一般义务、主管当局和联络点的指定、缔约国之间危险废物越境转移的控制措施以及缔约国通过非缔约国的越境转移的管理措施、再进口的责任、非法运输的构成、国际合作的途径和方法、危险废物越境转移的双边和多边及区域性协定的缔结要求、损害责任及其赔偿问题的协商、有关资料的递送、财务方面的安排、缔约国会议的设立及其活动内容和程序、秘书处的职责、指控他国违约的核查方法等作了规定，并规定了公约修改的程序、缔约国争端的解决途径以及公约所必备的加入、批准、生效、保留、退出等条款。

在 1992 年通过《危险废物越境转移及其处置所造成损害的责任和赔偿问题议定书》（以下简称《巴塞尔公约责任和赔偿议定书》）的基础上，1995 年 9 月在日内瓦召开的《控制危险废物越境转移及其处置巴塞尔公约》缔约方会议第三次会议通过了《〈巴塞尔公约〉修正案》，该修正案进一步禁止发达国家向发展中国家转移废物，增加了禁止出口的废物清单，使禁止危险废物和其他废物的越境转移向前迈进了一步。

可以看出，《控制危险废物越境转移及其处置巴塞尔公约》强调了保护全球环境不受废物/危险废物损害的必要性，确立了废物管理的国际标准，要求缔约国之间交换信息和相互协助。同时，公约确立的一些主要原则，如将废物减少到最低限度、就近处置、环境无害管理、全程监督等，体现了未来全球废物管理的趋势。当然，从总体上看，公约也存在很多不足之处：公约的一些用语不太明确，容易引起歧义；缺乏使缔约国履行公约规定的控制、监督和交换信息等义务的有效措施；公约秘书处的职能主要限于协调和核查，其实质性监督职能很有限；公约允许缔约国与非缔约国签订单独的协议，这可能会弱化公约的有限禁止原则，甚至影响对公约确立的标准的遵守，公约无法对这类协议进行监督。但是，瑕不掩瑜，该公约是目前废物越境转移领域的基础性国际法律文件。

3. 《国际油污防备、反应和合作公约》

《国际油污防备、反应和合作公约》是预防和打击海洋环境污染的一个极其重要的国际环境条约，1990 年 11 月 30 日在伦敦签订。公约要求缔约国采取有效措施，以应对石油污染事件。在承运人方面，这些措施包括有义务制定船上石油污染应急计划，并向沿海国家主管当局报告任何事件；后者有义务保持石油泄漏防治设备，并制定防治石油泄漏的应急计划。顾虑到一旦发生有毒有害物质[1]污染事故，必须采取迅速和有效的行动将此种事故可能造成的损害减至最低程度，2000 年 3 月 15 日，《〈国际油污防备、反应和合作公约〉有毒有害物质污染事故防备、反应与合作议定书》于伦敦通过，将防备和反应制度扩大到有毒有害物质污染事故[2]。我国于 2009 年 11 月 19 日向国际海事组织递交了议定书加入书，该议定书于 2010 年 2 月 19 日对我国生效，同时适用于澳门特区，暂不适用于香港特区。

4. 《关于持久性有机污染物的斯德哥尔摩公约》

《关于持久性有机污染物的斯德哥尔摩公约》2001 年 5 月 22 日于斯德哥尔摩通过，2004 年 5 月 17 日生效，同年 11 月 11 日对中国生效。20 世纪 60 年代到 90 年代，全球发生了一系列持久性有机污染物公害事件，持久性有机污染物的危害越来越引起人们的关注。1995 年 5 月，联合国环境规划署理事会第五次会议通过 18/32 号决议，邀请有关国际机构对持久性有机污染物问题进行评估。1996 年 6 月，化学品安全政府间论坛（IFCS）确认有充分证据需要采取国际行动来减少 12 种持久性有机污染物对人类健康和环境的风险，这 12 种污染物是艾氏剂、氯丹、DDT、狄氏剂、异狄氏剂、七氯、灭蚁灵、

---

〔1〕"有毒有害物质"系指除油类以外的、如果进入海洋环境便可能对人类健康造成危害、对生物资源和海洋生物造成损害、对宜人环境造成破坏或对海洋的其他合法使用造成干扰的任何物质。

〔2〕"有毒有害物质污染事故"系指任何一起或同一起源（包括火灾和爆炸）的一系列造成或可能造成有毒有害物质排放、泄漏或释放，对海洋环境或对一个或多个国家的海岸线或有关利益构成或可能构成威胁，需要采取紧急行动或立即反应的事故。

毒杀芬、六氯苯、多氯联苯、二嗯英和呋喃。1997 年 2 月，UNEP 理事会决定邀请有关国际组织准备召开政府间谈判委员会（INC），制订有法律约束力的国际文书以便采取国际行动，同时通过了 19/13C 号决议，采纳了 IFCS 的研究结论及推荐意见。2000 年 12 月，INC-5 于南非约翰内斯堡召开，122 个国家的代表同意对首批 12 种持久性有机污染物所造成的健康和环境风险采取全球控制措施。2001 年 5 月 22 日至 23 日，127 个国家的代表参加了在瑞典斯德哥尔摩召开的全权代表大会，通过了《关于持久性有机污染物的斯德哥尔摩公约》，并开放供各国签署。从此正式启动了人类向有机污染物宣战的进程。公约目的是消除或减少所涵盖的持久性有机污染物的生产、使用和运输。公约以列举持久性有机污染物清单的方式规定各国应采取措施确保持久性有机污染物的出口仅用于无害环境的最终处置，但没有规定排除废物的情况。规定了关于被认为对环境和人类健康特别有害的物质的产生、使用和运输的具体规则。

5. 《南极条约》体系

1959 年，《南极条约》禁止在南极处置放射性废物。[1]1991 年，《南极条约环境保护议定书》规定到 1998/1999 季节结束之前，禁止在南极进行露天焚烧并禁止在无冰地区处置废物，但允许在最大限度可行地减少有害排放的条件下焚烧某些易燃烧的非危险废物。[2]该议定书要求宿营地各种废物的生产者将废物带出南极地区并妥善贮存以防止其散发于大气之中。[3]

（二）区域性国际环境条约

在废物管制领域，尤其是废物/危险废物越境转移和处置，以及防止废物倾倒造成海洋环境污染和损害方面，有些区域性国际环境条约起到了十分重要的作用。

1. 《关于禁止向非洲输入有害废物并控制其在非洲境内越境转移和管理的巴马科公约》（即《巴马科公约》）

针对 20 世纪 80 年代在非洲发生的废物倾倒事件，非洲统一组织于 1988 年通过第 1153 号决议，宣布"在非洲倾倒核废料和工业废料是对非洲和非洲

---

〔1〕《南极条约》第 5 条第 1 款。
〔2〕《南极条约环境保护议定书》附件三第 3 条。
〔3〕《南极条约环境保护议定书》附件三第 6 条。

人民的犯罪"，并强调决心采取全面禁止从非非洲国家向非洲进口危险废物的做法。此外，非洲统一组织认为，在随后的《巴塞尔公约》谈判过程中，其立场没有得到充分的考虑，非洲国家并没有能够推动他们关于全面禁止向发展中国家出口危险废物的立场。相反，《巴塞尔公约》通过了一项事先知情同意的一般原则，该原则在全球的应用没有对发达国家和发展中国家加以区分。因此，非洲统一组织国家最初没有签署《巴塞尔公约》，而是主张制定一项非洲区域公约。最终，1991 年非洲统一组织主持制定了《巴马科公约》，并于1998 年 4 月 22 日生效。

《巴马科公约》旨在弥补《巴塞尔公约》的明显缺陷，基本上沿用了《巴塞尔公约》的模式，并采用了其基本结构和管理方法。《巴马科公约》禁止海上焚烧危险废物，[1]但就其管理内容而言，在某些方面的规定更加严格，其严格区分在非洲以外产生的有害废物和在非洲境内产生的有害废物。根据这种区分，《巴马科公约》追求两个不同的目标：其一，完全禁止将非洲以外产生的有害废物进口到非洲国家；其二，在非洲境内产生的有害废物的越境转移和处理需遵循事先知情同意和无害环境管理的制度。[2]

2. 《禁止向太平洋岛屿国家进口危险和放射性废物并控制危险废物在南太平洋地区越境转移和管理的瓦伊加尼公约》（即《瓦伊加尼公约》）

太平洋岛国论坛[3]（Pacific Islands Forum，PIF）成员国认识到有必要禁止向南太平洋地区进口危险废物和核废物，并有必要建立一个考虑到特定区域问题的《巴塞尔公约》的补充制度，于是，在 1995 年 9 月通过了《瓦伊加尼公约》。该公约于 2001 年生效。

《瓦伊加尼公约》的监管内容在很大程度上与《巴马科公约》规定的义务相一致，该公约规定，禁止将危险废物从公约区外进口到任何太平洋岛屿发展中国家。相比之下，太平洋岛屿发展中国家之间的危险废物运输以及向公约区外的出口并不被禁止。对于这些运输，《瓦伊加尼公约》规定了一个独

---

〔1〕 1991 年《巴马科公约》第 4 条第 2 款。

〔2〕 J. Wylie Donald, "The Bamako Convention as a Solution to the Problem of Hazardous Waste Exports to Less Developed Countries", 17 *Colum. J. Envtl. L.* 419 (1992).

〔3〕 太平洋岛国论坛，原名"南太平洋论坛"，1971 年 8 月 5 日在新西兰首都惠灵顿成立，2000 年 10 月，正式改称"太平洋岛国论坛"，1994 年起，该论坛成为联合国观察员。

特的事先知情同意制度，这些要求几乎是逐字逐句地取自《巴塞尔公约》和《巴马科公约》。此外，《瓦伊加尼公约》还规定了在非法运输或无法按照合同条款完成运输的情况下重新进口的义务。

3. 《非加太地区国家与欧共体及其成员国伙伴关系协定》（即《科托努协定》）

2000 年 6 月 23 日，非洲、加勒比和太平洋地区国家集团 77 个成员国和欧洲联盟 15 国在贝宁首都科托努签订了《非加太地区国家与欧共体及其成员国伙伴关系协定》，即《科托努协定》，该协定是《洛美协定》的后继者，接替于 2000 年 2 月到期的第四个《洛美协定》[1]。《科托努协定》与《洛美协定》的一个最大区别是其伙伴关系扩大至新行动者如市民社会、私营部门、工会和地方当局。协定旨在促进和加快非加太集团的政治、经济、文化和社会发展，于 2003 年 4 月 1 日生效。《科托努协定》放弃了贸易禁令的做法，没有规定任何关于危险废物越境运输的有约束力的规则。相反，它侧重"环境保护和适当利用和管理自然资源方面的合作"，同时考虑与危险废物的运输和处置有关的问题。该协议进一步鼓励其缔约方尽快批准《巴塞尔公约》。

4. 《保护地中海免受污染公约》及其议定书

《保护地中海免受污染公约》（即《巴塞罗那公约》）是在 1976 年 2 月 16 日由阿尔巴尼亚等 18 个国家及欧洲经济共同体在西班牙巴塞罗那签订的关于在国际上协调一致与全面保护和提高地中海区域海洋环境方面的区域性环境保护公约。《巴塞罗那公约》有一个附件和两个议定书，对防止倾倒废弃物、勘探开发大陆架造成的污染以及船舶造成的污染和陆源污染作了原则规定。公约要求各缔约国共同制定地中海区域污染的长期监测规划，建立长期监测制度，开展区域性的科学技术合作，交换科技资料和情报，发展和协调各缔约国有关地中海区域各类海洋环境污染问题的研究规划，制定及实施区域性的及国际的研究规划。1996 年《巴塞罗那公约》缔约国在伊兹密尔通过了《防止危险废物越境转移和处置污染地中海的议定书》，即《伊兹密尔议定书》，该议定书规定危险废物只能在产生国以无害环境的方式处置。就其内容

---

〔1〕《洛美协定》是欧洲经济共同体与非洲、加勒比海沿岸和太平洋地区的一些发展中国家（即非加太国家）在多哥首都洛美签订的贸易与经济协定。1975 年 2 月 28 日，第一个《洛美协定》签订，1976 年 4 月 1 日生效，有效期 5 年，1989 年 12 月 15 日，各相关主体在多哥首都洛美签署了第四个《洛美协定》。

而言，议定书在很大程度上类似于《巴塞尔公约》和《巴马科公约》的一般结构和规定，但在遵循《巴塞罗那公约》和《巴塞尔公约》的基础上作了更加严格的规定。

5.《防止、减轻并消除海洋环境污染条约》及其议定书

1978年4月23日，巴林、伊朗、伊拉克、科威特、阿曼、卡塔尔、沙特阿拉伯和阿拉伯联合酋长国在科威特签署了合作防止海洋环境污染的区域性条约，条约规定，缔约国应采取一切适当措施，以防止、减轻并消除海洋环境的污染和破坏。1998年条约缔约方通过了《关于危险废物海洋越境转移和处置的德黑兰议定书》（即《德黑兰议定书》）。该议定书不仅涉及危险废物的越境转移问题，还包括向海洋倾倒的严格规定。议定书规定，禁止任何缔约国为最终处置目的向议定书地区进口危险废物；相反，允许为回收和再循环作业目的进口危险废物，条件是进口国拥有以无害环境方式管理危险废物的设施和技术能力，而出口国缺乏这种设施和能力。此外，对于缔约国之间的运输，议定书设有事先知情同意程序和以保险、保证金或其他措施的担保条件。

6. 1993年《卢加诺公约》

《关于危害环境的活动造成损害的民事责任的卢加诺公约》（即《卢加诺公约》）是1993年在欧洲委员会的主持下制定的。该公约特点是区域范围不受限制，也接受非欧共体成员的加入。该公约规定，危险活动的经营者对该活动造成的任何损害负有严格和无限的责任，而永久存放废物的场所的经营者则对存放的废物造成的损害负有责任。该公约所定义的"危险活动"一方面包括生产、处理、储存、使用或排放危险物质、转基因生物或微生物，另一方面包括焚烧、处理、回收或永久存放废物的设施或场所的运作。该公约尚未生效。

第三节　废物越境转移的国际环境法律责任

废物/危险废物的越境转移导致的环境污染和损害是触目惊心的。始于20世纪70年代的废物/危险废物的越境转移（贸易和处置等）有增无减，尤其是发达国家通过各种手段将废物/危险废物转移到发展中国家。很多发展中国

家由于缺乏认识[1]和处置废物/危险废物的技术和手段，很难对输入的废物进行妥善处理，从而不断受到损害。为了控制废物/危险废物的越境转移对全球环境造成更大的危害，就需要构建相关国际环境法制，明确国际法律责任，以规制废物/危险废物越境转移。

一、一般原则

所谓"越境转移"是指废物/危险废物从一国的国家管辖地区移至或通过另一国的国家管辖地区的任何转移，或移至或通过不是任何国家的国家管辖地区的任何转移，但该转移须涉及至少两个国家。[2]废物/危险废物的越境转移有以下几个主要原因：

第一，如果废物产生地的法律规定非常严格从而使在本国处理废物非常昂贵，废物就可能被运送到法律规定不那么严格或对法律实施的监督不那么有效的国家。当然，一些国家为获得报酬也愿意接受来自外国的废物，而没有过多考虑这些废物带来的危险，尤其是发展中国家。

第二，废物处理的成本在国外尤其是发展中国家要低一些。即使这样处理废物并不违法，但进口国可以提供花费较低的存放地或处理厂。

第三，生产国没有能够处理某种废物的设施。例如，放射性废物只能在少数几个具有再处理设备的国家进行处理。

第四，跨国公司可能在国外拥有专门处理某种危险废物的子公司或分公司，从而将废物运输到这个国家。

第五，商业利益促使废物生产者进行废物非法交易的跨界转移。

对于废物/危险废物越境转移问题，国际法律主要寻求控制合法运输和阻止非法交易。为此，国际环境法强调了国家必须遵循的一般原则：国家在出口并转移废物时负有不损害别国环境以及全球公域的义务，一旦违背或在进行和控制废物越境转移时造成损害，则须承担国际法律责任。这一原则的基础是跨界损害责任。[3]首先，这一原则遵循的是源于古罗马法谚"使用自己

---

[1]　参见《21世纪议程》第20章"危险废料的管理"：所有国家生产和排放危险废物的规模越来越大。许多国家，特别是发展中国家对这些公害没有认识。危险废料经常被运往那些对这些危险没有认识的国家。

[2]　《巴塞尔公约》第2条第3款。

[3]　参见林灿铃：《国际法上的跨界损害之国家责任》，华文出版社2000年版。

的财产不应损及他人的财产"：各国有按自己的环境政策开发本国资源的主权权利，但有责任保证在国家管辖或控制之内的活动，不致损害其他国家的或在国家管辖范围以外地区的环境。其次，符合国际环境法基本原则如"尊重国家主权但不损害国外环境原则""国际合作原则"和"预防原则"的要求。再次，体现国际环境条约的规定。如前述《巴塞尔公约》《巴马科公约》等，以及1982年《联合国海洋法公约》、1992年《联合国气候变化框架公约》和《生物多样性公约》都规定："各国依照联合国宪章和国际法原则……有责任确保在其管辖和控制范围内的活动不对其他国家的环境或国家管辖范围以外地区的环境造成损害。"复次，国际宣言和决议的昭示。1982年《世界自然宪章》第21条规定，各国和有此能力的其他公共机构、国际组织、个人、团体、公司都确保在其管辖或控制下的活动不损害别国境内或国家管辖范围之外地区的自然系统，[1]以及1972年《人类环境宣言》第21条原则和1992年《里约环境与发展宣言》第2条原则。最后，国际司法实践证明。特雷尔冶炼厂案、科孚海峡案和法国核试验案等都体现了"使用自己的财产不应损及他人的财产"这一精神。

可见，根据国际环境法基本原则、国际环境习惯、国际环境条约、国际环境司法实践以及众多的关于环境的国际宣言和决议，"国家在出口并转移废物时负有不损害别国环境以及全球公域的义务，一旦违背所承担国际义务或在进行和控制废物越境转移时造成损害，则须承担国际法律责任"。这一"关于废物越境转移"的一般原则已经得以确立。

二、废物损害的责任主体

《巴塞尔公约责任和赔偿议定书》规定："任何人都应对其不遵守执行本公约的规定或因其错误的故意、鲁莽或疏忽的行为或不行为而造成或促成的损害负责。"[2]因而，废物/危险废物所致损害的责任主体既包括国家主体也包括非国家主体。

（一）国家主体

国家主体包括《巴塞尔公约》及其责任和赔偿议定书的缔约方出口国、

---

〔1〕 参见《世界自然宪章》第21条。
〔2〕 参见《巴塞尔公约责任和赔偿议定书》第5条。

进口国和过境国以及《巴塞尔公约》及其责任和赔偿议定书的非缔约方国家。

"出口国"是指废物/危险废物越境转移起始或预定起始的缔约国，[1]是废物/危险废物越境转移和处置过程当中的重要国家参与者。出口国通常是产生危险废物并希望在另一个国家处置这些废物的国家。确保危险废物得到安全管理并符合国际法规，出口国须承担通知、同意、控制和报告的义务。即出口国必须将拟议的危险废物越境转移通知进口国和过境国的主管当局，该通知必须包括有关废物的性质和成分、出口商、预定目的地和处置方法的信息等；出口国必须事先获得进口国和过境国主管当局的书面同意；出口国负责确保根据《巴塞尔公约》和其他相关国际法规对危险废物进行包装、贴标签和运输，必须确保将废物送往经授权并配备安全管理废物的设施，以防止对人类健康和环境造成危害；出口国必须向《巴塞尔公约》秘书处报告其废物/危险废物越境转移的情况，该报告包括有关废物类型和数量、进出口国家以及所用处置方法的信息。如果由于出口国的原因，废物/危险废物在越境转移中造成了损害，出口国须承担责任。亦即，任何因其未能遵守《巴塞尔公约》的有关规定或因其有意、疏忽或轻率的不法行为而造成或促成损害者，应对此种损害负赔偿责任。[2]

"进口国"是指作为废物/危险废物进行或预定进行越境转移的目的地的缔约国，[3]以便在该国进行处置，或装运到不属于任何国家管辖的区域内进行处置。进口国可能需要废物/危险废物作为原料，或者可能负责以安全和无害环境的方式处置废物。《巴塞尔公约》对进口国规定了义务，以确保危险废物得到安全管理并符合国际法。这些义务包括：①同意。进口国必须事先书面同意将危险废物越境转移到其领土内。②控制。进口国负责确保根据《巴塞尔公约》和其他相关国际法规对危险废物进行安全管理，必须确保将废物送往经授权并配备安全管理废物的设施，以防止对人类健康和环境造成危害。③报告。进口国必须向《巴塞尔公约》秘书处报告其危险废物越境转移情况，该报告包括有关废物类型和数量、进出口国家以及所用处置方法等信息。④执行。进口国必须制定法律并建立监管机制来执行《巴塞尔公约》和其他相关

---

〔1〕　参见《巴塞尔公约》第2条。
〔2〕　参见《巴塞尔公约责任和赔偿议定书》第5条。
〔3〕　参见《巴塞尔公约》第2条。

国际法规，包括检查废物运输的能力，在必要时采取适当的执法行动，并追究违反公约行为的责任。《巴塞尔公约责任和赔偿议定书》第6条要求在不违反任何国家法律的前提下，所有在事件发生时对危险废物和其他废物拥有经营控制权的人应采取一切合理措施，尽量减轻该事件所造成的损害。如果进口国对废物/危险废物的管理不当或未采取必要措施防止损害，则进口国对废物/危险废物越境转移造成的任何损害承担法律责任。

"过境国"是指废物/危险废物转移中通过或计划通过的除出口国或进口国之外的任何国家。[1]因为在危险废物跨境转移的过程中，废物/危险废物需要经过多个国家或地区，这就需要相关国家确保越境转移的废物/危险废物得到安全和有效的处置，并遵守公约的相关规定，保护人类健康和环境不受危险废物的威胁。同时，还需要加强与出口国和进口国之间的合作和协调，共同应对越境转移的废物问题。作为《巴塞尔公约》缔约方的过境国有义务确保按照公约的规定，以无害环境的方式管理经过其领土的废物/危险废物。过境国如果没有能力以无害环境的方式管理废物/危险废物，则有权禁止废物/危险废物进入其领土。

《巴塞尔公约》缔约方过境国在特定情况下承担损害责任。《巴塞尔公约》第4条和《巴塞尔公约责任和赔偿议定书》第10条规定，缔约方过境国采取适当的法律、行政和其他措施来执行公约及其议定书的规定，包括采取措施确保那些负责废物/危险废物越境转移的人承担损害赔偿，如果损害是由未能采取适当措施防止这种损害而造成的，则缔约方过境国应对通过其领土运输的废物/危险废物造成的损害负有责任。此外，过境国还需承担确保废物/危险废物不被非法贩运通过其领土的责任，并在此类贩运确实发生时采取适当措施制止此类贩运。如果过境国未能采取适当措施[2]制止非法贩运的废物/危险废物通过其领土，则过境国可能被追究责任。

"非缔约方国家"是指尚未成为《巴塞尔公约》及其责任和赔偿议定书缔约方的国家。《巴塞尔公约》旨在尽量减少废物/危险废物的产生，并促进对此类废物进行无害环境的管理。因而，《巴塞尔公约》鼓励非公约缔约方采取和实施与公约中包含的措施类似的措施，以保护人类健康和环境免受与废

---

〔1〕 参见《巴塞尔公约》第2条。
〔2〕 包括对废物运输进行检查、执行进出口管制以及对违规者进行处罚等措施。

物/危险废物相关的损害风险。[1]公约认识到了国际合作与协作就应对废物/危险废物问题的挑战和促进全球废物/危险废物的环境无害化管理的重要性，鼓励公约缔约方与非缔约方就废物问题进行合作并实施环境无害化管理。然而，废物/危险废物在越境转移中难免涉及公约非缔约方。因此，《巴塞尔公约》第6条第7款规定："有关国家可书面同意使用第6款所指的总通知，但须提供某些资料，例如关于预定装运的废物/危险废物的确切数量或定期清单"。此"有关国家"则指出口缔约国或进口缔约国，或不论是否为缔约国的任何过境国。[2]可见，于废物/危险废物规制而言，在某些特殊情况下，非缔约方国家的相关义务和责任是可以参照缔约方国家执行的。

（二）非国家主体

非国家主体包括废物/危险废物的产生者、进出口者和处置者。

"产生者"是指其活动产生了废物/危险废物的任何人，或者，如果不知此人为何人，则指拥有和/或控制着那些废物的人。[3]产生者是废物/危险废物的最初来源者，对废物/危险废物的产生、管理和处置直接负责。《巴塞尔公约》规定，产生者必须采取必要措施，防止或最小化废物/危险废物的产生，并负责将废物妥善处置，以确保其不会对人类健康和环境造成危害。《巴塞尔公约》要求产生者对危险废物进行分类和标识，以便于其安全和有效地处理和处置。产生者还必须保证废物/危险废物的包装、标记和运输符合公约规定和国际标准，以确保危险废物在运输和处理过程中不会对人类健康和环境造成危害。公约还要求产生者在产生废物/危险废物时采取最佳环境技术以减少废物/危险废物的产生和最小化其对人类健康和环境的影响。此外，产生者还需要向有关当局报告其产生的废物/危险废物的类型、数量和去向等信息。总的来说，《巴塞尔公约》所指产生者承担着极其重要的义务和相应责任，需要采取必要措施，确保废物/危险废物的产生、管理和处置符合公约规定和国际标准，最大限度地减少其对人类健康和环境造成的危害。

"进出口者"指的是安排废物/危险废物的进口/出口、在出口国和进口国管辖下的任何人。[4]

---

〔1〕　参见《巴塞尔公约》序言。

〔2〕　参见《巴塞尔公约》第2条。

〔3〕　参见《巴塞尔公约》第2条。

〔4〕　参见《巴塞尔公约》第2条。

根据《巴塞尔公约》，进出口者有责任确保废物/危险废物在越境转移过程中得到安全、环保和合法的处理，遵守国际法规则和国家的法规及规定。为确保废物/危险废物能够正确分类和处理，防止对环境和人类健康造成危害，进出口者需要提供详细的废物/危险废物的信息和文件，包括废物/危险废物的种类、数量、危险特性、处理方法并得到相关国家的许可。

进出口者是废物/危险废物的经营者和持有人。废物/危险废物持有人或经营者作为造成废物/危险废物跨界损害的实际控制人，根据《巴塞尔公约》及其责任和赔偿议定书，废物/危险废物进出口者应为第一位序的赔偿责任主体。当然，在某些情况下，进出口者也可能和参与废物/危险废物越境转移的其他各方共同承担责任。[1]

"处置者"是指作为废物/危险废物装运的收货人并从事该废物处置的任何人。[2]处置者负责对废物/危险废物从生成到最终处置的整个过程进行管理和监督。处置者必须确保在处理废物/危险废物时采取最佳环境技术和最佳环境实践，以保护人类健康和环境。根据《巴塞尔公约》的规定，处置者需要获得相关授权和许可，以确保他们具有处理废物/危险废物的能力和资格。此外，处置者还需要对废物/危险废物进行有效的标记、包装和运输，以确保在整个处置过程中，废物/危险废物不会对人类健康和环境造成损害。

如果处置者有违公约对废物/危险废物处置的要求，则处置者需承担责任。诸如处置者在未获得许可的情况下出口废物，在未正确标记或包装废物的情况下就进行运输，或者以不利于环境的方式处置废物，则可被追究责任；如果处置者违反了《巴塞尔公约》，则可能会在其本国和废物处置地国家/地区承担法律责任。需要特别指出的是，法律责任的终点不是废物处置完毕，处置者应当对处置后的长期环境损害负责。为确保处置者对废物/危险废物处置造成的长期环境损害负责，除了条约层面，更重要的是在国内法层面建立相应的法律责任制度。

三、废物越境转移的限制与法律责任

国际环境法在对废物/危险废物越境转移进行限制的基础上，规定了违背

---

〔1〕 参见《巴塞尔公约责任和赔偿议定书》第4条。
〔2〕 参见《巴塞尔公约》第2条。

所承担的义务必须承担的法律责任。

（一）废物/危险废物越境转移的限制

第一，《巴塞尔公约》原则上禁止缔约国之间废物/危险废物的运输。关于缔约国之间废物/危险废物，公约允许一缔约国的废物/危险废物向没有禁止进口的另一缔约国出口，但必须遵守缔约国的一般义务，并得到进口缔约国的事先同意。《巴塞尔公约》的序言声明，应充分确认任何国家都享有禁止来自外国的废物/危险废物进入其领土或在其领土内处置的主权权利。各缔约国应不允许向禁止某类废物进口的缔约国出口该类废物/危险废物，也应禁止向属于在法律上完全禁止废物/危险废物进口的政治和/或经济一体化组织[1]中的某一缔约国或一组缔约国，特别是发展中国家，出口此类废物。

第二，关于缔约国与非缔约国之间废物/危险废物的转移。《巴塞尔公约》第4条和第5款规定，各缔约国应不许可将废物/危险废物从其领土出口到非缔约国，也不许可从一非缔约国进口到其领土。这是一种"有限禁止"，因为公约第11条规定，各缔约国可以同其他缔约国或非缔约国缔结关于废物/危险废物越境转移的双边、多边或区域协定或协议，只要此类协定或协议不减损本公约关于对环境无害化管理废物/危险废物的要求。同时，公约第4条也并未禁止废物/危险废物在非缔约国的过境运输，尤其是第7条的规定表明，在符合特定程序的前提下，从一缔约国通过非缔约国的越境转移是允许的。

第三，绝对禁止将废物/危险废物转移到南极。禁止将废物/危险废物出口到南纬60度以南的区域处置，不论此类废物是否涉及越境转移。[2]

第四，禁止将废物/危险废物从经济合作与发展组织国家运往非经济合作与发展组织国家。《巴塞尔公约》确认，人们日益盼望禁止废物/危险废物的越境转移及其在其他国家特别是在发展中国家的处置。[3]公约规定，缔约国会议应定期对公约的有效性进行评价，并认为必要时，参照最新的科学、环境、技术和经济资料，审议是否全部或局部禁止废物/危险废物的越境转移。据此，缔约国会议在1994年3月作出决定，禁止将危险废物从经济合作与发

---

〔1〕 "政治和/或经济一体化组织"是指由一些主权国家组成的组织，它得到其他成员国授权处理与本公约有关的事项，并经按照其内部程序正式授权签署、批准、接受、核准、正式确认完成加入本公约的组织。参见《巴塞尔公约》第2条。

〔2〕 参见《巴塞尔公约》第4条第6款。

〔3〕 参见《巴塞尔公约》"序言"。

展组织国家运往非经济合作与发展组织国家进行最后处置，并从 1997 年 12 月 31 日开始，禁止将危险废物从经济合作与发展组织国家越境转移到非经济合作与发展组织国家进行再循环或回收，如果非经济合作与发展组织国家继续允许从经济合作与发展组织国家进口危险废物进行再循环，则应该通知《巴塞尔公约》秘书处。

（二）法律责任

1. 事先通知责任

那些未被《巴塞尔公约》禁止的以及与《巴塞尔公约》规定的缔约国一般义务一致的废物/危险废物的越境转移，必须遵守《巴塞尔公约》的管理制度。这种管理主要体现为对事先通知程序的遵守。

出口国有责任通过本国指定的部门或要求废物/危险废物的产生者、出口者将废物/危险废物越境转移的情况，通知准备进口的和过境的国家；而且通知的情况应该详细，使进口国和过境国的有关部门能够评价废物转移的性质和危险。

进口国无论是有条件或无条件同意转移、不允许转移，还是要求进一步提供资料，都应书面答复通知者。进口国在答复中，必须证实存在一份出口者与处置者之间的合同，并详细说明对有关废物的环境无害管理方法。在通知者收到进口国的书面同意及确认上述合同前，出口国不应允许转移。

每一缔约方过境国应迅速向通知人表示收到了通知，并应在收到通知后 60 日内以书面答复通知人，表示有条件或无条件同意过境、不允许过境，或者要求进一步提供资料。在收到过境国的书面同意之前，出口国不应允许转移废物/危险废物。但与进口国地位不同的是，缔约方过境国可以一般或在特定条件下不要求事先的书面同意，并将该决定通过公约秘书处通知其他缔约国。在这种情况下，如果在过境国收到某一通知后 60 日内，出口国未收到答复，出口国可允许通过过境国进行出口。可见，根据公约的这一规定，过境国的明示同意是原则，默示同意是例外。

2. 废物再进口责任

这里所谓废物再进口，指的是由出口者将经过同意已出口的、但未能遵守有关的环境无害管理协议的废物/危险废物运回出口国。公约要求出口国确保在进口国通知出口国和本公约秘书处之后 90 天内或经有关国家同意的另一期限内，由出口者将该废物/危险废物运回出口国。出口国和任何过境缔约国不应反对、妨碍或阻止该废物运回出口国。[1]此种情形下，环境无害管理的责任就由废物/危险废物产生国承担了。

3. 非法运输责任

《巴塞尔公约》将废物/危险废物的非法运输界定为没有依照公约规定向所有有关国家发出通知，或没有依照公约规定得到有关国家的同意，或通过伪造、谎报或欺诈而取得有关国家的同意，或与文件有重大出入，或违反本公约以及国际法的一般原则，造成废物/危险废物的蓄意处置的行为。[2]各缔约国应认为废物/危险废物的此种非法运输为犯罪行为。在出现非法运输情况时，国家应承担责任。

《巴塞尔公约》还规定如果上述非法运输由出口者或产生者的行为所致，则出口国应确保在被告知该非法运输情况后 30 天内或在有关国家商定的另一期限内，由出口者或产生者，或在必要时由它自己将有关废物运回出口国，或如不可行，则按本公约的规定另行处置。有关缔约国不应反对、妨碍或阻止将废物退回出口国。[3]如果非法运输是由进口者或处置者的行为所致，则进口国应确保在它知悉该非法运输情况后 30 天内或在有关国家商定的另一限期内，由进口国或处置者在必要时由他自己将有关废物以环境无害方式加以处置。[4]如果非法运输的责任既不能归于出口者或产生者，也不能归于进口者或处置者，则有关缔约国应通过合作，确保有关废物在出口国或进口国或其他适宜地方以环境无害方式得到处置。[5]

4. 国际合作责任

《巴塞尔公约》要求缔约国为实现废物的环境无害管理而进行国际合作。合作的事项包括：提供有关废物的环境无害管理的资料；合作监测废物的管理对人类健康和环境的影响；合作开发和应用新的环境无害低废技术和改进现有技术；技术转让；合作制订技术准则和业务规范；协助发展中国家减少废物/危险废物的产生量，增加废物处置设施和防止废物造成污染；提高公众

---

〔1〕《巴塞尔公约》第 8 条。
〔2〕《巴塞尔公约》第 9 条第 1 款。
〔3〕《巴塞尔公约》第 9 条第 2 款。
〔4〕《巴塞尔公约》第 9 条第 3 款。
〔5〕《巴塞尔公约》第 9 条第 4 款。

认识等。[1]

5. 赔偿责任

《巴塞尔公约》没有规定废物/危险废物所造成损害的责任和赔偿问题。但公约规定了"在可行时尽早通过一项议定书，就危险废物和其他废物越境转移和处置所引起的损害的责任和赔偿方面制定适当的规则和程序"。[2]于是，1992年8月20日的缔约国会议通过了《巴塞尔公约责任和赔偿议定书》。议定书的目标是："建立一套综合赔偿制度，迅速充分赔偿因危险废物和其他废物越境转移及其处置包括此类废物的非法运输所造成的损害。"（议定书第1条），初步解决了《巴塞尔公约》项下废物越境转移和处置过程中的环境损害的赔偿责任问题。《巴塞尔公约责任和赔偿议定书》规定：

（1）以"严格责任"为主，过错责任为辅。议定书第4条，将赔偿责任分别自动归咎于发出通知者（处置者接管前）和处置者（在其接管后），以确保造成污染者承担赔偿责任，使受害人能迅速获得赔偿。而以过失责任为补充（议定书第5条）则既作为受害者"如果不能按照第4条获得赔偿时的一种次选办法"，也作为"根据第4条应负有赔偿责任的人的追索权的依据"。

（2）规定了强制的保险金、保证金和其他财务担保，并赋予受害人直接向提供保险金、保证金的主体或提供其他财务担保者提出索赔要求的权利。[3]这进一步保障了受害人能及时获得公正有效的赔偿。

（3）议定书在确定严格赔偿责任为责任基础的同时，也规定了赔偿责任的限额（议定书附件B），此处的责任限额只规定了最低赔偿标准，有利于受害者取得与损害相当的赔偿，也有利于保险人正确估算保险费用从而使废物越境转移的保险计算有标准可以参照。

（4）议定书第6条规定了"预防措施"，促使对废物有"经营管理控制权的人及时采取措施减轻事件造成的损害"。在第2条第2款（c）项"损害"的定义中，包含了预防措施和恢复措施所涉的费用，所以采取措施而花费的合理费用也由承担赔偿责任者而不是由采取措施者承担，就免除了废物导致损害当时拥有实际控制权者的后顾之忧，能促进他们及时减轻损害。

---

[1] 《巴塞尔公约》第10条。

[2] 《巴塞尔公约》第12条。

[3] 参见《巴塞尔公约责任和赔偿议定书》第14条。

（5）议定书对管辖法院（第17条）、适用法律（第19条）、国家保证裁决的执行（第21条）等作了规定，在具体程序上方便受害者诉讼以及保证裁决得到缔约国的承认，使赔偿能够得到真正落实。

综上，《巴塞尔公约责任和赔偿议定书》确定了危险废物越境转移及其处置所造成损害的责任和赔偿的法律框架，尤其是规定了严格责任，完善了废物/危险废物越境转移和处置中的"义务—责任"体系，无疑有利于《巴塞尔公约》的切实履行，并对《巴塞尔公约》进行了补充和发展。

第二十章

环境与战争

战争是人性自私肮脏的最残暴表现。无论以什么方式否定或不承认战争，战争都是客观存在的。战争对自然界从来都是破坏性的，主观上对敌人环境的破坏是战争中给敌方设置障碍阻碍敌方军队前进并打击敌方的策略，但客观上战争带给环境的破坏和损害后果是无以复加的。此外，武器制造、试验等军备以及军事演习也都对环境造成了严重损害。这一切不仅使遭受摧残的环境不再适宜人类的生存，而且这些对环境所造成的严重后果是不可逆转的。为此，构建国际环境法律制度以规制战争实属人类可持续生存之必需。

第一节　战争对环境的致害

我们本来可以在蓝天白云、风和日丽、景色秀美的环境中，呼吸着清新的空气，饮着甘洌的泉水，听着鸟语闻着花香，健康惬意地安详生活。这原本就是大自然的赐予。然而，各种各样对环境的损害和破坏却给我们的生活生存环境造成了严重威胁，尤其是战争及其相关军事活动。为了人类社会的可持续生存和发展，应避免进行损及大自然的军事活动。[1]在战争期间有意造成的大规模环境破坏不能为国际社会所认可，应予避免。[2]

---

〔1〕　参见 1982 年《世界自然宪章》第 20 条。
〔2〕　参见《21 世纪议程》第 39 章 "国际法律文件和机制"。

一、战争对环境破坏的即时性后果

西塞罗认为"战争是通过武力进行的争斗"。[1]通俗地讲，战争就是国家之间、民族之间、阶级之间或政治集团之间为某种政治目的和利益而进行的武力争斗。实践表明，战争并不是一个瞬间性行为，而是一种事态，是存在于争斗双方间的一种持续状态。[2]虽然 1928 年《巴黎非战公约》否定了战争作为国家推行对外政策工具的合法性，[3]然而，人类中的癫狂者却一直如同战争一样魔鬼般使用着恶魔的手段。尽管换了一个叫法，传统武装冲突的概念也是狭义的法律上"战争"的概念，武装冲突实际上还是战争，只不过是由于废除了战争的合法性，武装冲突在法律上有些与战争不同的效果而已。[4]无论是世界战争还是局部战争，都不仅会造成生命和财产巨大的损失，而且会带来巨大的环境破坏。

战争对环境造成的破坏性后果有如都市、乡村、道路、桥梁以及世界文化遗产等的毁灭性破坏，是即时可以感受到的战争给环境带来的损害后果。战争一直在折磨、摧残着人类。如 1948 年的阿以战争，75 万巴勒斯坦人丧失了土地与家园；1967 年的六日战争[5]，巴勒斯坦和戈兰高地的许多城镇遭到了破坏，人口大量减少，大约有 380 万难民生活在联合国巴勒斯坦难民救济和工程局建设的 59 个难民营里，他们大多生活在条件恶劣的环境下，为本

---

〔1〕 转引自［荷］格劳秀斯：《战争与和平法》，［美］A.C. 坎贝尔英译，何勤华等译，上海人民出版社 2005 年版，第 28 页。

〔2〕 ［荷］格劳秀斯：《战争与和平法》，［美］A.C. 坎贝尔英译，何勤华等译，上海人民出版社 2005 年版，第 28 页。

〔3〕 1928 年 8 月 27 日在巴黎签订的《非战公约》即《关于废弃战争作为国家政策工具的一般条约》，也简称为"巴黎公约"或"白里安—凯洛格公约"，第 1 条规定：缔约各方以它们各国人民的名义郑重声明，它们斥责用战争来解决国际纠纷，并在它们的相互关系上废弃战争作为实行国家政策的工具。第 2 条进一步提出：缔约各方同意，它们之间可能发生的一切争端或冲突，不论其性质或起因如何，只能用和平方法加以处理或解决。

〔4〕 周忠海主编：《国际法》（第 3 版），中国政法大学出版社 2017 年版，第 381~382 页。

〔5〕 即指第三次中东战争，以色列方面称六日战争，阿拉伯国家方面称六月战争，亦称六五战争、六天战争，发生在 1967 年 6 月初，战争共持续了 6 天，以色列占领了埃及的西奈半岛、叙利亚的戈兰高地、约旦河西岸地区、耶路撒冷，以及约旦所管辖的地区及加沙地带，共达 65 000 平方公里的土地。大批巴勒斯坦难民被赶出家园。

来就很贫乏的自然资源带来了更大的压力；1973 年的 10 月战争〔1〕和 1982 年以色列入侵南黎巴嫩；1990 年 8 月 2 日至 1991 年 2 月 28 日的海湾战争〔2〕，伊拉克故意把 95 亿升石油倾倒在沙漠地区，估计有 15 亿升的石油流入了海湾，科威特 600 多眼油井被点火，造成了世界最大的一次石油污染；以及 1999 年 3 月、2001 年 10 月、2003 年 3 月美国对科索沃、阿富汗、伊拉克的战争；等等。这些无一不对人类生存环境造成了莫大的灾难。离我们最近的，也是人类有史以来第一次在军事、政治、经济、思想、文化乃至网络等全领域展开的全范围战争——俄乌冲突〔3〕导致大量的生活设施被毁并造成大量无家可归的难民，更遑论生态环境的毁灭性破坏。

战争给人们带来许多灾难，炮火破坏了许多土地资源，水资源遭到严重污染和破坏，海洋资源也被破坏，油井燃烧严重污染空气。更有甚者，在战争中使用核武器、生化武器以及地球物理武器〔4〕等致使生态系统遭受不可恢复的破坏。

2023 年 8 月 6 日，阿富汗国家环境保护局官员表示：在全世界易受气候影响的脆弱国家中，阿富汗排名第六，这是因为在过去几十年的冲突期间，美国及其盟国在阿富汗使用了大量武器弹药，损害了阿富汗的气候和植被。几十年来，各种不同的军事武器被投放在阿富汗的土地上，化学物质残留在阿富汗的空气中，造成了我们的气候变化，损害了我们的皮肤，造成我们同胞的死亡或者受伤，房屋损毁。美国等西方国家自诩人权卫士，但是却罔顾对阿富汗的责任，使用了大量武器弹药损害了阿富汗民众生命健康、破坏了

〔1〕 即第四次中东战争，又称赎罪日战争、斋月战争、十月战争，发生于 1973 年 10 月 6 日至 10 月 26 日，起源于埃及与叙利亚分别攻击六年前被以色列占领的西奈半岛和戈兰高地。
〔2〕 “海湾战争”指的是 1990 年 8 月 2 日至 1991 年 2 月 28 日期间以美国为首的由 34 个国家组成的联军和伊拉克之间发生的战争。
〔3〕 指开始于 2022 年 2 月的俄罗斯与乌克兰之间的战争，俗称 “俄乌冲突”，至今仍在持续中。
〔4〕 地球物理武器始于 20 世纪初，是特斯拉（Tesla）技术的延伸，广义的地球物理武器是指以地球物理场作为打击和消灭敌人的武器，它与现代战争中使用的常规武器（如飞机、大炮、原子弹和氢弹等）不同，是运用现代科技手段，以通过干扰或改变存在我们周围的各种地球物理场（如电磁场、地震波场、重力场等），来达到瓦解和消灭对方有生力量的一种非常规武器。包括堵塞、干扰和破坏敌方通信；改变战区的气候和生态环境；摧毁对方的飞机、军舰、潜艇、导弹、卫星；甚至诱发地震、海啸、暴雨、山洪、山崩等各种自然灾害，以实现军事目的的一系列武器的总称。地球武器有很多种类：如海洋环境武器、化学雨武器、海啸风暴武器、人工海幕武器、吸氧致命武器、寒冷武器、高温武器等。实际上，地球物理武器早就运用于实战，只是并未引起人们太多的注意。

阿富汗自然环境。[1]

始于 20 世纪 90 年代初的美国"高频主动式极光研究项目"（High Frequency Active Auroral Research Program，HAARP）[2]，其对环境的毁灭性破坏可谓骇人听闻。

从地表往上可将大气层划分为对流层、平流层和电离层。而大气层以上，还有磁层和等离子层。对人类的作用和影响最大、最直接的是对流层，它的存在和变化直接影响地面的气候和所有生物的生存。其实电离层对环境和人类的影响，不亚于对流层。从太阳和宇宙深处辐射到地球来的各种射线，绝大部分都被电离层（包括电离层中的臭氧层）及平流层反射和吸收，否则地球上的一切生命将不复存在。地球的圈层作为一个整体，电离层的变化，也必然会影响到对流层和平流层。实际上若没有电离层的话，地球上远距离的无线电通信也是不可能实现的。人们常说的天气是在对流层而言，而电离层的天气则称为空间天气。空间天气是指从太阳和宇宙深处传向地球的各种离子的密度、结构和变化情况。显然，HAARP 对于地球物理场的改变，必然会影响到大气层（包括对流层、平流层、电离层）的密度、结构和对流。将其作为战争武器即"电磁武器"。"电磁武器"就是 HAARP 利用相控阵[3]天线的原理，将天线发射的微波聚集形成一个波束，发射到高空电离层中的某一点，用于破坏指定地点上空的电离层结构。发射到电离层的微波束，可以像微波炉一样，把以该点为中心一定范围的电离层加热，直至把臭氧层烧出一个大"洞"。宇宙中的各种射线（如紫外线）可以通过这个空洞长驱直入，毫无阻碍地侵入地球，释放出比核爆炸强大得多的辐射能，造成对人类的巨大伤害，甚至可以杀死一定目标范围内的所有生物。地球是一个整体，电离层好似包围在地球外面的一层薄薄的肥皂泡，电离层加热后烧出一个大洞，相当于肥皂泡一处受损，其结果将导致整个肥皂泡的变形乃至破裂。地球各

---

[1]《阿富汗官员：美国大规模使用武器损害阿富汗气候和植被》，载 https://world.gmw.cn/2023-08/07/content_ 36751391. htm，2024 年 8 月 27 日访问。

[2]该项目是始于 1990 年的由美国参议院批准美国空军和海军在阿拉斯加州联合建造和共同管理的电离层研究项目，是研究太空电离层、发展新型武器和技术的庞大军事工程计划。

[3]相控阵即相位补偿（或延时补偿）基阵，它既可用以接收，也可用以发射。其工作原理是对按一定规律排列的基阵阵元的信号均加以适当的移相（或延时）以获得阵波束的偏转，在不同方位上同时进行相位（或延时）补偿，即可获得多波束。其优点是，不必用机械转动基阵就可在所要观察的空间范围内实现波束的电扫描，非常方便灵活。

圈层的平衡破坏后，必然会影响平流层和对流层，甚至造成大气环流的改变，引起所在地区内的洪水和干旱。诸如"电磁武器"等地球物理武器一旦用于战争，其后果是不堪设想的。

战争对环境的破坏，诸如使用核武器生化武器等污染水源、大面积地反复轰炸致使植被永久破坏和土壤变质、地球物理武器对环境和生态系统的毁灭性破坏等，皆超过了其他任何形式或媒介对环境和自然生态系统的破坏。

二、战争对环境破坏的长期性后果

战争就是以击败或消灭敌人为目标的军事、政治、经济、思想、文化等方面的综合行为。所以，战争包括但不限于刀光剑影、炮火连天的军事战场；任何地方和任何领域都可以是战场，只要可以打击敌人、促其败亡。历史以来，战争法规一直就强调人道主义原则，禁止不分青红皂白的作战手段，格劳秀斯曾提出：国际法禁止用毒物杀害任何人。1899 年和 1907 年的海牙公约也明文规定禁止使用毒气和有毒武器。[1] 显然，使用细菌、病毒武器对环境造成的损害，尤其是利用现代高科技的核武器、生化武器以及利用环境致变技术等战争手段对环境造成的不仅仅是即时的损害，更是长期性的深重灾难。

日本在侵华战争中，灭绝人性地使用生物武器实施细菌战、病毒战的恶果尤其是其所导致的鼠疫、烂脚病至今依然困扰着人们；美国在日本广岛长崎使用核武器，在越南战争中使用化学武器和基于环境控制技术武器，在科索沃、伊拉克战争中大量使用贫铀弹等，造成诸如畸生儿、白血病等贫铀弹症，且贫铀弹的半衰期达 45 亿年，可见其残忍与后果的不可思议；2006 年 7 月至 8 月在第二次黎以战争中，以色列对黎巴嫩使用了被称为"死亡烟花"的白磷弹，不仅造成数以千计的人失去生命，数万人流离失所，且对环境造成了难以估量的破坏和损害；海湾战争的环境影响长达几十年，除造成海洋与陆地污染外，油井燃烧排放出大量的硫化物、氮氧化物、一氧化碳与高颗粒物等污染物质，当时就有 18% 的科威特居民感染了呼吸道疾病与哮喘，[2] 甚至影响气候系统的稳定。这一切使遭受摧残的环境不再适宜人类的生存，这些对环境造成的无以复加的严重后果是不可逆转的。随着科学与技术的迅

---

〔1〕 转引自端木正主编：《国际法》，北京大学出版社 1997 年版，第 439 页。

〔2〕 联合国环境规划署编：《全球环境展望 3》，中国环境科学出版社 2002 年版，第 288 页。

猛发展，生物武器、化学武器等大规模毁灭性武器以及空间武器技术和环境控制技术武器（如人为制造地震和人为洪水等）对人类社会和人类生存环境造成了长期性巨大损害。

现代意义化学武器的发展可追溯到 20 世纪，其兴起标志着一个新的战争时代的开始。[1] 1915 年 4 月 22 日下午，在比利时伊珀尔战场上，德军首次大规模地使用了化学武器，开启了化学武器在战争中的应用，造成了长约 6 公里的深黄色毒剂云团，类似不断变换形态的魔鬼连续飘向盟军阵地。盟军很快便出现了大量咳嗽、呼吸困难、喘息等中毒症状，不久战场上便遍布了尸体。这次袭击导致 1.5 万人中毒，其中 5000 人死亡，使第一次世界大战演化为"毒剂战争"。两年后的 1917 年 7 月 12 日，在同样的伊珀尔战场，德军再次创新，首次使用了一种名为芥子气的新型化学武器。这种毒剂具有极强的局部刺激作用，能迅速引发皮肤水疱并溃烂，给患者带来极大的痛苦。芥子气的渗透力极强，极难有效防护，它能对人体任何部位造成伤害，并且能在战场上形成持久的染毒区域，虽然其直接致死率相对较低，但受攻击后的恢复过程极其缓慢且痛苦，因此具有出色的战场杀伤效果。此外，芥子气的制造技术相对简单且易于长期贮存。这些因素使得芥子气在此后的几十年间被广泛使用并成了名副其实的"毒剂之王"。[2] 在 1961 年至 1975 年美国对越南发动的侵略战争中，美军使用了植物杀伤剂，俗称"落叶剂"，这种毒剂最初是设计用来伤害植物而非人类的。植物杀伤剂原本作为农用药剂存在，包括蓝色剂、紫色剂、白色剂和橙色剂等多种类型，其中主要的橙色剂是农用除莠剂的混合物。当这些植物杀伤剂进入植物叶片后，会破坏植物的生长过程，导致叶片在几周内脱落。在战争中，使用"落叶剂"的目的是破坏敌方的天然掩护和破坏农作物以断绝敌方的粮食供应。然而，美国在越南战争期间累计使用了 6700 万升主要成分为二噁英的"落叶剂"，导致 153.6 万人中毒、3000 余人死亡，造成了 50 多万"落叶剂"畸形儿，200 多万越南儿童遭受癌症和其他病痛的折磨，并造成了越南 1/10 国土的森林生态系统的严重破

---

〔1〕　海春旭等：《军事舞台上化学武器的群魔乱舞与降魔之盾》，载《空军军医大学学报》2024 年第 5 期。

〔2〕　A. Mangerich, C. Esser, "Chemical Warfare in the First World War: Reflections 100 Years Later", *Arch Toxicol*, 2014, 88 (11), pp. 1909~1911.

坏。[1]

如今，核武器、生化武器逐渐呈现小型化发展趋势，在使用效能不变的情况下，由于其使用更加方便灵活，将直接对全球安全构成新的现实威胁。21 世纪以来，一些国家、地区和组织仍在极力发展核生化武器，使得世界核生化安全形势日益复杂严峻，核生化威胁形势不仅没有缓和，反而出现了更为复杂的发展趋势，如核生化扩散、核生化恐怖事件及次生核生化灾害等，对各国核生化防御准备形成了更大的挑战和考验。核武器生化武器的次生危害是指核设施、生物设施和化学设施遭袭后造成放射性物质和有毒有害物质泄漏等所产生的次生危害和衍生后果，包括次生核辐射危害、次生生物危害和次生化学危害。空袭损毁核电站、生物设施、石油化工设施、油气管道和武器库等目标，导致核物质泄漏、生物制品泄漏、化工制品燃烧、武器爆炸等引发的建筑物倒塌、爆炸、火灾等，必然导致空气和水源污染等次生灾害。由于其损害难以在短时间内被消除等特性，其将长期严重危害民众生命财产安全的同时造成严重的环境损害后果。诸如在近年的局部战争中，袭击石油化工设施后造成大范围原油污染，同时燃烧产生的大量有毒有害气体等，直接危害民众健康，破坏生态环境。以常规武器打击这类目标产生的结果无异于"打了一场没有使用化学武器的化学战"。[2]

战争使人们无家可归流离失所，战争对环境造成了毁灭性破坏，战争更是对人类文明的最大威胁。而且，现代战争早已没有了时空界限。

第二节　军备对环境的影响

军备是战争的组成部分。军备竞赛导致了环境的极大破坏。

目前许多保卫和维护人类进步、满足人类需求和实现人类理想所做出的努力，无论是在富国还是在穷国，都不是可持续的。它们过多、过快地开采已过量开采的环境资源，使其被耗竭而不能持续到未来。贫穷和失业的增加加重了对环境资源的压力，因为更多的人不得不更直接地依赖这些资源。即使这样，许多国家政府还是放弃保护环境的努力，放弃在发展规划中考虑生

---

〔1〕　权伟利：《越南橙剂受害者协会及其影响》，载《濮阳职业技术学院学报》2016 年第 1 期。
〔2〕　木易：《核生化武器的威力有多大》，载《生命与灾害》2023 年第 9 期。

态问题，而于 1945 年的广岛原子弹爆炸认识核灾难的同时，在核恐怖的驱使下以保护安全为旗帜展开了战后军备竞赛。

一、武器制造对环境的影响

武器的作用是使敌方的战斗员丧失战斗力。然而，第二次世界大战结束以来，为维护其霸权，一些大国发起了令人震惊的以研发生化武器、地球物理武器和制造核武器为代表的军备竞赛。而核军备竞赛主要表现在核武器的试验上。

核武器试验又称核试验，是核武器制造的重要环节。按照爆炸时的环境条件，核试验大体可分为大气层核试验、高空核试验、水下核试验及地下核试验。大气层核试验、水下核试验以测试核武器的威力以及对目标的破坏程度为主，当量较大，环境污染严重，爆炸点周围数十年内不适合人类居住。[1]大气层核武器试验涉及将大量放射性物质直接释放到环境中，并造成最大的人造辐射源集体剂量。高空核试验以及地下核试验虽然由于爆炸条件限制，当量较小，目的性强，但也存在放射性污染。

概而言之，为制造核武器而进行的核试验对环境造成的严重危害包括辐射危害和非辐射危害。

核试验对环境造成的辐射危害分为早期核辐射和放射性沉降。早期核辐射是指核爆炸时最初十几秒内发出的中子和伽马射线，中子射线穿透力强、作用时间短、剂量率高，是导致一定距离内生物体外照射辐射损伤的主要原因；伽马射线是放射性核素自发释放出的射线，能轻易穿透生物体，对生物危害极大。放射性沉降也称剩余核辐射，来源于核裂变产物、中子活化元素和未烧尽的核燃料。核爆导致部分土壤被汽化或液化，大量土壤微粒被卷入核爆产生的烟云中，烟云上升的过程中，汽化、液化的物质凝结成大小不同的放射性微粒，随后在重力作用下向地表沉降。放射性沉降散布于空气、土壤、试验残片、残存植物、动物以及附近水域的生物上。在放射性沉降缓慢下落的过程中，部分放射性微粒飘浮在空气中，因此空气中的放射性非常强。放射性沉降范围内，地表一切物体都覆盖了厚厚的放射性落下灰，因而呈现极强的放射性。刮风下雨等气象也会将空气或土壤中的放射性沉降溅到动植

---

〔1〕 杨千里：《世界重要核试验历史回顾》，载《国际地震动态》2017 年第 1 期。

物身上，植物还会通过根系从土壤中吸收核辐射，动物通过直接沾染放射性沉降、在辐射浓度很高的空气中呼吸、摄取已经受到辐射污染的动植物而受到更大的伤害。海洋生物也受到严重辐射，因而活动范围更大而影响更广。

核试验对环境造成的非辐射性破坏主要包括：①核试验导致试验地地貌发生了巨大变化。地貌是地壳运动和外部的风、水、光、大气及生物活动长久以来的合力所形成的，对地貌的破坏极难修复。②核试验造成了燃料和石油污染。如1946年7月美国为测试核爆对舰船的破坏程度，在比基尼环礁周围部署了数艘装载燃料和弹药的军舰，核试验导致数艘舰船受损严重而沉入水中，造成燃料和石油泄漏，污染附近水域。③核试验对环礁及周围水域的生物造成了严重伤害。核爆直接造成一定范围内生物的大面积死亡。核试验导致试验地生物种类发生变化。例如，埃尼威托克环礁在核试验进行之前约有95种植物，包括椰子树、面包树、番茄、大白菜等诸多粮食作物，但核试验后这些作物被毁殆尽，只剩草海桐和砂引草。核爆还直接掀走一定范围内的表层土壤，后期为了降低岛屿的辐射水平会铲走放射性较强地区的土壤表层，这都会导致土壤肥力严重下降，不利于微生物和植物的再生长，从而大大延缓整个地区的生态恢复进程。[1]

从核试验造成环境危害的地理范围来讲，核试验对试验地当地的生态造成了严重破坏。以美国在马绍尔群岛的核试验为例，该地区很多岛礁都受到了核辐射照射，辐射导致生物体呈现极强的放射性，出现一定程度的变异。根据1949年美国原子能委员会的调查，埃尼威托克环礁的主要岛屿之一——恩杰比岛上有7种植物发生了变异。鲁尼特岛上有3种植物出现了变异：这些植物出现叶绿素减少、花簇变多、果实萎缩、严重缺钙等多种异常现象。除此之外，法国在南太平洋地区进行的核试验，给南太平洋地区遗留下了长期的负面影响，对太平洋地区环境包括水质、珊瑚层等造成了核污染和破坏。[2]与此同时，核试验也对全球生态造成了破坏。首先，破坏臭氧层。核爆过程中的高温会导致空气中生成大量氮氧化合物，每100万吨TNT当量的核爆将促成约5000吨氮氧化合物的诞生，核爆产生的火球在上升过程中将这些氮氧化合物

---

〔1〕 牛丹丹：《大国核试验对太平洋地区的环境影响——以美国在马绍尔群岛的核试验为例》，载《历史教学问题》2023年第6期。

〔2〕 田肖红、卢燕：《法国在南太平洋的核试验（1962～1996）：原因、概况与影响》，载《太平洋岛国研究》2020年第1期。

带到臭氧层，导致臭氧的分解。其次，核爆产生的较大颗粒放射性沉降物会降落到爆炸地及周围区域，较小颗粒的沉降物则会随着气象活动四处飘移，在数周、数月乃至数年内缓慢沉降到地球各处，会对全球水域等产生影响。[1]

根据斯德哥尔摩国际和平研究所平台提供的数据，1945 年至 2006 年期间，全世界共进行了 2053 次核试验，核试验在所有环境下进行，大约 25% 是在大气层（少数情况下在水下）进行的，75% 是在地下进行的，大约 90% 的核试验是在北半球进行的，只有 10% 是在南半球进行的。由于在核武器试验期间大量放射性同位素（特别是 14C、137Cs 和 90Sr）释放到大气中，因此北半球的污染比南半球更严重。核试验产生的爆炸、核辐射、核污染等会对极广范围内的事物和环境造成危害。自 20 世纪 40 年代初核时代开启以来，地球受到了人为的放射性污染，主要来源是 1980 年以前在大气进行的核武器试验的沉降物、核反应堆乏燃料元素的核再处理排放物。1945 年至 2013 年期间在大气层和地下进行的大量核武器试验导致了放射性废物环境污染，高水平的放射性，导致了严重的生态和社会破坏。

近几十年来，美国和俄罗斯已经拥有了它们足以多次毁灭人类的核武器库，并使这种武器逐步扩散和微型化。而且，核武器、生化武器等不仅已经为妄想狂国家所拥有，并将为疯狂的独裁者和恐怖主义组织所掌握。

事实上，深刻的环境危机给人们的安全甚至生存造成了威胁。这种威胁可能比起装备精良、虎视眈眈的不友好的邻邦的威胁还要大。在拉丁美洲、亚洲、中东和非洲的部分地区，环境退化正在成为政治动乱和国际局势紧张的根源。但是，世界范围的军备竞赛提前耗竭自然资源，而这些资源本来可以更有效地用来消除对安全与生存的威胁。国际政治若不是走向更有组织的共享财富的社会，实行教育、救济、保健和住房等一系列的政策来建设理想的社会，那就只能是在造反和混乱中同归于尽。目前许多通过国际渠道援助发展的方案，就是这种共享财富的社会的初步蓝图。

全球每年用于军备发展的费用，计数万亿美元之多，而且这个数字还在继续增长。[2]许多国家用于军备方面的费用占其国民生产总值的比例相当大，

---

〔1〕　牛丹丹：《大国核试验对太平洋地区的环境影响——以美国在马绍尔群岛的核试验为例》，载《历史教学问题》2023 年第 6 期。

〔2〕　参见世界环境与发展委员会：《我们共同的未来》，王之佳等译，吉林人民出版社 1997 年版，第 9 页。

这会给这些国家的发展带来巨大的危害。各国政府往往根据传统的定义选择其保障安全的方法，这一点明显地表现在企图通过发展潜在的毁灭星球的核武器系统来实现安全。研究表明，即使是一场有限核战争，战争之后出现的寒冷黑暗的核冬天也可能摧毁植物和动物生态系统，留给幸存者的是与从前居住的完全不同的一个荒芜的星球。当空气和海洋环绕着我们这个小行星流动时，你的锶 90 和我的锶 90 之间并没有什么区别。它们对于我们大家都可以造成致命的危害。[1]

军备竞赛耗费各国大量的人才、资金、能源、原材料。这些资源如用在保护环境和提升人民生活质量上将可产生巨大的环境和社会效益。这样的认识所产生的力量促成了一系列全球条约——1963 年的《禁止在大气层、外层空间和水下进行核试验条约》、1968 年《不扩散核武器条约》、1972 年的《禁止细菌（生物）及毒素武器的发展、生产及储存以及销毁这类武器的公约》和 1996 年《全面禁止核试验条约》等，这些条约使早期的核大国不再进行竞争性的大气层试验，使无数儿童免患白血症。

军备与战争会形成恶性循环。因此，有必要确定一个一般框架，不仅可以减少战争造成的痛苦和损害，而且可以制定新的规则，以尽可能地保护人类生存环境。

二、军事演习对环境的影响

全球各地的频繁军事演习、军事训练和武器试验，给地球造成的环境污染和破坏可谓触目惊心，影响深远。军事演习中倾泻了大量导弹、火箭弹等，对大气、土壤、水源以及植被、动植物等等造成了极大的污染和破坏。

在浩瀚的太平洋，很多海域和岛屿都因为美军的军事演习、武器试验等军事行动而遭到了严重污染。2020 年 10 月，英国记者乔恩·米切尔出版了《毒害太平洋——美国军方秘密倾倒钚、化学武器和橙剂》一书，通过对当地居民、老兵和研究人员进行采访以及梳理美国政府长达 1.2 万页的文件，详细披露了美国政府在太平洋制造污染的事实。书中透露的历史资料令人震惊。位于太平洋中部的马绍尔群岛上有一个圆顶形建筑，被称为"墓穴"。这里填

---

〔1〕 ［美］芭芭拉·沃德、勒内·杜博斯：《只有一个地球——对一个小小行星的关怀和维护》，《国外公害丛书》编委会译校，吉林人民出版社 1997 年版，第 256~258 页。

埋着美国数十次原子弹试验造成的大量放射性废料，超过 7 万立方米。1946
年至 1958 年间，美国在马绍尔群岛一共进行了 67 次核试验。这些核弹抹平
了小岛，在埃内韦塔克泻湖上造成了一个个弹坑，使当地人背井离乡。2018
年，美国能源部承认，"墓穴"受到海平面上升和风浪的影响出现变形裂缝，
正在向海里泄漏放射性物质。[1]

　　2013 年 12 月 16 日，美国国家海洋渔业局（隶属于美国国家海洋和大气
管理局）批准美海军在南加州与夏威夷之间的海域进行为期 5 年的声呐和实
弹训练。美国"地球正义"等环保组织马上向夏威夷联邦法院提起诉讼，称
以声呐等为内容的海军训练对海洋哺乳动物的伤害是不可避免的，要求法院
阻止美海军在上述海域的军事训练。美国海军官员表示，海军训练对国家安
全至关重要，尤其是声呐训练，对美海军监测外国超静音潜艇活动发挥着重
要的作用，比如对游弋在波斯湾浅水区域伊朗潜艇的监测，就离不开声呐系
统的使用。美国国家海洋和大气管理局声明，该局在审核了美国国家海洋渔
业局的报告后认为，美海军承诺采取的"减轻措施"将使"声呐对海洋哺乳
动物的伤害最大限度地减小"。这些"减轻措施"是指如果在训练中发现有大
型哺乳动物在训练海域活动，美海军将停止使用声呐、实弹训练等威胁其生
存的训练内容，并承诺在冬季的夏威夷训练海域设立"座头鲸保护区域"。为
了进一步确保训练海域的海洋哺乳动物生存不受威胁，美国国家海洋渔业局
还要求海军和当地渔业部门定期召开会议，讨论有关当地海洋哺乳动物生存
状况的科学研究成果，以及商讨是否有必要采取其他的"减轻措施"。对于美
国海军的承诺，"地球正义"等环保组织则表示，基于一些海洋动物濒临灭绝
的现状，其"减轻措施"并不能足以保证当地海洋哺乳动物免受伤害。美国
海洋哺乳动物研究所表示，科学证明在海洋中进行声呐和实弹训练将危害海
洋动物，应该对训练的时间、地点有所限制，不可以在海洋动物重要繁殖区
进行军事训练。

　　自各国海军半世纪前开始使用声呐后，世界各地发生了不少鲸搁浅的事
件，且数量逐年上升。声呐的使用可能造成海洋动物迷失方向，从而冲上浅
海滩。除此之外，生物学家还担心军事训练会对海洋动物生活造成长期压力，

---

[1]《从冲绳到太平洋　美国海外军事行动造成的环境污染问题触目惊心》，载 https://
world. huanqiu. com/article/40WUKtD2FLA，2024 年 11 月 1 日访问。

致使其改变潜水、觅食和交流的习惯。海底军事声呐在打乱海底生物习性的同时，也会让海洋动物不得不忍受一种"变压"病，潜水者如果浮出水面太快也会有这种难受的感觉。此外，军队船只以及调查船的声呐系统发出的高频噪声，也会误导海底动物进入错误的海域，导致其搁浅。[1]

长期以来，美国在全球的军事行动不仅直接造成了巨大的人道主义灾难，还对当地环境造成了长期性损害，遗留下大量有毒有害物质，无论对民众健康还是自然环境都是严重的"犯罪行为"。据《科学美国人》月刊网站报道，美军在全球多地的基地附近设置的露天垃圾燃烧坑，已经成为破坏当地环境的污染源。尤其在阿富汗等地，这些垃圾燃烧坑产生的有毒物质增加了当地人患癌症等疾病的风险，制造了许多环境污染问题。根据美国阿富汗重建特别监察长2014年的一份报告，这些燃烧坑被用来焚烧从食物垃圾到油漆、金属、塑料、医疗用品等各种废弃物，有时还会用来燃烧弹药等军用物资，产生了"含有颗粒物、铅、汞、二恶英、刺激性气体"的有毒烟雾。这些有毒烟雾对环境与人体都可能造成损害。人们吸入这些污染物，会对人体呼吸系统造成负面影响，导致哮喘等疾病。[2]

尚未结束的俄乌冲突中，美国国防部公布的一轮对乌克兰军事援助清单显示，此轮对乌军援首次包含贫铀弹，供美方此前援乌的"艾布拉姆斯"坦克使用。贫铀具有放射性，长期接触会对人体健康和环境造成严重影响。美国曾在前南斯拉夫、伊拉克等地投掷贫铀弹，导致当地罹患肿瘤和其他疾病的人数急剧增加。

美国智库昆西负责任治国研究会公布的数据显示，美国在海外80个国家和地区设有750个军事基地，几乎是美国驻外使领馆和使团数量的3倍，每年运行成本或高达550亿美元。另据半岛电视台报道，这些海外基地中，驻有200名以上军事人员的大型基地约有400个。英国"中东之眼"新闻网说，美军基地遍布全球，美军消耗的能源比世界任何其他机构都多，它制造的温室气体也比许多国家多。据美国布朗大学沃森国际与公共事务研究所2019年公布的数据，自2001年美国打响"反恐战争"以来，美军已经产生了12亿

---

〔1〕《美国海军因声呐训练杀伤海洋动物遭环保组织起诉》，载 https://www.chinanews.com/mil/2013/12-23/5650177.shtml，2024年12月2日访问。

〔2〕李志伟：《美国海外军事行动造成严重环境污染》，载《人民日报》2023年9月26日。

吨温室气体，"是世界上最大的温室气体排放者之一"。美国调查网站"拦截"报道说，美国的军事足迹对阿富汗环境造成了直接破坏。美军向空气中释放有毒污染物，导致阿富汗平民生病。美军在伊拉克造成的环境破坏更为严重，战争导致了二氧化碳排放量激增，美军使用贫铀弹药导致当地民众的癌症发病率上升，儿童出现严重的先天缺陷。美国作家大卫·韦恩在《美国海外军事基地：它们如何危害全世界》一书中指出，美国海外军事基地数量冠绝全球，仍在以不同形式进行扩张。美军海外基地加剧了地缘政治紧张，还衍生了暴力犯罪、环境污染、践踏主权、破坏经济等诸多问题，危害全球，超乎想象。

第三节　遏制战争致害环境的国际立法

为了遏制战争带来的灾难并限制战争，国际社会早在 19 世纪就开始研究探讨有关战争的法规，召开了一系列国际会议，缔结了一系列国际条约，把历史上存在的战争法习惯规则编纂成条约法规则并创设了大量新的规则，构建了遏制战争致害环境的条约体系。

一、国际宣言与决议

战争中的环境问题从越南战争开始进入国际法视野，1991 年的海湾战争又让该问题获得了更多的关注。

联合国大会于 1961 年通过了《关于禁止使用核武器和热核武器的宣言》，1972 年《联合国人类环境会议宣言》第 21 条原则规定："各国……负有责任，确保在它管辖或控制范围内的活动，不致对其他国家的环境或其本国管辖范围以外地区的环境造成损害。"《斯德哥尔摩宣言》阐述了一项可以影响武装冲突中国际环境法适用的重要原则。1978 年联合国大会决议又宣布："使用核武器是违反联合国宪章和对人类的罪行。"

1982 年 10 月 28 日，联合国大会第 37/7 号决议《世界自然宪章》第 5 条原则规定："应保护大自然，使其免于因战争或其他敌对活动而退化。"这一原则旨在防止战争对环境造成危害。

鉴于海湾战争造成的重大环境损害，1991 年 4 月 8 日，安理会宣布，根据国际法，伊拉克对所有损失、损害，包括对环境的损害和对自然资源的破坏负有责任（第 687 号决议）。1992 年联合国环境与发展大会通过的《里约环境与发展宣言》原则 24 规定：战争本来就会破坏可持续发展。因此各国应遵守国际法关于在武装冲突期间保护环境的规定，并于必要时，合作促进其进一步发展。联合国环境与发展大会在《可持续发展行动计划》即《21 世纪议程》第 39 条第 6 款中详细描述了实施方式，规定了"应当考虑采取符合国际法的措施，处理在武装冲突中对环境造成的依据国际法说不过去的大规模破坏"。这一条款还明确了联合国大会和联合国第六委员会应该作出努力，还应考虑红十字国际委员会的作用。1993 年，联合国大会通过 47/37 号决议，敦促各国采取措施，确保遵守武装冲突中保护环境的国际法。[1] 尽管它也鼓励将这样的国际法引入军事手册中去，但是这些规定的确切引入方式仍不明确。它提及的"适用于环境的保护"的条文可能是指国际人道法中的有关条文，或者是指国际环境法中的有关条文。

联合国国际法委员会 1996 年的《危害人类和平与安全罪法典草案》第 20 (g) 条规定，在武装冲突中无军事上的必要而故意对自然环境造成广泛、长期和严重的损害从而严重妨害居民的健康或生存的作战方法或手段构成战争罪。同年 7 月 8 日，国际法院在其《关于以核武器相威胁和使用核武器的合法性的咨询意见》中也认为，任意破坏环境并不能以军事必要来证明其正当，这种行为显然有违国际法。

联合国国际法委员会在 2011 年的第 63 次会议上决定将"武装冲突中的环境保护"作为长期讨论的话题。

2017 年 12 月 4 日至 6 日，在肯尼亚内罗毕召开以"迈向零污染地球"为主题的第三届联合国环境大会，本次大会通过的 11 项决议和 3 项决定，呼吁采取加速行动和加强伙伴关系，打击海洋塑料垃圾和微塑料的扩散、消除铅涂料的暴露、促进废旧铅酸电池的无害环境管理、强调环境与健康、提升全球空气质量、解决水污染问题、保护和恢复与水有关的生态系统、管理土壤污染、实现可持续发展、受恐怖主义行动和武装冲突影响的地区的污染预防和控制等；尤其就"迈向零污染地球"这一主题进行了深入的探讨和磋商，并达成了一项重要的"部长宣言"，体现了国际社会在环境保护方面的共同决

---

[1] 1993 年 2 月 9 日，联合国大会第 47/37 号决议《武装冲突中的环境保护》，UN Doc. A/RES/ 47/37。

心和紧迫的行动意识。此次大会的另一个亮点是首次将武装冲突中的环境问题列入讨论议程，显示了 UNEA 对于环境保护议题的全方位关注，以及对国际环境安全挑战的快速响应。会议成果将国际环境合作治理向前推进了一大步。

二、国际条约

遏制战争致害环境，在战争中保护环境。对此，国际社会经过长期不懈的努力，在限制核武器、生化武器管理以及禁止敌对使用环境致变技术等领域出台了相关国际条约，并取得了成果。

（一）限制核武器

限制核武器的国际条约主要有 1963 年《部分禁止核试验条约》、1968 年《不扩散核武器条约》、1971 年《禁止在海床、洋底及其底土安置核武器和其他大规模毁灭性武器条约》和 1996 年《全面禁止核试验条约》等，旨在使核材料和核装置只用于和平目的并保障国家安全和防止核武器扩散而签订的一些建立无核区的区域性条约，主要有 1967 年《拉丁美洲禁止核武器条约》、1985 年《南太平洋无核武器区条约》、1995 年《东南亚无核武器区条约》和 1996 年《非洲无核武器区条约》。

1.《部分禁止核试验条约》

《部分禁止核试验条约》是 1963 年 8 月 5 日签订于莫斯科的以限制美苏为主的核军备竞赛的产物。条约于 1963 年 10 月 10 日生效。条约宗旨是依照联合国目标在严格的国际约定下，达成一项全面彻底的裁军协定，制止军备竞赛并消除制造和试验包括核武器在内的所有武器的动机。

2.《不扩散核武器条约》

1968 年《不扩散核武器条约》[1] 规定了由国际原子能机构负责执行防止核武器扩散的核查措施。条约的目的是防止核武器及其研制技术的扩散。条约从两方面进行了规定：一方面规定拥有核武器的国家不得向任何其他接受方直接地或间接地转让核武器、核爆炸装置，或对核武器或核爆炸装置的控制，不得帮助、鼓励或引导任何无核武器国家制造或获得核武器、核爆炸装置，或对核武器或核爆炸的装置的控制；另一方面规定不拥有核武器国家不得

---

〔1〕　该条约 1968 年 7 月 1 日签订，1970 年 3 月 5 日生效，1992 年 3 月 9 日对我国生效。

直接或间接地接受任何核武器、核爆炸装置或对核武器或核爆炸效力的控制、不得制造或获得核武器或核爆炸装置，不得谋求核武器制造方面的援助。[1]

3. 《禁止在海床、洋底及其底土安置核武器和其他大规模毁灭性武器条约》

《禁止在海床、洋底及其底土安置核武器和其他大规模毁灭性武器条约》规定缔约国承担不在海床、洋底及底土安置核武器或其他大规模毁灭性武器，或在这些地点建立发射、贮存、试验或使用这些武器的设施的义务；规定任何缔约国的观察员都可观察或检核其他缔约国在海床区[2]的活动。条约要求缔约国互相协商和合作，通过观察和任何其他商定的程序消除疑问。通过视察或商定程序仍不能消除疑问，则缔约国可将问题提交联合国安理会。条约的目的是禁止各国在海床、洋底及其底土等范围进行军备竞赛以维护世界和平。该条约 1971 年 2 月 11 日签订于伦敦、莫斯科、华盛顿，1972 年 5 月 18 日生效，1991 年 2 月 28 日对我国生效。

4. 《全面禁止核试验条约》

1996 年《全面禁止核试验条约》的签订是国际和平与安全事业的一项重大成就。条约于 1996 年 9 月 10 日在联合国大会以压倒多数通过（158 票赞成，3 票反对、5 票弃权），1996 年 9 月 24 日开放签署，包括我国的全部拥有核武器国家签署了该条约（我国于 1996 年 9 月 24 日签署该条约）。

1996 年《全面禁止核试验条约》规定缔约国有两项基本义务：①不进行任何核武器试验爆炸或任何其他核爆炸，并禁止和防止在其管辖或控制下的任何地方进行上述核爆炸。②不得引起、鼓励或以任何方式参加前述爆炸。[3]为保障上述基本义务的履行，条约成立了全面禁止核试验条约组织，该组织由全体缔约国组成，总部设在维也纳，组织下设缔约国大会、执行理事会和技术秘书处。条约还要求各缔约国设立有关履行本条约的国家主管当局。

条约的重大贡献是建立了一个核查机制以核查条约的履行，核查机制包括四方面的内容：①国际监测系统；②协商和澄清；③现场检查；④信任建议措施。[4]

---

〔1〕 《不扩散核武器条约》第 1~3 条。

〔2〕 该条约规定，根据 1958 年《领海和毗连区公约》，海床区的外限应为 12 海里。

〔3〕 《全面禁止核试验条约》第 1 条第 1、2 款。

〔4〕 《全面禁止核试验条约》第 4 条 A，1。

条约规定，如缔约国大会或执行理事会要求一缔约国纠正其违背本公约规定的事情而该国未在限定的时间内实现该要求，则缔约国大会可决定限制或中止该国行使依照公约所享有的权利和特权。[1]在不遵守本条约规定的基本义务而导致损害的情况下，缔约国大会可建议由缔约国采取符合国际法的集体措施。[2]缔约国大会，或在紧急情况下执行理事会可将有关问题连同有关资料和结论提请联合国注意。[3]

我国积极参加了《全面禁止核武器试验条约》的谈判，并于 1996 年 7 月 29 日郑重宣布从 1996 年 7 月 30 日起暂停核武器试验。[4]

（二）生化武器管理

生化武器是指有毒的生物和化学武器。管理生化武器的条约主要有 1925 年《禁止在战争中使用窒息性、毒性或其他气体和细菌作战方法的议定书》（简称《毒气议定书》）和 1972 年《关于禁止发展、生产和储存细菌（生物）及毒素武器和销毁此种武器的公约》（简称《细菌武器公约》）以及 1993 年《关于禁止发展、生产、储存和使用化学武器并销毁此类武器的公约》（简称《禁止化学武器公约》）等。

1. 《禁止在战争中使用窒息性、毒性或其他气体和细菌作战方法的议定书》

《毒气议定书》1925 年 6 月 17 日签订于日内瓦，1928 年 2 月 8 日生效，我国于 1925 年 7 月 13 日加入该议定书。该议定书是一份简短的文件，规定将对生化武器的禁止扩大到细菌武器。它指出在战争中使用毒气和细菌武器已为文明世界的普遍舆论所谴责，认为禁止使用毒气和细菌武器应被普遍认为是国际法的一部分并约束各国的意志和行为。该议定书宣布在战争中禁止使用这些武器，并要求缔约国尽力使更多国家加入此议定书。

2. 《关于禁止发展、生产和储存细菌（生物）及毒素武器和销毁此种武器的公约》

1972 年 4 月 10 日签订于伦敦、莫斯科、华盛顿的《细菌武器公约》进一步规定"永远禁止在任何情况下发展、生产、贮存、取得和保留"这类武器。

---

〔1〕《全面禁止核试验条约》第 5 条第 2 款。

〔2〕《全面禁止核试验条约》第 5 条第 3 款。

〔3〕《全面禁止核试验条约》第 5 条第 4 款。

〔4〕参见《中华人民共和国政府声明（1996 年 7 月 29 日）》，载《光明日报》1996 年 7 月 30 日。

该公约 1975 年 3 月 26 日生效，1984 年 11 月 15 日对我国生效。

《细菌武器公约》的宗旨是"禁止发展、生产和储存细菌（生物）及毒素武器并销毁此种武器，以此作为走向普遍裁军的一步，为全人类谋求福利"。[1]《细菌武器公约》规定缔约国承担的义务包括：①保证在任何情况下都不发展、生产、储存、获得或保有在种类和数量上超过非和平目的利用之需的微生物或其他生物制剂、毒素和为敌对目的或在武装冲突中利用这类制剂或毒素所制造的武器、装备或运载工具；②在成为缔约国 9 个月之内将上述生物制剂、毒素武器、装备或运载工具予以销毁或转为和平用途；③不对任何接受方转让并不以任何方式协助、鼓励或引导任何国家、国家集团或国际组织制造或获得任何此类制剂、毒素、武器、装备或运载工具；④采取必要措施在其管辖或控制范围内禁止和防止发展、生产、储存、获得或保有此类制剂、毒素、武器、装备或运载工具；⑤以合作和协商方法解决在实施本条约过程中出现的问题。[2]

《细菌武器公约》规定任何缔约国如认为另一缔约国有违反公约的行为，可向联合国安理会提出指控并提供有关证据。联合国安理会可就此指控对被指控国进行调查，被指控国应对此调查予以合作。[3]

3.《关于禁止发展、生产、储存和使用化学武器并销毁此类武器的公约》

《禁止化学武器公约》1993 年 1 月 13 日签订于巴黎，1997 年 4 月 29 日生效，我国于 1997 年 4 月 25 日批准该公约。《禁止化学武器公约》旨在彻底、有效地禁止化学武器的发展、生产、获得、保有、转让、使用并销毁化学武器。

《禁止化学武器公约》规定的缔约国必须承担的一般义务有：①在任何情况下都不发展、生产、获得、储存或保有化学武器，或直接地或间接地对任何人转让化学武器；②在任何情况下都不使用化学武器；③在任何情况下都不从事使用化学武器的军事准备；④在任何情况下都不以任何方式协助、鼓励或引导任何人从事本公约所禁止之行为；⑤按照本公约规定销毁其所拥有的或在其管辖或控制下的任何地点的化学武器；⑥销毁弃置于他国领土上的

---

[1] 全国人大环境保护委员会办公室编：《国际环境与资源保护条约汇编》，中国环境科学出版社 1993 年版，第 180 页。

[2]《关于禁止发展、生产和储存细菌（生物）及毒素武器和销毁此种武器的公约》第 1~5 条。

[3]《关于禁止发展、生产和储存细菌（生物）及毒素武器和销毁此种武器的公约》第 6 条。

化学武器；⑦不以骚乱控制剂作为作战方法。[1]

《禁止化学武器公约》决定成立一个名为"禁止化学武器组织"的组织以确保公约的履行和公约目标的实现。该组织的职责包括进行有关公约履行情况的国际核查和为缔约国之间的协商和合作提供讲坛等。该组织由全体缔约国组成，总部设在海牙，组织下设缔约国大会、执行理事会和技术秘书处。[2]公约规定各缔约国设立有关禁止化学武器的主管当局并以其为国家联络点。

《禁止化学武器公约》对缔约国规定的具体义务包括向禁止化学武器组织申报其是否直接地或间接地转让或接受化学武器；提供销毁其拥有的或位于其管辖或控制下的任何地点的化学武器的计划；申报是否在其领土上有陈旧的或弃置的化学武器；申报其是否拥有化学武器的生产设备；提供销毁化学武器生产设施的一般计划和将化学武器的设施临时改为化学武器销毁设施的计划；申报其拥有的骚乱控制剂。[3]公约缔约国应将公约所列的有毒化学品及其前体和有关的设施开放供禁止化学武器组织核查。[4]

《禁止化学武器公约》要求缔约国采取以下措施实施公约：①禁止自然人和法人在其领土上或在其管辖或控制的地区从事违背本公约的任何活动和不许可在其控制的任何地区从事任何违背本公约的活动；②按照国际法将其制定的有关法律适用于任何具有其国籍的自然人在任何地点从事的为本公约所禁止的活动。[5]

为保障公约得到遵守，《禁止化学武器公约》规定缔约国有权就另一缔约国的履约情况要求其予以说明。如该缔约国的说明不能使提出要求的缔约国满意，则提出要求的缔约国可向禁止化学武器组织理事会提出请求，请求理事会要求对方作进一步说明。此外，缔约国有权要求缔约国大会就缔约国履约情况举行特别会议和要求禁止化学武器组织对有关缔约国进行现场核查。公约对违反公约的缔约国规定了一定的制裁，其中包括中止该国依公约享有的权利和特权和建议采取集体措施。

---

[1] 《关于禁止发展、生产、储存和使用化学武器并销毁此类武器的公约》第1条。
[2] 《关于禁止发展、生产、储存和使用化学武器并销毁此类武器的公约》第3条，A，1-4。
[3] 《关于禁止发展、生产、储存和使用化学武器并销毁此类武器的公约》第5条。
[4] 《关于禁止发展、生产、储存和使用化学武器并销毁此类武器的公约》第6条。
[5] 《关于禁止发展、生产、储存和使用化学武器并销毁此类武器的公约》第7条第1款。

（三）禁止敌对使用环境致变技术

改变环境的作战手段和方法是国际法所禁止的。这是使用地球物理战的手段和方法，包括使用化学、生物武器来污染、破坏环境和生态平衡，如使用某种方法改变气候、引起地震、破坏臭氧层，把破坏或改变自然力作为作战手段。如 1961 年至 1969 年间美国在越南战争中使用的落叶剂，破坏了 13 000 平方公里的可耕地，就是改变环境的作战手段。

为了禁止这种导致自然环境严重破坏的非人道作战手段，国际社会于 1977 年签署了《禁止为军事或任何其他敌对目的使用环境致变技术公约》，明确规定：禁止"使用具有广泛、持久或严重后果的改变环境的技术作为摧毁、破坏或伤害任何其他缔约国的手段"。所谓环境致变技术是指"通过蓄意操纵自然过程改变地球的动力、构成或结构，包括生物、地壳、水圈、大气层或外层空间的动态、组成或结构的技术"。[1] 利用改变环境技术造成的现象包括（但不限于）地震、海啸（由干扰海洋底土和地震活动造成的海浪），扰乱某地区的生态平衡，改变天气（云、降水、各种旋风和龙卷风浪），改变气候、改变洋流、改变臭氧层状态和改变电离层状态。但是，只有当这种技术造成的后果是"广泛""长期"或"严重"的时候，才会受到禁止。"广泛"指数百平方公里地区的范围；"长期"指持续数个月，或大约一个季度，"严重"指对人的生命、自然和经济资源或其他财产造成严重或重大瓦解或损害。

《禁止为军事或任何其他敌对目的使用环境致变技术公约》于 1976 年 12 月 10 日由第 31 届联合国大会第 321/72 号决议通过，并按照该决议的规定，于 1977 年 5 月 18 日在日内瓦开放签字。公约于 1978 年 10 月 5 日生效。我国于 2005 年 6 月加入该公约。公约一方面承认环境致变技术的和平利用可改善与自然的关系并有助于为当代和后代保护和改善环境；另一方面承认环境致变技术用于军事或其他敌对目的将对人类福利带来严重的危害。所以公约规定："在军事或敌对行动中故意引起地震、海啸、生态平衡破坏或气候、海洋流和臭氧层变化的做法都是公约所禁止的。公约不妨碍为和平目的使用改变环境的技术。"[2]

公约的宗旨是："禁止为军事或其他敌对目的使用环境致变技术，以使人

---

〔1〕《禁止为军事或任何其他敌对目的使用环境致变技术公约》第 2 条。
〔2〕《禁止为军事或任何其他敌对目的使用环境致变技术公约》第 3 条。

类免遭此种使用之危害，以便巩固世界和平和各国之间的相互信任。"为此，公约规定缔约国须承担以下义务：

（1）不得使用具有广泛、长期或严重影响的环境致变技术作为破坏、损害其他缔约国的手段。

（2）不得协助、鼓励或引导其他任何国家、国家集团或国际组织从事同类行动。

（3）采取必要措施禁止和防止其管辖或控制下的地区发生违反本公约的活动。

（4）通过协商和合作解决有关履行本公约的问题。[1]

公约缔约国如有理由认为任何其他缔约国违反了公约的义务，要向联合国安理会提出控诉。安理会在接到这种控诉后，将按照《联合国宪章》的有关规定进行调查，并将调查结果通知各缔约国。如任何缔约国因违反本公约的行为遭受损害或可能遭受损害时，其他缔约国将保证向该缔约国提供援助，但须该缔约国提出请求（第5条）。

公约附件规定了根据公约第5条设立的专家协商委员会的职责和议事规则。专家协商委员会的职责是根据缔约国提出的任何问题，作出适当的调查结论并提出专门性意见。

公约的制订不但有助于限制军备竞赛，使人类免受使用新的战争手段的危险，也有助于保护和改善环境，保证为和平目的使用环境致变的技术。因此，它既是一个重要的裁军公约，又是一个重要的国际环境保护公约。

（四）其他相关国际条约

1. 《1949年8月12日日内瓦四公约关于保护国际性武装冲突受难者的附加议定书》

1977年6月8日订立的《1949年8月12日日内瓦四公约关于保护国际性武装冲突受难者的附加议定书》，即1949年日内瓦第四公约[2]第一附加议定

---

〔1〕《禁止为军事或任何其他敌对目的使用环境致变技术公约》第1、4、5条。

〔2〕第一公约《改善战地武装部队伤者病者境遇之日内瓦公约》即1949年日内瓦第1公约，共有64条正文和两个附件；第二公约《改善海上武装部队伤者病者及遇船难者境遇之日内瓦公约》即1949年日内瓦第2公约，共有63条正文及1个附件；第三公约《关于战俘待遇的日内瓦公约》，即1949年日内瓦第3公约，共有143条正文和5个附件；第四公约《关于战时保护平民之日内瓦公约》即1949年日内瓦第4公约，共有159条正文和3个附件。日内瓦四公约是约束战争和冲突状态下敌对双方行为规则的权威法律文件。

书（以下简称"第一议定书"）。第一议定书规定，在国际性武装冲突中保护自然环境，交战双方具有避免造成严重的环境损害以及在造成一定环境损害时应当防止这种损害进一步扩大的国际法义务。其第35（3）条就明文规定："禁止使用旨在或可能对自然环境造成广泛、长期而严重损害的作战方法或手段。"第55条进一步指出：①在作战中，应注意保护自然环境不受广泛、长期或严重的损害。这种保护包括禁止使用旨在或可能对自然环境造成这种损害从而妨害居民的健康和生存的作战方法和手段。②作为报复对自然环境的攻击，是禁止的。关于第55条禁止的作战方法和手段，显然不仅对环境造成损害，而且这种损害会妨害居民的健康和生存。与此同时，造成损害是故意所为或至少预见到可能出现造成损害的后果。第一议定书还对两个与保护环境相关的特殊情况作出了规定，第54（2）条规定："基于对平民居民生存所不可缺少的物体，如粮食、生产粮食的农业区、农作物、牲畜、饮水装置和特定目的而进行的攻击、毁坏、移动或使其失去效用，都是禁止的。"第56（1）条规定："含有危险力量的工程或装置，如堤坝和核电站，即使这类物体是军事目标，也不应成为攻击的对象，如果这种攻击可能引起危险力量的释放，从而在平民中造成严重的损失。"

2. 《罗马规约》

1998年7月17日通过的《罗马规约》[1] 在其战争罪定义中纳入了"绿色条款"，即国际武装冲突时保护环境的条款：故意发动攻击，明知这种攻击将附带造成平民伤亡或破坏民用物体或致使自然环境遭受广泛、长期和严重的破坏，其程度与预期得到的具体和直接的整体军事利益相比显然是过分的。[2]

随着全球性环境问题越来越严重，基于《罗马规约》而成立的国际刑事法院开始在《罗马规约》所赋予的职权范围内关注日益严重的国际环境问题。2016年9月15日，国际刑事法院检察官办公室发布了《关于案件选择以及优先性的政策文件》，其中明确表示将特别考虑起诉与《罗马规约》相关的、通过破坏环境和非法开采自然资源等方式实施的国际罪行。这是继2013年发布

---

〔1〕 1998年7月17日，在位于意大利罗马召开的联合国设立国际刑事法院全权代表外交大会以120票赞成、21票弃权和7票反对的压倒性多数表决通过了《罗马规约》，该规约于2002年7月1日正式生效。

〔2〕 参见《国际刑事法院罗马规约》第8条第2款第2项第4点。

《关于初步审查的政策文件》之后，国际刑事法院检察官办公室第二次发布有
关国际环境保护的政策性的文件。而在 2013 年已经发布的《关于初步审查的
政策文件》中，国际刑事法院检察官办公室表示将在案件初步审查的过程当
中特别考虑"被害人遭受的痛苦和更高的受害风险、后续恐怖氛围或是对受
害群体造成的社会、经济和环境损害"。[1]显而易见，国际刑事法院检察官办
公室已经开始关注到四类核心罪行（灭绝种族罪、危害人类罪、战争罪、侵
略罪）中某些具体的行为可能对环境造成污染或者破坏。

---

〔1〕　See ICC Prosecutor, Fatou Bensouda, "Publishes Comprehensive Policy Paper on Case Selection and
Prioritisation", at https://www.icc-cpi.int/Pages/item.aspx? name＝pr1238.

第二十一章

环境与贸易

于人类而言，若是破坏了环境则无法生存，若是离开了贸易生活水平则势必下降。所以环境与贸易可以说是人类生存与发展的两个方面。生存不能何来发展，停滞不前终将自毁。故，环境与贸易二者不可偏废。正确理解和协调环境与贸易的关系，在保护生存环境的同时持续提升生活质量，便是我们需要解决的可持续生存与可持续发展的重大课题。

第一节　问题的产生及相互影响

20 世纪 90 年代，国际环境保护领域和国际贸易领域发生了两件大事：一是标志着环境保护运动新高潮到来的 1992 年联合国环境与发展大会；二是标志着国际贸易自由化达到了新高度并有了制度化保障的 1995 年世界贸易组织的建立。这两件大事体现着世界发展的两个不同趋势，环境保护所希冀的是控制某些国际贸易，贸易自由化则是希望取消所有贸易障碍。二者将环境保护与贸易自由的关系推进到了一个历史新阶段。同时，这两大潮流的相互碰撞与交流，也催生了国际环境法领域引人关注的环境与贸易问题。

一、"环境与贸易" 问题的产生

"环境与贸易" 这一热点问题的产生并非偶然。这是因为任何生产、生活都是在一定的自然资源基础上展开的。从深层次来看，具有内在增长机制的贸易活动对自然资源需求的无限性和具有内在稳定性机制的生态环境对资源供给的有限性之间具有矛盾的关系。贸易的增长是人类社会生产力和社会分工发展的客观要求，而生态系统的平衡稳定则是一种客观自然规律，不以人类的意志为转移。

可见，环境保护与贸易自由的矛盾自社会分工产生、生产交换活动开始就已经存在。以前，环境问题一直被错误地认为是一个区域性的问题，是一个内国问题，环境问题的解决由一国的价值取向和社会关注程度决定。今天，伴随着人类工业文明的积淀，随着国际贸易活动的强化和环境与资源的恶化，环境问题已由潜在的、幕后的危机成为再也不容人类忽视的突出问题。现实告诉我们：环境问题无国界，它是不以人的意志为转移的。气候变化、水土流失、物种濒临灭绝、危险废弃物的越境转移、大气污染、臭氧层破坏、森林剧减、疫病横生等严重困扰人类的环境问题无不与国际贸易密切相关。

20世纪90年代，随着全球生态环境的日益恶化和人们环境保护意识的不断增强，越来越多的多边环境条约试图抑制自由贸易体制中不利于环境的消极方面，或试图以与贸易有关的措施促进环境保护，1992年联合国环境与发展大会通过的一系列重要文件如《里约环境与发展宣言》《21世纪议程》《联合国气候变化框架公约》《生物多样性公约》等，无不对国际贸易中不利于环境保护的因素予以限制。日益高涨的环境保护意识波及世界的各个角落，对全球政治、经济、文化和社会的各个方面都产生了深刻的影响。而1995年的世贸组织的宗旨则是取消贸易壁垒，促进贸易的全球化和自由化。这就使得两股潮流必然会在一定的情况下发生交叉与冲突。这主要表现为政府的宏观决策者担心环境保护的代价或费用可能影响该国在国际贸易中的竞争力。与此相反，环境保护者则认为环境恶化已成为全球危机，各国应毫不迟疑地采取对策，即令因此在短期内牺牲一些经济利益也是值得的，强调自由贸易对环境的消极影响，如盲目开发出口产品造成生态环境破坏最终导致全球环境危机。此外，环境与贸易二者之间的矛盾还由于现存不平等的国际经济秩序和发展中国家与发达国家之间在经济、技术、科学等方面的巨大差距而深化和复杂化。发展中国家与发达国家之间在贸易与环境的关系问题上存在很大的分歧。因此，发展中国家和发达国家对环境与贸易问题往往有着不同的理解和主张。

总而言之，环境与贸易的关系是一个十分复杂且内容广泛的课题，它涉及多边环境协定中的贸易限制措施、多边贸易体制下的环境义务以及与环境有关的单边贸易措施等。

二、环境与贸易的相互影响

贸易自由的目的在于保障并提高收入以提升生活质量，优化全球资源配置以践行"可持续发展"。由此可见，自然资源乃贸易之根基，良好的环境资源是贸易的前提与支撑。贸易的发展离不开自然资源的切实保护与有效利用。施行环境规制不仅能够力促环保产业更新换代，还能给予一国贸易发展全新引擎。进口地环境规制的实施，不仅能够保护好当地生态环境，还能严格把关产品的质量。这就推动了国际贸易的高质量发展。良好的环境能够丰富产品的构成要素，因此保护环境能够推动贸易的可持续发展。同时，环境规制的实施和绿色消费观念作为一种导向，能够鼓励与促使环保企业出现，并巩固与推动环保产业发展。[1]当然，不合理与施力过猛的环境保护措施会掣肘贸易自由的发展。伴随着人们环境保护意识的增强，越来越多的国家制定或参与的双边、多边环境协定都设定了贸易限制措施。

反之，贸易自由对环境保护也产生了举足轻重的影响。贸易自由在推动经济发展的同时有助于实现环境保护。通过对外贸易，国家可以在全球范围内考虑资源的优化配置，利用规模经济、专业化分工实现福利最大化与经济增长。[2]而日益雄厚的经济实力为环境治理提供了充足资金。是故，伴随着经济收入的增加，人们对环境质量的要求就会日渐提高，就会通过使用绿色低碳技术和绿色清洁产品等，从消费环节主动为改善环境减少环境污染。[3]另外，贸易自由能够推动国内产业结构的优化升级，走可持续发展的道路。[4]产业结构不同类型的组合方式很大程度上能够决定环境受污染的程度，出口贸易作为国家经济发展的重要手段，也能够促进产业结构升级。同时，从发达国家引进技术也能够优化本国自身的产业结构。创新发展新兴产业、淘汰高污染产业也同样有助于产业结构的改进并对本国绿色发展大有裨益。由此可见，贸易自由可以提高经济效益和增强环境效能。在肯定自由贸易对环境

---

〔1〕 李雨薇、魏彦杰：《国际贸易与环境保护的关系研究》，载《青岛大学学报（自然科学版）》2018年第3期。

〔2〕 薛俭、丁婧：《经济增长、出口贸易对环境污染的影响》，载《经济论坛》2020年第10期。

〔3〕 Ngoc-Tham Pham, Trung-Kien Pham, Viet Hieu Cao, "The Impact of International Trade on Environmental Quality: Implications for Law", 11 *Asian Journal of Law and Economics*, 1995 (2020).

〔4〕 王华玲：《生态环境保护下的国际贸易的高质量发展研究》，载《科技和产业》2020年第6期。

保护积极影响的同时，我们也必须注意其产生的消极影响。首先，环境资源是贸易的基础，在贸易自由化的进程中，对山矿、湖海、林田等环境资源的过度开发与消耗，将会大大降低环境承载力，甚至造成不可逆的环境灾难。其次，贸易自由可能会通过特定行业、产品或劳务输出而给他国带来环境危害，跨国流通的某些产品也有可能酿成环境污染的扩散和转移，由此影响全球环境并使其恶化，如危险废物越境转移、濒危物种国际贸易等。最后，降低成本最大限度地获取利润是资本的天性，有些国家相对较宽松的环境法规和较低甚至"冻结"的环境标准，使得在环境标准相对较高、环境法规相对严格的国家投资成本较高的污染产业有了可去之处，这类情形便是投资者寻觅追求的"污染避难所"或"污染者的天堂"，但后果不言而喻。因而，于自由贸易协定中设定环境义务实属客观必然。

第二节　多边环境协定中的贸易条款

条约是国际环境法的主要渊源之一。多边环境协定中的贸易条款是与贸易有关的环境措施（Trade Related Environmental Measures，TREMs）的一类，它是基于环境问题的全球性，国际社会普遍认识到任何国家都不可能单独在本国范围内解决环境问题，需要各国间的紧密合作以便共同寻求新的解决方案的产物，是以保护环境为目的而采取的对自由贸易的限制。与贸易有关的环境措施包括基于国内环境立法的单边措施（如 1991 年金枪鱼案中美国所依据的其《海洋哺乳动物保护法》所作禁止进口墨西哥出口的金枪鱼的决定）和依据多边环境协定而采取的与贸易有关旨在保护环境的措施（如 1989 年《禁止使用长拖网捕鱼公约》关于各缔约国可采取措施禁止进口任何用长拖网捕获的鱼或鱼产品的规定和 1978 年国际捕鲸委员会关于成员国应采取必要步骤防止非成员国的鲸产品的进口的规定），以及多边环境协议（Multilateral Environmental Agreements，MEAs）的与贸易有关的旨在保护环境的条款所规定的措施。

一、MEAs 贸易条款的功能

从 1972 年斯德哥尔摩人类环境会议召开以来，多边环境协定的数量急剧增加。迄今为止，国际社会已达成数百个多边环境协定，其中有许多规定了有利于环境保护的贸易限制条款。这些贸易限制条款的主要目的是：其一，控制其本身被认为是一种威胁环境的国际贸易行为（如核废物/危险废物和野生生物的国际贸易等）；其二，控制环境有害物质的运输，借以保护进口国的环境；其三，控制与包含特别目的的环境协定的非当事方进行贸易，防止对条约的"免费搭车"（为促进国际条约缔约和实施，1985 年《保护臭氧层维也纳公约》和 1987 年《关于消耗臭氧层物质的蒙特利尔议定书》及其修正案都明确规定，禁止缔约国从非缔约国进口或向其出口受控物质及含有这些物质的产品，除非该缔约国遵守有关规定）；其四，确保实施 MEAs 的实质规则。[1]但也有人认为，这些贸易条款导致了与多边贸易体制规则的矛盾和冲突。由于多边环境协定与多边贸易体制之间的关系从未予以明确，随着包含贸易限制措施的多边环境协定不断增加，这种矛盾日益尖锐；从环境保护的角度看，这些（对有关动植物和相关产品以及某些危害环境的物质等的贸易）进行限制的规定是无可厚非的，但是如果从自由贸易的角度看，这无疑有悖于非歧视原则，构成对来自不同国家相同产品的差别待遇。亦即，国际环境条约对其保护物或控制物实施的贸易限制与国际贸易的自由公平原则产生了矛盾。

当然，尽管这些限制贸易条款有可能与自由贸易原则和相关规定发生冲突，同时也有被滥用的可能性。但却不可以因噎废食，而是需要有进一步清楚的认识。虽然贸易并不是造成环境问题的主要原因，但不能否认，贸易自由会直接或间接地对环境造成负面影响。如危险废弃物的越境转移在很大程度上就是通过国际贸易来实现的。同样，珍稀濒危物种的贸易显然是造成生物多样性丧失的主因之一。所以，MEAs 中规定贸易管理措施实在是必要的，它至少可以两种形式来控制成员方的贸易行为：一是在许可证基础上进行进出口。如 1973 年《濒危野生动植物种国际贸易公约》规定：如果确认是濒临灭绝的物种的贸易应全面禁止；对于有可能面临灭亡危险的物种，除非这些物种的贸易受到严格控制，应当在科学和管理当局批准承认的出口许可证的基础上准予出口，同时进口国只能在出口国政府颁发出口许可证的前提下才允许进口。二是对进出口实行禁止或限制。如 1987 年《关于消耗臭氧层物质

---

〔1〕 陈立虎：《论 WTO 规则与 MEAS 贸易条款的协调》，载 陈安主编：《国际经济法论丛》（第 5 卷），法律出版社 2002 年版，第 69 页。

的蒙特利尔议定书》不仅要求限制或禁止成员方之间破坏臭氧层物质，例如缔约国不得出口氟氯化碳物质，不得进口非缔约国生产的含有氟氯化碳物质的产品和非缔约国生产中使用含有氟氯化碳物质的产品，如泡沫塑料、电子零配件等。还要求在议定书生效时立即禁止与非成员国之间该种物质的贸易。《濒危野生动植物种国际贸易公约》也要求采用更加严格的贸易限制措施。

二、MEAs 的贸易措施

依据 MEAs 的贸易条款的限制贸易措施很多，主要有如 1973 年《濒危野生动植物种国际贸易公约》对濒危野生动植物物种的贸易规定的严格禁止和控制措施、1987 年《关于保护臭氧层的蒙特利尔议定书》关于控制与非缔约国进行受控物质的贸易的规定、1989 年《巴塞尔公约》关于危险废弃物进出口的禁止和控制措施以及《生物多样性公约》的有关规定等。

（一）关于生物多样性的限制贸易措施

多边环境协定关于生物多样性的限制贸易措施可以追溯到早期保护野生动植物的国际条约，如 1933 年 11 月 8 日《保护天然动植物的伦敦公约》就要求控制和限制热带生物的进出口（第 9 条），1940 年 10 月 12 日在华盛顿通过的《美洲国家保护动植物和自然风景公约》通过颁发受保护动植物物种出口、过境和进口的许可证而建立了一个控制制度（第 9 条）。同样，1968 年 9 月 15 日在阿尔及尔通过《非洲保护自然界和自然资源的公约》也要求缔约国限制受保护动植物物种的贸易和运输，并引入进出口许可证制度（第 9 条）。

20 世纪 80 年代以来，越来越多的国际法律文件开始限制物种标本或制品的国际贸易。而且由于采取以控制某些物质为基础的跨部门保护环境的方法，控制和限制了这些物质的进出口。1973 年的《濒危野生动植物种国际贸易公约》和 1992 年的《生物多样性公约》及其议定书就是代表。

1. 1973 年《濒危野生动植物种国际贸易公约》

《濒危野生动植物种国际贸易公约》是一项旨在通过控制贸易来保护濒危野生物种的重要国际条约，其三个附录，即三类受贸易控制的动植物物种清单，列举了 879 种动物和 157 种植物。附录一所列物种为"所有受到和可能受到贸易的影响而有灭绝危险的物种"，附录二所列物种为"目前虽未濒临灭绝，但如对其贸易不严加管理，以防止不利其生存的利用，就可能变成有灭绝危险的物种"和"为了使附录一所列某些标本的贸易能得到有效的控制，而必须加以管理的其他物种"，附录三所列物种为"任一成员国认为属其管辖范围内，应进行管理以防止或限制开发利用，而需要其他成员国合作控制贸易的物种"，[1]并强调"各缔约国认识到，为了保护某些野生动物和植物物种不致由于国际贸易而遭到过度开发利用，进行国际合作是必要的"。[2]公约对以上三个附录所列物种的国际贸易分别规定了管制措施，并禁止违反这些措施而进行三个附录所列物种的国际贸易。

公约根据野生物种的濒危程度对它们的国际贸易采取不同的管制措施，规定的野生生物国际贸易措施主要有出口许可证、进口许可证、再出口许可证和其他的有关说明书。公约对三个附录所列物种的标本的进口、出口和再出口分别规定事先获取并交验有关许可证或说明书的要求。公约对各种许可证或说明书的发放规定了非常详细的条件，只有满足这些条件才能获得有关的许可证或说明书。[3]

公约第8条还规定成员国应采取措施执行公约的规定，并禁止违反公约规定的标本贸易。其中措施包括处罚违反公约的贸易者，或者没收贸易的标本，或既处罚又没收。公约第13条规定："秘书处根据所获得的情报，认为附录一、二所列任一物种，由于该物种标本的贸易而正受到不利的影响，或公约的规定没有被有效地执行时，秘书处应将这种情况通知有关的成员国或其授权的管理机构。成员国接到通知后，应在其法律允许范围内，尽快将有关事实通知秘书处，并提出适当补救措施。成员国提供的情况或进行调查所得到的情况，将由下届成员国大会进行审议，大会可提出任何适合的建议。"可见，《濒危野生动植物种国际贸易公约》完全倾向于限制濒危野生动植物物种的贸易，包括建立进出口许可证制度。

2. 1992年《生物多样性公约》及其2000年生物安全议定书

《生物多样性公约》在保护生物多样性、可持续利用生物资源并公平合理地分配使用遗传资源所取得的利益方面，是一个巨大的进展。公约为保护生物多样性、持续利用自然资源、公平且合理地分享通过使用遗传资源而获得的惠益提供了一个综合而全面的方案。公约中关于生物资源知识产权保护及

---

〔1〕《濒危野生动植物种国际贸易公约》第2条。
〔2〕《濒危野生动植物种国际贸易公约》序言。
〔3〕《濒危野生动植物种国际贸易公约》第3、4、5、6条。

技术的取得和转让方面的规定与国际贸易密切相关。

公约在序言中指出："认识到许多体现传统生活方式的土著和地方社区同生物资源有着密切和传统的依存关系，应公平分享从利用与保护生物资源及持久使用其组成部分有关的传统知识、创新和做法而产生的惠益。"公约在第1条目标中阐明："本公约的目标是按照本公约有关条款从事保护生物多样性、持久使用其组成部分以及公平合理分享由利用遗传资源而产生的惠益；实现手段包括遗传资源的适当取得及有关技术的适当转让，但需顾及对这些资源和技术的一切权利，以及提供适当资金。"公约第8条"就地保护"第1项要求对那些不利于生物多样性的工艺程序和活动（包括某些贸易情况）进行管理。

公约规定，每一缔约国承诺向其他缔约国提供和/或便利其取得并向其转让有关生物多样性保护和持久使用或利用遗传资源而不对环境造成重大损害的技术。这种技术的取得和向发展中国家转让，应按公平和最有利条件给予便利。此种技术属于专利和其他知识产权的范围时，这种取得和转让所根据的条件应承认且符合知识产权的充分有效保护。每一缔约国应酌情采取立法、行政或政策措施根据共同商定的条件向提供遗传资源的缔约国，特别是其中的发展中国家，提供和转让利用该遗传资源的技术，其中包括受知识产权保护的技术。针对私营部门掌握的有关技术，公约要求每一缔约国酌情采取立法、行政或政策措施，以便使私营部门为有关技术的取得、共同开发和转让提供便利，以惠益发展中国家的政府机构和私营部门。[1]

2000年1月29日在蒙特利尔获得通过的《卡塔赫纳生物安全协定书》是人类在环境和贸易关系方面迈出的意义重大的一步，议定书对转基因产品的越境转移的各个方面都作了明确的规定，要求各国应确保安全转移、处理和使用改性活生物体（LMOs），并着重为改性活生物体的越境转移制定了详细的规则，这是一份为保护生物多样性和人体健康而控制和管理生物技术改性活生物体越境转移、过境、装卸和使用的国际法律文件。这些规定对国际贸易和国际投资都产生了巨大影响。

（二）关于危险物质的限制贸易措施

关于控制危险物质及其产品的越境贸易的第一个全球性的法律制度是由

––––––––––––––

〔1〕　参见《生物多样性公约》第16条。

限制消耗臭氧层物质出口的条约体系确立的，它包括 1985 年《保护臭氧层维也纳公约》和 1987 年《关于消耗臭氧层物质的蒙特利尔议定书》及其修正案。以后又有一系列关于危险废弃物越境转移的全球或区域公约，最重要的是 1989 年的《控制危险废弃物越境转移及其处置巴塞尔公约》。

　　1. 1985 年《保护臭氧层维也纳公约》和 1987 年《关于消耗臭氧层物质的蒙特利尔议定书》及其修正案

　　臭氧层破坏问题在 20 世纪 70 年代引起了国际社会的广泛关注。为了保护臭氧层，避免因臭氧层的破坏损害人类健康，危害农作物和生物资源，破坏生态系统，引起气候变化等，国际社会签订了一系列国际公约。

　　1985 年 3 月 22 日的《保护臭氧层维也纳公约》第 4 条要求缔约方促进和鼓励附件二详细说明的与本公约有关的科学、技术、社会经济、商业和法律资料的交换，并在进行资料交换时遵守关于专利权、商业机密等国家法律、条例和惯例。公约要求缔约方在符合国家法律、条约和惯例及照顾到发展中国家需要的情况下，直接或通过国际机构进行技术和知识的开发和转让。公约鼓励和促进了有关臭氧层研究、系统观测、监测 ODS 生产和信息交流等方面的国际合作。

　　1987 年 9 月 16 日《关于消耗臭氧层物质的蒙特利尔议定书》第 4 条规定了"同非缔约国贸易的控制"，规定议定书生效后一年内，每一缔约国应禁止从非本议定书缔约国的任何国家进口控制物质。从 1993 年 1 月 1 日起，任何发展中国家缔约国不得向非本缔约国的任何国家出口任何控制物质。本议定书生效之日起三年内，各缔约国应依照公约第 10 条规定的程序，在一附件清单中详细列出含有控制物质的产品。未曾依照该程序提出反对的缔约国应在该附件生效一年内禁止从非本议定书缔约国的任何国家进口此种产品。在议定书生效后五年内，缔约国应确定禁止或限制从非本议定书缔约国的国家进口使用控制物质生产的但不含此种物质的产品一事是否可行。如确定可行，缔约国应依照公约第 10 条规定的程序，在一份附件清单中详细列明此种产品。未曾依照该程序提出异议的缔约国应在该附件生效后的一年内，禁止或限制从非本议定书缔约国的任何国家进口此种产品。每一缔约国应设法阻止向非本议定书缔约国的任何国家出口生产和使用受控物质的技术。[1]

　　此外，《关于消耗臭氧层物质的蒙特利尔议定书》及其修正案还规定了控

_____

〔1〕　参见《消耗臭氧层物质的蒙特利尔协定书》第 4 条。

制和逐步淘汰约百种破坏臭氧层的受控物质（ODS）的生产和贸易（详见第十一章第三节）。

2. 1989 年《控制危险废弃物越境转移及其处置巴塞尔公约》

1989 年 3 月 22 日的《控制危险废弃物越境转移及其处置巴塞尔公约》为危险废弃物的越境转移和处置规定了法律框架。公约在序言中指出："决心采取严格的控制措施来保护人类健康和环境，使其免受危险废弃物的生产和管理可能造成的不利影响。"

公约所规定的一般义务中与国际贸易相关的义务主要有：①作出禁止危险废弃物或其他废弃物进出口处置决定的缔约国应将该决定通知其他缔约国；其他缔约国应尊重该国的决定，禁止向该国出口危险废弃物或其他废弃物；对尚未禁止进口危险废弃物的缔约国，在得到该国对某一种废弃物或其他废弃物从其领土出口到非缔约国，亦不许可从一缔约国进口到其领土。②缔约国应不许可将危险废弃物或其他废弃物从其领土出口到非缔约国，亦不许可从一缔约国进口到其领土。③各缔约国协议不许可将危险废弃物或其他废弃物出口到南纬 60 度以南地区（即南极地区）。④缔约国应规定，拟出口的危险废弃物或其他废弃物必须以对环境无害的方式在进口国或他处处理。公约涉及废弃物的环境无害管理技术准则由缔约国大会决定。⑤缔约国应采取适当措施，确保危险废弃物和其他废弃物越境转移仅在下列情况下才予以许可：出口国没有技术能力和必要的设施、设备能力或适当的处置场所以无害于环境而且有效的方式处置有关废弃物；进口国需要有关废弃物作为再循环或回收工业的原材料；有关的越境转移符合由缔约国决定的、符合本公约目标的其他标准。[1]此外，《巴塞尔公约》第 11 条允许当事方与非当事方就有害废弃物和其他废弃物跨境转移签订协定，但以这些协定和安排不损害该公约所要求的对于有害废弃物和其他废弃物所进行的环境上的严格管理为条件。

（三）其他限制贸易措施

1978 年国际捕鲸委员会关于规定成员国应采取必要步骤防止非成员国鲸产品的进口。第一项专门对捕鱼方法和工具作规定的 1989 年 11 月 23 日于惠灵顿签订的《禁止在南太平洋长拖网捕鱼公约》规定禁止缔约国使用长拖网捕鱼，禁止用此种网捕的鱼在缔约国上岸，禁止进口此种鱼。

---

〔1〕　参见《控制危险废弃物越境转移及其处置巴塞尔公约》第 4 条。

1995 年 12 月 4 日《跨界鱼类种群和高度洄游鱼类种群的养护与管理协定》认可采取非具体措施，其中第 23 条第 3 款授权成员方通过规则，在已经确定捕捞系采用损害公海鱼类养护和管理的多边措施的效果的方式而进行时，禁止其上岸和转运。[1] 该协定第 17 条第 4 款规定："这些组织的成员国或安排的参与国应就悬挂非组织成员国或非安排参与国国旗，并从事捕鱼作业，捕捞有关种群的渔船的活动交换情报。他们应采取符合本协定和国际法的措施，防阻这种船只从事破坏分区域或区域养护和管理措施效力的活动。"第 20 条第 7 款规定："属于分区域或区域渔业管理组织的成员或分区域或区域渔业管理安排的参与方的缔约国可根据国际法采取行动，包括诉诸为此目的订立的分区域或区域程序，以防阻从事破坏该组织或安排所订立的养护和管理措施的效力，或以其他方式违反这些措施的船只在分区域或区域公海捕鱼，直至船旗国采取适当行动时为止。"这些都含蓄地建议对其船舶破坏某些养护和管理措施的船旗国实施贸易制裁。

还有许多区域性条约也规定了限制贸易措施，如 1991 年 1 月 30 日《禁止危险废物进口并控制其在非洲越境转移的巴马科公约》；1992 年 12 月 11 日《关于危险废物越境转移的巴拿马协定》；1995 年 9 月 16 日《禁止危险废物进口并控制其在南太平洋越境转移的瓦伊加尼公约》；1996 年在伊兹密尔通过的《防止危险废物越境转移和处置污染地中海的议定书》等。

除实施限制某些国际贸易的国际条约外，欧共体还采取了一些限制商品流动的措施。如 1981 年 1 月 20 日第 384/81 号条例要求鲸类制品的进口获得许可证；1983 年 3 月 28 日第 83/129 号指令禁止进口某些幼海豹及其制品。某些危险物质的国际贸易也受到欧共体的限制，1988 年 6 月 16 日 1934/88 号条例确立了欧共体关于某些危险化学产品进出口的一般制度。

为保护环境和人类健康而限制危险物质国际贸易的运动在继续发展，1998 年 9 月 10 日在鹿特丹通过了《鹿特丹公约》，其目标是为了环境保护而扩大对国际贸易限制的程序。2014 年 6 月 23 日至 27 日，首届联合国环境大会就一系列紧迫的环境问题展开了深入讨论，焦点议题覆盖了非法野生动植

---

〔1〕《跨界鱼类种群和高度洄游鱼类种群的养护与管理协定》第 23 条第 3 款：各国可制定规章，授权有关国家当局禁止渔获上岸和转运，如渔获经证实为在公海上以破坏分区域、区域或全球养护和管理措施效力的方式所捕捞。

物贸易、空气质量、环境法治、绿色经济融资、可持续发展目标和 2015 年后的可持续发展议程等多个方面，并以"采取行动，预防、打击和消除非法野生动植物及其制品贸易"为大会目标之一，[1]特别是将非法野生动植物贸易、海洋塑料废弃物和微塑料污染等作为会议讨论重点，大会最终就野生动植物非法贸易等重要问题通过了决议。[2]

第三节　贸易协定中的环境义务

谋求贸易全球化和自由化是与环境问题国际化、环境保护世界化并行的世界潮流。然而，那些打着"贸易自由化"幌子急于建立世界多边贸易体制只顾"生意利益"的"先生"们一味地沉醉于贸易自由化的理想中，环境问题是无法进入他们的视野的，更不可能列入他们的讨论日程。环境恶化和资源匮乏已经严重到威胁自身的生存时，他们才开始从迷醉中睁开眼睛，开始意识到再不能不顾环境保护而一味地为了自由贸易而自由化了。

一、绿色条款的产生及其法律架构

从 1947 年 10 月 30 日签订并于 1948 年 1 月 1 日开始临时适用的《关税与贸易总协定》（General Agreemneton Tariff and Trade，GATT）到 1995 年世界贸易组织（World Trade Organization，WTO）成立运行至今，旨在建立贸易自由化的多边贸易体制中，环境问题始终未能得到深刻的理解与正确认识，只在多边贸易协定中以"例外条款"出现。这显然不符合人类社会发展的需要，强调多边贸易体制下的环境保护义务，乃是人类社会可持续发展的客观需求。

（一）绿色条款

绿色条款指的是多边贸易体制下各类协议中的环境保护例外条款。多边贸易体制则是指世界贸易组织（WTO）及其成立前的《关税与贸易总协定》

---

〔1〕　2013 年 3 月 13 日，联合国大会通过第 67/251 号决议，将环境规划署理事会升格为联合国环境大会，决定将 1972 年联合国环境规划署成立以来由 58 个成员国参加的理事会，升级为普遍会员制的联合国环境大会。明确联合国环境大会的主要职能是确定全球环境政策的重点事项、审议和制定环境政策、推动国际环境立法和国际环境合作以及监督和指导环境规划署的工作。其目标 4 即"采取行动，预防、打击和消除非法野生动植物及其制品贸易"。

〔2〕　见 2014 年 6 月 23 日至 27 日第一届联合国环境大会决议 3：野生动植物非法贸易。

（GATT）所建立的贸易体制。

GATT 和 WTO 对环境与贸易问题的处理在某种程度上可以说是被动应战的。原因在于，成员方环境保护措施对国际贸易产生了制约效应，早期的表现是一些国家把环境保护措施变成非关税贸易壁垒，这与 GATT 和 WTO 的自由贸易精神相违背，但是，如果自由贸易严重破坏环境，却又违背可持续发展的需求。

20 世纪 60 年代末至 70 年代初，环境政策对国际贸易的影响开始成为 GATT 关注的课题。1971 年，GATT 缔约方成立了一个环境措施和国际贸易的工作组，但是，当时它并没有正式运转。斯德哥尔摩人类环境会议召开之后，开始于 1973 年的《关税与贸易总协定》东京谈判明确提出了环境概念。

随着国际贸易规模的扩大和国际市场竞争的加剧，环境与贸易的关系问题在 20 世纪 90 年代再次受到各国重视。1991 年，在欧洲自由贸易联盟成员国的建议下，GATT 环境措施和国际贸易工作组重新开始启动。1992 年，联合国环境与发展会议达成共识，开放、平等和非歧视的多边贸易体系将推动世界各国更好地保护环境以促进可持续发展。《里约环境与发展宣言》原则 12 强调：为了更好地处理环境退化问题，各国应该合作促进一个支持性和开放的国际经济制度，这个制度将会导致所有国家实现经济成长和可持续的发展。为环境目的而采取的贸易政策措施不应该成为国际贸易中的一种任意或无理歧视的手段或伪装的限制。应该避免在进口国家管理范围以外单方面采取对付环境挑战的行动。解决跨越国界或全球性环境问题的环境措施应尽可能以国际协调一致为基础。这一原则要求尽可能以国际协调一致的环境措施来解决环境问题。鉴此，1994 年 4 月，GATT 乌拉圭回合谈判，环境问题尽管不包括在谈判的内容中，但各缔约方签署的正式协议却决定在 WTO 中全面开展环境与贸易问题的工作。《马拉喀什建立世界贸易组织协议》宣称："本协定参加方，认识到在处理它们在贸易和经济领域的关系时，应以提高生活水平、保证充分就业、保证实际收入和有效需求的大幅稳定增长以及扩大货物和服务的生产和贸易为目的，同时应依照可持续发展的目标，考虑对世界资源的最佳利用，寻求既保护和维护环境，又以它们各自在不同经济发展水平的需要和关注相一致的方式，加强为此采取的措施。"[1]体现了可持续发展精

---

〔1〕 参见国家环境保护总局政策法规司编：《中国环保法规与世贸组织规则》，光明日报出版社 2002 年版，第 697 页。

神，制定了贸易自由化和环境保护的双重目标，并于 1995 年 1 月 31 日成立专门的贸易与环境委员会（Committee on Trade and Environment）来处理与成员方贸易有关的环境问题，把环境与贸易问题在 WTO 议程中提高到重要的位置，使环境保护和可持续发展成为 WTO 主流工作的一部分。

绿色条款——多边贸易体制下的环境保护条款的出现，标志着人们对环境问题认识的一次飞跃，标志着人类社会发展的一大进步。但是，我们需要特别注意，国际社会在努力谋求可持续发展提倡贸易自由与环境保护并重时，国际贸易保护主义是从未间断过的。贸易自由和贸易保护总是相互交织、此消彼长。

在过去相当长的一段时间里，贸易保护总是通过提高关税来实现的。第二次世界大战以后，各国为保护本国市场，纷纷画地为牢，征收高关税，严重阻碍了自由贸易的发展。为此 GATT 开始了削减关税的多轮谈判。此时主要包括数量限制、海关检疫、许可证、技术限制和管理条例等的非关税壁垒却悄然兴起。进入 20 世纪 90 年代，应 GATT 乌拉圭回合的要求，各缔约方开始削减传统的非关税壁垒。就在此时，以国际国内环境保护措施为基础的新的贸易壁垒——绿色壁垒出现了。

绿色壁垒主要表现为绿色技术标准、绿色环境标志、绿色包装、绿色卫生检疫、绿色补贴等几种形式。具体而言，其主要内容有：①推行"环境标志"制度。环境标志亦称"生态标签""环境选择"等。它是一种贴在产品上的图形，证明该产品不仅质量符合环境标准，且在生产、使用和处置等过程中也符合规定的环保要求。根据各国的实践，无环境标志产品的进出口将受到数量和价格上的限制。②"绿色包装制度"。许多国家为了节约能源，减少废弃物，要求产品必须采用易于回收利用或再生或易于自然分解、不污染环境的包装，否则将限制甚至禁止进口。③环境进出口附加税。进口国为了保护国内环境，对入境的有严重污染或污染难以治理的原材料、产品以及大量消耗自然资源和能源的产品、工艺、生产设备征收环境附加关税。

如果说传统的非关税壁垒只是各国创造出的本国市场的小伎俩，那么环境壁垒就构成了对国际贸易的巨大挑战。因为传统的非关税壁垒不具备任何合理性，而环境壁垒虽有贸易保护主义之嫌，但它存在的合理性却显而易见。

首先，理念上，环境壁垒的出发点是环境保护主义，它的目标是保护地球、保护可用竭的资源、保护人类赖以生存的环境。这个目标与席卷全球的环保浪潮相呼应，符合世界发展的潮流，因而在国际社会中是受到支持的。

其次，制度层面上，目前的国际贸易法律制度的确为环境壁垒留下了广大的运用空间。仅仅是 GATT 1994 第 20 条 "一般例外" 就给各国采用环境贸易壁垒提供了很大回旋余地。

因此，需要特别注意这种具有名义上的合理性（保护生态环境、自然资源和人体健康），形式上的合法性（以一定的国际环境条约或国内环境法律作为其制定实施的依据）及手段上的隐蔽性（不采用配额、许可证那样具有明显歧视性的措施）等特点的贸易保护措施被滥用、恶用而导致新的不公平的歧视性的贸易壁垒，如墨西哥诉美国限制进口金枪鱼案。1990 年，美国宣布禁止进口墨西哥金枪鱼及其制品，理由是墨西哥在东太平洋热带地区的公海海域捕捞金枪鱼的同时，把与金枪鱼结伴而行的大批海豚也捕杀了，违反了美国的《海洋哺乳动物保护法》。除非墨西哥的金枪鱼上有 "海豚无恙" 的环境标签，否则将限制墨西哥金枪鱼的进口。对此，墨西哥认为美国违反了 GATT 的非歧视待遇原则，而且美国的法律对于公海以及其他国家管辖的海域没有约束力。这是典型的借保护海豚这种可能用竭的天然资源为名，行保护美国国内金枪鱼产业之实。所以，《马拉喀什建立世界贸易组织协议》进一步强调了 "认识到需要做出积极努力，以保证发展中国家特别是其中的最不发达国家，在国际贸易增长中获得与其经济发展需要相当的份额，期望通过达成互惠互利安排，实质性削减关税和其他贸易壁垒，消除国际贸易关系中的歧视待遇，从而为实现这些目标作出贡献"。[1]

（二）绿色条款的法律架构

多边贸易体制下逐步建立起来的绿色条款——环境保护例外条款很多，各类多边贸易协议中的环境保护例外条款构成了多边贸易体制下的国际环境保护的法律架构。

首先是《马拉喀什建立世界贸易组织协议》在序言中强调 "努力保护与保存环境以谋求可持续发展"。[2]

---

〔1〕 见 1994 年《马拉喀什建立世界贸易组织协议》"序言"。
〔2〕 参见 1994 年《马拉喀什建立世界贸易组织协议》"序言"。

其次是被最经常提到的 GATT 1994 第 20 条 "一般例外" 的 b 款和 g 款。这一条款被认为最大的功用之一是 "为环境保护规则鸣锣开道"，[1]根据这一条款的规定，缔约方可实施 "为保障人类、动植物的生命或健康所必需的措施"（b 款）和 "与国内限制生产与消费的措施相配合为有效保护可能用竭的天然资源的有关措施"（g 款），但其实施的前提是 "对于情况相同的各国，实施的措施不得构成武断的或不合理的差别待遇，或构成对国际贸易的变相限制"。[2]

此外，众多的多边贸易协议也都包含环境保护的例外条款。

《技术性贸易壁垒协议》（TBT）前言指出，每个成员为了 "保护人类、动植物的生命或健康及环境保护"，有权在不超越保护所需程度的情况下采取适当措施。前言规定："承认不应阻止任何国家在其认为适当的程度内采取必要的措施，来确保它的出口货物的质量，或保护人类、动物或植物的生命或健康以及保护环境……只要这些措施不致成为在具有同等条件的国家间构成任意的或不合理的歧视的一种手段或构成对国际贸易的一种隐蔽限制。" 协议第 2 条第 2 款规定："关于各缔约方的中央政府机构，在需要技术条例或标准和存在有关国际标准或即将制订出这些标准时，各缔约方应使用这些标准或其有关部分，作为制订技术条例或标准的基础，除非由于下列原因（其他原因除外）这种在接到请求时而适当加以解释的国际标准或其有关部分不适用于有关缔约方：国家安全需要，防止欺诈行为；保证人类健康或安全；保护动物或植物的生命或健康，或保护环境；基本气候或其他地理因素；基本工艺问题。"

可见《技术性贸易壁垒协议》涉及一切产品的技术管理条例、测试、认证以及技术标准、包装、标签等，承认各缔约方为了保护人民、动植物的生命、健康和环境，有权采取适当的措施，但只以保护所需的程度为限，不应成为多边贸易的障碍。鼓励各缔约方采用国际标准，但不要求因而改变其保护水平。

《实施动植物卫生检疫措施协议》并不是专门针对环境问题的协定，但其内容的相当部分却与环境保护密切相关，以协定方式确定国际环境标准。前

〔1〕 赵维田：《世贸组织（WTO）的法律制度》，吉林人民出版社 2000 年版，第 327 页。
〔2〕 剧锦文、武力主编：《关贸总协定实用知识全书》，中国物资出版社 1993 年版，第 20 页。

言部分就明确"不得阻止任何成员方采取或加强为保护人类、动植物的生命或健康所必需的措施"，并在其第5条第7款列入了"预防原则"，即在成员方一时找不到足够的科学依据以判断所采取保护措施的"必要程度"时，可以"在可得到的有关资料的基础上临时性地采取卫生或植物检疫措施"，但检疫措施的采取，仅以保护人类、牲畜和植物的生命健康为限，不可对其他缔约方构成贸易歧视。为了在更广泛的基础上协调缔约方的卫生和植物检疫措施，该协定鼓励各方采用国际标准和准则，但其12条第4款又规定："缔约方可以采用高于国际标准的措施，只要在科学上证明是合理的，或是以适当的危险性评估为基础。"亦即：各成员方有权采取卫生和动植物检疫措施，但应以人类、牲畜和植物的生命或健康为限，且不应违反非歧视原则。

《农产品协议》主要涉及农产品的市场准入、国内支持和出口补贴。在市场准入方面，要求以课征关税来取代农产品进口的限制措施，即分阶段实现"关税化"。在国内支持和出口补贴方面，则要求承诺分阶段削减的义务。但是不管是发达国家、发展中国家，还是最不发达国家，凡是属于"绿匣子政策"范畴之列的国内支持措施（以保护环境为主要目的措施）均不在削减之列。也就是说提出了一个"农业支持总量单位"，凡列入这个支持总量单位的"农业支持措施和为农业支持而出现的额外费用或收入损失的支付，不在削减之列"。

《补贴与反补贴协议》将补贴分为禁用和非禁用两大类。非禁用补贴又分为可申诉和不可申诉两类。协议第8条对不可申诉的补贴作了规定，其中第2（c）款规定这种补贴为："改造现有设施使之适应法律和/或法律所提出的新的环境要求而提供的资助，这些环境保护上的要求会对企业构成更大的限制和更重的负担，所以只要这些资助：（i）是一种一次性的，非重复性的措施；（ii）限制在适应性改造工程成本的20%以内；（iii）不包括对辅助性投资的安装与投入费用，该项支出必须完全由企业负责；（iv）与企业减少废料、污染有直接和适当的关联，而不包括任何制造业能够取得的成本和节约；和（v）应是能给予所有可使用新设施和/或生产加工的企业。"但该计划的实施应遵守第3款规定："在执行前通知补贴与反补贴委员会，以便能使其他成员对补贴计划及其条件与标准是否与第2款相一致进行评价。"亦即在某些特定条件下，所有成员方为促使现有的生产设施适应新的、能对公司企业加重制约和经济负担的环境法规可以给予补贴。

《服务贸易总协议》包括 29 个条款，关于自然人移动、金融服务、电讯和航空运输服务等四个附件以及缔约方在服务业市场准入方面的承诺和减让。该协议的职责是研究服务贸易、环境保护与可持续发展三者的关系，并提出报告和建议。其第 14 条例外条款规定：缔约方对国际服务贸易不得实行限制和歧视，但成员方可采用或实施为了保护人类、动植物的安全和健康所必需的措施，只要这类措施的实施不在情况相同的国家间构成武断的或不公正的歧视，或构成对服务贸易的变相限制。

《与贸易有关的知识产权协议》第 1 条就指出：缔约方有权在自己的法律体制范围内，决定采取适宜的方法实施本协定的条款。这意味着在环境保护方面涉及的知识产权问题，原则上必须遵守本协议和其他有关的国际协定的要求，但其具体措施可自行酌定。其第 8 条承认，成员方可以制定法律和采取必要的措施保护公众健康和生活。协议中也有类似例外条款的内容，第 27 条第 2 款规定："为保护国家的公共秩序或维护公共道德，包括保护人类、动植物的生命或健康，或为避免对环境的严重破坏，各缔约方可排除授予专利性发明予专利，制止在领域内进行商业性利用，只要此举并不仅仅因为这种利用被其法律禁止。"

二、从"绿色条款"到"环境章节"

世界贸易组织以促进贸易自由化、维持多边贸易体制稳定为出发点，其关注的是成员方之间权利与义务的平衡，并通过世界贸易组织这一体制去维持在谈判中所达成的平衡。虽然这样的平衡也包含环境保护的要素，但总体上并非贸易关注与环境关注的平衡。这不仅让环境保护陷入进一步的危机之中，还影响世界经济良性循环的发展以及相关国家敦睦邦交的关系。再者，世界贸易组织争端解决机制自带的缺陷无法有效地协调贸易与环境的问题。同时，随着环境意识的日益加强，人们认识到气候变化、物种灭绝、海洋污染、危险废弃物转移等环境问题与贸易日益紧密，贸易协定中的环境例外条款（绿色条款）已然无法协调环境与贸易关系。因此，势必需要寻觅一条有效协调贸易与环境的新出路。如此，将多边贸易协议中零散的环境条款归纳整合为自由贸易协定中的"环境章节"，已成为一种客观趋势。

"环境章节"特指在自由贸易协定中所单独设立的专门章节。"环境章节"与具从属性的自由贸易协定之附属环境合作协定不同，尽管自由贸易协定之附属环境合作协定与独立的环境章节同是自由贸易协定最重要也是最具特色的突破。

在自由贸易协定中纳入"环境章节"不仅是世界贸易组织原有僵化框架的突破，更是人类经济社会发展的客观需要。首先，自由贸易协定中的"环境章节"在贸易协定程序之外提供了一个讨论贸易与环境的谈判场所。通过设置"环境章节"的自由贸易协定谈判解决环境问题不啻一种新思维、新突破。其次，双边或者区域谈判可以处理更具体的环境议题，例如气候变化或生物多样性问题。由于众多缔约方的利益需求迥异，因此更为具体的议题难以达成共识。然而，双边或者区域磋商可以就缔约方共同关切事项进一步磋商，建立起一个满足相互需求的合作框架。再次，自由贸易协定的争端解决机制可以提高争端解决专家组的组成和裁决实施的效率。这是世界贸易组织争端解决机制所无法企及的。例如，当处理与环境相关的纠纷时，现有的世界贸易组织争端解决机构往往以国际贸易领域的专家来解决问题，但在自由贸易协定中则专门规定了环境领域专家名单作为自由贸易协定争端解决专家小组组成成员。这无疑有助于更为公平合理地处理环境与贸易争端，显示出了专业性。最后，所有自由贸易协定中取得的成果都可以在双边或多边程序中予以共享。自由贸易协定的"环境章节"可以提供一个更好的框架来处理世界贸易组织中难以涵盖的环境议题。

当然，尽管各国将环境章节纳入自由贸易协定之中的出发点各有不同，但客观上在自由贸易协定中设置"环境章节"以明确环境义务，防止缔约方为了吸引贸易而降低环境保护标准则是共识。同时，在自由贸易协定中设置"环境章节"的目的是促进可持续发展。国家为了符合并贯彻可持续发展原则，将可持续发展作为一个经济社会发展的政策和议程，并以可持续发展作为国际贸易谈判的目标，客观上亦可以营造公平的竞争氛围，且可通过在自由贸易协定中纳入"环境章节"而达到推广本国环境规范的目的。此外，需要特别加以强调的是，在自由贸易协定中纳入"环境章节"是协调贸易与环境关系解决二者碰撞与冲突的全新方式。这种方式不仅有助于夯实贸易与环境关系的协调基础，还有助于推动国际环境协定的谈判进程。

总而言之，自由贸易协定之"环境章节"作为履行自由贸易协定之环境义务的主要应对方法必将促进自由贸易与环境保护的进一步契合，更加有益于自由贸易和环境保护的进一步发展。

三、自由贸易协定中的环境义务设置

当下"环境章节"已经成为自由贸易协定中最为核心的内容。多数自由贸易区均设有环境要求，包括规定不得因吸引贸易投资而降低国内环境保护水平、环境规制权、环境协定相关承诺在贸易协定中的体现、环境争端解决机制等。[1]随着贸易与环境规则的发展，自由贸易协定环境章节中的环境标准亦日趋严格。

美国、欧洲、加拿大、新西兰等国家和地区是自由贸易协定之环境章节的主要推动者，其签署的自由贸易协定大多都包含环境或可持续发展条款或单独的环境章节。近年来，越来越多的发展中国家也开始签署包含环境章节的贸易协定。当然，自由贸易协定环境章节的形式与内容并无统一格式，在美国、欧盟、韩国等签署的包含环境章节的自由贸易协定主要内容包括定义及范围、申明环境保护水平、申明不会因为鼓励贸易而降低各自本国环境保护水平、环境法律法规以及措施等的有效实施、为确保各国有效实施环境保护应承诺不会因为贸易而贬损各自国内的环境法律法规和措施等、机构及制度安排、专门委员会与联络点和咨询小组的设立以及工作安排以确保环境章节的有效实施，以及对于与环境争端相关的程序安排、技术合作、公众参与、资金机制、信息交流、公开透明、环评等，并认识到多边环境协定在保护环境方面发挥的重要作用，各方将促进他们同为缔约方的国际环境公约的执行，重申多边环境协定的相关承诺，对自由贸易协定环境影响进行定期或不定期评价的规定以及对资金来源和财务安排的规定。可见，除在环境章节中涵盖传统环境保护领域内容外，也涵盖了非法砍伐、渔业补贴、生物多样性、气候变化以及环境产品与服务等多方面的内容。[2]

迄今，较有代表性的自由贸易协定之环境章节应属在环境保护方面更新了《北美自由贸易协定》内容签署于 2018 年的《美墨加三国协议》[3]，并在环境保护上综合了《跨太平洋伙伴关系协定》（Trans-Pacific Partnership A-

---

〔1〕　张彬等：《自贸区生态环境管理现状及趋势》，载《中国环境报》2021 年 7 月 15 日。

〔2〕　李丽平等：《自由贸易协定中的环境议题研究》，中国环境出版社 2015 年版，第 51～52 页。

〔3〕　《美墨加三国协议》是 2018 年 9 月 30 日美国、加拿大和墨西哥达成的三方贸易协议。

greement，TPP）[1]的环境章节和世界贸易组织多哈回合[2]的环境议题谈判取得的成果，在此基础上增加了在贸易与环境问题上一直备受重视的传统议题和海洋微塑料污染等新议题。

随着环境保护意识的进一步增强，自由贸易协定之环境章节所涉范围将进一步扩大，通过环境章节来促进环境与贸易的协调势必成为发展动向，贸易协定之环境义务设置亦将更为具体。

第四节　环境保护与贸易自由的关系

环境保护与贸易自由乃是人类社会发展齐头并进的两辆马车，或者说是载着我们奔向美好生活马车的两个轮子。牺牲任何一方都不利于人类社会的发展，我们没有必要在环境保护和贸易自由之间作出非此即彼的选择，二者对人类的生存和有一个更加美好的未来都是缺一不可的。

一、环境保护与贸易自由的外在冲突

环境保护的目标是保护和改善人类的生存环境，提高人类的生活质量；贸易自由的目标是消除贸易障碍，实现贸易的自由化和全球化，以保证充分就业，保证实际收入和有效需求的大幅稳定增长，提高生活水平。二者的目标实际上殊途同归。但毋庸讳言，环境保护与贸易自由目标的一致性也并不能排除实际操作中两者可能产生的冲突。

首先，这种冲突表现为某些国家在追求发展（贸易）时不注意保护环境，从而使贸易对环境产生负面影响，这主要表现在：

（1）出口产品结构。发展中国家资源密集型产品的出口，将使其本国环境受到严重破坏，导致福利损失。发展中国家的初级产品出口是以对自然资源的掠夺性开发为代价的，而发达国家为了保护本国的环境资源，以低于资源价值的市场价格向发展中国家购买。一方面，资源开采过程中的损失和资源价格以外的价值均由发展中国家承担；另一方面，初级产品加工而成的制

---

〔1〕　指2016年2月4日由美国主导、日本等12个国家共同参与的一项多边自由贸易协定。

〔2〕　指2001年11月在卡塔尔首都多哈举行的世贸组织第四次部长级会议启动的新一轮多边贸易谈判，又称"多哈发展议程"，或简称"多哈回合"。

成品又高价卖到发展中国家，发达国家从中获取高额利润，结果使发展中国家资源消耗得不到补偿和维护，加剧了发展中国家的环境恶化。如非洲国家大规模砍伐森林以出口木材，使得热带雨林大面积减少，引起全球气候变化和生态环境的剧烈恶化，并波及其他国家。再如，日本是一个崇尚木制品的国家，日本国内生产生活急需大量木材。为满足国内需求，日本不是积极地开发本国的森林资源，而是大量从东南亚发展中国家进口，进口额占到国内消费量的90%以上。结果日本的森林覆盖率（超过70%）得以保持，而泰国的森林覆盖率由20世纪60年代初的65%降到20世纪90年代的28%，菲律宾则由1958年的50%锐减至1988年的21%。由于森林面积的急剧减少，两国经常发生山体滑坡、水土流失等严重的自然生态问题。

（2）要素流动问题，即污染转嫁。在其他条件相同的情况下，流动生产要素将流向那些对污染的限制要求相对低的国家，即流向世界污染避难所。发展中国家为了吸引国外的资金和技术，追求发展速度，往往忽视保护环境，纷纷降低环境标准，引起恶性竞争，最终成为污染避难所，使得外国投资者得以入境兴办大量污染项目；发达国家则以跨国经营的方式，向发展中国家输出污染，以追求低成本和高利润。

（3）国际贸易中的危险废弃物问题。在存在越境污染的情况下，自由贸易将使其他国家的福利损失更大。还有经济学理论认为，国际贸易提高全球产量和消费，而产量的增加，将加剧废弃物的处理问题。危险废弃物进口方的储存和处理水平往往比出口方更低，而且由于可以将有毒废弃物出口，就抵消了出口国采取一些安全有效的环境政策措施以减少有毒废弃物的数量的动机。据联合国环境规划署统计，美国是最大的有毒废弃物输出国，每年向境外倾倒200吨左右的有毒废弃物；美国尼法略格集团向塞拉利昂提供2500万美元以换取把有毒废弃物运往该国处理的权利。

（4）运输问题。贸易离不开运输，而运输需要能源，能源的耗费会破坏环境。

（5）自由贸易对第三世界国家的影响。受跨国公司行为的影响或由于贸易条件不断变化，第三世界国家对进口的依赖性将加剧，因而妨碍其采用安全的环保措施保护环境。

其次，设计不合理的环境措施可能演变成新的非关税壁垒。

环境利益集团通常与保护主义的国内工业具有共同利益。只要环境保护对国内工业的负担和成本可以转嫁到外国竞争者身上，国内工业和环境团体就倾向于联合起来。在此背景下有些环境措施由于贸易保护主义作祟更易于蜕变成非关税壁垒。例如，欧盟碳边境税。[1]此外，环境保护与贸易问题由于发达国家与发展中国家之间的差距和分歧以及贸易保护主义等因素的介入也变得复杂起来。

发展中国家对发达国家的环保动机深表怀疑，害怕发达国家会将环保法规用作阻挠产品进入其市场的工具。同时它们还对发达国家动辄对其自然资源管理及平衡环境与发展目标指手画脚深为反感。而发达国家已完成工业化过程，环境污染的加剧、公众环境意识的提高，迫使这些国家逐步完善其环境法规，在产品的生产、加工、运输、销售等各个环节都有相应的环境标准和环境措施。因此，在发达国家看来，发展中国家过低的环境保护水平构成了环境倾销或补贴，对其产品的竞争力构成了威胁，因此必须拉平起跑线，协调甚至统一国际环保标准。所以，在国际贸易实践中，由于国家利益的冲突和环境保护自身特点等因素，在贸易与环境之间存在很多不协调。环境控制越严，就越会妨碍自由贸易，或者自由贸易越发达，环境污染和自然破坏就会越严重。[2]

由于存在着不同的经济发展水平、不同的环境意识和不同的利益需要，发展中国家与发达国家在经济上的差距和利益使两者之间的矛盾进一步深化和复杂化。如有些贸易强国利用自身优势，已经或正在把保护环境措施作为一种新的贸易保护措施加以利用，形成"绿色贸易壁垒"，限制外国产品特别是发展中国家产品进入本国市场，使一些发展中国家蒙受巨大经济损失。不仅脱离了包括非歧视原则、公平贸易原则、一般禁止数量限制原则、透明度原则等贸易基本原则，而且与环境保护的宗旨相违背。

最后，世贸组织争端解决程序与多边环境条约的争端解决程序的关系在某种程度上也体现了环境保护与贸易二者的不协调。

---

〔1〕 碳边境税是指一种基于碳排放量对一些行业的进口产品征收进口税的方法。与传统的关税不同，碳边境税是根据进口产品的碳排放量来计算征税金额的。欧盟碳边境税（Carbon Border Adjustment Mechanism, CBAM）是2023年4月欧盟理事会投票通过并于2023年5月17日生效的税费调节机制，也被称为碳关税或碳边境调节机制，是欧盟针对部分进口商品的碳排放量所征收的税费。该机制要求，进口至欧盟或从欧盟出口的高碳产品，缴纳相应额度的税费或退还相应的碳排放配额。

〔2〕 汪劲：《中国环境法原理》，北京大学出版社2000年版，第419页。

世贸组织在规定相关环境保护例外条款的同时并未规定有关环境专家的作用和涉及环境问题的科学证据的应用等问题的程序。其争端解决谅解文件规定世贸组织争端解决小组的专家应是国际贸易专家。[1]而这些国际贸易专家有可能缺乏涉及多边环境条约或国内环境措施争端的环境方面专门知识。此外，世贸组织争端解决程序的非公开性也妨碍非政府组织的参与。在法律适用方面，如一争端既涉及《关税与贸易总协定》又涉及多边环境条约，争端解决小组将面临适用何者的规定的难题等。

二、环境保护与贸易自由的本质关系

环境保护与贸易自由的关系并非只有对立，二者也互相促进，互相支持。经济增长包括贸易发展能为环境保护创造良好的技术和经济基础。[2]贸易能够增加一国的收入，改善国家的经济状况。而贫穷是许多环境问题不能解决的障碍，通过提高人民的生活水平，很多与贫穷有关的环境问题有望得到解决。而环境问题介入贸易，导致对自由贸易的限制，可减少并控制有害环境产品或濒危动植物及其制品的进出口，以有效保护全球环境。事实上，二者的共同目的都是通过改进生活质量而增进社会福利。它们辩证地统一于"可持续发展"，为实现可持续发展的目的，二者须相互支持。具体表现在以下几个方面。

首先，环境保护与贸易自由的根本目的是一致的。良好的贸易政策和环境政策的基本目标都是通过自然资源的有效配置而不断改善人类的生活质量，两者之间具有互补性、兼容性和统一性。[3]贸易的目的如《马拉喀什建立世界贸易组织协议》所述，是维护一个公开的、无歧视的和公正的多边贸易体制，但同时要提高人类的生活水平和根据可持续发展的目标最佳地利用世界资源。环境保护的目的，如《21世纪议程》的引言部分所述，是改善所有人的生活水平，更好地保护和管理生态系统，争取一个更为安全、更为繁荣的未来。将环境保护纳入贸易发展计划和决策，不但有利于保护生态环境和资源，而且能够促进综合、高效地利用自然资源，使贸易持续、稳定、健康地

---

〔1〕　参见《管理争端解决的规则与程序的谅解》第8条"专家组的组成"。
〔2〕　路斌、赵世萍：《全球化和贸易自由化对环境的影响》，载《世界环境》2002年第3期。
〔3〕　潘未名：《略论环保时代的国际贸易》，载《兰州学刊》1994年第2期。

发展。实际上，自由贸易政策与环境政策的目的都在于通过优化配置资源（环境政策侧重自然资源的优化配置），提高生产效率，增加人类福利。自由贸易政策之目的主要在于增加人类经济方面的福利，而环境保护政策的目的则主要在于增加人类环境方面的福利。只是这两种政策的出发点不同而已。自由贸易政策主要是通过防止政府有意扭曲市场价格来实现资源的优化配置，比如 WTO 法律原则就限制政府通过关税及非关税贸易壁垒来扭曲贸易。环境保护政策则主要致力于通过环境成本内部化来矫正因环境成本外部化所导致的价格扭曲，实现自然资源的优化配置，从而达到保护环境的目的。所以不论是贸易还是环境政策，都是通过促进价格机制来达到更高的效率。因此，虽然从现行国内环境保护法和国际环境条约及 WTO 法律体制来看，环境保护政策与自由贸易政策确实存在着某种冲突，但这两种政策之间的冲突只是表现形式上的冲突，而不是目的上的冲突，自由贸易也并非导致环境问题的根本原因。其冲突完全可以通过其他手段（非贸易手段）的运用，或是调整国内环境政策以使外部成本内部化，来加以解决。贸易的扩大、财富的增加有利于发展对环境无害的产品，刺激环保产品和环保技术的开发，有利于消费者选择高质量和良好的环境服务，环保与贸易完全可以相互促进，在发展贸易的过程中加强环保，在环保的前提下促进贸易发展。

其次，良好的自然环境是贸易正常进行的基础。良好的自然环境使国际贸易得以存在并获得必要的资源。自然环境为贸易提供了丰富的资源和能源，人类对资源进行加工获得各种消费资料和生产资料，从而得以进行国际贸易。无论是传统的初级产品、半成品、制成品等货物贸易，还是服务、技术、信息等各种新型贸易形式，都与环境质量密切相关。空气、水、大气等各种环境因素及动植物、矿产等自然资源的质量除直接影响农、林、牧、渔等产品和工业产品的出口外，还可能直接或间接影响旅游业和服务业。不同地区的环境差异造成了各国比较优势和国际分工的差异。各国的环境禀赋是不同的，这会影响各国贸易的内容、规模和结构。如中东出口石油，美国出口小麦，南非出口黄金，非洲需要进口大米。这都说明各不相同的资源和环境差异，造成了不同地区进行贸易的商品结构的巨大差异。而且，环境的改善和环境技术的普及又能提高产品满足环境标准的能力，从而提高产品在国际贸易中的竞争力。

最后，贸易自由化促进世界各国更加有效地提高经济效率，以缓解生产过程所导致的环境压力，即使用更少的自然资源取得相同的产出或者使用等量的自然资源获得更大的产出。自由贸易推动环保产品和服务的发展，从而推动全球的绿色贸易，实现对环境的有效保护；自由贸易还可加快经济落后国家的发展从而提高国家治理污染、保护环境的能力，摆脱贫穷对其环保投资的制约。所以说，贸易自由化可以提高经济和环境效率。正如里约热内卢环境与发展大会所强调的那样，环境与贸易政策应当是相互支持的。一个公开的多边贸易体制使资源更为有效地分配和利用成为可能，因此它将有助于增加生产和收入，减少对环境的要求，可以为经济增长及发展和改善环境保护提供所需的额外资源。另外，一个健康的环境可以为经济持续增长提供所需的资源，并构成贸易持续增长的基础。一个由合理的环境政策支持的、公开的多边贸易体制将对环境产生积极的影响并促进可持续发展。

正如《21世纪议程》指出的，环境和贸易政策应是相互支持的。环境的利害关系不应作为限制贸易的借口。[1]使贸易和环境相辅相成、和谐统一是环境与贸易问题的理想、目标。这是因为环境与贸易政策是相辅相成的。开放的多边贸易制度能够更有效地分配和使用资源，从而帮助增加生产和收入，减少环境的负荷。它为经济增长和发展以及改善环境提供更多所需的资源。另外，健康的环境为持续增长和支持不扩充的贸易提供了必要的生态资源和其他资源。开放的多边贸易制度在健全的环境政策支持下对环境可以产生积极的影响，并促进可持续的发展。环境领域的国际合作日益增加，在一些多边环境协定中贸易条款已经在对付全球环境挑战中发挥作用。

环境与贸易之间并无固有的不可调和的冲突。我们可以找到既不牺牲环境又能促进贸易增长的途径。所以，不能以破坏环境为代价取得贸易的增长，也不能为了保护环境而放弃贸易的增长。在环境与贸易关系中，生态环境稳定与贸易增长之间，客观上存在着一种协调机制，完全可以通过国际环境法建立起这一协调机制，从而实现环境与贸易的协调发展。

---

〔1〕 参见《21世纪议程》第2章"为加速发展中国家的持续发展的国际合作"。

第二十二章

环境与健康

    环境是人类生存与发展的物质基础，人与环境具有密不可分的内在联系。人类为了提高生活质量、维护和促进健康，需要开发利用环境资源，环境的开发利用使环境受到影响，当这种影响在一定限度内时，环境所具有的自净化等调节功能可使其恢复原有状态，如果超过环境自我调节的限度，势必造成生态破坏、环境污染、资源耗竭等问题，从而给地球和人类带来健康的危害。然而，长期以来，尤其是 20 世纪中叶以来，由于生产力水平的不断提高，人类活动造成的环境问题对健康的严重威胁和危害，其规模之大，影响之深远，是人类始料未及的。因此，为避免环境退化和失衡导致人类的覆灭，"环境与健康"已然成为最迫切的课题，成为人类生存与发展的永恒主题。

第一节　环境污染对健康的危害

    随着生产力水平的不断提高，更由于人类物欲的不断膨胀，日新月异的高新技术，在给人类社会带来进步繁荣的同时，也给人类带来了新的环境问题，使得人类身心健康不断遭受环境污染所带来的严重危害。

一、健康的界定

    健康是指一个人在身体、精神和社会等方面都处于良好的状态。传统的健康是"无病即健康"，现代的健康则是指整体健康。健康是一种心理状态，与环境给人带来的感知有关。适宜的环境和美景以及良好的社会生活环境，使人身心愉悦，积极乐观，对生活充满希望。反之，恶劣的环境会给人带来不满、不适、不安甚至厌恶乃至愤恨等负面情绪。人体的每个器官都有其特定的功能，与我们的意识和心理有着严格的密切的特定联系，由环境带来的负面情绪会造成人恐惧、忧郁甚至罹患疾病。生活幸福的首要条件在于健康。疾病缠身，何谈幸福。故，世界卫生组织将"健康"定义为"不仅是没有疾病和虚弱，而且处于生理的、心理的和社会的完好状态"。

健康是人生的第一财富，是人的基本权利。健康更是民族复兴、国家昌盛的保障。健康包括每个人个体的健康和公共健康。公共健康，通常可以理解为通过国家和国际社会的共同努力，有效组织和调配卫生资源，以实现疾病预防、生活幸福和保障健康的科学技术和社会制度。

纵观人类卫生史，其呈现出由个体健康向公共健康过渡、从生物医学模式向社会医学模式发展的趋势。公共健康起源于人们团结一致共同对付疾病的决心。人是一种社会存在，人们为了互相保护和彼此的利益而联合起来。在人类历史上，人们总是以这样或那样的方式考虑健康问题，并在解决各种各样的生存和健康问题的过程中，形成了通过社会行为来预防和治疗疾病的共识，正是这种共识的理论总结和实践行为促进了公共健康的实现。因此，有人把公共健康定义为："通过社会有组织的努力来指导维持和改进所有人健康的科学、实际技能和信念的综合。"[1]公众人口的健康逐步替代个体健康获得社会广泛的关注，预防措施取代医疗干预开始被视作健康政策的基本原则。1958 年，美国学者乔治·罗森出版的《公共卫生史》为公共健康赋予了更为宽泛的内涵，将任何影响健康的社会运动和立法活动纳入公共健康范畴。此后，公共健康发展为一个更为多维的概念，同生态环境、社会环境以及人文环境密不可分，成为一种社会产品，对政府的宏观调控和社会的资源整合提出了更高要求。公共健康还激发人们道德反思，在追求物质丰富的同时应当思考获取财富的前提条件。公共健康之意义可谓重大至极。

首先，公共健康是衡量社会文明的标尺。文明是人类创造的物质财富和精神成果的总和，昭示着人类社会的进步和文明程度。文明伴随人类历史的变迁不断发展，在不同时代表现出不同特征。尽管如此，文明始终追求对人的终极关怀，对社会福利的广泛保障。现代社会，经济关系复杂、利益主体多元。由于个体私利无限膨胀的天性以及市场固有的缺陷，社会中各类矛盾

---

〔1〕　肖巍：《公共健康伦理：概念、使命与目标》，载《湘潭大学社会科学学报》2006 年第 3 期。

丛生，不仅存在个体之间的矛盾，也产生了个体与社会整体之间的冲突。经济发展失控引发的环境与健康危机充分反映出自由放任的社会自治机制存在着诸多弊端。因此，现代文明呼吁国家推进公共事业以匡扶正义、保障公平，倡导国民积极参与公共管理获得救济、实现福利。作为一项基础性公共事务，公共卫生资源的利用并不服从价值规律，不能以市场机制进行配置。公共健康的实现需要国家以"社会利益"代表的身份承担干预职能，政府作出强有力的政治承诺以确保绝大多数人的最大幸福。同时，每个人都有权在适宜的环境中生存，维持良好的身体素质与健康状况，同时也有义务为此付出努力。国家政府的不懈努力与公众的积极参与，直接体现一个民族成熟的历史定位与先进的文明水平。

其次，公共健康是社会可持续发展的基石。不同年代生存时空和生存环境的差异往往造成对公共健康不同的价值判断，代际冲突随着时代的变迁以及价值观、道德观的变化而加剧。近现代个人主义的流行空前激化了矛盾，当代物欲横流的享乐主义超过以往任何时代，破坏生态，危及公共健康，严重阻碍经济社会的可持续发展。当代资源消耗过度、健康状况下降将不可避免地损害子孙后代的发展能力；若对后代缺乏伦理关怀意识，当代人类往往难以作出正确的社会决策，并最终导致社会发展难以持续。生存困境和健康危机迫使人类重新思考与自然的关系，关注生态价值，重视健康权利。"可持续发展"要求各国在选择发展目标和制定发展规划之时，以促进人类之间以及人类与自然之间的和谐的发展为目标，既满足当代人的需求，又不危及后代人满足其需求。[1]该理论饱含对环境资源有限性的忧患意识，强调应对后代生存环境承担伦理责任，充满对人类健康生活的关切，致力于对人类生存权利的维护。公共健康与可持续发展理论共同昭示尊重生命、珍惜健康的伦理关怀，以达成人与环境和谐的健康幸福生活。

最后，公共健康维系国家民族存亡并影响全人类的根本福祉。公共健康不单是一个国家民族追求的发展目标，而且是保障全人类共同利益的需要。自然环境的优化和社会环境的和谐有助于激发人们的创造力和生存劳动的积极性，进一步促进经济社会和健康事业的发展。而经济实力的增长有助于国家完善公共卫生体制与社会医疗体系，提高公共管理水平与社会服务能力，

---

〔1〕 参见世界环境与发展委员会：《我们共同的未来》，王之佳等译，吉林人民出版社1997年版。

且能有效地互补各国资源，缓解资源稀缺国家的环境压力，加速医疗卫生资源在世界范围的合理配置，推进全人类的可持续生存和可持续发展。《名古屋议定书》在迅速获取遗传资源及公正、公平地分享其利用惠益方面提供了灵活性选择，尤其强调了对发展中国家在可负担治疗方面的支持。[1]

20世纪80年代以来，不断暴发的传染病事件、层出不穷的环境污染灾害、日益加重的社会医疗成本负担，为沉湎于经济发展、技术进步的人类敲响了警钟。公共健康的保障包括健康促进、疾病预防；公共健康的干预要求流行病学数据的收集与使用，人口的监视与量化评估；公共健康的促进同个体生活方式、自然环境质量、社会经济条件紧密相关。[2]当前，公共健康安全已同经济安全、环境安全甚至国防安全相互交织，深刻影响着国家的和谐稳定与可持续发展。

二、环境污染对健康的危害后果——健康危机

空气污染、水体污染、土地污染、荒漠化、气候变化、臭氧层破坏、生物多样性丧失、酸雨、赤潮、固体废弃物、核污染、电磁波、辐射、噪声污染、光污染、白色污染、高毒性化学品、疫病肆虐等，这些环境污染对人类健康造成了急性、慢性以及远期危害，[3]后果可谓不堪设想。诸如由温室效应导致的冰川融化使许许多多形形色色不被人类认识甚至被认为已经销声匿迹的细菌和病毒再度活跃、繁殖、传播、变异，引发大规模使人类措手不及诚惶诚恐的怪病和灾难，尽管现在还无法确定有多少病毒会重返人类的现代社会，也不能确定其中有多少具有极大危险性而威胁人类的生存与健康，但可以确定的是这一切已然发生，日后无疑会更加严峻。而人类健康的自我防御机制却又无法应对那些人类无法识别或已经消失了几千年又重新出现的病毒。可见，人类绝大多数的"发展"活动都会对我们的环境产生负面影响，从而带来和/或加剧健康问题。

---

〔1〕　参见《名古屋议定书》第8条第2款。

〔2〕　See James F. Childress, Ruth R. Faden et al. , "Public Health Ethics, Mapping the Terrain", *The Journal of Law*, *Medicine & Ethics*, Summer 30（2002）.

〔3〕　急性危害指污染物在短期内浓度很高，或者几种污染物混合进入人体而造成的即时危害。慢性危害主要指小剂量的污染物持续地作用于人体产生的危害，如大气污染对呼吸道慢性炎症发病率的影响等。远期危害指经过较长的潜伏期后才表现出来的环境污染对人体的危害，如环境因素的致癌作用等。

长期以来，人们以战天斗地的"改造论"和"征服论"理念处理人类与自然环境的关系，以牺牲人类生存环境为代价换取经济增长，结果必定是得不偿失。毋庸置疑，在人类经济社会发展进程中，"三高"（高污染、高耗能、高排放）行业和不合理的能源结构等对环境造成的破坏和损害是巨大的。

第一，严重的大气污染。适宜呼吸的洁净空气是生存不可或缺的条件之一。包括人类在内的一切有机体都从大气中吸入生存所需的气体。然而，人类活动向大气中排放大量诸如氮氧化物、硫氧化物、颗粒物等大气污染物，导致雾霾、酸雨和有害物质微小颗粒物等严重问题，对人类的呼吸系统产生负面影响，增加患上呼吸道疾病的风险，甚至还会导致心脏病、中风、癌症等长期慢性疾病的发生。大气污染与长期健康影响密切相关，暴露在氮氧化物中会增加罹患高血压、冠心病等多种心血管疾病的风险。罹患慢性哮喘和其他阻塞性肺病和长期暴露在硫氧化物、甲烷和地面臭氧中有直接关系。而颗粒物带来的健康风险取决于颗粒的大小，颗粒越小，危险性就越大。PM10（直径不超过 10 微米的颗粒）大部分停留在鼻腔与咽喉，PM2.5（直径不超过 2.5 微米的颗粒）则会直接被肺吸收，进入血液，由此导致多种心肺疾病及癌症的发病率增加。这是 PM2.5 中的有毒成分造成的——PM2.5 可能含有黑碳、铅、砷、镉等有毒金属以及一种叫芳香环烃（PAH）的致癌分子。这些有毒颗粒通常有多种来源，包括汽车尾气、废物焚烧以及工业生产等。从全球来看，颗粒物污染是造成受影响人群罹患疾病及过早死亡的最危险因素之一，同时也影响着人们的生活质量。颗粒物对于人体十分有害，特别是幼儿和中老年人更易受其影响。可见，大气污染会导致严重的健康危害。因此，改善空气质量是保护人类健康的关键。

第二，水污染是不可忽视的。水是人类生活中必需的资源，水污染是严重的环境问题，会对人类的健康和生命安全造成巨大的威胁。水污染由多种因素引起，包括工业废水排放、农业化肥和农药的过度使用、城市污水排放等。这些污染物含有各种有害的细菌、病毒和其他微生物，它们通过水进入人类的食物链，从而引发各种疾病。如霍乱、痢疾、伤寒以及消化系统和肠道疾病等，这些疾病的症状通常包括腹泻、呕吐、发热等，严重时可能致命。此外，水污染还可能引起各种寄生虫病，如阿米巴病、血吸虫病等。18、19世纪，欧洲的工业化和城市化浪潮中，新旧传染病交替。其中受水源影响的疫病，最为典型的事件即 1854 年宽街霍乱暴发事件。[1]时至 19 世纪，在欧洲和北美实行安全供水和粪便卫生处理后，肠道传染病有了明显下降。[2]水污染对人类健康的影响深远，尤其是会对人类的免疫系统产生严重影响，使人们更容易受到各种病原体的攻击。这些病原体可能通过被污染的水进入人体，导致各种疾病的暴发。长期饮用被污染的水，人体可能无法获取足够的营养，从而导致营养不良，进一步降低免疫力，增加罹患疾病的风险。在联合国环境大会第三届会议决议中，水污染被认为是对人类健康、生态系统服务以及生物多样性构成严重威胁的重大挑战。决议指出水资源面临的质量和数量挑战，其中包括气候变化的影响、城市化的快速进程以及工业和农业活动的增长。为应对这些挑战，该决议号召国际社会采用跨部门且涵盖从源头到海洋的全面策略，旨在减少有害物质的排放，强化水生态系统的保护与恢复能力。此外，该决议还强调了加强对水质与水量监测的重要性，推崇数据共享，并鼓励会员国参考联合国环境规划署的指导方针，以建立和强化国家水质标准、政策和管理框架。同时，在国际、区域和国家层面，推动加强合作，特别是在跨界水资源方面，提高应对水污染事件的能力，并解决水传播疾病的问题。[3]

第三，土地退化和森林毁损严重影响健康。自 20 世纪 60 年代以来，土地利用变化是超过 30% 新发疾病的诱因，也是导致全球大流行病的重要因素。毁林和森林破碎化还导致人和牲畜以及野生生物更密切地接触，增加了人类与野生生物之间的冲突和疾病传播的风险。毁林是病媒传播疾病（即通过病媒物种在易感物种之间传播的疾病，如疟疾）的一个重要因素。例如埃博拉病毒和人类免疫缺陷病毒感染/获得性免疫缺陷综合症等，对人类健康和经济特别有害。毁林（特别是在热带区域）与登革热、疟疾和黄热病等传染病的

---

[1]　参见卢明、陈代杰、殷瑜：《1854 年的伦敦霍乱与传染病学之父——约翰·斯诺》，载《中国抗生素杂志》2020 年第 4 期。1854 年，位于现今英格兰伦敦市卡尔纳比街的苏活区，正值第三次霍乱大流行期间，爆发了一起严重的霍乱传染事件。在这次事件中，内科医生约翰·斯诺通过深入研究发现，霍乱的传染并非源于空气，而是受到污染的水源。这一发现对 19 世纪的公共卫生观念产生了深远影响，并推动了政府采取措施改善卫生设施。基于这一发现，约翰·斯诺在 1854 年建议取下伦敦一处水泵的手柄，以阻止霍乱的进一步传播。尽管当时的证据并不十分确凿，无法形成强有力的因果链，但这一简单且成本不高的措施在遏制霍乱传播方面却取得了显著成效。

[2]　徐国雄：《环境卫生与肠道传染病》，载《河南预防医学杂志》1990 年第 1 期。

[3]　参见 UNEA-3 之 3/10 号决议。

增加有关。

第四，气候变化造成的健康损害。提起"气候变化"，大多数人都会认为主要问题是二氧化碳浓度过高。过多排放二氧化碳是导致气候变化的主要原因，这点很显然，但二氧化碳本身并非污染物。改变气候的大气污染物还有短时气候污染物[1]，其中包括黑碳、甲烷和地面臭氧。顾名思义，短时气候污染物不会在大气中停留很长时间，但是这些污染物仍然对局部地区及全球气候有显著影响。以煤烟形式存在的黑碳会在受影响区域产生持久性雾霾，导致大气能见度降低。黑碳甚至可能引起气温变化，从而改变局部地区的气候条件。例如，火山爆发之后，黑碳会阻挡来自太阳的能量抵达地面，有可能引发冷却效应，但是从长期来看黑碳在大气中的整体效应是使温度上升。甲烷是一种主要来自稻田及畜牧生产和有机废物分解的温室气体。甲烷引发全球变暖的速度是二氧化碳的数倍。此外，甲烷与氮氧化物等其他大气污染物在阳光下发生反应，还会生成另一种大气污染物和温室气体——地面臭氧，也会影响作物生产。

如今，"气候变化"已是妇孺皆知、耳熟能详影响人类可持续生存与发展的大事件了。气候变化所致严重后果除被人们直接感知的气候灾害外，还体现为城市热浪和海平面上升等。

由于人类活动增加（如汽车尾气）、植被覆盖率低、普遍使用高吸热建筑材料（如沥青），所以形成了"城市热岛效应"[2]。长此以往，热岛的能源需求和成本上升，空气污染恶化，水资源可获得性和质量受到影响，引发高温相关疾病，对城市居民造成直接的经济、社会和健康影响。对人类来说，城市生态系统带来的最大惠益是健康与休闲。不容置疑，人如果能方便地亲近自然，其心理和身体健康都会得到增强。而且城市内部的生态系统能够将城市居民与自然相连，并提高城市居民对自然的兴趣。特别是人口超过 1000

---

[1] 短期气候污染物是指在周围环境（户外）和室内空气污染中能产生强烈气候变化效果，但只在大气中停留较短时间（从短至几天到大约十年的时间）的污染物。黑碳、甲烷和地面臭氧等主要的短期气候污染物均直接与健康相关，三者都对人体健康有害的空气污染和全球变暖相关。

[2] 城市热岛效应是指城市因大量的人工发热、建筑物和道路等高蓄热体及绿地减少等因素，形成"高温化"，城市中的气温明显高于外围郊区的现象。在近地面温度图上，郊区气温变化很小，而城区则是一个高温区，就像突出海面的岛屿，由于这种岛屿代表高温的城市区域，所以就被形象地称为城市热岛。形成城市热岛效应的主要因素有城市下垫面、人工热源、水汽影响、空气污染、绿地减少、人口迁徙等多方面的因素。

万的特大型城市，良好的生态系统，如天然绿地作为"乘凉点"有助于减轻"城市热岛效应"，还能提高环境质量。此外，天然乘凉点有助于减少附近地区的能源消耗，进而减少温室气体排放。除利用天然乘凉点外，城市农业也和天然乘凉点相似，城市农业区也有助于给城市降温、提高地方环境质量、减少能源消耗、增强社会凝聚力并加强城市粮食安全。然而，随着城市的发展，现存的森林变得支离破碎，面积也在缩减，生物多样性和栖息地也随之消失。此外，城市的汽车污染和噪声污染也对健康造成了严重损害。汽车污染主要是指汽车尾气的污染，汽车尾气含有上千种化学物质，如一氧化碳、氮氧化物、环芳烃化合物和铅等多种有毒物质，长期吸入汽车尾气，可引发慢性中毒，导致呼吸道感染和哮喘，使肺功能下降，导致癌症、眼痛、头昏、全身无力、失眠、记忆力减退等严重健康问题。噪声污染会对人的听力、生理功能等造成不良影响，使人烦躁不安，长期生活在噪声污染严重的环境中会导致极其严重的健康损害。

由于气候变化会造成冰川融化引起的海平面上升，从而使沿海居民的健康与福祉受到极其严重影响。小岛屿国家及地区不仅有限的水资源面临巨大压力——环礁的地下水资源"淡水透镜体"[1]将近枯竭，更可能遭受灭顶之灾。二氧化碳、氮氧化物、甲烷等的大量排放，使得地球气温持续升高。近50年来，全球始终在变暖。海平面如果上升1米以上，大片的陆地将化为海床。气候变暖导致干旱、洪水、暴风等自然灾害频繁发生，热带、亚热带农作物大面积减产，生态失衡严重。继续增温，将是下个冰河期的前奏。如果气温继续升高，有可能在2200年出现新的冰河期，人类和大部分生物将会面临严重的生存威胁。

气候变化造成冰川融化带来的灾难不仅仅是海平面上升淹没陆地和城市，还带来了许许多多早已在地球上销声匿迹的恐怖细菌及病毒。数万年以来，地球上温暖的季风总是不知疲倦地把热带和温带的海水送往遥远的极地冰带。无数矿物质和数不清的浮游生物及各种各样的动物尸体都被深深地冻结在南极和北极渺无边际的冰川里。与此同时，依附于这些物质的许多曾经肆虐过

---

〔1〕 "淡水透镜体"指的是在一些小型珊瑚或石灰岩岛屿和环礁地下的一层漂浮在较稠密海水之上的凸透镜形淡水层。淡水透镜体非常脆弱，其厚度一般可能只有几米，所以很容易受到海水的侵蚀而被盐化，特别是随着海平面的上升，淡水透镜体遭受到了严重的破坏。

地球生物的病毒也被一同冻结在厚实的冰层中。一旦环境和温度条件适宜，这些细菌和病毒就会再度活跃、繁殖、传播甚至发生变异，引发大规模的疾病和灾害。海洋生物学家已经从格陵兰岛上的冰源深处发现了还活着的大约1.3万年前冻结在冰芯中损害植物的细菌及病毒。

总而言之，人类健康的自我防御机制无法预见到那些尚未探明的病毒和已经消失了几千年重新出现的病毒。因此，针对这些病毒和细菌的抵抗能力就很脆弱。在这种情况下，一旦疫病肆虐，就会出现对人们生命安全和健康构成严重威胁的健康危机，就可能构成国家乃至全球紧急状态。震惊世界的新旧八大公害（详见第一章）和2002年的"非典"[1]以及2019年的疫情即典型例子。这充分说明了，人类所面临的是物质文明高度发展的同时环境污染导致了健康危机。

健康危机不仅使人类机体受损，且引发了心理忧伤。为了人类的可持续生存，为了子孙后代，为了我们的心智与体魄健康，我们必须行动起来。没有人类的健康，就不可能有人类的可持续生存和可持续发展。"健康"不仅是公众关注的热点，更是国家、国际社会必须重视的议题，是国际环境法的新课题。

第二节　健康保护国际环境立法的缘起

没有人类适宜的生存环境，没有人的健康，就不可能有人类经济社会的可持续发展。高速发展的技术为我们的生活提供了许多便利的同时也让我们付出了代价，将健康甚至生命置于险境。从大气污染、水土污染到生物多样性丧失、气候变化等，以高新技术为手段的无节制开发利用给环境造成的损失损害已经严重到无以复加。与此同时，畸形无序的城市化、越来越多的废物/危险废物、战争毁损等，已使环境不堪重负。这致使人类遭受诸如贫穷饥饿、食品毒性、怪病丛生、疫病肆虐等生存危机。如此，必须建立健全协调"环境与健康"的国际环境法制，以守护我们的健康。

---

〔1〕 "非典"是指严重急性呼吸综合征，2002年发生并扩散至全球的全球性传染病疫情。

一、健康保护的紧迫性

大气污染、水土污染、气候变化、臭氧层消耗、森林退化、生物多样性丧失等环境问题会直接导致人类健康危机。而今，在所谓"全球化"[1]的时代背景下，如何处理经济增长导致的环境问题与健康危机之间的关系，是一个亟待解决的重大课题。

首先，贸易自由与健康安全同为人类福祉所系。然而，科技的进步、经济的发展不仅不断推动国际贸易向纵深发展，还使人类健康危机加速国际化。很明显，贸易自由加剧了疾病在全球范围的扩散。一方面增加了全球范围内人流、物流交换的频率与规模，另一方面也极大提高了传染性疾病的暴发概率与交互感染概率。

其次，不同消费理念和生活方式的跨国传播给全球健康带来了消极的影响。自由贸易促进了部分有害健康产品在世界范围内的流通。

再次，在"全球化"进程中，集约经营和科技应用在某些情况下增加了食品安全隐患。现代农副业颠覆了传统的耕作与养殖方式，大量使用化学物质和添加剂，致使生物污染[2]事件频发。

最后，当下不合理的国际经济秩序进一步加深了发达国家与发展中国家之间的鸿沟，发展中国家不得不面临比发达国家更为恶劣的健康现状，这给全球公共健康事业发展带来了严峻的挑战。

此外，交通技术的发展与便利，不仅缩小了全球空间范围而形成"地球村"，使成千上万的病毒在村中肆虐，同时也更加剧了外来物种入侵。外来物种入侵不仅会严重破坏生态环境和经济发展，而且还会直接威胁到人类的健康安全。这些外来物种中有许多自身携带病毒、病原体等微生物，或是成为疾病的传播媒介，可能导致大规模疾病的暴发，给人类的健康和生存带来了巨大威胁。例如，麻疹、天花、淋巴腺鼠疫以及艾滋病等疾病都可能因此成为入侵性疾病。[3]又如，20世纪90年代初，亚洲船舶的压载水可能是导致

---

[1]　"全球化"是指全球联系不断增强，国家之间在政治、经济上互相依存。"全球化"更多的是一个概念和一种意识。

[2]　此处生物污染是指对人和生物有害的微生物、寄生虫等病原体和变应原等污染水、气、土壤和食品，影响生物产量，危害人类健康的污染。

[3]　史学瀛：《生物多样性法律问题研究》，人民出版社2007年版，第315页。

南美地区霍乱大暴发的罪魁祸首，该次疫情致使超过 73 万人感染，并造成 6000 多人死亡。[1]更有甚者，有些外来入侵物种本身会直接伤害人类的身体健康，如豚草，其花粉具有极大的毒性，对过敏性体质的人来说，会出现咳嗽、哮喘、鼻塞、打喷嚏，甚至出现荨麻疹、胸闷、肺气肿，最严重时可以导致死亡。相关统计数据显示：美国在 21 世纪之初，每年约有 1460 万人罹患豚草病，而加拿大则有约 80 万人受到影响。[2]

2019 年 6 月，世界卫生组织发布的《健康、环境和气候变化战略》指出，每年至少有 1300 万人的死亡是由已知的可避免的环境风险造成的。[3]"尼帕病毒案"[4]更是值得我们反思，让我们不得不重视人与自然、经济发展与生态环境、环境与健康之间的关系。

毋庸置疑，人类活动对自然环境的破坏正在不断增加人类迄今尚无法识别的病毒的肆虐，且加剧了传染病的传播和蔓延。这无疑严重威胁着人类健康，妨碍各国政府完成千年发展目标的努力。[5]2019 年 12 月，疫情的突然暴发使全球再次面临传染病的严峻挑战。疫情引发了全球对健康问题的关注，使世界各国不得不采取措施抗击疫情。可见，健康危机的全球性蔓延推动了

---

〔1〕 参见李世博、黄燕嫄：《国际海事组织压载水公约立法发展研究》，载《上海海洋大学学报》2018 年第 3 期。

〔2〕 王丰年：《外来物种入侵的历史、影响及对策研究》，载《自然辩证法研究》2005 年第 1 期。

〔3〕 "Health, Environment and Climate Change", at https://apps. who. int/gb/ebwha/pdf _ files/WHA72/A72_ 15-en. pdf? ua=1. 该战略草案旨在就 2030 年前世界及其卫生界需要如何应对环境健康风险和挑战提出愿景和前进方向，并通过改变我们的生活、工作、生产、消费和治理方式，确保安全、有利和公平的健康环境。

〔4〕 K. Sakamoto, (2010), "The Outbreak of a New Emerging Disease, Nipah Virus Infection in Malaysia", *Journal of Veterinary Epidemiology*, 3 (1), 43~45. 具体案情如下：1998 年 9 月，马来西亚的农村地区出现了大量养猪户因发烧、头晕以及呼吸道症状而寻求医治的情况。这些病例并未导致高死亡率，因此并未引起公众的广泛关注。然而，到了 1999 年 5 月，在马来西亚之外的 11 名屠宰场工人也出现了类似的症状。活猪的出口导致这种以前未知的病毒在短短 6 个月的时间内跨越国界，蔓延扩散到其他国家。随后，研究人员从果蝠体内找到了尼帕病毒的来源，并发现猪是该病毒的中间宿主。医疗人员迅速查明了尼帕病毒的类型与来源，直接避免了一场人类与动物健康危机。疫病的出现是森林被大面积砍伐之后，大量果蝠进入农业用地寻找蔬果导致的。携带尼帕病毒的果蝠将粪水与唾液落在猪圈后，导致猪被感染，进而猪又传染给了人类。这种疾病后来被命名为"尼帕病毒"，在诸多方面，国际社会对于尼帕病毒的反应可被视为疫病防治的典型案例。这一案例再次强调了人类与自然环境之间的紧密联系以及疫病对人类社会发展的深远影响。

〔5〕 联合国环境规划署编：《全球环境展望年鉴 2007》，国家环境保护总局国际司译，中国环境科学出版社 2007 年版，第 63 页。

国际社会保护健康浪潮的高涨，昭示了健康保护的必要性和紧迫性。

二、国际社会共识

环境问题对健康的威胁包括气候变化、臭氧层消耗、生物多样性丧失、生态系统退化、废物/危险废物贸易和持久性有机污染物扩散等。气候变化正在增加突发和缓发性灾害的频率和强度，主要涉及：气候敏感型传染病、包括载体和水传播疾病的发病率和地理分布发生变化。科学研究结果表明，气候变化和沿海地区的洪涝与流行病之间存在关联。[1]此外，诸如莱姆病、血吸虫病和汉坦病毒等由病媒传播的其他疫病，成为生物多样性丧失新的风险点。不仅如此，气候变化还可能会让封存于冻土层中的古老病原体复活，直接威胁人类健康。同时，森林砍伐、野火、栖息地丧失以及与气候变化的反馈循环框架的改变，让人类与野生动物互动更加频繁，导致了人畜共患病[2]等疫病的传播风险增加，人类健康问题在现有的基础上进一步扩容。[3]其中，政府间气候变化专门委员会（IPCC）的多份报告都确定了气候变化与人类健康之间有着直接或者间接的联系。[4]2021年，政府间气候变化专门委员会（IPCC）在《全球升温1.5℃特别报告》中指出，气候变化将影响人类健康，"病媒传播疾病（如登革热和疟疾）的分布和数量将发生变化，预计随着升温1.5℃，病媒传播疾病的数量将增加，在大多数地区升温2℃，病媒传播疾病

---

〔1〕 尤其是与疟疾和登革热等有关的疫病。"Climate Change 2001：Impacts, Adaptation, and Vulnerability", pp. 113~114, at https://bit. ly/3ibgUv6；"Human Health：Climate Change 2007, Impacts, Adaptation and Vulnerability", pp. 393~419, at https://bit. ly/3rDkLEf；"Synthesis Report", pp. 97~98, 103~104, at https://bit. ly/377ka4g；"Impact 1.5℃ of Global Warming on Natural and Human Systems", pp. 240~281, at https://bit. ly/3ydNyS9.

〔2〕 "人畜共患病是指脊椎动物自然传播给人类的感染。有些人畜共患病可以从其他人身上感染，也可以从动物身上感染。"M. Sharland et al., *Manual of Childhood Infections：The Blue Book*, Oxford University Press, 2016.

〔3〕 S. Graig, C. Pollock, "Climate Change：The Ultimate One Health Challenge", in J. Zinsstag et. al. (eds.), *One Health：The Theory and Practice of Integrated Health Approaches*, Centre for Agriculture and Bioscience International, pp. 206~207；WHO（2016）, "Preventing Disease Through Healthy Environments：a global assessment of the burden of disease from environmental risks", at https://bit. ly/39fYGDh.

〔4〕 IPCC（2001）, "Climate Change 2001：Impacts, Adaptation, and Vulnerability", at https://bit. ly/3ibgUv6；IPCC（2007）, "Human Health：Climate Change 2007, Impacts, Adaptation and Vulnerability", at https://bit. ly/3rDkLEf；IPCC（2014）, "Synthesis Report", at https://bit. ly/377ka4g；IPCC（2018）, "Impact 1.5℃ of Global Warming on Natural and Human Systems", at https://bit. ly/3ydNyS9.

的数量将进一步增加"。气候变化对健康的影响是长期而深远的，包括对粮食供应的威胁、自然灾害、传染病、海平面上升、降水模式的变化和极端气候事件频率的增加，这可能对一些最不发达国家会造成特别的影响。为保护人类健康免受环境威胁的潜在影响而制定计划，需要大大改进对有关疾病诱发机制和人口脆弱性的理解。

然而，早期人们关于"健康"的认识仅局限于生理疾病的治疗，"公共健康"也主要以国内卫生治理的形式开展，国家通过构建公共卫生制度、调动国内卫生资源应对各种疾病侵袭。随着科学技术的迅猛发展、人类生产力水平的不断提高，凭借不断更新的生产工具和技术手段，人类对自然的无度索取导致环境危机的出现，进而，反噬了人类健康，根据世界卫生组织的最新估计，全球死亡总人数中23%死于环境风险引发的疾病。[1]与此同时，在"全球化"鼓噪之下，国际交往日益频繁，囿于自身经济社会发展水平，发展中国家往往陷于明知不可而为之之境地，有如发达国家以国际贸易方式将发展中国家当作废物/危险废物的消化器和堆积场，不仅将环境灾难转嫁给发展中国家，同时致使发展中国家的健康问题愈加严峻。毫无疑义，健康问题将因环境问题而不断加剧，健康与环境、贫穷以及发展有着内在的联系。有鉴于此，联合国在历次的环境会议上都将"环境与健康"列为重要议题加以强调。

1972年，联合国人类环境大会在斯德哥尔摩召开，首次将酸雨问题作为国际环境问题提出，引起了大会对大气污染及其所造成的酸雨危害健康的高度重视，规定：为了这一代和将来世世代代的利益，地球上的自然资源，其中包括空气、水、土地、植物和动物，特别是自然生态类中具有代表性的标本，必须通过周密计划或适当管理加以保护。[2]

1992年，联合国环境与发展大会通过了《里约环境与发展宣言》和《21世纪议程》。《里约环境与发展宣言》不仅对环境与发展的问题提出了27项核心原则，更是对人类健康的深远影响进行了深刻的阐述。宣言明确强调了人类健康的核心地位，指出：人类是可持续发展问题的核心关注对象。他们有

---

〔1〕 世界卫生组织《通过健康环境预防疾病：对环境风险造成的疾病负担进行的全球评估》。
〔2〕 参见《人类环境宣言》第2条。

权享有与自然和谐共生的、健康而富有成效的生活。[1]这一原则明确了环境与健康之间的紧密联系，并进一步强调了可持续发展对人类健康的积极影响，指出可持续发展的实施应确保当代人和后代人在环境和发展上的公平，环境保护是发展的有机组成部分，不能与发展进程脱节。[2]这些原则均体现了健康、环境和发展的紧密关系。原则 5 则特别关注了发展中国家的健康问题，特别是贫困问题对健康的负面影响，强调所有国家和个体应共同努力，以消除贫穷为目标，因为这是实现可持续发展的关键前提。[3]这一原则直接关联人类的健康福祉，强调了消除贫困对于改善全球健康的重要性。原则 8 则提出了具体的行动建议，指出：为了实现可持续发展和提高所有人的生活质量，各国需要减少并消除不可持续的生产和消费模式，并推行合理的人口政策。[4]这直接关联人类健康，因为不健康的生产和消费模式往往会对人类健康产生负面影响。总之，《里约环境与发展宣言》不仅为可持续发展提供了全面的框架，而且对人类健康问题给予了足够的重视。作为里约会议另一重要成果的《21 世纪议程》[5]，更是设置了专章讨论人类健康问题，指出："将健康、环境和社会经济的改善联系起来需要部门间的努力，可以说没有健康的人口，社会就不能良好发展。"这进一步细化了人类健康与环境和发展的关系，强调了跨部门合作对于改善人类健康的重要性。[6]这充分说明了没有健康的人口，社会就无法实现真正的可持续发展。

2002 年，联合国可持续发展首脑峰会通过的《执行计划》特别强调了公共健康的重要性。《执行计划》呼吁各国应当"为所有人提供基本的健康服务，减少环境健康威胁，同时考虑到儿童的特殊需要以及贫困、健康和环境之间的关系"。此外，还呼吁"提供清洁的饮用水和适当的卫生设施是保护人

---

〔1〕《里约环境与发展宣言》原则 1。

〔2〕《里约环境与发展宣言》原则 3、4。

〔3〕《里约环境与发展宣言》原则 5。

〔4〕《里约环境与发展宣言》原则 8。

〔5〕《21 世纪议程：可持续发展行动纲领》（《21 世纪议程》）共分为 4 编 40 章 1418 条，其内容涵盖了社会经济方面（第一编）、促进发展的资源保护及管理方面（第二编）、加强主要团体的作用方面（第三编）和实施手段方面（第四编），是一个应用性的法律文件。这项内容非常详尽，长达500 页的法律文件为世界各国促进全球可持续发展提供了共同的行动准则。

〔6〕《21 世纪议程》第 8 章第 7 条：将健康、环境和社会经济的改善联系起来需要部门间的努力，可以说没有健康的人口，社会就不能良好发展。

类健康与环境的必要条件"。只有在每一个个体健康的情况下，才能保证可持续发展目标的实现，而健康人群又能够帮助消除贫困。因此，《执行计划》强调各国应将健康问题纳入消除贫困与可持续发展计划之中，要求增强各国的能力建设，来评估环境与健康之间的联系，并利用所获得的知识制定更有效的国家与地方政策，以面对环境威胁所造成的人类健康问题。

2017 年 12 月 4 日至 6 日，在肯尼亚内罗毕以"迈向零污染的星球"为主题的第三届联合国环境大会通过的决议 3 "环境与健康"，深为关切由环境风险引发的疾病，确认环境与健康之间的密切联系，包括健康不平等，并确认必须通过执行《2030 年可持续发展议程》联合解决这些问题；重申必须采用《里约环境与发展宣言》第 15 条原则提出的预防办法，并支持和推动证据和科学知识的定期交流；欢迎各方越来越认识到接触污染是造成非传染性疾病所致过早死亡（目前占全球死亡人数七成）的一个主要风险因素；注意到世界卫生组织预防和控制非传染性疾病 2013 年至 2020 年全球行动计划，该计划主要关注行为风险因素，承认环境和职业危害是可改变的非传染性疾病风险因素，这突出表明需要加强公共卫生和环境领域的交流，以采取综合办法应对非传染性疾病问题；强调应对全球环境挑战，如空气、海洋、水和土壤污染、接触化学品、废物管理、气候变化和生物多样性的丧失以及它们的相互关系，能带来健康福利，同时强调在所有阶段采取跨领域预防性办法对健康和福祉的重要性，这些办法包括将性别平等纳入主流、生物多样性的养护和可持续使用及基于生态系统的办法；请联合国环境规划署执行主任视情况继续与健康和环境区域政府间进程、世界卫生组织、世界气象组织、联合国粮农组织、世界动物卫生组织、联合国促进性别平等和增强妇女权能署、联合国人口基金、组织间健全管理化学品方案及其他相关组织，以及化学品和废物问题诸项公约、"国际化学品管理战略方针"和关于环境与健康之间联系的里约各公约的秘书处合作，以避免重复工作并提高效率；又请执行主任与世界卫生组织、有关联合国实体、私营部门等利益攸关方合作，在具备资源的前提下继续开展现有工作，应各国请求支持它们制定环境和健康方面的综合政策和措施，制定方法、工具和指南，在现有工作基础上促进环境和健康综合风险评估；鼓励会员国和利益攸关方视情况继续参与正在开展的健康和环境区域政府间进程的工作，处理健康与环境之间的关系，以引领实现可持续发展目标。

2021 年 5 月 24 日至 6 月 1 日，第 74 届世界卫生大会在日内瓦举行，大会认识到，疫情流行及其健康、经济和社会后果，进一步强调需要多边合作，团结保护公共卫生和准备与应对突发卫生事件，在所有部门，使用整体、危害和一个健康方法，认识到人类、动物、植物及其共享环境之间的相互联系，包括通过世卫组织、粮农组织、世界动物卫生组织[1]和联合国环境规划署之间的合作，[2]并强烈呼吁，各国应建立跨学科和跨部门的伙伴关系，共同协作制订缓解性措施，为人类的健康与发展提供坚实的法律保障。

第三节　健康保护的国际环境立法及其发展

环境与健康是人类追求全面发展的永恒主题。适宜的环境是人类健康幸福生活的基础，健康是人类社会可持续发展的前提条件。人体以新陈代谢的方式同自然环境进行着物质交换以维持生长、发育和遗传。自 20 世纪中叶以来，大气污染、水土侵蚀、气候变化、物种锐减等环境问题对人类健康的损害和威胁日趋严重而导致了人类健康危机。因此，为有效协调"环境与健康"，确立环境行为规范，化解人类健康危机，加之高涨的环境意识，促使人们携起手来，积极投身于健康保护运动，进而推动了健康保护的国际立法。

一、相关国际环境条约

20 世纪中叶以前，健康与环境问题在国际社会并未引起足够重视。此前多以国际卫生会议讨论传染病防治为主。经历第二次世界大战后，环境问题伴随着经济的复苏与技术革命层出不穷，全球公害事件接二连三，环境污染破坏对健康的损害威胁逐步趋于严重。随着人权理念的逐渐成型，国际人权法的兴起，国家对国民健康负有首要责任信念的确立，深化了全球公共健康合作的共识，这种对个人福祉和人类共同利益的关怀给健康保护全球合作带来了变革契机。"国家尽最大能力采取措施，使用一切适当方法，尤其包括用立法方法，或经由国际援助和合作，特别是经济和技术方面的援助和合作保障

---

〔1〕　世界动物卫生组织（Office International des Epizooties，OIE）是 1924 年建立的总部设于巴黎的一个旨在促进和保障全球动物卫生和健康工作的政府间国际组织。

〔2〕　世界卫生组织 WHA74.7 号决议《加强世卫组织对突发卫生事件的防范和应对能力》。

国内公共健康""人人有权享有能达到的最高的体质和心理健康的标准"[1]得到广泛宣示和普遍承认。由此敦促世界各国制定并施行国家公共卫生战略，在基本卫生保健、基本药物供给、营养食物与安全饮用水等方面提供充分保障，并有效配置国内资源、积极寻求国际合作，尽可能完善健康管理，健全公共健康保障制度。自此，健康保护的国际立法迈上了新台阶，得到了蓬勃发展。

（一）《烟草控制框架公约》

烟草危害人体健康。烟草制品中含有的化合物及其产生的烟雾具有毒性、致突变性和致癌性。长期接触烟草制品的烟雾可能诱发支气管炎、肺炎、心脏病、哮喘等疾病。然而，烟草业带来的高额财政收入以及大量就业机会常常会造成政府的短视，许多国家盲目地发展烟草生产、扩大烟草市场。这种状况不仅危害国民健康、增加社会成本，而且给生态环境造成了巨大的压力。毋庸置疑，烟草的危害与烟草业的过度扩张对人类生存与发展产生了消极影响。采取强有力的控制措施，遏制烟草泛滥、消除烟草危害，已成为国际共识。

1967年，世界首次"吸烟与健康"国际会议的召开，标志着控烟运动走向国际合作。1969年，世界卫生组织通过了禁止在世界卫生组织开会场所吸烟的决议。1978年，世界卫生组织将每年的5月31日确定为"世界无烟日"。1983年，第5届"吸烟与健康"国际会议通过决议严格禁止每支含有20毫克以上焦油的卷烟在世界范围内的生产与贸易，同时要求所有卷烟及烟制品的包装上注明"吸烟有害健康"，标出焦油、烟碱、一氧化碳的含量。1996年，国际民航组织实施国际航班无烟化政策。同年5月，世界卫生大会提议开启《烟草控制框架公约》的谈判。经过艰苦的谈判，终于2003年通过了《烟草控制框架公约》。2005年2月27日，《烟草控制框架公约》正式生效。我国于2003年11月签署该公约，并于2005年10月正式向联合国递交批准书，2006年1月，公约对我国生效。

《烟草控制框架公约》的出台，标志着全球控烟运动进入了新的阶段。这是第一个具有法律效力的限制烟草的全球性公约，是人类公共卫生领域健康保护和人类控烟史上的一座里程碑。

---

[1] 参见《经济、社会、文化权利国际公约》（1966年12月16日通过）第2、12条。

《烟草控制框架公约》旨在提供一个综合性的烟草控制措施框架，通过缔约方在国家、区域和全球各层次上的积极实施，以有效降低烟草使用率和烟草烟雾接触率，保护当代和后代免受烟草消费和接触烟草烟雾造成的对健康、社会、环境和经济极具破坏性的影响。公约采用成本控制手段刺激环境政策实现、保护公共健康。公约规定：①各缔约方承认价格和税收措施是减少各阶层人群特别是青少年烟草消费的有效和重要手段。②在不损害缔约方决定和制定其税收政策的主权时，每一缔约方宜考虑其有关烟草控制的国家卫生目标，并酌情采取或维持可包括以下方面的措施：其一，对烟草制品实施税收政策并在适宜时实施价格政策，以促进旨在减少烟草消费的卫生目标；其二，酌情禁止或限制向国际旅行者销售和/或由其进口免除国内税和关税的烟草制品；其三，各缔约方应根据第 21 条在向缔约方会议提交定期报告中提供烟草制品税率及烟草流行消费趋势。[1]

《烟草控制框架公约》的生效进一步加快了各国的控烟进程。为履行公约义务，各成员国陆续对国内法律进行修改，调整烟草税率，提高烟草产品价格，实现遏制烟草流行目标。例如，颁布公共场所禁烟令、提高对卷烟包装健康警示标识要求等，并通过立法明确将烟草税收的一部分用于保护健康。

（二）《关于汞的水俣公约》

2013 年 1 月 13 日至 18 日，汞文书政府间谈判委员会第五次会议在瑞士日内瓦举行，旨在全球范围内控制和减少汞排放的《关于汞的水俣公约》在会上获得通过。公约于 10 月 10 日在日本水俣正式开放签署，包括我国在内的 128 个国家签署了这一公约。2017 年 8 月 16 日，《关于汞的水俣公约》正式生效。该公约是环境与健康领域内订立的又一项新的世界性公约，旨在保护人类健康与环境免受汞及其化合物人为排放和释放的危害。

汞即水银，是一种液体金属。比重 13.6，熔点 -39.3℃、沸点 357℃。汞有着广泛的用途，如气压表、压力计、温度计、汞真空泵、日光灯、整流器、水银法制烧碱、汞触媒、升汞消毒剂、雷汞、颜料、农药等都要用到汞。汞的污染也来自这些方面。在有色金属冶炼时也会因矿石含汞（如硫化汞）而带来严重的汞污染，有机合成工业中的含汞触媒废弃物也会给环境带来污染。汞及其化合物毒性都很大，特别是汞的有机化合物毒性更大。人若食用 0.1

---

〔1〕　参见《烟草控制框架公约》第 6 条。

克汞就会中毒而死。汞及其化合物可通过呼吸道、皮肤或消化道等不同途径侵入人体。当汞进入人体后，即集聚于肝、肾、大脑、心脏和骨髓等部位，造成神经性中毒和深部组织病变，引起疲倦，头晕、颤抖、牙龈出血、秃发、手脚麻痹、神经衰弱等症状，甚至会出现精神错乱，进而疯狂痉挛致死。有机汞还能进入胎盘，使胎儿先天性汞中毒，或畸形，或痴呆。

汞在日本一起轰动世界的汞中毒事件中充当了极不光彩的角色而臭名远扬，这就是著名的"水俣病"。日本的水俣病，就是由使用汞催化剂生产氢乙烯和醋酸的工厂排放大量的含汞废水引起的。因甲基汞随废水排入海湾后经过食物链作用，甲基汞富集到鱼贝类体内，人或动物吃鱼贝类引起甲基汞中毒，由于中毒事件发生在日本的水俣市，故称汞中毒为水俣病。

鉴于水俣病所带来的重大教训，特别是因汞污染而对健康和环境产生的严重影响，并认识到需要确保对汞实行妥善的管理，防止此类事件未来再度发生，《关于汞的水俣公约》强调以"环境无害化方式"管理汞废物，[1]规定每一缔约方均应采取适当措施，以使汞废物以环境无害化的方式得到管理。在健康保护上，公约规定，为因接触汞和汞化合物而受到影响的群体的预防、治疗和护理提供适当的医疗保健服务，并酌情建立和加强机构和医务人员在因接触汞和汞化合物而导致的健康风险方面的预防、诊断、治疗和监测能力。[2]

（三）《〈保护和利用跨界水道和国际湖泊公约〉水与健康议定书》

《〈保护和利用跨界水道和国际湖泊公约〉水与健康议定书》（以下简称《水与健康议定书》）1999年6月17日在英国伦敦通过，并于2005年8月4日生效。这是规定水保护及其对健康影响方面的国际环境法规，尤其关注可持续发展与人类健康问题。议定书的目标是，不仅在跨界和国际条件下而且在国内，通过改善包括水生态系统保护在内的水管理以及通过预防、控制和减少与水有关的疾病，在所有适当层面上以可持续发展为框架促进对包括个人和集体在内的人类健康和福祉的保护。[3]《水与健康议定书》明确阐明了在可持续发展框架下，通过优化水资源管理，在强调了水具有社会、经济和

---

[1] 参见《关于汞的水俣公约》第11条第3款。
[2] 参见《关于汞的水俣公约》第16条第1款。
[3] 《〈保护和利用跨界水道和国际湖泊公约〉水与健康议定书》第1条。

环境的价值后，提出它们应该得到管理以实现这些价值的最合理并且可持续发展的组合，[1]以及在旨在可持续利用水资源的综合供水管理体系内，为每个人提供卫生设施，不危及人类健康的周边水质，并且保护水生态系统。[2]同时，国家应当采取一切合适的措施预防、控制和减少与水相关的疾病，[3]确保供应清洁、卫生的饮用水，确保水卫生达到能够保护人类健康和环境的标准，[4]保护用作饮用水的水资源及其相关的水生态系统得以免受污染和其他损害，保护人类健康免于遭受因贝类养殖、农业或灌溉用污水的使用而导致的与水有关的疾病，[5]建立行之有效的对与水相关的疾病的暴发或事件的监管和应对机制。[6]任何缔约方应在对拟议措施就人类健康、水资源和可持续发展的影响的评估基础上采取措施。[7]《水与健康议定书》还要求缔约方建立公众、私人机构和志愿机构参与改进水管理的立法、行政和经济框架，[8]以维护整个生态系统的健康稳定。

（四）《国际船舶压载水和沉积物控制与管理公约》

远洋船舶在航行中普遍使用压载水调整船的吃水和重心平衡，以保证航行安全。在加装压载水时，海水中的水生物和病原体会进入压载舱，航程结束便随压载水被排放到目的地海域。据统计，全球每年约有 50 亿吨压载水被搬运，每天约有 3000 种动植物随压载水被运到世界各地海域，导致异地海洋生物入侵，破坏海域生态，危害渔业资源。[9]船舶压载水携带的有害水生物和病原体转移，会对海洋生态环境构成重大威胁。为防止、减少并最终消除有害水生物和病原体通过船舶压载水转移对环境、人体健康、财产或资源的威胁，国际海事组织经过不懈努力，于 2004 年 2 月 13 日通过了《国际船舶压载水和沉积物控制与管理公约》（以下简称《压载水管理公约》），公约于2017 年 9 月 8 日生效，我国于 2018 年 10 月 22 日递交加入书，2019 年 1 月 22

---

〔1〕《〈保护和利用跨界水道和国际湖泊公约〉水与健康议定书》第5条。
〔2〕《〈保护和利用跨界水道和国际湖泊公约〉水与健康议定书》第5条。
〔3〕《〈保护和利用跨界水道和国际湖泊公约〉水与健康议定书》第4条第1款。
〔4〕《〈保护和利用跨界水道和国际湖泊公约〉水与健康议定书》第4条第2款。
〔5〕《〈保护和利用跨界水道和国际湖泊公约〉水与健康议定书》第4条第2款第4项。
〔6〕《〈保护和利用跨界水道和国际湖泊公约〉水与健康议定书》第4条第2款第5项。
〔7〕《〈保护和利用跨界水道和国际湖泊公约〉水与健康议定书》第4条第4款。
〔8〕《〈保护和利用跨界水道和国际湖泊公约〉水与健康议定书》第4条第5款。
〔9〕参见朱彧：《减少外来的物种入侵 保护海洋生态环境》，载《中国海洋报》2019年1月24日。

日，公约正式对我国生效。该公约是全球第一部应对船舶压载水携带外来物种入侵的国际公约，公约包括 22 条条款和一个规则附则《控制管理船舶压载水和沉积物以防止、减少和消除有害水生物和病原体转移规则》，要求当事国承诺充分和全面实施本公约及其附件的各项规定，以便通过船舶压载水[1]和沉积物[2]控制和管理来防止、尽量减少和最终消除有害水生物和病原体的转移。

《压载水管理公约》旨在控制和管理船舶压载水和沉积物，其主要作用是防止和减少船舶压载水中的有害水生物和病原体的转移，从而保护海洋生态系统免受外来物种的侵害，维护生物多样性。该公约通过规范船舶的压载水排放，减少了对海洋环境的污染，保护了海洋生物的栖息地，进而保护了海洋资源。此外，公约鼓励各当事国在压载水管理方面进行合作，包括技术援助和区域合作，共同应对跨国水域的保护问题。公约为国际航行船舶的压载水管理提供了具体的法律和技术要求，为各缔约国采取行动保护水资源提供了国际法的依据。随着该公约的实施，促进了压载水处理技术的发展和应用，推动了环境保护技术的创新和推广。同时，公约的生效和实施也提高了公众对海洋环境保护的意识，促进了航运业和相关部门对水资源保护的重视。

《压载水管理公约》的通过和实施，标志着国际社会在海洋环境保护领域迈出了重要一步。公约不仅有助于预防和控制船舶压载水排放对社会安全和海洋环境带来的危害，还促进了国际合作与信息共享，为全球海洋环境的可持续保护和发展奠定了基础。同时，该公约也提醒我们，在工业化不断发展、环境问题日益严重的今天，我们需要更加重视和关注海洋环境问题，加强国际合作与努力，保护人类健康并共同维护我们的共同家园——地球的健康。

（五）农药禁限用三公约

出于对人类健康或环境安全的考虑，某些具有较高风险的农药可能在国际层面达成广泛共识，禁止或限制使用和运输。《鹿特丹公约》《斯德哥尔摩公约》和《蒙特利尔议定书》等就是目前国际公认的涉及禁限用农药的国际环境公约。

---

[1] "压载水"系指为控制船舶纵倾、横倾、吃水、稳性或应力而在船上摄入的水及其悬浮物。
[2] "沉积物"系指船内压载水的沉淀物质。

1.《鹿特丹公约》

《鹿特丹公约》是联合国环境规划署和联合国粮农组织于 1998 年在鹿特丹制定并于 2004 年正式生效的国际环境法律文件，其宗旨是保护人类健康和环境免受国际贸易中某些危险化学品和农药的潜在有害影响。公约由 30 条正文和 5 个附件组成，适用于禁用或严格限用的化学品，以及极为危险的农药制剂，其核心是要求各缔约方对某些极危险的化学品和农药的进出口实行一套决策程序并将这些决定通知缔约方，即事先知情同意（Prior Informed Consent，PIC）程序。公约对"化学品""禁用化学品""严格限用的化学品""极为危险的农药制剂"等术语作了明确的定义。公约以附件三的形式公布了一批极危险的化学品和农药清单。

2.《斯德哥尔摩公约》

《斯德哥尔摩公约》作为保护人类健康和环境免受持久性有机污染物[1]危害的全球统一行动，致力于推动全球协作，以全面淘汰和消除持久性有机污染物的污染，确保人类健康与环境免受持久性有机污染物的危害，共同构建可持续的未来。公约将一些农药列为持久性有机污染物。这些农药具有特别的物理和化学性质，一旦释放到环境中，它们会在很长一段时间（很多年）保持稳定；广泛分布于土壤、水和空气等整个环境中；在包括人在内的生物体脂肪组织中富集，并且随食物链具有更高的浓度；对人类和野生动物有毒。缔约方应承诺减少或者限制生产和使用这些农药，或者减少非蓄意排放。要求缔约方对列为持久性有机污染物的农药不准予登记或者采取禁限用措施。

公约第 1 条规定了公约的目的："考虑到《里约环境与发展宣言》原则 15 所规定的预防办法，本公约的目标是保护人类健康和环境免受持久性有机污染物的影响。"由于持久性有机污染物是一类具有长期稳定性、生物累积性和远距离迁移性的有机化合物，会对环境和人类健康构成严重威胁。公约强调了全球合作在消除持久性有机污染物方面的重要性，明确了《里约环境与发展宣言》原则 15 所规定的预防办法，[2]强调了预防环境污染的重要性。在公约的实施过程中，还要求采取加强持久性有机污染物的监管和监测，推广清

---

　　[1]　持久性有机污染物（POPs）是指高毒性的、持久的、易于生物积累并在环境中长距离转移的化学品。

　　[2]　《斯德哥尔摩公约》第 1 条。

洁生产和环保技术，提高公众对持久性有机污染物污染的认识和意识等。同时，各国之间也应该加强合作和交流，共同应对持久性有机污染物污染给人类健康带来的挑战。

3. 《蒙特利尔议定书》

1987 年 9 月 16 日通过 1989 年 1 月 1 日生效的《蒙特利尔议定书》是一个里程碑式的国际环境条约。《蒙特利尔议定书》得到了所有国家和欧盟的普遍参与，这是迄今首次实现全球参与的多边环境协定。其要求缔约方承诺减少并最终（在大多数情况下）消除生产和使用各种臭氧消耗物质，要求对所有附件一所列物质的消费和生产进行限制和减少。[1]附件一规定的两类控制物质包括氯物质和哈龙物质。为了纪念《蒙特利尔议定书》的签署，1995 年 1 月 23 日，联合国大会通过决议确定从 1995 年开始，每年的 9 月 16 日为"国际保护臭氧层日"，旨在减少臭氧消耗物质的生产和使用，以保护地球脆弱的臭氧层。

臭氧层的任何改变对人类健康及其他生物学上的影响，特别是那些带有生物学影响的紫外线太阳辐射的改变对人类健康及其他生物学上的影响都是巨大的。《蒙特利尔议定书》秉承《保护臭氧层维也纳公约》精神[2]开创了在国际环境保护方面进行国际合作的新途径，如以制度化的经济援助促进条约义务的履行；[3]采取适当措施，如规定所控制物质的贸易限制条件，[4]使之免受足以改变或可能改变臭氧层的人类活动造成或可能造成的不利影响，以实现保护人类健康和环境的目的。

（六）其他相关国际环境条约

直面生存危机，人们不得不思考在经济增长的同时如何不使生存危机加剧，不使机体健康每况愈下，充分认识到了环境与健康的紧密互动关系。因而，在诸多国际环境条约中不仅强调环境保护，也对健康极其关切，以探究如何能够改善、满足人类的健康需求。诸如，人们十分清楚，生物多样性不仅是生物医药研发的重要基础，也是维持地球生态平衡和人类健康的关键因

---

〔1〕 参见《蒙特利尔议定书》第 2 条。

〔2〕 《保护臭氧层维也纳公约》第 2 条：采取适当措施保护人类健康和环境，使之免受足以改变或可能改变臭氧层的人类活动造成或可能造成的不利影响。

〔3〕 参见《蒙特利尔议定书》第 10 条。

〔4〕 参见《蒙特利尔议定书》第 4 条。

素。然而，长期以来生物多样性的丧失和环境的污染已经成为全球性的挑战。因而，需要采取更加可持续的方式来利用和保护生物多样性，采取环境无害化技术手段力图达到对环境零污染，以确保地球生态系统的健康和人类的未来。

由此，《生物多样性公约》强调，制定或采取办法以酌情管制、管理或控制由生物技术改变的活生物体在使用和释放时可能产生的危险，即可能对环境产生不利影响，从而影响到生物多样性的保护和持续利用，也要考虑到对人类健康的危害。[1]《卡塔赫纳生物安全议定书》要求缔约方在从事改性活生物体的各个阶段（如研制、处理、运输等）时，不仅要考虑防止或减少其对生物多样性的风险，还必须同时关注对人类健康的风险。[2]《名古屋议定书》也指出了生物遗传资源对于公共健康的重要性，其第 8 条规定：根据国家和国际法所确定的各种威胁或损害人类、动物或植物健康的当前或迫在眉睫的紧急情况，缔约方可考虑是否需要迅速获得遗传资源以及公正和公平分享利用此种遗传资源所产生的惠益，包括让有需要的国家、特别是发展中国家获得支付得起的治疗。

《防止倾倒废物及其他物质污染海洋公约》强调，各缔约国应个别地或集体地促进对海洋环境污染的一切来源进行有效的控制，并特别保证采取一切切实可行的步骤，防止因倾倒废物及其他物质污染海洋。因为这些物质可能危害人类健康，损害生物资源和海洋生物，破坏娱乐设施，或妨碍对海洋的其他合法利用。[3]条约还特别强调当对人类健康造成不能接受的危险时，各缔约国应当相互协助。[4]

1992 年 5 月正式生效的《控制危险废物越境转移及其处置巴塞尔公约》是一项旨在控制和管理危险废物越境转移及处置的国际环境公约。其核心目标是保护人类健康和环境免受危险废物的不当处理和管理所带来的负面影响。公约序言强调：危险废物和其他废物及其越境转移对人类和环境可能造成的损害，铭记着危险废物和其他废物的产生、其复杂性和越境转移的增长对人类健康和环境所造成的威胁日趋严重，又铭记着保护人类健康和环境免受这

---

〔1〕《生物多样性公约》第 8 条 g 款。
〔2〕《卡塔赫纳生物安全议定书》第 2 条。
〔3〕《防止倾倒废物及其他物质污染海洋公约》第 1 条。
〔4〕 参见《防止倾倒废物及其他物质污染海洋公约》第 5 条第 2 款。

类废物危害的最有效方法是把其产生的数量和/或潜在危害程度减至最低限度，深信各国应采取必要措施，以保证危险废物和其他废物的管理包括其越境转移和处置符合保护人类健康和环境的目的，不论处置场所位于何处。

1991 年 6 月 23 日订于马德里的《南极条约环境保护议定书》从保护南极生态环境保护角度为保护人类健康提供了法律依据。从预防引进非本地动植物上的微生物（病毒、细菌、寄生虫、酵母菌、真菌），[1]到无害化处理引进动植物和实验室培养的微生物，[2]再到对许可证期满的引进动植物的处理，都体现了对环境和人类健康的尊重和保护。

此外，诸如《远距离跨界大气污染公约》及其相关议定书、《保护野生动物迁徙物种公约》《濒危野生动植物种国际贸易公约》《国际防止船舶造成污染公约》《工业事故跨界影响公约》和《预防重大工业事故公约》等国际条约，也都在努力确保生态平衡环境不受破坏的同时，力图不对人类健康造成损害和威胁。

二、健康保护国际环境立法发展趋势

基于环境与健康之间密切的关联，人们越来越清楚地认识到，被污染的、生物多样性遭到破坏的环境是与令人满意的生活条件和个性发展相矛盾的，打破基本生态平衡将有损于人类身心健康。承认个人健康的环境权具有极其重要的意义，健康是人类尊严的一种表达形式，健康不仅完善今世的人权，也是实现后世人权的必要前提条件。《人类环境宣言》和《里约环境与发展宣言》都昭示着，使人能够过尊严和福利的生活的环境是人人享有的权利，为今世和后代保护和改善环境是人类的神圣职责。变革"无病就是健康"的观念，立足"人与自然和谐"，实现"地球一体健康"目标，乃国际环境立法之使命。

---

〔1〕《南极条约环境保护议定书》附件二第 4 条。

〔2〕《南极条约环境保护议定书》附件三第 4 条："除非予以焚化、高压消毒或以其他使其无害的方法进行处理下列废物应由产生者移出南极条约地区：引进的动物尸体的残骸；实验室培养的微生物及植物病原体；以及引进的鸟类产品。"同时，还规定"发放许可证而引进的动植物应在许可证期满之前移出南极条约地区或焚化处理或以能消除对本地动植物危害的同样有效的方式进行处理。许可证上应规定这一义务。任何引进南极条约地区且不属于本地的其他植物或动物包括其后代应予以移出或以焚化或以同样有效的方式进行处理使其不再繁殖除非确定它们不会对本地的动植物造成任何危害"。

（一）观念变革

承载生命的星球不是无生命的物体。一个星球能够孕育生命，其本身必须具备生命和智慧属性，有如母体孕育婴儿一般。这是因为生命的起源和维持需要复杂的、相互关联的系统，而这系统不能自发产生于无生命的实体中。由此可知，地球作为一个整体，其生态系统、大气层、水资源及地质活动等，都显示出超乎寻常的智慧和自我调节的能力。这意味着，尽管人类拥有自诩为高度发达的文明和技术，然其根基依然与地球紧密相连。自然灾害，如地震、洪水、干旱和极端气候事件等，可视为地球对人类行为的反馈或惩罚，是地球对人类无良行为的警告。因此，我们需要从根本上重新思考我们与地球的关系，认识到地球是一个有智慧的生命体，并非任由我们掠夺的资源库。作为生活在地球上的居民，我们有责任维护并确保地球的健康。

然而，如今，地球病了！人类健康受到了无以复加的损害和严重的威胁！

大气污染、气候变化、海洋油污、水源短缺、酸雨赤潮、土地沙化、森林毁损、物种锐减、能源紧缺、飓风雪灾、火山地震、冷暖无常、四季失调、牛疯鸡瘟、非典、疫病肆虐……凡此种种，就生态环境的灾难性而言，其规模之大、范围之广、程度之深超出了历史上任何一个时期。这意味着地球已不再是令人舒适的环境了。

设若，气候变化不能得到有效缓解，气温继续升高，其结果必然导致地球极地冰盖冰川的进一步融化，导致海平面大幅上升，海洋的洋流变得紊乱。这些必将扰乱全球降雨模式，影响人类赖以生存的粮食耕作，导致全球农作物大量减产，粮食价格持续上涨。同时，极端高温导致工作时间减少，抑制产业工人的生产效率，影响了经济产出，从而加剧通货膨胀。而气温升高一旦突破阈值，珊瑚礁、热带雨林、南极永久冻土、北极浮冰等区域性地理环境也将崩溃，封印千万年的细菌、病毒将跳出潘多拉的魔盒而肆虐人间。迄今为止，人类活动已经导致全球气温上升 1.1℃。如果人类行为不加规范和改变，则必然走向全球升温 2℃ 到 3℃ 的恐怖未来。这就是《巴黎协定》设定控温 1.5℃ 目标的深层意义。悄悄地，我们似乎已经踏上了一条不归路。

直面如此严峻的生存与健康危机，我们面临的问题不是医学领域的挑战，其实质是人类与地球母体、自然环境、微生物等如何和谐共存的问题。因此，为了人类经济社会的可持续发展，为了维护作为可持续发展基础的"健康"，我们必须通过变革，变革我们的旧观念，确立人与地球"一体健康"的新观念。唯此，我们才能避免未来更大的灾难，实现人与自然的和谐，环境与健康的相互促进。

2017年12月6日，联合国环境大会第三届会议中的"环境与健康"决议不仅确认了"气候变化对健康构成重大风险""因气候变化导致媒介传播的疾病的风险可能增加""生物多样性的丧失是健康风险的倍增因素"，[1]还确认了"人类、动物、植物和生态系统的健康是相互依存的，并在这方面强调'同一健康'（One Health）方法的价值，即促进环境保护与人类健康、动物健康和植物健康部门之间合作的综合方法"。[2]依照世界卫生组织的定义，"同一健康"是一种综合统一的方法，旨在可持续地平衡和优化人类、动物和生态系统的健康。实际上，"同一健康"理念是由联合国粮农组织、世界动物卫生组织、世界卫生组织、联合国环境署四个国际组织共同提出的，这一理念致力于统筹优化健康的三个维度：人类健康、动物健康、生态系统健康。

2021年2月，联合国粮农组织、世界动物卫生组织、世界卫生组织认识到环境保护在"健康"合作框架内的关键作用，因此邀请联合国环境规划署参与其中，组成了新的四方组织。到2022年10月，一项新的"同一健康联合行动计划"由联合国粮农组织、联合国环境规划署、世界卫生组织和世界动物卫生组织共同启动，即《同一健康联合行动计划（2022—2026年）》（One Health Joint Plan Of Action 2022–2026）。该计划创建了一个框架以整合多方能力和资源以应对健康威胁。其重点是支持和扩大六个领域的能力："同一健康"下的卫生协作能力、新出现和重新出现的人畜共患病、地方性人畜共患病、被忽视的热带和病媒传播疾病、食品安全风险、抗生素耐药性和环境。就此而言，"同一健康"所强调的是在环境卫生治理过程中手段层面的协同，旨在关注疾病与环境之间的联系。不可否认，这是一个较之传统健康意识更全面的视角，它认识到人类、家养和野生动物、植物以及更广泛的环境（包括生态系统）的健康是密切相关和相互依存的，跨部门和跨学科的合作有助于应对诸如传染病的出现、抗生素耐药性和食品安全等健康挑战，将疾病/疫病监测和防控的范围从单一的人类扩展到了包括野生动物和家养动物在内的多个领域，为我们提供了一个较为全面的框架来思考和解决健康问题。但

---

〔1〕 UNEP. EA. 3/Res. 4号文件，第18、19、23条。

〔2〕 UNEP. EA. 3/Res. 4号文件，第24条。

是，"同一健康"理念忽视的一点是，其过分强调人类、动物、环境三者的互动交织关系，却没认识到人类、动物、植物都属于环境的一部分，所有的环境要素都同属一个地球。有鉴于此，我们应当追求的是人与自然和谐的"地球一体健康"。

传统的健康意识就是没有疾病。然而，健康并不只是人的身体健康。"同一健康"理念致力于统筹人类、动物、生态系统健康的优化，强调的是旨在可持续地平衡和优化人类、动物和生态系统健康的一种综合统一方法。

在人类的历史长河中，我们经历了从对自然的畏惧到试图征服自然的转变。随着科技的进步和生产力水平的提高，人类逐渐认为自己是宇宙的中心，可以无限制地开发和利用自然资源。然而，这种自大背后隐藏着巨大的风险，即忽视了我们所居住的星球——地球——是一个充满智慧的生命体。"地球一体健康"理念是建立在"只有一个地球"原则基础上的全新而全面的环境伦理观，以更加广泛的视角将"健康"从"无病即健康"到疾病监测与防控，从单一的人类机体健康扩展到人类、动物、生态系统健康，最终确定为包括人类、动植物、生态系统在内的人与自然和谐的整个地球一体的健康。基于全面考量人类健康、动植物健康以及生态系统健康之间的相互关系与协同作用，"地球一体健康"这一新理念不仅具有理论意义，更有实践上的紧迫性。不仅强调其所具有的方法论意义上的整体性，还强调地球作为一个整体而存在的事实以及我们必须为这一事实应采取的整体环境伦理观。

地球是我们赖以生存的唯一家园，就是一个有机体。它的健康作用于它所孕育的包括人类、动植物、微生物、无机物以及生态系统等各个环境因子，而各个环境因子的健康又反作用于它自身的健康。因此，"地球一体健康"不仅是一个新的理念，更是指导我们实现全面整体健康保护的行动纲领。

（二）多措并举恢复生态

环境与健康之间存在着明显的联系，环境问题导致的生态系统[1]退化带来健康方面的后果是极其严重的。大气污染是对健康危害最大的一个环境风险；气候变化还会降低人们的饮食质量，加剧肥胖；带入海洋的微塑料和纳

---

〔1〕　生态系统是在一定的空间和时间范围内，在各种生物之间以及生物群落与其无机环境之间通过能量流动和物质循环而相互作用的一个统一整体。生态系统是生物与环境之间进行能量转换和物质循环的基本功能单位。

米塑料可能无法生物降解，因为它们能沉入洋底，接触不到生物降解所需的阳光；陆地活动产生的废水注入淡水和沿海水域，其中过多的营养物质导致水体富营养化，影响生态系统以及淡水和海洋资源的生产力，从而影响粮食安全、生计和健康。凡此种种，大气污染、气候变化、生物多样性损失以及缺乏规划的城市化、不健康和铺张浪费的生活方式、不可持续的消费和生产模式等，使得维持万物的生态系统明显退化，致使地球综合效应不断衰减。

我们深信，未来的灾难是可以预防的。人类活动是导致环境问题和生态系统退化的重要原因。同时，人类活动也可以解决环境问题。虽然，环境问题所致的生态系统退化对于"健康"的损害和威胁状态，也许在数年或数十年间很难扭转，但许多消极影响是可以控制和避免的。关键是我们必须行动起来，以"地球一体健康"理念指导并调整我们的生产生活方式和发展策略，以此确保地球这个孕育了万物的宏伟生命体的健康和平衡。当然，理念转化为行动有一个艰难的过程，且存在障碍。"地球一体健康"理念究竟如何转化为实际的治理手段，是国家政府规划行动所面临的难题。践行"地球一体健康"理念，意味着我们不能各自为政，各个层级的利益攸关方都必须转变思维，必须在全球、区域、国家、地方层面展开思考，才能采取有效的行动，恢复退化的生态系统。

为增强生态系统复原力并加速恢复生态系统，必须及时开展国际、区域、国家和地方合作，将环境与健康之间的关系作为贯穿各领域的解决办法，诸如控制疾病传播媒介；减少转移废物/危险废物；有效利用土地和管理水资源；投资保护环境的可持续性和遗传多样性；使经济活动与目前的资源使用水平和生态系统退化脱钩；改变不健康的生活方式；制定和实施国际和国内法律和行动，加强多层面的环境治理，并在其中纳入针对妇女和儿童及子孙后代等最弱势者的具体措施；在各级治理工作中以"净化环境，经济去碳化"为目的，采取既讲求效率又讲求分配公正的行动；兼顾各国的道义和法律义务，处理环境与健康之间的关系；等等。以此制定并实施基于国际、区域、国家和地方生态系统的减少灾害风险战略，综合农村、沿海和城市的可持续自然资源管理和环境规划，加强生态系统的复原力和地球活力，从而更有效和更公平地实现《联合国2030年可持续发展议程》目标。

附　录

国际环境保护大事年表

年份	国际环境条约	国际会议·宣言·大事
1891	英美白令海海豹条约	
1893	英俄白令海海豹条约	
1894	美俄白令海海豹条约	
1900	非洲野生动物保护条约	
1902	保护农业益鸟公约	
1907	陆战法规海牙条约	
1909	美国与加拿大界水条约	
1911	保护海豹条约	国际水道非航行利用宣言
1916	美英候鸟保护条约	
1921		国际鸟类保护伦敦会议
1923	北大西洋大比目鱼保护条约	
1925	氮气禁止议定书	
1928		美国发明氟隆（CFC）
1930	弗雷泽河鲑鱼保护条约	开始生产氟隆
1933	保护天然动植物公约	国际河流工农业利用蒙得维的亚宣言
1935	艺术历史遗产保护条约	
1936	美国墨西哥候鸟条约	
1938		特雷尔冶炼厂案

续表

年份	国际环境条约	国际会议·宣言·大事
1939		瑞士化学家发现 DDT 具有杀虫剂效果并且将其应用
1940	保护美洲国家动植物和自然美景公约	
1941		特雷尔冶炼厂案最终判决
1944	美国墨西哥界水条约 哥伦比亚河上游调查协定	
1945	联合国粮农组织章程 渔网尺寸限制伦敦条约章程	美国向日本广岛、长崎投下原子弹 美国杜鲁门保护水域宣言
1946	世界卫生组织章程 国际捕鲸管制公约	
1947	建立世界气象组织公约 关税及贸易总协定	
1948	印度、太平洋渔业委员会条约 建立国际海事组织公约	国际自然保护同盟（IUCN）成立 国际捕鲸委员会（IWC）
1949	北大西洋渔业协定 全美热带金枪鱼协定 战时平民保护日内瓦条约	苏联第一次原子弹试验
1950	尼罗河流域气象、水调查协定 国际鸟类保护公约	
1951	国际植物保护条约	
1952	北太平洋公海渔业条约 保护南太平洋海洋资源协定	美国第一次水下核试验
1953		苏联第一次水下核试验
1954	国际防止海洋石油污染公约 武力冲突时文化财产保护条约	
1956	东南亚太平洋植物保护条约 国际原子能机构规约 文化财产保存、修复国际中心章程	
1957	太平洋海豹保护公约	国际地球观测年（1957年~1958年）

年份	国际环境条约	国际会议·宣言·大事
	欧洲经济共同体建立条约 欧洲危险物品道路运输协定	
1958	多瑙河水域渔业布加勒斯特条约 捕鱼及养护公海生物资源公约 公海公约 大陆架公约	夏威夷、南极等地开始连续测定二氧化碳浓度 第一次联合国海洋法会议
1959	东北大西洋渔业协定 南极条约	
1960	原子能领域民事责任巴黎条约 印度河条约 保护康斯坦茨湖免受污染协定	第二次联合国海洋法会议
1961	合作开发哥伦比亚河协定 摩泽尔河保护委员会议定书	国际内陆水利用宣言 世界野生生物基金（WWF）成立
1962	原子能航运责任条约，追加议定书 日内瓦湖污染防止条约 波罗的海大马哈鱼保护条约	蕾切尔·卡逊《寂静的春天》出版
1963	防止莱茵河污染国际委员会协定 核能损害民事责任维也纳公约 部分禁止核武器试验条约 北欧原子能事故相互紧急援助条约	
1964	南极条约动植物保护措施	
1965	日韩渔业协定	
1966	大西洋金枪鱼保护条约	赫尔辛基规则
1967	外空条约	托列峡谷号事故
1968	NPT核扩散防止条约 非洲自然资源保护条约 欧洲限制使用去污剂协定 欧洲保护国际运输中的动物公约	非洲撒哈拉地区干旱（10–20万人饿死） 瑞典发生酸雨
1969	东南大西洋生物资源保护条约 国际油污损害民事责任公约 国际干预公海油污事故公约 北海油污防治合作波恩公约	

年份	国际环境条约	国际会议·宣言·大事
1970	荷比卢鸟类保护条约 关于禁止和防止非法进出口文化财产及非法转让其所有权公约	
1971	关于特别是作为水禽栖息地的国际重要湿地公约 设立国际油污损害赔偿基金公约	
1972	南极海豹保护条约 防止在东北大西洋和部分北冰洋倾倒废物污染海洋的公约 外空物体造成损害的国际责任公约 保护世界文化和自然遗产公约 伦敦海洋倾废条约	罗马俱乐部报告《增长的极限》出版 联合国人类环境大会 人类环境宣言 人类环境保护行动计划 联大通过设立 UNEP 决议
1973	濒危野生动植物种国际贸易华盛顿公约 干预公海非油类物质污染议定书 北极熊保护条约 国际防止传播造成污染公约	日本：水俣病诉讼患者胜诉
1974	北欧环境保护公约 波罗的海海洋环境保护赫尔辛基条约 防止陆源物质污染海洋公约	世界人口会议 世界粮食会议 建立国际经济新秩序宣言 各国经济权利义务宪章 法国核试验案判决
1975	中日渔业协定 华盛顿公约 拉姆萨尔公约 世界遗产公约	
1976	地中海海洋环境保护公约 规制地中海倾倒行为议定书 紧急情况下防止污染地中海合作议定书 南太平洋自然保护公约 国际油污损害民事责任公约议定书 设立国际油污损害赔偿基金公约议定书	

续表

年份	国际环境条约	国际会议·宣言·大事
	保护莱茵河国际委员会协定附加议定书 莱茵河化学污染防止条约 禁止为军事目的或其他敌对目的使用环境致变技术公约	
1977	日内瓦条约第一议定书 日内瓦条约第二议定书 乍得湖动植物共同管理协定 勘探和开发海底矿物资源造成油污损害责任公约	联合国水会议 联合国防止荒漠化会议
1978	西北大西洋渔业多国间协作条约 波斯湾海洋环境保护科威特条约 波斯湾紧急情况协力议定书 北太平洋公海渔业修改条约 海上商品运输公约 关于培训海员、发放证书和值班标准的国际公约 国际植物新品种保护公约	阿莫科·卡迪兹号事件
1979	保护野生动物迁徙物种公约 欧洲野生生物和自然界保护的伯尔尼公约 远距离跨界大气污染公约 月球协定 羊驼保护和管理公约	OECD：环境政策宣言 WMO：世界气候计划开始
1980	核材料保护公约 保护地中海防止陆源污染议定书 南极海洋生物资源养护公约 东北大西洋渔业合作条约	IUCN/WWF/UNEP：在《世界自然保护战略》中提倡可持续发展理念
1981	西非和中非地区在保护海洋环境和沿海区域进行合作的阿比让公约 西非紧急情况下污染防治合作议定书 东南太平洋海洋环境保护利马条约 东南太平洋紧急情况下合作议定书	

续表

年份	国际环境条约	国际会议·宣言·大事
1982	北非共同自然资源保护协定 瑙鲁共同利益渔业协定 红海和亚丁湾环境保护区域公约 红海和亚丁弯紧急情况下协作议定书 地中海特别保护区议定书 联合国海洋法公约 荷比卢自然和景观保护公约	世界自然宪章 联合国关于有害制品的决议 联合国第三次海洋法会议
1983	加勒比地区海洋环境保护卡塔赫纳公约 东南太平洋防止陆源污染议定书 国际热带木材协定 濒危野生物种国际公约修正案	
1984	油污责任公约修正议定书 油污基金公约修正议定书	
1985	美加太平洋鲑鱼保护条约 保护臭氧层维也纳公约 东非野生动植物保护议定书 东非海洋环境保护内罗毕条约 非洲紧急情况下合作议定书 远距离跨界大气污染公约关于削减硫化物排放及其跨界流动的赫尔辛基议定书 东南亚自然界和自然资源保护协定	第一次非洲环境部长级会议确定荒漠化对策计划（开罗计划）
1986	及早通报核事故公约 核事故紧急情况援助公约 南太平洋自然环境保护努美阿条约 南太平洋紧急情况下合作议定书 防止南太平洋地区废物倾倒污染议定书	切尔诺贝利核泄漏事故 莱茵河污染巴塞尔事故 阿姆斯特丹关于酸雨国际会议
1987	关于特别是作为水禽栖息地的国家重要湿地公约修正案 关于消耗臭氧层物质的蒙特利尔议定书	世界银行本部设立环境局

年份	国际环境条约	国际会议·宣言·大事
1988	管制南极矿产资源活动公约 核能损害共同议定书 远距离跨界大气污染公约关于削减氮氧化物排放及其跨界流动的索菲亚议定书 波斯湾大陆架开发污染议定书	地球温暖化对策多伦多宣言 世界野生生物基金改称世界自然保护基金
1989	控制危险废物越境转移及其处置的巴塞尔公约	海牙宣言 生物多样性保护公约 IUCN 提案 世界银行亚太生物多样性会议
1990	国际放射性废物越境转移良好操作守则 国际油污防备、反应与合作公约 禁止太平洋长拖网渔业公约	第 2 届世界气候会议
1991	在跨界背景下进行环境影响评价的埃斯波公约 南极条约环境保护议定书 保护阿尔卑斯山公约 远距离跨界污染公约关于减少挥发性有机化合物排放及其跨界流动的议定书 禁止危险废物进口和控制其在非洲越境转移的巴马科公约	北极环境保护宣言 海湾战争波斯湾石油污染 发展中国家环境与发展部长会议北京宣言 世界森林会议 第 4 次联合国发展的十年战略
1992	气候变化框架公约 生物多样性公约 东北大西洋海洋环境保护公约 保护和利用跨界水道和国际湖泊公约 欧洲联盟条约 北美自由贸易协定 巴塞尔公约 黑海海洋环境保护公约 关于消耗臭氧层物质蒙特利尔议定书的哥本哈根修正案	里约热内卢环境与发展大会 里约环境与发展宣言 21 世纪议程 关于森林问题的原则声明
1993	关于禁止发展、生产、储存和使用化学武器及销毁此种武器的公约	菲律宾最高法院：将来世代原告适格判决

年份	国际环境条约	国际会议·宣言·大事
	欧洲环境损害民事责任公约 北美环境合作协定	
1994	新国际热带木材协定 中日环境合作协定 远距离跨界环境污染公约关于削减硫化物排放的奥斯陆议定书 防治荒漠化公约 适用联合国海洋法公约第十一部分的协定 核安全公约 马拉喀什建立世界贸易组织协议	《南极条约》京都会议 生物多样性马尼拉会议 开罗人口会议 地球环境东京会议宣言 亚太 NGO 环境会议
1995	控制危险废物越境转移及其处置巴塞尔公约修正案 湄公河流域可持续发展合作协定	世界贸易组织成立
1996	全面禁止核试验条约 倾废公约伦敦议定书 海上运输有害和潜在危险物质造成损害的责任和赔偿国际公约	
1997	废弃燃料和放射性废物的管理安全公约 国际水道非航行利用法公约 京都议定书 关于消耗臭氧层物质的蒙特利尔议定书维也纳修正案 关于禁止使用、贮存、生产和转让伤人地雷及其销毁的公约	联合国环境发展特别会议 《气候变化框架公约》第三次缔约方会议于京都召开 联合国汉城环境伦理宣言
1998	关于在国际贸易中对某些危险化学品和农药采用事先知情同意程序公约 通过刑法保护环境公约	
1999	关于危险废物越境转移及其处置造成损害的责任和赔偿的议定书 保护和利用跨界水道和国际湖泊公约的关于水和健康的议定书 保护莱茵河公约	世界 60 亿人口日（1999 年 10 月 12 日）

年份	国际环境条约	国际会议·宣言·大事
2000	生物多样性公约卡塔赫纳生物安全议定书	
2001	船舶燃油污染损害民事责任公约 关于持久性有机污染物的斯德哥尔摩公约	船舶燃油污染损害责任与赔偿外交大会（伦敦） 亚欧森林保护的"贵阳宣言"
2002	大湄公河次区域电力贸易政府间协议	南非约翰内斯堡可持续发展世界首脑峰会 南非约翰内斯堡可持续发展宣言 可持续发展世界首脑会议实施计划 中国内蒙古大兴安岭森林大火 国际山地年大会
2003	烟草控制框架公约	世界气候变化莫斯科大会 非典型肺炎蔓延世界
2004	关于持久性有机污染物的斯德哥尔摩公约对中国生效	"禽流感"席卷10多个亚洲国家和地区 第28届世界遗产大会"苏州宣言" 第六次中日韩三国环境部长会议（东京） 生物多样性公约第七次缔约方会议 IUCN地区遗传资源与传统知识获取与惠益分享研讨会
2005	中石油吉化双苯厂发生爆炸，苯和硝基苯等污染物泄漏，造成松花江流域重大水污染事件（2005年11月13日） 世界65亿人口日（2005年12月19日）	
2006	2006年国际热带木材协定 1973年国际防止船舶造成污染公约的1978年议定书附则Ⅲ的修正案 烟草控制框架公约对中国生效	UNEP理事会第九次特别会议和全球环境部长论坛在阿联酋的迪拜召开 中央军委主席胡锦涛签署命令，颁布实施《中国人民解放军环境影响评价条例》 烟草控制框架公约首次缔约方会议
2007	2000年有毒有害物质污染事故防备、反应与合作议定书生效	中国政法大学设立博士研究生"国际环境法研究方向" 《蒙特利尔议定书》第十九次缔约方大会暨《蒙特利尔议定书》签署20周年纪念活动在加拿大蒙特利尔市举行

续表

年份	国际环境条约	国际会议·宣言·大事
		UNEP 组织编写的《全球环境展望 4》在北京举行发布会
2008	海上事故或海上事件安全调查国际标准和建议做法规则 经修正的《1974 年国际海上人命安全公约》的修正案 《2000 年国际高速船安全规则》的修正案 《国际海运危险货物规则》的修正案	UNEP 第 10 届特别理事会暨全球环境部长论坛在摩纳哥召开 第十次中日韩环境部长会议在韩国济州岛举行
2009	国际安全与无害环境拆船公约正式通过 中华人民共和国政府和美利坚合众国政府对旧石器时代到唐末的归类考古材料以及至少 250 年以上的古迹雕塑和壁上艺术实施进口限制的谅解备忘录	UNEP 第 25 届理事会会议暨全球部长级环境论坛在肯尼亚内罗毕召开 哥本哈根世界气候大会即《联合国气候变化框架公约》第 15 次缔约方会议暨《京都议定书》第 5 次缔约方会议召开
2010	名古屋议定书	《联合国气候变化框架公约》第 16 次缔约方会议暨《京都议定书》第 6 次缔约方会议召开 生物多样性公约第 10 次缔约方会议在名古屋召开 ICJ 乌拉圭河纸浆厂案判决 墨西哥湾 490 万桶原油泄漏 《巴塞罗那公约》实施进入新阶段，地中海地区开始强制淘汰危险化学品 匈牙利铝厂废物池毒液泄漏流入多瑙河 国际刑警组织通过一份关于打击环境犯罪的决议
2011	《关于持久性有机污染物的斯德哥尔摩公约》新增列九种持久性有机污染物的《关于附件 A、附件 B 和附件 C 修正案》和新增列硫丹的《关于附件 A 修正案》 《控制危险废物越境转移及其处置巴塞尔公约》修正案	日本强震引发海啸与核泄漏 欧盟将航空业纳入碳排放交易系统，首次征收航空行业碳排放费 WTO 有关气候问题第一案：日本就可再生能源回购电价计划状告加拿大 《联合国气候变化框架公约》第 17 次缔约方会议暨《京都议定书》第 7 次缔约方会

年份	国际环境条约	国际会议·宣言·大事
		议在南非德班举行 德国宣布将在未来 11 年里逐步关停所有核电站，意味着德国将成为全球首个弃核国家
2012	《减少酸化、富营养化和地面臭氧议定书（《哥德堡议定书》）》修正案 《重金属议定书（附件三和七除外）》修正案 北太平洋公海渔业资源养护和管理公约	斯德哥尔摩+40 可持续发展伙伴论坛 联合国可持续发展峰会（"里约+20"峰会） 多哈气候大会谈判取得进展就执行《京都议定书》第二承诺期达成一致
2013	《关于持久性有机污染物的斯德哥尔摩公约》新增列六溴环十二烷修正案 关于汞的水俣公约	《濒危野生动植物种国际贸易公约》第十六届缔约国大会召开，将每年 3 月 3 日定为"世界野生动植物日"。 福岛核事故继续升级 《联合国气候变化框架公约》第 19 次缔约方会议举行
2014		西非暴发埃博拉病毒 ICJ 澳大利亚诉日本南极海域捕鲸案判决 首届联合国环境大会召开 《中美气候变化联合声明》发表 《联合国气候变化框架公约》第 20 次缔约方大会暨《京都议定书》第 10 次缔约方大会举行
2015	巴黎协定	联合国 2030 年可持续发展议程
2016	《关于消耗臭氧层物质的蒙特利尔议定书》基加利修正案	第二届联合国环境大会召开 二十国集团落实 2030 年可持续发展议程行动计划
2017		美国宣布退出巴黎协定 《防治荒漠化公约》第 13 次缔约方大会 联合国波恩气候变化大会召开 第三届联合国环境大会召开
2018	预防中北冰洋不管制公海渔业协定	《IPCC 全球升温 1.5℃特别报告》发布 亚马逊雨林破坏度达到十年来最高水平

年份	国际环境条约	国际会议·宣言·大事
		联合国《生物多样性公约》第十四次缔约方大会召开 联合国气候变化卡托维兹大会召开 日本政府宣布退出国际捕鲸委员会
2019		第四届联合国环境大会举行 第 25 次联合国气候变化大会召开
2020		国际海事组织宣布强制性措施，将全球船舶燃油含硫量上限降至 0.5% 世界卫生组织宣布 2019 疫情为全球大流行病 各国陆续制定出台禁限令治理塑料污染 多国提出"碳中和"时间表 联合国举行首次生物多样性峰会 中非环境合作中心成立
2021		第五届联合国环境大会召开 日本政府宣布将向太平洋倾倒超 125 万吨核污染水 "联合国生态系统恢复十年"行动计划正式启动 联合国人权理事会通过环境权的决议 《生物多样性公约》第 15 次缔约方大会 《联合国气候变化框架公约》第 26 次缔约方大会
2022	渔业补贴协定	第五届联合国环境大会各国承诺制定关于塑料污染的具有法律约束力的协议 联合国环境规划署加入"同一个健康"联盟 联合国大会宣布获得清洁健康的环境是一项普遍人权 《联合国气候变化框架公约》第二十七次缔约方大会达成损失与损害资金机制 湿地公约武汉宣言 昆明-蒙特利尔全球生物多样性框架

续表

年份	国际环境条约	国际会议·宣言·大事
2023	《联合国海洋法公约》下国家管辖范围以外区域海洋生物多样性的养护和可持续利用协定	全球生物多样性框架基金启动 首届非洲气候峰举行，通过《内罗毕气候变化宣言和行动呼吁》 迪拜气候变化大会达成《阿联酋共识》
2024		2024 年 1 月 26 日为首个国际清洁能源日 第六届联合国环境大会召开

主要参考文献

一、中文文献

1. 王铁崖主编：《国际法》，法律出版社 1981 年版。

2. 王铁崖主编：《国际法》，法律出版社 1995 年版。

3. 王铁崖主编：《中华法学大辞典：国际法学卷》，中国检察出版社 1996 年版。

4. 王铁崖、田如萱编：《国际法资料选编》，法律出版社 1982 年版。

5. 王铁崖、田如萱编：《国际法资料选编》，法律出版社 1986 年版。

6. 王铁崖、田如萱编：《国际法资料选编》（续编），法律出版社 1993 年版。

7. 李浩培：《国际法的概念和渊源》，贵州人民出版社 1994 年版。

8. 梁西主编：《国际法》，武汉大学出版社 1993 年版。

9. 梁西：《国际组织法》，武汉大学出版社 1993 年版。

10. 周忠海等：《国际法学述评》，法律出版社 2001 年版。

11. 周忠海主编：《国际法》（第 3 版），中国政法大学出版社 2017 年版。

12. 周忠海主编：《国际法》（第 2 版），中国政法大学出版社 2013 年版。

13. 周忠海：《国际海洋法》，中国政法大学出版社 1987 年版。

14. 周忠海：《科技与海洋法》，泰山出版社 1998 年版。

15. 端木正主编：《国际法》，北京大学出版社 1997 年版。

16. 马骧聪主编：《国际环境法导论》，社会科学文献出版社 1994 年版。

17. 戚道孟编著：《国际环境法概论》，中国环境科学出版社 1994 年版。

18. 王曦编著：《国际环境法》，法律出版社 1998 年版。

19. 蔡守秋、何卫东：《当代海洋环境资源法》，煤炭工业出版社 2001 年版。

20. 裴广川主编：《环境伦理学》，高等教育出版社 2002 年版。

21. 林灿铃：《国际法上的跨界损害之国家责任》，华文出版社 2000 年版。

22. 林灿铃：《国际环境法》，人民出版社 2004 年版。

23. 林灿铃:《国际环境法》(修订版),人民出版社 2011 年版。

24. 林灿铃:《荆斋论法——全球法治之我见》,学苑出版社 2011 年版。

25. 林灿铃:《跨界损害的归责与赔偿研究》,中国政法大学出版社 2014 年版。

26. 林灿铃:《国际环境立法的伦理基础》,中国政法大学出版社 2019 年版。

27. 林灿铃等编著:《国际环境法案例解析》,中国政法大学出版社 2020 年版。

28. 林灿铃:《气候变化所致损失损害责任之国际法机制》,中国政法大学出版社 2023 年版。

29. 陈德恭:《现代国际海洋法》,中国社会科学出版社 1988 年版。

30. 邓正来编:《王铁崖文选》,中国政法大学出版社 1993 年版。

31. 杜大昌:《海洋环境保护与国际法》,海洋出版社 1990 年版。

32. 段洁龙主编:《中国国际法实践与案例》,法律出版社 2011 年版。

33. 高燕平:《国际刑事法院》,世界知识出版社 1999 年版。

34. 周晓峰等:《森林生态功能与经营途径》,中国林业出版社 1999 年版。

35. 何昌垂主编:《粮食安全——世纪挑战与应对》,社会科学文献出版社 2013 年版。

36. 贺其治:《外层空间法》,法律出版社 1992 年版。

37. 何艳梅:《跨国污染损害赔偿法律问题研究》,复旦大学出版社 2011 年版。

38. 胡跃高、保母武彦主编:《认识荒漠化——内蒙古、宁夏、新疆荒漠化实况》,中国人民大学出版社 2014 年版。

39. 剧锦文、武力主编:《关贸总协定实用知识全书》,中国物资出版社 1993 年版。

40. 李丽平等:《自由贸易协定中的环境议题研究》,中国环境出版社 2015 年版。

41. 厉以宁:《经济学的伦理问题》,生活·读书·新知三联书店 1995 年版。

42. 刘中民等:《国际海洋环境制度导论》,海洋出版社 2007 年版。

43. 吕忠梅:《环境法新视野》,中国政法大学出版社 2000 年版。

44. 马骏主编:《国际法知识辞典》,陕西人民出版社 1993 年版。

45. 乔世明:《环境损害与法律责任》,中国经济出版社 1999 年版。

46. 曲格平:《我们需要一场变革》,吉林人民出版社 1997 年版。

47. 曲耀光编著:《保护人类生命之源——水》,中国环境科学出版社 2001 年版。

48. 邵沙平主编:《国际法院新近案例研究(1990-2003)》,商务印书馆 2006 年版。

49. 盛愉、周岗:《现代国际水法概论》,法律出版社 1987 年版。

50. 史学瀛:《生物多样性法律问题研究》,人民出版社 2007 年版。

51. 汪劲:《中国环境法原理》,北京大学出版社 2000 年版。

52. 王豪编著:《生态环境知识读本——生态的恶化与环境治理》,化学工业出版社 1999 年版。

53. 卫灵主编:《新编世界政治经济与国际关系》,中国政法大学出版社 1996 年版。

54. 徐嵩龄主编：《环境伦理学进展：评论与阐释》，社会科学文献出版社 1999 年版。

55. 杨国华、胡雪编著：《国际环境保护公约概述》，人民法院出版社 2000 年版。

56. 姚炎祥主编：《环境保护辩证法概论》，中国环境科学出版社 1993 年版。

57. 张恒山：《法理要论》，北京大学出版社 2002 年版。

58. 张乃根：《国际法原理》，中国政法大学出版社 2002 年版。

59. 张世义编著：《保护人类之友——动物》，中国环境科学出版社 2001 年版。

60. 张维平编著：《保护生物多样性》，中国环境科学出版社 2001 年版。

61. 赵维田：《世贸组织（WTO）的法律制度》，吉林人民出版社 2000 年版。

62. 郑斌：《国际法院与法庭适用的一般法律原则》，韩秀丽、蔡从燕译，法律出版社 2012 年版。

63. 王献枢主编：《国际法》，中国政法大学出版社 1994 年版。

64. 陈昌曙：《哲学视野中的可持续发展》，中国社会科学出版社 2000 年版。

65. 周鲠生：《国际法》（上册），商务印书馆 1976 年版。

66. 周鲠生：《国际法》（下册），商务印书馆 1976 年版。

67. 王绳祖主编：《国际关系史》（第 1 卷），世界知识出版社 1996 年版。

68. 王绳祖主编：《国际关系史》（第 3 卷），世界知识出版社 1996 年版。

69. 中国环境报社编译：《迈向 21 世纪——联合国环境与发展大会文献汇编》，中国环境科学出版社 1992 年版。

70. 全国人大环境保护委员会办公室编：《国际环境与资源保护条约汇编》，中国环境科学出版社 1993 年版。

71. 中国国际法学会主编：《中国国际法年刊》（1982），中国对外翻译出版公司 1982 年版。

72. 中国国际法学会主编：《中国国际法年刊》（1984），中国对外翻译出版公司 1984 年版。

73. 中国国际法学会主编：《中国国际法年刊》（1989），法律出版社 1990 年版。

74. 中国国际法学会主编：《中国国际法年刊》（1991），中国对外翻译出版公司 1992 年版。

75. 国家环境保护局译：《21 世纪议程》，中国环境科学出版社 1993 年版。

76. 国家环境保护总局政策法规司编：《中国环保法规与世贸组织规则》，光明日报出版社 2002 年版。

77. 国家林业局经济发展研究中心主编：《气候变化、生物多样性和荒漠化问题动态参考 2012 年度辑要》，中国林业出版社 2013 年版。

78. 生物多样性公约秘书处编：《生物多样性公约如何保护自然和推动人类幸福》，中国环境科学出版社 2000 年版。

79. 政法大学国际法教研室编：《国际公法案例评析》，中国政法大学出版社 1995 年版。

80. 国家环境保护总局政策法规司编：《中国缔结和签署的国际环境条约集》，学苑出版社 1999 年版。

81. 世界自然保护同盟、联合国环境规划署、世界野生生物基金会合编:《保护地球——可持续生存战略》,国家环境保护局外事办公室译,中国环境科学出版社 1991 年版。

82. 联合国环境规划署编:《全球环境展望 3》,中国环境科学出版社 2002 年版。

83. 联合国环境规划署编:《全球环境展望 4》,中国环境科学出版社 2008 年版。

84. 联合国环境规划署编:《全球环境展望年鉴 2007》,国家环境保护总局国际司译,中国环境科学出版社 2007 年版。

85. 联合国环境规划署《全球环境展望 6》。

86. 联合国粮农组织《2022 年世界森林状况》。

87. 挪威弗里德约夫·南森研究所编:《绿色全球年鉴》(1995),中国国家环境保护局译,中国环境科学出版社 1995 年版。

88. 世界环境与发展委员会:《我们共同的未来》,王之佳等译,吉林人民出版社 1997 年版。

89. 世界资源研究所等编:《世界资源报告(1998-1999)》,国家环保总局国际司译,中国环境科学出版社 1999 年版。

90. [法]卢梭:《社会契约论》,钟书峰译,法律出版社 2017 年版。

91. [法]亚历山大·基斯:《国际环境法》,张若思编译,法律出版社 2000 年版。

92. [韩]柳炳华:《国际法》(上卷),朴国哲、朴永姬译,中国政法大学出版社 1997 年版。

93. [荷]格劳秀斯:《战争与和平法》,[美]A. C. 坎贝尔英译,何勤华等译,上海人民出版社 2005 年版。

94. [美]E. 博登海默:《法理学:法律哲学与法律方法》,邓正来译,中国政法大学出版社 1999 年版。

95. [美]R. T. 诺兰等:《伦理学与现实生活》,姚新中等译,华夏出版社 1988 年版。

96. [美]奥尔多·利奥波德:《沙乡年鉴》,侯文蕙译,吉林人民出版社 1997 年版。

97. [美]芭芭拉·沃德、勒内·杜博斯:《只有一个地球——对一个小小行星的关怀和维护》,《国外公害丛书》编委会译校,吉林人民出版社 1997 年版。

98. [美]比尔·麦克基本:《自然的终结》,孙晓春、马树林译,吉林人民出版社 2000 年版;

99. [美]弗·卡特、汤姆·戴尔:《表土与人类文明》,庄峻、鱼姗玲译,中国环境科学出版社 1987 年版。

100. [美]汉斯·J. 摩根索:《国家间政治——寻求权力与和平的斗争》,徐昕、郝望、李保平译,中国人民公安大学出版社 1990 年版。

101. [美]汉斯·凯尔森:《国际法原理》,王铁崖译,华夏出版社 1989 年版。

102. [美]莱斯特·R. 布朗:《饥饿的地球村——新食物短缺地缘政治学》,林自新、胡晓梅、李康民译,上海科技教育出版社 2012 年版。

103. ［美］蕾切尔·卡逊：《寂静的春天》，吕瑞兰、李长生译，吉林人民出版社 1997 年版。

104. ［美］梅萨罗维克、［德］佩斯特尔：《人类处于转折点》，梅艳译，生活·读书·新知三联书店 1987 年版。

105. ［德］狄特富尔特等编：《哲人小语：人与自然》，周美琪译，生活·读书·新知三联书店 1993 年版。

106. ［德］恩格斯：《自然辩证法》，中共中央马克思恩格斯列宁斯大林著作编译局译，人民出版社 1971 年版。

107. ［日］岸根卓郎：《环境论——人类最终的选择》，何鉴译，南京大学出版社 1999 年版。

108. 日本国际法学会编：《国际法辞典》，世界知识出版社 1985 年版。

109. ［日］寺泽一、山本草二主编：《国际法基础》，朱奇武等译，中国人民大学出版社 1983 年版。

110. ［日］星野昭吉、刘小林主编：《冷战后国际关系理论的变化与发展》，北京师范大学出版社 1999 年版。

111. ［苏］Т. И. 童金主编：《国际法》，邵天任、刘文宗、程远行译，法律出版社 1988 年版。

112. ［英］M. 阿库斯特：《现代国际法概论》，汪瑄等译，中国社会科学出版社 1983 年版。

113. ［英］劳特派特修订：《奥本海国际法》（上卷第一分册），王铁崖、陈体强译，商务印书馆 1971 年版。

114. ［英］J. G. 斯塔克：《国际法导论》，赵维田译，法律出版社 1984 年版。

115. ［英］西蒙·李斯特：《国际野生生物法》，杨延华、成志勤译，中国环境科学出版社 1992 年版。

116. ［英］詹宁斯、瓦茨修订：《奥本海国际法》（第一卷第一分册），王铁崖等译，中国大百科全书出版社 1995 年版。

117. ［英］詹宁斯、瓦茨修订：《奥本海国际法》（第一卷第二分册），王铁崖等译，中国大百科全书出版社 1998 年版。

118. ［苏］列宁：《国家与革命》，中共中央马克思恩格斯列宁斯大林著作编译局译，人民出版社 2001 年版。

119. ［苏］Ф. И. 科热夫尼科夫主编：《国际法》，刘莎等译，商务印书馆 1985 年版。

120. 《生物多样性公约指南》，中华人民共和国濒危物种科学委员会、中国科学院生物多样性委员会译，科学出版社 1997 年版。

121. ［奥］阿·菲德罗斯等：《国际法》，李浩培译，商务印书馆 1981 年版。

122. ［德］沃尔夫刚·格拉夫·魏智通主编：《国际法》，吴越、毛晓飞译，法律出版社2002年版。

123. 林灿铃：《工业事故跨界影响的国际法分析》，载《比较法研究》2007年第1期。

124. 林灿铃：《国际社会的整体利益与国际犯罪》，载《河北法学》1999年第1期。

125. 林灿铃：《跨界突发性水污染国家责任构建》，载《政治与法律》2019年第11期。

126. 林灿铃：《论国际法不加禁止行为所产生的损害性后果的国家责任》，载《比较法研究》2000年第3期。

127. 林灿铃：《气候变化所致损失损害补偿责任》，载《中国政法大学学报》2016年第6期。

128. 林灿铃、张玉沛：《论"善意原则"在国际环境争端解决中的适用》，载《世界社会科学》2024年第1期。

129. 董红、王有强：《我国农业生态环境保护立法探析》，载《云南民族大学学报（哲学社会科学版）》2013年第6期。

130. 杜万平：《试论国际环境法的发展对国家主权的挑战》，载《环境保护》2001年第11期。

131. 冯寿波：《论条约的"善意"解释——〈维也纳条约法公约〉第31.1条"善意"的实证研究》，载《太平洋学报》2014年第5期。

132. 龚宇：《气候变化损害的国家责任：虚幻或现实》，载《现代法学》2012年第4期。

133. 海春旭等：《军事舞台上化学武器的群魔乱舞与降魔之盾》，载《空军军医大学学报》2024年第5期。

134. 何艳梅：《非政府组织与国际环境法的发展》，载《环境保护》2002年第12期。

135. 何艳梅：《国际环境法的发展趋势》，载《世界环境》2000年第4期。

136. 何艳梅：《国际水法调整下的跨国流域管理体制》，载《边界与海洋研究》2020年第6期。

137. 胡斌：《试论国际环境法中的风险预防原则》，载《环境保护》2002年第6期。

138. 黄河：《区域公共产品与区域合作：解决GMS国家环境问题的新视角》，载《国际观察》2010年第2期。

139. 贾宇：《关于海洋强国战略的思考》，载《太平洋学报》2018年第1期。

140. 蒋小翼：《〈联合国海洋法公约〉涉海环境争端解决程序之比较分析》，载《边界与海洋研究》2018年第2期。

141. 李金惠、王洁璁、郑莉霞：《在博弈中发展的国际废物管理——以〈巴塞尔公约〉为例》，载《中国人口·资源与环境》2016年第S1期。

142. 李世博、黄燕嫄：《国际海事组织压载水公约立法发展研究》，载《上海海洋大学学报》2018年第3期。

143. 李文杰：《也谈国际海底区域担保国的法律义务与责任——以国际海洋法法庭第 17 号"咨询意见案"为基点》，载《河北法学》2019 年第 1 期。

144. 李雨薇、魏彦杰：《国际贸易与环境保护的关系研究》，载《青岛大学学报（自然科学版）》2018 年第 3 期。

145. 凌兵：《发展中国家和臭氧层保护中的若干法律问题》，载周忠海编：《和平、正义与法》，中国国际广播出版社 1993 年版。

146. 娄立：《从国际环境法的发展看全球环境治理——兼评国际法院等组织的角色定位》，载《创新》2013 年第 1 期。

147. 卢明、陈代杰、殷瑜：《1854 年的伦敦霍乱与传染病学之父——约翰·斯诺》，载《中国抗生素杂志》2020 年第 4 期。

148. 路斌、赵世萍：《全球化和贸易自由化对环境的影响》，载《世界环境》2002 年第 3 期。

149. 罗国强：《重读善意：一种实践理性》，载《湖南师范大学社会科学学报》2015 年第 5 期。

150. 马欣等：《〈联合国气候变化框架公约〉应对气候变化损失与危害问题谈判分析》，载《气候变化研究进展》2013 年第 5 期。

151. 邢曼曼：《气候变化对森林火灾的影响及预防对策的探讨》，载《科技视界》2016 年第 6 期。

152. 木易：《核生化武器的威力有多大》，载《生命与灾害》2023 年第 9 期。

153. 牛丹丹：《大国核试验对太平洋地区的环境影响——以美国在马绍尔群岛的核试验为例》，载《历史教学问题》2023 年第 6 期。

154. 潘抱存：《国际环境法基本原则的宏观思考》，载《法学杂志》2000 年第 6 期。

155. 潘未名：《略论环保时代的国际贸易》，载《兰州学刊》1994 年第 2 期。

156. 钱莉、杨永龙、王荣喆：《河西走廊"2010.4.24"黑风成因分析》，载《高原气象》2011 年第 6 期。

157. 秦天宝：《国际环境法基本原则初探——兼与潘抱存先生商榷》，载《法学》2001 年第 10 期。

158. 秦娅：《联合国大会决议的法律效力》，载中国国际法学会主编：《中国国际法年刊》（1984），中国对外翻译出版公司 1984 年版。

159. 权伟利：《越南橙剂受害者协会及其影响》，载《濮阳职业技术学院学报》2016 年第 1 期。

160. 申建明：《关于国际法渊源的若干问题》，载中国国际法学会主编：《中国国际法年刊》（1991），中国对外翻译出版公司 1992 年版。

161. 申建明：《联合国与国际法的确定和发展》，载中国国际法学会主编：《中国国际法年刊》（1996），法律出版社 1997 年版。

162. 师华、韩子燕：《国际法视野下废弃物法律概念评析与重思》，载《德国研究》2021 年第 3 期。

163. 时永杰、杜天庆：《我国西部荒漠化地区的自然环境特征》，载《中兽医医药杂志》2003 年第 S1 期。

164. 宋英：《国际环境法——现代国际法的新分支与挑战》，载中国国际法学会主编：《中国国际法年刊（1995）》，中国对外翻译出版公司 1996 年版。

165. 孙世民：《论〈国际刑事法院罗马规约〉绿色条款的完善》，载《南海法学》2024 年第 1 期。

166. 田肖红、卢燕：《法国在南太平洋的核试验（1962～1996）：原因、概况与影响》，载《太平洋岛国研究》2020 年第 1 期。

167. 万浏等：《国际海底区域环境保护制度分析与中国实践》，载《海洋开发与管理》2022 年第 2 期。

168. 王丰年：《外来物种入侵的历史、影响及对策研究》，载《自然辩证法研究》2005 年第 1 期。

169. 王华玲：《生态环境保护下的国际贸易的高质量发展研究》，载《科技和产业》2020 年第 6 期。

170. 王劲、王学川：《生态环境危机的实质与生态伦理的价值取向》，载《科技管理研究》2011 年第 15 期。

171. 王玮：《善意原则在国际法实践中的应用研究——基于国际法院具体适用的类型化分析》，载《河北法学》2021 年第 4 期。

172. 王曦：《论国际环境法的可持续发展原则》，载《法学评论》1998 年第 3 期。

173. 吴汶燕：《国际环境法践行之道：善》，载《环境教育》2012 年第 7 期。

174. 肖巍：《公共健康伦理：概念、使命与目标》，载《湘潭大学社会科学学报》2006 年第 3 期。

175. 徐国雄：《环境卫生与肠道传染病》，载《河南预防医学杂志》1990 年第 1 期。

176. 薛俭、丁婧：《经济增长、出口贸易对环境污染的影响》，载《经济论坛》2020 年第 10 期。

177. 杨力军：《论国际法不加禁止的行为所产生的损害性后果的国际责任》，载《法学研究》1991 年第 4 期。

178. 杨千里：《世界重要核试验历史回顾》，载《国际地震动态》2017 年第 1 期。

179. 叶平：《关于环境伦理学的一些问题——访霍尔姆斯·罗尔斯顿教授》，载《哲学动态》1999 年第 9 期。

180. 赵建文：《条约法上的善意原则》，载《当代法学》2013 年第 4 期。

181. ［法］M. 维拉利：《国际法上的善意原则》，刘昕生译，载《国外法学》1984 年第 4 期。

182. ［美］爱迪·布朗·维丝：《理解国际环境协定的遵守：十三个似是而非的观念》，载王曦主编：《国际环境法与比较环境法评论》（第 1 卷），法律出版社 2002 年版。

183. 王铁崖：《国际法当今的动向》，载邓正来编：《王铁崖文选》，中国政法大学出版社 1993 年版。

184. 陈立虎：《论 WTO 规则与 MEAS 贸易条款的协调》，载陈安主编：《国际经济法论丛》（第 5 卷），法律出版社 2002 年版。

185. 陈秀萍：《论国际环境法的存在基础、实施障碍及对策》，载《黑龙江省政法管理干部学院学报》2003 年第 2 期。

186. 周晓林：《合法活动造成域外损害的国际责任》，载《中国法学》1988 年第 5 期。

二、外文文献

1. Canelas de Castro P, "Trends of development of international water law", *Beijing L. Rev.*, 2015.

2. Charles Qiong Wu, "A Unified Forum? The New Arbitration Rules for Environmental Disputes under the Permanent Court of Arbitration", *Chicago Journal of International Law*, 2002.

3. Conrad G. Welling, "Mining of the Deep Seabed in the Year 2010", *Louisiana Law Review*, 1985.

4. Dionysia-Theodora Avgerinopoulou, "The Lawmaking Process at the International Seabed Authority As A Limitation on Effective Environmental Management", *Columbia Journal of Environmental Law*, 2005.

4. Duguit, "Traite de droit Constitution nel", *Tome premier*, 1921.

5. Garrett Hardin, "The Tragedy of the Commons", 162 *Science* 1243, 1968.

6. ILC Yearbook, 1953-Ⅱ.

7. ILC Yearbook, 1969-Ⅰ.

8. ILC Yearbook, 1970-Ⅱ.

9. ILC Yearbook, 1973-Ⅰ.

10. ILC Yearbook, 1973-Ⅱ.

11. J. Wylie Donald, "The Bamako Convention as a Solution to the Problem of Hazardous Waste Exports to Less Developed Countries", 17 *Colum. J. Envtl. L.* 419, 1992.

12. James F. Childress, "Ruth R. Faden et al. Public Health Ethics, Mapping the Terrain", *The Journal of Law, Medicine & Ethics*, 2002.

13. John A. Humbach, "Law and a New Land Ethic", 74 *Minn. L. Rev.* 339, 1989.

14. John F. O'Connor, *Good Faith in International Law*, Dartmouth Publishing Co. Ltd, 1991.

15. Louis Henkin, *Politics, Values and Functions: International Law*, The Hague Academy Collect-

ed Courses，1989.

16. A. Mangerich，C. Esser，*Chemical Warfare in the First World War：Reflections* 100 *Years Later*，Arch Toxicol，2014.

17. Marizo Ragazzi，*The concept of International Obligations Erga Omnes*，Clarendon Press，1997.

18. Martin Dixon，Robert McCorquodale，*Cases & Materials on International Law*，Oxford University Press，2003.

19. S. C. McCaffrey，*The Law of International Watercourses*，Oxford University Press，2019.

20. Mcdougal，*International Law Power and Politics*，Hague Academy，Revueil des Cours，1953.

21. Michael Byers，"Abuse of Rights：An Old Principle，A New Age"，*McGill Law Journal*，2002.

22. David Newson，"New Diplomatic Agenda：Are Governments Ready？"，*International Affairs*，1998.

23. Ngoc-Tham Pham，Trung-Kien Pham，Viet Hieu Cao，"The Impact of International Trade on Environmental Quality：Implications for Law"，11 *Asian Journal of Law and Economics*，2020.

24. Peggy Rodgers Kalas，"International Environment Dispute Resolution and the Need for the Access by Non-State Entities"，*Colorado Journal of International Environmental Law & Policy*，2001.

25. Peggy Rodgers Kalas，"International Environment Dispute Resolution and the Need for the Access by Non-State Entities"，*Colorado Journal of International Environmental Law & Policy*，2001.

26. R. Prăvălie，*Nuclear Weapons Tests and Environmental Consequences：A Global Perspective*，AMBIO，2014.

27. Prosper Weil，*Towards Relative Normativity in International Law*，1983.

28. K. Sakamoto，"The Outbreak of a New Emerging Disease，Nipah Virus Infection in Malaysia"，*Journal of Veterinary Epidemiology*，2010.

29. Salvatore Arico，Charlotte Salpin，*Bioprospecting of Genetic Resources in the Deep Seabed：Scientific Legal and Policy Aspects*，2005.

30. Scelle，*Precis de droit des gens*，1932.

31. Christina L. Beharry，Melinda E. Kuritzky，"Going Green：Managing the Environment through International Investment Arbitration"，*American University Law Review*，2015.

32. Compliance Mechanisms under Selected Multilateral Environmental Agreements，UNEP.

33. 卫藤潘吉等：《国际关系论》（日文本），东京大学出版会 1994 年版。

34. 山本草二：《国际行政法的存在基础》（日文本），载《日本国际法外交杂志》1969 年第 67 卷。

35. 杉原高岭：《基于一般利益的国家的诉讼权》（日文本），载《日本国际法外交杂志》

1975 年第 74 卷。

36. ［日］原彬久编：《国际关系学讲义》（日文本），有斐阁 1996 年版。

37. ［日］渡部茂已：《国际环境法入门》（日文本），密涅瓦书房 2001 年版。

38. 日本国际法学会编：《国际关系法辞典》（日文本），三省堂 1995 年版。

筚路蓝缕度山川，
荆斋坐卧又何尝；
蝇营狗苟众生相，
燃我心灯照未央。

世风日下，人心不古！

戊戌猪年，一场貌似突如其来的严重的疫病席卷全球，对全人类造成了严重的影响。这场疫病再一次让全人类切身地感受到了敬畏自然保护环境实现人与自然的和谐是多么重要，体现了在这样一个变革的时代践行国际环境治理的重要意义和价值。在一个如此特殊的时代节点完成本书，原本应该感到轻松的我，内心却十分的沉重。直面威胁人类可持续生存与发展的环境危机，为造成这种恶果的人类确立行动理念和行为规范，即本书付梓的目的。

无论人情险恶、机阱万端，一个真正有良知的人永远只为内心而作。只有内心才能让自己真实地了解自己，一旦了解了自己也就了解了世界。也只有自己的内心才能使自己置于发现之中，就像太阳的光芒驱走了黑夜。在岁月的煎熬中刻画出独有的思想，思想背后有初心，灵魂深处有净土，坚守良知善念，不随波逐流。历经磨难依然能简单而单纯地面对这个世界，知世故却不世故，历圆滑而弥天真，处江湖而远江湖。这就是心的纯净！灵的丰盈！

春秋流逝，人生如寄！

2004 年，《国际环境法》初版面世。弹指一挥间，20 年了！澄心凝思，仍是少年！已然的选择就是最好的选择！不后悔过去，不焦虑未来，守住内心的安宁，积极、热情、友善地面对所有的人和事，迎接美好的每一天。

　　多少年来，常常被问的是：你是怎么想到、什么时候开始研究《国际环境法》的？又是如何使《国际环境法》作为一个独立的学科走进大学课堂的？"环境"是什么？为什么要保护环境？又应该如何保护环境？总之，问题总是不离"环境"！的确，多少年来，于我，心里总有一股热潮在涌动——环境！脑际总有一个声音在呼唤——环境！"环境"促使我给自己平凡的人生确立一个崇高的目标！虽然苦涩、坎坷、历尽艰辛，但我心怡然！

　　慰情胜无，吾念不朽！

　　生活的意义在于美好，在于向往目标的力量，应当使生活的每一瞬间都具有崇高的目标，而人生最有意义的就是向着生活的目标去奋斗！

　　沙漠中的红柳为了获得水分和养分，其根系可以绵延数公里……生命的本质不就是在困境中不断取得突破，在绝境中获得新生吗？是的，生命本身无所谓高贵与卑微，但我们选择使用生命的方式，却可以决定生命是高贵还是卑微。对于生命，可以倍加珍惜，也可以白白糟蹋；可以使生命度过一个有意义的人生，也可以任生命荒废，庸碌一生。所以，必须善待生命，将有限的生命投入无限的事业，才能不负生命！无憾此生！

　　无论风吹雨打、无论烈日暴晒、无论人情冷暖、无论世态炎凉、无论……不变的是你们——我的家人、我的师长、我的弟子、我的朋友——给予我无限的鼓励、无私的帮助、无间的关爱、无量的支持！有你们真好！

　　本书面世，我要特别感谢中央高校基本科研业务费专项资金的资助！特别感谢中国政法大学出版社与本书责任编辑丁春晖老师的辛勤付出！

2024 年 8 月 2 日 于荆斋

图书在版编目（ＣＩＰ）数据

国际环境法 / 林灿铃著. -- 3 版. -- 北京 ：中国政法大学出版社，2025. 3. -- ISBN 978-7-5764-1972-6

Ⅰ. D996.9

中国国家版本馆 CIP 数据核字第 20255LX106 号

出 版 者	中国政法大学出版社
地　　址	北京市海淀区西土城路 25 号
邮寄地址	北京 100088 信箱 8034 分箱　邮编 100088
网　　址	http://www.cuplpress.com (网络实名：中国政法大学出版社)
电　　话	010-58908586(编辑部) 58908334(邮购部)
编辑邮箱	zhengfadch@126.com
承　　印	北京中科印刷有限公司
开　　本	720mm×960mm　　1/16
印　　张	44
字　　数	740 千字
版　　次	2025 年 3 月第 3 版
印　　次	2025 年 3 月第 1 次印刷
定　　价	198.00 元